अकबर और तत्कालीन भारत

अकबर और तत्कालीन भारत

सम्पादन

इरफ़ान हबीब

अनुवाद

नरेश 'नदीम'

राजकमल प्रकाशन

ISBN : 978-81-267-0979-3

मूल्य : ₹995

पहला संस्करण : 2005
तीसरा संस्करण : 2021
पहली आवृत्ति : 2022

प्रकाशक : राजकमल प्रकाशन प्रा. लि.
1-बी, नेताजी सुभाष मार्ग, दरियागंज
नई दिल्ली-110 002

शाखाएँ : अशोक राजपथ, साइंस कॉलेज के सामने, पटना-800 006
पहली मंजिल, दरबारी बिल्डिंग, महात्मा गांधी मार्ग, प्रयागराज-211 001
1, अनमोल सोराबजी संतुक लेन, धोबी तलाव, मरीन लाइंस, मुम्बई-400 002
वेबसाइट : www.rajkamalprakashan.com
ई-मेल : info@rajkamalprakashan.com

मुद्रक : राजकमल प्रकाशन प्रा. लि.
नई दिल्ली-110 002

AKBAR AUR TATKALIN BHARAT
Edited by Irfan Habib
Translated by Naresh 'Nadim'

अंग्रेज़ी संस्करण का सम्पादकीय

1992 में राष्ट्रीय स्तर पर अकबर के जन्म की 450वीं सालगिरह के समारोहों ने अकबर और उसके दौर सम्बन्धी अनुसन्धानों के लिए वह प्रेरणा प्रदान की जिसकी बहुत अधिक आवश्यकता थी। इस अनुसन्धान के कुछ परिणाम प्रस्तुत संकलन में दिए गए हैं। यहाँ प्रकाशित अनेक लेखों के मूल पाठ अलीगढ़ में उन्नत अध्ययन केन्द्र (इतिहास) द्वारा अक्तूबर 1992 में आयोजित एक संगोष्ठी में प्रस्तुत किए गए थे, जिसका संयोजक प्रस्तुत सम्पादक था। कुछ लेखों तथा अधिकांश दस्तावेज़ों और 10 पुस्तक समीक्षाओं के रूप में कुछ दूसरी सामग्री विशेष रूप से इसी संकलन के लिए तैयार की गई थी।

इस संकलन को उन्नत अध्ययन केन्द्र (इतिहास) द्वारा प्रकाशित किया जाना था। इस पर सम्पादक के रूप में मेरा कार्य लगभग पूरा होने ही वाला था कि मुझे मई 1996 में एकाएक केन्द्र में मेरे मानक पद से हटा दिया गया जो उस घटनापूर्ण महीने में राजनीतिक हवा के रुख़ के मोड़ का एक छोटा सा, गौण परिणाम था। सौभाग्य की बात कि हवा के रुख़ का वह मोड़ अस्थायी रहा। केन्द्र से मेरे हटाए जाने के कारण इस संकलन के प्रकाशन की योजना में फेरबदल आवश्यक हो गया। बहुत कुछ तकनीकी काम भी फि1र से करना पड़ा जिसमें नए सिरे से 'कैमरा कापी' की तैयारी भी शामिल थी। अब यह संकलन स्वतन्त्र रूप से प्रकाशित हो रहा है। आशा है कि यह मध्यकालीन विषयों पर केन्द्रित सामूहिक अध्ययनों की शृंखला में पहला प्रकाशन होगा और इनमें से हरेक का ढाँचा इसी संकलन जैसा होगा।

यहाँ यह कह देना उचित ही होगा कि यहाँ लिप्यन्तरण की उसी प्रणाली को वरीयता दी गई है जिसे भारतीय भाषाओं के लिए *एपिग्राफिया इण्डिका* में और फ़ारसी के लिए स्टाइनगास की *पर्शियन-इंग्लिश डिक्शनरी* में प्रयुक्त किया गया है। लेकिन जहाँ कुछ लेखकों ने दूसरी सुज्ञात प्रणालियों का प्रयोग किया है वहाँ सामान्यतः उनके लिप्यन्तरण में फेरबदल नहीं किया गया है। स्थानों के नाम प्रायः आधुनिक वर्तनी के अनुसार हैं और उनमें उच्चारण चिह्नों का प्रयोग नहीं किया गया है।

पाठ की कम्पोज़िंग और कैमरा कापी की तैयारी की ज़िम्मेदारी श्री शुएब अहमद और श्री मुनीर अहमद की रही है।

अकबर और तत्कालीन भारत की तैयारी में और ख़ासकर उसके अन्तिम, कठिन चरण में मुझे स्वर्गीय प्रोफ़ेसर एम अतहर अली, प्रोफ़ेसर इक़्तिदार आलम ख़ान और प्रोफ़ेसर शीरीं मूसवी की सलाह और समर्थन से बहुत मदद मिली है। मैं केन्द्र के शानदार पुस्तकालय के स्टाफ़ के सदस्यों का बहुत अधिक आभारी हूँ जो मुझे अपने में ही एक मानते रहे। सभी लेखकों को और ऑक्सफ़र्ड यूनिवर्सिटी प्रेस की समझ और सहयोग के लिए मैं उन्हें विशेष रूप से धन्यवाद देता हूँ।

इरफ़ान हबीब

अलीगढ़
फ़रवरी 1997

अनुक्रम

दस्तावेजें

पुस्तक-समीक्षाएँ

अकबर और तत्कालीन भारत

सरदारों के साथ अकबर के आरम्भिक टकराव वर्चस्व की प्रक्रिया में संयोग बनाम योजना

—अहसन रज़ा ख़ान

शक्तिशाली क्षत्रपों द्वारा अपने क्षेत्र का प्रसार, जिसके कारण छोटी राजनीतिक शक्तियों का या तो तख़्ता पलट जाता था या वे अधीन बना ली जाती थीं, भारतीय इतिहास में साम्राज्य-निर्माण की प्रक्रिया का एक अभिन्न अंग रहा है। आधुनिक इतिहासकार मध्यकालीन भारत में भी साम्राज्य-निर्माताओं के प्रसारवादी अभियानों की व्याख्याएँ उनकी इस इच्छा में तलाश करते हैं कि वे रणनीतिक महत्त्व के क़िलों, रास्तों और इलाक़ों पर नियन्त्रण पा लें। इसी तरह वे व्यापार और वाणिज्य को नियन्त्रित करने और कर वसूल करने के मक़सदों से समुद्र तक पहुँच पाने की आवश्यकता की व्याख्या करते हैं।

मुग़ल साम्राज्य की स्थापना के बाद उसका सर्वेक्षण करें तो ऐसे रजवाड़ों की एक बड़ी तादाद दिखाई देती है जो पुश्तैनी आधार पर शासन करनेवाले स्वायत्त और अर्धस्वायत्त सरदारों के नियन्त्रण में थे। राजा, राणा, रावत, राव और ऐसे ही दूसरे नामों से जाने जानेवाले लेकिन फ़ारसी वृत्तान्तों में आम तौर से ज़मींदार कहलानेवाले ये सरदार एक शक्तिशाली वर्ग थे। अकबर के दौर में उनकी स्थिति और भूमिका की छानबीन अन्यत्र की गई है।[1] अगर अबुल-फ़ज़्ल के भूगोल पर भरोसा करें तो इनमें से कुछ रजवाड़ों के इलाक़े सैकड़ों किलोमीटर तक फैले हुए थे। अनेक सरदारों की घुड़सवार सेनाएँ तो उन घुड़सवारों की तादाद से अधिक होती थीं जिन्हें रखने की आशा अकबर के सबसे बड़े मनसबदारों से की जाती थी। अपने शासनकाल में अकबर ने इस वर्ग के प्रति एक ऐसी नीति अपनाई जो मुग़लिया सल्तनत के पतन तक किसी बुनियादी परिवर्तन के बिना जारी रही।[2] लेकिन अकबरी दौर में इन सरदारों को अधीन बनाने की प्रक्रिया थी क्या? यह छिटपुट मुठभेड़ों का नतीजा थी या एक निश्चित योजना थी? कहा गया है कि जब हिन्दुस्तान को दोबारा जीतने के इरादे से हुमायूँ फ़ारस से चला तो शाह ईरान ने उसे अफ़ग़ानों की बजाय राजपूतों से सम्बन्ध बनाने की सलाह दी थी। कारण यह था कि राजपूत ज़मींदार थे और ज़मींदारों को बस में किए बिना हिन्दुस्तान में हुकूमत बनाए रखना मुश्किल था। इसी के अनुसार दोबारा तख़्त पाने के

बाद हुमायूँ ने इस राय पर अमल ही नहीं किया बल्कि कहा जाता है कि मरने से पहले अपनी वसीयत के रूप में अकबर को भी देता गया।[3]

कोई व्यक्ति जो सवाल ज़रूर उठा सकता है, यह नहीं है कि अकबर ने इस वर्ग के महत्त्व को महसूस तो किया और उससे मज़बूत सम्बन्ध भी बनाए। वह बल्कि इस मान्यता पर सवाल उठा सकता है कि जो परिस्थितियाँ उसे इन सरदारों के सम्पर्क में ले आईं वे भिन्न स्थितियों की ज़रूरतों से पैदाशुदा नहीं थीं बल्कि हुमायूँ की तथाकथित वसीयत को लागू करने की योजना से पैदाशुदा थीं। इसलिए इस लेख का विषय क्षेत्र उन परिस्थितियों की छानबीन तक सीमित है जो इन सरदारों के साथ अकबर के आरम्भिक टकरावों के कारण बनीं, हालाँकि उनके साथ उसके बाद के सम्बन्धों का भी हवाला दिया गया है। प्रस्तुत अध्ययन उस क्षेत्र तक सीमित है जो 1580 में लाहौर, देहली, आगरा, अवध, इलाहाबाद, बिहार और अजमेर सूबों के अन्तर्गत आता था।

एक

आरम्भ हम पंजाब (सूबा लाहौर) से करते हैं जहाँ केवल कोहिस्ताने-शिमाली (उत्तरी पर्वतमालाओं) के सरदार ही दस हज़ार सवारों और एक लाख पियादों की फौज़ जुटा सकते थे।[4] उनके साथ अकबर का टकराव उसके शासनकाल के आरम्भ में ही शुरू हुआ। अकबर को पहाड़ी सरदारों पर ध्यान देने के लिए मजबूर होना पड़ा तो सिकन्दर ख़ान सूर की गतिविधियों के कारण जिसने पंजाब के पहाड़ी सरदारों का समर्थन जुटाकर तब पंजाब के राजस्व पर कब्ज़ा किया था जब अकबर हेमू के ख़िलाफ़ उलझा हुआ था।[5] अकबर को सलाम बजानेवालों में पहला सरदार नगरकोट का राजा धरमचन्द था। उसकी अधीनता के हालात का ब्यौरा देते हुए अबुल-फ़ज़्ल लिखते हैं कि बादशाह जब धमेरी में लश्कर डाले पड़ा था, सिकन्दर ख़ान सूर के ख़िलाफ़ पीर मुहम्मद ख़ान की मुहिम के बाद बहुत से ज़मींदार आए और बादशाह की ताबेदारी कुबूल की। इनमें धरमचन्द भी शामिल था 'जो अपने परिचरों की ताक़त के बल पर अपने समकालीनों में अग्रणी था।'[6]

लेकिन नगरकोट के राजा और दूसरे कुछ ज़मींदारों की अधीनता इस प्रक्रिया का आरम्भ मात्र थी। (इनके नाम नहीं दिए गए हैं।) कारण कि बहुत से ज़मींदार अभी भी सिकन्दर ख़ान सूर का समर्थन कर रहे थे। इसलिए सिकन्दर ख़ान सूर से इन ज़मींदारों को अलग करने के लिए बादशाह ने नासिरुल-मुल्क को इस हिदायत के साथ इन वादियों में भेजा कि वह ज़मींदारों पर हमला करे और उन्हें लूटे। यह मुग़ल कमानदार पहाड़ों के बहुत से राजाओं को नीचा दिखाने और उनका माल-मत्ता लूटने में कामयाब रहा, जिसके कारण बहुत से राजा सिकन्दर का साथ छोड़ने के लिए मजबूर हो गए।[7] सिकन्दर ख़ान सूर का साथ छोड़कर अकबर के दूसरे शासन-वर्ष में उसकी अधीनता स्वीकार करनेवाला, पंजाब के पहाड़ों का एक प्रमुख सरदार मद्र का राजा बख़्तमल था। सिकन्दर जब मनकोट के क़िले में घिरा हुआ था, तब वह मुग़लों की तरफ़ आया था।[8]

उसी साल ताक़तवर गक्खड़ सरदार आदम ख़ान की अधीनता भी सिकन्दर ख़ान सूर विरोधी मुहिम का परिणाम थी। सिकन्दर ख़ान की अधीनता और क़िला मनकोट के समर्पण के बाद आदम ख़ान गक्खड़ को भी पता चल गया कि किधर की हवा बह रही थी और उसने लाहौर में बादशाह की ताबेदारी क़ुबूल की।[9]

सिकन्दर ख़ान सूर विरोधी कार्रवाइयों के दौरान पंजाब के पहाड़ों के जिस आख़िरी सरदार पर अकबर का ध्यान गया वह जम्मू का राजा कपूरचन्द था। आगरा वापस आने से पहले अकबर ने ख़्वाजा अब्दुल्लाह और तलवंडी के दूसरे ज़मींदारों की कमान में एक फौज़ कपूरचन्द के ख़िलाफ़ बनाई जो ख़ुद को क़िला जम्मू में मज़बूती से जमा चुका था। कहा गया है कि उन्होंने भारी विजय पाई और ख़ूब माल लूटा।[10]

इस तरह हम देखते हैं कि मुख्यतः सिकन्दर ख़ान सूर विरोधी कार्रवाइयों के दौरान ही बादशाह का ध्यान पंजाब के अधिकांश प्रमुख सरदारों पर गया। ये थे नगरकोट का राजा धरमचन्द, मऊ का बख़्तमल, आदम ख़ान गक्खड़ और जम्मू का राजा कपूरचन्द। इसके अलावा बहुत से दूसरे राजा भी थे जिनके इलाक़ों के नाम नहीं दिए गए हैं। इनमें से कुछ तो अधीन बना लिए गए पर दूसरों को मात्र 'दण्ड दिया या भागने पर मजबूर किया गया।'

पंजाब के पहाड़ी सरदारों से अकबर के अगले टकराव का सन्दर्भ उसके पाँचवें शासन-वर्ष में बैरम ख़ान की बग़ावत था। जब यह ख़बर मिली कि बैरम ख़ान ने तलवाड़ा के राजा गणेश की पनाह माँगी है तो बादशाह फिर उसी दिशा में बढ़ा। शिवालिक पहाड़ियों में बादशाह के लश्कर से चली फौज़ का एक हिस्सा उनसे टकराया जिन्हें अबुल-फ़ज़्ल ने 'हिन्दू ताक़तें' कहा है, और उनके पहाड़ी सरदारों (रायान और राजहा-ए-कोही) से टकराया। ये राजा हरा दिए गए। उनमें से अनेक तो तलवार के घाट उतार दिए गए जबकि दूसरे भाग खड़े हुए।[11]

कुछ राणाओं और ज़मींदारों ने अकबर की अधीनता उसके शासन-वर्ष 11 (1566) में क़ुबूल की जब वह पंजाब में मिर्ज़ा हकीम की घुसपैठ से उत्पन्न ख़तरे का मुक़ाबला करने के लिए वहाँ गया। पंजाब से मिर्ज़ा हकीम के निष्कासन के बाद बादशाह ने लाहौर में अपना तुलादान का जश्न मनाया। उत्तर के कुछ सरदारों ने वहाँ आकर सलाम बजाया और नज़राने दिए जबकि कुछ दूसरों ने अपने बेटों और दूतों को भेजकर अपनी वफ़ादारी की पुष्टि की।[12]

मुग़लों को इन सरदारों पर दोबारा ध्यान देते हम तब तक नहीं पाते जब तक कि शासन-वर्ष 23 (1578) में राजा टोडरमल को सूबा लाहौर में नियुक्त नहीं किया गया। 'उत्तरी पहाड़ियों' के कुछ सरदार (मर्ज़बान) अभी भी ताबेदार नहीं थे और इसलिए राजा टोडरमल को उन्हें बस में लाने का हुक्म दिया गया। फलस्वरूप बहुत से बूमी (पहाड़ी सरदार) अधीनता स्वीकार कर बैठे जबकि दूसरों को 'सज़ाएँ' दी गईं या 'इलाक़ाबदर' कर दिया गया।[13] हमारे स्रोतों में इस सूबे के सरदारों का बाद में जो वृत्तान्त मिलता है वह वास्तव में अकबर के शासनकाल के लगभग अन्त तक इन सरदारों के ख़िलाफ़

उसके हाकिमों की जंग की दास्तान है। बग़ावतें और मुग़ल हुकूमत की हुक्म-उदूली की कार्रवाइयाँ काफ़ी आम थीं और शासन-वर्ष 35, 37, 41 और 47 में बड़ी बग़ावतें हुईं।[14]

संक्षेप में, हम देखते हैं कि पहले पाँच वर्षों के दौरान इस सूबे के सरदारों से मुग़लों के टकराव सिकन्दर ख़ान सूर विरोधी फौज़ी कार्रवाइयों तथा बैरम ख़ान की बग़ावत के गौण परिणाम थे जबकि शासन-वर्ष 11 में वे मिर्ज़ा हकीम विरोधी मुहिम के परिणाम थे। इन ख़तरों के रफा होने के बाद ही मुग़लों ने सीधे-सीधे इन सरदारों पर ध्यान केन्द्रित करना शुरू किया।

दो

अब हम सूबा देहली, आगरा, अवध और इलाहाबाद पर आते हैं। इन सूबों में भी मुग़लों का सरदारों से पहला टकराव अफ़ग़ानों के उभार और मुग़ल कुलीनों की बग़ावतों के दौरान हुआ है। सूबा देहली में दो सबसे शक्तिशाली सरदार लखनौर का राजा मित्तरसेन कठेरिया और कुमायूँ का राजा थे। मित्तरसेन का ज़िक्र इलाक़ा सम्भल के प्रमुख ज़मींदारों में एक के रूप में आया है। वह हुमायूँ के दौर से ही अपने रजवाड़े पर हुकूमत करता आ रहा था।[15] और इससे पहले सम्भल कर क़ब्ज़ा तक कर चुका था।[16] वहीं कुमायूँ के मर्ज़बान या सरदार का ज़िक्र हिन्दुस्तान के बड़े बूमियों में से एक के रूप में मिलता है।[17] फ़िरिश्ता के अनुसार उसके पास सवार और पियादे मिलाकर 80 हज़ार की फौज़ थी और वह उत्तर भारत के पाँच बड़े राजाओं में एक था जो बहुत से दूसरे राजाओं पर शासन कर रहा था।[18]

मित्तरसेन पर अकबर का ध्यान शासन-वर्ष 5 (1560) में गया जब उसने इलाक़ा सम्भल में सिकन्दर ख़ान सूर के बेटे और ग़ाज़ी ख़ान तंवर की मुहिम का समर्थन किया। उनके ख़िलाफ़ मुहम्मद सादिक़ ख़ान को भेजा गया और, जैसा कि अबुल-फ़ज़्ल कहते हैं, सादिक़ ख़ान 'इस गिरोह को सज़ा देने का साधन' बन गया।[19]

राजा कुमायूँ पर, उसके संसाधनों के बावजूद, अकबर ने शासन-वर्ष 26 (1581) तक ध्यान नहीं दिया। मुग़लों ने इस राजा पर ध्यान दिया तो अरब बहादुर की बग़ावत तथा इलाक़ा सम्भल तक उसकी सरगर्मियों के विस्तार के बाद ही दिया। कारण कि राम साह, मकट सेन, राजा करन और दूसरे बहुत से ज़मींदारों के साथ इस राजा ने भी अरब बहादुर से हाथ मिला लिया था। सम्भल का फौज़दार हकीम ऐनुल-मुल्क बाग़ियों के ख़ेमे में फूट डालने में कामयाब रहा और उसने उपरोक्त चार सरदारों को अपनी ओर खींच लिया जो इस तरह 'नेक ख़िदमत की राहों पर लगा दिए गए।'[20]

सूबा आगरा में हाटकंट के ताक़तवर भदौरिया ज़मींदारों की अधीनता दरबारी राजनीति का नतीजा थी।[21] अबुल-फ़ज़्ल ने इसे राजधानी के जवार में सबसे मज़बूत ठिकाना कहा है[22] जहाँ शेर शाह तक को 12,000 घुड़सवार तैनात करने पड़े थे। चूँकि बैरम ख़ान हमेशा आज़म ख़ान पर शक करता रहता था और इसलिए उसे दरबार से दूर रखना चाहता था, उसने तीसरे शासन-वर्ष में यह परगना उसके हवाले कर दिया

था कि वह भदौरियों से जूझता रहे। फलस्वरूप, अबुल-फ़ज़्ल लिखते हैं कि 'वह इलाका अमल (कर-प्रशासन) में आया और उद्दण्ड तत्त्वों को दण्ड मिला।'[23] आगे चलकर राजा विक्रमजीत भदौरिया और उसके चचा राय मुकुन्द मुग़लों की सेवा में दाख़िल हुए और उन्हें मनसब दिए गए।[24]

सूबा आगरा का सबसे ताक़तवर सरदार ओरछा का राजा मधुकर बुन्देला था। वह इस इलाक़े का अकेला सरदार था जिसने अपनी ख़ुद की सरगर्मियों के कारण अकबर का ध्यान खींचा। अबुल-फ़ज़्ल कहते हैं कि यह राजा उद्दण्डता पर आमादा था और इसलिए वर्ष 18 (1573) में एक मुहिम ओरछा भेजी गई जो 'उस इलाक़े को अमल में ले आई' और 'उपद्रवी तत्वों की ताक़त कम कर दी गई।'[25]

अवध में सबसे प्रमुख सरदार हसन ख़ान बचघोटी था। अबुल-फ़ज़्ल लिखते हैं कि वह 'हिन्दुस्तान के प्रमुख जमींदारों में एक था, अपने नातेदारों, भाई-बिरादर और परिचरों (की संख्या) के बल पर अलग था' और मज़बूत गढ़ियों में रहता था।[26] हसन ख़ान परिदृश्य पर तब आया जब उसने मुग़लों के लिए परेशानियाँ पैदा कीं--पहले तो शासन-वर्ष 2 में एक प्रमुख अफ़ग़ान नेता जलाल ख़ान सूर से गठजोड़ करके[27] और फिर शासन-वर्ष 6 में मुबारिज़ ख़ान के बेटे शेर ख़ान से गठजोड़ करके।[28] प्रथमोक्त वर्ष में वह अफ़ग़ानों का समर्थन जुटाने और सरकार सम्भल में परेशानी पैदा करने में कामयाब रहा। द्वितीयोक्त वर्ष में वह मुबारिज़ ख़ान के बेटे के परचम तले मुग़लों के ख़िलाफ़ लड़ा और अफ़ग़ान फौज़ के एक हिस्से का कमानदार रहा। दोनों अवसरों पर बाग़ी हरा दिए गए और भागने पर मजबूर कर दिए गए।

अवध के दूसरे सरदारों में गोंडा के राजा मान तथा गुवारिख के ज़मींदार का ज़िक्र भी मुग़ल वृत्तान्तों में मिलता है कि उन्होंने वर्ष 25 (1580) में मासूम ख़ान फ़रख़ूँदी की बग़ावत में उसका साथ दिया था। राजा मान ने जल्द ही मासूम ख़ान फ़रख़ूँदी का साथ छोड़ दिया जबकि दूसरे ने शहबाज़ ख़ान के धमकाने पर मासूम फ़रख़ूँदी को अपने इलाक़े से बाहर कर दिया।[29]

अवध में मुग़लों का सामना एक और सरदार से भी हुआ। यह था गोरखपुर के जंगलाती इलाक़े का राजा संसारचन्द। उसके बारे में प्राप्त एकमात्र तत्कालीन उल्लेख से हम उसे सुलैमान उज़्बेक के बेटे यूसुफ़ मुहम्मद को पनाह देते पाते हैं जब वह आगरा के क़ैदख़ाने से भागकर राजा के पास आया। राजा ने फिर यूसुफ़ मुहम्मद को पाइन्द मुहम्मद ख़ान सग काश के भाई से गोरखपुर का क़िला जीतने में मदद दी। आगे चलकर मुग़लों के हाथों बाग़ी गठजोड़ की फौज़ों की शिकस्त के बाद राजा भागकर अपने इलाक़े में चला गया।[30]

मासूम ख़ान फ़रख़ूँदी और अरब बहादुर के ख़िलाफ़ मुग़लों की कार्रवाइयों के दौरान बहराइच के तथा बहराइच से उत्तर की पहाड़ियों के ज़मींदारों ने भी उनकी अधीनता स्वीकार कर ली। बहराइच नगर के पास वज़ ख़ान और मेहतर ख़ान के हाथों मासूम ख़ान फ़रख़ूँदी की हार के बाद ही जाकर, वर्ष 26 (1581) में, इस इलाक़े के सरदारों

(बूमियों) ने मुग़लों की अधीनता स्वीकार की।[31] बहराइच नगर और उसके आसपास के इलाक़े पर इससे पहले मासूम ख़ान ने क़ब्ज़ा किया था। बहराइच से उत्तर की पहाड़ियों के जमींदारों का हवाला वर्ष 31 (1586) में अरब बहादुर की बग़ावत के सन्दर्भ में भी मिलता है। उन्होंने अरब बहादुर का समर्थन किया था और उसने उसकी मदद से ही इन पहाड़ियों में एक क़िला भी बना लिया था।[32] लेकिन आगे चलकर अरब बहादुर के दुश्मन बननेवाले और मुग़लों से हाथ मिलानेवाले, इस इलाक़े के एक जमींदार खड़कराय और उसके बेटे दूलाराय के ही कारण अरब बहादुर की बग़ावत कुचली जा सकी और वह दूला के हाथों मौत के घाट लगा।[33]

सूबा अवध की सरहद से लगी पहाड़ियों में एक और सरदार से मुग़लों का सामना हुआ। यह अजमेर का राजा रंक था। अवध की तरफ़ से जाने पर उसका इलाक़ा शिवालिक की पहाड़ियों में पड़ता था। बदायूँनी के अनुसार वह कुछ शान-शौकतवाला जमींदार था और क़स्बा वज़राइल उसके इलाक़े का एक हिस्सा था; यह क़स्बा राजा की राजधानी अजमेर से दो दिन की यात्रा जितनी दूरी पर स्थित था। राजा रंक के इलाक़े में मुग़लों की मुहिम हुसैन ख़ान से मेहदी क़ासिम ख़ान तक परगना लखनऊ के हस्तान्तरण की उपज थी। इस हस्तान्तरण से हुसैन ख़ान चिढ़ गया और उसने विरोध में लखनऊ को त्यागकर राजा रंक के इलाक़े की ओर कूच किया। लेकिन ख़राब मौसम, रसद की कमी और पहाड़ों के लोगों के विरोध के कारण हुसैन ख़ान को पीछे हटना पड़ा।[34]

सूबा इलाहाबाद में सबसे ताक़तवर सरदार भट्टा का राजा रामचन्द्र था जो अपनी राजधानी बन्दूगढ़ से इलाहाबाद के दक्षिण में स्थित एक बड़े इलाक़े पर शासन कर रहा था; बन्दूगढ़ सबसे दुर्गम क़िलों में एक था।[35] आरम्भ में अकबर ने उस पर कोई ध्यान नहीं दिया। लेकिन जब मुग़लों के ख़िलाफ़ अपनी जंग के दौरान ग़ाज़ी ख़ान तंवर और दूसरे अफ़ग़ान भट्टा पहुँचे तो बादशाह ने कर्रा के जागीरदार आसफ़ ख़ान को बहुत से दूसरे कमानदारों के साथ भट्टा भेजा ताकि वे राजा रामचन्द्र को अफ़ग़ान बाग़ी सौंपने के लिए प्रेरित करें। बरसात का मौसम आ जाने के कारण मुग़ल फौज़ राजा पर दबाव डालने में नाकाम रही और उसे पीछे लौटना पड़ा।[36] आसफ़ ख़ान ने भट्टा के ख़िलाफ़ एक और मुहिम का नेतृत्व वर्ष 8 (1563) में ही जाकर किया। एक तीखी लड़ाई चली जिसमें ग़ाज़ी ख़ान तंवर व दूसरे कुछ अफ़ग़ान मारे गए तथा राजा को पीछे हटकर बन्दूगढ़ जाना पड़ा।[37]

संक्षेप में, हम देखते हैं कि सूबा देहली, आगरा, अवध और इलाहाबाद में सरदारों से मुग़लों का सम्पर्क अधिकतर सिकन्दर ख़ान सूर के बेटे ग़ाज़ी ख़ान तंवर तथा मुबारिज़ ख़ान के बेटे शेर ख़ान जैसे अफ़ग़ानों की बग़ावतों के सन्दर्भ में, या फिर मासूम ख़ान फ़रखूँदी, अरब बहादुर और यूसुफ़ मुहम्मद उज़्बेक जैसे मुग़ल कुलीनों की बग़ावतों के सन्दर्भ में, या फिर मुग़ल कुलीनों के आपसी झगड़ों के फलस्वरूप हुआ।

तीन

सूबा बिहार के सरदारों के ख़िलाफ़ अकबर के आरम्भिक टकरावों का ढर्रा भी पहले दर्ज सूबों से बहुत भिन्न नहीं था। इस सूबे में मुग़लों के सम्पर्क में आनेवाला पहला सरदार ताक़तवर उज्जैनिया सरदार राजा गजपती था। अकबर के शासन-वर्ष के 17वें साल (1574) में जब हम उसे पहले-पहल देखते हैं तब हम उसे ज़मानिया के ख़िलाफ़ ख़ाने-ख़ानाँ मुनअम ख़ान की ख़िदमत में पाते हैं; तब ज़मानिया पर बंगाल के शासक सुलैमान ख़ान कर्रानी के बेटे दाऊद ख़ान का क़ब्ज़ा था।[38] पर मुग़लों के साथ उज्जैनिया सरदार का सफ़र बहुत लम्बा नहीं चला। वर्ष 21 (1576) में हम उसे दाऊद ख़ान कर्रानी से गठजोड़ करके पूरब में मुग़लों के इलाक़ों पर हमला करते देखते हैं। आगे चलकर उसके बेटे दलपत उज्जैनिया ने अरब बहादुर और मासूम ख़ान काबुली जैसे बाग़ियों का समर्थन किया जिससे उत्तेजित होकर मुग़लों ने उज्जैनियों के ख़िलाफ़ फौज़ी कार्रवाई की।[39]

वर्ष 19 में खड़गपुर के जमींदार राजा संग्राम और गिधौर के राजा पूरनमल की अधीनता साफ़ तौर पर पूरब में अफ़ग़ान-विरोधी फौज़ी कार्रवाइयों की देन थी। बंगाल जाते हुए मुनअम ख़ान ने जब अफ़ग़ानों से सूरजगढ़ और मुंगेर क़स्बे छीन लिए तो आसपास के दूसरे बहुत से जमींदारों के साथ उपरोक्त सरदारों ने भी 'खुद को शाश्वत अधीनता की ज़ीन से बाँध दिया।'[40] पर इन दोनों सरदारों ने आगे चलकर मुग़लों की अवहेलना की तथा गिधौर के राजा ने तो बाग़ी मासूम ख़ान काबुली को खुलकर पनाह दी।[41]

चम्पारन के जमींदार उदय करन का ज़िक्र भी सबसे पहले मुग़ल-अफ़ग़ान जंग के दौरान ही मिलता है। शासन-वर्ष 20 (1575) में अफ़ग़ानों से हाजीपुर वापस पाने के लिए जब मुज़फ़्फ़र ख़ान ने एक मुहिम की अगुवाई की तो अबुल-फ़ज़्ल कहते हैं कि चम्पारन का जमींदार उदय करन 'दयानतदारों की क़तार में शामिल हुआ।' बेवरिज के अंग्रेजी अनुवाद के अनुसार उदय करन 'एकाग्र-चित्त वालों में एक बन गया' और उसने अफ़ग़ानों से क़िला हाजीपुर वापस छीनने में उपयोगी सेवा प्रदान की।[42]

दक्षिण बिहार में अफ़ग़ानों के ख़िलाफ़ मुज़फ़्फ़र ख़ान की मुहिम के कारण बहुत से दूसरे सरदार भी मुग़लों के सम्पर्क में आए। क़िला रोहतास पर कब्ज़े के बाद ख़ान जब जंगलों और पहाड़ियों में शिकार कर रहा था, उसे पहाड़ी राजाओं से माले-ग़नीमत के रूप में 160 हाथी मिले। फिर वापस हाजीपुर जाते समय जब उसने सियोर में डेरा डाला (हिजरी 985 ईसवी 1577-78) तो सियोर के राजा ने 'पेशकश' के रूप में उसे 30,000 रुपए और 20 हाथी भेजे।[43]

वर्ष 30 में शहबाज़ ख़ान के हाथों कोकरा के बूमी माधोसिंह की अधीनता भी उसकी सफल अफ़ग़ान-विरोधी मुहिम की देन थी। चूँकि दुर्गम पहाड़ियों पर भरोसा करनेवाला माधोसिंह घमण्ड के मारे सर ऊँचा ही रखता था, शाही फौज़ें उसे तबाह करने

के लिए आगे बढ़ीं और काफ़ी माले-ग़नीमत हासिल किया। फलस्वरूप माधोसिंह ने मालगुज़ारी देने का वादा किया।[44]

आधुनिक हथुआ राज के पूर्ववर्ती कल्याणपुर का जमींदार भी वर्ष 27 में नूर मुहम्मद और अब्दुल ग़फ़ूर जैसे बाग़ियों के ख़िलाफ़ जारी फौज़ी मुहिमों के वृतान्तों में सामने आता है। ख़ाने-आज़म मिर्ज़ा कोका ने जब बाग़ियों का पीछा किया तो वे भागकर पनाह लेने कल्याणपुर जा पहुँचे।[45] हालाँकि उन्हें वास्तव में कल्याणपुर में पनाह नहीं दी गई, पर इस अवसर पर मुग़लों के आगे कल्याणपुर के सरदार की अधीनता का कोई प्रमाण नहीं मिलता।

ताक़तवर चेरो सरदार अनन्त चेरो सम्भवतः बिहार का अकेला सरदार था जिस पर मुग़लों ने अफ़ग़ानों या बाग़ियों के प्रति अपने सरोकार से स्वतन्त्र रूप से ध्यान दिया। यह वर्ष 35 (1590) की बात है जब अफ़ग़ानों और मुग़ल बाग़ियों की ओर से कोई परेशानी बाक़ी नहीं बची थी। तब खड़गपुर और गिधौर के सरदारों को बस में कर चुके राजा मानसिंह ने अनन्त चेरो के ख़िलाफ़ एक मुहिम का नेतृत्व किया और लूट में काफ़ी माल प्राप्त किया।[46]

इस तरह हम देखते हैं कि, चेरों के ख़िलाफ़ राजा मानसिंह की मुहिम को छोड़ दें तो, इस सूबे के सरदारों से मुग़लों के आरम्भिक टकराव मूलतः अफ़ग़ानों और मुग़ल बाग़ियों के ख़िलाफ़ मुग़ल अभियानों के परिणाम थे।

चार

अब हम सूबा अजमेर की ओर आते हैं जहाँ आम्बेर का कछाव सरदार राजा भारमल अकबर के सम्पर्क में सबसे पहले आया। उसे अकबरी दौर के पहले वर्ष में ही हाजी ख़ान अफ़ग़ान से अपने गठजोड़ के कारण प्रमुखता प्राप्त हुई। नारनौल के क़िले में मुग़ल जागीरदार मजनून ख़ान क़ाक़शाल के ख़िलाफ़ जब हाजी ख़ान ने घेरा डाला, राजा उसके साथ था। मुग़ल जब बुरी तरह से घिर गए तब राजा ने हस्तक्षेप किया और उसने क़िले के शान्तिपूर्ण समर्पण की व्यवस्था की। फिर राजा ने मजनून ख़ान को दरबार में भेजा। इससे खुश होकर बादशाह ने उसे दरबार में बुलवाया। राजा ने निमन्त्रण का उत्तर दिया और उसी साल आगे चलकर अकबर के हुज़ूर में पहुँच गया।[47] लेकिन वर्ष 6 में राजा को अकबर की पनाह में जाने और उसकी मुलाज़िमत में शामिल होने के लिए मजबूर आम्बेर की सरदारी के लिए भारमल और उसके भतीजे शुजा की प्रतिद्वन्द्विता ने तथा शुजा की तरफ़दारी कर रहे, मेवाड़ के मुग़ल जागीरदार शरफ़ुद्दीन हुसैन मिर्ज़ा की दुश्मनी ने किया।[48]

आरम्भ में हाड़ा सरदार राय सुरजन की अधीनता मालवा के सूबेदार आज़म ख़ान के ख़िलाफ़ अकबर की कार्रवाई का एक गौण परिणाम थी। बाज़ बहादुर से मालवा को जीतने के बाद आजम ख़ान आज़ादी का दिखावा करने लगा था। इसलिए बादशाह ने खुद उसके ख़िलाफ़ मुहिम चलाई। जब वह रणथम्भौर पहुँचा तो अपने इलाक़े के

पास बादशाह की मौजूदगी की बात सुनकर राय सुरजन ने उसे पेशकश भेजी और अधीनता स्वीकार की।[49]

शासन-वर्ष 8 (1563) में चन्द्रसेन से जोधुपर की विजय बाग़ी शरफ़ुद्दीन हुसैन मिर्ज़ा के ख़िलाफ़ हुसैन कुली ख़ान की मुहिम का परिणाम थी। मिर्ज़ा के आदमियों से अजमेर और मेर्टा छीनने के बाद शाही कमानदार ने मौक़े का फ़ायदा उठाया और अपनी मुहिम ख़त्म करने से पहले उसने जोधपुर पर हमला करके चन्द्रसेन से उसे छीन लिया।[50]

अकबर के हवाले से बीकानेर के राय कल्याणमल का पहला ज़िक्र उसके द्वारा बैरम ख़ान को पनाह दिए जाने के सन्दर्भ में मिलता है।[51] पर ये वर्ष 15 (1570) की बात है जब अजमेर के क़िले को मज़बूत बनाने के बाद बादशाह नागौर की ओर बढ़ा और 'ज़ालिमों को क़ाबू में करने के लिए' और 'सियासी वजूहात से' वहाँ लम्बे अरसे तक ठहरा। कल्याणमल उन्हीं दिनों उसके पास आया और शाही मुलाज़िमत में दाखिल हुआ।[52] यही मौक़ा था जब जैसलमेर के सरदार रावल हरराज ने भी अधीनता की पेशकश की।[53]

सिरोही और आबूगढ़ के देवड़ा सरदार के ख़िलाफ़ अकबर का शुरुआती टकराव वर्ष 17 में उसकी गुजरात की मुहिम की पैदावार थी। गुजरात की मुहिम के अगले दस्ते की अगुवाई कर रहे ख़ाने-ख़ानाँ मीर मुहम्मद ख़ान अत्का को मारने के बारे में जब देवड़ा सरदार के आदमियों की चाल नाकाम हो गई तो सिरोही के ख़िलाफ़ एक असफल मुहिम का ख़ुद नेतृत्व करके बादशाह ने जवाबी कार्रवाई की। लेकिन गुजरात की मुहिम फिर शुरू करने की फ़ौरी ज़रूरत के कारण सिरोही के सरदार को बस में करने का काम टाल दिया गया।[54]

अकबर की गुजरात की मुहिम के ही दौरान डूँगरपुर के सरदार पर भी उसका ध्यान गया। गुजरात की मुहिम के सफल समापन के बाद वापस लौटते समय जब बादशाह ने वर्ष 18 (1573) में अपनी फौज़ के साथ डूँगरपुर के पास डेरा डाला तो उसने मौक़े का फ़ायदा उठाकर डूँगरपुर के सरदार को जीतने के लिए एक मुहिम भेजी। एक लड़ाई भी चली पर वह वर्ष 21 (1576) में जाकर ही बस में किया जा सका।[55] इसी तरह गुजरात-विजय से पहले तक बाँसवाड़ा के शासक पर कोई ध्यान नहीं दिया गया। उसने बादशाह की अधीनता तभी स्वीकार की जब वर्ष 21 में मालवा जाते हुए बादशाह ने उसके इलाक़े में ख़ेमा डाला।[56]

मुग़लों के हवाले से जालौर के अफ़ग़ान सरदार का ज़िक्र पहले-पहल शरफ़ुद्दीन हुसैन मिर्ज़ा की बग़ावत के सन्दर्भ में आता है। वर्ष 8 में जब बाग़ी मिर्ज़ा नागौर और अजमेर से खदेड़ दिया गया तो जालौर की तरफ़ पहुँचा।[57] पर जालौर के सरदार को वर्ष 21 (1576) में ही अकबर की अधीनता स्वीकार करने के लिए मजबूर किया जा सका।[58]

आख़िरी बात। मेवाड़ के ताक़तवर सिसौदिया राजा भी अकबर का ध्यान अफ़ग़ानों

तथा मुहम्मद सुल्तान मिर्ज़ा के बेटों के ख़िलाफ़ उसकी कार्रवाइयों के दौरान ही गया। अकबरी दौर के पहले साल में ही राणा का टकराव हाजी ख़ान अफ़ग़ान से अकबर से उसकी लड़ाई के दौरान हुआ।[59] चूँकि हाजी ख़ान मुग़लों का प्रमुख सरोकार था, राणा पर ध्यान नहीं दिया गया। लेकिन वर्ष 7 में बाज़ बहादुर को पनाह देकर राणा ने दुश्मनी का बर्ताव किया।[60] लेकिन उसके ख़िलाफ़ कोई कार्रवाई तब तक नहीं की गई जब तक वर्ष 12 (1567) में मालवा में मुहम्मद सुल्तान मिर्ज़ा के बेटों की बग़ावत के दौरान अकबर को इसका मौक़ा नहीं मिला; इसी बग़ावत के कारण अकबर ख़ुद मालवा की ओर कूच करने पर मजबूर हुआ। अबुल-फ़ज़्ल ने लिखा है : 'जिस वक़्त बादशाह का ख़ेमा *मालवा की मुहिम के लिए बन्दोबस्त करने की ख़ातिर* गगरौन के पास गड़ा हुआ था (ज़ोर हमारा), आसफ़ ख़ान और वजीर ख़ान, जिनकी पास ही में जागीरें थीं, हुक्म के मुताबिक मंडलगढ़ की गढ़ी पर हमला करने के लिए चले' जो राणा की ओर से रावत बल्लो सोलंकी के हाथों में थी।[61] नतीजा यह रहा कि मंडलगढ़ की विजय ने, जो मालवा की मुहिम का गौण परिणाम थी, वर्ष 12 में चित्तौड़ की विजय का और फिर राणा के साथ एक लम्बे संघर्ष का रास्ता तैयार किया।

इस तरह हम बाग़ी सरदारों आज़म ख़ान, शरफुद्दीन हुसैन मिर्ज़ा और मुहम्मद सुल्तान मिर्ज़ा के बेटों के ख़िलाफ़ मुग़लों की फ़ौजी कार्रवाइयों तथा क्रमशः रणथम्भौर के हाड़ा सरदार, जोधपुर के राठौड़ सरदार तथा मेवाड़ के सिसौदिया सरदार के ख़िलाफ़ मुग़लों के आरम्भिक टकरावों के बीच एक गहरा सम्बन्ध पाते हैं। मेवाड़ के मुआमले में राणा द्वारा मालवा के भगोड़े अफ़ग़ान हाकिम बाज़ बहादुर को दी गई पनाह भी ग़ौरतलब है जबकि आम्बेर के कछाव सरदार का पहला ज़िक्र नारनौल पर हाजी ख़ान अफ़ग़ान के घेरे के सन्दर्भ में मिलता है। रहे कछाव तो आम्बेर की सरदारी पाने का अन्दरूनी संघर्ष भारमल के अकबर के क़रीब आने का एक अतिरिक्त कारण था। गुजरात की सरहद पर मौजूद सरदारियों अर्थात सिरोही, डूँगरपुर और बाँसवाड़ा का अकबर से पहला सम्पर्क उसकी गुजरात की मुहिम के दौरान ही हुआ।

संक्षेप में, हम देखते हैं कि सरदारों से अकबर के आरम्भिक टकराव, जिनका अन्त अनेक मुआमलों में उनकी आंशिक या पूर्ण अधीनता में होता था या जिनसे कुछ मुआमलों में उनकी अधीनता की प्रक्रिया शुरू होती थी, अधिकतर अफ़ग़ानों या बाग़ी मुग़ल कुलीनों के ख़िलाफ़ मुग़लों की फौज़ी कार्रवाइयों की या फिर दरबार की राजनीति की उपज थे। लेकिन सूबा अजमेर के दक्षिण-पश्चिम भाग की सरदारियों के ख़िलाफ़ चले टकराव उसकी गुजरात की मुहिम के गौण परिणाम थे। ये सरदार चाहे जितने ताक़तवर रहे हों, इस क़दर स्थानीय हैसियतवाले थे कि मुग़लों को कोई बड़ी चुनौती नहीं दे सकते थे। उनकी इलाक़ाई महत्त्वाकांक्षाएँ उनके आसपास के क्षेत्रों तक सीमित रहती थीं। इसलिए जब तक अफ़ग़ानों और मुग़ल बाग़ियों का ख़तरा बना रहा, इन सरदारों के ख़िलाफ़ भारी फौज़ी संसाधन लगाने की अकबर ने ज़रूरत महसूस नहीं की। उनके विपरीत अफ़ग़ान और मुग़ल बाग़ी बड़े-बड़े क्षेत्रों में सक्रिय थे और उन्होंने ही

मुग़ल फौज़ों को व्यस्त रखा। इन आरम्भिक वर्षों में मुग़लों के हाथों शिकस्त खाकर अपने इलाक़ों से खदेड़ दिए जाने के बाद भी मुख्यतः वे ही अकबर का ध्यान खींचते रहे। सरदार मुग़ल दरबार की प्रमुख चिन्ता तो तभी बने जब अफ़ग़ानों और बाग़ियों का ख़तरा समाप्त हो गया।

सन्दर्भ और टिप्पणियाँ

(इस लेख की तैयारी के दौरान अपने सहकर्मी डॉ. चेतन सिंह से हुए विचार-विमर्श से मुझे काफ़ी लाभ हुआ।)

1. ए आर ख़ान, चीफ़टेंस इन द मुग़ल इम्पायर, ड्यूरिंग द रीन आफ़ अकबर, शिमला, 1977
2. एस नूरुल हसन, द पोजीशन आफ़ द ज़मींदार्स इन द मुग़ल इम्पायर, इंडियन इकानामिक एंड सोशल हिस्टरी रिव्यू, वर्ष एक, अंक 4 (अप्रैल-जून 1964), देहली
3. शेख़ फ़रीद भक्कड़ी, *ज़ख़ीरतुल-ख़्वानीन,* एक, कराची, 1961, पृ. 103-4
4. अबुल-फ़ज़्ल, *अकबरनामा* (इनायतुल्लाह कृत उसकी *तकमील* समेत), फ़ारसी पाठ, बिबिलयोथिका इंडिका सिरीज़, कलकत्ता, 1877-78, तीन, पृ. 683 देखें।
5. उपरोक्त, दो, पृ. 47
6. उपरोक्त, पृ. 20
7. उपरोक्त, पृ. 50
8. उपरोक्त, पृ. 63
9. उपरोक्त
10. उपरोक्त, पृ. 75
11. उपरोक्त, पृ. 116
12. उपरोक्त, पृ. 278
13. उपरोक्त, तीन, पृ. 248
14. ए आर ख़ान, पूर्वोक्त, पृ. 52-53
15. *अकबरनामा,* एक, पृ. 185
16. अब्दुल क़ादिर बदायूँनी, *मुंतख़बुल-तवारीख़,* फारसी पाठ, बिबिलयोथिका इण्डिका सिरीज़, कलकत्ता, 1864-69, एक, पृ. 425
17. *अकबरनामा,* तीन, पृ. 533
18. मुहम्मद क़ासिम हिन्दूशाह 'फ़िरिश्ता', *गुलशने-इब्राहीमी,* सामान्यतः *तारीख़े-फ़िरिश्ता* के नाम से ज्ञात, कानपुर, 1884, दो, पृ. 420
19. *अकबरनामा,* दो, पृ. 104
20. उपरोक्त, तीन, पृ. 349
21. अब्बास ख़ान सरवानी, *तारीख़े-शेरशाही,* एम.एस. इलियट संख्या 371, बोदलियान लाइब्रेरी, फ़ोलियो 89 ए-बी
22. *अकबरनामा,* दो, पृ. 78
23. उपरोक्त, तीन, पृ. 77
24. ए आर ख़ान, पूर्वोक्त, पृ. 149

25. *अकबरनामा,* तीन, पृ. 77
26. उपरोक्त, दो, पृ. 56
27. उपरोक्त
28. उपरोक्त
29. उपरोक्त, तीन, पृ. 340; ए आर ख़ान, पूर्वाक्त, पृ. 151-52 भी देखें।
30. बायज़ीद बियात, तज़्किर-ए-हुमायूँ-ओ-अकबर, सं : एम हिदायत हुसैन, कलकत्ता, 1941, पृ. 316-17
31. *अकबरनामा,* तीन, पृ. 370
32. उपरोक्त, पृ. 492
33. उपरोक्त, पृ. 493
34. बदायूँनी, दो, पृ. 125-26
35. बदायूँनी, तीन, पृ. 728
36. उपरोक्त, दो, पृ. 148
37. उपरोक्त, पृ. 182-83
38. उपरोक्त, तीन, पृ. 22
39. उपरोक्त, पृ. 168-87, 186-89, 323-24, 331
40. उपरोक्त, पृ. 107-8
41. उपरोक्त, पृ. 321
42. उपरोक्त, पृ. 136-37
43. आरिफ़ क़न्धारी, *तारीख़े-अकबरी,* रामपुर, 1962, पृ. 225-26
44. *अकबरनामा,* तीन, पृ. 479
45. उपरोक्त, पृ. 396-97
46. उपरोक्त, पृ. 576
47. उपरोक्त, पृ. 22, 45
48. उपरोक्त, पृ. 155-58
49. उपरोक्त, पृ. 140
50. उपरोक्त, पृ. 197
51. उपरोक्त, पृ. 105; साथ में निज़ामुद्दीन अहमद, *तबक़ाते-अकबरी,* दो, कलकत्ता, 1931, पृ. 147 भी देखें।
52. *अकबरनामा,* दो, पृ. 357-59; तबक़ात, दो, पृ. 229-30
53. *अकबरनामा,* दो, पृ. 359
54. उपरोक्त, पृ. 4-5, 189-90; *तबक़ात,* दो, पृ. 236-37; बदायूँनी, दो, पृ. 140 भी देखें।
55. *अकबरनामा,* तीन, पृ. 40, 196
56. उपरोक्त, पृ. 194-95
57. उपरोक्त, दो, पृ. 196
58. उपरोक्त, तीन, पृ. 189-90
59. उपरोक्त, दो, पृ. 146
60. उपरोक्त, पृ. 169; *तबक़ात,* दो, पृ. 157
61. *अकबरनामा,* दो, पृ. 301-3, 313 और आगे।

अकबर और राजपूत रजवाड़ों का साम्राज्य में एकीकरण

एस. इनायत अली ज़ैदी

अकबरनामा और *आइने-अकबरी*, जो अकबर और उसके साम्राज्य-सम्बन्धी आधिकारिक स्रोत हैं, कुलीनों और उनके आश्रितों को छोड़ दें तो उसके साम्राज्य को दो वर्गों मे विभाजित करते हैं। एक तो शासक-समूहों से नीचे के समूह हैं, और दूसरे 'प्रजा' हैं पहलेवाले समूहों को ज़मीनदार, बूमीयान, मर्जबानान और अक़वाम कहा गया है तो दूसरे समूह को रैयत और मर्दुम।[1] इन शब्दों का कोई धार्मिक अन्तःतत्व नहीं है और बादशाह (सबसे ऊपर) होने के नाते, अकबर दोनों समूहों के हितों की देखभाल करना अपना फ़र्ज़ समझता था। पहले के प्रति अपने सरोकार के चलते उसने शासक-समूहों का मुग़ल साम्राज्य-व्यवस्था से एकीकरण किया। एक तरफ़ स्वतन्त्र शासकों को मात देकर अकबर ने स्थानीय समूहों की ताक़त को नष्ट किया; दूसरी तरफ़ उसने उनको साम्राज्य के शासक वर्ग का अंग बनाकर उनकी शक्ति और प्रतिष्ठा में वृद्धि की।

यह नीति उसके पूर्वजों की नीति से अलग थी और इसने भारतीय राज-व्यवस्था को एक भारी मोड़ दिया। अभी तक चलती चली आई नीति यह थी कि एक स्थानीय सरदार को अधीन बनाया जाता था, उससे एक भारी रक़म ('पेशकश' या ख़िराज) ली जाती थी,[2] और फिर उसे उसके क्षेत्र में स्वतन्त्र छोड़ दिया जाता था। लेकिन अकबर ने इन सरदारों को फ़ौजी सरबराहों के रूप में साम्राज्य की सेवा का अवसर देकर और उनके साथ तूरानी और ईरानी सरदारों के बराबर का व्यवहार करके उनको रंगमंच के बीच में खड़ा कर दिया।

पेशकश वसूलने और ज़रूरत पड़ने पर उनसे फ़ौजी सेवा की माँग करने की पुरानी नीति से स्थानीय शासकों के ही नहीं बल्कि रैयत (प्रजा) के हित भी बुरी तरह प्रभावित होते थे कि अन्ततः इनका बोझ उन्हीं को उठाना पड़ता था। इस तरह सरदार और उसकी रिआया के हित एक जैसे हो जाते थे और केन्द्र के जुए को उतार फेंकने में उनकी बराबर दिलचस्पी होती थी। लेकिन 'लेन-देन' की नीति अपनाकर अकबर ने सरदारों के हितों को केन्द्रीय सत्ता से जोड़ दिया और एक उच्चतर स्तर पर एक ठोस

सम्बन्ध की बुनियाद रखी।[3] अब वे दोनों मिलकर रैयत का शोषण करने लगे। इसके लिए इन सरदारों को बादशाह की ओर से जागीरें दी जाने लगीं और बदले में सल्तनत को और फैलाने के लिए इन सरदारों की सेवाएँ ली जाने लगीं।

16वीं सदी तक देशी शासकों के बीच राजपूत सरदारों को एक मज़बूत मुक़ाम हासिल हो चुका था। सैनिकों और जंगी इस्तेमाल के जानवरों के एतबार से उनकी सैन्य-शक्ति को पहचानकर[4] अकबर ने उनको मुग़ल शासक वर्ग में शामिल किया। मुग़ल सेवा में प्रवेश को उसने सरदारों तक ही सीमित नहीं रखा, बल्कि निचले स्तर के वंशों के सरदारों के लिए भी इसके दरवाज़े खोल दिए। उनको भी मनसब दिए गए और मुग़ल सेवा में उनसे बराबर का सुलूक किया जाता रहा। इसमें सिर्फ़ मनसबों के श्रेणीक्रम का ध्यान रखा जाता था।

इस तरह भरती किए गए सरदारों (कुलीनों) को जो मनसब दिए जाते थे, उसके अनुसार फ़ौजी दस्ते तैयार करने के लिए उनको सिपाहियों की ज़रूरत पेश आती थी। नतीजा यह हुआ कि शुरू-शुरू में इन सिपाहियों की एक बड़ी तादाद किसान-सैनिकों की होती थी।[5] उन्हें जो ज़मीन से आमदनी होती थी उसके अलावा वे मुग़ल मनसबदारों की फ़ौजी सेवा करके कुछ और भी कमाने लगे। इस तरह राजपूत सरदारों और उनके सिपाहियों के इलाक़ों में कुछ दौलत आई जो सल्तनत की सेवा से प्राप्त आय की देन होती थी। ख़िराज के रूप में विपरीत दिशा में दौलत की निकासी कम ही हुई क्योंकि एक बार मनसब दे दिए जाने के बाद ख़िराज की उम्मीद नहीं की जाती थी। अकबर ने साम्राज्य के विभिन्न भागों में राजपूत सरदारों को सूबेदार, फ़ौजदार, दीवान और क़िलेदार जैसे ऊँचे प्रशासनिक पद देकर उनको उच्चतम श्रेणी के कुलीनों में भी शामिल किया।[6]

इस तरह केन्द्र और इलाक़ेदारों के सम्बन्धों को अकबर ने एक नया मोड़ दिया। शाही सेवा में राजपूत सरदारों की भरती के शुरुआती चरणों में लगता है कि अकबर ने परम्परागत नीति का ही पालन किया। इस नीति में किसी सरदार पर विजय पाने के बाद उसका इलाक़ा उसी के पास रहने दिया जाता था, शर्त सिर्फ़ यह होती थी कि वे ज़रूरत पड़ने पर फ़ौजी सेवा प्रदान करेंगे। मगर जो शासक राजपूत सरदार अपने स्वामियों से टकराव के बाद अकबर की सेवा में आए थे, उनके साथ ज़ाहिर है कि ऐसी कोई व्यवस्था नहीं की जा सकती थी। एक वैकल्पिक उपाय यह था कि प्रमुख सरदार से कुछ इलाक़ा छीना जाए और उसे दूसरे राजपूत कुलीनों को जागीरों के रूप में दिया जाए। सरदारों और उनके सम्बन्धियों, दोनों को जागीरें देने की यह नीति तब और महत्त्वपूर्ण हो उठी जब 1573-74 में कुलीनों के संख्यात्मक श्रेणी क्रम तय किए गए।[7] अब जिन राजपूत सरदारों को अपनी जमा (मालगुज़ारी) से अधिक वेतन आदि देने पड़ते थे, उन्हें साम्राज्य के दूसरे भागों में जागीरें दी जाने लगीं। इसका भी साक्ष्य है कि 1573 में मानसिंह को मालवा में खिचीवार में जागीर मिली हुई थी।[8] 1578 के पहले कछवाह सरदारों को जब पंजाब में तैनात किया गया तो उन्हें वहाँ जागीरें दी गईं।[9]

लगता है कि अकबर ने कुछ राजपूत रजवाड़ों पर पूर्ण नियन्त्रण स्थापित करने के प्रयास भी किए। मसलन राजा मालदेव के वंशजों के बीच उत्तराधिकार-सम्बन्धी विवादों का फ़ायदा उठाकर अकबर ने कोई बीस वर्षों (1563-83) तक जोधपुर पर साम्राज्य का प्रत्यक्ष नियन्त्रण बनाए रखा।[10] लेकिन निरन्तर प्रतिरोध का सामना होने पर अकबर ने जोधपुर को अपने प्रिय अधिकारी उदयसिंह को दे देने का फ़ैसला किया जो जनता के बीच 'मोटा राजा' कहा जाता था।[11]

नगरकोट को जो बाग़ी राजा जयचन्द के इलाक़े का हिस्सा था, जब 1572-73 में अकबर ने राजा बीरबल को जागीर के रूप में दे दिया तो इसका भारी विरोध हुआ।[12] तब अकबर ने नगरकोट को वापस राजा के ही हवाले कर दिया, तथा शाही दरबार और राजा के बीच एक सन्धि हुई।[13]

अकबर ने 1573-74 में अपने कुलीनों को मनसब देने का फ़ैसला किया और दाग़ के नियम-क़ायदे जारी किए।[14] मनसबदारों और उनके सिपाहियों के वेतन आदि के लिए साम्राज्य की जमा नए सिरे से निर्धारित करने का फ़ैसला किया गया। जमा के आकलन के लिए अकबर ने अपने साम्राज्य के विभिन्न भागों में करोड़ी भेजे।[15] राजपूत रजवाड़ों में भी ऐसे ही करोड़ी भेजे गए। फिर भी जब 1575 में बीकानेर और साँभर की जमा तय करने के लिए ये करोड़ी वहाँ पहुँचे तो वहाँ के सरदारों ने उन्हें इसकी इजाजत नहीं दी।[16]

1592-93 में उत्तराधिकार के सवाल का फ़ायदा उठाकर अकबर ने भट्टा को साम्राज्य के प्रत्यक्ष नियन्त्रण में रखने की कोशिश की।[17] आगे चलकर 1598-99 में इसे शाहजादा दानियाल को दे दिया गया।[18] लेकिन भट्टा के सरदारों के कड़े विरोध के चलते अकबर ने 1602-3 में उसे फिर वहाँ के शासक विक्रमजीत को वापस सौंप दिया।[19]

लेकिन ऐसे मुआमले ज़्यादातर अपवादस्वरूप ही थे। अकबर ने सारे 'वतनों' ('घरेलू' रियासतों) को उन्हीं के सरदारों के पास रहने दिया। शुरू-शुरू में वह उत्तराधिकार पानेवाले हर सरदार के पास सिर्फ़ उसका क़िला रहने देता था (जो सरदार का महल भी होता था); साथ ही उसे राव या राजा की वंशगत पदवी इस्तेमाल करने की इज़ाजत भी दी जाती थी। इसे उसका वंशगत अधिकार माना जाता था, पर इनके लिए भी शाहंशाह की रज़ामन्दी ज़रूरी होती थी, जैसाकि हम आगे देखेंगे। 1583 में जब उदयसिंह की ताजपोशी हुई तो अकबर ने उसे सिर्फ़ जोधपुर का क़िला दिया।[20] इसी तरह 1602-3 में दुर्योधन को बांडुगढ़ का क़िला सौंपा गया,[21] और सरदार को क़िलेदार का दर्जा दिया गया।[22]

हम यह भी देखते हैं कि कुलीनों के भूतपूर्व रजवाड़ों के कुछ हिस्से दूसरे कुलीनों को दिए गए और कभी-कभी 'खालिस' (शाही भूमि) में भी मिला लिए गए। बादशाह ने 1572 में आम्बेर परगना के एक 'महल' सांगनीर को बतौर जागीर रामदास उदावत को सौंपा।[23] 1597 में आम्बेर परगना का एक गाँव पुनवलिया उदक (मालगुज़ारी से

मुक्त भूमिदान) के रूप में एक ब्राह्मण धर्मराज जोशी को सौंप दिया गया।[24] 1570 की दहाई में नगरकोट के कुछ हिस्से क़ब्ज़ा करके 'ख़ालिस' में मिला लिए गए।[25] 1596 में पहाड़ी राजा बासू के रजवाड़े के एक 'महल' पैठन को बतौर जागीर मिर्ज़ा रुस्तम को दे दिया गया।[26] रजवाड़ा सिरोही का मुआमला ख़ास ध्यान दिए जाने का हक़दार है। 1596-97 में राव सुल्तान के अधीनता स्वीकार कर लेने के बाद सिरोही का पूरा रजवाड़ा और आबूगढ़ सैयद हाशिम बुख़ारी के प्रशासनिक प्रभार में दे दिए गए।[27] इस इलाक़े का आकलन किया गया और उसकी जमादामी तय की गई।[28] यह रजवाड़ा फिर शाही सेवा के लिए और 200 सवारों के रखरखाव के लिए गुजरात के सूबेदारों को बतौर जागीर दिया जाने लगा।[29] इससे भी अहम बात यह है कि इस इलाक़े के रणनीतिक महत्त्व को समझकर और मेवाड़ के सिसौदिया राणाओं के प्रति सिरोही के सरदारों की पिछली अधीनता के मद्देनज़र, अकबर ने रजवाड़े का आधा भाग राव के हाथों से ले लिया जिससे राव की शक्ति कम हुई, और यह भाग बतौर जागीर जगमल सिसौदिया को दे दिया गया। राणाप्रताप का यह भाई अकबर की सेवा में था।[30]

विभिन्न कुलीनों के इलाक़ों के बहुत से सरदार, जिनकी हैसियत ठिकानेदारों और पट्टेदारों की थी, सीधे शाही सेवा में लिए गए और उनके इलाक़ों (ठिकानों, पट्टों) को पिछले सरदारों से स्वतन्त्र अलग मनसब माना जाने लगा। ज़ाहिर है कि इस तरकीब का दोहरा प्रभाव हुआ : (1) इससे ऊँचे सरदारों के इलाक़े घट गए, और (2) वंशों की एकजुटता टूटी या कमज़ोर हुई। अब ये उप-सरदार अपने पिछले सरदारों की बजाय सीधे बादशाह के सामने जवाबदेह बन गए।

आम्बेर के कछवाह क्षेत्र में देवसा, नरैना, लावन, साँभर और अमरसर के इलाक़ों को विभिन्न सरदारों की स्थायी जागीरों का दर्जा दे दिया गया।[31] इसी तरह राव मालदेव और उसके उत्तराधिकारी चन्द्रसेन के नियन्त्रण वाले एक बड़े क्षेत्र को बतौर जागीर उनके सरदारों को सौंप दिया गया। मेरता, जैतरन, सोजत, सीवाना और जालौर के मुआमले यहाँ दर्ज करने क़ाबिल हैं।[32] मेवाड़ के सिसौदिया राजाओं के जिन ठिकानेदारों ने अकबर की अधीनता स्वीकार कर ली, उनको उनके ठिकाने जागीरों के रूप में दे दिए गए। राव सुरजन हाड़ा और राव दुर्गा चन्द्रावत ने जब अकबर की बादशाही क़ुबूल कर ली तो उनको उनके ठिकाने यानी बूँदी और रामपुरा बतौर जागीर वापस मिल गए।[33]

सरदारों और उनके पुराने असामियों को उनके 'वतनों' में जो इलाक़े दिए गए वे साधारण जागीरों से इस अर्थ में अलग थे कि वे अहस्तान्तरणीय प्रकृति के थे। लगता है, अकबर के शासन के अन्तिम भागों में दोनों के बीच शब्दावली का अन्तर पैदा हो गया था। प्रशासनिक संस्थाओं के निरन्तर सुव्यवस्थीकरण के चलते अकबर ने 1596-97 के आसपास जहाँ 'ज़ात' और 'सवार' का एक अन्तर क़ायम किया,[34] वहीं लगता है कि उसके मन में साधारण जागीर और 'वतन' जागीर के अन्तर का विचार भी पैदा हुआ।

साधारण जागीर और 'वतन' जागीर का एक ज़ाहिरा अन्तर, लगता है कि पहली

बार, ख़ास तौर पर 1604 के आसपास, बीकानेर के राजा रायसिंह के नाम अकबर के फ़रमान में किया गया। इस दस्तावेज़ में कहा गया है कि 'जहाँ कथित महल (शम्साबाद) लम्बे अरसे से राठौरों की जागीरों से जुड़ा हुआ रहा है, वहीं हमने भारी कृपा के चिह्नस्वरूप दोनों परगनों (शम्साबाद और नूरपुर) को 'वतन' जागीर के रूप में उन्हें (राव रायसिंह को) प्रदान किया है।[35]

'वतन' जागीर देने के इस हवाले से ज़ाहिर होता है कि—

(1) 'वतन' जागीर स्थायी आधार पर दी जाती थी;

(2) साम्राज्य के किसी भाग में सम्राट किसी कुलीन के लिए अपनी इच्छा से 'वतन' क़ायम कर सकता था; और

(3) जिस कुलीन के लिए 'वतन' जागीर क़ायम की जाती थी, उसके बारे में आशा की जाती थी कि उस स्थान से उसका लम्बा सम्बन्ध रहेगा।[36]

अकबर ने शायद यह एहसास भी किया था कि राजपूत सरदारों का लगाव उनके पैतृक इलाक़ों तक सीमित रहेगा तो इससे स्थानीय वफ़ादारियाँ मज़बूत होंगी, पर उनके पैतृक इलाक़ों से काफ़ी दूर अगर कोई 'वतन' जागीर क़ायम की जाती है तो इससे मजबूरी की हालत में सरदारों के अपने हित साम्राज्य के हित से एकाकार हो जाएँगे।

चूँकि इन सरदारों ने मुग़ल-सेवा क़बूल की थी और उनको मनसब दिए गए थे, इसलिए उनको उनके वेतन के बराबर राजस्व किसी जागीर के रूप में दिया जाता था। इसके चलते राजस्व का एक भाग हमेशा ही सरदारों को उनके 'वतनों' में चला जाता था। इस तरह सरदारों को उनके 'वतनों' में मिलनेवाले राजस्व उनके वेतन के अंश होते थे, न कि कोई अतिरिक्त विशेषाधिकार।[37] दूसरे शब्दों में अकबर का क़ौल था कि सरदारों को उनके 'वतनों' में दिए जानेवाले राजस्व उनकी फ़ौजी सेवाओं के पारितोषिक थे; ये उनको केवल उनके पैतृक अधिकार स्वरूप नहीं मिलते थे। इस पारितोषिक की प्रकृति सभी अर्थों में एक साधारण (तनख़्वाह वाली) जागीर जैसी होती थी, सिवाय एक अर्थ के, यानी यह हस्तान्तरण से सुरक्षित रहती थी। लगता है कि ज़ाहिरा तौर पर सरदारों के 'वतनों' से जो राजस्व प्राप्त होता था उसे स्थिर नहीं माना जाता था, जैसाकि कुछ विद्वानों ने समझ लिया है।[38] लगता है कि यह समय-समय पर बदलता रहता था।[39] पर यह प्रथा-सी बन गई थी कि राजस्व का एक भाग हमेशा ही 'वतन' में हर उत्तराधिकारी सरदार को, उसकी पैतृक सरदारी के चिह्नस्वरूप, दिया जाएगा।

दिए जानेवाले इन 'वतनों' के अलावा राजस्व का एक अच्छा-ख़ासा भाग 'वतन' से लगे इलाक़ों में स्थित साधारण जागीरों में भी दिया जाता था। चूँकि सरदारों के पास यह राजस्व भी एक पीढ़ी से अधिक समय तक या लम्बे काल तक रहता था, इसलिए वे अकसर उसे ग़लती से अपना 'वतन' समझ लेते थे, जबकि मुग़ल प्रशासन इस आमदन को साधारण प्रकृतिवाला ही मानता रहा जिसे मौक़े का तक़ाज़ा होने पर वापस

लिया या हस्तान्तरित किया जा सकता था। समझ का यह टकराव 1693 में सामने आया जब आम्बेर से लगे परगनों में स्थित जागीरें राजा बिशनसिंह को नहीं दी गईं। राजा ने फ़ौरन मुग़ल दरबार में एक अर्ज़ी लगा दी। उसने न दी गई इन जागीरों पर वतनदारी के अधिकारों का दावा इस आधार पर किया कि राजा मानसिंह के समय (1589-1614) से ही देवली, बसवा, नेवई और फागी के परगने आम्बेर के शासकों को सौंपे जाते रहे हैं। इसके बाद बादशाह ने इस जागीर की वास्तविक प्रकृति के बारे में एक जाँच बिठा दी।[40]

वतन जागीर के रूप में स्थायी हित की इस धारणा को अकबर ने सामान्य परिस्थितियों में सरदारों को बेदख़ल न करके और मज़बूत बनाया। पर उत्तराधिकार के निश्चय में हस्तक्षेप करके उसने यह भी स्पष्ट कर दिया कि अन्तिम अधिकार उसी को प्राप्त है। वास्तव में उसके संरक्षक बैरम ख़ान ने यह बात बहुत पहले ही स्पष्ट कर दी थी जब उसने, 1557 में, अकबर का अधिराजत्व स्वीकार करने में हिचकनेवाले, मऊ के बख़्तमल को बेदख़ल करके उसकी जगह उसके भाई तख़्तमल को बिठा दिया था।[41] अकबर ने 1576 में राणाप्रताप से सहयोग के आरोप में बूँदी के राव सुरजन हाड़ा के सबसे बड़े बेटे दूदा को बेदख़ल कर दिया और सरदार का ओहदा उसके छोटे भाई भोज हाड़ा को दे दिया।[42] इसी तरह जब जोधपुर के राव मालदेव के बेटों रामराय और चन्द्रसेन के बीच उत्तराधिकार का विवाद पैदा हुआ तो अकबर ने दोनों के दावों को बरतरफ़ करके उनके भाई उदयसिंह को जोधपुर का सरदार घोषित कर दिया जिसे आम जनता मोटा राजा कहती थी।[43] फिर जब 1592 में भट्टा के सरदार बलभद्र बघेला की मौत हुई तो उसके सरदारों ने उसके बेटे विक्रमजीत को उसका उत्तराधिकारी कहकर आगे बढ़ाया। जब अकबर को इसका पता चला तो उसने उत्तराधिकार को इस आधार पर ख़ारिज कर दिया कि उसका अनुमोदन नहीं प्राप्त किया गया था।[44] सरदारों ने लम्बे समय तक प्रतिरोध किया पर अकबर ने बलभद्र के छोटे बेटे दुर्योधन को गद्दी पर बिठा दिया।[45]

इस तरह जहाँ अकबर ने पैतृक सम्पत्तियों से राजपूत सरदारों के भावनात्मक लगाव को स्वीकार किया और इसलिए पुराने सरदारों को उनके 'वतनों' से बेदख़ल करने से बचता रहा, वहीं उसने व्यवस्थित ढंग से साम्राज्य में उनके रजवाड़ों का एकीकरण भी किया। साम्राज्य के दूसरे भागों में जागीरों और प्रशासनिक पदों की पेशकश के कारण सरदार इस स्थिति को स्वीकार भी करते रहे।

इस क़दम का ख़ुद राजपूत सरदारों पर दूरगामी प्रभाव पड़ा। उनकी दृष्टि स्थानीय हितों से ऊपर उठकर व्यापकतर नौकरशाहाना महत्त्वाकांक्षाओं की ओर जाने लगी। इसका एक दिलचस्प पहलू यह था कि साम्राज्य के दूरदराज़ क्षेत्रों में जागीरें मिलने के बाद राजपूत सरदार दूसरे राजपूत वंशों और परिवारों से और घनिष्ठ हुए जिनके साथ पहले उनका कोई सम्बन्ध या सम्पर्क न था। राजस्थान तथा पूर्वी और मध्य भारत के राजपूत सरदार अब एक-दूसरे से विवाह-सम्बन्ध स्थापित करने लगे।[46] राजपूत

जागीरदारों ने अपनी जागीरों में अनेक स्थानीय व्यक्तियों को भी काम से लगाया जो आगे चलकर सरदारों के साथ उनके पैतृक इलाक़ों में चले गए और वहीं बस गए। दूसरी ओर राजस्थान के अनेक राजपूत साम्राज्य के दूसरे भागों में बस गए। वहाँ उन्होंने नई बस्तियाँ और क़स्बे बसाए तथा अपने ख़ुद के साधनों से मन्दिरों और मस्जिदों का निर्माण कराया। (जैसे राजमहल में मानसिंह की मस्जिद।) इस तरह अकबर के काल में एक समन्वित राज-व्यवस्था के विकास के साथ वर्गीय हितों का एकीकरण भी हुआ। हालाँकि उस समय आधुनिक अर्थ में 'राष्ट्र' की कोई धारणा सम्भव ही नहीं थी, फिर भी मुग़ल साम्राज्य में राजपूत रजवाड़ों का एकीकरण भारत की भौगोलिक धारणा को एक राजनीतिक इकाई का रूप देने की प्रक्रिया में निश्चित ही एक अग्रगामी क़दम था।

सन्दर्भ और टिप्पणियाँ

1. तुलना करें इरफ़ान हबीब, *द एग्रेरियन सिस्टम ऑफ़ मुग़ल इंडिया,* मुम्बई, 1963, पृ. 136-41 से। 14वीं सदी में सल्तनत के प्रत्यक्ष नियन्त्रण से बाहर वाले इलाक़ों में हिन्दू सरदार ज़मींदार शब्द का प्रयोग कर रहे थे।*(द कैंब्रिज इकॉनमिक हिस्टरी ऑफ़ इंडिया,* खंड एक, सम्पादन : तपन राय चौधुरी और इरफ़ान हबीब कैंब्रिज, 1982, पृ. 58 देखें।)
2. इक़्तदार आलम ख़ान, द नोबिलिटी अंडर अकबर एंड द डवलपमेंट ऑफ़ हिज रिलीजस पॉलिसी, 1560-80, *जर्नल ऑफ़ रायल एशियाटिक सोसायटी, (जे आर ए एस),* 1968, पृ. 29-36।
3. अकबर ने प्रमुख ज़मींदार-परिवारों से विवाह-सम्बन्ध भी बनाए। आरिफ़ क़न्धारी और अबुल-फ़ज़्ल, दोनों ने इन विवाहों का सम्बन्ध शान्तिपूर्ण ढंग से सरदारों को अपनी ओर लाने की अकबरी नीति से जोड़ा है। *(तारीख़े-अकबरी,* सं : मुईज़ुद्दीन नदवी आदि, रामपुर, 1962, पृ. 47-48; *अकबरनामा,* सं : आग़ा अहमद अली, कलकत्ता, 1873-87 देखें।) साथ में अफ़ज़ाल हुसैन, मैरेजेज़ एमंग मुस्लिम नोबुल्स ऐज़ ऐन इनडेक्स ऑफ़ स्टेटस एंड एरिस्टोक्रेटिक इंटिग्रेशन, *प्रोसीडिंग्स ऑफ़ द इंडियन हिस्टरी कांग्रेस,* मुज़फ़्फ़रपुर, 1972; एस इनायत ए ज़ैदी, मैट्रिमोनियल टाइज़ बिटविन द मुग़ल रूलिंग फ़ैमिली एंड द कछवाह क्लान, *प्रोसीडिंग्स ऑफ़ द इंडियन हिस्टरी कांग्रेस,* जादवपुर, 1974 भी देखें।
4. *आईने-अकबरी* में दोनों साक्ष्य मिलते हैं। अबुल-फ़ज़्ल ने विभिन्न राजपूत वंशों के पास मौजूद घुड़सवारों और पियादों की संख्या विस्तार से दर्ज की है। *आईने-अकबरी,* सं : ब्लाख़मान, एक, पृ. 508-13 (सूबा अजमेर) देखें।
5. एस इनायत ए ज़ैदी, आर्गेनाइज़ेशन एंड कम्पोज़ीशन ऑफ़ द कंटिंजेंट्स ऑफ़ द कछवाह नोबुल्स, *स्टडीज़ इन हिस्टरी,* वर्ष दो, अंक, 1, 1980।
6. अहसन रज़ा ख़ान, *चीफ़टेंस इन द मुग़ल इम्पायर ड्यूरिंग द रीन ऑफ़ अकबर, शिमला,* 1977, पृ. 115, 209; एस इनायत ए ज़ैदी, पोलिटिकल रोल ऑफ़ द कछवाह नोबुल्स ड्यूरिंग जहाँगीर्स रीन,

प्रोसीडिंग्स ऑफ़ द इंडियन हिस्टरी कांग्रेस, हैदराबाद, 1978।

7. ए जे क़ैसर, नोट ऑन द डेट ऑफ़ इंस्टीट्यूशन ऑफ़ मनसब अंडर अकबर, *प्रोसीडिंग्स ऑफ़ द इंडियन हिस्टरी कांग्रेस,* 1961, पृ. 156-57; शीरीं मूसवी, *द इकानमी ऑफ़ द मुग़ल इम्पायर, सी 1595,* दिल्ली, 1987, पृ. 202, टिप्पणी 2
8. *अकबरनामा,* तीन, पृ. 43; मुहता नैनसी, *मुहता नैनसी री ख्यात,* सं : बद्रीप्रकाश सकारिया, राजस्थान ओरिंएटल रिसर्च इंस्टीट्यूट, जोधपुर, 1960, एक, पृ. 342
9. *अकबरनामा,* तीन, पृ. 248; साथ में एस इनायत ए ज़ैदी, द ओरिजिन ऑफ़ द इंस्टीट्यूशन ऑफ़ वतन जागीर, *द क्वार्टरली रिव्यू ऑफ़ हिस्टारिकल स्टडीज़,* अंक 4, कलकत्ता, 1980-81 भी देखें।
10. *अकबरनामा,* दो, पृ. 197; *बाँकेदास री ख्यात,* रा ओ रि ई, जयपुर, 1956, पृ. 21 देखें। जोधपुर 1572 में बीकानेर के रायसिंह को सौंपा गया। (*अकबरनामा,* तीन, पृ. 5; बदायूँनी, *मुंतख़बुत्-तवारीख़,* सं : अहमद अली आदि, बिब्लियोग्राफिया इंडिका (बि. इं) सीरीज़, दो, पृ. 140 देखें।)
11. मुहता नैनसी, *मारवाड़ रा परगना री विगत,* सं: फतेहसिंह, रा ओ रि इ, जोधपुर, 1968, एक, पृ. 76
12. *अकबरनामा,* दो, पृ. 270
13. उपरोक्त, तीन, पृ. 36; तुलना करें ए आर ख़ान, *चीफ़टेंस इन द मुग़ल इम्पायर,* उपरोक्त, पृ. 57, टिप्पणी 114 से।
14. *अकबरनामा,* तीन, पृ. 69।
15. *मुंतखबुत-तवारीख़,* दो, पृ. 189
16. *दलपत विलास,* सं : रावत सारस्वत, सादूल रिसर्च इंस्टीट्यूट, बीकानेर, 1960, पृ. 33; *मुहता नैनसी री ख्यात,* एक पृ. 306 देखें। एस इनायत ए ज़ैदी, द ओरिजिन ऑफ़ द इंस्टीट्यूशन ऑफ़ वतन जागीर, उपरोक्त, पृ. 641, 648 भी देखें।
17. *अकबरनामा,* तीन, पृ. 648
18. उपरोक्त, पृ. 717, 728, 740
19. उपरोक्त, पृ. 788
20. *मारवाड़ रा परगना री विगत,* एक, पृ. 76; श्यामल दास, *वीर विनोद,* पुनर्मुद्रण, दिल्ली, 1986, तीन भाग तीन, पृ. 815
21. इसलिए इस समझ पर पुनर्विचार की आवश्यकता है कि सरदार जब मुग़ल सेवा में दाख़िल होता था तो उसकी वतन जागीर का पूरा इलाक़ा उसे सौंप दिया जाता था। (एम अतहर अली, *द मुग़ल नोबिलिटी अंडर औरंगज़ेब,* पुनर्मुद्रित संस्करण, मुम्बई, 1970, पृ. 70; एस नूरुल हसन, ज़मींदार्स अंडर द मुग़ल्स, *लेंड कंट्रोल एंड सोशल स्ट्रक्चर इन इंडियन हिस्टरी,* सं : राबर्ट एरिक फ्राइकेनबर्ग, विस्कांसिन, 1969। दिल्ली संस्करण, 1979, पृ. 21 देखें।)
22. *अकबरनामा,* तीन, पृ. 788
23. निज़ामुद्दीन अहमद, *तबक़ाते-अकबरी,* 1594, सं : बी डे, बि. इं, कलकत्ता, दो, पृ. 442; अब्दुल बाक़ी नहावन्दी, *मआसिरे-रहीमी,* 1616, सं : हिदायत हुसैन, बि इं, एक, पृ. 804; *मुहता नैनसी री ख्यात,* एक, पृ. 331

24. राजस्थान राज्य अभिलेखागार, बीकानेर की पुरानी रिकॉर्ड फ़ाइलों में यह दस्तावेज़ सुरक्षित है।
25. जे हचिंसन, *हिस्टरी ऑफ़ द पंजाब हिल स्टेट्स,* लाहौर, 1933, पृ. 73-74, पृ. 146; *गज़ेटियर ऑफ़ काँगड़ा डिस्ट्रिक्ट,* ए आर ख़ान, *चीफ़टेंस इन द मुग़ल इम्पायर,* उपरोक्त में पृ. 42 पर उद्धृत।
26. *अकबरनामा,* तीन, पृ. 712
27. उपरोक्त, पृ. 197
28. *आईने-अकबरी,* दो, पृ. 251
29. अली मुहम्मद ख़ान, *मीरासे-अहमदी,* सप्लिमेंट, सं : सैयद नवाब अली, बड़ौदा, 1927-28, पृ. 226 देखें। सिरोही के सरदारों को ज़मींदारों का मर्तबा दिया गया था, पर उनके इलाक़े दूसरे जागीरदारों को सौंप दिए गए थे। (इरफ़ान हबीब, *एग्रेरियन सिस्टम ऑफ़ मुग़ल इंडिया,* पृ. 184-85 देखें।)
30. *अकबरनामा,* तीन, पृ. 413; *मुहता नैनसी री ख्यात,* एक, पृ. 131-32 देखें। जगमल ने सिरोही के देवड़ा सरदारों से विवाह-सम्बन्ध बनाए थे। उसने राव सुरतान के फ़ौरी पूर्वज मानसिंह देवड़ा की बेटी से विवाह किया था। मानसिंह के कोई बेटा नहीं था। इसलिए क़रीबी रिश्तेदार होने के नाते सुरतान उसका उत्तराधिकारी बन गया था।
31. *अकबरनामा,* तीन, पृ. 156-57; *मुहता नैनसी री ख्यात,* एक, पृ. 304, 308
32. *मारवाड़ रा परगना री विगत,* दो, पृ. 495; *अकबरनामा,* दो, पृ. 34, 80-82
33. *वीर विनोद,* पृ. 983-84 देखें। राव सुरजन और राव दुर्गा, क्रमशः 2000 और 1500 के मनसबदार थे। (*आईने-अकबरी,* एक, पृ. 161; *तबक़ाते-अकबरी,* दो, पृ. 446 देखें।)
34. शीरीं मूसवी, *द इकॉनमी ऑफ़ द मुग़ल इम्पायर,* पृ. 206
35. यह फ़रमान राजस्थान राज्य अभिलेखागार, बीकानेर में सुरक्षित है।
36. उपरोक्त। *आईने-अकबरी* से पता चलता है कि परगना शम्साबाद राठौरों की ज़मींदारी में था और रायसिंह के पूर्वज शम्साबाद के थे। (*आईने-अकबरी,* सं : ब्लाख़मान, दो, पृ. 507 देखें।)
37. इन 'वतनों' का राजस्व हमेशा ही राजपूत मनसबदारों के वेतन आदि के खाते में रखा जाता था। जोधपुर के बारे में *मारवाड़ रा परगना री विगत,* एक, पृ. 76-77, 83, 93; दो, पृ. 488-89 देखें।
38. एस पी गुप्त, *द एग्रेरियन सिस्टम ऑफ़ ईस्टर्न राजस्थान,* दिल्ली, 1986, पृ. 2
39. सतीशचन्द्र, राजस्थान इतिहास कांग्रेस, अजमेर, 1975 के आठवें सत्र में अध्यक्षीय भाषण; जी डी शर्मा, *राजपूत पालिटी,* दिल्ली, 1977, पृ. 26-27
40. वकील की रिपोर्ट (फ़ारसी), राजस्थान राज्य अभिलेखागार, बीकानेर में सुरक्षित।
41. *अकबरनामा,* दो, पृ. 63
42. *मुहता नैनसी री ख्यात,* एक, पृ. 112; सूर्यमल मिश्र, *वंश भास्कर,* सं : आर असोपा, जयपुर, पाँच, पृ. 2324-48
43. *मारवाड़ रा परगना री विगत,* एक, पृ. 76; *वीर विनोद,* तीन, पृ. 815
44. *अकबरनामा,* तीन, पृ. 641, 648
45. उपरोक्त, पृ. 641, 648; *मुहता नैनसी री ख्यात,* एक, पृ. 313; शाहनवाज़ ख़ान, *मआसिरुल उमरा,* 1742-47, सं : मौलवी अशरफ़ अली, कलकत्ता, 1890, दो पृ. 137-38

46. गिधौर के पूरनमल ने 1590-91 में अपनी बहन को राजा मानसिंह के भाई चन्द्रभान से ब्याहा था। भट्टा के सरदार बलभद्र बघेला ने बीकानेर के राजा की बेटी से विवाह किया था। (*अकबरनामा,* तीन, पृ. 576, 630 देखें।) बंगाल, बिहार, उड़ीसा और मध्य भारत में हुए ऐसे ही विवाहों के बारे में उपरोक्त, पृ. 716-17; *बांकेदास री ख्यात,* पृ. 124, 141-42; *मुहता नैनसी री ख्यात,* एक, पृ. 132 देखें।

अकबर द्वारा सिन्ध का अधिग्रहण : एक व्याख्या

सुनीता ज़ैदी

अरग़ुन और तरख़ान, जो मुग़लों के सहोदर ख़ानदान थे, 16वीं सदी के अधिकांश भाग में एक-एक करके सिन्ध पर क़ाबिज़ रहे। बाबर और हुमायूँ, दोनों ने आम तौर पर उनसे दोस्ताना सम्बन्ध बनाकर रखा।[1] शेरशाह के हाथों हारने के बाद हुमायूँ ने मदद के लिए अरग़ुन शासक मीर शाह हुसैन से सम्पर्क किया पर वह उन हालात में शायद ही हुमायूँ की बात मान सकता था। जब हुमायूँ भगोड़ों की तरह सिन्ध में भटक रहा था, उसकी बेगम हमीदा बानो ने 1542 में उमरकोट में अकबर को जन्म दिया। उमरकोट तब थार रेगिस्तान में सोढा राजपूतों की जागीर था।[2] इस तरह हम कह सकते हैं कि इस इलाक़े से अकबर के कुछ विशेष सम्बन्ध थे जिससे इसमें उसकी दिलचस्पी पैदा हुई होगी। पर स्रोतों ने और ख़ासकर आधिकारिक इतिहासकार अबुल-फ़ज़्ल ने अकबर की इस इलाक़े को जीतने की इच्छा के अन्य महत्त्वपूर्ण कारणों पर ज़ोर दिया है। सिन्ध से क़न्धार का रास्ता सीवी और बोलन दर्रे से गुज़रता था, और इसलिए सिन्ध का एक रणनीतिक महत्त्व था।[3] इस पर अधिकार का मतलब यह भी था कि पंजाब में मुग़लों के क़ब्ज़ेवाले इलाक़ों के लिए समुद्र का मार्ग खुल जाता। इसके अलावा सिन्ध पर नियन्त्रण का मतलब यह भी था कि अगर गुजरात या अरब सागर में मुग़ल शासकों का पुर्तगालियों से टकराव होता तो पुर्तगालियों को एक वैकल्पिक बन्दरगाह और उसके पृष्ठक्षेत्र से वंचित रहना पड़ता।[4]

अकबर की इच्छा इस इलाक़े के संसाधनों पर नियन्त्रण करने की भी रही होगी। सिन्ध में तरह-तरह के सूती और रेशमी कपड़े बनाए और निर्यात किए जाते थे।[5] वह लकड़ी के साज़-सामान पर हाथीदाँत और आबनूस के काम के लिए,[6] चमड़े, पालकियों और रथों के लिए मशहूर था।[7] यहाँ नमक की खदान तथा एंटीमनी और लोहे की खानें भी थीं।[8] नील भी भारी व्यापारिक महत्त्व की पैदावार था।[9] ये चीज़ें ज़्यादातर बाहर भेजी जाती थीं। थत्ता में पुर्तगाली व्यापारी अगर बराबर जमे रहे तो उसका एक कारण यह भी था।[10]

इसलिए 1560 की दहाई में अकबर की सत्ता के जमने के बाद उससे उम्मीद की

जा सकती थी कि वह तरख़ानों की जागीरों पर क़ब्ज़े की कोशिशें करेगा। तरख़ान शासक भी इससे परिचित थे और इसलिए अकबर की बराए-नाम अधीनता स्वीकार करने में उन्हें कोई हिचक न थी। पर सिन्ध के पास भी मज़बूत रक्षा-कवच थे। उसके दक्षिण और दक्षिण-पूर्व में समुद्र और रन थे तथा पश्चिम व उत्तर-पश्चिम में पहाड़ और रेगिस्तान थे। इस प्राकृतिक भूगोल के कारण इस इलाक़े में अनेक मवेशीपालक, घुमन्तू और अर्ध-स्थावर क़बीले बसे हुए थे जिनकी सहायता तरख़ानों की शक्ति का आधार थी। प्रवेश का अकेला अहम रास्ता उत्तर से था जिसे दो रणनीतिक महत्त्व के स्थानों पर टोका जा सकता था : (अ) रोहड़ी-सुक्कुर के दून में मक्कर पर, और (ब) सेहवान में, जिसमें डेल्टा की शुरुआत में तंगी लक्खी दर्रा भी आ जाता था। इन दो क़िलों में मज़बूती से जमे रहकर क़बीलों का इस्तेमाल हमलावर की रसद काटने के लिए किया जा सकता था।

वृत्तान्तों में दो तरह के क़बीलों में अन्तर किया गया है। ख़ानदानी सरदारों के नेतृत्व वाले क़बीलों को 'मर्ज़बानों' या 'ज़मींदारों' के अनुयायी बताया गया है, और राजनीतिक संगठन से रहित क़बीलों को मात्र 'उलूस' या 'मर्दुम' कहा गया है।[11] ऐसे कुछ क़बीलों का आदिम चरित्र उनके अन्धविश्वासपूर्ण कर्मकांडों से स्पष्ट है। अबुल-फ़ज़्ल द्वारा निन्दा के भाव से 'कलेजीख़ोरों (जिगरख़्वार) का ज़िक्र[12] कुछ क़बीलों की आदिम विशेषताओं को दर्शाता है, उनका पशुपालक चरित्र मवेशियों के रूप में मालगुज़ारी की अदायगी से,[13] और धर्मस्थलों पर भेंट में चढ़ाई गई वस्तुओं से भी स्पष्ट है।[14] अबुल-फ़ज़्ल ने प्रमुख क़बीलों के नाम गिनवाए हैं, उनके सैन्य बल का अनुमान प्रस्तुत किया है, और उन इलाक़ों का संकेत दिया है जहाँ वे केन्द्रित थे।[15]

क़बीले का नाम	सैन्यबल	क्षेत्र
1. बलोच कलमाटी	20,000 घुड़सवार	सिवीस्तान (सेहवान) से लक्खी तक
2. नहमर्दी	3,000 घुड़सवार 7,000 पैदल	सेहवान से किर्ठर पर्वतमाला तक
3. बलोच नज़हरी	1,000 घुड़सवार	—वही—
4. बलोच कलमाटी	4,000 घुड़सवार	कच्छ गंडवा के पास 'कराह' पहाड़ियों में
5. भट्टी		उच से गुजरात तक
6. सोढा, जरेजा और दूसरे क़बीले (समेजा)		मक्कर से नसरपुर और उमरकोट तक

इसलिए सिन्ध को अधीन करने और वहाँ एक मज़बूत हुकूमत क़ायम करने के लिए अच्छी-ख़ासी तैयारी दरकार थी। तरख़ान शासक तैमूर से साझा वंश चलने और ख़ानदानी होने का दावा करके अकबर से अच्छे सम्बन्ध बनाए रखने की कोशिश करते

रहे। मिर्ज़ा बाक़ी तरख़ान ने अपनी बेटी सिन्धी बेगम को अकबर से शादी के लिए भेजा, पर अकबर ने इस तजवीज़ को कुबूल नहीं किया।[16] प्रस्तावित विवाह-सम्बन्ध को ठुकराकर अकबर ने स्पष्ट कर दिया कि वह पूर्ण अधीनता चाहता है। उसने 1571 में मुहिब्ब अली ख़ान की कमान में एक मुहिम भेजी, पर वह नाकाम रही।[17] 1586 में अकबर थत्ता की मुहिम पर ख़ुद निगरानी रखने के इरादे से लाहौर पहुँचा। उसने सादिक़ ख़ान की रहनुमाई में सिन्ध में एक मुहिम भी भेजी, पर उसने कुछ शुरुआती कामयाबी ज़रूर हासिल की मगर मध्य और दक्षिणी सिन्ध के हुक्मरान जानी बेग को हराने में नाकाम रहा। सादिक़ ख़ान नसरपुर की 'सरकार' से आगे नहीं बढ़ सका। और अधिक फ़ौजी दबाव न बनने देने के लिए मिर्ज़ा जानी बेग ख़ुद जाकर अकबर की जुहार करने, उसके नाम से सिक्के जारी करने और जुमा (शुक्रवार) के ख़ुत्बों में अकबर का नाम लिए जाने पर राज़ी हो गया।[18] मगर आगे चलकर ख़ुद दरबार में न आ सकने के लिए उसने बहाने भी पेश किए।[19]

1589-90 में जब अब्दुर्रहीम ख़ाने-ख़ानाँ को क़न्धार जीतने की ज़िम्मेदारी सौंपी गई तो उन्होंने पहले थत्ता को जीतने की बात सोची। जब ख़ाने-ख़ानाँ की क़न्धार-मुहिम की योजना का पता मिर्ज़ा जानी बेग को चला तो उसने साथ में एक फ़ौजी दस्ता भेजने की पेशकश की। ख़ाने-ख़ानाँ ने उसके दूत को गिरफ़्तार कर लिया और सिन्ध में आगे बढ़ता रहा। ख़ाने-ख़ानाँ ने और भी कुमुक की माँग की। रेगिस्तान की जंग का तजरबा रखनेवाले, बीकानेर के रायसिंह और जैसलमेर के रावल भीम को हुक्म मिला कि वे धार के रास्ते ख़ाने-ख़ानाँ से जा मिलें। उमरकोट के राणा की सहायता पाने के लिए रावल भीम और मिर्ज़ा फ़रीदूँ को उसके पास भेजा गया।[20]

काफ़ी सख़्ती से मुक़ाबला करने के बाद मिर्ज़ा जानी बेग मुग़लों की शर्तें मानने के लिए मजबूर हो गया। उसे ख़ुद दरबार में जाकर बन्द-ए-दरगाह ('दरबार का बन्दा') की स्थिति स्वीकार करनी पड़ी। अकबर ने उसे जता दिया कि अब वह अपने दम पर सिन्ध का हुक्मरान नहीं रहा, बल्कि अकबर के दरबार का एक कुलीन मात्र था। उसे 3,000 का मनसब दिया गया और मुल्तान की जागीर सौंप दी गई। अहम बात यह है कि थत्ता तक को जागीर के रूप में मिर्जा शाहरुख़[21] को दिया गया। पर अपनी बादशाही मनवाने और मिर्ज़ा जानी बेग का मर्तबा घटाने के दो माह के अन्दर उसी को थत्ता की जागीर सौंप दी गई। फिर भी मुग़ल सोपान-व्यवस्था में जानी बेग को दिया गया मर्तबा ऊँचा नहीं था। अकबर ने ख़ाने-खानाँ के बेटे मिर्ज़ा ईरीज से जानी बेग की बेटी की शादी की इजाज़त तभी दी जब साम्राज्य में सिन्ध का राजनीतिक एकीकरण पूरा हो गया।[22] ख़ुद ख़ाने-ख़ानाँ ने उमरकोट के राणा मेघराज की एक भतीजी से शादी कर ली, शायद एक अहम स्थानीय शासक के प्रत्यक्ष सम्बन्ध पर ज़ोर देने के लिए जो अब तक मुख्यतः सिन्ध के साथ था।[23]

थोड़े ही अर्से में मिर्ज़ा जानी बेग को थत्ता लौटा देने का अकबर का फ़ैसला सम्भवतः राजनीतिक कारणों से प्रेरित रहा होगा। उसने महसूस कर लिया था कि

भौगोलिक और सामाजिक पेचीदगियों के कारण नवनियुक्त मुग़ल अफ़सरान के लिए इलाक़े की हुकूमत करना मुश्किल होगा। स्थानीय लोगों से अच्छे सम्बन्ध बना चुके तरख़ान इस इलाक़े की जनता को मुग़ल सत्ता के क़रीब लाने में उपयोगी बिचौलियों का काम कर सकते थे। इसलिए असीरगढ़ में मिर्ज़ा जानी बेग से अकबर की वक़्ती चिढ़ के बाद[24] भी उसे अपना मनसब बढ़ाने में कामयाबी मिली।[25] अकबर का घनिष्ठ बनने के लिए जानी बेग उसके चुनिन्दा आध्यात्मिक शिष्यों (इरादत-गज़ीनान) का सदस्य बन चुका था,[26] और इस तरह उसने एक ऐसी विचारधारा से वफ़ादारी जतानी शुरू की जिसका एक केन्द्रीकृत साम्राज्य की आवश्यकताओं और आकांक्षाओं से काफ़ी-कुछ सीधा सम्बन्ध था।[27]

1601 में मिर्ज़ा जानी बेग की मौत के बाद उसके बेटे मिर्ज़ा ग़ाज़ी बेग को जो अकबर से थोड़ा झगड़ा भी मोल ले चुका था,[28] 5,000 के मनसब के साथ थत्ता की जागीर सौंपी गई।[29]

अधिग्रहण के बाद सिन्ध को एक सूबे का मर्तबा दिया गया जिसमें पाँच 'सरकारें' शामिल थीं—थत्ता, चचगान, नसरपुर, चकरहाल और सिविस्तान।[30] अहम बात यह है कि अकबर ने 'सरकार' सिविस्तान और लहरी बन्दर नामक बन्दरगाह को मिर्ज़ा जानी बेग के हवाले नहीं किया बल्कि उनको 'ख़ालिस' (बादशाही इलाक़ा) में शामिल कर लिया।[31]

सरकार सिविस्तान (सेहवान) में अनेक पशुपालक क़बीले रहते थे और उनको क़ाबू में रखना टेढ़ी खीर था। इसलिए उसे कुछ शक्तिशाली कुलीनों को सीधे बतौर जागीर दिया जाने लगा।[32] शायद स्थानीय जनता को क़ाबू में रखने के लिए सिविस्तान के जागीरदार उसके टुकड़े अपने अफ़सरान को शिकमी तौर पर दे देने लगे और अपने फ़ौजियों को जागीरें देने लगे।[33]

मालगुज़ारी की वसूली को लेकर मुग़ल अफ़सरान और क़बीलों के बीच बराबर टकराव होते रहते थे। लगता है, मिर्ज़ा जानी बेग तक को सरकार थत्ता में इस मसले का सामना करना पड़ा जहाँ केहर और नकमारा क़बीले बसे-बसाए किसानों को लूटा करते थे। जानी बेग ने उन्हें ताक़त के बल पर कुचला।[34] सेहवान के जागीरदार बख़्तयार बेग को परगना नीरूँ क़िला से हुक्मउदूल माची क़बीले को भगाना पड़ा, और उसने रैयती (मालगुज़ारी देनेवाले) पहवार क़बीले को वहाँ बसने के लिए प्रोत्साहित किया। परगने का नाम बदलकर अकबराबाद कर दिया गया।[35]

इस अधिग्रहण ने प्रशासन-व्यवस्था पर कोई प्रभाव नहीं डाला, यह मानना ग़लत होगा।

अधिग्रहण के बाद मालगुज़ारी के परिमाण और उसके आकलन की विधि में परिवर्तन आया। लगता है कि अकबर ने मालगुज़ारी की दर बढ़ाकर पैदावार की तिहाई से आधी कर दी।[36] शाहजहाँ के शासन के शुरुआती वर्षों में अपनी किताब लिखनेवाले युसूफ़ मीरक किसानों से हमदर्दी जताते हैं और मामूली दर से मालगुज़ारी लेनेवाले

तरख़ानों की तारीफ़ करते हैं जिससे इलाक़ेऔर वहाँ के लोगों में ख़ुशहाली आई थी।[37] सिन्ध में ग़ल्ला-बख़्शी (साझेदारी) मालगुज़ारी की वसूली की मुख्य विधि थी, और औपचारिक रूप से यह अब भी जारी रही।[38] पर अकबर के अफ़सर नक़दी में मालगुज़ारी लेना बेहतर समझते थे। अकबर के शासन-काल में सेहवान के जागीरदार बख़्तयार बेग ने अनाज में मालगुज़ारी लेने से इनकार करके नक़दी में उसकी माँग की।[39] चूँकि किसान अब बाज़ार की मनमानियों पर निर्भर हो चुके थे, इसलिए सिक्कों में अदायगी की माँग उनके लिए बहुत भारी साबित हुई होगी।

लगता है कि अकबर से पहले सिन्ध के हुक्मरानों ने स्थानीय मुखियों यानी 'अरबाबों' और 'मुक़द्दमों' (ज़मींदारों) को बड़े-बड़े राजस्व-दान दिए थे। मगर अकबर इस वर्ग को इस रूप में राजस्व-दान देने के पक्ष में नहीं था।[40] अकबर की पहलक़दमियाँ कुल मिलाकर सूबे की कुल 'जमादामी' (मालगुज़ारी) बढ़ाने में कामयाब रहीं। 1595 और 1633 के बीच कुल जमा 6,61, 152, 893 दामों से बढ़कर 9,30,28,000 दामों तक जा पहुँची।[41]

सूबे के जागीरदारों और सूबेदारों के रूप में मिर्ज़ा जानी बेग और उसके बेटे ग़ाज़ी बेग के बने रहने को मुग़ल सत्ता की केन्द्रीकरण की प्रवृत्तियों का विरोधी नहीं समझना चाहिए।[42] 1611 में सूबे की सूबेदारी से ग़ाज़ी बेग के हटाए जाने के बाद उसके परिवार के किसी सदस्य को सूबे की हुकूमत नहीं सौंपी गई, जो संजय सुब्रह्मण्यम की घोषणाओं के एकदम विपरीत है।[43] सिन्ध से तरख़ान परिवार का यूँ हटाया जाना इसलिए और भी उल्लेखनीय बन जाता है कि वह परिवार फिर भी महत्त्वपूर्ण बना रहा और शाहजहाँ के तहत मिर्ज़ा ईसा तरख़ान 40 साल से अधिक समय तक गुजरात का सूबेदार बना रहा।[44] इस तरह लगभग किसी कोशिश के बिना उनके मर्तबे को स्वतन्त्र शासकों से घटाकर उन्हें ऊँचे दर्जे का नौकरशाह बना दिया गया। उन्हें मनसब देने का मतलब यह था कि वे अब अपनी इलाक़ाई जड़ों से कटकर हुकूमत के मुलाज़िम बन गए।

अधिग्रहण के बाद सिन्ध के इलाक़े को सरकारों और परगनों जैसे साम्राजी खंडों में विभाजित कर दिया गया—उसी तर्ज़ पर जो बाक़ी साम्राज्य में 1580 के बाद क़ायम हुई थी। यह सिर्फ़ नक़्शाबन्दी नहीं, कुछ और भी था। अकबर और उसके उत्तराधिकारी सभी स्थानीय सत्ताओं को इस पर मजबूर करने के लिए कमर बाँधे हुए थे कि वे एक प्रामाणिक साम्राजी व्यवस्था से ख़ुद का तालमेल बिठाएँ। मुग़लों द्वारा अधिग्रहण के बाद सिन्ध के साथ जो कुछ हुआ उससे पता चलता है कि मुग़ल साम्राज्य की केन्द्रीकरण की प्रक्रियाओं पर हाल में उठाए गए कुछ सवाल और उस पर 'विच्छिन्न राजसत्ता' की धारणा आरोपित करने के प्रयास किस क़दर अविश्वसनीय हैं।[45]

सन्दर्भ और टिप्पणियाँ

1. मीर मुहम्मद मासूम, *तारीख़े-मासूमी,* सं : यू एम दाऊद पोता, पूना, 1938, पृ. 147, 162-65, 196;

मीर अली शीर क़ानी, *तुहफ़तुल-किराम,* हैदराबाद (पाकिस्तान), 1971, तीन, पृ. 56-57, 121-22

2. गुलबदन बेगम, *हुमायूँनामा,* सं और अनु : ए बेवरिज, लाहौर, 1974, पृ. 157; हाजी मुहम्मद आरिफ़ क़न्धारी, *तारीख़े-अकबरी,* रामपुर, 1962, पृ. 15; निज़ामुद्दीन अहमद, *तबक़ाते-अकबरी,* अनु : बरुण डे, कलकत्ता, 1939, दो, पृ., 90
3. *अकबरनामा,* तीन, पृ. 917-21
4. जब मक्कर के सुल्तान महमूद के ख़िलाफ़ ईसा तरख़ान (1554-66) की मुहिम जारी थी, पेद्रो बैरेतो ने थत्ता पर हमला करके शहर को लूटा और बहुत से लोग मारे गए। *तारीख़े-मासूमी,* पृ. 206; सैयद ताहिर मुहम्मद थत्तवी नसयानी, *तारीख़े-ताहिरी,* सं : नबी बख़्श बलोच, हैदराबाद (पाकिस्तान), 1964, पृ. 111-14; फ्रेडरिक चार्ल्स डेनवर्स, *द पुर्तगीज़ इन इंडिया,* एक, पृ. 508 देखें।
5. सेहवान में बुनकरों के 1000, नसरपुर में 3000 और थत्ता में 3000 परिवार थे। *द इंग्लिश फ़ैक्टरीज़ इन* इंडिया, सं : डब्ल्यू फ़ोस्टर, आक्सफ़र्ड, 1906-27; 1634-36, पृ. 128-29; फ्रांसिस्को पेल्सेयर, *जहाँगीर्स इंडिया,* अनु : डब्ल्यू एच मोरलैंड, कैंब्रिज, 1925, पृ. 32; फ्रे सेबास्तियन मैनरिक, *ट्रेवेल्स ऑफ़ फ़ादर सेबास्तियन मैनरिक, 1629-43,* अनु : सी ई लुअर्ड, हैक्लुइट सोसायटी, लन्दन, 1927, पृ. 238-39; निकोलाओ मानुची, *स्तोरिया-दो-मोगोर,* अनु : डब्ल्यू इर्विन, लन्दन, 1907-8, दो, पृ. 427 देखें। साथ में इरफ़ान हबीब, *ऐन एटलस ऑफ़ द मुग़ल इम्पायर,* दिल्ली, 1982, पृ. 15-16 भी देखें।
6. *जहाँगीर्स इंडिया,* पृ. 32
7. *ट्रैवेल्स ऑफ़ फ़ादर सेबास्तियन मैनरिक,* दो, पृ. 239
8. अबुल-फ़ज़्ल, *आईने-अकबरी,* अनु : ब्लाखमान, कलकत्ता, 1866-67, एक, पृ. 556; *मज़हरे-शाहजहानी,* पृ. 49, 60, 232
9. *आईने-अकबरी,* एक, पृ. 556
10. व्यापारियों में सुरक्षा की भावना पैदा करने के लिए ओरगुज़ का पुर्तगाली गवर्नर थत्ता में अपना एक एजेंट रखता था। (*अकबरनामा,* तीन, पृ. 920-21 देखें।)
11. अहसन रज़ा ख़ान, *द चीफ़टेंस ऑफ़ द मुग़ल इम्पायर ड्यूरिंग द रीन ऑफ़ अकबर,* शिमला, 1977, पृ. 61
12. *आईने-अकबरी,* अनु, दो, पृ. 340
13. *मज़हरे-शाहजहानी,* पृ. 94-95, 183-84
14. उपरोक्त।
15. *आईने-अकबरी,* दो, पृ. 338-39
16. *तारीख़े-मासूमी,* पृ. 143; मिर्ज़ा कलीच बेग, *हिस्टरी ऑफ़ सिन्ध,* कराची, 1902, दो, पृ. 108-11
17. *अकबरनामा,* दो, पृ. 526-27
18. *तारीख़े-ताहिरी,* पृ. 170-71; अली शीर थत्तवी, *तुहफ़तुल-किराम,* सं : हिसामुद्दीन रशीदी, हैदराबाद (पाकिस्तान) 1971, तीन, पृ. 153-54
19. *अकबरनामा,* दो, पृ. 526-27
20. उपरोक्त, तीन, पृ. 917-21, 925, 929, 930, 971
21. उपरोक्त, पृ. 979, 985-86
22. उपरोक्त, पृ. 940, 979
23. शैख़ फ़रीद मक्करी, *ज़ख़ीरतुल-ख़वानीन,* सं : मुईनुल-हक़, कराची, 1961, दो, पृ. 317; शाहनवाज़ ख़ान, *मआसिरुल-उमरा,* सं : मौलवी अशरफ़ अली, कलकत्ता, 1890, एक, पृ. 63

24. खानदेश के ख़िलाफ चली मुहिम के दौरान मिर्ज़ा जानी बेग की इस टिप्पणी ने अकबर को नाराज़ कर दिया था कि अगर उसके पास असीरगढ़ जैसा क़िला होता तो वह सौ साल तक अपने इलाक़े की रक्षा करता। (अब्दुल बाक़ी निहावन्दी, *मआसिरुल-रहीमी,* 1931, तीन, पृ. 302 देखें।)

25. उसका मनसब 1598 में बढ़ाकर 3,500 कर दिया गया। (*अकबरनामा,* तीन, पृ. 1071 देखें।) मौत के वक़्त वह 5,000 का मनसबदार था। (*तुज़ुके-जहाँगीरी,* सं : सैयद अहमद, अलीगढ़, 1863-64, पृ. 64; सैयद मीर मुहम्मद, *तरख़ाननामा,* सं : हिसामुद्दीन रशीदी, हैदराबाद (पाकिस्तान), 1965, पृ. 83 देखें।)

26. अब्दुल क़ादिर बदायूँनी, *मुंतख़बुत्-तवारीख़,* सं : अहमद अली, कबीरुद्दीन अहमद और डब्ल्यू एन लीस, बिब्लियोग्राफिया इंडिका, कलकत्ता, 1864-69, दो, पृ. 304

27. एम अतहर अली, अकबर एंड इस्लाम, भारतीय इतिहास कांग्रेस, कालीकट, 1976 में प्रस्तुत आलेख।

28. *मआसिरुल-उमरा,* तीन, पृ. 866-67; अंसार ज़ाहिद ख़ान, *हिस्टरी एंड कल्चर ऑफ़ सिन्ध,* कराची, 1980, पृ. 61

29. इदराकी बेगलारी, *बेलारनामा,* पांडुलिपि ब्रिटिश म्यूज़ियम, 1814; *मआसिरे-रहीमी,* दो, पृ. 350; *अकबरनामा,* तीन, पृ. 839

30. *आईने अकबरी* (एक, पृ. 557) में थत्ता को औपचारिक रूप से अलग सूबा नहीं माना गया है; इसे सूबा मुल्तान की एक सरकार माना जाता था जो ख़ुद दूसरे सूबों की तरह पाँच सरकारों में बँटा हुआ था। सुनीता ज़ैदी, प्राब्लम्स ऑफ़ द मुग़ल एडमिनिस्ट्रेशन इन सिन्ध, ड्यूरिंग द फ़र्स्ट हाफ़ ऑफ़ द सेविनटींथ सेंचुरी, *इस्लामिक कल्चर,* वर्ष सत्तावन, अंक 2, अप्रैल 1983, पृ. 153 देखें।

31. *अकबरनामा,* तीन, पृ. 985-86

32. उपरोक्त; *मज़हरे-शाहजहानी,* पृ. 189

33. *मज़हरे-शाहजहानी,* पृ. 144, 164-65

34. उपरोक्त, पृ. 34-35

35. उपरोक्त, पृ. 65-66, 67

36. उपरोक्त, पृ. 51, 204, 207, 209-10, 220

37. उपरोक्त।

38. *आईने-अकबरी,* एक, पृ. 556; *मज़हरे-शाहजहानी,* पृ. 51

39. *मज़हरे-शाहजहानी,* पृ. 94-95

40. उपरोक्त, पृ. 185, 190-91 देखें। वास्तव में अकबर ने व्यवस्थित रूप से मददे-मआश नामक अनुदानों को कम करने के लिए अनेक क़दम उठाए। (*आईने-अकबरी,* एक, पृ. 197 देखें।)

41. *आईने-अकबरी,* एक, पृ. 557; सुनीता ज़ैदी, पूर्वोक्त, पृ. 153

42. चेतनसिंह, सेंटर एंड पेरिफरी इन द मुग़ल स्टेट : द केस ऑफ़ सेविनटींथ सेंचुरी पंजाब, *माडर्न एशियन स्टडीज़,* वर्ष बाईस, अंक 2, 1988, पृ. 299-318 देखें। उनकी पुस्तक *रीजन एंड इम्पायर : पंजाब इन द सेविनटींथ सेंचुरी,* दिल्ली, 1991, पृ. 34-35 भी देखें। ऐसे विचारोंवाले लोग मनसब व्यवस्था और ख़ासकर सवार श्रेणी क्रम की कार्यप्रणाली को अनदेखा करते हैं जिनके तहत विभिन्न नस्ली समूहों के दस्तों का एक निर्धारित अनुपात बनाए रखना पड़ता था।

43. जहाँगीर-काल के सूबेदारों के बारे में इरफ़ान हबीब, द फ़ैमिली ऑफ़ नूरजहाँ ड्यूरिंग जहाँगीर्स रीन : ए पोलिटिकल स्टडी, *मेडिवल इंडिया : ए मिस्सेलेनी,* एक, अलीगढ़, 1969, पृ. 79-94, और शाहजहाँ-काल के सूबेदारों के बारे में एम अतहर अली, प्राविंशियल गवर्नर्स अंडर शाहजहाँ,

मेडिवल इंडिया : ए मिस्सेलेनी, तीन, अलीगढ़, 1975; *तारीख़े-सिन्ध,* पृ. 228-35 देखें। संजय सुब्रमण्यम का यह दावा कि मिर्ज़ा जानी बेग का परिवार 17वीं सदी के मध्य तक सूबे। का हाकिम रहा, उनके लेख 'द मुग़ल स्टेट : स्ट्रक्चर आर प्रोसेस ? रिफ़्लेक्शंस ऑन रिसेंट वेस्टर्न हिस्टारियोग्रफी, *इंडियन इकानमिक एंड सोशल हिस्टरी रिव्यू,* वर्ष उनतीस, अंक 3, 1992, पृ. 310, टिप्पणी 42 में मिलता है।

44. अली मुहम्मद ख़ान, *मिरासे-अहमदी,* सं : सैयद नवाब अली, बड़ौदा, 1928, एक, पृ. 216-19
45. बर्टन स्टाइन, *पेज़ेंट एंड सोसायटी इन मेडिवल साउथ इंडिया,* दिल्ली, 1980, पृ. 23 से तुलना करें।

मुग़लों द्वारा सिन्ध का अधिग्रहण : एक कूटनीतिक और सैन्य इतिहास

फ़ातिमा ज़ोहरा बिलग्रामी

अकबर की सल्तनत में सिन्ध का अधिग्रहण काफ़ी रणनीतिक महत्त्व की घटना थी। कारण कि इससे पंजाब के लिए, जो अकबर की सल्तनत का एक महत्त्वपूर्ण प्रान्त था, अरब सागर का रास्ता साफ़ हो गया। अकबर को एक लम्बे समय तक सिन्ध में स्वतन्त्र शासकों को झेलना पड़ा था। उसके शासन के आरम्भ काल में ऊपरी सिन्ध (भक्कड़ से सेहवान तक) पर सुल्तान महमूद ख़ान का शासन था[1] और निचले सिन्ध पर तरख़ानों का शासन था जिन्होंने अपने ही नातेदार तरग़ूनों का तख़्ता पलटकर 1555 में सत्ता हासिल की थी। इसी साल पुर्तगालियों ने थत्ता को तहस-नहस किया।[2] पर सिन्ध के लिए ख़ुशनसीबी से यह एक वक़्ती घटना से अधिक कुछ और साबित नहीं हुआ।

सिन्ध में मुग़लों का हस्तक्षेप 1567-68 में शुरू हुआ जब मुजाहिद ख़ान और मुहीबुल्लाह ख़ान की कमान में शाही फौज़ें भक्कड़ पहुँचीं।[3] सुल्तान महमूद उन दिनों मिर्ज़ा मुहम्मद बाक़ी तरख़ान के साथ अपने संघर्ष में उलझा हुआ था।[4] अब वह शाही फौज़ों का सामना करने के लिए मजबूर हो गया और अनेक झड़पें हुईं।[5] आख़िर उसने अपनी बेटी (भक्कड़ी बेगम) की शादी अकबर से करके (1572) उसे मना लिया, और तब उसे भक्कड़ का स्थायी शासक स्वीकार कर लिया गया। सुल्तान महमूद के कोई बेटा नहीं था। इसलिए अपनी आख़िरी बीमारी के दौरान, भक्कड़ को तरख़ानों के क़ब्ज़े में जाने से बचाने के लिए, उसने अकबर से गुज़ारिश की कि वह रियासत के लिए शाही हाकिमों की नियुक्ति करे।[6] इस तरह उसकी मौत (1574) के बाद ऊपरी सिन्ध को मुग़ल सल्तनत का हिस्सा बना लिया गया, और 1574 के बाद उसका कामकाज चलाने के लिए एक के बाद एक शाही सूबेदार नियुक्त किए जाने लगे।[7] अकबर ने जब 1580 में अपनी सल्तनत को सूबों में विभाजित किया तो इस क्षेत्र को एक सरकार (सरकार भक्कड़) के रूप में गठित करके सूबा मुल्तान का अंग बना दिया गया, जैसा कि हम *आईने-अकबरी* में सूबा मुल्तान के बारे में दिए गए ब्यौरों से देख सकते हैं।[8]

सिन्ध में मुग़लों की कार्रवाइयों का अगला दौर 1586 में शुरू हुआ जब मुहम्मद सादिक़ ख़ान सूबेदार बनकर मुल्तान आया।[9] उसे भक्कड़ की जागीर दी गई और थत्ता

के तरख़ान रियासत की हैसियत घटाने का काम सौंपा गया।[10] तरख़ान रियासत में स्थित सिविस्तान (सेहवान) के लिए चलने से पहले सादिक़ ख़ान ने तरख़ान शासक मिर्ज़ा जानी बेग की फौज़ों से लड़ने के लिए अपनी फौज़ की एक टुकड़ी को पातर (पात) भेजा। पहली दो मुठभेड़ों में शाही फौज़ कामयाब रही तथा जानी बेग की फौज़ के बहुत से सिपाही मारे या गिरफ़्तार किए गए।[11] तरख़ान फौज़ों का कमानदार सुबहान कुली ख़ान क़ैद कर लिया गया और 12 ग़ुराब (एक पोत, गैलीज़) पकड़े गए।[12] इन जीतों से हौसला पाकर सादिक़ ख़ान ने सेहवान की ओर कूच किया और क़िले की घेराबन्दी कर दी।[13] मिर्ज़ा जानी बेग अब अकबर के साथ मधुर सम्बन्ध बनाना चाहता था और एक शाही फ़रमान प्राप्त होने के बाद उसने अधीनता से भरे पत्र लिखे।[14] एक पत्र में उसने मुनासिब नज़रानों के साथ अपने चचेरे भाई शाहरुख़ को दरबार में भेजने का वादा भी किया।[15]

तारीख़े-ताहिरी के एक हवाले से[16] पता चलता है कि यह पत्र सादिक़ ख़ान के ज़रिए आगे भिजवाने का प्रयास किया गया पर उसने इसे बादशाह को न भेजकर घेरा जारी रखा। तत्कालीन इतिहासकारों ने इस घेराबन्दी का एक सजीव वर्णन किया है।[17] सादिक़ ख़ान की फौज़ क़िले को फ़तह करने में कामयाब नहीं हुई और क़िले की तोपों से हो रही गोलाबारी ने उसे सेहवान से एक कुरोह पीछे हटने पर मजबूर कर दिया।[18]

इस बीच घेरेबन्दी की ख़बर पाकर मिर्ज़ा जानी बेग सिन्ध नदी के पास पहुँच गया।[19] उसकी नावें ख़ुसरौ ख़ान की और ज़मीनी फौज़ें अबुल क़ासिम सुल्तान की कमान में थीं।[20] इस जंग के बारे में हमें इतिहासकारों के परस्पर विरोधी बयान मिलते हैं। अबुल-फ़ज़्ल के अनुसार 'सेहवान को जीतने में नाकाम रहने के बाद सादिक़ ख़ान नस्रपुर आया, लूट का माल हासिल किया और जानी बेग के पहुँचने से पहले ही पीछे हट गया।'[21] मीर मासूम का वर्णन थोड़ा-सा भिन्न है : मुहम्मद सादिक़ ख़ान ने घेरा उठा लिया और लाखी पहाड़ी के सामने पहुँच गया; मिर्ज़ा जानी बेग की जंगी नावें इन फौज़ों से थोड़ी ही दूरी तक आ पहुँचीं और उन्होंने तोपों व तोड़ीदार बन्दूक़ों से गोलाबारी की।[22] *तरख़ाननामा* से पता चलता है[23] कि इसके बाद हुई जंग काफ़ी भयानक थी पर तरख़ान भारी पड़े और सादिक़ ख़ान लाखी पहाड़ी से आगे कहीं पहुँच नहीं सका। ताहिर निस्यानी (निसियानी) कुछ और भी ब्यौरे देते हैं। लिखते हैं : 'जानी बेग की फौज़ में सिन्ध के मुक़ामी क़बीलों के निम्नलिखित नस्ली समूह शामिल थे : मुग़ल, सिन्धी, समेजा, सुम्मा, सोमरा, ग़ोर, पलीजा और नुमकरा। सिन्धी रातों में शाही फौज़ पर छापे मारते थे और उसके मवेशी, ऊँट और ख़च्चर हाँक ले जाते थे। जानी बेग के आने की ख़बर पाकर पूरी मुग़ल फौज़ भाग खड़ी हुई और भक्कड़ की सरहदों पर पहुँचकर ही दम लिया।'[24] हमारे पास दो बयानात और भी हैं। इदराकी बेगलार लिखते हैं कि मुहम्मद सादिक़ ख़ान इन दो शेरों (अबुल क़ासिम बेगलार और ख़ुसरौ ख़ान) का मुक़ाबला नहीं कर सका, पीछे भक्कड़ तक हट गया और 'दुश्मन (मुग़लों) का डर लोगों के दिलों से पूरी तरह ख़त्म हो गया।'[25] *मआसिरे-रहीमी* के अनुसार बाज़ी मिर्ज़ा जानी

बेग के हक़ में पलट गई जिसने शाही फौज़ की बन्दूक़ों और तोपख़ाने पर क़ब्ज़ा कर लिया। नहावन्दी तो बाक़ी बचे सिपाहियों की ज़िन्दगी को भी अकबर की इज़्ज़त का कमाल ठहराते हैं; वरना सादिक़ ख़ान की फौज़ का एक शख़्स भी वापस नहीं लौटा होता।[26] इसी के साथ मिर्ज़ा जानी बेग ने कूटनीति से काम लेते हुए अपने दूत सैयद जलाल को एक अर्ज़दाश्त (प्रार्थना पत्र) और तोहफ़े देकर शाही दरबार में भेजा।[27] अकबर ने दूत को बुलवाया और सच्चाई से काम लेते हुए सैयद जलाल ने उसे इन लड़ाइयों में मरनेवालों की भारी तादाद की जानकारी दी। उसके बाद अकबर ने उसे वापस जाने की इजाज़त दी। उसने क़ीमती लिबास और एक हाथी देकर अपने ख़ुद के दूत हकीम ऐनुल-मुल्क को मिर्ज़ा जानी बेग के पास भेजा जिसने फिर बादशाह की नाममात्र अधीनता स्वीकार की। सादिक़ ख़ान को वापस शाही दरबार में बुलाने का एक फ़रमान भी भेजा गया।[28] यह साफ़ तौर पर अकबर के मनसूबों के लिए एक धक्का था, हालाँकि जनता को दिखाने के लिए अब इस पूरे सिलसिले को केवल सादिक़ ख़ान की एक ग़ैर-इजाज़तशुदा कार्रवाई का नतीजा बताया जाने लगा।

सिन्ध के अधिग्रहण का आख़िरी दौर 1590 में शुरू हुआ जब अकबर ने उसके ख़िलाफ़ एक मुहिम चलाने के लिए अबदुर्रहीम ख़ाने-ख़ानाँ को सिपहसलार नियुक्त किया। इस तरह हमलावरी की नीति को फिर अपनाए जाने के कारणों को लेकर हमारे पास तत्कालीन इतिहासकारों की अलग-अलग व्याख्याएँ हैं।

मासूम भक्कड़ी के अनुसार 'बादशाह मिर्ज़ा जानी बेग को अधीन करने पर कमर कसे हुए था। तब उसने लाहौर को अपनी राजधानी बना लिया था, लेकिन मिर्ज़ा शाह हसन की मिसाल पर चलते हुए मिर्ज़ा जानी बेग ने अपनी गर्दन अधीनता के जुए में नहीं दी और स्वतन्त्र होने का दिखावा करता रहा। इसलिए ख़ाने-ख़ानाँ को इलाक़ा थत्ता जीतने और बलोचियों को सबक़ सिखाने के लिए भेजा गया।'[29] *अकबरनामा*[30] से भी यही लगता है कि जानी बेग ने अकबर को काफ़ी खिझाया क्योंकि उसने निजी तौर पर वफ़ादारी का इज़हार नहीं किया। इस वक्तव्य की पुष्टि निज़ामुद्दीन[31] और फ़िरिश्ता[32] ने भी की है, और लगता है कि यही मुग़ल दरबार में इस मुहिम के बारे में दिया गया सरकारी स्पष्टीकरण था।

सिन्ध के ऐतिहासिक वृतान्तों में *तरख़ाननामा* से पता चलता है कि स्वार्थ से प्रेरित होकर मिर्ज़ा जानी बेग के दुश्मनों ने उसके खिलाफ़ अकबर के मन में ज़हर भर दिया। उन्होंने मिर्ज़ा के ग़ुरूर और अक्खड़पन पर ज़ोर दिया, और कहा कि चूँकि उसने शाही फौज़ों को पीछे हटा दिया था, अब वह बादशाहत की निशानियाँ इख़्तियार करने का इरादा कर रहा था।[33] *बेगलारनामा* इस फ़ैसले को सादिक़ ख़ान से मिली ज़िल्लत का देर से दिया गया प्रत्युत्तर बतलाता है : हारनेवाली फौज़ जब राजधानी में पहुँची तो अकबर आगबबूला हो उठा और उसने थत्ता पर क़ब्ज़े के लिए अब्दुर्रहीम ख़ाने-ख़ानाँ को भेजने का फ़ैसला किया।[34] ताहिर निसियानी इस तबाही के लिए जानी बेग को ज़िम्मेदार ठहराते हैं : 'मिर्ज़ा शाहरुख़ के हाथों अधीनता का पत्र रवाना करने के बाद

जानी बेग सन्तुष्ट हो गया। उसने अपनी नेकियों को परे सरका दिया, ऐशो-आराम में डूब गया और लम्पट बन बैठा। मुल्क के बुद्धिमान लोगों ने इसे उसके और उसके देश के पतन की निशानी क़रार दिया। यह स्थिति तब तक जारी रही...जब तक कि शाही फौज़ें उसके दिमाग़ की गर्मी दूर करने के लिए सिन्ध में नहीं आ गईं।'[35]

लेकिन अबुल-फ़ज़्ल ने कुछ और ही तफ़सील दी है जिसका तालमेल इन बयानों के साथ बिठाना पहली निगाह में मुश्किल दिखाई देता है। कहते हैं कि मुल्तान के सूबेदार पद पर ख़ाने-ख़ानाँ की नियुक्ति क़न्धार की मुहिम के लिए की गई थी, तथा उसे बलूचिस्तान (अर्थात डेराजाट और दक्षिणी सुलैमान पहाड़ियों) के रास्ते कूच करने का हुक्म था।[36] लेकिन क़न्धार की मामूली जीतों पर थत्ता की बड़ी जीत को वरीयता देते हुए उसने तयशुदा रास्ता नहीं अपनाया और भक्कड़ (व बोलन दर्रे) के रास्ते आगे बढ़ना बेहतर जाना।[37] ख़ाने-ख़ानाँ के नाम अपने पत्रों में रास्ते के इस परिवर्तन पर अबुल-फ़ज़्ल ने अपनी नाराज़गी ज़ाहिर की है, और उससे आग्रह किया है कि सिविस्तान (सेहवान) की मुहिम की ख़ातिर क़न्धार की मुहिम को न टालें।[38] लाहौर से लिखे गए एक पत्र में वे लिखते हैं : 'चौथा दुख (का स्रोत) यह है कि ख़ाने-ख़ानाँ ने क़न्धार से अपना ध्यान हटा लिया है और ग़लत तौर पर थत्ता की ओर बढ़ गए हैं।[39] लगभग यही बात एक और पत्र में कही गई है जिसमें वे क़न्धार की विजय को 'फ़ारस की विजय की भूमिका' मानते हैं और ख़ाने-ख़ानाँ के अशुभचिन्तकों को दोषी ठहराते हैं कि उन्होंने उनका दिमाग़ इस परियोजना की ओर से हटा दिया है।[40]

लेकिन अगले पत्र में अबुल-फ़ज़्ल अपना रुख बदल देते हैं और ख़ाने-ख़ानाँ से सिर्फ़ यह उम्मीद करते हैं कि थत्ता के मुआमले ठीक करने के बाद वे ख़ुरासान और ईरान की फ़तह के लिए क़न्धार की ओर कूच करेंगे।[41] दृष्टिकोण में यह परिवर्तन इसलिए आया होगा कि ख़ाने-ख़ानाँ ने अपने मनसूबों की तब्दीली पर बादशाह की रज़ामन्दी हासिल कर ली थी। लाहौर से लिखे गए एक पत्र (1591) में तो अबुल-फ़ज़्ल उन्हें (क्रम से) क़न्धार, थत्ता और दूसरी जगहों की मुहिम चलाने के लिए बधाई तक देते हैं, और फिर इन मुहिमों के दौरान उनके अपने आचरण के बारे में हिदायतें तक देते हैं।[42]

सिन्ध पर हमले के पीछे ठीक-ठीक हालात चाहे जो रहे हों, यह बात स्पष्ट है कि अकबर ने क़न्धार से ध्यान हटाए जाने की इजाज़त सिर्फ़ इसलिए दी कि वह सिन्ध को अपने नियन्त्रण में लाने तथा मिर्ज़ा जानी बेग को बस में करने या बाहर भगाने के बारे में बहुत ही चिन्तित था।

जंगी हाथियों, बन्दूक़चियों और तोपख़ाने के साथ लाहौर से सिन्ध तक ख़ाने-ख़ानाँ के कूच के लिए बड़े पैमाने पर हुई फौज़ी तैयारियों का *मआसिरे-रहीमी*[43] ने सजीव वर्णन किया है। इस मुहिम पर जानेवाले हाकिमों में शाह बेग काबुली, सैयद बहाउद्दीन बुख़ारी, फ़रीदूँ बरलास, शेरख़ान, जनिश बहादुर, बख़्तयार बेग, कर बेग तुर्कमान, मुहम्मद ख़ान नियाज़ी और इतिहासकार मीर मासूम शामिल थे।[44] मीर मासूम अभी नए-नए

गुजरात से लाहौर आए थे और उन्हें (सरकार भक्कड़ में) परगना दरबेला, ककरी और चंडुक की जागीर दी गई थी।[45] वे ख़ाने-ख़ानाँ से कुछ ही दिन पहले (12 दिसम्बर 1590 को) भक्कड़ पहुँचे। ख़्वाजा मुक़ीम बख़्शी को फौज़ के बख़्शी का काम अंजाम देने के लिए भेजा गया।

ख़ाने-ख़ानाँ (1590 में) भक्कड़ पहुँचे और कुछ दिन रुककर सेहवान की ओर कूच किया।[46] उस क़िले के दरवाज़े उन्हें अपने लिए बन्द मिले। अपने कमानदारों की सलाह पर उन्होंने थत्ता की ओर कूच करने से पहले सेहवान को बस में करने का फ़ैसला किया। इसी के मुताबिक़ क़िले के चारों ओर तोपें लगा दी गईं और एक साबात (ढका हुआ रास्ता) बनाया गया।[47] अबुल-फ़ज़्ल लिखते हैं कि उन्हीं दिनों क़िले के अन्दर एक आग भड़क उठी और सारा मालख़ाना जल गया। यह ख़बर सुनकर शाही फौज़ें जल और थल के रास्ते तेज़ी से बढ़ीं। जलमार्ग से जानेवालों ने क़िले के पास से नावें गुज़ारीं और लाखी पहाड़ी पर क़ब्ज़ा कर लिया।[48] ताहिर निसियानी[49] लिखते हैं कि आरम्भ में ख़ाने-ख़ानाँ ने क़िले को घेरने और जीतने की कोशिश की, पर बाद में सोचा कि यह सब मिट्टी की चन्द दीवारों पर क़ब्ज़ा करने के लिए संसाधनों की बरबादी होगा, ख़ासकर ऐसी हालत में कि वे आगे बढ़कर राजधानी थत्ता को और उसके शासक को भी क़ब्ज़े में ले सकते हैं। इसके विपरीत *अकबरनामा* में कहा गया है[50] कि सेहवान उस इलाक़े का प्रवेशद्वार है और उसकी घेराबन्दी उठाई नहीं जा सकती। कुछ भी हो, छावनी की तोपों और बन्दूक़ों की गोलियों से शाही फौज़ को कोई नुक़सान नहीं पहुँचा।

घेरा जारी रखने के लिए सिपाहियों का एक दस्ता पीछे छोड़कर ख़ाने-ख़ानाँ दक्षिण की ओर बढ़े। जानी बेग ने (नस्रपुर के पास) बोहिरी में घरों को गिराकर एक ख़न्दक और एक गढ़ी बनाए जाने का हुक्म दिया।[51] दस्ताम बेग की कमान में एक फौज़ी दस्ता सेहवान की ओर भेजा गया और जानी बेग अपने 60,000 सिपाहियों के साथ बोहिरी में जमकर बैठ गया।[52] उसके और मुग़ल ख़ेमे के बीच कोई 6 या 7 कुरोह की दूरी थी।[53] कहा जाता है कि मिर्ज़ा जानी बेग की फौज़ में फ़िरंगी (पुर्तगाली), रूसी (तुर्क), मालिबारी और लूतक (?) शामिल थे, और नावें, तोपें और 300 जंगी जहाज़ भी थे।[54] मासूम के अनुसार ख़ुसरौ ख़ान की कमान में 100 या 200 जंगी जहाज़ थे जबकि ख़ाने-ख़ानाँ के पास 25 से भी कम थे।[55]

इस जंग के अनेक भिन्न-भिन्न वृत्तान्तों से, हम अपने स्रोतों के विवरणों का उपयोग करके एक विश्वसनीय चित्र तैयार कर सकते हैं। मासूम कहते हैं कि जब ख़ाने-ख़ानाँ बोहिरी के पास पहुँचे तो जानी बेग ने ख़ुसरौ ख़ान की कमान में, ख़ाने-ख़ानाँ के लश्कर पर हमला करने के लिए, 120 जंगी जहाज़ों और दूसरी नावों को भेजा और उसने नदी के दोनों तरफ़ से कूच कर रही दो फौज़ें भी भेजीं। ख़ाने-ख़ानाँ ने अपना तोपख़ाना ज़माने के लिए रेत का एक मज़बूत ठिकाना (क़िलअच-ए-रेग) बनवाया।[56] इन तोपों ने उनके लश्कर की हिफ़ाज़त की क्योंकि ख़ुसरौ ख़ान की नावों को इसी ठिकाने के पास से गुज़रना था। दुश्मन की ये नावें महीना शव्वाल 999

सिन्ध

मुग़ल अधिग्रहण 1591

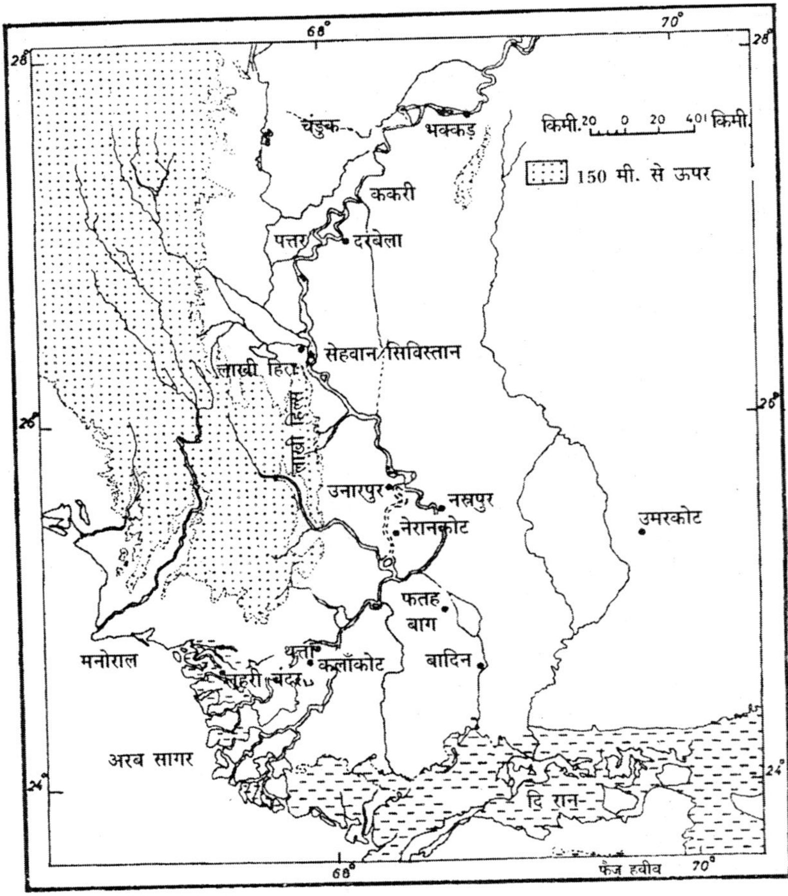

(23 जुलाई-20 अगस्त 1591) में किसी समय शाम के वक़्त पहुँची।[57] रात में ख़ुसरौ ख़ान ने एक छोटा-सा दस्ता नदी पार भेजा, पर मुग़लों की चौकसी के कारण वे लोग कुछ भी हासिल नहीं कर सके। अगली सुबह जानी बेग के जंगी जहाज़ मुग़ल फौज़ की ओर बढ़े। दोनों पक्षों ने थोड़ी-बहुत गोलाबारी की। मुग़लों ने टीले (क़िलअचा) पर जो तोपें लगा रखी थीं, उन्होंने गोले बरसाने शुरू कर दिए। लेकिन तोप का हर गोला काफ़ी ऊपर उठकर, दुश्मन की नावों के ऊपर से गुज़रता हुआ उन्हीं लोगों पर गिरा जिनको ख़ाने-ख़ानाँ ने ख़ुद नदी-पार भेजा था।[58] फिर तोपों के मुँह नीचे कर दिए गए और उन्होंने दुश्मन के कोई 8 या 9 जंगी जहाज़ मार गिराए। सिन्धी जहाज़ों में नुक़सान की मरम्मत के लिए बढ़ई भी थे, और इसलिए यह टकराव लम्बा खिंच गया। आख़िरकार सिन्धी जहाज़ पीछे हटने लगे। ख़ाने-ख़ानाँ के जंगी जहाज़ों ने उनका पीछा करके उन्हें जा पकड़ा जबकि नदी की दूसरी तरफ़ तैनात फौज़ ने भी उन पर हमला किया।[59] ख़ुसरौ ख़ान ने अपनी नावों का कुशल संचालन किया और ख़ुद को पीछे रखकर कुछ दूसरे जहाज़ों को लड़ने के लिए आगे भेज दिया।[60] लड़ाई शाम तक जारी रही और दोनों ओर से बराबर गोलाबारी होती रही। सिन्धी जहाज़ों को नदी की धार के मुक़ाबले संघर्ष करना पड़ रहा था।[61] दोपहर के कोई दो घंटे बाद तक उनके आदमियों की एक बड़ी तादाद तोपों के गोलों से मारी गई।[62] मुग़लों ने सिर्फ़ तोपों का प्रयोग नहीं किया, बल्कि भालों और तलवारों के साथ आमने-सामने भी लड़े।[63] पुर्तगाली फ़ौजियों से लदी कुछ नावें अब उनके हाथों में पड़ गईं।[64] एक शाही जहाज़ ने ख़ुसरौ ख़ान के ग़ुराबों (गैलीज़) पर हमला किया, पर एकाएक उसके बारूदख़ाने में आग लग गई जिससे अनेक सिपाही जलकर मर गए। इसके कारण ख़ुसरौ ख़ान भाग निकलने में कामयाब रहा।[65] इस तरह ख़ाने-ख़ानाँ को एक महत्त्वपूर्ण जीत मिली।

उसके बाद शाही फौज़ें मिर्ज़ा जानी बेग की बनवाई हुई गढ़ी ('नया नस्रपुर') की ओर बढ़ीं, पर एक लम्बी घेराबन्दी के बाद उन्होंने पाया कि उसे जीतना मुश्किल है।[66] उन्होंने गढ़ी पर एक रात हमला किया पर उन्हें कोई कामयाबी नहीं मिली। इसके अलावा मुग़लों के पास रसद की कमी भी थी।[67] चूँकि जानी बेग ने रसद की सारी आवाजाही रोक दी थी, और चूँकि सिन्ध के अधिकांश इलाके और परगने उसी के हाथों में थे, ख़ाने-ख़ानाँ ने दक्षिणी सिन्ध में स्थित जुन की ओर बढ़ने का फ़ैसला किया। घेरा उठा दिया गया।[68] इस बीच सेहवान से नाव के ज़रिए मुग़ल फौज़ों को रसद भेजी गई।[69]

मुग़ल हाकिमों ने सिन्ध के विभिन्न भागों में बिखर जाने का फ़ैसला किया।[70] एक दस्ते को सेहवान की ओर, एक को थत्ता की ओर[71] तथा एक तीसरे दस्ते को बादिन और फ़तहबाग़ की ओर बढ़ना था।[72] अबुल-फ़ज़्ल ने, जिनका विवरण मासूम के विवरण से थोड़ा सा भिन्न है, अघम[73] और उमरकोट का ज़िक्र उन जगहों में किया है जिन पर अब मुग़ल फौज़ों ने क़ब्ज़ा कर लिया।[74] शाह क़ासिम अरग़ून द्वारा बनवाई गई शाहगढ़ की गढ़ी पर हमला करने के लिए शाह बेग को भेजा गया।[75] बहादुर ख़ान, बख़्तयार बेग, हसन अली अरब, जान बेग और मक़सूद बेग की कमानवाली फौज़ ने

सेहवान की ओर कूच करके उस पर घेरा डाल दिया।[76] घेरा जब और कस गया तो छावनी ने जानी बेग से मदद माँगी और न मिलने पर गढ़ी का समर्पण करने की धमकी दी।[77] गिरया मेहता की सलाह पर तथा अबुल क़ासिम और ख़ुसरौ ख़ान की फ़रियादों पर ध्यान देते हुए मिर्ज़ा जानी बेग 10,000 सिपाहियों के साथ[79] सेहवान की ओर बढ़ा।[80] (6 कुरोह दूर एक स्थान पर) उसके आने की ख़बर सुनकर मुग़ल फौज़ों ने लाखी पहाड़ी के पास मोर्चा जमाया। यहाँ मुहम्मद ख़ान नियाज़ी, बहादुर ख़ान और दौलत ख़ान की कमान में एक नई कुमुक उनसे आन मिली। साथ में तोपें और नावें भी आईं। अब उनकी तादाद 12,000 हो गई।[81] इन तैयारियों, फौज़ों की तैनाती, फौज़ की विभिन्न शाख़ों, उनके कमानदारों और इसके बाद हुई लड़ाई का वर्णन अबुल-फ़ज़्ल[82] ने भी किया है और मासूम भक्कड़ी[83] ने भी। और भी ब्यौरे ताहिर निसियानी ने दिए हैं जिनके पिता ने इस लड़ाई में भाग लिया था।[84] सभी स्रोतों का कहना है कि आरम्भ में जानी बेग ने मुग़लों पर भारी दबाव डाला।[85] तीखे टकराव हुए। घने धुएँ और गोलाबारी के कारण दोस्त और दुश्मन में अन्तर करना बहुत कठिन हो गया।[86] जानी बेग तो बहुत बहादुरी से लड़ा, पर उसके सिपाहियों की एक बड़ी तादाद मारी या गिरफ़्तार की गई।[87] वह 400 सिपाहियों के साथ मैदाने-जंग में बना तो रहा, पर कामयाबी की कोई उम्मीद न देखकर भाग खड़ा हुआ।[88] क़िले में मौजूद उसके सिपाहियों ने[89] भागते दस्तों को रोकने की कोशिश की जिनका पीछा ख़ाने-ख़ानाँ के लोग कर रहे थे। जानी बेग का हाथी उसी के लोगों को कुचलने लगा जिससे उसकी फौज़ में और भी तबाही मची।[90] एक छोटी सी नाव में मैदाने-जंग छोड़कर जानी बेग लड़ाई की जगह से 20 कुरोह दूर उनारपुर पहुँचा।[91] यहाँ उसने एक गहरी और चौड़ी खाई से घिरा एक क़िला बनवाया और उसी में जमकर बैठ गया।[92] कुछ दिनों बाद ख़ाने-ख़ानाँ ने वहाँ पहुँचकर गढ़ी पर घेरा डाल दिया। उसके बाद सारे रास्ते बन्द कर दिए गए और रसद की आमद ख़त्म कर दी गई।[93] इस बीच नई कुमुक और रसद के आने से मुग़ल फौज़ों को राहत मिली।[94] दूसरी ओर भोजन की कमी से दुश्मन के ख़ेमे में लोग भूखों मरने लगे।[95]

इस बीच थत्ता में बहुत कुछ घटित हो चुका था :

> थत्ता में ख़ाने-ख़ानाँ के पहुँचने के बाद मिर्ज़ा जानी बेग ने मायूसी के आलम में अपने पिता (मिर्ज़ा पायन्दा) को ख़त लिखा कि (थत्ता) शहर को छोड़कर क़िला कलाँकोट (तुग़रलाबाद) में चले आए जिसे उसने इसी दिन के लिए नए सिरे से बनवाया था। लोगों में तीन दिन के अन्दर शहर छोड़ने की मुनादी करा दी गई। भगदड़ शुरू हो गई। हड़बड़ी के मारे, अपना सामान ले जाने में असमर्थ लोगों ने उन्हें अपने घरों के अन्दर गाड़ दिया। कुली तक भारी मज़दूरी माँगने लगे तथा ढुलाई के सामान की क़ीमत का आधा या तिहाई वसूल करने लगे। वीरान हो जाने के बाद शहर को, जो आबाद था और फल-फूल रहा था, लपटों के हवाले कर दिया गया, अपने लकड़ी के मकानों के कारण वह लगभग एक माह तक

जलता रहा। जो कुछ भी बचा उसे शहर में दाखिल होनेवाले आवारों ने लूट लिया। रहे वे लोग जो गढ़ी के अन्दर थे तो उनकी परेशानियाँ बहुत अधिक थीं। पीने के लिए अपने ख़ूने-जिगर और ख़ाने के लिए अपने मरे घोड़ों के मांस के सिवा कुछ भी नहीं था। तोपों और बन्दूक़ों से निकले धुएँ को छोड़, किसी चिमनी से कोई धुआँ निकलता दिखाई नहीं देता था। रोटी ज़िन्दगी से भी क़ीमती हो गई; नमक की बेकार चाहत के चलते होंठ बेनमक हो गए। घिरे होने की इसी हालत में मिर्ज़ा जानी बेग ने अपने पिता की और अपने बेटे अबुल-फ़तह की मौत की ख़बर सुनी, पर उसकी अपनी हालत भी लाचारों जैसी ही थी।[96]

ख़ाने-ख़ानाँ ने, जिनको इस पूरी स्थिति की बख़ूबी जानकारी थी, विभिन्न क्षेत्रों से अपने सारे दस्तों को बुला लिया।[97] नेहनकोट,[98] शाहगढ़ और बादिन अब मुग़लों के हाथों में आ गए।

जानी बेग के उनूरपुर क़िला की घेराबन्दी पर तत्कालीन स्रोत बहुत सारी जानकारियाँ देते हैं। मुग़लों ने एक मुनासिब जगह का चुनाव किया जो तीन तरफ़ से पानी से घिरा हुआ था। उन्होंने क़िले की ओर जानेवाली खाइयाँ खोदीं और साथ ही रेत लेकर आगे बढ़े ताकि क़िले के चारों ओर की खाई को भर दें।[99] अबुल-फ़ज़्ल ने और भी स्पष्ट ब्यौरे दिए हैं। उस्मानी प्रथा के अनुसार मुग़लों ने रेत के टीले बना दिए, अपनी तोपों को आगे बढ़ाते रहे और खाई को भरने पर लगे रहे। अन्दर से दुश्मन ने रेत को हटाने के लिए धावे मारे।[100] ख़ाने-ख़ानाँ ने संकल्प कराया कि खाई के भरने तक न कोई शख़्स आराम करेगा और न नहाएगा-धोएगा। हाल ही में ईरान से आए वास्तुशिल्पी (मेमार) उस्ताद यार मुहम्मद ख़ान को तोप लगाने के लिए एक ऊँची मीनार बनाने का हुक्म दिया गया ताकि गढ़ी पर गोलाबारी की जा सके।[101] इन उपायों से मिर्ज़ा जानी बेग बहुत परेशान हो गया, पर उसने अपने डर का प्रदर्शन नहीं किया और अकसर गढ़ी से बाहर आता रहा।[102] तोपें आगे बढ़ीं तो कड़ी जंग शुरू हो गई। भयानक जंग हुई और बड़ी तादाद में लोग मारे गए। पर एकाएक दोनों पक्ष जंगबन्दी पर राज़ी हो गए।

शान्ति वार्ताओं की परिस्थितियों को लेकर इतिहासकारों में मतभेद हैं। अबुल-फ़ज़्ल के अनुसार 'परेशान हाल छावनी ने अमन की भीख माँगी और ख़ूराक की कमी के कारण मुग़ल फौज़ ने इसे क़ुबूल कर लिया।'[103] ऐसे ही बयान मासूम भक्कड़ी[104] और अब्दुल बाक़ी नहावन्दी[105] ने दिए हैं। मासूम का कहना है कि मुग़ल हाकिमों ने ख़ाने-ख़ानाँ को जंगबन्दी न क़ुबूल करने की सलाह दी क्योंकि मिर्ज़ा जानी बेग अब उनके क़ब्ज़े में आए बराबर ही था। पर ख़ाने-ख़ानाँ ने उनकी राय ठुकरा दी और वह फ़ैसला किया जो आख़िर ख़ुद इस इतिहासकार की राय में एक बुद्धिमत्ता का निर्णय था। लेकिन सिन्धी इतिहासकार जैसे इदराकी बेगलार[106] और *तरख़ाननामा*[107] का लेखक कहते हैं कि शान्ति की गुज़ारिश ख़ाने-ख़ानाँ की ओर से की गई। ताहिर निसियानी का कथन है कि ख़ाने-ख़ानाँ का दूत जब जानी बेग के सामने पहुँचा तो वह अपने थोड़े

से सिपाहियों के साथ बैठा हुआ था—'ज़ख़्मों से चूर, अपने क़रीबी लोगों जैसे पिता, बेटे और सिपाहियों के मातम में काले कपड़े पहने हुए, पर उसके चेहरे-मोहरे से वही पहलीवाली शान, वही शाहाना आन-बान नुमायाँ थे जिससे उस दूत को हैरानी हुई।[108] वह मिर्ज़ा जानी बेग के दूत रिफ़ाक़त अली काबुली को लेकर चला। कहा जाता है कि मिर्ज़ा जानी बेग के कुछ कुलीन पहले ही ख़ाने-ख़ानाँ से गुप्त पत्र-व्यवहार करते आ रह थे।[109] ख़ाने-ख़ानाँ के प्रस्ताव के अनुसार मिर्ज़ा जानी बेग ने आख़िर निम्नलिखित शर्तें कुबूल कीं :

1. सेहवान के क़िले के साथ सिविस्तान को मुग़लों के हवाले किया जाएगा।[110]
2. ख़ाने-ख़ानाँ को जानी बेग से 20 ग़ुराब (गैलीज़)[111] मिलेंगे।
3. दोनों तरफ़ के सिपाहियों को एक-दूसरे के बाज़ारों में खुली ख़रीद-बिक्री की सुविधा मिलेगी।[112]
4. जानी बेग को ख़ाने-ख़ानाँ से ख़ुद मिलने की तैयारी के लिए तीन माह का वक़्त दिया जाएगा।[113]
5. जानी बेग ख़ाने-ख़ानाँ के बेटे मिर्ज़ा इराज को अपना दामाद बनाएगा और बरसात के बाद दरबार में जाएगा।[114]

तय पाया गया कि पहले घेरा उठाया जाएगा। उसके बाद 16 ख़ुर्दाद (26 मई 1592) को तोपख़ाना वापस बुला लिया गया और निकाह की रस्में पूरी की गईं।[115]

इस समझौते के बाद मिर्ज़ा जानी बेग थत्ता चला गया और सेहवान मुग़लों के हवाले कर दिया गया।[116] ख़ाने-ख़ानाँ ने बरसात गुज़ारने के लिए (सेहवान से 20 कुरोह दूर) सुन में ठहरना बेहतर जाना।[117]

यहाँ से सिन्ध के अधिग्रहण की प्रक्रिया ने एक नया मोड़ ले लिया। जानी बेग को सबसे पहले तो इस शाही तक़ाज़े से भारी चिन्ता लग गई कि वह अपनी बीवियों और बहनों को ख़ुद से पहले दरबार में भेजे।[118] अबुल-फ़ज़्ल यह भी कहते हैं कि जानी बेग समझौते के मुताबिक़ दरबार में नहीं पहुँचा बल्कि उसने एक पैग़ाम भेजा कि ख़रीफ़ की मालगुज़ारी वसूलने के बाद यह यात्रा करेगा।[119] इस अनावश्यक देरी ने शाही ख़ेमे को उलझन में डाल दिया। जानी बेग के दूत को निगरानी में रखा गया और फौज़ की तीनों शाख़ें तेज़ी से नस्रपुर की ओर बढ़ीं।[120] जानी बेग थत्ता से बाहर निकला और मुग़ल ख़ेमे से 3 कुरोह की दूरी तक आ पहुँचा। नदी तक का रास्ता सुरक्षित रखने के लिए उसने अपने पृष्ठ भाग को खुला रखा।[121] एक छोटी-सी झड़प के बाद मुग़लों ने मिर्ज़ा के ख़ेमे को तहस-नहस कर दिया। उसने इस समझौते के हनन का कारण जानना चाहा, पर उससे कहा गया कि पुर्तगालियों के आने की ख़बर सुनने के बाद मुग़ल यह कार्रवाई करने के लिए मजबूर हो गए थे।[122] लूट का माल उसे क्षमा-याचना के साथ लौटा दिया गया, और दोस्ती के सम्बन्धों का नवीनीकरण हुआ।

जाड़े की शुरुआत में ख़ाने-ख़ानाँ थत्ता से कोई 20 कुरोह दूर फ़तहबाग़ के पास नदी तक पहुँचे। यहाँ वे एक ख़ुशगवार माहौल में मिर्ज़ा जानी बेग से मिले और दोनों

ने इस मुलाक़ात पर ख़ुशी का इज़हार किया।[123] दोनों ने अपने-अपने निवास स्थानों पर दावतें दीं और सभी मौजूद अमीरों को आमन्त्रित किया। ख़ाने-ख़ानाँ फिर थत्ता गए[124] और यहाँ दोनों अनेक बार मिले।[125] दोनों साथ-साथ जगहें देखने और शिकार करने गए, तथा तुग़रलाबाद, लहरी बन्दर और (कराची के पास) मनोरा द्वीप का दौरा किया।[126] ख़ाने-ख़ानाँ ने जानी बेग को भरोसा दिलाया कि वे उसकी सिफ़ारिश बादशाह से करेंगे और उसे उसका इलाक़ा लौटा दिया जाएगा। इसके बाद जानी बेग तुग़रलाबाद चला गया और सूबे के मुआमलात सम्भालने के लिए थत्ता चले गए। सूबा अब (हिजरी 1000/ईसवी 1592 में) मुग़ल सल्तनत का हिस्सा बन गया।

मआसिरे-रहीमी से पता चलता है कि इस कामयाबी पर भारी जश्न मनाया गया। उस्ताद यार मुहम्मद ख़ान को इस मौक़े के लिए एक पण्डाल तैयार करने का हुक्म दिया गया। नज़राने पेश किए गए और सिपाहियों को इनआम दिए गए। ख़ाने-ख़ानाँ के लश्कर में मौजूद शायरों, जैसे मुल्ला शकेबी इस्फ़हानी, नज़ीरी, नीशापुरी, उर्फ़ी शीराज़ी, बुइक़ुली बेग बक़ाई, ग़यूरी शुस्तरी, मुहम्मद शरीफ़ क़वी, मीर मुग़ीस महवी, हयाती गिलानी और कामी ख़ुरासानी ने क़सीदे कहे।[127]

कहा जाता है कि इस मौके के लिए मुल्ला शकेबी ने 'साक़ीनामा' शीर्षक से एक मस्नवी कही और एक शेर पढ़ा जिसका भावार्थ यूँ था :

जो आसमान में एक हुमा उड़ी जा रही, उड़ी जा रही थी, उसे आपने पकड़ा और ख़ुशफ़हमी से आज़ाद किया।*

ख़ाने-ख़ानाँ ने उसे इनआम में 12,000 अशरफियाँ दीं। खुद जानी बेग ने खुश होकर उसे अच्छा इनआम दिया और कहा, 'अल्लाह का करम है कि तुमने मुझे परिन्दों में सबसे अच्छा परिन्दा कहा। तुम अगर मुझे बदसूरत कव्वा भी कह देते तो कौन तुम्हारी ज़बान रोकनेवाला था?'[128]

इसी बीच एक शाही फ़रमान प्राप्त हुआ जिसमें हुक्म दिया गया था कि ख़ाने-ख़ानाँ जानी बेग के साथ दरबार पहुँचे। इलाक़े की देखभाल बहाउद्दीन के हवाले करके[129] ख़ाने-ख़ानाँ जानी बेग और दूसरे कुलीनों के साथ (1593) में दरबार पहुँचे।[130] अकबर ने जानी बेग के साथ उम्दा सुलूक किया और उसे 3,000 का मनसब प्रदान किया।[131] जल्द ही वह बादशाह का कृपापात्र और विश्वासपात्र बन गया। उसकी दो बेटियाँ पहले ही शाही ख़ानदान में ब्याही जा चुकी थीं। ख़ाने-ख़ानाँ की सिफ़ारिश पर जानी बेग के थत्ता[132] समेत सारे इलाक़े उसे लौटा दिए गए, बस सिविस्तान[133] और लहरी बन्दर[134] को छोड़कर। सिन्ध में ख़िदमत कर चुके कुलीनों तथा दरबार में आनेवाले थत्ता के गणमान्य व्यक्तियों को भी अच्छे इनआम दिए गए।[135] अबुल-फ़ज़्ल ने अकबर के उस ख़त का हवाला दिया है जो सिन्ध की विजय के फ़ौरन बाद शाह अब्बास सफ़वी को

---

* हुमा एक काल्पनिक चिड़िया का नाम है। खुशफ़हमी से तात्पर्य यह भ्रामक विश्वास है कि हुमा का साया जिस शख़्स पर पड़ता है वह बादशाह बनता है—अनुवादक।

लिखा गया था और ज़ियाउल-मुल्क के हाथों भेजा गया था। इसमें जानी बेग के दरबार में आने और उसे थत्ता वापस किए जाने का ज़िक्र किया गया है।[136] उसकी नामौजूदगी में थत्ता का काम-धाम उसके बेटे ग़ाज़ी बेग ने चलाया।[137] जानी बेग के बारे में अबुल-फ़ज़्ल का आख़िरी वक्तव्य, जिसकी किसी और इतिहासकार ने पुष्टि नहीं की है, यह है कि 'हालाँकि कुछ दरबारियों का कहना था कि उसे वापस लौटने से रोका जाना चाहिए, पर उनके मश्विरे मुनासिब नहीं थे।'[138] मिर्ज़ा जानी बेग शाही दरबार में रहा तथा बादशाह से उसके अच्छे सम्बन्ध बने रहे।[139] वह तो ख़ुद को बल्कि बादशाह के आध्यात्मिक शिष्यों में गिनने लगा था।[140] अकबर ने जब असीरगढ़ के क़िले का घेरा डाला तो वह साथ था।[141] जानी बेग रक्ताघात या दिमाग़ी बुख़ार के कारण बुरहानपुर में 1599 या 1600 में मरा।[142] एक शाही फ़रमान के अनुसार उसका मृत शरीर ख़्वाजा मुहम्मद क़ूर बेगी द्वारा थत्ता ले जाया गया। थत्ता के पास मकली में उसकी आख़िरी आरामगाह है।[143]

सन्दर्भ और टिप्पणियाँ

1. सुल्तान महमूद भक्कड़ी के बारे में मीर मासूम, *तारीख़े-मासूमी,* सं : दाऊद पोटा, बम्बई, 1938, पृ. 218, 222-28, 232-38 तथा अली शेर थत्तवी, *तोहफ़तुल-किराम,* सं. : हिसामुद्दीन रशीदी, हैदराबाद, 1971, खंड तीन, पूरक ग्रन्थ, पृ. 120-22, 192, 194-200 देखें।
2. *तारीख़े-मासूमी,* पृ. 207; मीर मुहम्मद थत्तवी, *तरख़ाननामा,* सं : हिसामुद्दीन रशीदी, हैदराबाद, 1965, पृ. 46; मुहम्मद ताहिर निसियानी, *तारीख़े-ताहिरी,* सं. : नबी बख़्श ख़ान बकोच, हैदराबाद, 1964, पृ. 111-12
3. अब्दुल बाक़ी नहावन्दी, *मआसिरे-रहीमी,* सं : एम हिदायत हुसैन, कलकत्ता, 1925, खंड दो, पृ. 338-39; *तारीख़े-मासूमी,* पृ. 228-35; *तोहफ़तुल-किराम,* तीन, पृ. 143-44
4. *तारीख़े-ताहिरी,* पृ. 147, 151; *तोहफ़तुल-किराम,* तीन, पृ. 143; *तारीख़े-मासूमी,* पृ. 211-14; *तरख़ाननामा,* पृ. 56
5. *तारीख़े-मासूमी,* पृ. 233-34; *तोहफ़तुल-किराम,* तीन, पृ. 14-44; *मआसिरे-रहीमी,* दो, पृ. 336-39 भी देखें।
6. *तारीख़े-मासूमी,* पृ. 235
7. *मआसिरे-रहीमी,* दो, पृ. 340-42; *तारीख़े-ताहिरी,* पृ. 147; *तोहफ़तुल-किराम,* तीन, पृ. 313; इन नियुक्तियों, तबादलों और बरख़ास्तगियों के ब्यौरे *तारीख़े-मासूमी,* पृ. 235-36 पर दिए गए हैं।
8. आईने-अकबरी, सं : एच ब्लाख़मान, बिबिलयोथिका इण्डिका (बि इं), कलकत्ता, 1866-67, खण्ड एक, पृ. 554; इरफ़ान हबीब, *एटलस आफ़ द मुग़ल इम्पायर,* देहली, 1982, मानचित्र 5 ए, और टिप्पणियाँ, पृ. 13-14 से तुलना करें।
9. अबुल-फ़ज़्ल, *अकबरनामा,* खण्ड तीन, भाग दो, कलकत्ता, 1887, पृ. 495
10. *तारीख़े-मासूमी,* पृ. 248, *तरख़ाननामा,* पृ. 66; *तारीख़े-ताहिरी,* पृ. 169
11. *तारीख़े-मासूमी,* पृ. 148; *तरख़ाननामा,* पृ. 67; *अकबरनामा,* तीन, पृ. 492 पर सिर्फ़ एक लड़ाई व

उसके भागीदारों के हवाले मिलते हैं। लेकिन *मआसिरे-रहीमी*, दो, पृ. 343 पर दो मुठभेड़ों का ज़िक्र मिलता है। *बेगलारनामा* (पृ. 224-25, 228) से पता चलता है कि मिर्ज़ा बाक़ी पातर की पहली लड़ाई के बाद किसी समय मरा। उसका उत्तराधिकारी और सिविस्तान का सूबेदार मिर्ज़ा जानी तब उस जगह से दूर था क्योंकि वह अपने चचा मुज़फ़्फ़र मिर्ज़ा के साथ उत्तराधिकार की लड़ाई में उलझा हुआ था। विस्तार के लिए *तोहफ़तुल-किराम*, तीन पृ. 150-151 देखें।

12. *तारीख़े-मासूमी*, पृ. 249 देखें। *तरख़ाननामा*, पृ. 67 के अनुसार 'सिर्फ़ दो ग़ुराब पकड़े गए और बड़ी तादाद में दोनों तरफ़ के सिपाही मारे गए।'
13. *तारीख़े-मासूमी*, पृ. 249 देखें। *तरख़ाननामा*, पृ. 67-68; *बेगलारनामा*, पृ. 229; *मआसिरे-रहीमी*, दो, पृ. 343; *अकबरनामा*, तीन, पृ. 495
14. *तारीख़े-ताहिरी*, पृ. 170-71; *तोहफ़तुल-किराम*, तीन पृ. 153-54 देखें। मिर्ज़ा बाक़ी की मौत के बाद जानी बेग के नाम एक फ़रमान भेजकर उससे कहा गया कि अकबर की अधीनता स्वीकार करे तथा सिक्कों व ख़ुत्बों में उसके नाम का प्रयोग करे। बादशाह को अपने से बरतर मानकर जानी ने यह माँग क़ुबूल कर ली।
15. *तारीख़े-ताहिरी*, पृ. 170-71; *तोहफ़तुल-किराम*, तीन, पृ. 153-54
16. मासूम भक्कड़ी लिखते हैं कि एक लम्बी घेराबन्दी के बाद 'उन्होंने एक बड़ी बारूदी सुरंग लगाई जिसने क़िले के सामने के दरवाज़े और दीवारों को उड़ा दिया; मुहम्मद सादिक़ (ख़ान) ने हुक्म जारी किया कि उसकी इजाज़त के बिना कोई क़िले में दाख़िल न हो। जब धुआँ और ग़ुबार छँट गए तो दस्ते ने एक और दीवार खड़ी की तथा तोपों और बन्दूक़ों से गोलाबारी करने लगे।' *तारीख़े-मासूमी*, पृ. 248-49 देखें।
17. *अकबरनामा* (तीन, पृ. 751) में कहा गया है कि सुरंगों से कुछ दीवारें गिराई गईं पर मुग़ल आगे नहीं बढ़ सके क्योंकि मिट्टी का छज्जा बहुत ऊँचा था। इस बीच देरी के कारण दस्ता एक और दीवार खड़ी करने में कामयाब रहा। *मआसिरे-रहीमी* (दो, पृ. 343) के अनुसार 'बारूदी सुरंग और ढका रास्ता (साबात) तैयार किए गए और क़िले की दीवारों को नुक़सान पहुँचा।' *तारीख़े-ताहिरी*, पृ. 172; *तरख़ाननामा*, पृ. 67 और *तोहफ़तुल-किराम*, तीन, पृ. 154 में भी इस कार्रवाई के हवाले दिए गए हैं।
18. *तरख़ाननामा*, पृ. 67
19. *तारीख़े-मासूमी*, पृ. 249; *मआसिरे-रहीमी*, दो, पृ. 343
20. *बेगलारनामा* पृ. 230
21. *अकबरनामा*, तीन, पृ. 495
22. *तारीख़े-मासूमी*, पृ. 188
23. *तरख़ाननामा*, पृ. 67
24. *तारीख़े-ताहिरी*, पृ. 172-73
25. *बेगलारनामा*, पृ. 230
26. *मआसिरे-रहीमी*, दो, पृ. 345
27. अबुल-फ़ज़्ल (*अकबरनामा*, तीन, पृ. 509) ने भी एक अर्ज़दाश्त का हवाला दिया है। वे सैयद जलाल के आने का साल 1586 तथा सादिक़ ख़ान के दरबार में लौटने का साल 1587 बतलाते हैं। *तबक़ाते-अकबरी* (दो, कलकत्ता, 1931, पृ. 406-7) में सादिक़ ख़ान के आने का साल 1588 दिया हुआ है। *तरख़ाननामा* (पृ. 66) में कहा गया है कि मिर्ज़ा जानी बेग ने अपने भरोसे के लोगों के हाथों तोहफ़े और पेशकश भेजे थे। उनके साथ थत्ता के शैख़ुल-इस्लाम मीर जलालुद्दीन बिन मीर सैयद अली शीराज़ी भी थे।

28. *तारीख़े-मासूमी*, पृ. 249; *तरख़ाननामा*, पृ. 69; *तारीख़े-ताहिरी*, पृ. 173; अब्दुल क़ादिर बदायूँनी, *मुंतख़बुल-तवारीख़*, दो, पृ. 359; तबक़ाते-अकबरी, दो, पृ. 406-7; मुक्तूबाते-अल्लामी, पृ. 105 में भी हकीम ऐनुल-मुल्क की थत्ता की यात्रा का ज़िक्र किया गया है।
29. *तारीख़े-मासूमी*, पृ. 269; *मआसिरे-रहीमी*, दो, पृ. 345 में भी मिर्जा जानी के अक्खड़पन और सादिक़ ख़ान से दुर्व्यवहार की बात कही गई है जिससे अकबर आगबबूला हो उठा। इस तरह हुकूमत का तक़ाज़ा था कि 'मिर्जा जानी, अफ़ग़ानों और बलोचों' को सज़ा दी जाए। इसीलिए ख़ाने-ख़ानाँ को, जो अभी हाल ही में गुजरात से लौटे थे, भक्कड़ और मुल्तान की जागीर दी गई तथा मिर्ज़ा जानी को सज़ा देने व सिन्ध को जीतने के लिए भेजा गया।
30. उसके ख़िलाफ़ एक फौज़ भेजने का फ़ैसला किया गया तथा उससे कहा गया कि या तो ख़ुद आए या अपनी फौज़ को भेजे; अन्यथा (क़न्धार से) शाही फौज़ों की वापसी के बाद उसे सज़ा दी जाएगी। (*अकबरनामा*, तीन, पृ. 585 देखें।) *अकबरनामा*, बी एम ऐड 27, 247, फ़ोलियो 390 ए में और भी ब्यौरे दिए गए हैं।
31. *तबक़ाते-अकबरी*, दो, पृ. 411-12
32. *तारीख़े-फ़िरिश्ता*, दो, पृ. 623
33. *तरख़ाननामा*, पृ. 70
34. *बेगलारनामा*, पृ. 231
35. *तारीख़े-ताहिरी*, पृ. 174-75
36. *अकबरनामा*, तीन, पृ. 585; मक्तूबाते-अल्लामी, लखनऊ, 1270/1853, पृ. 88 पर अबुल-फ़ज़्ल का पत्र भी देखें।
37. बी एम एम एस ऐड 27, 247, जिसमें *अकबरनामा* का एक पहले का पाठ मिलता है, सिन्ध पर अब्दुर्रहीम ख़ाने-ख़ानाँ के हमले के बारे में और भी ब्यौरे देता है; इसके कुछ उद्धरण (फ़ोलियो 390, 391-94) मुद्रित पाठ से थोड़े से भिन्न हैं। इस पाण्डुलिपि (फ़ोलियो 392) से लगता है कि ख़ाने-ख़ानाँ ने भक्कड़ होकर जानेवाला रास्ता पकड़ा (क्योंकि मुल्तान और भक्कड़ उन्हें जागीर में दिए गए थे) और उन्होंने ग़ज़नी-बंगशवाला छोटा रास्ता नहीं पकड़ा जिससे वे आसानी से क़न्धार पहुँच सकते थे। उनके कुछ साथियों ने उन्हें यही रास्ता पकड़ने की राय दी, पर व्यर्थ।
38. *मक्तूबाते-अल्लामी*, पृ. 78-79 देखें। रियाजुल-इस्लाम (ए कैलेंडर आफ़ पर्शियन डाक्यूमेंट्स, खण्ड एक, कराची, 1979, पृ. 105) के अनुसार यह पत्र 15 दिसम्बर 1589 को जलालाबाद से लिखा गया।
39. *मक्तूबाते-अल्लामी*, पृ. 84; अकबरनामा, बी एम ऐड 27, 247 फ़ोलियो 393 ए भी देखें।
40. *मक्तूबाते-अल्लामी*, पृ. 88
41. *उपरोक्त*, पृ. 99
42. *उपरोक्त*, पृ. 91
43. *मआसिरे-रहीमी*, दो, पृ. 358 देखें। फ़ैजी ने एक तारीख़ 'क़स्दे-तत्ता' (=हिजरी 999/ईसवी 1590-91) कही।
44. *तारीख़े-मासूमी*, पृ. 252; हाकिमों की लम्बी फ़ेहरिस्त के बारे में *अकबरनामा*, तीन, पृ. 585 देखें। बी एम ऐड 27, 247, फ़ोलियो 392 ए-393 ए में और भी अधिक ब्यौरे दिए गए हैं।
45. *मआसिरे-रहीमी*, दो, पृ. 359 देखें। लगता है जानी बेग इस पूरे मंसूबे से बेख़बर था। अबुल-फ़ज़्ल कहते हैं कि जब ख़ाने-ख़ानाँ ने अपनी फौज़ को भक्कड़ में लगाया तो जानी बेग का एक दूत उनके पास आया और कहा कि उसके मालिक, जो ('फ़सादियों' के दबाव के कारण) ख़ुद आने में असमर्थ थे, क़न्धार की मुहिम में शाही फौज़ की मदद के लिए अपनी फौज़ भेजने को तैयार थे। लेकिन दूतों

को गिरफ़्तार कर लिया गया और शाही फौज़ आगे बढ़ती रही। (*अकबरनामा,* तीन, पृ. 602; बी एम ऐड 27, 247, फ़ोलियो 392 बी देखें।)

46. सिविस्तान या सेहवान की गढ़ी के बारे में अबुल-फ़ज़्ल का वर्णन इस प्रकार है : 'हाकिम का यह क़िला सिन्ध नदी के किनारे एक टीलों की शृंखला के ऊपर स्थित है। क़िले की बाहरी ढाल (ख़ाकरेज़) 40 गज़ का है और दीवार सात गज़ ऊँची है। पास ही 8 कुरोह लम्बी और 6 कुरोह चौड़ी एक नहर है। नदी की तीन शाख़ें इससे मिलती हैं।' (*अकबरनामा,* तीन, पृ. 602 देखें।)
47. *तारीख़े-मासूमी,* पृ. 252; *तरख़ाननामा,* पृ. 70
48. *अकबरनामा,* तीन, पृ. 602 : 'यह बंगाल की गढ़ी और कश्मीर के बरामूला जैसा है।' तारीख़े-ताहिरी (पृ. 181) ने लाखी पहाड़ी के रास्ते ख़ाने-ख़ानाँ पर इस यात्रा में पड़ी मुसीबतों का बयान किया है। यह 'इस इलाक़े की कुंजी है जो सिन्ध नदी से दूर बढ़ते हुए सुन तक फैला हुआ है, (जिसके) रास्ते तंग हैं और निवासी उत्पाती हैं जिन्होंने कभी किसी को अपना मालिक नहीं माना।'
49. *तारीख़े-ताहिरी,* पृ. 181
50. *अकबरनामा,* तीन, पृ. 602; और अधिक ब्यौरों के लिए बी एम ऐड 27, 247, फोलियो 393 देखें।
51. बोहिरी या मीरी गुहेजा, नस्रपुर से दस मील दूर एक छोटा सा क़स्बा। अबुल-फ़ज़्ल बोहिरी का ज़िक्र नहीं करते। बस यह कहते हैं कि 'नस्रपुर के दर्रे के पास, नदी और दूसरी धाराओं के इस किनारे उसने एक क़िला बनवाया तथा उसे जंगी जहाज़ों और तोपख़ाने से मज़बूत किया।' (*अकबरनामा,* तीन, पृ. 602 देखें।) *तरख़ाननामा* के मुद्रित पाठ (पृ. 71) में लोहिरी दिया है जो साफ़ है कि छापे की ग़लती है।
52. *बेगलारनामा,* पृ. 232; *मआसिरे-रहीमी,* दो, पृ. 360
53. तरख़ाननामा, पृ. 71 देखें। *अकबरनामा,* तीन, पृ. 602 : 'ख़ाने-ख़ानाँ ने दुश्मन से 6 कोस की दूरी पर चार दीवारें बनवाईं।'
54. *मआसिरे-रहीमी,* दो, पृ. 360; *तबक़ाते-अकबरी,* दो, पृ. 414 देखें। अबुल-फ़ज़्ल (*अकबरनामा,* तीन, पृ. 602) के अनुसार 'जानी बेग के साथ बहुत से क़बाइली और सुन्दर पोशाकोंवाले मुलाज़िम थे।'
55. ख़ुसरौ ख़ान का सम्बन्ध एक ऐसे परिवार से था जो चंगेज़ ख़ान के वंशज होने का दावा करता था। उसने तरख़ानों के अधीन अनेक पदों पर काम किया था। वह एक बड़े वास्तुशिल्पी के रूप में मशहूर था और उसने थत्ता और मकली के आसपास अनेक पुलों, मस्जिदों व कुँओं का निर्माण कराया था। (*तोहफ़तुल-किराम,* तीन, पृ. 214-16 देखें।)
56. *तारीख़े-मासूमी,* पृ. 251-52
57. उपरोक्त, पृ. 252 देखें। *अकबरनामा,* तीन, पृ. 602 : 'पानी के छिछलेपन के कारण दुश्मन बहुत क़रीब तक नहीं आ सका।'
58. *अकबरनामा,* तीन, पृ. 602 : 'जानी बेग के ज़मीन के रास्ते आने की ख़बर सुनकर एक अन्धेरी रात में फ़रीदूँ बरलास और दूसरों ने नदी का किनारा छोड़ दिया।'
59. *तारीख़े-मासूमी,* पृ. 252; ब्यौरों के लिए बी एम ऐड 27, 247, फ़ोलियो 393 बी देखें।
60. *तारीख़े-ताहिरी* (पृ. 184-85) और *तरख़ाननामा* (पृ. 72-73) के अनुसार अपने सिपाहियों से मश्विरा करके मिर्ज़ा जानी ने ख़ुसरौ ख़ान की कमान में एक बेड़ा भेजने का फ़ैसला किया जबकि ज़मीनी फौज़ उसकी अपनी कमान में थी। ख़ुसरौ ख़ान ने एक मंसूबे के अनुसार शाही फौज़ पर हमला किया जिसके अनुसार सिपाहियों के एक दस्ते को नावों में रहना और दूसरे को थल-मार्ग से आगे बढ़ना था। लेकिन ख़ुसरौ ख़ान को उसके अपने ही लोगों ने धोखा दिया जो उससे जलते थे और उसकी हार के लिए चिन्तित रहते थे। वे लोग कुमुक लेकर नहीं पहुँचे। ख़ुसरौ ख़ान बेकार ही इन्तज़ार करता रहा तथा रात में रेत की बोरियों की दीवार खड़ी करके उसने अपनी नावों की रक्षा की। सुबह

के समय वह पीछे हट गया।

61. अबुल-फ़ज़्ल (*अकबरनामा*, तीन, पृ. 602) कहते हैं कि वे (सिन्धी) धारा के विपरीत बढ़ रहे थे पर धार की ताक़त के कारण पीछे हट गए।

62. *तारीख़े-मासूमी*, पृ. 252; *अकबरनामा* बी एम ऐड 27, 247, फ़ोलियो 393 बी

63. *अकबरनामा*, तीन, पृ. 602 देखें। *मआसिरे-रहीमी*, दो, पृ. 362 : 'लड़ाई भयानक चली और बहुत से लोग मारे गए या क़ैद किए गए या नदी के उफान में डूब गए। जो पकड़े गए, उनकी जानें बख़्श दी गईं। शाही फौज़ों के हाथ भारी माल लगा। तुर्क, मलाबारी या फ्रांसीसी सिपाहियों से लदे दस या बारह ग़ुराब नदी में डूब गए। दुश्मन फौज़ों की बहादुरी से ख़ाने-ख़ानाँ इतने प्रभावित हुए कि उन्होंने एक फ़त्हनामा लिखने या उनके सरों की मीनार बनाने की बात सोच ली।' *अकबरनामा* (तीन, पृ. 603) के अनुसार जानी बेग के आदमियों में 1000 ज़ख़्मी हुए और 200 मारे गए जबकि मुग़लों को कम जानी नुक़सान हुआ।

64. *अकबरनामा*, तीन, पृ. 603 : लोगों से भरे चार ग़ुराब पकड़े गए तथा उनमें से एक में हरगुज़ की पुर्तगाली बस्ती का राजदूत भी था। ताहिर निसियानी (*तारीख़े-ताहिरी*, पृ. 185) ने उसका नाम चरकस दफ़्तरी बताया है और उसे फ़िरंग के उन सौदागरों का सरदार कहा है जो हर साल हरमुज़ से आते थे।

65. नहावन्दी (*मआसिरे-रहीमी*, दो, पृ. 361) के अनुसार जानी बेग के एक ग़ुराब में आग लग गई। *अकबरनामा* (तीन, पृ. 603) से लगता है कि 'शाही ग़ुराबों ने ख़ुसरौ ख़ान का पीछा किया और उसे घायल कर दिया। वे उसे पकड़ना चाहते थे; एकाएक एक तोप फटी और नाव टुकड़े-टुकड़े हो गई।' *तारीख़े-मासूमी*, पृ. 253; *तरख़ाननामा*, पृ. 73 भी देखें।

66. *तारीख़े-मासूमी*, पृ. 253; *मआसिरे-रहीमी*, दो, पृ. 353; *अकबरनामा*, तीन, पृ. 603 देखें। बेगलारनामा (पृ. 233-34) और भी ब्यौरे देता है और कहता है कि 'अपने मंसूबों में नाकाम होकर शाही दस्तों ने वह जगह छोड़ देने का फ़ैसला किया और शाहगढ़ की ओर बढ़े जहाँ अबुल क़ासिम तैनात था। फिर वे लार की तरफ़ बढ़े। आख़िर में वे सेहवान पहुँच गए और गढ़ी पर घेरा डाल दिया।' *मआसिरे-रहीमी* (दो, पृ. 263) में कहा गया है कि गढ़ी को जीतने में नाकाम होकर ख़ाने-ख़ानाँ ने नस्रपुर से ध्यान हटा लिया। मिर्ज़ा जानी और उसके समर्थकों ने रात में मुग़ल ख़ेमे पर हमला करने की योजना बनाई, पर उनमें से कुछ ने हिचकते हुए कहा कि उनका सामना सादिक़ ख़ान से नहीं, ख़ाने-ख़ानाँ से था। बी एम ऐड 27, 247, फ़ोलियो 393 ए-बी भी देखें।

67. अबुल-फ़ज़्ल (*अकबरनामा*, तीन, पृ. 606, 608) भी दुश्मन के क़िले में खाद्य की बहुतायत और मुग़ल ख़ेमे में रसद की कमी की बात करते हैं। *मआसिरे-रहीमी* तीन, पृ. 263 में कहा गया है कि ख़ाने-ख़ानाँ ने बादशाह को (इन मुश्किलों की) सूचना भेजी, मदद माँगी तथा उन्हें 1,50,000 रुपए के साथ रसद भी मिली। फिर जैसलमेर के रास्ते राय सिंह की कमान में एक लाख रुपए, एक लाख मन अनाज, सौ बड़ी तोपें और बहुत से बन्दूक़ची और कुमुक भेजी गई। *तबक़ाते-अकबरी*, दो, पृ. 414 भी देखें।

68. *मआसिरे-रहीमी*, दो, पृ. 363 देखें। *अकबरनामा*, तीन, पृ. 608 : 'दुश्मन के पास आदमियों की ताक़त और किसानों की मदद थी और वे बरसात का इन्तज़ार कर रहे थे।'

69. उपरोक्त, पृ. 608

70. *तरख़ाननामा* (पृ. 74) में संकेत दिया गया है कि यह योजना ख़ाने-ख़ानाँ के सामने जानी बेग की फौज़ के ग़द्दार गिरया (ग़ोरिया) मेहता ने रखी थी कि जानी बेग को गढ़ी से बाहर आकर लड़ने पर मजबूर किया जाए।

71. *अकबरनामा,* तीन, पृ. 608 : 'रसद पाने और दुश्मन को परेशान करने के इरादे से शहर को लूटने के लिए' अधिकांश सिपाही थत्ता की ओर बढ़ गए।

72. ज़रू बहादुर, ख़ान, क़ूरदार और दूसरों को बादिन की ओर भेजा गया। (उपरोक्त, पृ. 608 देखें।)

73. शाहबेग ख़ान, मुहम्मद ख़ान नियाज़ी, कासिम कोका, मुर्तज़ा कुली, दाद मल, दूदा बेग और दूसरों को अघम पर क़ब्ज़ा करने और मिर्ज़ा जानी बेग की सरगर्मियों पर नज़र रखने के लिए भेजा गया। (*अकबरनामा,* तीन, पृ. 608, बी एम ऐड 27, 247, फ़ोलियो 395 बी देखें।)

74. मिर्ज़ा फ़रीदूँ और रावल भीम को उमरकोट की ओर भेजा गया क्योंकि वहाँ बादशाह का नियन्त्रण थोड़ा ढीला पड़ गया था। (उपरोक्त, पृ. 606, 608, बी एम ऐड 27,247 फोलियो 395 बी देखें)

75. *तारीख़े-मासूमी,* पृ. 254

76. उपरोक्त, *मआसिरे-रहीमी,* दो, पृ. 364 देखें। अबुल-फ़ज़्ल (*अकबरनामा,* तीन, पृ. 608, बी एम ऐड 27,247 फ़ोलियो 393 बी) कहते हैं कि रसद के साथ सैयद बहाउद्दीन, क़रा बेग और बख्तयार बेग को सेहवान की ओर भेजा गया।

77. *तारीख़े-मासूमी,* पृ. 254; *मआसिरे-रहीमी,* दो, पृ. 363 देखें। *अकबरनामा,* तीन, पृ. 608; दुश्मन अपने परिवारों की चिन्ता से दहल गया।

78. कहते हैं कि गिरया ने अपने मालिक को उकसाया कि नसरपुर की गढ़ी छोड़कर सेहवान चला जाए। उसने कहा कि अगर सेहवान मुग़लों के हाथ लगा तो पूरे इलाके का रास्ता उनके लिए खुल जाएगा। गिरया की योजना कामयाब रही क्योंकि जैसे ही जानी बेग ने सेहवान की ओर कूच किया, मुग़लों ने बोहिरी पर कब्ज़ा कर लिया। (*तरख़ाननामा,* पृ. 74-75 देखें।) अबुल-फज़्ल (*अकबरनामा,* तीन, पृ. 608) कहते हैं कि शाही फ़ौजों ने मुश्किल हालात में सेहवान के क़िले की घेराबन्दी की।

79. *तारीखे-मासूमी,* पृ. 255; *मआसिरे-रहीमी,* दो, पृ. 365; *अकबरनामा,* तीन, पृ. 609 में उसके सिपाहियों की तादाद 5000 बताई गई है। *तबकाते-अकबरी,* दो, पृ. 417 भी देखें। *तरख़ाननामा* (पृ. 77) में इसे 6000 कहा गया है।

80. अबुल-फज़्ल कहते हैं कि जानी बेग सेहवान की तरफ़ वहाँ पहले से मौजूद नावों पर क़ब्ज़ा करने के लिए बढ़ा। *तबक़ाते-अकबरी* (दो, पृ. 416) में कहा गया है कि सेहवान की फ़ौजों का काम सन्तोषजनक नहीं था; इसलिए वह उन्हें सज़ा देने के लिए वहाँ गया। *मआसिरे-रहीमी,* तीन, पृ. 366; *तरख़ाननामा,* पृ. 77; *बेगलारनामा,* पृ. 234 भी देखें।

81. *तारीख़े-मासूम,* पृ. 255; *मआसिरे-रहीमी,* पृ. 365; *अकबरनामा,* तीन, पृ. 609; *तबकाते-अकबरी,* दो, पृ. 416-417

82. *अकबरनामा,* तीन पृ. 609

83. *तारीख़े-मासूमी,* पृ. 255

84. अपनी पहचान कराने के लिए ख़ाने-ख़ानाँ के सिपाहियों ने अपनी-अपनी पगड़ियों में तीर खोंस लिए जबकि मिर्ज़ा जानी बेग के सिपाहियों ने अपनी पगड़ियों में हरी टहनियाँ लगाईं। मिर्ज़ा जानी बेग ने अपने सिपाहियों से वादा किया कि जो भी दुश्मन का एक सर लाएगा, 500 कबर पाएगा। लेकिन राज्य की वित्तीय स्थिति को बेहतर समझनेवाले गिरिया ने इनआम घटाकर 50 कबर कर दिया। इस छोटी सी रकम पर भी भूख से मर रहे लोगों ने ख़ुद को लड़ाई में झोंक दिया। (*तारीख़े-ताहिरि,* पृ. 183 देखें।) *तारीख़े-ताहिरी* की एक टिप्पणी (पृ. 183) में बताया गया है कि 1 कबर = 12 मीरी और 72 मीरी = एक तंका होते थे। दूसरे शब्दों में, 500 कबर 4 रुपए से कुछ ही अधिक के बराबर होते थे।

85. *अकबरनामा,* तीन पृ. 609; *मआसिरे-रहीमी,* पृ. 367; *तारीख़े-मासूमी,* पृ. 255

86. *अकबरनामा,* तीन, पृ. 609; *मआसिरे-रहीमी,* पृ. 367; *तारीख़े-मासूमी,* पृ. 255; *बेगलारनामा,* पृ. 236
87. *तारीख़े-मासूमी,* पृ. 255 देखें। अबुल-फ़ज़्ल (*अकबरनामा,* तीन, पृ. 609) के अनुसार जानी बेग की ओर के 300 और शाही फ़ौज के 100 लोग मारे गए। *तरख़ाननामा* (पृ. 79) में दोनों तरफ़ से मरनेवालों की तादाद 8,000 कही गई है जो अविश्वसनीय है। (टोडरमल के बेटे) राजा धरुलमल और जानी बेग की जंग के ब्यौरों के बारे में *मआसिरे-रहीमी,* दो, पृ. 367; *अकबरनामा,* तीन, पृ. 609 और *तरख़ाननामा,* पृ. 79 देखें।
88. *तारीखे-मासूमी,* पृ. 255, *अकबरनामा,* तीन, पृ. 609; बी एम ऐड 27,247 फोलियो 396 ए।
89. ये थे शाह क़ासिम अरगून, ख़ुसरो ख़ान चरकस, मुल्ला मुहम्मद फ़रही, अली सुल्तान ग़ज़नबी और हसन। अबुल-फ़ज़्ल (*अकबरनामा,* बी एम ऐड 27,247, फ़ोलियो 396 ए) के अनुसार ख़ाने-ख़ानाँ ने क़िले को नष्ट कर दिया।
90. *अकबरनामा,* तीन, पृ. 609, *तारीख़े-ताहिरी,* पृ. 191; *तरख़ाननामा,* पृ. 79; *मआसिरे-रहीमी,* दो, पृ. 367
91. *अकबरनामा,* तीन, पृ. 614; अनारपुर या उनरपुर, हलकंडी से 4 कोस और सेहवान से 40 कोस। *तारीख़े-मासूमी,* पृ. 256 के अनुसार यह जगह जंग के मैदान से 20 कुरोह पर थी।
92. *तारीख़े-ताहिरी,* पृ. 191-92; *तारीख़े-मासूमी,* पृ. 256; *बेगलारनामा,* पृ. 239; *तरख़ाननामा,* पृ. 79
93. *मआसिरे-रहीमी,* दो, पृ. 368-69; *तबक़ाते-अकबरी,* दो, पृ. 416
94. *अकबरनामा,* तीन, पृ. 608, 615
95. *अकबरनामा,* तीन, पृ. 614 : 'इलाक़े की अजनबियत और किसानों की उद्दंडता के कारण रसद दुर्लभ हो गई और ख़ाने की वस्तुएँ महँगी हो गईं। काफ़ी बीमारी भी फैली। असाधारण बात यह थी कि इसने सिन्ध के लोगों पर भी हमला किया।' उपरोक्त, पृ. 615 से लगता है कि शाही मदद के बावजूद मुग़ल तब बहुत अच्छी स्थिति में नहीं थे जब उन्होंने जानी बेग के शान्ति-प्रस्तावों को स्वीकार किया।
96. *तारीख़े-ताहिरी,* पृ. 194-95 देखें। निज़ामुद्दीन (*तबक़ाते-अकबरी,* दो, पृ. 417) भी कहते हैं कि लोगों ने अपने जानवर ज़िबह करके खा लिए। अबुल-फ़ज़्ल (*अकबरनामा,* तीन पृ. 616) कहते हैं कि लाशों की तादाद के कारण क़िले के अन्दर की हवा ख़तरनाक हो गई थी और बच जानेवालों की हालत नाजुक हो गई।
97. अबुल-फ़ज़्ल (*अकबरनामा,* तीन, पृ. 608) सेहवान की घेराबन्दी के बारे में इसका ज़िक्र करते हैं। कहते हैं कि जो दस्ते थत्ता भेजे गए थे, इसलिए कुछ खास नहीं कर सके कि शरारती लोगों ने शहर को आग लगा दी।
98. अबुल-फ़ज़्ल (उपरोक्त, पृ. 614) नेहनकोट पर क़ब्ज़े और उसकी ताक़त का हवाला देते हैं।
99. *तारीख़े-मासूमी,* पृ. 256
100. *अकबरनामा,* तीन, पृ. 615
101. *मआसिरे-रहीमी,* दो, पृ. 368-69
102. कहा गया है कि जानी बेग इस क़िले को छोड़ना और कहीं और जाना चाहता था, पर अबुल कासिम ने उसे वहीं रुकने की सलाह दी कि वहाँ बहुत से अरग़ून और तरख़ान परिवार रह रहे थे। (*बेगलारनामा,* पृ. 239 देखें।) अबुल-फ़ज़्ल (*अकबरनामा,* तीन, पृ. 614; बी एम ऐड 27,247, फोलियो 396 ए) गढ़ी के निवासियों में अरबों व कुर्दों के एक समूह की बात कहते हैं जिन्होंने क़ासिम अली से झगड़ा किया।

103. *अकबरनामा,* तीन, पृ. 614; बी एम ऐड 27,247 फ़ोलियो 396 ए।

104. *तारीख़े-मासूमी,* पृ. 256, जिसके अनुसार ख़ाने-ख़ानाँ ने जंगबन्दी के प्रस्ताव कुबूल करते समय जानी बेग के लिए 5,000 के मनसब का प्रस्ताव करने की बात सोची थी।

105. *मआसिरे-रहीमी,* दो, पृ. 370-71: 'शाही फ़ौजें जीत की ओर बढ़ रही थीं; जानी बेग ने शान्ति की भीख माँगी।'

106. *बेगलारनामा,* पृ. 239 के अनुसार ख़ाने-ख़ानाँ ने शान्ति-वार्ताओं के लिए एक धर्मप्राण व्यक्ति मियाँजी को भेजा और जानी बेग ने उनका प्रस्ताव स्वीकार कर लिया।

107. *तरख़ाननामा,* पृ. 79

108. *तारीख़े-ताहिरी,* पृ. 197-99 देखें। मीर अली शेर थत्तवी (*तोहफ़तुल-किराम,* तीन, पृ. 159) के अनुसार 'इस मौक़े पर ख़ाने-ख़ानाँ ने जानी बेग के नाम इस आशय का सन्देश भेजा : क्या हुआ अगर वक़्त की गर्दिश के चलते हमारे बीच कुछ जंग हो गई। आपने जो बहादुरी दिखाई, लम्बे समय तक याद रखी जाएगी। पर आप भी याद रखें कि एक तरफ़ दुनिया का बादशाह है जिसके आगे बहादुर सिपाही अपने माथे रगड़ते हैं' वग़ैरह।

109. *तारीखे-ताहिरी,* पृ. 199; *तोहफ़तुल-किराम* तीन, पृ. 160

110. *अकबरनामा,* तीन, पृ. 615; तारीख़े-मासूमी, पृ. 256

111. *तारीखे-मासूमी,* पृ. 256 के अनुसार 30 गुराब (गैलीज़); *तरख़ाननामा,* पृ. 80; *अकबरनामा,* तीन, पृ. 615 और *तबक़ाते-अकबरी,* दो, पृ. 417 ने सिर्फ़ 20 का ज़िक्र किया है।

112. *तारीख़े-ताहिरी,* पृ. 199

113. *अकबरनामा,* तीन, पृ. 615; *तबक़ाते-अकबरी,* दो, पृ. 418; *मआसिरे-रहीमी,* दो, पृ. 371 देखें। मीर मासूम कहते हैं कि ख़ाने-ख़ानाँ से मिलने का वादा करके मिर्ज़ा जानी बेग ने थत्ता जाने की इच्छा प्रकट की। मुग़ल कमानदार इस सन्धि को स्वीकार करने से हिचक रहे थे। उन्हें डर था कि थत्ता पहुँचने के बाद जानी बेग अपना इरादा बदल देगा।

114. *अकबरनामा,* तीन, पृ. 615; *तारीखे-मासूमी,* पृ. 256 में इस शर्त का ज़िक्र नहीं किया गया है।

115. *अकबरनामा,* तीन, पृ. 615; जानी बेग की दूसरी बेटी जहाँगीर के बेटे शाहज़ादा ख़ुसरौ से ब्याही गई।

116. उपरोक्त, पृ. 616 'उस दिन सेहवान के हाकिम रुस्तम ने क़िला हसन अली अरब और मक़सूद आक़ा के हवाले कर दिया और पूरा सिविस्तान सल्तनत में मिला लिया गया।'

117. उपरोक्त, पृ. 616; *बेगलारनामा,* पृ. 240; *तरख़ाननामा,* पृ. 80; *तोहफ़तुल-किराम,* तीन, पृ. 161

118. *तारीख़े-ताहिरी,* फ़ोलियो 92बी, 94ए, 95बी

119. *अकबरनामा,* तीन, पृ. 634

120. उपरोक्त

121. उपरोक्त

122. उपरोक्त, पृ. 634 : ख़ाने-ख़ानाँ ने उससे बेड़े के समर्पण की माँग की ताकि भविष्य में उसकी सहायता से समुद्री डाकुओं से निपटा जा सके।

123. *तरख़ाननामा,* पृ. 80

124. ख़ाने-ख़ानाँ के इस दौरे पर टिप्पणी करते हुए अबुल-फ़ज़्ल (*अकबरनामा,* तीन, पृ. 634) कहते हैं कि 'ज़ाहिरा तौर पर उनका यह कदम उस जगह को देखने के लिए था पर उनका वास्तविक इरादा नदी के निचले भाग को सुरक्षित करना था।'

125. *तरख़ाननामा,* पृ. 80 देखें। यहाँ अबुल-फ़ज़्ल (*अकबरनामा,* तीन, पृ. 634) की बात ज़रा सी भिन्न है : 'थत्ता के दौरे के बाद ख़ाने-ख़ानाँ लहरी बन्दर गए। उन्होंने मिर्ज़ा के साथ शाह बेग ख़ान,

बख़्तयार बेग, फरीदूँ बरलास और दूसरों को आगे भेज दिया। थत्ता में उन्होंने किसी को छोड़ा और थल-मार्ग से लौटे। फ़त्ह बाग़ के पास वे खुद 29 बहमन (20 फरवरी) को पहुँचे।

126. तत्कालीन कृतियों में उनके दोस्ताना सम्बन्धों की अनेक कहानियाँ दर्ज हैं। (*मक़ालातुश़्-शुअरा,* पृ. 526-27; *तोहफ़तुल-किराम,* तीन, पृ. 161 देखें।) *तरख़ाननामा,* पृ. 80-81 में यह बात कही गई है : 'ख़ाने-ख़ानाँ और मिर्ज़ा जानी बेग 'लहरें मारते खुले समुद्र' में नावों में साथ-साथ गए। चूँकि ख़ाने-ख़ानाँ और उनके कुलीन कभी समुद्र में नहीं गए थे, वे काफ़ी घबड़ाए और जानी बेग के इरादों के बारे में शक करने लगे। इस बीच मिर्ज़ा के समर्थकों ने उसे राय दी कि वह (मेहमानों को डुबोकर) उनसे मुक्ति पा ले। पर उसने ज़ोरदार विरोध किया। वह अपनी नाव को ख़ाने-ख़ानाँ की नाव के पास लाया और उनका मनोरंजन किया। मिर्ज़ा जानी सिर्फ़ लेखक और कवि नहीं था बल्कि उसमें एक हास्य-भावना भी थी। अबुल-फ़ज़्ल (*अकबरनामा,* तीन,पृ. 783) ने भी उसकी बौद्धिक उपलब्धियों की प्रशंसा की है।

127. *मआसिरे-रहीमी,* दो, पृ. 374-75; इन क़सीदों के बारे में *तोहफ़तुल-किराम,* तीन पृ. 259-75 देखें।

128. *मक़ालातुश़्-शुअरा,* पृ. 526-27; तारीख़े-ताहिरी, पृ. 207; *तोहफ़तुल-किराम,* तीन पृ. 161; फ़रीद भक्कड़ी, *ज़ख़ीरतुल-ख़वानीन,* कराची, 1961, एक, पृ. 39

129. *अकबरनामा,* तीन, पृ. 634 देखें। *तारीख़े-मासूमी,* पृ. 257 के अनुसार दौलत ख़ान लोदी और ख्वाजा मुक़ीम ख़ाने-ख़ानाँ की ओर से इलाके का प्रशासन चलाने के लिए पीछे छोड़ दिए गए।

130. कुलीनों की सूची के बारे में *अकबरनामा,* तीन, पृ. 634; *मुंतख़बुल-तवारीख़,* दो, पृ. 386 देखें।

131. फिर इसे बढ़ाकर 3500 कर दिया गया। *अकबरनामा,* तीन पृ. 721 देखें। मिर्ज़ा जानी का मनसब अलग-अलग बतलाया गया है। *तारीख़े-मासूमी* (पृ. 376) में इसे 4000 या 5000 बताया गया है। *मआसिरे-रहीमी* में इसे एक जगह (दो, पृ. 376) 3000 और दूसरी जगह (दो, पृ. 349) 4000 कहा गया है। *तुज़के-जहाँगीरी* (अनुवाद, एक, पृ. 131) से लगता है कि 5000 जातों और 5000 सवारों का मनसबदार था। लेकिन अतहर अली, *आपरेटस आफ़ इम्पायर,* देहली, 1985, प्रविष्टि ए 196, 332, 427, 497, 758 भी देखें जहाँ दिखाया गया है कि मरने के समय तक वह 3500 से ऊपर नहीं उठा था; उसका सवारों का मनसब अज्ञात है। उससे जोड़े गए, इससे अधिक के सारे मनसब काल्पनिक मालूम होते हैं।

132. थत्ता पहले शाह रुख़ को दिया गया था। (*अकबरनामा,* तीन, पृ. 638, बी एम ऐड 27,247, फोलियो 406 ए देखें।)

133. सिविस्तान, जिसे पेशकश (बादशाह का नज़राना) के रूप में क़ब्ज़ाया गया था, पहले बख़्तियर बेग को जागीर के रूप में दिया गया था। (उपरोक्त, पृ. 642 देखें।)

134. सिन्ध नदी के डेल्टा में स्थित बन्दर लहरी को खालिस (बादशाह की भूमि) में शामिल कर लिया गया। (उपरोक्त, पृ. 642 देखें।)

135. थत्ता के कुलीन ये थे : शाह क़ासिम अरग़ून, ख़ुसरौ बहाईख़ान, दस्तान, सैफ़ुल्लाह, अरब और नदीम कोका। हरेक को शाही कृपा प्राप्त हुई। दरबारी कुलीनों में शाह बेग ख़ान को 2500 का और सैयद बहाउद्दीन को 1000 का हाकिम बना दिया गया। (*अकबरनामा,* तीन पृ. 634, 638; बी एम ऐड 27,247, फोलियो 466 बी देखें।)

136. *मक्तूबाते-अल्लामी,* पृ. 23

137. *तारीखे-मासूमी,* पृ. 257, *तारीख़े-ताहिरी,* पृ. 205

138. *अकबरनामा,* तीन, पृ. 643; अनुवाद पृ. 986

139. *बेगलारनामा,* पृ. 241-42; *तारीख़े-ताहिरी,* पृ. 204-05 और *तोहफ़तुल-किराम,* तीन, पृ. 164-65 में उनके हार्दिक सम्बन्धों को लेकर अनेक कहानियाँ दर्ज की गई हैं।

140. *मुंतख़बुल-तवारीख़,* दो, पृ. 305

141. *ज़ख़ीरतुल-ख़वानीन* (दो, पृ. 21) के एक हवाले से पता चलता है कि इस अवसर पर मिर्ज़ा जानी बेग अकबर की कृपा से वंचित हो गया। ख़ानदेश के शासक द्वारा गढ़ी के समर्पण पर उसकी टिप्पणियाँ इसका कारण थीं।

142. *तारीख़े-मासूमी,* पृ. 257; *तोहफ़तुल-किराम,* तीन, पृ. 165 देखें। *तारीख़े-ताहिरी,* पृ. 208 और *अकबरनामा,* तीन, पृ. 783 के अनुसार वह बुरी तरह शराब पीने के कारण मरा। अबुल-फ़ज़्ल उसकी मौत का साल 1601 बतलाते हैं। *अकबरनामा,* एक, पृ. 527 भी देखें।

143. *तोहफ़तुल-किराम,* तीन, पृ. 165

1580 के दशक में सिक्कों की ढलाई की समाप्ति ? : अल्फ़ सिक्कों पर एक टिप्पणी

नजफ़ हैदर

कुछ समय से मुद्राशास्त्री और इतिहासकार हिजरी 989-99 (ईसवी 1581-82 से 1590-91) तक के दौरे में मुग़लिया सल्तनत की प्रमुख टकसालों से लगभग सभी मूल्यों के सिक्कों के लगभग पूर्ण अभाव पर अपने आश्चर्य को व्यक्त करते आए हैं।[1] फिर लगता है बड़ी तादाद में ये सिक्के हिजरी 1000 (1591-92) में दोबारा ढलने लगे। उन पर टकसाल का नाम उर्दू जफ़र क़रीन तथा तारीख़ 'अल्फ़' (अर्थात हज़ार) दर्ज हैं।

इस सम्वृत्ति पर विचार करनेवाले विद्वानों में जान एस देइल सबसे अधिक कल्पनाशील मालूम होते हैं। उनकी राय में यह 1580 के पूरे दशक में 'एकसाथ टकसालों के बन्द किए जाने' का परिणाम था। उनका सुझाव यह है कि मुग़ल टकसालों का प्रमुख कार्य पहले से जमा सिक्कों या मौजूदा सल्तनत के पुराने पड़ चुके सिक्कों को दोबारा ढालना था, और इस प्रक्रिया के पूरी हो जाने के बाद टकसालों का कामकाज महँगा पड़ने लगा। ऐसा उनकी राय में हिजरी 988-89 में हुआ। इस तरह वे देसी टकसालों की पूरी पैदावार में नई-नई आई क़ीमती धातुओं के भाग को नकारते हैं। पर वे खुद यह बात मानते हैं कि स्वर्णमुद्राओं की ढलाई के अभाव की व्याख्या कठिन है क्योंकि, पिछली हुकूमतों से हो या चालू प्रचलन से, फिर से ढलाई के लिए बहुत कम सिक्के उपलब्ध थे।[2] फिर भी वे निष्कर्षस्वरूप कहते हैं :

> अगर अनेक प्रमुख टकसालों को कुछ बरसों तक इस लागत की वृद्धि का सामना करना पड़ा होगा जिससे वे मामूली लाभदायी मात्र हो गए होंगे, तो सरकार ने टकसालों के और आगे पुनर्गठन तक पूरी सल्तनत में सिक्कों की फिर से ढलाई को रोकने का फ़ैसला कर लिया होगा।[3]

पी एल गुप्त इस ख़ालीपन पर कुछ कम माथापच्ची नहीं करते। पर उन्होंने कुछ अधिक सावधानी बरती। उनकी राय में टकसालों ने बस यह किया कि अपने ढाले सिक्कों पर अपना नाम देना बन्द कर दिया, और उन पर एकसमान उर्दू नाम जाने लगा जिसके कारण माना जा सकता है कि वे टकसालों के पुनर्गठन से जुड़े होंगे।[4] फिर

भी इससे इसकी व्याख्या नहीं होती कि हिजरी 989 से 999 तक के बरसों का हवाला भला क्यों नहीं मिलता।

सिक्कों की इस एक दशक की 'ग़ायबी' के कारणों की एक व्याख्या प्रस्तुत करने से पहले अच्छा यह होगा कि प्रासंगिक मुद्राशास्त्रीय साक्ष्यों का सर्वेक्षण कर लिया जाए। तालिका 1 अनेक संग्रहालयी सूचियों से जमा नमूनों पर आधारित है[5] जिन्हें कालक्रमानुसार गिना गया है। तालिका 2 लखनऊ संग्रहालय की निखात रिपोर्टों पर आधारित है जिन्हें उपरोक्त प्रकार से व्यवस्थित किया गया है।[6] हमारी गिनती हिजरी 980 से शुरू होकर हिजरी 1007 अर्थात इलाही वर्ष 44 पर ख़त्म होती है और इसमें 11 टकसालों की पैदावार को शामिल किया गया है। तालिका 1 साफ़ तौर पर मुद्राशास्त्रियों के सरोकार की पुष्टि करती है : इलाही वर्षों में भी चाँदी के सिक्कों की लगातार ढलाई दिखानेवाली अहमदाबादी टकसाल के उल्लेखनीय अपवाद को छोड़ दें तो हिजरी 989 (ईसवी 1581-82) में हर दूसरी टकसाल के चाँदी के सिक्कों का प्रतिनिधित्व समाप्त हो जाता है तथा सिर्फ़ हिजरी 1000 या इलाही वर्ष 37 (ईसवी 1591-92) में ही दोबारा शुरू होता है।[7] हिजरी 989 के आसपास से सोने के सिक्के भी दिखाई देना बन्द हो जाते हैं। त्रिधात्विक टकसालों में ताँबे के सिक्कों की भी यही कहानी है, हालाँकि अजमेर, दोगाँव और नारनौल की टकसालों की कहानी ज़रा-सी भिन्न है जो सिर्फ़ ताँबे के सिक्के ढालती थीं।[8] हिजरी तारीख़ों के साथ इन टकसालों के सिक्के वर्ष 1000 तक बराबर दिखाई देते हैं।

हिजरी 1000 में और उसके बाद विभिन्न टकसालों में ढले सिक्कों के अलावा टकसाल उर्दू ज़फ़र क़रीन (शब्दशः विजय से जुड़ा लश्कर) से तीनों धातुओं के सिक्कों की एक बड़ी तादाद दिखाई देती है। इन पर 'अल्फ़' अर्थात 1000 की तारीख़ दर्ज है।

तालिका 2 बड़ी हद तक तालिका 1 की छोड़ी हुई छाप को ही गहरा बनाती है, हालाँकि देहली और लाहौर के मुआमले में कुछ परिवर्तन देखे जा सकते हैं। तालिका 1 की तरह यहाँ भी हिजरी 990-99 के दशक में चाँदी के सिक्के लगभग ग़ायब हैं। (इस पूरे काल की निखात निधियों में सोने के सिक्के शायद ही नज़र आते हैं। आगरा से 985 और 987 हिजरी के ऐसे मात्र दो सिक्के मिले हैं। पर ताँबे के सिक्के कम प्रभावित लगते हैं।) हिजरी 1000 में उर्दू ज़फ़र क़रीन टकसाल में ढले सिक्कों की संख्या बहुत अधिक है और यह संख्या सिर्फ़ अहमदाबाद के सिक्कों से कम है जो बहरहाल इस पूरी प्रवृत्ति का अपवाद है। तालिका 2 में बेटकसाल सिक्कों की बड़ी संख्याओं के दिखने का कारण हमारे दो प्रकार के मुद्राशास्त्रीय साक्ष्यों के बीच का महत्त्वपूर्ण अन्तर हो सकता है। जहाँ निखात निधियों की रिपोर्टें सिक्कों की जाँच उतनी कठोरता से नहीं करतीं जितनी संग्रहालयों की सूचियाँ करती हैं, वहीं बादवाली सूचियों में ऐसे ज़ख़ीरे पाए जाते हैं जिनमें नक़लों को बाहर रखने या अस्वीकार करने की प्रवृत्ति पाई जाती है, ख़ासकर अगर वे बड़ी तादाद में दिखाई पड़ें।[9]

तो सवाल यह है कि क्या तालिका 1 और तालिका 2 में दिखाई देनेवाला अन्तर यथार्थ है और मुग़ल टकसालें वास्तव में बन्द हुई थीं या इसकी कोई और व्याख्या सम्भव है। यह सवाल इसलिए पेचीदा हो जाता है कि अगर इस दौर में कोई टकसाल काम नहीं कर रही थी तो हमें यह भी स्पष्ट करना होगा कि हिजरी 993 (ईसवी 1585) में क्यों बायज़ीद बयात को फ़तेहपुर सीकरी की टकसाल का सुपरिंटेण्डेण्ट (दारोग़ा) नियुक्त किया गया। यह एक ऐसा तथ्य है जिसे हम निश्चित रूप से जानते हैं।[10]

लगता है एक व्याख्या सम्भव है, और वह भी बहुत सीधी-सादी सी। नाज़ुक अहमियत की एक जानकारी अब्दुल क़ादिर बदायूँनी की रचना *मुंतख़बुत-तवारीख़* के एक उद्धरण में दी गई है जिसका सम्बन्ध हिजरी 990 (ईसवी 1582-83) से है :

> और इस तरह खुद को यह विश्वास दिलाकर कि पैग़म्बर को पैग़म्बरी मिलने के बाद एक हज़ार साल—और यही वह मुद्दत है जब तक इस्लाम (शब्दशः मज़हब) जारी रहेगा—अब समाप्त हो चुका है; और अब ऐसी कोई चीज़ नहीं जो उसे अपनी उन ख़्वाहिशों को ज़ाहिर करने से रोके जिन्हें वह इस क़दर पोशीदा तौर पर अपने दिल में बसाए हुए था; और जब वह जगह (बसात) उन उलमा (धर्मगुरुओं) और मशाइख़ (सूफ़ी रहस्यवादियों) से ख़ाली हो गई जो रोबदाब और गरिमा से मण्डित थे और उनकी कोई ज़रूरत नहीं रह गई, तब वह (अकबर) खुद को इस्लामी उसूलों के निषेध के लिए आज़ाद महसूस करने लगा, और ऐसे नए—सड़े-गले और भ्रष्ट—क़ायदों की इजाद के लिए भी जिनको वह अपने घिनावने विश्वासों के कारण क़ीमती समझता था। पहला हुक्म जो जारी हुआ यह था कि सभी सिक्कों पर अल्फ़ (1000) लिखा जाए और तारीख़े-अल्फ़ी पैग़म्बर की मृत्यु (रेहलत) से मानी जाए।[11]

बदायूँनी ने इस तरह यह बात बहुत स्पष्ट कर दी है कि सल्तनत के सभी सिक्कों पर अल्फ़ या 1000 की तारीख़, इस मुद्दत की वास्तविक समाप्ति से कम से कम 10 वर्ष पहले ही, दर्ज करा दी गई। इस तरह यह हुक्म लागू किया गया और हिजरी 990 के बाद ढाले गए सभी सिक्कों पर, जो तालिका 1 और 2 में दर्ज हैं, एक ही तारीख़ पड़ी हुई है। हालाँकि बदायूँनी स्पष्ट रूप से ऐसा नहीं कहते, पर टकसालों के वास्तविक नामों की जगह एक नई टकसाल-नाम ने ले ली और यह नाम 'उर्दू ज़फ़र क़रीन' था। जब वर्ष अल्फ़ (1000) पास आया तो ज़ाहिरा तौर पर पिछली व्यवस्था की ओर फिर पलटने का निर्णय लिया गया, लेकिन हिजरी की जगह इलाही वर्ष का उपयोग किया जाने लगा।[12] इस तरह 1580 में विवादाधीन सभी टकसालें बराबर काम कर रही होंगी, पर सिक्कों पर अपने-अपने नाम दिए बग़ैर। चूँकि ऐसा लगता है कि इस क़दम ने सिर्फ़ सोने और चाँदी की टकसालों को प्रभावित किया, ताँबे की टकसालों को इससे मुक्त रखा गया।

जैसाकि अपने समाधान से हम आशा कर सकते हैं, हमारी तालिका में उर्दू ज़फ़र

क़रीन के सिक्के हिजरी 1000 के अन्तर्गत रखे गए होंगे और सभी धातुओं के सिलसिले में उनकी संख्या, इससे पहले और बाद की दहाइयों में दूसरी टकसालों की अपनी-अपनी पैदावारों के सापेक्ष, सबसे बड़ी है। इसी तरह बेटकसाली सिक्कों के उत्पादन में एक नाटकीय वृद्धि दिखाई देती है; हिजरी वर्ष 999 में इनकी संख्या 19 थी जो हिजरी 1000 में बढ़कर 65 हो गई। उसके बाद यह संख्या वर्ष 1001 हिजरी में एकाएक घटकर 8 (तालिका 2) रह जाती है। इसका मतलब यह हो सकता है कि कुछ टकसालों में हिजरी 990-99 की दहाई में ढाले गए सिक्कों को उर्दू ज़फ़र क़रीन का नाम तक नहीं दिया जाता था।

यह क़दम बहरहाल उठाया ही क्यों गया ? सिक्कों पर अल्फ़ दर्ज करने का कुछ वैचारिक महत्त्व हो सकता था, पर टकसालों के नाम क्यों हटाए गए ? इसका समाधान सम्भवतः उन बातों में मिल सकता है जो 1580-82 के दौरान अपने अनुभवों के आधार पर मोंसरेट ने कही थीं। वे शाही नियन्त्रण की एक व्यवस्था की बात करते हैं जिसे अकबर ने सर्राफ़ों (मनी चेंजर्स) के कारोबार पर लगाया था, और उन्हें अपने क़ायदा-नियम के अनुसार कारोबार करने पर मजबूर कर दिया था।[13] लगता है मुद्रा-विनिमय के कारोबार पर नियन्त्रण लगाने का एक ढंग यह रहा होगा कि सर्राफ़ों को विशेष टकसालों और वर्षों के सिक्कों पर बट्टा (डिस्काउंट) और बढ़ौती (प्रीमियम) वसूल करने के किसी भी अवसर से वंचित कर दिया जाए।[14] अकबर ने हो सकता है यह सोचा हो कि यह काम सबसे अच्छी तरह ढलाई की एक ऐसी व्यवस्था के सहारे किया जा सकता है जिसमें टकसालों की कोई पहचान सम्भव न हो, और साथ ही वर्षों के अन्तर समाप्त कर दिए जाएँ। (सभी सिक्के अब अल्फ़ सिक्के हो गए।)[15]

यह बात भी देखी जा सकती है कि टोडरमल का मूल ज्ञापन, जो इलाही वर्ष 27 (1582) का है, टकसालों के हाकिमों को निर्देश देता है कि नए ढाले गए सिक्के ख़ज़ाने में भेजे जाएँ ताकि उन्हें पिछले वर्षों के सिक्कों (सिक्का सनवाते-गुज़श्ता) से बदला जा सके। ये पुराने सिक्के लगता है राजस्व और राजकोष के स्थानीय हाकिमों (करोड़ी और फ़ोतदार) के माध्यम से सरकारी बक़ायों के रूप में ख़ज़ाने को अदा किए गए होंगे और भार, मूल्य व सुन्दरता सम्बन्धी लम्बे-चौड़े सरकारी नियमों के अनुसार सर्राफ़ों के माध्यम से आए होंगे।[16] ये निर्देश बाद में विशेष रूप से सर्राफ़ों के लिए दोहराए गए और उनका समापन किसी भी उल्लंघन के ख़िलाफ़ एक चेतावनी के साथ होता है।[17]

फिर भी ऐसा लगता है कि मौद्रिक प्रबन्ध के इस तरह के प्रयास वांछित परिणाम देने में नाकाम रहे और अकबर के 39वें शासन-वर्ष में पता चला कि ख़ालिस की मालगुज़ारी के हाकिम (अमलगुज़ार), माफ़ीदार (तुमूलदार) और सर्राफ़ (सैरफ़ी) पूरे वज़न और बारीकीवाले सिक्कों (नक़्दे-दुरुस्त अय्यार तमाम वज़्न) पर भी बट्टा (सर्फ़) वसूलते हुए शुद्ध सिक्कों (सिक्क-ए-ख़ालिस) की माँग कर रहे थे। जब ख़्वाजा शम्सुद्दीन नाम के एक हाकिम को सिर्फ़ इसी काम के लिए मुक़र्रर किया गया और उसने दो महीने तक सख़्त मेहनत की तभी जाकर ज़ाहिरा तौर पर हालात सुधरे और

दोषियों (ख़्यानत पेशगान) को ठिकाने लगाया जा सका।[18]

तालिका 2 में कुछ विशेष वर्षों के लिए चाँदी के ऐसे सिक्के दिखाई देते हैं जिन पर वर्ष और टकसालों के नाम सही-सही दर्ज हैं। इसकी व्याख्या सम्भवतः उन रिआयतों के आधार पर की जा सकती है जो इन टकसालों को सामान्य सिक्के ढालने के बारे में दी गई थीं। अंशतः या पूरी तरह ये रिआयतें ऐसे कारणों से दी गईं जिन्हें वित्तीय माना जा सकता है। इन दोनों नगरों ने मध्य एशिया और फ़ारस से घोड़ों के आयात में अच्छा-ख़ासा भाग लिया और चाँदी के सिक्कों का एक अच्छा-ख़ासा भाग (एक अनुमान के अनुसार 28.4 लाख रुपए प्रतिवर्ष)[19] आयात करनेवाले क्षेत्रों से बाहर जा रहा था। मुमकिन है इन सौदों में शामिल सौदागर अल्फ़ या बेटकसाल सिक्कों पर अधिक परिचित और पहचान योग्य सिक्कों को वरीयता देते हों। इसी तरह इस क़दम से अहमदाबाद की टकसाल को मुक्त रखे जाने का कारण शायद यह रहा हो कि पश्चिम से क़ीमती धातुओं के एक प्रमुख प्राप्ति-केन्द्र के रूप में उसकी एक स्थिति थी, वहाँ सर्राफ़ा का अधिक संगठित और ज़ोरदार कारोबार चलता था, और प्रचलन में शामिल महमूदी सिक्कों और रुपयों का सूरत में बाज़ार-भाव पर विनिमय होता था। फिर भी ये व्याख्याएँ कामचलाऊ मात्र हैं। इन गौण प्रश्नों के समाधान के लिए इन क्षेत्रों की मुद्रा-प्रणालियों का एक और भी विस्तृत अध्ययन आवश्यक है।

सन्दर्भ और टिप्पणियाँ

1. पी एल गुप्त, द गोल्ड मोहर्स आफ़ अकबर, *इण्डियन न्यूमिस्मेटिक क्रोनिकल,* खण्ड चार, भाग दो, 1965-66, पृ. 157-8; इरफ़ान हबीब, द इकानमिक एण्ड सोशल सेटिंग, माइकेल ब्रैंड और ग्लेन डी लौदी (सं) : *फतेहपुर सीकरी,* मार्ग पब्लिकेशन, बम्बई, 1987, पृ. 79; जान एस देइल, द डवलपमेण्ट आफ़ अकबर्स करेंसी सिस्टम एण्ड मानिटरी इण्टिग्रेशन आफ़ द कानकर्ड किंगडम्स, जे एफ़ रिचर्ड्स (सं) : *द इम्पीरियल मानिटरी सिस्टम आफ़ मुग़ल इंडिया,* देहली, 1987, पृ. 33-35
2. जान एस देइल, पूर्वोक्त, पृ. 33-34
3. उपरोक्त, पृ. 34, देइल (पृ. 35) ने वैकल्पिक व्याख्याएँ भी प्रस्तुत कीं, जैसे करोड़ियों वाला प्रयोग बन्द किए जाने के बाद मुद्रा की माँग में कमी या 1577-78 में टकसालों के पुनर्गठन की असफलता और कलंकपूर्ण कुप्रबन्ध।
4. पी एल गुप्त, पूर्वोक्त; देइल, पूर्वोक्त, परिशिष्ट 5.8 भी देखें। गुप्त के तर्कों की आलोचना के लिए 'द क्वेशचन आफ़ द मिंट नेम 'उर्दू' एण्ड द क्लोज़िंग आफ़ द मिंट्स, पृ. 61-62 देखें।
5. एस लेन-पूल, *द क्वायंस आफ़ द मुग़ल इम्परर्स आफ़ हिन्दुस्तान इन द ब्रिटिश म्यूज़ियम,* लन्दन, 1892; एच नेल्सन राइट, *कैटेलाग आफ़ द क्वायंस इन द इंडियन म्यूज़ियम, कलकत्ता,* खण्ड दो, भाग तीन : *मुग़ल इम्परर्स आफ़ इण्डिया, आक्सफ़र्ड,* 1908; सी जे ब्राउन, *कैटेलाग आफ क्वायंस इन द प्राविंशियल म्यूज़ियम, लखनऊ : क्वायंस आफ़ द मुग़ल इम्परर्स,* दो खण्डों में, आक्सफ़र्ड, 1920; सी आर सिंघल, *सप्लिमेंटरी कैटेलाग आफ़् मुग़ल क्वायंस इन द स्टेट म्यूज़ियम, लखनऊ,* लखनऊ,

1965; आर बी व्हाइटहेड, *कैटलाग आफ़ मुग़ल क्वायंस इन द पंजाब म्यूज़ियम, लाहौर,* खण्ड दो : *क्वायंस आफ़ द मुग़ल इम्परर्स,* आक्सफ़र्ड, 1934; एम के हुसैन, *कैटलाग आफ़ क्वायंस आफ़ द मुग़ल इम्परर्स (ट्रेज़र ट्रव कलेक्शंस, बाम्बे)* बम्बई, 1968; वी पी रोड़े, *कैटेलाग आफ़ क्वायंस इन द सेंट्रल म्यूज़ियम, नागपुर,* भाग एक, बम्बई, 1979; और आर बी व्हाइटहेड, *कैटलाग आफ़ क्वायंस, इलस्ट्रेटिव आफ़ द हिस्टरी आफ़ द रूलर्स आफ़ डेलही अप टू 1858 ए डी (डेलही म्यूज़ियम),* नई देहली, 1990

6. उत्तर प्रदेश की निखात निधियों पर जमा सूचनाओं का प्रयोग करने की अनुमति देने के लिए मैं प्रोफेसर शीरीं मूसवी का आभारी हूँ।
7. लेकिन लाहौर की टकसाल का प्रतिनिधित्व इलाही वर्ष 36 (हिजरी 999, ईसवी 1590-91) में फिर दिखाई देता है। तालिका 1 देखें।
8. अजमेर ने चाँदी के सिक्कों की ढलाई अकबर के बाद शुरू की मगर नारनौल की टकसाल से हिजरी 970 के चाँदी के कम से कम 5 सिक्कों का ज्ञान हमें है।
9. इस बारे में जान एस देइल, न्यूमिस्मेटिक मेथोडोलाजी इन द एस्टीमेशन आफ़ मुग़ल करेंसी आउटपुट, *इंडियन इकानमिक एंड सोशल हिस्टरी रिव्यू,* वर्ष तेरह, अंक 3, 1976, पृ. 375-92, विशेषकर पृ. 395 (तालिका 1 देखें।) लखनऊ संग्रहालय से निखात निधियों के बारे में प्रकाशित रिपोर्टें भी इसी समस्या से ग्रस्त हैं। मिसाल के लिए ए के श्रीवास्तव, *क्वायन होर्ड्स आफ़ उत्तरप्रदेश,* खण्ड एक, लखनऊ, 1981 देखें जो नक़लों की गिनती न करने की ऐसी ही एक प्रवृत्ति दिखाती है।
10. वायज़ीद बयात, *तज़्किर-ए-हुमायूँ-ब-अकबर,* सं : हिदायत हुसैन, बिब्लियोथिका इण्डिका (बि इं), 1941, पृ. 373
11. अब्दुल क़ादिर बदायूँनी, मुंतख़बुत-तवारीख़, सं : विलियम लीस और अहमद अली, बि इं, कलकत्ता, तीन खंडों में, 1864-69, खण्ड दो, पृ. 301 देखें। यह जानकारी मुद्राशास्त्रियों की निगाहों से ओझल नहीं रही है और एक भिन्न बात साबित करने के लिए इसका प्रयोग किया गया है। यू एस राव, आन अल्फ़ क्वायंस आफ़ अकबर, *जर्नल आफ़ न्यूमिस्मेटिक सोसायटी आफ़ इण्डिया,* वर्ष पच्चीस, 1963, पृ. 249 व टिप्पणी देखें।
12. इलाही संवत का प्रचलन हिजरी 992 (ईसवी 1584-85) में शुरू किया गया। (एच एस होड़ीवाला, *हिस्टारिकल स्टडीज़ इन मुग़ल न्यूमिस्मेटिक्स,* बम्बई, 1976, पृ. 14 देखें।) लेकिन इलाही सिक्के हिजरी 1000 से पहले दिखाई नहीं देते। (सिवाय लाहौर की टकसाल के जहाँ वे इस वर्ष से थोड़ा पहले सामने आते हैं।)
13. *द कमेण्टरी आफ़ फ़ादर मोंसरेट, एस जे, आन हिज़ जर्नी टू द कोर्ट आफ़ अकबर, (1590-91),* अनुवाद : जे एस हायलैण्ड और एस एन बनर्जी, लन्दन, 1922, पृ. 207
14. बट्टा और बढ़ौती की व्यवस्था पर इरफ़ान हबीब, द करेंसी सिस्टम आफ़ द मुग़ल इम्पायर (1556-1707), *मेडिवल इंडिया क्वार्टरली,* चार, 1971, पृ. 4-6 देखें। (टिप्पणियों में स्रोतों के विस्तृत हवाले दिए गए हैं।) इस समय में मुग़ल काल के सर्राफ़ों के मौद्रिक तौर-तरीक़ों के विस्तृत अध्ययन में लगा हुआ हूँ।
15. जान एस देइल (पूर्वोक्त, पृ. 33) अपने तर्कों में ऐसी किसी प्रेरणा की सैद्धान्तिक सम्भावना का इशारा करते हैं।
16. अबुल-फ़ज़्ल, *अकबरनामा,* ब्रिटिश म्यूज़ियम ऐड 27, 247, फ़ोलियो 330 बी, अनुवाद : शीरीं मूसवी, टोडरमल्स ओरिजिनल मेमोरेण्डम आन रेवेन्यू एडमिनिस्ट्रेशन, मार्च 1582, *प्रोसीडिंग्स आफ़ द इण्डियन हिस्टरी कांग्रेस,* सत्र 49, धारवाड़, 1988 (1989), पृ. 245 और आगे।
17. उपरोक्त। *अकबरनामा* के संशोधित और अन्तिम पाठ (खण्ड तीन, सं : अहमद अली, कलकत्ता,

1887, पृ. 383) में प्रस्तावित नियमों का सार संक्षेप दिया गया है, पर शाही नियन्त्रण पर यहाँ भी ज़ोर दिया गया है।

18. अबुल-फ़ज़्ल, *अकबरनामा,* खण्ड तीन, पृ. 651; इरफ़ान हबीब, करेंसी सिस्टम आफ़ द मुग़ल इम्पायर, पूर्वोक्त, पृ. 5 की टिप्पणी देखें।
19. शीरीं मूसवी, *द इकानमी आफ़ द मुग़ल इम्पायर, सी 1595, : ए स्टेटिस्टिकल स्टडी,* देहली, 1987, पृ. 379

तालिका 1

(अ) संग्रहालयों की सूचियों में चाँदी के सिक्के, हिजरी 980-1007

वर्ष (हिजरी/ इलाही)	आगरा	देहली	फ़तेहपुर	लाहौर	पटना	जौनपुर	नारनौल	उर्दू ज़फ़र क़रीन	बेटकसाली	अहमदाबाद
980	4	-1		4	1	1			5	
981	4			2					4	2
982	1								1	7
983	3	1		2	1	5			4	7
984	2	1		5		2			7	3
985	3	5	3	3		2			7	3
986	1	1	7	5	1				6	4
987			10	9	6	5			5	7
988			8	4	1	2			1	5
989			6	4		1			2	2
990									4	5
991									3	5
992/29									3	4
993/30									1*+11	5*+4
994/31									2	5
995/32									7*+3	7
996/33									12*+1	5
997/34									13*+4	4
998/35									24*+5	2
999/36				11*					7*+8	4
1000/37		4*	18*					28	9*+4	4*+5
1001/38		1*	25*					1	8*	1
1002/39		4*	18*						8*	23*
1003/40		1*	11*						9*	7*
1004/41		1*	4*							1*
1005/42		1*	2*							2*
1006/43		3*								2*
1007/44	1	1*	2*						2*	

* इलाही संवत के सिक्के

(ब) संग्रहालयों की सूचियों में ताँबे के सिक्के, हिजरी 980-1007

वर्ष (हिजरी/ इलाही)	आगरा	देहली	फ़तेहपुर	लाहौर	पटना	जौनपुर	अजमेर	दोगाँव	नारनौल	उर्दू ज़फ़र क़रीन	बेटकसाली	अहमदाबाद
980	1			3			4	2	7		1	2
981		4		1			4	1	2		1	3
982	3	2	1	2			4	2	2		1	5
983	2	1		2			1	5	3		1	2
984	1			1			1	4	3		1	3
985	2	1	4					3	3		2	3
986	2	1	10	2			1	4	3		1	3
987		2	9	10		1	1	3	3		4	2
988	3	3	5	4			1	5	3		1	
989	1		1	2			2	2	1		1	
990							1	2				
991							3	2	1			
992/29							3	2	2			
993/30							2	5	1			
994/31							3	4	1		1*	
995/32							1	2				
996/33							1	1			6*	
997/34							2					
998/35										2*		
999/36					6*		2	2+1*		3*		
1000/37			5*		12*			1		4*+19		
1001/38			15*		11*		1	1		4*		
1002/39			8*		20*					1*		
1003/40	1*		4*		3*		2	1		1*		
1004/41							2	3		2*		
1005/42										3*		
1006/43												
1007/44							2*			37		

* इलाही संवत के सिक्के

(स) संग्रहालयों की सूचियों में सोने के सिक्के, हिजरी 980-1007

वर्ष (हिजरी/ इलाही)	आगरा	देहली	फ़तेहपुर	लाहौर	पटना	जौनपुर	अजमेर	दोगाँव	नारनौल	उर्दू ज़फ़र क़रीन	बेटकसाली	अहमदाबाद
980	1					1						
981	4										1	5
982	12										2	4
983	1			4		1						8
984	2				3	1					1	2
985				3	2						2	2
986			5	1							1	
987			2	2	3						1	3
988			2	4								1
989										1	2	4
990										1	1	
991												
992/29												
993/30												
994/31											1*	
995/32												
996/33											1*	
997/34											3*	
998/35												
999/36												
1000/37												
1001/38										16	1*	
1002/39												
1003/40												
1004/41												
1005/42												
1006/43												
1007/44												

* इलाही संवत के सिक्के

तालिका 2
उत्तर प्रदेश की निखात निधियों में चाँदी के सिक्के, हिजरी 980-1007

वर्ष (हिजरी/इलाही)	आगरा	देहली	फ़तेहपुर	लाहौर	पटना	जौनपुर	अजमेर	दोगाँव	नारनौल	उर्दू ज़फ़र क़रीन	बेटकसाली	अहमदाबाद
980	7			2		4			1		12	3
981	3					3					9	4
982	5										4	23
983	4			1		2					11	20
984	9			1		5			1		21	6
985	10	40	4			7					24	8
986		1	6	3							27	6
987			5	6						1	6	
988			2	1	1					1	3	12
989			3			2				1	2	2
990	1										8	18
991										1	2	12
992/29		2									6	12
993/30											14	16
994/31		1										13
995/32											17	16
996/33				2							17	22
997/34		1		6							22	14
998/35		2	2	1							24	20
999/36		2		4							19	11
1000/37		2		9		1				24	65	28
1001/38		2		6							8	40
1002/39		3		7							1	36
1003/40				5					1		1	28
1004/41		10		8					1	1	6	24
1005/42	1	6.5		15						2	7	22
1006/43		3		5		2					4	15
1007/44	1	1		10								19

अकबर के फ़रमान : राज्य संचालन का एक अध्ययन

इक़बाल हुसैन

अपने शाही प्रशासन का निर्माण करते समय अकबर ने, जैसाकि ***आईन*** में कहा गया है, दफ़्तरे-सनद पर निजी तौर पर ध्यान दिया। प्रस्तुत लेख में माफ़ी की ज़मीनों के बारे में अकबर के फ़रमानों की तैयारी और उनको जारी किए जाने के तरीक़ों की विवेचना का प्रयास किया गया है; अकबर के बाक़ी बचे फ़रमानों में सबसे बड़ी तादाद इन्हीं की है। आशा है यह मुग़ल सल्तनत के राज्य-संचालन के विज्ञान की बुनियाद रखने की दिशा में एक आरम्भिक प्रयास साबित होगा। आधुनिक रचनाओं में इसके बारे में बहुत कम जानकारी मिलती है।

यह बात मानी जा सकती है कि अकबर की चांसरी (प्रलेख-कार्यालय) बाबर और हुमायूँ की छोड़ी हुई परम्पराओं की बुनियाद पर विकसित हुई। इसलिए हम लेख का आरम्भ बाबर के फ़रमानों के एक अध्ययन से करेंगे।

बाबर का 13 ज़ीक़द 933 (11 अगस्त, 1527) का फ़रमान 2,000 तंक-ए-सियाह[1] सुयूरग़ाल[2] के रूप में परगना बटाला के क़ाज़ी जलाल को दिए जाने का हवाला देता है।[3] 24 ज़ीक़द 933 (22 अगस्त 1527) को जारी एक और फ़रमान[4] में बाबर ने सुयूरग़ाल का एक पुराना दान बहाल किया था। दिलचस्प बात यह है कि मुहम्मद सुल्तान बहादुर[5] के दीवानों के नाम 8 रबीउल-अव्वल 934 (2 दिसम्बर, 1527) को जारी बाबर का फ़रमान गाँव औहदपुर[6] तप्पा हवेली क़स्बा फ़त्हपुर सनदी[7] को, जिसकी जमा 800 तंक-ए-सियाह थी और जहाँ 250 बीघा ज़मीन थी, मददे-मआश के रूप में क़ाज़ी दाइम[8] वल्द इलाहदाद को दिए जाने की पुष्टि करता है। यहाँ सुयूरग़ाल शब्द का प्रयोग नहीं किया गया है।[9]

लगता है बाबर के फ़रमानों की कुछ उल्लेखनीय विशेषताएँ अकबर द्वारा अपने शासन के आरम्भिक वर्षों में जारी किए गए फ़रमानों में बनी रहीं। मिसाल के लिए बाबर के फ़रमानों के आरम्भ में यह लेख दर्ज है : हुब्बल-ग़नी, अर्थात वही दाता है। इस इबारत के नीचे तुग़रावाले भाग में शब्द 'फ़रमाने-ज़हीरुद्दीन मुहम्मद बाबर बादशाह ग़रज़ी' दर्ज हैं। तुग़रा के ठीक नीचे दो घेरोंवाली एक गोल मुहर दिखाई देती है।

अन्दरूनी घेरे में बड़े स्पष्ट रूप से शब्द 'ज़हीरुद्दीन मुहम्मद बाबर' दिखाई देते हैं।[10] बाहरी घेरे में उमर शैख़ से लेकर अमीर तैमूर तक बाबर के पूर्वजों के नाम पाए जाते हैं। फिर भी लगता है हुमायूँ ने हुब्बल-ग़नी की इबारत को जारी नहीं रखा। उसके 27 ज़ीक़द 960 (4 नवम्बर 1553) के फ़रमान में प्रार्थना 'अल्लाहू-अकबर'[11] दर्ज है जिसे अकबर ने अपने बाद के बरसों में प्रयोग किया।

दो

मोमिन ने कुछ आश्चर्य के भाव से यह बात कही है कि *आईने-अकबरी,* जो मुग़ल संस्थाओं के बारे में हमारे ज्ञान का प्रमुख स्रोत है, मीर मुंशी अर्थात राज्य सचिव के अन्तर्गत एक विशेष विभाग के रूप में चांसरी के कार्यकलाप का कोई हवाला नहीं देती।[12] लेकिन *आईन* में इसके पर्याप्त साक्ष्य हैं कि दो सुसंगठित विभाग ऐसे थे जो साथ मिलकर दारुल-इंशा के काम अंजाम देते थे। 'जहाँपनाह ने 14 उत्साही, अनुभवी और निष्पक्ष किरानी नियुक्त किए हैं जिनमें से दो बारी-बारी रोज़ाना काम करते हैं।' *आईन* में आगे इन लोगों के फ़र्ज़ के ब्यौरे भी दिए गए हैं। इसमें 'जहाँपनाह के हुक्मों और कामों को दर्ज करना शामिल है और वह भी जो महकमों के प्रमुख बतलाते हैं. ...जैसे मनसबों पर नियुक्तियाँ, फ़ौजियों के दस्ते; जागीरें, इरमास की रक़में और सुयूरग़ाल (माफ़ी की ज़मीनें)।' इसके अलावा 'जहाँपनाह का कोई मुलाज़िम जब दस्तावेज़ को दुरुस्त कर लेता है, जब उसे बादशाह के आगे पेश किया जाता है और वे उसे मंजूरी देते हैं, तब किरानी हर रिपोर्ट की एक नक़ल तैयार करता, उस पर दस्तख़त करता है और उनको दे देता है जिन्हें एक रुक़्क़ा (वाउचर) के रूप में उसकी आवश्यकता हो, जिसके बाद उस पर परवानची, मीर अर्ज़ और उसके बादशाह के सामने पेश करनेवाले शख़्स के दस्तख़त होते हैं। इस चरम में रिपोर्ट को याददाश्त (मेमोरण्डम) कहा जाता है। ऐसे 'बहुत से नक़लनवीस हैं जो खुशख़त लिखते हैं।' सनदें (दस्तावेज़ें) जारी किए जाने के बारे में *आईन* के अगले अध्याय में कुछ निश्चित क़ायदों और एक दफ़्तर के अस्तित्व की बात कही गई है। इसमें कहा गया है कि जहाँपनाह ने इस महकमे की जानकारी हासिल की है और उसे कामकाज के सही ढर्रे पर डाल दिया है। उन्होंने ईमानदार और तजरबेकार किरानी नियुक्त किए हैं और दफ़्तर को अपने फ़ौरी नियन्त्रण में निष्पक्ष हाकिमों के हवाले कर रखा है।[13] *आईन* से ये उद्धरण यह साबित करने के लिए दिए गए हैं कि चांसरी या परम्परागत दारुल-इंशा के कामकाज दो महकमे मिलकर करते थे, और उनमें से एक पर खुद बादशाह की निगरानी थी।

तीन

आईन में दो तरह के फ़रमानों का हवाला दिया गया है : फ़रमाने-सब्ती और फ़रमाने-बयाज़ी का।[14] फ़रमाने-सब्ती मुख्यतः मनसबों, वकील के पद, सिपहसालार के पद आदि पर किसी की नियुक्ति के लिए जारी किया जाता था। फ़रमाने-बयाज़ी एक

नए जीते गए इलाक़े का काम सँभालने की ग़रज से पहले से दाग़ के बिना और सिपाहियों की सूची के बिना (बे-दाग़ो-महल्ली)[15] जागीरें देने के लिए तथा मिल्क और सुयूरग़ाल देने के लिए जारी किया जाता था।[16] यहाँ फ़रमाने-बयाज़ी कही गई श्रेणी की दस्तावेज़ों की एक बड़ी संख्या शेष बच गई है, और उनमें से अनेक प्रकाशित की जा चुकी हैं।[17] बहुत सी अभी भी अप्रकाशित हैं तथा व्यक्तियों या पुस्तकालयों की निगरानी में हैं।[18]

मानक रूप में इन फ़रमानों का सामने का भाग सुन्दर नस्ताजीक़ ख़त में लिखा जाता था और पीछे का भाग (ज़िम्न) पूरी तरह शिकस्ता ख़त (कर्सिव स्क्रिप्ट) में लिखा जाता था।* इस ज़िम्न में फ़रमान के जारी किए जाने के लिए प्रस्ताव पर विचार-विमर्श का पूरा ब्यौरा दर्ज होता था, बादशाह की मंजूरी और ताईद की तारीखें दी होती थीं, लिखनेवाले हाकिमों के नाम होते थे, दूसरे ब्यौरे होते थे जो सामने के भाग में नहीं दिए जाते थे, तथा हाकिमों की मुहरें और ताईदें होती थीं। अकबर के दौर में यह ढंग पूरी तरह स्थापित हो गया। लेकिन उसके सभी आरम्भिक फ़रमान एक अत्यधिक अलंकृत, नस्तालीक़-पूर्व, अर्धशिकस्ता रिक़ा ख़त में लिखे गए हैं जिनमें शिकस्ता रूपों की एक बड़ी तादाद है। वास्तव में अकबर के शासनकाल के बाद के वर्षों तक भी उसके फ़रमानों के मुख्य पाठ में रिक़ा ख़त का प्रयोग जारी रहा।[19] नस्तालीक़ का प्रयोग खुद अकबर के ही दौर में एक वैकल्पिक ख़त के रूप में शुरू किया गया।[20] और जहाँगीर के दौर में फ़रमान के सामनेवाले भाग के लिए रिक़ा का प्रयोग पूरी तरह बन्द कर दिया गया।

अकबर के दौर का हर फ़रमान एक वन्दना के साथ शुरू होता है। उस्मानी बादशाहों की दस्तावेज़ों में भी बिना अपवाद ला (कोई नहीं उसके सिवा), हुव (सिर्फ़ वही है) और हुवल-मुईन जैसी वन्दनाएँ आती थीं।[21] सुयूरग़ाल देनेवाले आरम्भिक सफ़वी फ़रमानों में ऐसी ही वन्दनाएँ आती थीं : हुव अल्लाह सुब्हान-हू, और उसके बाद या अली।[22] हम देखते हैं कि ठीक बाबर के फ़रमानों की तरह अकबरी दौर के आरम्भिक फ़रमानों में भी आम तौर पर वन्दना-स्वरूप हुब्बल-ग़नी लिखा हुआ मिलता है।[23]

आख़िर को चलकर वन्दना हुब्बल-ग़नी की जगह अल्लाहू-अकबर का प्रयोग किया जाने लगा। बदायूँनी कहते हैं कि अकबर ने जानना चाहा कि अगर वह शाही मुहर पर और अपने सिक्कों के साँचों में शब्द 'अल्लाहू-अकबर' (अल्लाह ही सबसे बड़ा है) खुदवाए तो जनता की प्रतिक्रिया क्या होगी। मौजूदा लोगों में से अधिकांश ने इस प्रस्ताव का समर्थन किया मगर हाजी इब्राहीम का तर्क था कि इससे भ्रम फैल सकता है; उन्होंने इसकी बजाय 'ला ज़िक्र अल्लाहू-अकबर' ('सर्वशक्तिमान अल्लाह का ज़िक्र') का सुझाव दिया। इस प्रस्ताव का बादशाह ने कड़ा विरोध किया।[24] बदायूँनी साफ़ तौर पर कहते हैं कि शाही फ़रमानों और सरकारी दस्तावेज़ों के उनवान (शीर्ष-भाग) में

---

* उर्दू और फ़ारसी को लिखने के छः अलग-अलग ख़त हैं जिनको 'शश-क़लम' कहा जाता है। नस्तालीक़ और शिकस्ता ख़तें भी इनमें शामिल हैं—अनुवादक।

वन्दना अल्लाहू-अकबर का प्रयोग 1584 में जाकर ही आरम्भ हुआ;[25] वास्तव में अकबर के शेष बचे फ़रमानों के उनवान में इस वन्दना का व्यवहार उसी साल के बाद दिखाई भी देता है।[26] अबुल क़ासिम नमकीन का कहना है कि वन्दना 'अल्लाहू-अकबर' को संक्षिप्त होने के कारण स्वीकार किया गया।[27] मोमिन ने हुब्बल-ग़नी की जगह अल्लाहू-अकबर के प्रयोग के बारे में जो सन्देह ज़ाहिर किया है[28] उसे समझना तब मुश्किल हो जाता है जब हम यह पाते हैं कि हुमायूँ के एक फ़रमान में भी इसी वन्दना का प्रयोग किया गया है।[29]

चार

वन्दना के ठीक नीचे तुग़रा में शब्द 'फ़रमाने-जलालुद्दीन मुहम्मद अकबर'[30] दर्ज हैं जो बाबर के फ़रमानों की शैली के ही अनुरूप है।[31] अकबर के फ़रमानों में तुग़रा उसके उत्तराधिकारियों के फ़रमानों की अपेक्षा बहुत कम आलंकारिक है। अकबर के कुछ परवर्ती फ़रमानों में 'मुहम्मद' नाम ग़ायब है, जैसे कि इलाही वर्ष 41 (1595-96) में परगना पठानकोट के एक ब्राह्मण माफ़ीदार के नाम जारी फ़रमान में,[32] लेकिन वृन्दावन के मन्दिरों के नाम इलाही वर्ष 43 (1598) में जारी फ़रमान की मुहर और तुग़रा में यह नाम दिखाई देता है।[33]

अकबर के आरम्भिक फ़रमानों में वह शंजर्फ़ी चौकोर मुहर नहीं दिखाई देती जो उसके उत्तराधिकारियों के फ़रमानों की एक स्पष्ट विशेषता है।[34] यह बात सुविदित है कि मुहरों या अंगुलि-मुद्राओं का प्रयोग एक प्राचीन प्रथा रहा है।[35] सुयूरग़ाल देने सम्बन्धी बाबरी फ़रमानों में एक बड़ी सी गोल मुहर दिखाई देती है। अन्दरूनी घेरे में बादशाह और उसकी उपाधियों का ज़िक्र है जबकि बाहरी घेरे में अमीर तैमूर तक उसके पूर्वजों के नाम मिलते हैं। ऐसी मुहर का प्रयोग अकबर के फ़रमानों में भी किया गया है जहाँ अन्दरूनी घेरे में अकबर का नाम और उसकी उपाधियाँ हैं और बाहरी घेरे में तैमूर से हुमायूँ तक उसके पूर्वजों के नाम हैं। मुहर का आकार घटा दिया गया है और इसकी रूपरेखा में सुधार है। लिखने के लिए रिक़ा की जगह नस्तालीक़ ख़त को अपनाया गया है।[36] हम इस हाल में नहीं हैं कि अकबर के फ़रमानों में इस मुहर के प्रयोग की ठीक-ठीक तिथि का निश्चय कर सकें। लेकिन अबुल-फ़ज़्ल संकेत देते हैं कि अकबरी दौर के आरम्भ में मौलाना मक़सूद ने ये मुहरें बनाई थीं। कुछ समय बाद तमकीन ने एक और छोटी सी गोल मुहर बनाई जिसमें अली अहमद ने सुधार किया।[37] इस मुहर को उज़ुक कहा जाता है और फ़रमाने-सब्ती पर इसका प्रयोग किया जाता था। बड़ी मुहर, जिसमें अकबर के पूर्वजों के नाम थे, आरम्भ में सिर्फ़ कूटनीतिक पत्र-व्यवहार में इस्तेमाल की जाती थी, पर बाद में सभी दस्तावेज़ों पर इसका प्रयोग होने लगा।[38] यही कारण है कि उज़ुक और बड़ी, दोनों मुहरे सुयूरग़ाल देने सम्बन्धी अकबरी फ़रमानों में आम तौर पर दिखाई देती हैं।[39] फिर भी ऐसा नहीं लगता कि बड़ी मुहर का प्रयोग एक आम रिवाज बन चुका था। अकबर के ऐसे अनेक फ़रमान हैं जिन

पर सिर्फ़ एक छोटी गोल मुहूर दिखाई देती है। उसकी जगहें भी अलग-अलग हैं।[40] अबुल-फ़ज़्ल ने मुहूर लगाने सम्बन्धी जो नियम बनाए थे, उससे यह बात भिन्न है। *आईन* के अनुसार शाही मुहूर फ़रमानों के ऊपरी भाग में तुग़रा की पंक्तियों के ऊपर लगाई जानी चाहिए थी।[41] पर व्यवहार में शायद ही कभी ऐसा हुआ हो।

अबुल-फ़ज़्ल यह भी बतलाते हैं कि विभिन्न हाकिमों की मुहूरें कैसे लगाई जाती थीं।[42] इससे ज़ाहिर होता है कि फ़रमानों पर मुहूरें एक सोपानी क्रम में लगाई जाती थीं, अर्थात पहले वकील की, उससे नीचे मुशरिफ़ दीवान की और उससे थोड़ा ही नीचे सद्र की मुहूर लगती थी। अबुल-फ़ज़्ल आगे कहते हैं कि शैख़ अब्दुन्नबी और सुल्तान ख़्वाजा सद्र के पद पर थे तो वे अपनी मुहूरें वकील की मुहूर के सामने लगाया करते थे।[43] विचाराधीन किसी भी फ़रमान में सामने के भाग में (बादशाह की मुहूर छोड़) किसी भी वज़ीर की मुहूर नहीं दिखाई देती। लेकिन ज़िम्न (पृष्ठभाग) में सभी हाकिमों की मुहूरें मौजूद हैं और मुहूरों का क्रम भी वैसा ही दिखाई देता है जैसा अबुल-फ़ज़्ल ने बयान किया है। मिसाल के लिए 983 (1575-76)* के अकबरी फ़रमान के ज़िम्न में बाएँ कोने पर ताईद के बाद 'अब्दुन्नबी इब्ने-अहमद अल-हनफ़ी ख़ादिमे-अहले-हदीस' की गोल मुहूर लगी है। दाएँ कोने में 'ग़यासुद्दीन अली गश्त आसफ़ ख़ान अज़ इनायते-शहंशाहे-वली' की गोल मुहूर लगी है।[44] अब्दुन्नबी की मुहूर के ठीक नीचे एक गोल मुहूर है जिस पर 'टोडरमल बन्द-ए-दरगाह, राम की पनाह' दर्ज है।[45] और उसके बाद दो और गोल मुहूरें 'शाह मंसूर ग़ुलामे-शाह-अकबर' और 'बन्द-ए-कमतरीन परखोतम बिन चालनीदास' की हैं।[46] इसी तरह दाएँ कोने पर और आसफ ख़ान की मुहूर के नीचे एक छोटी सी गोल मुहूर में 'लश्कर ख़ान बन्द-ए-शाही मीर बख़्शी अला मुतवक्किलुल्लाह इल मलिक मुस्तआन' दर्ज है। फ़रमान के दाएँ या बाएँ कोनों पर लगी सभी मुहूरों के बाद मुतल्लिक़ा महकमों की ताईदें तारीख़ों के साथ हैं।[47]

पाँच

ग़ौरतलब बात यह है कि अकबरी फ़रमानों की पहली दो पंक्तियाँ हर जगह आधी-आधी हैं। हर पंक्ति का पाठ बाईं तरफ़ ऊपर की ओर घना दिखाई देता है। यह विशेषता बाबरी फ़रमानों में भी पाई जाती है।[48] लगता है यह शैली ईरान में पहले से प्रचलित थी।[49] लगता है पाठ के आरम्भ में दो अर्ध-पंक्तियों का प्रयोग अकबर के बाद के वर्षों में बादशाह का विशेषाधिकार माना जाने लगा था। पर ये बैरम ख़ान के 966 (1558) के हुक्म में और सफ़र 974 (अगस्त-सितम्बर 1566) के मुनअम ख़ान के हुक्म में भी दिखाई देती है। लेकिन इन दोनों हुक्मों में शीर्ष पर सूत्र-वाक्य 'ब-फ़रमाने-जलालुद्दीन मुहम्मद अकबर पादशाहे-ग़ाज़ी' मौजूद है। साथ ही ये दोनों ही हाकिम ख़ाने-ख़ानाँ की उपाधि से विभूषित ही नहीं थे बल्कि वे अपने-अपने दौर में 'वकीलुस्सल्तनत' अर्थात

* इस प्रकार दी गई वर्ष-संख्याओं में पहली संख्या हिजरी वर्ष और कोष्ठक की संख्या संगत ईसवी वर्ष को

दर्शाती है—अनुवादक।

बादशाह का प्रतिनिधि या रिजेंट भी थे।[50] इसी तरह हमीद बानो बेगम के रमज़ान 989 (सितम्बर-अक्टूबर 1581) के हुक्म में भी दो आरम्भिक अर्ध-पंक्तियों के प्रयोग की व्याख्या राजमाता के रूप में उनकी बहुत ऊँची स्थिति के आधार पर की जा सकती है।[51]

मददे-मआश देनेवाले या पिछले दानों की पुष्टि करनेवाले फ़रमानों के आरम्भिक वाक्य में ख़िताब इससे भिन्न हैं, जैसे—

(अ) दर ईं वक़्त फ़रमाने-आलीशान वाजिब अल-इताअत वल इज़ान शरफ़े-सुदूर याफ्त।[52]

(ब) दर ईं वक़्त फ़रमाने-आलीशान इनायत निशान।[53]

(स) चूँ मवाज़ी...

(द) दर ईं वक़्त हुक्म फ़रमूदेम...[54]

(य) चूँ ब मूजिबे-फ़रमाने-आलीशान।[55]

(र) हुक्कामे-किराम व दीवानियाज व उम्माल व मुतसद्दिमान...[56]

उपरोक्त वाक्य अकबरी फ़रमानों से दृष्टान्तस्वरूप दिए गए कुछेक उदाहरण हैं। दिलचस्प बात यह है कि बाबर के बटाला और अलीगढ़वाले फ़रमान इसी तरह 'दर ईं वक़्त फ़रमाने-जहाँ मुता वाजिबुल-इत्तिबा' आदि से शुरू होते हैं। *ओरिएण्टल कालिज मैगज़ीन* में उद्धृत बाबरी फ़रमान का आरम्भ-वाक्य बिल्कुल भिन्न है : 'उमरा-ए-नामदार व वुज़रा-ए-किफ़ायत शियार व मुतसद्दिमान' आदि। आरम्भ-वाक्य के इस अन्तर को फ़रमानों की प्रकृति से जोड़ा जा सकता है। बाबर के बटाला व अलीगढ़वाले फ़रमान मददे-मआश के नए दानों से सम्बन्धित हैं जबकि *ओरिएण्टल कालिज मैगज़ीन* में उद्धृत फ़रमान का सम्बन्ध पहले दी गई मवाज़ी, अराज़ी और वज़ीफ़ा (ग्रामदान, भूमिदान और नक़द दान) से है।[57] लगता है बाबरी फ़रमानों ने जो ढर्रा क़ायम किया उसे अकबर की चांसरी ने जारी रखा : मोदी की दस्तावेज़ संख्या 1 और 2, जिनका सम्बन्ध ज़मीन की नई माफ़ियों से है, वाक्यांश 'दर ईं वक़्त फ़रमाने-आलीशान शरफ़े-सुदूर याफ़्त' से शुरू होती है।[58]

छः

अकबरी फ़रमानों के आख़िरी भाग में हाकिमों को निर्देश दिए गए हैं कि वे क्या करें। बिना अपवाद यह भाग 'मी बायद' (यह आवश्यक है) शब्दों से आरम्भ होता है। कहीं-कहीं ये अक्षर ठीक दूसरे अक्षरों की तरह लिखे गए हैं; कभी-कभी शब्द 'मी' काफ़ी बड़ा और मोटा लिखा गया है जो संकेत देता है कि कार्य या आदेश सम्बन्धी भाग यहाँ से आरम्भ होता है।

इस भाग का पाठ मददे-मआश सम्बन्धी फ़रमानों में अधिकाधिक मानक बनता गया है जिनमें अब हमेशा उन करों की सूची दी जाने लगी जिनसे दान पानेवाले मुक्त

रखे जाते थे। ध्यान दें कि इनमें से कुछ महसूलों के नाम वास्तव में भारत में प्रचलित नहीं थे और लगता है वे सफ़वी शब्दावली से लिए गए हैं।

व्यवहार में मददे-मआश सम्बन्धी सारे अकबरी फ़रमान कुछ महसूलों की अदायगी से मुक्ति के हवाले देते हैं, जैसे (अ) मालो-जिहात, और (ब) इख़राजाते-अवादिज़ात। दूसरी श्रेणी में ये महसूल शामिल थे : (1) कुनलग़ा, (2) दारोग़गाना, (3) मुतहरिफ़ा, (4) मुहूराना, (5) ज़ाबिताना, (6) जरीबाना, (7) सद दोई क़ानूनगोई, (8) तकरारे-ज़िराअत, (9) पेशकश, (10) सावरी, (11) जलकर, (12) बनकर, (13) ख़र्जे-नैशकर, (14) बाग़ात, (15) सलामी, (16) फ़ौजदारी, (17) दहनीम, (18) शिकार, और (19) बंगार।[59] पर इन महसूलों का सटीक निर्धारण अलग-अलग फ़रमानों में अलग-अलग था। इन युक्तियों की सूची बाबरी फ़रमानों की अपेक्षा काफ़ी लम्बी थी जिनमें से दो तो सिर्फ़ मालो-जिहात से मुक्ति तक सीमित हैं।[60] बाबर के एक तीसरे फ़रमान में मुक्तियों की सूची 'साइर मुतवज्जिहात, तौफ़ीर, उश्र, दारोग़गाना, और 'शिक़दाराना व कुल इख़राजात व कुल तकालीफ़े-दीवानी व लवाज़िमे-सुल्तानी' पर आधारित है।[61]

सात

कुछ शब्द अइमा अर्थात माफ़ीदारों के बारे में बदायूँनी के बहु-उद्धृत वक्तव्य के बारे में कहे जा सकते हैं। बदायूँनी के अनुसार अकबर ने 983 (1575-76) में आदेश जारी किया था कि करोड़ी (मालगुज़ारी वसूल करनेवाले शाही मुलाज़िम) पूरी सल्तनत के अइमा को तब तक न बख़्शें जब तक कि वे अपने फ़रमानों को सद्र से तसदीक़ कराने के लिए नहीं लाते।[62] प्रमुख शैख़ों (धर्मगुरुओं) और उलमा (विद्वानों) की माफ़ियों की जाँच ख़ुद अकबर ने की थी। इसके लिए उसने उन्हें मुलाक़ात के समय दिए थे और उनकी ज़रूरतों और उनके गुणों से सन्तुष्ट होने पर उन्हें दान में कुछ जमीनें दी थीं। पर जिनके कुछ शागिर्द थे, जो धार्मिक गोष्ठियाँ करते थे या चमत्कार करने के दिखावे करते थे उन्हें (माफ़ी की ज़मीनें वापस लेकर) सज़ाएँ दी गईं। बादशाह के तसदीक़ सम्बन्धी सामान्य आदेश के कारण अइमा को आम तौर पर भारी तकलीफ़ें उठानी पड़ीं।[63]

हमारे पास ऐसे अकबरी फ़रमानों की एक बड़ी तादाद है जो मददे-मआश पानेवालों के दरबार में ख़ुद हाज़िर होने के हवाले देते हैं। अक़सर कुलदान में कटौती करके ज़मीनों की माफ़ी का नवीनीकरण किया जाता था। यह कटौती या तो मूल माफ़ीदार या उसके हिस्सेदार की मौत के कारण की जाती थी। बाद में मापन के साधन में परिवर्तन के कारण कटौती होने लगी जब तनाबे-सन (मापन की रस्सी) की जगह तनाबे-बांस (बांस की डण्डी) का उपयोग किया जाने लगा। या फिर मापन की इकाई में परिवर्तन के कारण कटौती हुई जब गज़े-सिकन्दरी की जगह गज़े-इलाही का प्रयोग शुरू हुआ।[64] यहाँ यह बात कह दी जाए कि अकबर के हिजरी 983 के आदेश से पहले भी मददे-मआश

पानेवाले दरबार में पेश होते थे और माफ़ीदारों के रूप में अपने दावों की सच्चाई के सबूत के तौर पर फ़रमान पेश करते थे।[65]

ऐसा लगता है कि तसदीक़ को और सख़्त बनाने के मक़सद से मददे-मआश से सम्बन्धित अकबरी फ़रमान 1567 तक एक निश्चित शैली प्राप्त कर चुके थे। ज़िम्न (पृष्ठभाग) में अधिकतर फ़रमान का सार संक्षेप होता था जो वकील, मीर बख़्शी, सद्र और दूसरे हाकिमों के दफ़्तरों में दर्ज किया जाता था और हर हाकिम की मुहर उसकी ताईद के प्रमाण रूप में लगाई जाती थी। हर फ़रमान की नक़ल दफ़्तरे-ख़ास (शाही चांसरी) में सुरक्षित रखी जाती थी। मूल फ़रमान के नष्ट होने पर माफ़ीदार एक नक़ल प्राप्त कर सकता था, जैसाकि नवम्बर 1567 के कोटा फ़रमान से ज़ाहिर है।

आठ

फ़रमान के अग्रभाग के पाठ का अन्त तारीख़ पर होता था। मुहर्रिर इस तरह लिखता और पंक्तियों में इस तरह अन्तर रखता था कि आख़िरी पंक्ति में कोई जगह ख़ाली न बचे। 1584 में इलाही वर्ष के आरम्भ तक सारे अकबरी फ़रमानों पर हिजरी साल और महीने दर्ज हैं।

हम देखते हैं कि हिजरी सम्वत् के उपयोग के दौर में जहाँ अधिकांश फ़रमानों पर पूरी तिथि, अर्थात साल के साथ महीना, दर्ज है, वहीं कुछ में सिर्फ़ महीना दिया गया है। एस ए आई तिरमिज़ी द्वारा तैयार पंचांग से यह बात आसानी से देखी जा सकती है जहाँ दस्तावेज़ संख्या 35 और 38 में, जो अकबर के फ़रमान हैं, सिर्फ़ माह और साल दिए गए हैं।[66] एक और भी ग़ौरतलब सवाल यह है कि क्या अकबर ने कभी हिजरी महीनों के साथ शासनवर्ष का उपयोग किया था, जैसा आगे चलकर शाहजहाँ और उसके बाद के मुग़ल बादशाहों ने किया। वृन्दावन के उन दो फ़रमानों का साक्ष्य कोई महत्त्व नहीं रखता जिन पर 1 शाबान शासनवर्ष 3 (अह्दे-आंहज़रत) और 1 शाबान शासनवर्ष 16 (जुलूसे-मुक़द्दसे-हिजरी) की तारीख़ें पड़ी हैं। कारण यह कि ये साफ़ तौर पर जालसाज़ियाँ हैं।[67] दूसरे सभी ज्ञात फ़रमानों में सिर्फ़ दो (तिरमिज़ी दस्तावेज 12 और 14) ऐसे हैं जिन पर शासनवर्ष दर्ज हैं। इनमें पहला फ़रमान, जो मुतवल्ली के रूप में शैख़ हसन के नाम है, सिर्फ़ वर्ष 5 दिखाता है। यह (ज़ाहिर है कि ज़िम्न में) शैख़ अब्दुन्नबी का नाम और उपाधियाँ भी देता है। मगर शैख़ अब्दुन्नबी तो 971 (1563-64) में ही जाकर सद्र बना जबकि अकबर का शासनवर्ष 5 सम्भवतः 1560-61 से बाद का नहीं रहा होगा। इस तरह या तो यह दस्तावेज़ जाली है या फिर दो अंकों के मिटने के कारण तारीख़ ग़लत पढ़ी गई है; हो सकता है यह वर्ष मूलतः 975 रहा हो।[68] तब हमें इस पर भी शक करना होगा कि क्या दूसरे फ़रमान (तिरमिज़ी दस्तावेज़ 14) की तारीख़ सही पढ़ी गई है और क्या वास्तव में उसमें जूलूस शब्द आता है। कारण कि 'जुलूसे-मुक़द्दसे-हिजरी' अर्थात 'हिजरी का शासनवर्ष' अपने-आप में अन्तर्विरोधी है।

अकबर ने 992 (1584) में इलाही सम्वत् का आरम्भ किया जिसका दौर 10 मार्च

1556 (बसन्ती सम्पात, वर्नल इक्विनाक्स) से आरम्भ माना गया। यह एक शुद्ध सौर सम्वत् था।[69] पर वास्तव में इसका उपयोग इलाही वर्ष 29 में अर्थात 21 मार्च, 1584 (ग्रेगोरियन) को इसकी घोषणा के बाद ही शुरू हुआ।[70] लेकिन चांसरी नए सम्वत् को अपनाए, इसमें सम्भवतः कुछ और समय लग गया। जैनियों के पक्ष में अकबर का 7 जुमादुस्सानी 992 (6 जून, 1584) का एक फ़रमान, 2 शाबान 992 (30 जुलाई, 1584) का एक माफ़ी से सम्बन्धित फ़रमान और 15 रजब 993 (3 जुलाई 1585) का जागीर की सुपुर्दगी से सम्बन्धित एक फ़रमान, ये सब हिजरी सम्वत् में हैं।[71] अभी तक बची दस्तावेज़ों में इलाही सम्वत् का सबसे पहला प्रयोग सादिक़ ख़ान के एक परवाने में हुआ है जिसकी तारीख़ 20 आबान 33 इलाही और 5 ज़िल्हिज्ज 996 दी गई है। यहाँ इलाही तारीख़ 11 नवम्बर 1588 और हिजरी तारीख़ 27 अक्टूबर 1588 के संगत है। (सम्भव है हिजरी तारीख़ गलत पढ़ी गई हो)[72] अगली इलाही तारीख़ अब्दुर्रहीम ख़ाने-ख़ानाँ के एक हुक्म पर दिखाई देती है। यहाँ तारीख़ 9 आज़र 33 इलाही और 11 मुहर्रम 997 दिखाई देती है, और ये दोनों 30 नवम्बर 1588 के संगत हैं।[73] 1585 के बाद तिरमिज़ी पंचांग में अकबर का सबसे पहला फ़रमान 1592 में जारी किया गया और ज़ाहिरा तौर पर इस पर सिर्फ़ इलाही तारीख़ पड़ी है। लेकिन बिलग्राम से सम्बन्धित दस्तावेज़ों के एक 18वीं सदी के संग्रह में थोड़े से बाद के एक फ़रमान की नक़ल मौजूद है : इस पर जारी किए जाने की तिथि 21 तीर 37 इलाही और 2 शब्वाल 1000 दर्ज है; ये दोनों 12 जुलाई 1595 के संगत हैं।[74] इससे संकेत मिलता है कि कुछ शाही फ़रमानों में उस समय तक इलाही और हिजरी, दोनों तिथियों के प्रयोग का रिवाज जारी था।

आगे चलकर अकबर के फ़रमान हिजरी तिथियों को एक सिरे से ग़ायब करने लगे। 1592 के बाद कोई 16 फ़रमानों का पंचांग तिरमिज़ी ने तैयार किया है। इनमें सिर्फ़ तीन पर इलाही के साथ हिजरी तारीख़ दर्ज है और एक पर सिर्फ़ हिजरी तारीख ही दर्ज है।[75] तारीख़ की तसदीक़ के लिए इस अन्तिमोक्त फ़रमान की जाँच की जानी चाहिए। वृन्दावन और मथुरा के मन्दिरों के नाम माफ़ी की ज़मीनें देते हुए जो फ़रमान जारी किया गया था उस पर 19 शह्रवार 43 इलाही (11 सितम्बर 1598) की तारीख़ दर्ज है। उसका ज़िम्न काफ़ी विस्तृत है और उसके विभिन्न चरणों से गुज़रने की तारीख़ें भी दर्ज हैं। इस फ़रमान से सचमुच ऐसा लगता है कि मुग़ल चांसरी ने अब तक पूरी तरह इलाही तारीख़ों को अपना लिया था तथा पुनर्सत्यापन की एक सुविधाजनक पद्धति के रूप तक में भी हिजरी तारीख़ों का अब कोई उल्लेख नहीं किया जा रहा था।

सन्दर्भ और टिप्पणियाँ

1. न कि 5,000 जैसाकि मोमिन ने कहा है। *चांसलरी एण्ड पर्शियन एपिस्टोलोग्रफी अण्डर द मुग़ल्स*, कलकत्ता, 1971, पृ. 76 (आगे से *चांसलरी*) देखें। इस फ़रमान की मूल प्रति इण्डिया आफ़िस,

लन्दन, आई ओ 4438 : (1) में है।

तंक-ए-सियाह ताँबे का एक सिक्का था जिसे तंक-ए-देहली या तंक-ए-मुरादी भी कहते थे। इरफ़ान हबीब, *द एग्ररियन सिस्टम आफ़ मुग़ल इण्डिया, बम्बई,* 1963, पृ. 381 देखें।

2. *आईन* में ख़ैराती दान को सुयूरग़ाल कहा गया है। दान जब नक़द रक़म का होता था तो वज़ीफ़ा कहलाता था और भूमि के रूप में होता तो मिल्क या मददे-मआश कहा जाता था। (*आईन,* खण्ड एक, पृ. 278 देखें)।
3. आई ओ 4438 : (1)
4. *मुग़ल डाक्यूमेंट्स,* 1526-1627, पृ. 44
5. सम्भवतः सुल्तान हुसैन मिर्ज़ा ख़ुरासानी का पोता और बाबर का प्रिय मुहम्मद सुल्तान मिर्ज़ा।
6. तहसील हरदोई, ज़िला हरदोई का एक गाँव, डिस्ट्रिक्ट सेंसस हरदोई, 1971, पृ. 118
7. तहसील बिलग्रामी, ज़िला हरदोई का एक गाँव, डिस्ट्रिक्ट सेंसस हरदोई, 1971, पृ. 118
8. वह क़ाज़ी इलाहदाद का बेटा था जिसे बिलग्राम में क़ज़ा का मनसब मिला था। ग़ुलाम हुसैन फ़रशूरी, *शराइफ़े-उस्मानी,* पाण्डुलिपि, शोध पुस्तकालय, उन्नत अध्ययन केन्द्र (इतिहास), अलीगढ़ मुस्लिम विश्वविद्यालय, पृ. 115, 119 देखें। क़ाज़ी इलाहदाद की एक जीवनी प्रस्तुत करनेवाले आज़ाद बिलग्रामी क़ाज़ी दाइम के बारे में ख़ामोश हैं। *मअसिसल-किराम,* एक, आगरा, 1910, पृ. 227-28 देखें।
9. प्रसंगवश, आमिलों, वज़ीरों, मुतसद्दियों और दूसरे लोगों के नाम बाबर का जुलाई-अगस्त 1530 का फ़रमान सरकार तातार ख़ान में क़ाज़ी अब्दुल हलीम और उसके भाइयों के नाम 'गाँवों और वज़ीफ़ा' के एक पहले के दान की पुष्टि करता है। इस फ़रमान में न तो सुयूरग़ाल शब्द का प्रयोग हुआ है और न मददे-मआश का। *ओरिएण्टल कालेज मैगज़ीन,* मई 1933, पृ. 119 देखें।
10. आई ओ 4438 : (1); बाबर का फ़रमान, मौलाना आज़ाद पुस्तकालय, अलीगढ़ भी देखें।
11. *ओरिएंटल कालेज मैगज़ीन,* मई 1933, पृ. 119-20
12. *चांसलरी,* पृ. 30
13. अबुल-फ़ज़्ल, *आईने-अकबरी,* एक अनुवाद : ब्लाख़मान, कलकत्ता, 1977, पृ. 268-70
14. उपरोक्त, पृ. 270-74; मोमिन, *चांसलरी,* अध्याय 2 से तुलना करें।
15. *जर्नल आफ़ रायल एशियाटिक सोसायटी,* 1981, पृ. 180-83 में शीरीं मूसवी का लेख देखें।
16. *आईन,* पूर्वोक्त, एक, पृ. 270-71
17. गोस्वामी और ग्रेवाल, *द मुग़ल्स एण्ड द जोगीज़ आफ़ जखबर;* जे जे मोदी, *द पारसीज़ ऐट द कोट आफ़ अकबर,* बम्बई, 1903; के एम झवेरी, *इम्पीरियल फ़रमांस,* 1577-1805, बम्बई 1928; ए अंसारी, *एडमिनिस्ट्रेटिव डाक्यूमेंट्स आफ़ मुग़ल इण्डिया,* देहली, 1984; और अब्दुल बारी मानी, असनादुस्सानादीद, अजमेर, 1952 इसकी कुछ मिसालें हैं।
18. मिसाल के लिए फ़िरंगी महल और ख़ैराबाद की दस्तावेजें, उन्नत अध्ययन केन्द्र, अलीगढ़; जे एस माथुर कलेक्शन, बीकानेर अभिलेखागार देखें।
19. मोदी, पूर्वोक्त में पृ. 93 पर 40 इलाही (1596) का फ़रमान देखें।
20. मिसाल के लिए गोस्वामी और ग्रेवाल, पूर्वोक्त में पृ. 57 पर 41 इलाही (1595-96) के फ़रमान की प्लेट 11 देखें।
21. एस एम स्टर्न, *डाक्यूमेंट्स ऑफ़ द इस्लामिक चांसरीज़,* आक्सफ़र्ड, 1965, पृ. 83, 87, 88, 89, 90 (आगे से : *इस्लामिक चांसरीज*) देखें। फ़ीरोज़शाह बहमनी (1397-1422) के फ़रमान में भी वन्दना अल्लाहुल-हम्दहे-औला (अल्लाह सबसे बड़ा और तारीफ़ के क़ाबिल है) मौजूद है। यूसुफ़ हुसैन ख़ान, *फ़रामीनो-असनादे-सलातीजे-दक्कन,* हैदराबाद, 1963, पृ. 1-2 देखें।

22. *इस्लामिक चांसरीज,* पृ. 174, 180
23. बटाला की दस्तावेज़, आई ओ 4438 : (1) और अलीगढ़ का फ़रमान, मौलाना आज़ाद पुस्तकालय।
24. अब्दुल क़ादिर बदायूँनी, मुंतख़बुत्-तवारीख़, सं : लीस व अहमद अली, कलकत्ता, खण्ड दो, पृ. 210
25. उपरोक्त, पृ. 338
26. *मुग़ल डाक्यूमेंट्स,* पृ. 63-64 (संख्या 70, 71)
27. *मुंशआते-नमकीन,* फ़ोलियो 3 बी, *चांसलरी* में पृ. 63 की टिप्पणी में उद्धृत।
28. चांसलरी, पृ. 63
29. *ओरिएण्टल कालेज मैगज़ीन,* पूर्वोक्त, पृ. 119-20 देखें। झवेरी, *इम्पीरियल फ़रमांस* की दस्तावेज़ चार और पाँच में अल्लाहू-अकबर के साथ हुव्वल-ग़नी का पाया जाना कोई मानी नहीं रखता क्योंकि आरम्भिक दो अर्ध-पंक्तियों से रहित और अजीबोग़रीब नस्तालीक़ ख़त में लिखी गई ये दस्तावेज़ें जाली हैं। अकबर के कुछ फ़रमानों पर हुव्वल-अकबर (वही सबसे बड़ा है) भी दिखाई देता है। *मुग़ल डाक्यूमेंट्स,* पृ. 56, 58, 59 देखें।
30. मोदी, पूर्वोक्त, पृ. 93-94, 119-20, झवेरी, पूर्वोक्त, दस्तावेज़ दो, चार और चार-अ; 5 जमादु-अव्वल 983 (12 अगस्त 1575) का अकबरी फ़रमान, उन्नत अध्ययन केन्द्र अलीगढ़; गोस्वामी और ग्रेवाल, पूर्वोक्त, पृ. 56
31. बटाला की दस्तावेज़, 4438 : (1) और अलीगढ़ का फ़रमान।
32. गोस्वामी और ग्रेवाल, पूर्वोक्त, पृ. 57-59
33. मूल भारतीय राष्ट्रीय अभिलेखागार में सुरक्षित।
34. गोस्वामी और ग्रेवाल, पूर्वोक्त पृ. 76-77; फ़िरंगी महल दस्तावेज़ संख्या 2, 3 अ केन्द्र, अलीगढ़।
35. विस्तृत विवेचना के लिए *चांसलरी,* पृ. 64-65 देखें।
36. *आईन,* खण्ड एक में पृ. 54 पर कहा गया है कि मुहर बनानेवाले मौलाना मक़सूद ने एक फ़ौलादी सतह पर रिक़ा ख़त में गोलाकार खरादी की और फिर एक अन्य मुहर नस्तालीक़ ख़त में बनाई। इन मुहरों के बारे में गोस्वामी और ग्रेवाल, पूर्वोक्त, पृ. 57; झवेरी, पूर्वोक्त, दस्तावेज़ दो, चार और चार-अ; *असनादुस्सनादीद,* पृ. 3, 5 देखें।
37. *आईन,* खण्ड एक, पृ. 54
38. उपरोक्त।
39. फ़रमान, मौलाना आज़ाद पुस्तकालय, अलीगढ़, संख्या 28; गोस्वामी व ग्रेवाल, पूर्वोक्त, पृ. 57; मोदी, पूर्वोक्त, दस्तावेज़ 1 और 2
40. झवेरी, पूर्वोक्त, दस्तावेज़ दो, चार-अ, *असनादुस्सनादीद,* पृ. 3, 5; ख़ैराबादी दस्तावेजें, 3 अ केन्द्र, अलीगढ़, संख्या 100 देखें।
41. *आईन,* एक, पृ. 274
42. उपरोक्त, पृ. 273-74
43. उपरोक्त, पृ. 273
44. अकबर का फ़रमान, 3 अ केन्द्र, अलीगढ़, पाण्डुलिपि 29 देखें। आसफ़ ख़ान के जीवन व कार्यों के बारे में समसामुद्दौला, *मआसिरुल-उमरा,* एक, पृ. 280-81 देखें। अतहर अली, *द आपरेटस आफ़ द इम्पायर,* देहली, 1985, पृ. 6, 9 भी देखें।
45. अकबर का फ़रमान, 3 अ केन्द्र, अलीगढ़, पाण्डुलिपि 29 देखें। तारापद मुखर्जी और इरफ़ान हबीब, अकबर एण्ड द टेम्पल्स आफ़ मथुरा, *प्रोसीडिंग्स आफ़ द इण्डियन हिस्टरी कांग्रेस,* सत्र 48 (1987), पृ. 246-48 भी देखें।

46. अकबर का फ़रमान, 3 अ केन्द्र, अलीगढ़, पाण्डुलिपि 29
47. उपरोक्त।
48. बटाला का दस्तावेज़, आई ओ 4438 : (1); बाबर का फ़रमान, मौलाना आज़ाद पुस्तकालय, अलीगढ़।
49. शाह इस्माइल का 25 जून 1508 का फ़रमान, स्टर्न (सं) : पूर्वोक्त में पृ. 246 पर मार्टिन द्वारा उद्धृत।
50. बैरम ख़ान के हुक्म सम्बन्धी सूचना प्रोफ़ेसर इरफ़ान हबीब से प्राप्त हुई जिनके पास इस दस्तावेज़ की एक ज़िराक्स प्रति है; मुनअम ख़ान के हुक्म को अनुवाद के साथ इक्तिदार आलम ख़ान ने *द पोलिटिकल बायोग्राफी आफ़ ए मुग़ल नोबुल : मुनअम ख़ान ख़ाने-ख़ानाँ, 1497-1575*, नई देहली, 1973 में पृ. 96-97 पर उद्धृत किया है।
51. झवेरी, पूर्वोक्त, दस्तावेज़ दो।
52. अकबर का फ़रमान, ख़ैराबादी दस्तावेज़ें, 3 अ केन्द्र, अलीगढ़।
53. मोदी, पूर्वोक्त, पृ. 119।
54. झवेरी, पूर्वोक्त, दस्तावेज़ दो; *असनादुस्सनादीद*, पृ. 5
55. गोस्वामी व ग्रेवाल, पूर्वोक्त, पृ. 59
56. अकबर का फ़रमान, मौलाना आज़ाद पुस्तकालय, संख्या 28
57. *ओरिएण्टल कालेज मैगज़ीन*, पूर्वोक्त, पृ. 119
58. मोदी, पूर्वोक्त, पृ. 93-94, 118-119 देखें। ख़ैराबाद वाले फ़रमान में वाक्यांश 'फ़रमाने-आलीशान वाजिबुल-इलाअत व अल-इज़आन' का प्रयोग किया गया है। ख़ैराबादी दस्तावेज़ें, 3 अ केन्द्र, अलीगढ़ देखें।
59. *ओरिएण्टल कालेज मैगज़ीन* पूर्वोक्त, पृ. 119-20 देखें। ध्यान दें कि संख्या (ब) (1), (10), (17) और (19) में दर्ज महसूल ईरान के सफ़वी बादशाह भी वसूल करते थे। *इस्लामिक चांसरीज*, पृ. 188-90, 201-2 देखें।
60. बटाला की दस्तावेज़ें, आई ओ 4438 : (1) तथा *ओरिएण्टल कालेज मैगज़ीन*, पूर्वोक्त, पृ. 119 देखें।
61. बाबर का फ़रमान, मौलाना आज़ाद, पुस्तकालय, अलीगढ़ (डिस्प्ले-केस)।
62. *मुंतख़बुत्-तवारीख़*, पूर्वोक्त, दो, पृ. 204-5, 278-79
63. उपरोक्त।
64. विस्तृत विवेचना के लिए *एग्रेरियन सिस्टम आफ़ मुग़ल इण्डिया*, पूर्वोक्त, पृ. 353-66 देखें।
65. दृष्टान्त स्वरूप कुछ उदाहरण देने के लिए अकबर का फ़रमान, पाण्डुलिपि संख्या 29, ख़ैराबादी दस्तावेज़ संख्या 100, 3 अ केन्द्र, अलीगढ़; डा. अब्दुल मतीन, तिब्बिया कालेज, अलीगढ़ के पास मौजूद कोटावाली दस्तावेज; *असनादुस्सनादीद*, पृ. 3; गोस्वामी और ग्रेवाल, पूर्वोक्त, दस्तावेज़ एक और दो देखें।
66. *मुग़ल डाक्यूमेंट्स*, पृ. 54, 55
67. वृन्दावन अनुसन्धान संस्थान, संख्या 2 और 36; तारापद मुखर्जी और इरफ़ान हबीब, *प्रोसीडिंग्स*, पूर्वोक्त, पृ. 235 भी देखें।
68. इस फ़रमान (तिरमिज़ी, दस्तावेज़ 12) के लिए *फ़रामीने-सलातीन*, पृ. 2-3 और *मुईनुल-औलिया*, पृ. 66-67 देखें। तिरमिज़ी द्वारा तारीख़ में 'जुलूस' शामिल किए जाने का कोई औचित्य नहीं है क्योंकि दस्तावेज़ में यह शब्द नहीं है।
69. *अकबरनामा* बि इं, दो, पृ. 9-14
70. उपरोक्त, तीन, पृ. 431

71. *मुग़ल डाक्यूमेंट्स*, पृ. 62-64 (दस्तावेज़ 68, 70, 71)

72. ब्लोचेट, सप्लिमेंटरी, पर्शियन, 482, फ़ोलियो 113 बी

73. झवेरी, पूर्वोक्त, दस्तावेज़, तीन-अ

74. *शराइफ़ुल-उस्मानी*, 3 अ केन्द्र, अलीगढ़ की पाण्डुलिपि, फ़ोलियो 57बी-58बी देखें। इस पाठ के अनुसार फ़रमान अकबर के सामने क़ाज़ी कमाल की पेशी की दो तारीख़ें देता है—19 आज़ार इलाही 36 और 24 सफ़र हिजरी 1000, और ये दोनों तारीख़ें 11 दिसम्बर 1591 के संगत हैं। अपनी दस्तावेज़ संख्या 86 (पृ. 67-68) में इस फ़रमान की तारीख़ दर्ज करते समय तिरमिज़ी ने इलाही तारीख़ को निकाल ही दिया है।

75. *मुग़ल डाक्यूमेंट्स*, पृ. 74-75, 77, दस्तावेज़ संख्या 107, 108, 110 और 117

76. तारापद मुखर्जी और इरफ़ान हबीब, *प्रोसीडिंग्स*, पूर्वोक्त, पृ. 238-40 देखें। (इस लेख में इलाही तारीख़ों के संगत दी गई ईसवी तारीख़ों में संशोधन की आवश्यकता है।) नौसारी के काकूबाद पारसी के नाम जारी अकबरी फ़रमानों में भी सिर्फ़ इलाही तारीख़ें दी हुई हैं। मोदी, पूर्वोक्त, में पृ. 93 और 119 पर दस्तावेज़ संख्या 1 और 2 देखें।

अकबर के व्यक्तित्व की विशेषताएँ और उसकी विश्व-दृष्टि : एक आलोचनात्मक पुनर्मूल्यांकन

इक़्तिदार आलम ख़ान

एक ठोस बुनियाद पर भारत में मुग़ल सत्ता की स्थापना में अकबर के योगदान पर इतिहासकार लम्बे अरसे से ध्यान देते आए हैं। पर अकबर के बारे में हाल के कुछ अनुसन्धानों ने उन तत्त्वों पर ध्यान केन्द्रित किया है जिन्होंने उसकी 'सुलहे-कुल' के सिद्धान्त पर आधारित, धार्मिक सहिष्णुता की नीति में योगदान दिया है। इन अध्ययनों में अकबर की 'धार्मिक नीति' को अकबर द्वारा एक मिले-जुले शासक-समूह में कुलीन वर्ग के रूपान्तरण से जोड़ा गया है, और इस समूह में शियों और राजपूतों की भी एक ख़ासी बड़ी तादाद पाई जाती थी। मगर अकबर की अपनी विश्व-दृष्टि पर और उन वैचारिक प्रभावों पर कम ही ध्यान दिया गया है जिन्होंने उस दृष्टि और उसके शासन के अन्तिम 25 वर्षों में उसकी धार्मिक नीति की रूपरेखा निर्धारित की। हाल ही में अतहर अली ने अपने लेख 'अकबर और इस्लाम'[1] में इस पहलू का पुनर्मूल्यांकन किया है जिसके कारण अकबर की 'धार्मिक नीति' के बुनियादी चरित्र और उसके पीछे मौजूद सोचों पर अनेक सार्थक प्रश्न उठ खड़े हुए हैं। दो सबसे अधिक प्रासंगिक प्रश्न शायद ये हैं : (अ) अकबर की अपनी विश्व-दृष्टि ने किस हद तक उसकी धार्मिक नीति को प्रभावित किया ? और (ब) उसके धार्मिक विचारों और उससे भी अहम यह कि उसके उठाए हुए क़दमों को लेकर उसकी प्रजा के विभिन्न वर्गों की प्रतिक्रिया क्या थी ? ये प्रश्न बदायूँनी और जेसुइटों के तत्कालीन साक्ष्यों की रोशनी में और भी अहम हो जाते हैं जिनके अनुसार 1581 के बाद अकबर तो मुसलमान भी नहीं रह गया था। शैख़ अहमद सरहिन्दी ने ज़ोर देकर कहा था कि ग़ैर-मुस्लिमों के प्रति अकबर की सहिष्णुता बुनियादी तौर पर इस्लाम से उसकी दुश्मनी का नतीजा थी। यह बात अकबर की धार्मिक सहिष्णुता की नीति के समुचित मूल्यांकन के लिए उसके निजी विश्वासों की अहमियत को और अधिक रेखांकित करती है।[2]

प्रस्तुत आलेख में 1556 में अकबर की ताजपोशी से लेकर 1605 में उसकी मौत तक उसकी विश्व-दृष्टि की रूपरेखा प्रस्तुत करने का प्रयास किया गया है। इस क्रम में मेरा ध्यान ऊपर दर्ज दो प्रश्नों पर केन्द्रित होगा। प्रस्तुत आलेख में जो नए साक्ष्य मैं देना चाहता हूँ वे जहाँ तक इजाज़त देंगे, वहाँ तक मैं अकबर के कुछ रवैयों पर पुनर्विचार का सुझाव भी दूँगा।

दो

धार्मिक सहिष्णुता के प्रति अकबर के स्वाभाविक झुकाव को लेकर पाठ्य-पुस्तकों में कुछ व्याख्याएँ दी जाती हैं कि वह अपने वालिदैन की और अपने सुन्नी और शिया विचारों वाले उस्तादों की उदार दृष्टि से प्रभावित था जिनके लिए संकीर्ण कट्टरता कोई मानी नहीं रखती थी। ये व्याख्याएँ निश्चित ही सामान्य बुद्धि को पसन्द आती हैं। पर यह बात कही जा सकती है कि कुछ पाठ्य-पुस्तक-लेखकों की यह मान्यता बेबुनियाद है कि अकबर की माता हमीदा बानो बेगम एक शिया थीं।[3] इसके विपरीत 1546 में जब सुन्नी कट्टरपन्थियों ने हुमायूँ के ईरानी और शिया वज़ीर ख़्वाजा सुल्तान रुश्दी का क़त्ल किया तो बेगम का भाई मुअज़्ज़म बेग उसमें शामिल था। इससे ठोस संकेत मिलता है कि वह तथा हमीदा बानो समेत उसके परिवार के दूसरे लोग सुन्नी थे।[4] फिर भी इससे इनकार नहीं किया जा सकता कि अकबर के शिक्षकगण ज़्यादातर संकीर्ण पूर्वग्रहों से मुक्त थे; इनमे दो ईरानी शिया बैरम ख़ान और मीर अब्दुल लतीफ़ क़ज़्वीनी तथा तूरानी सुन्नी मुनीम ख़ान शामिल थे। मीर अब्दुल लतीफ़ क़ज़्वीनी के बारे में अबुल-फ़ज़्ल ने कहा कि दोनों सम्प्रदायों के कठमुल्ले उनके द्वारा संकीर्ण पूर्वग्रहों के अस्वीकार की निन्दा करते थे।[5] जहाँ तक बैरम ख़ान का ताल्लुक़ है, 18वीं सदी के कुछ फ़ारसी वृत्तान्तकारों, मसलन ख़फी ख़ान और शाहनवाज़ ख़ान ने उसके संकीर्ण पक्षपात (तअस्सुब) के बारे में जो कुछ लिखा है, उस सबके बावजूद वह शिया-सुन्नी भेद को कोई ख़ास महत्त्व नहीं देता था।[6] दूसरी ओर मुनीम ख़ान अपने सबसे क़रीबी दोस्तों में अली क़ुली ख़ान को भी गिनता था जो अपने शिया विश्वासों के लिए जाना जाता था।[7] इसलिए यह मान लेना मुनासिब ही होगा कि धार्मिक सहिष्णुता के प्रति अकबर के स्वाभाविक झुकाव में उसके इन शुरुआती उस्तादों और सलाहकारों का योगदान कुछ कम नहीं था।

धार्मिक सहिष्णुता को बढ़ावा देनेवाले विचारों के प्रति अकबर के मन को ग्रहणशील बनानेवाले प्रभावों की विवेचना करते हुए हमें हुमायूँ के समय तक तैमूरियों के सांस्कृतिक लोकाचार को भी ध्यान में रखना होगा। कहा गया है कि तैमूर सभी धर्मों का एक समान आदर करता था। लगता है कि अकबर की ताजपोशी के समय तक तैमूरी शासन-व्यवस्था में धार्मिक सहिष्णुता का यह तत्त्व काफी बड़ी हद तक जारी रहा।[8] अकबर के पहले तक (ग़ालिबन अबू सईद मिर्ज़ा के सन्दिग्ध अपवाद को छोड़कर) उत्तरोत्तर तैमूरी शासकों के मन पर यासा-ए-चंगेज़ी का जो अच्छा-ख़ासा प्रभाव बना रहा, उससे भी तैमूरी सांस्कृतिक लोकाचार का थोड़ा-बहुत सम्बन्ध हो सकता है। अलाउद्दीन

अता जुवैनी के अनुसार यासा-ए-चंगेज़ी बादशाह से तक़ाज़ा करती थी कि वह 'सभी पन्थों को एक समझे और एक-दूसरे में कोई भेदभाव न करे। जुवैनी के शब्दों में ऐन इसी उसूल पर चलते हुए चंगेज़ ख़ान कट्टरता से और एक पन्थ को दूसरे पर वरीयता देने से, कुछ को दूसरों से ऊपर समझने से बचता रहा।'[9] तैमूरी शासन-व्यवस्था में यासा-ए-चंगेज़ी ने धार्मिक सहिष्णुता के जिस माहौल को बढ़ावा दिया, उसका पता तैमूरी रियासतों में शियों के दमन के अभाव से भी चलता है।

ईरान से हुमायूँ की वापसी (1545) के बाद,[10] किसी भी उल्लेखनीय सीमा तक शिया-सुन्नी तनाव को बढ़ावा दिए बिना, कुलीन वर्ग में ईरानी शियों की बढ़ती मौजूदगी इस सच्चाई की मुखर साक्षी है कि भारत में मुग़ल सल्तनत शुरू से ही उन सल्तनतों से बहुत भिन्न थी जिनको उसने भारतीय उपमहाद्वीप के विभिन्न भागों में विस्थापित किया। ध्यान देने की बात है कि हुमायूँ की सेवा में बड़ी तादाद में ईरानी शिया के प्रवेश से पहले किसी मुस्लिम राजवंश द्वारा शासित किसी भी रियासत में कुलीन वर्ग में ऐसे उल्लेखनीय मेलजोल के साथ शियों और सुन्नियों का सह-अस्तित्व नहीं रहा। सफ़वी साम्राज्य के शासक पूरी दुनिया की मुस्लिम मिल्लत के *इमाम* होने का दावा करते थे, पर वहाँ बिना किसी अपवाद के उन सभी तत्त्वों का सख़्ती से दमन किया जाता था जिनके बारे में सुन्नी झुकाव का शक होता था। इसलिए यह बात बेझिझक कही जा सकती है कि 16वीं सदी के मध्य तक तैमूरी शासन-व्यवस्था में यासा-ए-चंगेज़ी का प्रभाव जहाँ तक जारी रहा, उस सीमा तक वह अकबर की सांस्कृतिक धरोहर का एक अहम तत्त्व थी और उसे दूसरे धार्मिक विश्वासों के प्रति उदार बनने की प्रेरणा देती थी। दूसरी तरफ़ 1560 की दहाई में शियों और मेहदवियों के प्रति अकबर के सख़्त रवैये की व्याख्या समय के साथ मूल मंगोल परम्परा के क्षीण पड़ने के आंशिक परिणाम के रूप में की जा सकती है।

अकबर की विश्व-दृष्टि धीरे-धीरे जिस तरह विकसित हुई और जिस तरह वह 1581 के बाद सुलहे-कुल के उसूलों का पक्का पाबन्द बना, उसे सही तौर पर समझने के लिए उसके व्यक्तित्व की कुछ विशेषताओं को भी ज़ेहन में रखना ज़रूरी है जिनको तत्कालीन प्रेक्षकों ने दर्ज किया है।

मोंसेरेट के मुताबिक़ अकबर की 'प्रवृत्ति थोड़ी-बहुत म्लान' थी और इसी को वह 'विभिन्न क्रीड़ाओं' में उसकी ग़ैर-मामूली दिलचस्पी का कारण बताता है।[11] शिकार और हाथियों की लड़ाई में शुरुआती दिनों में अकबर की ग़ैर-मामूली दिलचस्पी सनक की सीमा तक जा पहुँची थी, इसकी गवाही तो ख़ुद अबुल-फ़ज़्ल देते हैं। अबुल-फ़ज़्ल को यह दर्ज करने में साफ़ तौर पर उलझन महसूस होती है कि अकबर कई-कई बार शिकार के दौरान या हाथियों की लड़ाई देखते हुए या किसी मस्त हाथी को सधाते हुए नादानों की तरह अपनी ज़िन्दगी ख़तरों में डाल चुका था। 'हाथियों से अकबर के लगाव' पर *अकबरनामा* में तो उन्होंने पूरा एक अध्याय ही लिखा है। एक और जगह, 1561 में एक मस्त हाथी पर चढ़कर अपनी ज़िन्दगी को ख़तरे में डालने का जुनून देखकर उन्होंने

अकबर का उस काल का एक क़ौल दर्ज किया है जो वैसे बहुत गहरे अर्थवाला नहीं है। इससे संकेत मिलता है कि उसने जान-बूझकर अपनी ज़िन्दगी ख़तरे में डाली थी : अगर उसने किसी भी तरह से ख़ुदा को नाराज़ किया होगा तो 'काश कि यह हाथी हमें ख़त्म कर दे क्योंकि हम ख़ुदा की नाराज़गी मोल लेकर ज़िन्दगी का बोझ नहीं ढो सकते।'[12] प्रसंगवश इससे यह संकेत भी मिलता है कि उस समय समाज में और धार्मिक विषयों में अपने आचरण को लेकर अकबर कुछ अस्पष्ट ढंग से असन्तुष्ट और शर्मिन्दा था।

लगता है कि अकबर के व्यक्तित्व का यह मनोवैज्ञानिक पहलू कभी-कभी अवसाद और दुख के दौरों में भी व्यक्त होता था जिनसे वह 1578 तक पीड़ित बताया गया है। इस तरह का आख़िरी दौरा 1578 का बताया गया है जो एक शिकार की मुहिम के दौरान पड़ा। उस समय अकबर कुछ समय बेहोश होकर पड़ा रहा। अबुल-फ़ज़्ल के मुताबिक़ तब लगता था कि वह मर रहा है।[13] इन दौरों को अबुल-फ़ज़्ल और ख़ुद अकबर ने आध्यात्मिक अनुभवों का नाम दिया है। उस पर ये दौरे 1578 तक पड़ते रहे और उसके बाद उनके पड़ने की कोई सूचना नहीं मिलती। यह वह समय था जब अकबर ने सुलहे-कुल पर आधारित एक नई विश्व-दृष्टि विकसित कर ली थी। इससे पता चलता है कि इनका ताल्लुक़ उसके जीवन के पिछले चरण के मानसिक तनावों से रहा होगा।

1570 की दहाई में अकबर के धार्मिक विचारों और बौद्धिक वचनबद्धताओं के द्वैत्व के उदाहरण वे उलझन-भरे प्रश्न हैं जो उसने इबादतख़ाना में धर्मचर्चा के पहले चरण (1575-78) में मुस्लिम धर्मगुरुओं के सामने पेश किए थे। इन अनिश्चितताओं और द्वैत्वों को अंशतः अकबर की सामान्य जिज्ञासा-वृत्ति और सवाल पूछने की प्रवृत्ति से तथा नैतिक और क़ानूनी व्यवहार के सुस्वीकृत मानदंडों के पालन के प्रति उसकी तत्परता से भी बल मिलता था। यह उसकी शख़्सियत का ऐसा पहलू था जो लगता है, उसे पिता से विरासत में मिला था। 1570 की दहाई में अकबर ने जो वैज्ञानिक प्रयोग किए थे, वे उसकी प्रश्न पूछने की प्रवृत्ति के सूचक हैं। आरिफ़ क़न्धारी ने उसके एक नर हिरन के साथ एक बर्बरी बकरी का मेल कराने के प्रयास का ज़िक्र किया है जो बहुत सफल नहीं रहा। इस प्रयोग से एक अनुत्पादक दोग़ला हिरन पैदा हुआ।[14] दूसरा प्रयोग छः नवजात शिशुओं पर किया गया जिसका मक़सद 'ज़ुबाने-क़ुदरत' (प्राकृतिक भाषा) के सिद्धान्त को परखना था। सम्भवतः यह धारणा क्लासिकी यूनान के कल्पनावादी दर्शन से उपजी थी। इस्लामी धर्मशास्त्र की परम्परा में 'ज़ुबाने-क़ुदरत' की धारणा की कोई वैधता नहीं मानी गई थी।[15]

लगता है, इसी काल में अकबर का परिचय दार्शनिक संवादों (सुख़नाने-हिकमत) से हुआ जिसका ग़ज़ाली के बाद के इस्लामी धर्मशास्त्र में ज़ोरदार खंडन किया गया है। 1570 के फ़ौरन बाद के वर्षों में यूनानी दर्शन के इस्लामी रंग में रँगे संस्करण से जिन लोगों ने उसका परिचय कराया उनमें सबसे अहम नाम शैख़ मुबारक तथा उनके बेटों

फ़ैज़ी और अबुल-फ़ज़्ल के हैं। अपने एक क़ौल में अकबर ने स्वीकार किया है कि उसे ये संवाद इतने आकर्षक (दिलावेज़, दिलरुबा) लगे कि उनसे ख़ुद को दूर रखना उसके लिए मुश्किल हो गया।[16] दर्शनशास्त्र में अकबर की बढ़ती दिलचस्पी तथा आम तौर पर धर्म-सम्बन्धी प्रश्न पूछने की प्रवृत्ति का ही नतीजा था कि 1578 के आसपास इबादतख़ाना में इस्लामी धर्मशास्त्र और विधिशास्त्र (फ़िक़ा) के अहम पहलुओं की नए सिरे से जाँच-पड़ताल का अमल शुरू हुआ। बदायूँनी के मुताबिक़ इसे शैख़ मुबारक ने शुरू किया जब उन्होंने मुज्तहिद के दू-ब-दू इमामे-आदिल की स्थिति को लेकर एक सवाल पूछा। यही बहस थी जिसके अन्त में प्रमुख धर्मशास्त्रियों ने (1579 में) एक महज़र पर दस्तख़त किए जिसमें अकबर को 'बादशाहे-इस्लाम' की मान्यता दी गई थी।

1581 के बाद दर्ज अकबर के क़ौलों समेत असन्दिग्ध साक्ष्यों से पता चलता है कि शुरू के वर्षों में वह एक दीनदार मुस्लिम ही नहीं था बल्कि हिन्दुओं के प्रति असहिष्णु भी था। वह अफ़सोस के साथ स्वीकार करता है कि उन शुरू के वर्षों में उसने अनेक हिन्दुओं को इस्लाम स्वीकार करने पर मजबूर किया था।[17] अकबर को तब अनेक रूढ़िवादी मुसलमान कुफ्र से इस्लाम की रक्षा के लिए वचनबद्ध एक दीनदार मुसलमान समझते थे। दिल्ली के सुप्रसिद्ध शैख़ज़ादा रिज़्कुल्लाह मुश्ताक़ी ने 1580 के आसपास लिखा था कि हेमू के दमन से इस्लाम की रक्षा करने के लिए ख़ुदा ने ही अकबर को भेजा था।[18] अपनी एक हलकी-फुलकी टिप्पणी में बदायूँनी संकेत देते हैं कि अपने शासन के प्रारम्भिक वर्षों में अकबर सिलसिला नक़्शबंदिया के प्रभाव में था।[19]

मगर लगता है कि 1562 के बाद हिन्दू धार्मिक कर्मकांडों और उपासना-पद्धतियों के बारे में उसका रवैया अपमानजनक और शत्रुवत् नहीं रहा जब उसने राजपूत सरदारों की बेटियों और भतीजियों से विवाह किए। बदायूँनी कहते हैं कि अपनी शुरुआती जवानी (उंफ़ुवाने-शबाब) में अकबर अपनी हिन्दू पत्नियों के साथ 'होम' किया करता था।[20] उन वर्षों में अकबर के अनेक समकालीनों ने अपने इस्लामी रुझान के बावजूद उसे हिन्दू रीति-रिवाजों के व्यवहार के प्रति उदासीन नहीं पाया। तीर्थयात्रा कर के उन्मूलन (1563), जज़िया के उन्मूलन (1564) तथा वृन्दावन के एक मन्दिर की सहायता के लिए एक 'इनाम' दान की घोषणा (1565) जैसे क़दमों से इस छाप की पुष्टि होती है।[21]

फिर भी इसी काल में उसने उन मुस्लिम फ़िरक़ों के प्रति स्पष्ट रूप से दमन का रवैया अपनाया जिनकी रूढ़िवादी धर्मद्रोही कहकर निन्दा करते थे। 1560 के दशक में असन्तुष्ट तूरानियों के ख़िलाफ़ ईरानी कुलीनों, ज़्यादातर शियों, का हौसला बढ़ाया और उन्हें इस्तेमाल किया गया।[22] पर साथ ही उनकी अपने विश्वासों को मानने और उन पर अमल करने की आज़ादी को भी कम करने की कोशिश की गई। इसका एक स्पष्ट उदाहरण यह है कि 1567 में शैख अब्दुन्नबी के सुझाव पर दिल्ली में अमीर ख़ुसरो के मक़बरे के पास (जवार में) मौजूद एक क़ब्र से मुर्तज़ा शरीफ़ी शीराज़ी की लाश खोदकर

निकाली गई। दलील यह थी कि एक 'धर्मद्रोही' को एक प्रसिद्ध सूफ़ी सन्त की क़ब्र के इतने पास दफ़्न रहने की इजाज़त नहीं दी जा सकती। बिना शुबहा यह एक अतिवादी क़दम था; बदायूँनी तक ने नाइंसाफ़ी कहकर इसकी आलोचना की है।[23] परगना बिलग्राम के मोहतसिब अब्दुस्समद के नाम 1572 के आसपास अकबर के फ़रमान में उन्हें निर्देश दिया गया था कि वे परगना से धर्मद्रोह और कुचाल को ख़त्म करने में मदद करें। यह 1570 के फ़ौरन बाद के वर्षों तक शियों के प्रति दमन के रवैये के जारी रहने का संकेत देता है।[24]

मेहदवियों के प्रति अकबर की दुश्मनी और भी ऐलानिया थी। यह 1573 तक जारी रही जब कहा गया कि उसने गुजरात में सख़्ती के साथ उनको कुचल दिया। इसी दमन के क्रम में प्रमुख मेहदवी धर्मगुरु मियाँ मुस्तफ़ा बन्दगी को गिरफ़्तार किया और जंज़ीरों में जकड़कर दरबार में लाया गया।[25]

मोटे तौर पर 1571 के बाद अकबर अधिकाधिक सर्वेश्वरवादी सूफ़ी सिद्धान्तों के प्रभाव में आता गया, और इससे उसकी विश्व-दृष्टि में एक घोर परिवर्तन आया। इसी के कारण उसने जिसे वह परम्परागत धर्मगुरुओं (फ़क़ीहाने-तक़लीदी) का इस्लाम समझता था, उसे आख़िरकार छोड़कर इस्लाम की एक नई, पूरी तरह भिन्न धारणा अपनाई जो विभिन्न धर्मों (केश-हा) को अलग करनेवाली सीमाओं का अतिक्रमण करती थी और जिसका सारतत्त्व, अकबर के मुताबिक, यह नहीं था कि अपने अक़ीदों की तोतारटन्त की जाए या ख़तना कराया जाए बल्कि यह था कि व्यक्ति बेपनाह ताक़तवर दुनियावी इच्छाओं और वासनाओं (नफ़्से-अम्मारा) के ख़िलाफ़ लड़ने के लिए तैयार और समर्थ हो। इन विचारों से अकबर का परिचय बहुत पहले, 1560 की दहाई में ही हो चुका था जब वह पहले-पहल अजमेर और सीकरी के चिश्ती ख़ानक़ाहों के सम्पर्क में आया था। उससे भी पहले शैख़ ग़ौस ग्वालियारी से उसके सम्पर्कों ने भी 'फ़ना' और 'वहदतुल-वुजूद' के सर्वेश्वरवादी सिद्धान्तों से उसे परिचित होने का अवसर दिया होगा। अकबर 1573 तक शैख़ मुईनुद्दीन चिश्ती को अपना आध्यात्मिक गुरु मानने लगा था। कहा गया है कि मियाँ मुस्तफ़ा बन्दगी के साथ एक बातचीत के दौरान अकबर ने यह ऐलान किया था : 'मेरे पीर हज़रत ख़्वाजा मुईनुद्दीन चिश्ती हैं...जो कोई यह कहता है कि वे गुमराह थे, वह काफ़िर है। ऐसा कहनेवाले शख़्स को मैं अपने हाथों से मारूँगा।'[26] इसकी पुष्टि बदायूँनी के इस साक्ष्य से होती है कि 1575 तक अकबर चिश्तिया सिलसिले द्वारा निर्धारित आध्यात्मिक तरकीबों का नियमित रूप से अभ्यास करने लगा था। 1575 के बाद किसी समय उसने शैख़ चाय लड्ढा से चिल्ल-ए-माकूस की कला सीखने की कोशिश भी की।[27] (इसमें चालीस दिन और रात तक कुएँ में उलटे सिर लटककर ईश्वर पर ध्यान लगाया जाता है।)

'फ़ना' के सर्वेश्वरवादी सूफ़ी सिद्धान्त ही, लगता है कि दर्शन में अकबर की दिलचस्पी को बढ़ा दिया। 1578-82 के दौरान शैख़ मुबारक, अबुल-फ़ज़्ल, ग़ाज़ी ख़ान बदख़्शी, हकीम अबुल-फ़त्ह और दूसरे बुद्धिवादी विचारकों की सोहबत में अन्ततः

'वहदतुल-वुजूद' के सिद्धान्त की एक सुव्यवस्थित प्रस्तुति से उसका परिचय हुआ; एक व्यापकतर दार्शनिक परिप्रेक्ष्य में इसका प्रतिपादन इब्न अल-अरबी ने किया था। जैसा कि इरफ़ान हबीब ने दिखाया है, एक बौद्धिक आधार से वंचित होने के बावजूद इब्न अल-अरबी का सर्वेश्वरवाद इस्लाम में ग़ज़ाली के बाद के परम्परावाद के लिए एक ज़ोरदार वैचारिक चुनौती बनने में समर्थ था। अकबर पर और उससे अहम यह कि उसके सामाजिक-राजनीतिक विचारों पर 1578-82 के दौरान इब्न अल-अरबी के विचारों के प्रभाव का यही गुण था जिसे अबुल-फ़ज़्ल ने एक 'ऊँचे मुक़ाम' (बुलन्द-पायगी) तक 'बुद्धि' (ख़िरद) का उत्थान कहा है। इब्न अल-अरबी का विचार था कि वह सब जो एक दैवी यथार्थ का अंग नहीं, माया है। इसी के चलते अकबर इस विचार तक पहुँचा कि सभी धर्म या तो एक समान सच्चे हैं या एक समान भ्रामक हैं।[28] यह एक ऐसा विचार था जिसकी लाज़मी तौर पर सभी प्रकार के रूढ़िवादी मतों ने सन्मार्ग से भटकाव कहकर निन्दा की। यह विचार उस समय दरबार में मौजूद जेसुइट पादरियों के लिए भी उसी प्रकार अस्वीकार्य था। अकबर ने 1581 में जलाल रोशनी को अपने मत के पालन की स्वतन्त्रता देने का जो आश्वासन दिया था, उस पर टिप्पणी करते हुए मोंसेरेट ने कहा था : 'बादशाह इस बात का शायद ही ख़याल करता था कि हरेक को अपना मज़हब मानने की आज़ादी देकर वह हक़ीकत में सभी की ख़िलाफ़वर्ज़ी कर रहा था।'[29] दरबार में इस नई वैचारिक प्रवृत्ति के उदय ने, लगता है कि अकबर की विश्व-दृष्टि के बारे में बहुत-से विद्वानों को भ्रम में डाला। मिसाल के लिए अब्दुल क़ादिर बदायूँनी 1581 के आसपास दरबार के बौद्धिक वातावरण को सुन्नत पर शिया मत की विजय समझते थे।[30] कुछ भी हो, यह अकबर की विश्व-दृष्टि का एक और निर्णायक मोड़ था जिसके चलते वह सुस्वीकृत इस्लामी विश्वासों और प्रथाओं से उतनी दूर निकल गया जितना कि इस्लामी रहस्यवाद की सर्वेश्वरवादी धारणाओं के दायरे में मुमकिन ही नहीं था।

तीन

इब्न अल-अरबी के सर्वेश्वरवादी दर्शन से गहराई से प्रभावित होने के बाद अकबर की विश्व-दृष्टि का विकास सुलहे-कुल की धारणा से जुड़ा हुआ है। इस धारणा को उसने, या उसके नाम से अबुल-फ़ज़्ल ने इस प्रकार निरूपित किया था कि यह फ़ना की अवस्था से जुड़ी एक रहस्यवादी धारणा से ऊपर उठकर एक ऐसा सिद्धान्त बन गई थी जो सांस्कृतिक बहुलतावाली एक स्थिति में विभिन्न समूहों के बीच मेल-मिलाप बढ़ाने में समर्थ थी। ब्राह्मणों के बौद्धिक अलगाव की आलोचना करनेवाले, अल-बैरूनी के एक प्रसिद्ध उद्धरण को एक अर्थपूर्ण ढंग से पुनर्प्रस्तुत करते हुए अबुल-फ़ज़्ल ने इस विचार को पेश करने का प्रयास किया कि हिन्दोस्तान में सामाजिक टकरावों का पहला कारण सुलहे-कुल की भावना का अभाव है। इसी उद्धरण में वे यह भी सुझाव देते हैं कि हिन्दोस्तान में सुलहे-कुल की भावना के न होने का कारण मुख्य रूप से नक़्क़ाली (तक़लीद) की प्रवृत्ति का वर्चस्व तथा बुद्धि और न्यायप्रियता का दमन है।[31]

1581 के बाद सुलहे-कुल से अपने जुड़ाव के कारण अकबर रूढ़िवादी इस्लाम की मुख्यधारा से अलग होने लगा कि उसकी विश्व-दृष्टि में निर्धारित नमाज़ों का और पैग़म्बरी को ग़ैर-सवालिया ढंग से स्वीकार करने का कोई स्थान नहीं था। वह समकालीन निर्गुण भक्ति-सम्प्रदायों के ज़्यादा क़रीब था जो औपचारिकतावादी और फूटपरस्त कहकर हिन्दू धर्म और इस्लाम, दोनों की आलोचना करते थे। अपने एक कम ज्ञात वक्तव्य में अकबर ने ईश्वर से मनुष्य के सम्बन्धों की जो अवधारणा प्रस्तुत की है, उससे कुछ अहम अर्थों में निर्गुण भक्ति की शिक्षाओं से उस धारणा की निकटता का पता चलता है। 1591 में मुराद के एक प्रश्न का उत्तर देते हुए अकबर ने उससे कहा था :

> चाहे रूप (जिस्म), भौतिक गुणों (जिस्मानियात), अक्षर (हर्फ़) या ध्वनि (सौत) की दृष्टि से हो, अद्वितीय (बेचून) के प्रति समर्पण शब्दों से परे है। अद्वितीय के प्रति समर्पण (भी) अद्वितीय होता है। अगर ख़ुदा की मर्ज़ी हो तो (तुम) उसके अद्‌भुत दैवी रहस्य के निजी कक्ष में प्रवेश पा सकते हो। इस समय (इस विषय पर वाद-संवाद का) शुभ प्राक्कथन यही है कि वह (मुराद) अपनी प्रवृत्ति (सफ़्ह-ए-ख़ातिर; हृदय-पृष्ठ) को ख़ुशनुमा गम्भीरता और प्रशंसनीय कार्यों से सजाए और हमारी प्रसन्नता पाने का प्रयास करे ताकि इस आशीर्वाद के साथ (उस पर) यह दूसरा, (ईश्वर के प्रति) समर्पण का सौभाग्यपूर्ण द्वार खुल सके।[32]

दैवी यथार्थ की निरपेक्षता पर यह ज़ोर और इस उद्धरण में दिया गया यह सूक्ष्म संकेत कि औपचारिक प्रार्थनाओं से नहीं बल्कि आत्मा का विकास करके और एक गुरु की सहायता से ही उस यथार्थ तक पहुँचा जा सकता है—ये सब कबीर और नानक की शिक्षाओं की याद दिलाते हैं।

अकबर की विचार-प्रणाली में अगर गुरु की भूमिका पर बहुत भारी ज़ोर दिया गया था तो यह भी समकालीन भक्ति-सम्प्रदायों से बहुत-कुछ मिलता-जुलता है। उपरोक्त उद्धरण में जैसा मुराद से कहा गया है, वह अकबर की सहायता और मार्गदर्शन से ही दैवी रहस्य को पाने की आशा कर सकता है जो मुराद के गुरु के स्थान पर था। इसके बाद अकबर की विचार-प्रणाली में गुरु की स्थिति को इस्लामी रहस्यवाद के 'इनसाने-कामिल' (पूर्ण मानव) जैसा समझा जाने लगा।

यह नई विश्व-दृष्टि बुद्धिवाद के प्रति और (अपनी तमाम असंगतियों के बावजूद) नैतिक व्यवहार के उन मानदंडों के प्रति एक स्पष्ट झुकाव में प्रतिबिम्बित हुई जिनको अकबर ने अपने निजी भक्तों (अरबाबे-इरादत) के लिए ही नहीं बल्कि दरबारी अभिजात वर्ग के सामान्य सदस्यों के लिए भी निर्धारित किया था। अबुल-फ़ज़्ल द्वारा राजत्व की धारणा के सैद्धान्तिक प्रतिपादन में भी इसकी एक सुन्दर अभिव्यक्ति हुई है। वे राजत्व की परिभाषा दो तरह से करते हैं—दैवी प्रकाश या फ़र्रे-इजादी के रूप में और समाज तथा शासक के बीच एक सामाजिक अनुबन्ध के परिणाम के रूप में।[33] इनके अलावा अबुल-फ़ज़्ल ने अकबर के वचनों[34] और दूसरी दस्तावेज़ों को भी उद्‌धृत किया है जो

कुछ नए सांस्कृतिक मूल्यों को प्रस्तुत करती हैं। ये मूल्य बौद्धिक अनुभव की देन हैं पर सुलहे-कुल की भावना का उल्लंघन नहीं करते। इनमें से कुछ मूल्य तो आश्चर्यजनक सीमा तक 'आधुनिक' दिखाई देते हैं और करुणा से ओतप्रोत हैं।

मिसाल के लिए इसका पता अकबर के उन अनेक कथनों से चलता है जिनको अबुल-फ़ज़्ल ने दर्ज किया है और जो साधारण जनता के कल्याण के बारे में शासक के कर्त्तव्य को लेकर हैं। फिर इनका पता उन वक्तव्यों से भी चलता है जो स्त्रियों के प्रति अकबर के गहरे आदर-भाव और सरोकार को व्यक्त करते हैं। मैं चाहूँगा कि बहादुर नाम के डाक चौकी के आदमी को अपने ख़ेमे में भेजे जाने के बारे में मुराद की माँग का अकबर ने जो जवाब दिया था (1591) उसे यहाँ प्रस्तुत करूँ। अकबर ने यह आदेश दर्ज कराया था : 'बहादुर की बीवी उसके (वहाँ) जाने पर रज़ामन्द नहीं है। अगर इस समय हम उसे मना (सके) तो हम बहादुर को भी भेज देंगे। वर्ना कुछ वक़्त बाद हम उसे डाक चौकी से फ़रमान ले जाने पर तैनात करेंगे। तब तुम उसे (वहाँ) रोक सकते हो।'[35] बहादुर की पत्नी की राय के प्रति उसका सम्मान और उसकी यह धुँधली-सी उम्मीद कि वह आख़िरकार उसे अपनी राय बदलने पर आमादा कर लेगा—बहुत-कुछ कहते हैं, ख़ासकर इसलिए कि वह शख़्स डाक चौकी का एक हरकारा मात्र था। इसी तरह एक वक्तव्य में वह हिन्दू पुरुषों का मज़ाक़ उड़ाता है कि वे अपनी पत्नियों को आग में जलाकर दूसरी दुनिया में अपनी मुक्ति पाना चाहते हैं। एक और वक्तव्य में वह मुस्लिम शरीयती क़ानून की आलोचना करता है कि बेटियों को 'उत्तराधिकार में छोटा भाग मिलता है हालाँकि बेहतर तो यह है कि कमज़ोर को एक बड़ा भाग मिले।'[36] ये सब भी सुखद रूप से मौलिक और करुणा से भरपूर हैं।

मांसाहार के प्रति अकबर के ज़ोरदार निषेध की जड़ें भी उसके धार्मिक विश्वासों में नहीं हैं। यह बल्कि बुनियादी तौर पर प्राणियों (जानदारान) के प्रति उसकी स्वाभाविक करुणा को प्रतिबिम्बित करता है। वह मांसाहारियों को शर्म दिलाता है कि उन्होंने 'अपने ज़मीरों को, जहाँ ख़ुदाई रहस्यों का वास होता है, जानवरों का क़ब्रिस्तान बना रखा है।' आगे : 'काश कि मेरा पंचतत्त्वों से बना शरीर (जिस्मे-उंसरी) हाथी जितना बड़ा होता ताकि ये गोश्तख़ोर जाहिल मेरा गोश्त खाकर अपनी भूख मिटा लेते और दूसरे जानदारों को बख़्श देते।'[37] इस भावना के साथ अहम बात यह है कि इसे किसी धार्मिक अनुमोदन या प्रार्थना से पुष्ट करने का प्रयास नहीं किया गया है। यह अकबर द्वारा अनुशंसित उन सांस्कृतिक मानकों में से एक है जिन पर लगता है, उसके अपने निजी चिन्तन-मनन की छाप है और जो पूरी तरह विश्वासों और विचारों की उस प्रणाली में घुल-मिल नहीं सके हैं जिसे वह विकसित करने का प्रयास कर रहा था। ये विचार आधिकारिक संवादों के 'इनसाने-कामिल' या 'पीरो-मुर्शिद' के विचार नहीं बल्कि एक बहुत ही संवेदनशील और बुद्धिमान व्यक्ति के विचार हैं जिसे औपचारिक शिक्षा तक पाने का अवसर नहीं मिला।

अकबर की सुलहे-कुल पर आधारित सामाजिक-आर्थिक दृष्टि मुख्य रूप से

तुलनात्मक धर्मशास्त्र के दायरे में मुख्यधारा के इस्लामी रूढ़िवाद के साथ बहस-मुबाहिसे के ज़रिए विकसित हुई और इसी तरह उसने अपने लिए एक वैचारिक स्थान बनाया। वैचारिक सतह पर सुलहे-कुल से जुड़ी यह प्रवृत्ति हिन्दू विश्वासों और रीति-रिवाज़ों की भी आलोचक थी। लेकिन यह पहलू हमेशा पृष्ठभूमि में ही दबा रहा, ज़्यादातर इसलिए कि जिन हिन्दू पन्थों की आलोचना की गई थी उनमें से किसी ने भी इस चुनौती का जवाब नहीं दिया।[38] रूढ़िवादी मुस्लिम धर्मशास्त्रियों की प्रतिक्रिया आम तौर पर तीखी होती थी। रूढ़िवादी धर्मशास्त्रियों के एक बड़े भाग और सुलहे-कुल के समर्थकों के बीच में बहस-मुबाहिसे कोई 25 वर्षों (मोटे तौर पर अकबर के शासनकाल के उत्तरार्ध-भर) तक जारी रहे। लगता है कि इन्हीं बहस-मुबाहिसों ने अकबर के शासनकाल के अन्तिम वर्षों में व्यापक रूप से प्रचलित इस विश्वास को जन्म दिया कि वह इस्लाम का घोर विरोधी था और मुग़ल साम्राज्य में उसकी स्थिति को कमज़ोर करने का प्रयास कर रहा था। लगता है कि बदायूँनी और शैख़ अहमद सरहिन्दी इसी प्रकार की अधिक अतिवादी और मुखर प्रतिक्रिया के प्रतिनिधि थे। फिर भी ध्यान रहे कि बदायूँनी और शैख़ अहमद सरहिन्दी की अतिशयोक्तिपूर्ण प्रतिक्रिया को समकालीन रूढ़िवादी उलमा का कोई बड़ा हिस्सा या बहुमत भी पूरी तरह स्वीकार नहीं करता था। *मुंतख़बुत्-तवारीख़* की तीसरी ज़िल्द में बदायूँनी ने जिन लोगों को बहुत दीनदार और आलिम-फ़ाज़िल कहा है, उनके बारे में यह भी कहा गया है कि जिस समय रूढ़िवादी इस्लाम के ख़िलाफ़ सुलहे-कुल के समर्थकों का द्वन्द्व चरम सीमा पर था, उन दिनों भी ऐसे लोगों की एक बड़ी तादाद अकबर के दरबार से घनिष्ठ सम्बन्ध बनाए हुए थी। अपने समय के सुप्रसिद्ध धर्मशास्त्रियों शैख़ अब्दुल-हक़ मुहद्दिस और उनके बेटे शैख़ नूरुल-हक़ के यदा-कदा दिए गए कुछ वक्तव्यों से भी ऐसा ही संकेत मिलता है। ये दोनों ही अकबर द्वारा प्रचारित कुछ नए विचारों के आलोचक थे, मगर अकबर की नीतियों के बारे में बदायूँनी ने जो ख़तरावादी रुख़ अपनाया है, उसमें वे भागीदार नहीं दिखाई देते। बहुत बाद को चलकर, 1605 तक में शैख़ अब्दुल-हक़ ने एक ऐसी प्रार्थना के साथ अपनी किताब *तारीख़े-हक़्क़ी* ख़त्म की थी जिसमें अकबर को एक शासक पादशाह का हवाला दिया गया था जिससे इस्लाम की रक्षा की आशा की जा रही हो। उसी साल शैख़ नूरुल-हक़ ने हद से आगे बढ़कर यह भी कहा कि धार्मिक चर्चा को प्रोत्साहन देने के पीछे अकबर के इरादों को साधारण जन ने ग़लत समझा था।[39] ज़ाहिर है कि इन उद्धरणों में एक बादशाह के रूप में अकबर की भूमिका तथा धार्मिक चर्चा शुरू करने के बारे में उसके इरादों का एक ऐसा मूल्यांकन छिपा हुआ है जो बदायूँनी और सरहिन्दी के मूल्यांकनों से गुणात्मक रूप से भिन्न है।

चार

मैं इस लेख का समापन नेमतुल्लाह[40] और मुहम्मद सादिक़[41] के साक्ष्यों के मुताल्लिक़ अतहर अली द्वारा उठाए गए सन्देह पर कुछ टिप्पणियों के साथ करूँगा। इन दोनों के

साक्ष्य बदायूँनी और सरहिन्दी के इस आरोप की पुष्टि करते हैं कि रूढ़िवादी इस्लाम का पालन करनेवालों के बारे में अकबर ने दमन की नीति अपना रखी थी।

अतहर अली ऐसे बयानों की सच्चाई पर शुबहा करते हैं। कहते हैं कि मानसिंह ने 1592 में राजमहल में एक असाधारण रूप से बड़ी मस्जिद बनवाई थी। वे इस मस्जिद के बारे में पुरातत्त्व सर्वेक्षण की रिपोर्ट में दर्ज एक आम कहावत को भी उद्धृत करते हैं कि इस इमारत को 'मूलतः एक मन्दिर के लिए बनवाया गया था, पर बादशाह के डर से इसे बाद में जामा मस्जिद में बदल दिया गया।' लगता है उनका तर्क यह है कि मस्जिदों का इस्तेमाल बन्द करने से सम्बन्धित रिपोर्टें उन कठिनाइयों का अतिशयोक्तिपूर्ण वर्णन हो सकती हैं जो इस्लामी संस्थाओं के लिए 'वित्तीय संरक्षण के प्रवाह' में आई कमी से पैदा हुई होंगी। उनका विचार है कि 'अकबर के अपने धार्मिक विचारों को देखते हुए' रूढ़िवादी इस्लाम को माननेवालों का 'दमन' विश्वसनीय नहीं लगता।

आज कुछ और भी, और अपेक्षाकृत अधिक ठोस साक्ष्य उपलब्ध हैं जो मूलतः बदायूँनी और सरहिन्दी के विचारों की पुष्टि करते हैं। अतहर अली के रुख़ पर कोई अपनी एक राय बनाए, इससे पहले इन साक्ष्यों पर ग़ौर करना आवश्यक है।

इन अतिरिक्त साक्ष्यों की समीक्षा आरम्भ करने से पहले हमें इस बात पर विचार करना होगा कि 1592 में राजमहल में एक मस्जिद का निर्माण क्या मौजूदा बहस के लिए कुछ ख़ास प्रासंगिक है। कोई यह भी कह सकता है कि बदायूँनी और सरहिन्दी ने रीति-रिवाजों और संस्थाओं के प्रति दमन के जिस रवैए का ज़िक्र किया है, वह बहुत आगे चलकर, सम्भवतः 1600 के आसपास, पैदा हुआ होगा।

1601 में अपनी बग़ावत के दौरान शाहजादा सलीम ने स्थानीय हाकिमों (सूबेदारों आदि) के नाम जो फ़रमान जारी किया था, उसमें मस्जिदों को बन्द किए जाने और सामूहिक नमाज़ पर पाबन्दी लगाए जाने के प्रयासों का खुला हवाला दिया गया था। अपनी रचना *तज़्किरतुल-मुलूक* में रफ़ीउद्दीन इब्राहीम शीराज़ी ने इसके पाठ को उद्धृत किया है। जैसाकि मैंने अन्यत्र दिखाया है, रफ़ीउद्दीन इब्राहीम शीराजी (मृत्यु 1626) ने अपनी यह किताब बीजापुर में 17वीं सदी के आरम्भिक वर्षों में लिखी थी, मगर फिर भी कहीं-कहीं उन्होंने अकबर के शासनकाल के इतिहास से सम्बन्धित ऐसी नई सूचनाओं और दस्तावेज़ों को उद्धृत किया है जिनकी सच्चाई पर कोई माक़ूल शक नहीं किया जा सकता।[43] उन्होंने सलीम के 1601 के जिस फ़रमान का उद्धरण दिया है वह ऐसा ही एक दस्तावेज़ है। इसमें कहा गया है : 'कुछ शरारती लोगों के उकसाने पर मेरे वालिद ने मस्जिदों में ख़तीबों, मुअज़्ज़िनों और इमामों के रखरखाव के इन्तज़ाम को ख़त्म कर दिया और बाजमात नमाज़ पढ़ने पर पाबन्दी लगा दी है। उन्होंने कई मस्जिदों को गोदामों और अस्तबलों में बदल दिया है। उनका इस तरह का सुलूक नामुनासिब था। उन्हें (फ़रमान पानेवालों को) चाहिए कि वे मस्जिदों, ख़तीबों, मुअज़्ज़िनों और इमामों के रखरखाव के लिए वजीफ़े देना फिर शुरू कर दें और लोगों को नमाज़ पढ़ने

की तरग़ीब दें। इस बारे में ढील दिखानेवाले किसी भी शख़्स को मुनासिब सज़ा दी जाएगी।'[43]

इस फ़रमान से शायद ही कोई शक रह जाता हो कि सदी के मोड़ पर आकर यह एक आम धारणा बन गई थी कि अकबर के आदेशों से कुछ मस्जिदों में बाजमात नमाज़ पढ़ने पर पाबन्दी लगा दी गई थी। यह बात समझ में आती है कि अपनी बग़ावत के दौरान इस मुद्दे को उछालकर सलीम ने मुसलमानों की हमदर्दी जीतने की कोशिश की। इससे यह भी संकेत मिलता है कि उस समय (1601 में) सलीम की समझ में इस्लाम के प्रति अकबर के रवैए को लेकर मुसलमानों की भावनाएँ इतनी गहराई से और इतने व्यापक रूप से आहत हो चुकी थीं कि इस मुद्दे पर उनमें से बहुतों को उसके पिता के ख़िलाफ़ उभारकर उनका समर्थन प्राप्त किया जा सकता था।

मआसिरे-रहीमी (संकलन : 1614) में अब्दुल बाक़ी नहावन्दी द्वारा दर्ज की गई एक कहानी इसके समर्थन में एक और साक्ष्य प्रस्तुत करती है। कहते हैं कि नव-विजित 'सूबा दकन और ख़ानदेश' में दानियाल की नियुक्ति (1601) के बाद अकबर ने उसे एक पत्र में आदेश दिया था कि वह असीरगढ़ की जामा मस्जिद को ध्वस्त करके उसकी जगह 'हिन्दुओं और हिन्दोस्तान के (दूसरे) क़ाफ़िरों की तर्ज़ पर एक मन्दिर खड़ा करे।' मगर इस कहानी के मुताबिक़ दानियाल इतना होशियार था कि उसने उस हुक्मनामे को नज़रअन्दाज़ करते हुए उसे लागू नहीं किया और वक़्त काटता रहा ताकि 'इस्लामी बादशाहों के दौर में किसी मस्जिद को ध्वस्त करने और उसकी जगह मन्दिर बनाने से बचा जा सके।'[44]

इस कहानी के बारे में कहा जा सकता है कि इसे अब्दुल बाक़ी नहावंदी ने दकन में दानियाल के अतालीक़ (संरक्षक) के रूप में अपने मालिक अब्दुर्रहीम ख़ाने-ख़ानाँ की भूमिका के सन्दर्भ में दर्ज किया था। इस तरह इस कहानी में यह सुझाव भी अन्तर्निहित है कि अकबर के असाधारण आदेश को नजरअन्दाज़ करने का श्रेय अंशतः ख़ाने-ख़ानाँ को मिलना चाहिए जो तब सत्ता में दानियाल के बाद दूसरे नम्बर पर थे। किसी और ज्ञात लेखक ने इस कहानी का ज़िक्र नहीं किया। इस कहानी के लिए अब्दुल बाक़ी नहावन्दी की सूचना के स्रोत सम्भवतः ख़ुद अब्दुर्रहीम ख़ाने-ख़ानाँ ही रहे हों। इसके अलावा यह कहानी अब्दुर्रहीम ख़ाने-ख़ानाँ से जुड़े एक पाठ में दर्ज की गई है जिससे संकेत मिलता है कि उसे लिखते समय (अर्थात् 1614 में) अकबर द्वारा 1601 के आसपास रूढ़िवादी इस्लाम के ख़िलाफ़ लागू की गई पाबन्दियाँ इस तरह आम जानकारी का हिस्सा थीं कि एक ऐतिहासिक ग्रन्थ में उसका संक्षिप्त-सा हवाला जहाँगीर और उसके दरबारियों को बुरा लगेगा, इसकी आशा नहीं की जा रही थी।

पहले हमने एक स्मरण-पत्र का हवाला दिया है जिसमें मुराद द्वारा मालवा से 1591 के आसपास भेजी गई प्रार्थनाओं और जिज्ञासाओं पर अकबर के आदेश दर्ज हैं। इसमें मुराद का एक प्रश्न यह भी शामिल था कि अगर उसके ख़ेमे में कोई शख़्स 'धर्मशास्त्रियों की नक़्क़ाली की तर्ज़ पर (फ़ुक़्हा-ए-तक़लीदशिआर)' नमाज़ पढ़ता पाया जाए तो क्या

उसे 'रोक दिया जाए' या उसे 'अपना काम करने दिया जाए।' अकबर के उत्तर से संकेत मिलता है कि नमाज़ पढ़नेवाले किसी व्यक्ति को उसके ऊपर स्थित व्यक्ति द्वारा 'नसीहत' किए जाने का पात्र समझा जाता था ताकि उसे 'बुद्धि के मार्ग' (राहे-अक़्ल) पर आने में 'मदद' मिले। पर मुराद को यह चेतावनी भी दी गई है कि ऐसे किसी व्यक्ति को अपनी उपासना बन्द करने के लिए मजबूर न किया जाए क्योंकि यह तो 'सुलहे-कुल' का उल्लंघन होगा।[45] यह दस्तावेज़ साफ़ तौर पर स्थिति के दो पहलू बतलाता है। पहला, फ़ौजों की कमान सँभाल रहे या विभिन्न क्षेत्रों का प्रशासन चला रहे कुछ शाहजादे या कुलीन 1591 के आसपास इस बारे में स्पष्ट न थे कि वे अपनी सेवा में रत व्यक्तियों के नमाज़ पढ़ने पर पाबन्दी लगाएँ या नहीं। दूसरे, उस समय (1591 में) आधिकारिक नीति यह थी कि मुग़ल प्रशासक ऐसे व्यक्तियों को 'राहे-अक़्ल' पर लाने के लिए दबाव न डालें, उनकी 'नसीहत' करें। कहा जा सकता है कि यह शायद उस स्थिति की ओर बढ़ने का आरम्भ था जहाँ, 1601 में सलीम की बग़ावत से कुछ ही समय पहले, एक आम धारणा यह पैदा हो चुकी थी कि अकबर ने मस्जिदों के रखरखाव के लिए सारी मदद बन्द कर दी थी, बल्कि कुछ को गिराए जाने का हुक्म तक जारी किया था।

फिर भी यह एक संक्षिप्त चरण ही लगता है। अकबर ने बाजमात नमाज़ पढ़ने और इस्लाम के अन्य आदेशों पर चलने को हतोत्साहित करने के प्रयास, लगता है, 1601 में *आईने-अकबरी* के पूरा होने से पहले ही बन्द कर दिए थे। इसकी पुष्टि *आईने-अकबरी* में अबुल-फ़ज़्ल के एक चलताऊ वक्तव्य से होती है जिसमें वे कहते हैं कि अकबर द्वारा ख़ुदा की 'इबादत में ज़ाहिरा और रूहानी (आध्यात्मिक) कठोरताओं के पालन से इस दौर के कर्मकांडियों (रस्मियाने-रोज़गार) द्वारा (फैलाई गई) निन्दाएँ ख़ामोश हो जाती हैं।' ब्लाख़मान ने इस वाक्य का यह मतलब निकाला है कि अकबर कभी-कभी 'अपने दौर के कठमुल्लों की निन्दा करनेवाली ज़बानों को चुप कराने के लिए बाजमात नमाज़' में शामिल हो जाता था।[46] प्रासंगिक पंक्ति का यह अपेक्षाकृत ढीला-ढाला अनुवाद अविश्वसनीय नहीं है। उपरोक्त उद्धरण में रियाज़ते-सूरी (ज़ाहिरा कठोरताएँ) के शब्दों का व्यवहार शायद अकबर द्वारा नमाज़ पढ़ने की ओर इशारा करता है जिससे अबुल-फ़ज़्ल के अनुसार अकबर की 'निन्दापूर्ण' आलोचना करनेवाले रस्मियान या वे लोग ख़ामोश हो जाते थे जो उपासना के बाहरी रूप या कर्मकांड को ही प्रमुख महत्त्व देते थे। यह इस तथ्य का स्पष्ट स्वीकार है कि 1601 के आसपास अकबर के विश्वासों तथा नमाज़ के प्रति उसके रवैए की व्यापक आलोचना होने लगी थी। शायद इसी के कारण साधारण मुसलमानों की प्रतिक्रिया के प्रति उसका सरोकार पैदा हुआ और वह नमाज़ की अदायगी के बारे में अपने रवैए में नरमी लाने पर मजबूर हुआ। 1605 में बादशाह के रूप में अकबर की भूमिका की शैख़ अब्दुल-हक़ मुहद्दिस और शैख़ नूरुल-हक़ की जो तारीफ़ें की थीं उनको भी अपने शासनकाल के अन्तिम चार वर्षों में इस्लाम के प्रति अकबर के रवैए में आई इस सम्भावित नरमी की रोशनी में समझा

जा सकता है।

1591-1601 के दौरान इस्लाम के प्रति अकबर के शत्रुतापूर्ण रवैए ने मुसलमानों को जो चोटें पहुँचाई थीं वे, लगता है, उसके शासनकाल के अन्तिम चार वर्षों में काफ़ी-कुछ मद्धम पड़ चुकी थीं। कुछ भी हो, उसकी मौत के समय मुसलमानों के बीच तथा रूढ़िवादी धर्मशास्त्रियों के बहुमत के बीच भी उसकी नीतियों के ख़िलाफ़ किसी व्यापक असन्तोष के चिह्न नहीं मिलते। दूसरी तरफ़, 1605 में उसकी मौत के समय अब्दुल-हक़ जैसे धर्मशास्त्री का विचार भी यही था कि अपने तमाम नए विचारों के बावजूद वह एक मुसलमान बादशाह था।

सन्दर्भ और टिप्पणियाँ

1. अतहर अली, अकबर एंड इस्लाम, *इस्लामिक सोसायटी एंड कल्चर : एस्सेज़ इन ऑनर ऑफ़ प्रोफ़ेसर अज़ीज़ अहमद,* सम्पादक : मिल्टन इसराइल और एन के वागले, नई दिल्ली, 1983 नें संकलित।
2. बदायूँनी और शैख़ अहमद सरहिन्दी द्वारा अकबर के मूल्यांकन की विस्तृत समीक्षा के बारे में इरफ़ान हबीब की सुप्रसिद्ध रचना द पोलिटिकल रोल ऑफ़ शैख़ अहमद सरहिन्दी एंड शाह वलीउल्लाह (*प्रोसीडिंग्स ऑफ़ द इंडियन हिस्टरी कांग्रेस,* अलीगढ़, 26वाँ सत्र, 1960) के अलावा अतहर अब्बास रिज़्वी की अग्रगामी रचना *मुस्लिम रिवाइवलिस्ट मूवमेंट इन नार्दर्न इंडिया इन द सिक्सटींथ एंड सेविंटींथ सेंचुरीज़,* आगरा, 1964, और उनकी और भी हाल की रचना *रिलीजस एंड इंटेलेक्चुअल हिस्टरी ऑफ़ मुस्लिम इन अकबर्स रीन,* नई दिल्ली, 1975 के हवाले भी दिए जा सकते हैं।
3. तुलना करें ईश्वरीप्रसाद, *द मुग़ल इम्पायर,* इलाहाबाद, 1976, पृ. 346 से।
4. अबुल-फ़ज़्ल, *अकबरनामा,* सं : आग़ा अहमद अली, कलकत्ता, 1877, पृ. 254, और बायज़ीद बयात, *तारीखे-हुमायूँ-व-अकबर,* सं : हिदायत हुसैन, कलकत्ता, 1941, पृ. 74 देखें। इस साक्ष्य की व्याख्या के लिए मेरा लेख विज़ारत अंडर हुमायूँ (1545-1555), *मेडिवल इंडिया क्वार्टरली,* वर्ष 5, अंक 1, 1963, अलीगढ़, पृ. 76 देखें।
5. *अकबरनामा,* दो, पृ. 20
6. इस साक्ष्य की विवेचना के लिए मेरा लेख 'द मुग़ल कोर्ट पॉलिटिक्स ड्यूरिंग बैरम खान्स रीजेंसी, *मेडिवल इंडिया : ए मिस्सेलेनी,* एक, अलीगढ़। मुम्बई, 1979 देखें। टिप्पणी संख्या 20, 36, 56, 59 पर विशेष ध्यान दें।
7. अली क़ुली ख़ान उजबेक और बैरम ख़ान से मुनीम ख़ान के घनिष्ठ सम्बन्धों की विवेचना मेरी पुस्तक *द पोलिटिकल बायोग्रफी ऑफ़ ए मुग़ल नोबुल : मुनीम ख़ान ख़ाने-ख़ानाँ 1497-1575,* नई दिल्ली, 1973, पृ. 59, 85, टिप्पणी 3 में की गई है।
8. हुमायूँ के समय तक तैमूरी शासन-व्यवस्था में यासा-ए-चंगेज़ी के जारी प्रभाव के बारे में द *पोलिटिकल बायोग्रफी ऑफ़ ए मुग़ल नोबुल,* प्रस्तावना, पृ. 9-14 देखें।
9. *तारीख़े-जहाँगुशा,* सं : मिर्ज़ा मुहम्मद, एक, लन्दन, 1912, पृ. 18-19 (अनुवाद : जे ए बायल, एक, मानचेस्टर, 1958, पृ. 26)

10. अफ़ज़ाल हुसैन, ग्रोथ ऑफ़ ईरानी एलिमेंट्स इन अकबर्स नोबिलिटी, *प्रोसीडिंग्स ऑफ़ द इंडियन हिस्टरी कांग्रेस,* 1975, 36वाँ सत्र, पृ. 166-79

11. एंटोनियो मोंसरेट, *कमेंटरी ऑन हिज़ जर्नी टू द कोर्ट ऑफ़ अकबर,* अनु : जे एस हायलैंड, टीका : एस एन बनर्जी, कलकत्ता, 1922, पृ. 197

12. *अकबरनामा,* दो, पृ. 152

13. उपरोक्त, तीन, पृ. 241-42

14. आरिफ़ क़न्धारी, *तारीख़े-अकबरी,* सं : मुईनुद्दीन ग़ोरी, अज़हर अली और इम्तियाज़ अली अर्शी, रामपुर, 1962, पृ. 42-43

15. *अकबरनामा,* तीन, पृ. 393 देखें। अबुल-फ़ज़्ल के मुताबिक़ यह प्रयोग शासन-वर्ष 24 (11 मार्च 1579 से 10 मार्च 1580) में शुरू हुआ। इसमें कुछ नवजात शिशुओं को इसी मक़सद के लिए ख़ास तौर पर बनाए गए एक मकान में सबसे अलग-थलग रखा गया, और उनकी देखभाल के लिए नियुक्त आयाओं को उनकी आवाज़ पर भी न बोलने का आदेश दिया गया। 9 अगस्त 1582 को अकबर द्वारा उस घर के निरीक्षण के साथ इस प्रयोग का समापन हुआ। इस प्रयोग में शामिल सभी बच्चे कोई भाषा न सीख सके जिससे अकबर के इस विचार की पुष्टि होती थी कि 'हर क़बील को श्रवण से वाक्-क्षमता प्राप्त होती है।'

16. *आईने-अकबरी,* तीन, नवलकिशोर, 1893, पृ. 182-83

17. *आईने-अकबरी,* तीन, पृ. 181 पर अकबर की सूक्तियाँ देखें। साथ ही *ज़ुब्दतुत्-तवारीख़,* अनु. : इलियट एंड डासन, *हिस्टरी ऑफ़ इंडिया ऐज टोल्ड बाई इट्स ओन हिस्टरी ओन हिस्टारियंस,* लन्दन, 1964, छः, पृ. 189 भी देखें जिसमें शैख़ नूरुल-हक़ कहते हैं कि अकबर 986 हिजरी (1578 ईसवी) तक पाबंदी से पाँचों वक़्त की नमाज़ पढ़ा करता था।

18. *वाक़ियाते-मुश्ताक़ी,* पांडुलिपि ब्रिटिश लाइब्रेरी, ओ. 1929, फ़ोलियो 94 ए

19. अब्दुल क़ादिर बदायूँनी, *मुंतख़बुत्-तवारीख़,* तीन, सं : अहमद अली और लीस, कलकत्ता, 1864-69, पृ. 74

20. उपरोक्त, दो, पृ. 261 देखें। लोवे का कथन कि 'होम' पारसियों द्वारा चढ़ाए जानेवाले 'सोम' रस का ही बदला हुआ रूप है (*मुंतखबुत्-तवारीख़,* अनुवाद, कलकत्ता, 1924, पृ. 269, टिप्पणी।), स्पष्ट रूप से ग़लत है। यहाँ बदायूँनी ने एक हिन्दू कर्मकांड का हवाला दिया है। एक और विश्वसनीय व्याख्या के लिए जान टी प्लैट्स, *ए डिक्शनरी ऑफ़ उर्दू, क्लासिकल हिन्दी एंड इंग्लिश,* पुनर्मुद्रण, नई दिल्ली, 1977, पृ. 1242 देखें। इस शब्द की व्याख्या 'साफ़ मक्खन के चढ़ावे, जले हुए चढ़ावे, एक बलिदान' आदि के रूप में की गई है।

21. *अकबरनामा,* दो, पृ., 190, 203-4; तारापद मुखर्जी और इरफ़ान हबीब, अकबर एंड द टेंपल्स ऑफ़ मथुरा एंड इट्स इनवायरंस, *प्रोसीडिंग्स ऑफ़ द इंडियन हिस्टरी कांग्रेस,* गोवा, 48वाँ सत्र, 1987, पृ. 235 और 237 देखें। (यह लेख *मध्यकालीन भारत,* अंक 4 में भी शामिल है—अनुवादक।)

22. 1560 के दशक में ईरानी कुलीनों की स्थिति में सुधार के बारे में मेरा लेख 'द नोबिलिटी अंडर अकबर एंड द डवलपमेंट ऑफ़ हिज़ रिलीजस पालिसी', *जर्नल ऑफ़ द रायल एशियाटिक सोसायटी,* 1968, पृ. 31, और टिप्पणी 7; तथा *द पोलिटिकल बायोग्रफी ऑफ़ ए मुग़ल नोबुल,* पृ. 16-18 देखें।

23. *मुंतख़बुत्-तवारीख़,* तीन, पृ. 321

24. *शराइफ़े-उस्मानी,* पांडुलिपि, इतिहास विभाग, अलीगढ़, फ़ोलियो 26 ए-32 ए देखें। द नोबिलिटी अंडर अकबर एंड डवलपमेंट ऑफ़ हिज़ रिलीजस पालिसी, टिप्पणी 17 भी देखें।

25. अलाउद्दौला क़िज़वीनी, *नफ़ाइसुल-मआसिर,* पां. ब्रिटिश लाइब्रेरी, फ़ोलियो, 62 ए-बी; ग़ौसी शत्तारी, *गुलज़ोर-अबरार,* पां. जान राइलैंड्स लाइब्रेरी, फ़ोलियो, 207 बी देखें। अतहर अब्बास

रिज़्वी कृत *मुस्लिम रिवाइवलिस्ट मूवमेंट्स,* पूर्वोक्त, पृ. 116-18 में इस साक्ष्य की विस्तृत समीक्षा भी देखें।

26. *मजालिस,* मक्तबा इब्राहीमिया, हैदराबाद, हिजरी 1367, पृ. 58
27. *मुंतख़बुत्-तवारीख़,* दो, पृ. 201; तीन 110
28. इरफ़ान हबीब, रीज़न एंड साइंस इन मेडिवल इंडियन (साइक्लोस्टाइल्ड), दक्षिण एशिया अध्ययन सम्मेलन, आस्ट्रेलिया, 1981 में प्रस्तुत लेख (अप्रकाशित)।
29. *कमेंटरी ऑन हिज़ जर्नी टू द कोर्ट ऑफ़ अकबर,* पृ. 132-33
30. *मुंतख़बुत्-तवारीख़,* दो, पृ. 211 जहाँ बदायूँनी ने हाल ही में 'विलायत' (ईरान) से आए मुल्ला मुहम्मद यज़्दी पर इलज़ाम लगाया है कि वह अकबर को शिया मत की ओर खींचने की कोशिश कर रहा है। उपरोक्त, तीन, पृ. 74 में शैख़ मुबारक के जीवनवृत्त पर टिप्पणी करते हुए वे संकेत देते हैं कि उस काल में अकबर के दरबारी हलक़ों में 'इराक़ियों' या ईरानियों (शियों ?) का वर्चस्व हो चुका था।
31. *आईने-अकबरी,* तीन, पृ. 3-4
32. *अकबरनामा,* पां., (संभवतः अबुल-फ़ज़्ल का पहला मुसव्विदा), ब्रिटिश लाइब्रेरी, एड 27, 247, फ़ोलियो 401बी-404बी में एक स्मरण-पत्र का पाठ दिया हुआ है। इसमें 1591 में मालवा में नियुक्ति के बाद मुराद द्वारा भेजे गए प्रश्नों और प्रार्थनाओं पर अकबर के आदेश मिलते हैं। आख़िरी मुसव्विदे में यह स्मरण-पत्र शामिल नहीं है। अकबर के उपरोक्त वक्तव्य को इसी पांडुलिपि के फ़ोलियो 402 ए में पढ़ा जा सकता है।
33. अबुल-फ़ज़्ल द्वारा इन सिद्धान्तों की प्रस्तुति के लिए *आईने-अकबरी* के सम्बद्ध भागों को, और ख़ासकर रिवाय-ए-रोज़ी शीर्षकवाले भाग को पढ़ें।
34. *आईने-अकबरी,* तीन, पृ. 177-91; इनमें से कुछ सूक्तियाँ *अकबरनामा* में भी दी गई हैं जहाँ वे वास्तविक अवसर भी बताए गए हैं जब माना जाता है कि अकबर ने ये वाक्य कहे थे।
35. *अकबरनामा,* पां. ब्रिटिश लाइब्रेरी, एड 27, 247, फ़ोलियो 403 बी
36. *आईने-अकबरी,* तीन, पृ. 184, 190
37. *हर शिह दफ़्तर,* नवलकिशोर, 1862, पृ. 123
38. जैसा कि अतहर अली ने संकेत दिया है (द रिलीजस वर्ल्ड ऑफ़ जहाँगीर, *प्रोसीडिंग्स ऑफ़ द इंडियन हिस्टरी कांग्रेस,* कलकत्ता 51वाँ सत्र, 1990, पृ. 298, टिप्पणी 57), अकबर द्वारा 'दैवी अवतार' के सिद्धान्त के अस्वीकार की अभिव्यक्ति उसके इस कथन में होती है कि हिन्दोस्तान में दैवी अवतार के ही सिद्धान्त के कारण कोई पैग़म्बरी का दावा नहीं करता। अपने निजी बुतों से लगाव रखनेवाले टोडरमल को अबुल-फ़ज़्ल ने भोला बाबा (सादालौह) कहा है और टोडरमल की कट्टरता (कीनातोज़ी) के प्रति निन्दापूर्ण वाक्य कहे हैं जो उनके और टोडरमल के बीच मौजूद वैचारिक मतभेदों के सूचक हैं। *दबिस्ताने-मज़ाहिब* में अकबर का एक तर्कपूर्ण वक्तव्य दिया गया है जिसमें अवतार के सिद्धान्त में विश्वास करने के कारण ब्राह्मणों की आलोचना की गई है।
39. *तारीख़े-हक़्क़ी* और *जुब्दतुत्-तवारीख़* के प्रासंगिक वाक्यों के अनुवाद के लिए इलियट एंड डासन, *हिस्टरी ऑफ़ इंडिया,* पूर्वोक्त, छः, क्रमशः पृ. 181 और 191 देखें।
40. *तारीख़े-ख़ानजहानी,* सं : सैयद मुहम्मद इमामुद्दीन, एशियाटिक सोसायटी ऑफ़ पाकिस्तान, ढाका, 1962, पृ. 670-71
41. *तबकाते-शाहजहानी,* पां. अलीगढ़ मुस्लिम विश्वविद्यालय संकलन संख्या 226, फ़ोलियो 451; अतहर अली, अकबर एंड इस्लाम, पृ. 170-71 पर उद्धृत।
42. मेरा लेख द तज़्किरतुल-मुलूक बाई रफ़ीउद्दीन इब्राहीम शीराज़ी ऐज़ ए सोर्स ऑन द हिस्टरी ऑफ़

द हिस्टरी ऑफ़ अकबर्स रीन, *स्टडीज़ इन हिस्टरी,* वर्ष दो, अंक 1, नई दिल्ली, 1981, पृ. 41-44 देखें।

43. *तज़्किरतुल-मुलूक,* पां. ब्रिटिश लाइब्रेरी, एड 23, 883, फ़ोलियो 224बी
44. मआसिरे-रहीमी, दो, सं : हिदायत हुसैन, कलकत्ता, 1925, पृ. 474
45. *अकबरनामा,* पां. ब्रिटिश लाइब्रेरी, एड 27, 247, फ़ोलियो 404ए।
46. *आईने-अकबरी,* नवलकिशोर, 1882, एक, पृ. 105 देखें। तुलना करें एच ब्लाख़मान, *आईने-अकबरी,* अंग्रेज़ी अनुवाद, कलकत्ता, 1873, पृ. 163 से।

अकबर और जैनी

पुष्पा प्रसाद

अकबर के धार्मिक विचारों का ताना-बाना अनेक धागों से बुना गया था जिनको पहचानना हमेशा ही आसान नहीं है। उसके मन पर अलग-अलग कालों में अलग-अलग परिमाण में अनेक प्रभाव पड़ते रहे। ऐतिहासिक सामग्री और अकबर के शासनकाल के दस्तावेज़ों से यह बात स्पष्ट है कि अकबर सभी समकालीन धर्मों के सिद्धान्तों और विचारों को जानने के लिए प्रयत्नशील रहता था। जैनियों के साथ अकबर के सम्बन्धों के विभिन्न पहलुओं पर अनेक विद्वान चर्चा कर चुके हैं जिनमें उल्लेखनीय नाम चिमनलाल दह्याभाई दलाल, वी ए स्मिथ और कालिपद मित्र के हैं।[1] प्रस्तुत आलेख में तत्कालीन जैनी स्रोतों के साक्ष्यों के आधार पर जैनियों के प्रति अकबर के रवैए की नए सिरे से जाँच-पड़ताल की एक कोशिश की गई है। इन स्रोतों में सबसे महत्त्वपूर्ण देव विमल गानी कृत *हीर सौभाग्य-महाकाव्य* (विक्रमी 1646/ईसवी 1589), जयसोम कृत *कर्मचन्द्रवंशप्रबन्ध* (वि 1650/ई 1593), सिद्धिचन्द्र कृत *भानुचन्द्रचरित* और जिनचन्द्र सूरी कृत *अकबर प्रतिबोध रास* (वि 1658/ई 1601) हैं।[2] 17वीं सदी के परवर्ती जैन साहित्यिक वृत्तान्तों का उपयोग भी किया गया है। गुजरात और आगरा के जैन मन्दिरों में 16वीं सदी के जो अभिलेख पाए गए हैं वे भी अकबर के शासनकाल में जैनियों के कार्यकलापों की जानकारी देते हैं।[3]

अबुल-फ़ज़्ल लिखते हैं कि धर्म-चर्चा में भाग लेने के लिए अनेक पन्थों के प्रतिनिधि जमा हुए थे। जैसे 'सूफ़ी दार्शनिक, वक्ता, न्यायशास्त्री, सुन्नी, शिया, ब्राह्मण, जती, सिऊर, चार्वाक, नज़रीन, यहूदी, सबी, पारसी, और दूसरे लोगों ने हार्दिक आनन्द प्राप्त किया।'[4] उपरोक्त उद्धरण में जती शब्द (संस्कृत : यति) का इशारा बौद्ध भिक्षुओं की ओर नहीं, जैनियों की ओर तथा सिऊर (संस्कृत : श्वेताम्बर, प्राकृत : सेयंबर) का इशारा श्वेताम्बर जैनियों की ओर है।[5] यहाँ बदायूँनी का हवाला देना प्रासंगिक होगा जो लिखते हैं कि 'इसके अलावा समनी और ब्राह्मण अकसर अकेले में जहाँपनाह से बातचीत का मौक़ा पाते रहते थे।'[6] यहाँ समनी (संस्कृत : श्रवण, प्राकृत : समन) का अर्थ उपासक या भिक्षु है। लोवी ने समनी का अर्थ बौद्ध भिक्षु लगाया है हालाँकि इसका इशारा जैन संन्यासियों की ओर था जिनको तब आम तौर पर यति कहा जाता था।[7]

अब स्पष्ट है कि ये तीन शब्द यति, सिऊर या सेवरा, और समनी श्वेताम्बर पन्थ के भिक्षुओं की ओर इशारा करते हैं। लाहौर से 1595 में लिखे गए एक पत्र में एक पुर्तगाली पादरी पिनहेरियो कहता है कि 'वह (अकबर) जैनियों (वेतोई) के पन्थ का अनुसरण करता है।'[8] स्मिथ ने सही तौर पर कहा है कि अकबर कभी भी किसी भी सीमा तक बौद्ध प्रभाव में नहीं रहा। फ़तेहपुर सीकरी में आयोजित धार्मिक चर्चाओं में किसी बौद्ध भिक्षु ने भाग नहीं लिया।[9] फलस्वरूप बौद्ध धर्म के बारे में उसका ज्ञान बेहद सीमित था। दूसरी ओर 1578 से 1605 के बीच अनेक जैनी शाही दरबार में आते रहे या वहाँ अलग-अलग समय में रहते रहे।

आईने-अकबरी के अन्तिम भाग में अबुल-फ़ज़्ल ने 'इस दौर के ज्ञानियों की सूची दी है जिसमें जैनी सन्त भी शामिल हैं। हरीजी सूर पहली श्रेणी में (नम्बर 16 पर) उन लोगों में एक हैं जो 'दोनों जहान के रहस्यों को समझते हैं।' विजयसेन सूर (नम्बर 139) और भानुचन्द (नम्बर 140) का ज़िक्र पाँचवीं श्रेणी में, उन लोगों के साथ हुआ है जो 'साक्ष्यों पर आधारित विज्ञानों को समझते हैं।'[10] यहाँ हीरविजय सूरी, विजयसेन सूरी और भानुचन्द्र उपाध्याय का हवाला दिया गया है। ये सभी जैन पुरोहित श्वेताम्बर पन्थ के तपागच्छ से सम्बन्धित थे। हीरविजय सूरी तपागच्छ के सबसे बड़े कर्त्ता-धर्त्ता और विजयदान सूरी के शिष्य थे; उन्होंने 1566 में गुरु का पद प्राप्त किया।[11] अकबर ने 1582 में उन्हें आमन्त्रित किया था जब वह काबुल से लौट रहा था। आगरा में थानसिंह[12] और दूसरों के नेतृत्व में पूरे जैन समुदाय ने भारी प्रसन्नता के साथ सूरी के आगमन का स्वागत किया और उस भिक्षु को सम्मान दिया था।[13]

संस्कृत रचनाओं और अभिलेखों में हीरविजय सूरी के बारे में अनेक ब्यौरे मिलते हैं। सूरी से मुलाक़ात के बाद बादशाह के मन पर जो प्रभाव पड़ा उसे गहरा बताया गया है, जब उस जैन भिक्षु ने 'पुनर्जन्म' और 'निर्वाण', जीवन के दुखों और 'वैयक्तिक ईश्वर-सम्बन्धी विचारों' पर अपने विचार व्यक्त किए थे।[14] अपनी प्रशंसा के चिह्नस्वरूप अकबर ने सूरी को बड़ी तादाद में मज़हबी किताबें पेश कीं। भिक्षु ने उन्हें स्वीकार करने से मना कर दिया पर अबुल-फ़ज़्ल और थानसिंह के दबाव डालने पर राज़ी हो गए। ये सभी किताबें थानसिंह की निगरानी में आगरा के एक पुस्तकालय में रख दी गईं।[15]

पलिटाना मन्दिर के वि. 1639/ई 1582-83 के एक शिलालेख से लगता है कि सूरी ने 'छः माह तक जानवरों की हत्या पर प्रतिबन्ध का एक आदेश जारी करने, मृतकों की सम्पत्ति जब्त करने के नियम का उन्मूलन करने, सुजिजिया कर और शुल्क हटाने, अनेक क़ैदियों और बन्द चरिन्द-परिन्द को मुक्त करने, पवित्र स्थल शत्रुंजय को जैनियों के हवाले करने, एक जैन पुस्तकालय स्थापित करने पर, लुंपकस मेघजी के प्रमुख को धर्म की दीक्षा देनेवाले और अनेक लोगों को तपागच्छ का अनुयायी बनानेवाले, गुजरात और अन्य क्षेत्रों में अनेक मन्दिर बनवानेवाले और मालवा प्रदेश आदि के अनेक निवासियों को जैन बनानेवाले राजा श्रेणिक जैसा सन्त बनने पर, शत्रुंजय की तीर्थयात्राएँ

करने पर' अकबर को आमादा कर दिया था।[16]

अकबर ने 6 जून 1584 को एक फ़रमान भी जारी किया था जिसमें अधिकारियों को आदेश दिया गया था कि जिन स्थानों पर जैनी बसे हुए हैं, वहाँ जैन पर्यूषण त्यौहार के बारह दिनों जीव-हत्या की अनुमति न दी जाए।[17]

दूसरे जैन स्रोतों से पता चलता है कि अकबर ने आचार्य को जगद्गुरु का पद प्रदान किया था।[18] इस अवसर को मनाने के लिए डामर के तट पर पिंजड़ों में बन्द अनेक पक्षी मुक्त कर दिए गए थे। फिर भी नाहटा की रचना *युगप्रधान श्री जिनचन्द्र सूरी* में खरतर गच्छ के जयसोम उपाध्याय की रचना *प्रश्नोत्तर ग्रन्थ* से एक उद्धरण दिया गया है जिसमें कहा गया है कि अकबर ने हीरविजय सूरी को कभी जगद्गुरु का पद प्रदान नहीं किया।[19] उनकी राय में यह पद उन्हें अनेक भक्त शिष्यों ने दिया था। पर अभिलेखीय और साहित्यिक साक्ष्यों के आधार पर देसाई का तर्क है कि अकबर ने वास्तव में उन्हें जगद्गुरु का पद दिया था।[20]

हीरविजय शास्त्री 1585 में आगरा छोड़कर गुजरात चले गए और पीछे मुग़ल दरबार में अपने शिष्य शान्तिचन्द्र को छोड़ गए। प्रस्थान के समय हीरविजय सूरी ने शान्तिचन्द्र को उपाध्याय का पद प्रदान किया।[21] शान्तिचन्द्र ने बादशाह की शान में एक क़सीदा भी कहा था। यह रचना संस्कृत में है और इसका शीर्षक *कृप-रास-कोश* (सम्राट के कृपापूर्ण कार्यों का कोश) है।[22] वे अपना सम्मान करनेवाले बादशाह की मौजूदगी में इन पदों को सुनाया करते थे। शान्तिचन्द्र जब 1587 में गुजरात के लिए चले तो कहते हैं कि अकबर ने जीव-हत्या पर प्रतिबन्ध लगाते और जज़िया का उन्मूलन करते हुए एक फ़रमान जारी किया था। उस साल छः माह के लिए जीव-हत्या पर पाबन्दी लगा दी गई थी। इन छः माहों की तफ़सील इस प्रकार थी : 'पहले के आदेशवाले बारह दिन जिनमें पर्यूषण के आठ दिन शामिल थे, नौरोज़ का दिन, सभी रविवार, सोफ़ियान के दिन, ईद, संक्रान्तियाँ, उसके जन्मदिनवाले महीने (मिहिर नामक इलाही माह), रजब का माह और उसके पुत्रों के जन्मदिन।'[23]

छः अज़ुर पैंतीस इलाही (छः नवम्बर, 1590) को अकबर ने सचमुच एक लम्बा फ़रमान जारी किया था जिसमें अबुल-फ़ज़्ल की लेखनी के सारे चिह्न मिलते हैं। इसमें सुलहे-कुल के सिद्धान्त की अपेक्षाएँ बताई गई हैं, हीरविजय सूर सेवरा (हीरविजय सूरी) का हवाला दिया गया है कि वे एक यशस्वी संन्यासी हैं जो दरबार में आए थे, और नाम ले-लेकर हाजी हबीबुल्लाह समेत सभी अफ़सरों से कहा गया है कि वे जैनियों के प्रति पूरी-पूरी सहिष्णुता बरतें।[24]

शान्तिचन्द्र के जाने के बाद सूरचन्द्र के शिष्य भानुचन्द्र अकबर के शासन के अन्त तक मुग़ल दरबार में रहते रहे। यहाँ तक कि वे जहाँगीर के काल में भी वहाँ रहे। अकबर के दरबार में भानुचन्द्र की मौजूदगी के ब्यौरे जैन जीवन-ग्रन्थ *भानुचन्द्र चरित* में दिए गए हैं जो उनके शिष्य सिद्धिचन्द्र की रचना है। भानुचन्द्र को 'प्राज्ञ' (पंडित) का पद मिला हुआ था जो उन्हें हीरविजय सूरी ने दिया था।[25] दरबार में रहते हुए भानुचन्द्र ने अपनी

बौद्धिक उपलब्धियों से ख़ूब नाम कमाया। उन्होंने सूर्य के एक हज़ार नामों पर संस्कृत में *सूर्यसहस्रनाम* शीर्षक से एक टीका लिखी और अकबर को उन नामों का महत्त्व समझाया।[26] बादशाह दरबार में आने के बाद पहला काम यह करता था कि बड़े सम्मान के साथ सूर्य के सहस्र नामों का जाप करता था जो उसे भानुचन्द्र ने बताए थे।

राजनीति और धर्म के क्षेत्रों में अकबर पर भानुचन्द्र के प्रभाव का परिमाण उनके बताए कुछ वाक़ियों से परखा जा सकता है। लिखते हैं कि 1591 में गुजरात के एक ज़मींदार जाम सट्टोजी सत्रसाल की हार की ख़बर सुनकर अकबर ने भानुचन्द्र को एक 'पूर्णपात्र' (क़ीमती चीज़ों से भरा एक पात्र) प्रदान किया था।[27] पर आचार्य ने इस उपहार की जगह बाग़ी क़ैदियों की रिहाई की प्रार्थना की। इसके फलस्वरूप एक फ़रमान जारी करके भानुचन्द्र के हवाले किया गया जिन्होंने उसे फ़ौरन बन्दियों की रिहाई कराने के लिए गुजरात रवाना कर दिया।[28]

सिद्धिचन्द्र बतलाते हैं कि भानुचन्द्र की हार्दिक इच्छा थी कि लाहौर नगर में जैन भिक्षुओं के निवास के लिए एक-एक स्थान हो। एक अवसर पर उनके दरबार में पहुँचने में देर हो गई तो बादशाह ने उनसे देरी का कारण पूछा। भानुचन्द्र का जवाब था कि उनका निवास-स्थान दूर था। तब बादशाह ने लाहौर क़िले के अन्दर जैन समुदाय को एक भूमि का टुकड़ा दान में दे दिया। वहाँ एक शानदार मन्दिर बनवाया गया जिसमें भिक्षुओं के ठहरने की व्यवस्था भी थी। इस मन्दिर में जैन तीर्थंकर शान्तिनाथ की एक मूर्ति भी स्थापित की गई।[29]

एक और दृष्टान्त में जब शाहज़ादा सलीम के एक बेटी पैदा हुई तो अकबर को बताया गया कि वह जिस नक्षत्र में पैदा हुई थी वह उसके पिता के लिए अशुभ था। तब भानुचन्द्र ने अष्टोत्तर-शत-स्नात्र (मन्दिर में जिन की मूर्ति को 108 बार स्नान कराने) का सुझाव दिया कि इससे यह बला पूरी तरह नष्ट हो जाएगी।[30] तब थानसिंह और मन्त्री कर्मचन्द ने इस अनुष्ठान की व्यवस्था की।[31] जिन की मूर्ति के सामने अकबर और सलीम, दोनों खड़े हुए और भानुचन्द्र को *भक्तामर स्त्रोत* का पाठ करते सुनते रहे; इस पवित्र संस्कृत मन्त्र की रचना आदिनाथ जैन के सम्मान में मांतुंग सूरी ने की थी। (इसका आरम्भ भक्तामर शब्द से होता है।) बादशाह ने स्वर्ण-पात्र से कुछ स्नात्र जल लिया और उसे आँखों से लगाकर हरम में भिजवा दिया। फिर उसने सभी मौजूद लोगों को भेंट में सोने की मुहरें दीं और उसके बाद आचार्य के इजाज़त देने पर अपने महल लौट गया।[32]

अकबर भानुचन्द्र को उपाध्याय की पदवी देना चाहता था। पर उससे कहा गया कि यह पदवी देने का अधिकार केवल जैन संघ के प्रधान को है। तब अबुल-फ़ज़्ल ने तपागच्छ के प्रधान हीरविजय सूरी को एक शाही फ़रमान भिजवाया; तब वे राधनपुर में रह रहे थे। हीरविजय सूरी ने फ़रमान के अन्तःतत्त्व की पुष्टि की और भानुचन्द्र को पवित्र वासक्षेप और नियुक्ति-पत्र भिजवाया जिससे वे उपाध्याय का पद धारण करने के अधिकारी बने।[33]

आगे चलकर 1592 में भानुचन्द्र अकबर की दूसरी कश्मीर-यात्रा में उसके साथ गए। वहाँ उन्होंने बादशाह से प्रार्थना की कि शत्रुंजय पर्वत पर आनेवाले तीर्थयात्रियों पर से कर हटा लें, और इस आशय का एक फ़रमान जारी किया गया।[34]

लगता है, अकबर की जैनी नेताओं से मिलने की इच्छा कभी मन्द नहीं हुई। एक अवसर पर उसने एक प्रमुख जैनी, दुर्जनशल्य से जानना चाहा कि हीरविजय सूरी ने किसे अपना उत्तराधिकारी नियुक्त किया है। उनका जवाब था कि एक महान और कठोर तपस्वी विजयसेन सूरी चुने गए हैं।[35] यह सुनकर बादशाह ने एक फ़रमान जारी किया कि वियजसेन सूरी दरबार में उपस्थित हों। जैन आचार्य तब 100 शिष्यों के साथ 31 मई 1593 को दरबार में पहुँचे। उनका स्वागत अबुल-फ़ज़्ल और भानुचन्द्र ने किया। उनके एक शिष्य नन्दीविजय ने आठ अवधान किए। (इसमें एक ही समय में आठ वस्तुओं को धारण किया जाता है।) बादशाह बहुत प्रभावित हुआ और उसने इस शिष्य को 'ख़ुशफ़ह्म' (तीव्र-बुद्धि) की पदवी दे दी।[36] वाचक भानुचन्द्र को साथ लेकर विजयसेन सूरी अनेक बार बादशाह से मिले।[37]

विजयप्रशस्ति काव्य के अनुसार मुग़ल दरबार में जैनी आचार्यों की ऊँची स्थिति से ब्राह्मण ईर्ष्या करने लगे थे। इसलिए उन्होंने राजा रामदास (कछवाह) को भेजा कि अकबर को वह जाकर बताए कि जैनी नास्तिक होते हैं। बादशाह ने कहा कि दरबारे-आम में ईश्वर के अस्तित्व के विषय पर एक बहस आयोजित की जाए, और उसमें, ब्राह्मणों समेत अनेक विद्वान बुलाए गए। जैन ग्रन्थों के हवाले देकर विजयसेन सूरी ने इस आरोप को झूठा सिद्ध किया, और ब्राह्मणों, शैख़ों (मुस्लिम उलमा), बादशाहों और दूसरे लोगों को क़ायल कर दिया कि जैन धारणा ब्राह्मणों के सांख्य दर्शन में प्रतिपादित धारणा से मिलती-जुलती है। इससे उन्हें 'सवाई हीरविजय सूरी' अर्थात उनके गुरु हीरविजय सूरी के सवाये की उपाधि प्राप्त हुई।[38]

एक और अवसर पर विजयसेन सूरी ने बादशाह को गौहत्या पर प्रतिबन्ध लगाने तथा उन नियमों को समाप्त करने की आवश्यकता का क़ायल किया जिनके अनुसार राज्य को बेऔलाद मरनेवाले व्यक्तियों की सम्पत्ति ज़ब्त करने तथा युद्धों में हारनेवालों को क़ैदी बनाने का अधिकार था। पलिटाना के एक अभिलेख (वि 1650, ई 1593 या 1594) से इस सूचना की पुष्टि होती है।[39]

अकबर की इच्छा थी कि विजयसेन सूरी लाहौर में भानुचन्द्र को उपाध्याय की उपाधि की पुष्टि करनेवाला अनुष्ठान सम्पन्न कराएँ। इस अवसर पर अबुल-फ़ज़्ल ने छः सौ रुपयों और एक सौ आठ घोड़ों का दान किया।[40] गुजरात के एक जैन अभिलेख से यह अतिरिक्त सूचना प्राप्त होती है कि विजयसेन सूरी को अकबर से काली सरस्वती की उपाधि मिली थी। विजयसेन सूरी 1595-96 में दरबार से चले गए।[41]

इस बीच हीरविजय सूरी ने अपने दो सर्वश्रेष्ठ शिष्यों भवचन्द्र और सिद्धिचन्द्र को दरबार में भेजा। सिद्धिचन्द्र संस्कृत और फ़ारसी के विद्वान थे और उन्होंने अकबर पर गहरा प्रभाव छोड़ा। उन्होंने एक सौ आठ अवधान किए जो स्मृति का एक अद्‌भुत कार्य

था। काफ़ी प्रसन्न होकर अकबर ने उन्हें भी 'ख़ुशफ़हम' की उपाधि दे दी। उसके बाद वे जहाँगीर के काल के अन्तिम वर्षों तक लगातार दरबार में बने रहे।[42]

अपने गुरु भानुचन्द्र उपाध्याय की जीवनी में सिद्धिचन्द्र ने अकबर और अबुल-फ़ज़्ल के गुणों का विवरण भी दिया है। अकबर के बारे में लिखते हैं : 'कोई ऐसी कला नहीं, ज्ञान-विज्ञान की कोई ऐसी शाखा नहीं, साहस और शक्ति का कोई ऐसा कृत्य नहीं जिसे युवा अकबर ने न सम्पन्न किया हो।' उन्होंने अकबर की तुलना कौशल्या-पुत्र (अर्थात् राम) से की है और आगे दावा करते हैं : 'उसके साम्राज्य में चोर और डकैत एक सिरे से अनुपस्थित थे। उसकी महिमा चन्द्रमा जैसी उज्ज्वल है क्योंकि उसने अपने सभी शत्रुओं को पराजित किया है। उसके धार्मिक उत्साह ने उसे कभी असहिष्णु नहीं बनाया जैसा सभी छः दर्शन-सम्प्रदायों के प्रति उसके आदर-भाव से स्पष्ट है। वह सभी कलाओं और ज्ञान-विज्ञान की सभी शाखाओं में रुचि लेता था। उसके तीन शूरवीर पुत्र थे—अर्थात सलीम, पहाड़ी अर्थात मुराद, और दानशाह अर्थात दानियाल।'[43]

अबुल-फ़ज़्ल के बारे में सिद्धिचन्द्र लिखते हैं कि 'वे बुद्धि के अष्टगुणों से सम्पन्न थे : सुनने की इच्छा, फिर से जिज्ञासा करना, सुनना, समझना, मनन करना, बुद्धि का प्रयोग करके संशय को दूर करना, मन को एकाग्र करना, और उसे उपयोग में लाना।' वे 'साहित्य के सागर' को पार कर चुके थे और 'समस्त विद्वानों में सर्वश्रेष्ठ थे। उन्हें विभिन्न दर्शन-सम्प्रदायों अर्थात् जैन, मीमांसा, बौद्ध, सांख्य, वैशेषिक, चार्वाक, जैमिनीय, पातंजलि, योग, वेदान्त पर, शब्दकोश और कोश-रचना पर, संगीत, नाट्यशास्त्र, सम्भाषण-कला, छन्दशास्त्र, नक्षत्रविद्या, राजनीति, गणित, हस्तविद्या, पशु-चिकित्सा आदि पर अधिकार प्राप्त था।' और 'जब मुराद कष्टों में घिरा था तो उनकी सेवाओं के पुरस्कार-स्वरूप सम्राट (अकबर) ने उन्हें दलथम्भन (सेना के स्तम्भ) की उपाधि प्रदान की थी।'[44]

1597 में अकबर की तीसरी कश्मीर-यात्रा के समय सिद्धिचन्द्र और भानुचन्द्र साथ गए। मेढ़ों की एक लड़ाई देखते समय बादशाह गम्भीर रूप से घायल हो गया। एक मेढ़े का सींग उसकी जाँघ में घुस गया था। उन दिनों किसी को बादशाह के पास आने की इजाज़त न थी, सिवाय भानुचन्द्र और अबुल-फ़ज़्ल के, जो अकबर के विश्वासपात्र थे। ठीक होने के बाद अकबर ने जैन भिक्षुओं में बँटवाने के लिए उनके ठहरने के स्थान पर पाँच सौ गाएँ भिजवाई थीं।[45]

एक समय किसी कारणवश बादशाह ने आदेश जारी किया कि आगरा में चिन्तामणि पार्श्वनाथ के सम्मान में जो नया जैन मन्दिर बन रहा था, उसे रुकवा दिया जाए। सिद्धिचन्द्र ने अपने निजी प्रभाव से इस आदेश को निरस्त कराया और मन्दिर-निर्माण जारी रखने के बारे में बादशाह की अनुमति ले आए।[46]

उन्हीं दिनों खरतर गच्छ के जैनियों ने सौराष्ट्र में विमलाचल पर्वत के अन्दरूनी भाग में एक मन्दिर बनवाना शुरू किया था। अपनी प्रतिद्वन्द्विता के कारण तपा गच्छ

के सदस्यों ने इस पर आपत्ति की और बादशाह से सम्पर्क किया। तपा गच्छ के भानुचन्द्र उपाध्याय के प्रभाववश अकबर ने एक फ़रमान जारी करके मन्दिर के निर्माण पर रोक लगा दी।[47]

एक समय मिर्ज़ा ख़ुर्रम (मिर्ज़ा अज़ीज़ कोका के पुत्र) की ओर से शत्रुंजय मन्दिर के ध्वंस का ख़तरा पैदा हो गया था। (वह हिजरी 1009/ई 1600-01 में सोरठ में फ़ौजदार नियुक्त हुआ था।)[48] अकबर पर अपने प्रभाव के सहारे सिद्धिचन्द्र ने उसकी सुरक्षा के लिए एक शाही फ़रमान जारी कराया था।[49] पट्टधर (तपा गच्छ के प्रधान) विजयसेन सूरी ने अकबर पर अपने प्रभाव का इस्तेमाल तब किया जब गुजरात में शाहज़ादा सलीम का बोलबाला था और उसने वहाँ विभिन्न सामन्तों की नियुक्ति की।[50] ज़ाहिरा तौर पर इसका सम्बन्ध 1601 के आसपास के काल से है जब सलीम ने बग़ावत की और हो सकता है कि उसने गुजरात में अपने अफ़सर मुक़र्रर किए हों। कहा जाता है कि पशु-वध पर रोक लगाने और तीर्थयात्रा-कर हटाने आदि के बारे में (अकबर द्वारा पहले जारी किए गए) आदेशों को लेकर कठिनाइयाँ पैदा हो गई थीं। अब इन करों और पशु-हत्या को फिर से प्रचलित किया गया। विजयसेन सूरी ने इन हालात में बादशाह से सम्पर्क किया। फलस्वरूप 1601 में एक विस्तृत फ़रमान जारी हुआ जिसमें जैनियों के पक्ष में पहले के आदेशों की पुष्टि की गई थी। 25 अगस्त 1601 के रोज़ उपरोक्त फ़रमान की पुष्टि में 'सूबा गुजरात और सरकार सूरत के अफ़सरान' के नाम शाहज़ादा (दानियाल) के 'निशान' से पता चलता है कि शाहज़ादा दानियाल को सूबे में कुछ अधिकार दिए गए थे, हालाँकि व्यवहार में सूबेदार मिर्ज़ा अज़ीज़ कोका ही था। शाहज़ादे के 'निशान' में उपरोक्त फ़रमान का हवाला दिया गया है कि 'विजयसेर सूर सेवरा (विजय सेन सूरी), हीरविजय सूर (हीरविजय सूरी) के ख़लीफ़ा (उत्तराधिकारी)' हैं और सभी अफ़सरान से कहा गया है कि वे जैन मन्दिरों की रक्षा करें। इसमें उनसे जैन संन्यासियों की लोगों के ग़ुस्से से रक्षा करने को भी कहा गया है; यह ग़ुस्सा इस निराधार आरोप से पैदा हुआ था कि उन दिनों उन्हीं के जादू-मन्त्र के चलते बारिश नहीं हो रही थी।[51]

इसी काल में श्वेताम्बर सम्प्रदाय के ही, प्रतियोगी खरतर गच्छ के कुछ जैन पुरोहितों का भी अकबर पर कुछ प्रभाव पड़ा।

उनके प्रभाव का सबसे पहला हवाला हंसकीर्ति की रचनाओं में मिलता है। वि 1625/ई 1568 में, अकबर जब आगरा में था, तपा गच्छ के बुद्धिसागर और खरतर गच्छ के साधु कीर्ति के बीच एक धार्मिक शास्त्रार्थ हुआ। यह शास्त्रार्थ अनिरुद्ध, महादेव मिश्र और अन्य विद्वानों की उपस्थिति में पोषढ़ मनाए जाने के समय हुआ था। साधु कीर्ति को विजयी माना गया और अकबर ने उन्हें 'वदीन्द्र' की उपाधि दी।[52]

अकबर प्रतिबोध रास में कहा गया है कि अकबर ने लाहौर में, 1591 में कर्मचन्द से जैन गुरु जिनचन्द्र सूरी के बारे में सुना जो खरतर गच्छ के एक बड़े गुरु थे। अकबर ने उन्हें दरबार में आमन्त्रित किया। सूरी 31 जैन भिक्षुओं के साथ 14 फ़रवरी 1592 के रोज़ लाहौर पहुँचे। कर्मचन्द उन्हें दरबार में ले आए और अकबर ने उनसे तमाम

धार्मिक चर्चाओं और शास्त्रार्थों में उपस्थित रहने की प्रार्थना की। उनके प्रति सम्राट का आदर-भाव देखकर जनता उन्हें 'बड़े गुरु' कहने लगी।[53]

एक दिन सूरी ने नवरंग ख़ान के हाथों द्वारका के पास मन्दिरों के ध्वंस की ख़बर सुनी। तब उन्होंने बादशाह से सभी जैन मन्दिरों की रक्षा की प्रार्थना की। कहते हैं कि अकबर ने 1592 में एक फ़रमान जारी करके शत्रुंजय और अन्य जैन-तीर्थ जैनियों को सौंप दिए थे।[54]

अपनी दूसरी कश्मीर-यात्रा पर जाने के पहले अकबर ने 'धर्म-लाभ' (आशीर्वाद) के लिए जिनचन्द्र सूरी को बुलवाया। उस समय राजा रामदास के बाग़ में दरबार लगा और उसमें शाहज़ादा सलीम, अनेक अधीनस्थ शासक, विद्वान ब्राह्मण और पंडित शामिल हुए। अपने शिष्यों के साथ जिनचन्द्र सूरी भी आए। उनके एक शिष्य समयसुन्द्र ने अपनी एक रचना *अष्टलक्षी* पढ़कर सुनाई। उसने बादशाह को बताया कि तीन आसान संस्कृत शब्दों राज्ञो ददते सौख्यम (केवल राजा ही सुख प्रदान कर सकता है) का एक छोटा-सा वाक्य आठ लाख रूपों में व्याख्यायित किया जा सकता है और व्याकरण की दृष्टि से इस वाक्य के 1022407 अर्थ हैं। अकबर ने उसके विशद ज्ञान की प्रशंसा की।[55] मानसिंह, हर्षविलास तथा सूरी के अन्य शिष्य अकबर के साथ कश्मीर गए। जब वे श्रीनगर पहुँचे तो अकबर ने आठ दिनों तक मछली आदि समस्त प्राणियों को अभयदान दिया। समयसुन्द्र और गुणविनय को उपाध्याय की उपाधि प्रदान की गई। साथ ही अकबर ने जिनचन्द्र सूरी को युग-प्रधान की और मानसिंह को, जो जिनसिंह सूरी के रूप में प्रसिद्ध हुए, आचार्य की उपाधियाँ भी दीं। उस दिन मछलियों और पशुओं को मारने पर प्रतिबन्ध लगा रहा।[56]

जिनचन्द्र सूरी को 1592 में जो फ़रमान दिया गया था वह कहीं खो गया। तब उनके शिष्य जिनसिंह सूरी (मानसिंह) ने बादशाह से एक और फ़रमान की प्रार्थना की। अकबर ने बड़ी तत्परता से 1603-4 में एक फ़रमान जारी करके पर्यूषण के बारह दिनों में पशु-वध और मांसाहार पर प्रतिबन्ध लगा दिया।[57]

उपरोक्त साक्ष्यों में से कुछ में निश्चित ही काफी अतिशयोक्ति पाई जाती है। फिर भी उनके आधार पर हम कह सकते हैं कि श्वेताम्बर सम्प्रदाय के दोनों पन्थों अर्थात तपा गच्छ और खरतर गच्छ के जैन आचार्यों का अकबर के दरबार में स्वागत किया और उन्हें संरक्षण दिया जाता था, जहाँ वे जैन धर्म के सिद्धान्तों और विशेषताओं की व्याख्या करते थे।

संभव है कि अकबर अहत्या में विश्वास, सभी प्राणियों के प्रति करुणा के भाव और आत्माओं के आवागमन में अपनी आस्था के चलते जैन धर्म की ओर आकर्षित हुआ हो। हम यह देखते हैं कि अकबर किस दृढ़ता के साथ असहिष्णुता के किसी भी कृत्य से इस छोटे से सम्प्रदाय की रक्षा करता था, और कैसे वह अपने शासन के अन्तिम 25 वर्षों में सीमा से आगे बढ़कर जैनियों की भावनाओं और संवेदनाओं को सहलाता रहा। इसीलिए उसे जैन परम्परा में एक स्थायी सुख्याति प्राप्त है।

सन्दर्भ और टिप्पणियाँ

1. चिमनलाल दह्याभाई दलाल, हीरविजय सूरी आर द जैंस ऐट द कोर्ट ऑफ़ अकबर, *जैन शासन,* बनारस, वि 1910, पृ. 113-28; वी ए स्मिथ, द जैन टीचर्स ऑफ़ अकबर, *भंडारकर कमेमोरेशन वाल्यूम,* पूना, 1917, पृ. 265-76; कालिपद मित्र, जैन इंफ़्ल्यूएंस ऐट द मुग़ल कोर्ट, *प्रोसीडिंग्स ऑफ़ द इंडियन हिस्टरी कांग्रेस,* 1939, पृ. 1059-71
2. देवविमल गानी, *हीरसौभाग्य महाकाव्य,* सं : के पी परब, *काव्यमाला,* अंक 67, मुम्बई, 1900; जयसोम, *करमचन्द वंशप्रबंधकाव्यम्,* सं : जी एस ओझा, *न्यू रिव्यू,* अंक 58, बड़ौदा, 1939; सिद्धिचन्द्र, *भानुचन्द्र चरित,* सं : श्री मोहनलाल उलीचन्द देसाई, *सिन्धी जैन सीरीज़,* अंक 15, कलकत्ता, 1941; जिनचन्द्र सूरी, *अकबर प्रतिबोध रास,* सं : आधारचन्द जाहटा, *ऐतिहासिक जैन काव्य-संग्रह,* कलकत्ता, वि 1944, पृ. 58-78
3. जी बुहलर, द जैन इंस्क्रिप्शंस फ्रॉम शत्रुंजय, *एपिग्राफिया इंडिका,* दो, पृ. 34-86; पूरनचन्द नाहर, *जैन इंस्क्रिप्शंस,* दो पृ. 142, संख्या 1628
4. अबुल-फ़ज़्ल, *अकबरनामा,* अनु : एच बेवरिज, दो, 1921, पृ. 365
5. मोनियर विलियम्स, *संस्कृत इंग्लिश डिक्शनरी।* अबुल-फ़ज़्ल नौ सम्प्रदायों (न्याय, वैशेषिक, मीमांसा, वेदान्त, सांख्य, पातंजलि, जैन, बौद्ध और नास्तिक) का संक्षिप्त उल्लेख करते हुए श्वेताम्बर को सेवरा कहते हैं। (*आईने-अकबरी,* अनु : जैरेट, तीन, कलकत्ता, 1918, पृ. 143 देखें।) आगे कहते हैं कि 'लेखक को दोनों सम्प्रदायों का व्यक्तिगत ज्ञान था, और उसका दिगम्बरों का विवरण गोया कि अँधेरे में लिखा गया है, पर श्वेताम्बर सम्प्रदाय के विद्वानों से, जो सेवरा भी कहलाते हैं, थोड़ा-बहुत परिचय होने के नाते वह क़ाबिले-बरदाश्त ज़िक्र करने में समर्थ हुआ है।' (उपरोक्त, पृ. 222 देखें।)
6. बदायूँनी, *मुंतख़बुत्-तवारीख़,* अनु : डब्ल्यू एच लोवे, दिल्ली, 1873, पृ. 265
7. उपरोक्त, टिप्पणी 1
8. वी ए स्मिथ, *अकबर द ग्रेट मुग़ल,* दिल्ली, 1962, पृ. 189
9. उपरोक्त, पृ. 116
10. *आईने-अकबरी,* अनु : एच ब्लाख़मान, एक, पृ. 606, 617
11. मुनिराज विद्याविजय, *सुरिश्वर अने सम्राट,* भावनगर, वि 1976, पद 22-83, 78-83, 84-92, 94-98, 101-6
12. उन्हें जैन तपा गच्छीय पन्थ के साधु सिंहविमाला ने जैन मत की दीक्षा दी थी। *भानुचन्द्र चरित,* पूर्वोक्त, पृ. 26 देखें।
13. उपरोक्त।
14. उपरोक्त, पृ. 26-27
15. उपरोक्त।
16. लेगर्ड जैकब, इंस्क्रिप्शंस फ्रॉम पलिटाना, *जर्नल ऑफ़ ब्रांच ऑफ़ द रायल एशियाटिक सोसायटी,* अंक दो, पृ. 56-63
17. इस फ़रमान का फ़ारसी मुसव्विदा *सुरिश्वर अने सम्राट,* परिशिष्ट, पृ. 375-78 में देखें। अंग्रेज़ी अनुवाद *भानुचन्द्र चरित,* परिशिष्ट दो, पृ. 77-78 में उपलब्ध है। यह फ़रमान *जर्नल ऑफ़ द यूनिवर्सिटी ऑफ़ बॉम्बे,* नौ, पृ. 9-10 में भी छप चुका है। तुलना करें एस ए आई तिर्मिज़ी, *मुग़ल*

डाक्यूमेंट्स, नई दिल्ली, 1982, पृ. 62 (संख्या 68) से। सूबा मालवा को भेजे गए फ़रमान की प्रतिलिपि का एक अंग्रेज़ी अनुवाद जान मालकम, *मेमायर्स ऑफ़ सेंट्रल इंडिया,* दूसरा संस्करण, लन्दन, 1824, दो, पृ. 163-65 में छप चुका है।

18. स्मिथ, पूर्वोक्त, पृ. 267-68
19. *युगप्रधान श्री जिनचन्द्र सूरी,* पृ. 103-4
20. भानुचन्द्र, *विवेक विलास टीका,* पद 3, तुलना करें *भानुचन्द्र चरित,* परिशिष्ट एक, पृ. 37 से।
21. उपरोक्त, पृ. 27
22. उपरोक्त, पृ. 8, अध्याय 1, पद 127
23. *हीरसौभाग्य महाकाव्य,* अध्याय 14, पद 273-74
24. मोहनलाल उलीचन्द देसाई, *जैन साहित्यनो संक्षिप्त इतिहास,* पृ. 545 के सामने का पाठ
25. *भानुचन्द्र चरित,* पृ. 27
26. हीरानन्द शास्त्री, अकबर ऐज़ सन वर्शिपर, *द इंडियन हिस्टारीकल क्वार्टरली,* वर्ष 9, 1933, पृ. 137-38
27. *भानुचन्द्र चरित,* पृ. 29-30
28. एम एस कमिसारियट, *ए हिस्टरी ऑफ़ गुजरात,* दो, दिल्ली, 1957, पृ. 233-34
29. ऋषभदास, *हीरविजय सूरी रास,* पाठ *आनन्द काव्य महोधदि,* पाँच में प्रकाशित, पद 36-37, पृ. 182 देखें। यहाँ निर्माण की लागत 20,000 रुपए बताई गई है।
30. *हीरविजय सूरी रास,* पद 38-44; *सुरिश्वर अने सम्राट,* पृ. 154
31. करमचन्द बच्छावत परिवार का ओसवाल बनिया था। वह राव कल्याणसिंह का और फिर बीकानेर के रायसिंह का वज़ीर रह चुका था। गुजरात पर क़ब्ज़े के बाद तरसून ख़ान ने (1577 में) सिरोही को लूटा और कोई एक हज़ार धातु की जैन मूर्तियाँ आगरा ले गया। कहते हैं कि वे मन्त्री को 1583 में वापस मिल गईं; वे बीकानेर ले जाई गईं जहाँ उनको चिन्तामणि मन्दिर में प्रतिष्ठित किया गया। बाद में उसने बीकानेर की नौकरी छोड़ दी और अकबर के दरबार में नियुक्त किया गया। *युगप्रधान श्री जिनचन्द्र सूरी,* पृ. 293-39 देखें।
32. उपरोक्त, पृ. 85-87; *हीरविजय सूरी रास,* पृ. 183
33. *भानुचन्द्र चरित,* पृ. 33; *हीरसौभाग्य महाकाव्य,* पृ. 741, पद 285-86
34. *भानुचन्द्र चरित,* पृ. 34
35. दुर्जनशल्य लाहौर के जडिया गोत्र का ओसवाल बनिया था। सौरीपुर की तीर्थयात्रा में उसने जैनियों के एक दल का नेतृत्व किया और वहाँ उसने मन्दिर की मरम्मत कराके उसमें जैन मूर्तियों को प्रतिष्ठित किया। वह हीर सूरी का पक्का अनुयायी था। *भानुचन्द्र चरित,* पृ. 38 देखें।
36. इसकी पुष्टि जैनियों के पक्ष में जहाँगीर के 1610 के फ़रमान से होती है। इसमें वह 'नन्दविजय को 'ख़ुशफ़हम' को उपाधि दिए' जाने का ज़िक्र करता है। देसाई, *जैन साहित्यनो संक्षिप्त इतिहास,* पृ. 553 देखें।
37. *भानुचन्द्र चरित,* पृ. 38; *हीरसौभाग्य महाकाव्य,* अध्याय 14, पृ. 742-43, पद 287-90
38. *भानुचन्द्र चरित,* पृ. 10
39. जी बुहलर, जैन इंस्क्रिप्शंस फ्रॉम गुजरात, *एपिग्राफिया इंडिका, दो, पृ. 53-54*
40. जिनविजय, *प्राचीन जैन लेख संग्रह,* दो, पृ. 454
41. जोहानेस क्लाट, एक्सट्रैक्ट्स द हिस्टारिकल रिकार्ड्स ऑफ़ जैंस, *इंडियन एंटीक्वैरी,* नौ, 1882, पृ. 56
42. *भानुचन्द्र चरित,* पृ. 41
43. उपरोक्त, पृ. 23-24

44. उपरोक्त, अध्याय एक, पद 39-65, 66-67
45. उपरोक्त, पृ. 42
46. उपरोक्त, पृ. 43; *हीरसौभाग्य महाकाव्य,* अध्याय 14, पद 152
47. *भानुचन्द्र चरित,* पृ. 43
48. *मीरासे-अहमदी,* सं : एस नवाब अली, बड़ौदा, 1928, एक, पृ. 183
49. *भानुचन्द्र चरित,* पृ. 46
50 उपरोक्त।
51. देसाई, *जैन साहित्यनो संक्षिप्त इतिहास,* पृ. 552 के सामने का पाठ।
52. *ऐतिहासिक जैन काव्य संग्रह,* पृ. 135-38
53. *युगप्रधान श्री जिनचन्द्र सूरी,* पृ. 73-84; *ऐतिहासिक जैन काव्य संग्रह,* पृ. 58-78
54. *एपिग्राफिया इंडिका,* दो, पृ. 37
55. *युगप्रधान श्री जिनचन्द्र सूरी,* पृ. 91, 95; *कर्मचन्द्र मन्त्री वंश प्रबन्ध,* पद 400-3
56. *युगप्रधान श्री जिनचन्द्र सूरी,* पृ. 99-101
57. भानुचन्द्र चरित, पृ. 81-82; *युगप्रधान श्री जिनचन्द्र सूरी,* पृ. 278

अकबर-जहाँगीर काल में विज्ञान और अन्धविश्वास : खगोलीय संवृत्तियों का अवलोकन

शीरीं मूसवी

विलक्षण खगोलीय संवृत्तियाँ जैसे पुच्छल तारों, उल्काओं और ग्रहण का घटित होना सभी सभ्यताओं के लिए आकर्षण का केन्द्र रहा है। इन संवृत्तियों को सितारों की स्थिर व्यवस्था और चाँद व ग्रहों की नियमित गतियों में एक अप्रत्याशित, दुर्लभ हलचल का कारण समझा जाता रहा है, जो उत्सुकता और भय, दोनों जगाती हैं। बुद्धिवादी भावना का निर्देश रहा है कि असामान्य के कारण खोजे जाएँ। प्राचीन काल में भी सूर्यग्रहण और चन्द्रग्रहण की व्याख्याएँ की जाती रही हैं। काल के विशेष बिन्दुओं पर आकाशीय पिडों की स्थितियों को साथ ही मनुष्य के भाग्य की सूचक भी समझा जाता रहा है। इस तरह एक लम्बे समय तक खगोलिकी और नक्षत्रविज्ञान एक ही 'शास्त्र' (डिसिप्लिन) में आपस में गुँथे रहे हैं। इसलिए स्वाभाविक ही था कि पुरोहित और नक्षत्रज्ञानी लोग बादशाहों और साधारण व्यक्तियों के भाग्य के सिलसिले में दुर्लभ घटनाओं (ग्रहण की तरह अनदेखी घटनाओं तक) से और अनियमित (उल्काओं जैसी अनदेखी) घटनाओं से कुछ अर्थ जोड़ने लगे थे। ग्रहण के सवाल पर प्रतिभाशाली ब्रह्मगुप्त ने, पुरोहित के विरोध में वैज्ञानिक का पक्ष स्थापित करने के लिए, बराहमिहिर से लोहा लिया था। यह एक ऐसा विवाद था जिसे अल-बैरूनी की बुद्धिमत्तापूर्ण टिप्पणियों ने अमर बना दिया है।[1]

इसलिए अजीबोग़रीब और पहले से अज्ञात खगोलीय संवृत्तियों पर मुग़ल बादशाहों की क्या प्रतिक्रिया होती थी, इसे जानना भी कुछ कम दिलचस्पी का कारण नहीं होगा। याद रहे कि खगोलिकी के बारे में उनकी बुनियादी मान्यताएँ अरस्तू और टाली की देन थीं; हालाँकि सदियों के कालक्रम में अवलोकन के कारण इस हेलेनी धरोहर में काफ़ी-कुछ जुड़ता रहा। उनके पूर्वज उलूग़ बेग (15वीं सदी) ने एक प्रसिद्ध खगोलीय वेधशाला का निर्माण कराया था और अपने पीछे एक तालिकाओं की पुस्तिका (ज़िज) छोड़ गया था जो भारत में सवाई जयसिंह (मृत्यु : 1745) के समय तक ज़िज-सम्बन्धी रचनाओं के लिए बुनियादी तौर पर प्रामाणिक बनी रही। मुग़ल खगोलशास्त्री अच्छी-ख़ासी सटीकतावाले वेधयन्त्रों, सौर-घड़ियों, घिसे हुए शीशों और जल-घड़ियों का

प्रयोग करते थे। (जहाँगीर के पुस्तकालय में चित्रों का जो एलबम रखा हुआ है, उससे लिए गए एक चित्र में, जिसमें एक खगोलशास्त्री और उसके उपकरणों को दिखाया गया है, हम ऐसे कुछ उपकरण देख सकते हैं।[2] (निम्नांकित चित्र देखें।)

हेलेनी और अरब धरोहर के अलावा तब भारतीय खगोलिकी और गणित की परम्परा से भी मुग़लों का परिचय हो रहा था। गणित की प्रसिद्ध भारतीय पाठ्य-पुस्तक अर्थात् भास्करकृत *लीलावती* का अकबर के दरबार में 1587 में फ़ारसी अनुवाद कराया गया था। यह अनुवाद प्रसिद्ध शायर फ़ैज़ी ने किया था जो आधिकारिक इतिहासकार अबुल-फ़ज़्ल का बड़ा भाई था।[3] पर न तो हेलेनी-अरब परम्परा ऐसे अन्धविश्वासों से मुक्त थी और न भारतीय परम्परा, जिनको अकसर तार्किक दिखाई देनेवाली परिकल्पनाओं का जामा पहना दिया जाता था। जब पुच्छल तारे नज़र आते थे या कोई विलक्षण क़िस्म का ग्रहण लगता था तो मुग़ल बादशाहों और दरबारियों की प्रतिक्रियाओं से इन अन्धविश्वासों का प्रभाव स्पष्ट हो जाता था।

आगे की पंक्तियों में अकबर और जहाँगीर क शासनकालों के मुग़ल-वृत्तान्तों में इन संवृत्तियों के जो विवरण मिलते हैं, उनकी छानबीन की गई है। इनमें दर्ज टिप्पणियों का कोई वैज्ञानिक महत्त्व है या नहीं, यह फ़ैसला करना पेशेवर खगोलशास्त्रियों का काम है। पर चारों तरफ़ क़ायनात के अजूबों के बारे में मुग़लों के रवैये पर ये टिप्पणियाँ निश्चित ही प्रकाश डालती हैं।

पुच्छल तारे और उल्काएँ

महान मुग़ल बादशाहों के काल के डेढ़ सौ वर्षों (1556-1707) में सात पुच्छल तारों के दिखाई पड़ने का ज़िक्र मिलता है। ये 'क़ाबिले-ज़िक्र' इस अर्थ में थे कि आँखें बिना किसी सहारे के इनको साफ़ देख सकती थीं।[4] इनमें 1577 और 1618 के पुच्छल तारों को इतना चमकदार बताया गया है कि वे दिन के उजाले में भी देखे जा सकते थे।[5] 1577 के पुच्छल तारे का एक विलक्षण महत्त्व था और केप्लर ने उस पर अपनी टिप्पणियाँ दर्ज की थीं; उसने कहा था कि लगता है यह पुच्छल तारा सितारों के बीच एक ही स्थान पर मौजूद है, चाहे उसे यूरानीबर्ग से देखा जाए या 400 मील दूर प्राग से। इसलिए केप्लर का निष्कर्ष था कि पुच्छल तारे धरती से चाँद के मुक़ाबले बहुत दूर होते हैं। मगर फिर भी उसने ग़लती से यह मान लिया कि पुच्छल तारे सीधी रेखा में चलते हैं।[6] मुग़ल वृत्तान्तों में इन दोनों पुच्छल तारों का ज़िक्र मिलता है। दूसरे पुच्छल तारों (1607 और 1680 में अर्थात् दो बार दिखाई देनेवाले हेली के धूमकेतु समेत) को या तो देखा नहीं गया या उनको इतना अहम नहीं माना गया कि प्रमुख भारतीय ऐतिहासिक ग्रन्थों में उनका ज़िक्र किया जाता।

1577 के पुच्छल तारे के दिखाई देने का ज़िक्र आरिफ़ क़न्धारी ने किया था जिनकी रचना मुख्य रूप से 1579 की है।[7] इसका ज़िक्र अबुल-फ़ज़्ल ने भी किया है जिनके दो विवरण मिलते हैं—एक तो संक्षिप्त और प्रत्यक्ष विवरण जो *अकबरनामा* के पहले के एक मुसव्विदे में मौजूद है,[8] और दूसरे, उसी ग्रन्थ के एक सम्पादित और परिष्कृत अन्तिम पाठ में।[9] उनके समकालीन बदायूँनी ने भी इस पुच्छल तारे के देखे जाने का ज़िक्र किया है।[10]

आरिफ़ लिखते हैं कि मंगलवार, 25 शाबान 985 हिजरी (7 नवम्बर, 1577) की रात में एक चमकदार तारा पश्चिम में दिखाई पड़ा जो दक्षिण की ओर झुका हुआ था और उसके सर से अनेक छोटे-छोटे सितारे फूट रहे थे जिसके कारण वह सरो के पेड़ जैसा दिखाई दे रहा था। यह तारा आगरा, दिल्ली और लाहौर नगर में चार घड़ियों (1 घंटा 36 मिनट) तक नज़र आता रहा। यह उसी साल शव्वाल के महीने (12 दिसम्बर, 1577 से 9 जनवरी, 1578) में ग़ायब हो गया और लम्बी पूँछवाले तारे (सितार-ए-दुमे-दराज़) के रूप में प्रसिद्ध हुआ।[11]

आरिफ़ क़न्धारी के विवरण से उस भय या घबड़ाहट का कोई ख़ास इशारा नहीं मिलता जो इस पुच्छल तारे के दिखाई देने पर दरबारियों में देखी गई थी। वे इस अवसर पर अकबर के एक दरबारी शायर शेरी[12] द्वारा रचित एक स्तोत्र के कुछ पद भी उद्‌धृत करते हैं जिसमें इस तारे को एक अद्‌भुत दृश्य कहा गया है जो दुनिया की ऐसी ही क़ीमती और शानदार चीज़ों के मुक़ाबले की चीज़ है।

ज़ाहिरा तौर पर इस पुच्छल तारे से कोई बुरा या अशुभ पहलू न जोड़नेवाले इस स्तोत्र का आरम्भ आरिफ़ क़न्धारी ने एक अपेक्षाकृत दुख-भरे वक्तव्य से किया है कि

उसी साल 14 रमज़ान (26 नवम्बर, 1577) के रोज़ शाह तहमस्प के बेटे, फ़ारस के शाह इस्माइल का क़त्ल इसी तारे के प्रभाववश हुआ था।

ऐसा नहीं लगता कि अबुल-फ़ज़्ल आरिफ़ की रचना से परिचित थे या उन्होंने इसका उपयोग किया हो। उनके पहले के एक मुसव्विदे के अनुसार नवम्बर 1577 में अकबर फ़तेहपुर सीकरी से थोड़ी ही दूर मोल मनोहरनगर में एक नए क़िले की बुनियाद डलवा ही रहा था कि सूर्यास्त के बाद पश्चिम में एक अद्भुत पुच्छल तारा नज़र आया (पर वह उत्तर की ओर झुका हुआ था) और भोर से दो घंटा पहले तक नज़र आता रहा। इस अजीब दृश्य ने लोगों के दिलों को कँपा दिया। कारण कि इस अपरिचित पुच्छल तारे का दिखाई देना एक बेहद अशुभ संकेत माना गया। इतिहासकार बदायूँनी अपनी ख़ास व्यंग्यपूर्ण शैली में लिखते हैं कि चूँकि अकबर का कठोर वज़ीरे-ख़ज़ाना (वित्तमन्त्री) शाह मंसूर लम्बी दुमवाली पगड़ी पहनता था, इसलिए उसे बजा तौर पर एक पुच्छल तारा (शब्दशः पूँछवाला तारा, सितार-ए-दुंबाल) कहा जाता था। वे आगे कहते हैं कि ईरान के शाह इस्माइल की हत्या हुई और उस देश में इस तारे का अशुभ प्रभाव स्पष्ट देखा गया।

उस समय बमुश्किल 35 की उम्र के अकबर बादशाह ने इस सवाल को बहुत संजीदगी से लिया। *अकबरनामा* के पहले मुसव्विदे के अनुसार उसने अपने सुप्रसिद्ध वज़ीर टोडरमल को आदेश दिया कि खगोलशास्त्रियों को जमा करके इस विषय पर शोध कराया जाए और परिणामों की भविष्यवाणी कराई जाए। गहरे सोच-विचार के बाद एक सिद्धहस्त ज्योतिषी जोतिक राय[13] के नेतृत्व में खगोलशास्त्रियों ने यह निष्कर्ष निकाला कि इस पुच्छल तारे से हिन्दोस्तान को कोई ख़तरा नहीं था। अपने अन्तिम पाठ[14] में अबुल-फ़ज़्ल ने शायद यह सोचा हो कि उनके बादशाह की चिन्ता को कमज़ोरी समझा जा सकता है, और इसलिए इन ब्यौरों पर लीपापोती करते हैं। इसकी बजाय वे शुद्ध वैज्ञानिक विषयों के प्रति अधिक सरोकार दिखाते हैं। वे इस तारे के दिखाई देने की ठीक-ठीक तिथि (15 आबान 22 इलाही या 7 नवम्बर, 1577) दर्ज करते हैं, और कहते हैं कि सूरज जब वृश्चिक में शुभ स्थान पर था तभी यह आकाशीय सितारों जैसा संकेत पश्चिम में धनु नक्षत्र में देखा गया, पर यह उत्तर की ओर झुका हुआ था। इसका शीर्ष बहुत चमकदार था और पूँछ लम्बी थी। वे आगे बतलाते हैं कि कुछ देशों में यह तारा पाँच माह तक देखा जाता रहा। ज्योतिषियों की भविष्यवाणी थी कि हिन्दोस्तान के कुछ भागों में अनाज महँगे होंगे, और उन्होंने उन स्थानों की निशानदेही भी की जहाँ ऐसा होगा। फिर वे एक ऐसी व्याख्या प्रस्तुत करते हैं, जो उनके बादशाह की नेकनामी के लिए अधिक उपयुक्त थी—यह कि जहाँपनाह के लिए अपने शुभ अस्तित्व का ही परिणाम है कि इस तारे ने हिन्दोस्तान में कोई नुक़सान नहीं किया है, और बादशाह द्वारा 'मुस्लिमों और ब्राह्मणों' को उदारता से दिए गए दानों की भी इसमें एक समुचित भूमिका रही है !

फिर भी *अकबरनामा* के पहले और अन्तिम मुसव्विदे इस बात पर एकमत हैं कि ईरान में इस पुच्छल तारे ने भयानक परिणाम पैदा किए। इसके नज़र आने से ठीक

पहले और बाद में दो-दो बादशाहों (तहमस्प और इस्माइल) की मौत हुई, और इस बीच काफ़ी ख़ून-ख़राबा हुआ।

अन्तिम पाठ में अबुल-फ़ज़्ल ने इस तारे के नज़र आने का फ़ायदा उठाकर उस समय तक पुच्छल तारों और उल्काओं से सम्बन्धित जो भी ज्ञान मौजूद था, उसका एक निचोड़ पेश किया है। यहाँ वे इन संवृत्तियों को भौतिक विज्ञान (हिकमते-तबाई) के क्षेत्र की वस्तु मानते हैं और उनसे सम्बन्धित ग्रन्थों के अस्तित्व की साक्षी देते हैं। इनमें यूनानी ग्रन्थ भी शामिल हैं और कथित रूप से टालमी की एक रचना भी, जिसमें सूर्य और एक पुच्छल तारे के बीच की दूरी ग्यारह निशान बताई गई है।[15] लगता है कि अबुल-फ़ज़्ल पुच्छल तारों और उल्काओं का पार्थिव उद्गम मानते हैं। वे कहते हैं कि उनका सृजन पृथ्वी के तत्त्वों पर सूर्य के प्रकाश की क्रिया से होता है। सूरज की किरणों से जलनेवाले कण बेहद हलके हो जाते हैं और वायुमंडल में मिलकर ऊपर उठते हैं। इन बिखरे हुए कणों को 'वाष्प' या 'धूप' (दुख़ान) कहते हैं। यही 'वाष्प' बादलों, वर्षा, तूफ़ानों, बिजली, कड़क आदि का कारण है। वायुमंडल की ऊपरी तहों में पहुँचने के बाद यह गाढ़ा धुआँ, जो आग से मिल जाता है, जल उठता है और उल्का (शहाब) कहा जाता है। जब यह पृथ्वी की ओर उतरता है तो 'मूरख जन' उसे 'टूटता हुआ तारा' समझते हैं। अगर धुआँ बहुत बारीक न हो तो अपने घनत्व के कारण बिखरने नहीं पाता और जलने लगता है। तब वह हमें एक पुच्छल तारे जैसा नज़र आता है और अनेक रूप धारण करता है। जैसे एक दुमदार पिंड, बिखरे बालोंवाली वस्तु, एक भाले, अनेक सींगोंवाले सर आदि की तरह। पुच्छल तारे लम्बे समय तक भी नज़र आते हैं और कम समय तक भी। अबुल-फ़ज़्ल तब पुच्छल तारों के आकारों के अनुसार उनके लिए प्रयुक्त शब्दों में अन्तर करते हैं। ज़ुज़ुआब (शब्दशः आगे की ओर से लटदार) तारा वह होता है जिसके बाल बिखरे हुए (गेसूदार) दिखाई देते हैं; ज़ुज़ुनब (शब्दशः पूँछवाला) एक दुमदार तारा होता है। उन्होंने सावधानी के साथ 1577 के पुच्छल तारे के लिए ज़ुज़ुनब शब्द का प्रयोग किया है, हालाँकि अपने पिछले मुसव्विदे में ख़ुद उन्होंने और उनके समकालीन बदायूँनी ने भी उसके लिए ज़ुज़ुआब शब्द का व्यवहार किया है। शायद यह अन्तर तब आम तौर पर मान्य नहीं रहा होगा। अबुल-फ़ज़्ल आगे कहते हैं कि भारतीय खगोलशास्त्रियों ने 100 से अधिक पुच्छल तारों की पहचान की है।[16] जबकि यूनानियों ने सात श्रेणियों का निश्चय किया है पर वे मानते थे कि ज़ुज़ुआब और ज़ुज़ुनाब पुच्छल तारों की दो प्रमुख (और सबसे अशुभ) श्रेणियाँ हैं। वे यह वक्तव्य भी यूनानियों का ही बताते हैं कि ज़ुज़ुआब पूर्व में भोर के वक़्त और ज़ुज़ुनब पश्चिम में सूर्यास्त के बाद दिखाई देता है।

आगे अबुल-फ़ज़्ल पहले के तीन पुच्छल तारों के संक्षिप्त विवरण देते हैं—एक तो 662 हिजरी (1264 ईसवी) का जो मध्य एशिया और चीन में देखा गया था और एक हिजरी 803 (1400-1) का जो एशिया माइनर में नज़र आया था। ये दोनों तारे यूरोप में देखे गए थे और उन पुच्छल तारों की श्रेणी में आते हैं जो दिन में दिखाई

देते हैं। मगर अबुल-फ़ज़्ल हिजरी 837 (1433-34) के एक और तारे का ज़िक्र भी करते हैं और उसे बेहद घातक प्रभाववाला तारा बतलाते हैं। यह नज़र तो दुमदार आया पर फिर भी इसकी शक्ल बदलकर भाले जैसी हो गई। लगता है कि यूरोपीय रचनाओं में इस पुच्छल तारे को महत्त्वपूर्ण नहीं माना गया है।

जहाँगीर ने 1618 के पुच्छल तारे का एक दिलचस्प बयान किया है जो, लगता है सटीक अवलोकन पर आधारित है। वह अपनी डायरी में दर्ज करता है कि 18 आबान 13 शासन वर्ष (3 नवम्बर, 1618, ग्रेगोरियन) से कुछ रोज़ पहले भोर से तीन घड़ी1 घंटा 12 मिनट) पहले रात में एक आलोकमान वाष्प नज़र आया और हर रात यह एक घड़ी (24 मिनट) पहले उदित होता रहा। पहले इसकी शक्ल एक डंडे जैसी थी, फिर यह एक बरछी जैसा नज़र आता रहा जिसके दोनों सिरे बहुत पतले हों और बीच का भाग मोटा हो, और जो एक हँसिए की तरह टेढ़ा हो रहा हो। इसकी पूँछ दक्षिण की तरफ़ थी और सर उत्तर की ओर। ये पंक्तियाँ लिखते समय (संभवतः 3 नवम्बर 1618 के रोज़) यह भोर से पहले पूरे एक पहर (रात का एक चौथाई जो कर्क और मकर रेखाओं पर तीन घंटे के बराबर होता है) दिखाई देता रहा। अपने वेधयन्त्रों के सहारे खगोलशास्त्रियों ने निष्कर्ष निकाला कि यह आकाश में विभिन्न समयों में 24 अंश विस्तृत होता है।[17] जब यह आकाश (क़ायनात की अरस्तू और टालमीवाली ध ारणा) में आगे बढ़ा तो उसकी अपनी एक गति थी : पहले वह वृश्चिक राशि में पहुँचा और फिर तुला राशि में। उपरोक्त तिथि (3 नवम्बर, 1618) के 16 दिन बाद जब यह पुच्छल तारा ग़ायब हुआ तो उसी स्थिति में एक तारा नज़र आया जिसकी पूँछ दो-तीन गज़ लम्बी थी, पर उसकी पूँछ में कोई चमक नहीं थी। जहाँगीर ने जब यह बात लिखी तो उसने इस दृश्य के 8 रातों तक दिखाई पड़ने की बात कही है। उसने वादा किया कि उसके ग़ायब होने की और उसके कुछ प्रभाव हुए तो उनकी बात दर्ज करेगा, मगर कर नहीं सका।

जहाँगीर ने इस पुच्छल तारे का जो वर्णन किया है, उससे इस अशुभ संकेत के दिखाई देने पर उसकी बदहवासी का कोई पता नहीं चलता। वह लगभग मज़े ले-लेकर बतलाता है कि अपनी किताबों में ज्योतिषियों ने इस प्रकार के पुच्छल तारे को 'आले जैसा' (हर्बा) कहा है और बतलाया है कि इसके दिखाई देने का मतलब यह है कि अरब के शासक कमज़ोर पड़ेंगे और उन पर उनके दुश्मनों की फ़तह होगी।[18] फिर भी, उस पुच्छल तारे के बारे में ऐसे ही ब्यौरे देते हुए भी मोतमिद ख़ान ने उसके अशुभ प्रभावों का वर्णन किया है : इसके कारण प्लेग का एक अभूतपूर्व हमला हुआ जो तारे के दिखाई देने से एक साल पहले फूटा और 20 वर्षों तक जारी रहा। वह तो ख़ुर्रम (शाहजहाँ) की (1622) की बग़ावत तक को इसी पुच्छल तारे के दिखाई देने का नतीजा मानता है। इसीलिए वह यह नतीजा निकालता है कि उसके दिखाई देने के बाद काफ़ी ख़ून-ख़राबा हुआ और उससे कोई घर अछूता नहीं बचा।[19]

उल्कापात का हमारे पास सिर्फ़ एक विस्तृत वर्णन उपलब्ध है। यह वर्णन ख़ुद

जहाँगीर का है। लिखता है कि उसके 16वें शासन वर्ष में तीस फ़रवरदीन (रबीउस्सानी 1030 हिजरी, 19 अप्रैल 1621) के रोज़ परगना जलन्धर के एक गाँव में एक भयानक शोर-शराबा हुआ और पूरब से ऐसी भयानक आवाज़ उठी कि गाँववाले डर के मारे थरथराने लगे। आकाश से एक रोशनी गिरती हुई नज़र आई गोया कि आग की बारिश हो रही हो।[20] लोगों के हवास जब वापस लौटे तो परगना के आमिल (मालगुज़ार) मुहम्मद सईद के पास एक तेज़ हरकारा दौड़ाया गया, और वह फ़ौरन सवार होकर गाँव की ओर चल पड़ा। उसने देखा कि दस गज़ गुणा बारह गज़ ज़मीन इस बुरी तरह जल गई थी कि वहाँ वनस्पति का नामो-निशान तक नहीं बचा था, और ज़मीन तब भी गर्म थी। उसने वह ज़मीन तब खुदवाई, और लोग जितना ही खोदते गए, उतनी ही ज़्यादा गर्मी महसूस होती गई। आख़िर में उन्हें एक लाल दहकता हुआ लोहे का टुकड़ा मिला जो लगता था किसी 'आग के गोले' से निकला हो। कुछ समय के बाद वह ठंडा हो गया और एक मुहरबन्द थैले में बादशाह के पास भेजा गया। जहाँगीर ने पाया कि उसका वज़न 160 तोले (4.24 पौंड ए वी डी पी) था। उसने उसे अपने शाही लोहार दाऊद को एक तलवार, एक कटार और एक चाक़ू बनाने के लिए दे दिया। उसे ख़बर दी गई कि वह टुकड़ा इस क़दर भंगुर था कि उस पर हथौड़ा चला तो चूर-चूर हो जाता। बादशाह ने हुक्म दिया कि उसे आम लोहे से मिला दिया जाए। उल्का या 'बिजली के लोहे' (आहने-बर्क़) के तीन हिस्सों का एक हिस्सा दूसरे लोहे से मिलाकर दो तलवारें, एक कटार और एक चाक़ू तैयार किए गए। जहाँगीर लिखता है कि ये तलवारें यमन और 'दक्षिण' (दकन) की तलवारों जितनी ही अच्छी थीं और इतनी लचकदार थीं कि मुड़ जातीं और फिर पुराने रूप में आ जाती थीं। उसने अपनी मौजूदगी में उनका इम्तहान कराया और उनको बेहतरीन तलवारों के मुक़ाबले का पाया। उसने एक तलवार को शमशीरे-क़ताई (काटनेवाली तलवार) और दूसरी को बर्क़-सरिश्त (बिजली जैसी) का नाम दिया। एक शायर ने उनके आसमानी उद्‌गम पर ज़ोर देते हुए एक रुबाई भी कही : 'उसके दौर में कच्चा लोहा बिजली बनकर टूटा।' इसके बारे में एक 'तारीख़' भी कही गई* : 'शोल-ए-बर्क़े-बादशाही।' (शाही बिजली की लपट।)[21]

ज़ाहिर है कि जहाँगीर उल्कापात पर बड़े बुद्धिवादी ढंग से सोचता था। उसके बयान से संकेत मिलता है कि यह उल्का एक लोहवज्री (साइडराइट) थी (जो धातु, मुख्यतः लोहे और निकिल से बनी होती है), न कि (पत्थर से बनी) उल्काश्म या एरोलाइट। चूँकि यह बमुश्किल 3.3 पौंड ए वी डी पी का एक छोटा-सा टुकड़ा था, इसलिए जिस बल के साथ धरती पर उसने चोट की होगी वह बहुत अधिक नहीं रहा होगा।

---

* उर्दू-फ़ारसी-अरबी में अक्षरों को अंकों में बदलकर 'तारीख़' कही जाती है और इस प्रकार किसी महत्त्वपूर्ण तिथि को किसी शे'र, वाक्य या वाक्यांश के रूप में याद रखा जाता है—अनुवादक।

ग्रहण

यह थोड़ी अजीब बात है कि 56 बार हुए सूर्यग्रहण (अकबर के शासनकाल में हुए 39 और जहाँगीर के शासनकाल में हुए 17)[22] में से अकबरी दौर के केवल एक और जहाँगीरी दौर के केवल दो सूर्यग्रहणों का बयान दर्ज किया गया है। अगर अबुल-फ़ज़्ल ने केवल 1590 में पड़े सूर्यग्रहण की ही सूचना दी है तो शायद इसलिए कि खगोलशास्त्रियों की भविष्यवाणी के मुताबिक यह पूर्ण या छल्लेदार होगा।

अकबरनामा के पहले और अन्तिम मुसव्विदे में अबुल-फ़ज़्ल ने इस ग्रहण के दो विवरण दिए हैं। पहले मुसव्विदे में कहा गया है कि यह ग्रहण 35वें शासन-वर्ष (1590) में पड़ा। इसमें किसी सटीक तिथि का ज़िक्र नहीं है पर इसे 7 जुलाई, शनिवार और 15 सितम्बर, 1590 शनिवार की दो घटनाओं के बीच रखा गया है।[23] प्रकाशित होनेवाले अन्तिम पाठ में सटीक तिथि 23 अमरदाद 35 इलाही[24] बताई गई है, पर यह तेईस ग़लती से आठ अमरदाद की जगह आ गया होगा क्योंकि फ़ारसी में लिखे गए 'हश्त' (8) शब्द को बआसानी ग़लती से 'बिस्त' (20) पढ़ा जा सकता है। आठ अमरदाद का मतलब है 31 जुलाई 1590 (ग्रेगोरियन) जो भारत में पड़े एक छल्लेदार सूर्यग्रहण की सटीक तिथि है। बेवरिज के अनुसार एक फ्रांसीसी सन्दर्भ ग्रन्थ *ल' आर्केस तेबिल्स* में यही तिथि दी गई है।[25] आर श्राम ने भी इस ग्रहण की तिथि 21 जुलाई 1590 (जूलियन) अर्थात् 31 जुलाई (ग्रेगोरियन) लिखी है।[26]

पुच्छल तारों के नज़र आने और उल्काओं के गिरने के विपरीत ग्रहण की काफ़ी समय पहले ही भविष्यवाणी की जा सकती है। जैसाकि अल-बैरूनी की टिप्पणी है, प्राचीनकाल से ही भारतीय खगोलशास्त्री प्रचलित मिथकों और अंधविश्वासों के बावजूद इस संवृत्ति को समझते आए हैं ।[27] पर हिन्दोस्तानी किसी सूर्यग्रहण को एक अशुभ संकेत मानते हैं, ख़ासकर एक पूर्ण या छल्लेदार सूर्यग्रहण को। बुद्धिवाद से अपनी प्रतिबद्धता के बावजूद अकबर भी इन अन्धविश्वासों से मुक्त नहीं था।

अकबरनामा के पहले मुसव्विदे में दिए गए विवरण से पता चलता है कि वह भविष्यवाणी के अनुसार पड़नेवाले सूर्यग्रहण के प्रभावों को लेकर काफ़ी चिन्तित था। विश्वास किया जाता था कि अगर ग्रहण के समय आसमान पर बादल छा जाएँ तो उसके बुरे प्रभाव ख़त्म हो जाएँगे। इसलिए बादशाह ने ब्राह्मणों से कहा कि सही वक़्त पर बादल बुलाने के लिए वे अनुष्ठान करें। पर ब्राह्मण कामयाब न हुए और शर्मिन्दा होकर लौट गए। बमुश्किल आधी घड़ी (12 मिनट) रह गई और आसमान साफ़ रहा। तब ख़ुद बादशाह ने अल्लाह से दुआ माँगी और वो रहा—बादल टूटकर आए, बारिश करने लगे और ग्रहण के समय उन्होंने सूरज को ढँक लिया। ग्रहण के बावजूद ख़ासी रोशनी बनी रही, जो इस बात का साक्ष्य है कि वह पूर्ण सूर्यग्रहण नहीं था, पर इतिहासकार कहता है कि निगाह को धुँधलानेवाले बादलों के बावजूद खगोलशास्त्रियों की यह उलझन भी कम हो गई कि उनकी (पूर्ण ग्रहण की) भविष्यवाणी पूरी नहीं हुई है।

यह मानना मुश्किल है कि अकबर के खगोलशास्त्री यह नहीं जानते रहे हों कि चन्द्रमा दूरतम बिन्दु (एपोजी) के पास है और इसलिए पड़नेवाला ग्रहण पूर्ण नहीं बल्कि छल्लेदार होगा और चाँद के चारों ओर सूरज का एक वलय बना रहेगा। इसलिए उस दशा में आशा से अधिक रोशनी के होने के कारण संभवतः यह हो सकता है कि लाहौर में ग्रहण सिर्फ़ आंशिक था। उस स्थान के लिए भविष्यवाणी में हुई ग़लती लाहौर के देशान्तर के असटीक निर्धारण का नतीजा रही होगी। ख़ुद अबुल-फ़ज़्ल ने (दिल्ली के सापेक्ष) इस देशान्तर का जो मान बतलाया है, उसमें $6^0 40'$ की ग़लती है।[28] उस काल में सटीकता के साथ देशान्तर का निर्धारण बेहद मुश्किल था।

अपने अन्तिम मुसव्विदे में, लगता है, अबुल-फ़ज़्ल ने अकबर के व्यक्तित्व की प्रस्तुति को ध्यान में रखते हुए इस विवरण का समुचित सम्पादन किया है। बादशाह की अपनी चिन्ता को यहाँ भी विवरण से निकाल दिया गया है, ब्राह्मणों तक के बारे में कहा गया है कि उन्होंने बादशाह के कहने पर नहीं बल्कि अपनी ओर से अनुष्ठान किया था। जिस शख़्स ने यह घोषणा की थी कि 'बुद्धि की उद्घोषणा और परम्परा के निषेध की आवश्यकता इस क़दर स्पष्ट है कि इस पर किसी बहस की ज़रूरत ही नहीं है',[29] वही शख़्स ख़ुद पुच्छल तारों और ग्रहण के बारे में प्रचलित अन्धविश्वासों का शिकार था—यह स्वीकार करना निश्चित ही उनके लिए मुश्किल रहा होगा।

रही ग्रहण की बात तो यह अन्धविश्वास इतना पुख़्ता दिखाई देता है कि जहाँगीर तक उसका शिकार हो गया, जैसा कि उसके संस्मरण में दर्ज वक्तव्यों से पता चलता है। वह दो सूर्यग्रहणों और एक चन्द्रग्रहण का ज़िक्र करता है।[30] उसने पहले सूर्यग्रहण की तारीख़ 28 रमजान, 1024 हिजरी (14 दिसम्बर, 1610 ग्रेगोरियन) लिखी है और दूसरे की रविवार, 9 रबीउल-अव्वल, 1024 हिजरी जिसका मतलब 8 अप्रैल 1615 है। पहली तिथि मोटे तौर पर श्राम की दी हुई तिथि 5 दिसम्बर, 1610 जूलियन से मेल खाती है, पर दूसरी सही तिथि के क़रीब तब ही होगी जब हम 'नहम' (नवीं) को 'सियम्' (तीसरी) पढ़ें। कारण कि श्राम के अनुसार वह सूर्यग्रहण 19 मार्च 1615 (जूलियन) को पड़ा था जो 29 मार्च (ग्रेगोरियन) हुआ और वही दिन रविवार का था। यह संशोधन इसलिए विश्वसनीय है कि जहाँगीर ने दिन को तो सही तौर पर रविवार लिखा है हालाँकि उसकी हिजरी तारीख़ में अभी भी तीन दिन की ग़लती है।

जहाँगीर दिसम्बर 1610 के सूर्यग्रहण का कोई ब्यौरा नहीं देता; वह सिर्फ़ यह बतलाता है कि उसने उसके बुरे प्रभावों से बचने के लिए ख़ुद को सोने-चाँदी में तुलवाया और आगरा में तथा अन्य स्थानों पर उस सबका तथा साथ ही अन्य वस्तुओं और जानवरों (घोड़ों, हाथियों और बैलों) का दान कर दिया।[31] मार्च 1615 के ग्रहण के बारे में वह कुछ और भी स्पष्ट है, शायद इसलिए कि वह एक पूर्ण ग्रहण था। लिखता है कि यह ग्रहण भोर से बारह घड़ी (चार घंटे अड़तालीस मिनट) पहले पश्चिम से शुरू हुआ। ग्रहण के अधिकतम बिन्दु पर सूर्य का (आगरा में देखने पर) पाँच में से चार भाग छिप गया था, और वह ग्रहण लगभग आठ घड़ी (तीन घंटा बारह मिनट) तक

जारी रहा। इस अवसर पर भी ज़रूरतमन्दों और पाकबाज़ों में सोना-चाँदी, पशुओं और अनाजों का दान किया गया।[32]

जिस चन्द्रग्रहण का ज़िक्र मिलता है वह पूर्ण ग्रहण था और शनिवार, 13 शव्वाल 1018 हिजरी (20 जनवरी 1609) को पड़ा। यह गोधूलि के चार घड़ी (एक घंटा छत्तीस मिनट) बाद शुरू हुआ और चन्द्रमा क्रमशः छिपता चला गया। यह ग्रहण रात में पाँच घड़ी (दो घंटे) तक जारी रहा।[33] इस अवसर पर भी जहाँगीर ने ख़ुद को सोने, चाँदी, कपड़ों और अनाजों में तुलवाया, तथा 15,000 रुपए मूल्य की अन्य वस्तुओं और पशुओं के साथ ये चीज़ें दान में दी गईं। वह खुले तौर पर कहता है कि ये दान देकर वह ग्रहण के बुरे प्रभावों को दूर रखना चाहता था।

खगोलीय संवृत्तियों के बारे में मुग़ल ऐतिहासिक दस्तावेज़ों में मौजूद वक्तव्यों के इस प्रारम्भिक अध्ययन से संकेत मिलता है कि भले ही ये सूचनाएँ आधुनिक वैज्ञानिक ज्ञान में कुछ ख़ास वृद्धि न करती हों, खगोल सिद्धान्त और परम्परा के इतिहास के लिए उनका अपना एक महत्त्व है। बौद्धिक विकास के इतिहासकार के नज़दीक खगोलिकी और ज्योतिष के संयोग के रूप में (रसायन शास्त्र और अल-कीमिया के घालमेल के समकक्ष) विज्ञान और अन्धविश्वास का यह घालमेल हमेशा ही दिलचस्पी का विषय रहेगा। यह हमें एक बार फिर याद दिलाता है कि बुद्धि और अन्धविश्वास का संघर्ष एक सरल, सीधी प्रक्रिया नहीं रहा है; ये दोनों आपस में इस तरह गुँथे हुए रहे हैं कि उनकी कहानी एक बहुत पेचीदा कहानी दिखाई देती है, जो अजूबों से तथा वैज्ञानिक वृत्ति की प्रगति और अवनति के उदाहरणों से भरी हुई रही है।

सन्दर्भ और टिप्पणियाँ

1. *अलबैरूनी'ज़ इंडिया,* अनु : ई सी सचाऊ, लन्दन, 1910, दो, पृ. 107-14
2. जहाँगीर के एक एलबम (नाप्रस्तेक म्यूजियम, प्राग) से ल्यूबोर हाजिक, *इंडियन मिनिएचर्स ऑफ़ द मुग़ल स्कूल,* प्राग, 1960, प्लेट 18 में उद्धृत। इसका महत्त्व पेशेवर खगोलशास्त्री जाँचें।
3. स्टोरी, *पर्शियन लिटरेचर,* दो, भाग 1, लन्दन, 1972, पृ. 4-5 से तुलना करें।
4. जार्ज एफ़ चैम्बर्स, *द स्टोरी ऑफ़ द कामेट्स,* ऑक्सफ़र्ड, 1910, पृ. 137; ये क्रमशः 1556, 1577, 1607, 1618, 1661, 1680 और 1689 में देखे गए।
5. उपरोक्त, पृ. 8
6. उपरोक्त, पृ. 48; ज़ाहिर है कि यह पुच्छल तारा यूरोप में कुछ समय तक दिखाई देता रहा जिसके कारण केप्लर विभिन्न स्थानों से उसका अवलोकन कर सके।
7. आरिफ़ क़न्धारी, *तारीख़े-अकबरी,* सं : मुईनुद्दीन नदवी, अज़हर अली देहलवी और इम्तियाज़ अली अर्शी, रामपुर, 1962, पृ. 231-32
8. ब्रिटिश लाइब्रेरी पांडुलिपि एड. 27, 247, फ़ोलियो 291 ए-बी
9. अबुल-फ़ज़्ल, *अकबरनामा,* तीन सं : अहमद अली, कलकत्ता, 1987, पृ. 222-24

10. अब्दुल क़ादिर बदायूँनी, *मुंतख़बुत्-तवारीख़*, दो, सं : अहमद अली और डब्ल्यू एन लीस, कलकत्ता, 1864, पृ. 240-41; इसे हिजरी 984 (1576-77) में दर्ज किया गया है।
11. आरिफ़ क़न्धारी, पृ. 231-32
12. अबुल-फ़ज़्ल (*आईने-अकबरी*, एक, पृ. 262) ने उसका ज़िक्र अकबर के दरबारी शायरों में किया है।
13. जोतिक राय की उपाधि किसी ज्योतिषी को दी जाती थी; इस उपाधि के धारक का ज़िक्र *अकबरनामा* में दो जगहों पर हुआ है—एक तो जब उसे बगलाना के सरदार के पास भेजा गया (*अकबरनामा*, तीन पृ. 30) और दूसरे (उपरोक्त, पृ. 38) जब राजधानी में अकबर के प्रवेश के लिए शुभ मुहुर्त निकलवाने के बारे में उससे सम्पर्क किया गया। ब्लाख़मान (*आईने-अकबरी*, एक अनु : एच ब्लाख़मान, कलकत्ता, 1927, पृ. 442 की टिप्पणी) का यह सुझाव उचित नहीं है कि जोतिक राय से एक हिन्दू 'दरबारी ज्योतिषी' मुराद है।
14. *अकबरनामा*, तीन पृ. 222-24
15. टालमी पुच्छल तारों का ज़िक्र करता ही नहीं। (सी एल पुअर, *द सोलर सिस्टम*, लन्दन, 1908, पृ. 373 देखें।) पुच्छल तारों पर *ज़वाते-अल-अवाइब* नाम की जो पुस्तक उससे मंसूब की जाती है और जिसका लातीनी में भी अनुवाद हो चुका है, प्रामाणिक नहीं है। कार्मोडी ने इसे अप्रामाणिक *सेंटिलक्वियम* का परिवर्तित रूप कहा है। *इनसाइक्लोपीडिया ऑफ़ इस्लाम*, दूसरा संस्करण, एक, पृ. 1101 देखें।
16. अलबैरूनी कहता है कि पुच्छल तारों की संख्या पर भारतीय विद्वानों में मतभेद है; कुछ इसे 101 तो कुछ 1000 मानते हैं। एडवर्ड सी सचाऊ, पूर्वोक्त, पृ. 236 देखें।
17. कहा जाता है (*स्टोरी ऑफ़ कामेट्स*, पृ. 25) कि 1618 के पुच्छल तारे की दुम कम्पन करनेवाली थी।
18. *तुज़ुके-जहाँगीरी*, सं : सैयद अहमद, गाज़ीपुर और अलीगढ़, 1863-64, पृ. 250
19. मोतमिद ख़ान, *इक़्बालनाम-ए-जहाँगीरी*, खंड 3, नवलकिशोर, लखनऊ, 1870, पृ. 552
20. लगता है वृत्तान्त लिखनेवाले इतने डरे हुए थे कि उन्होंने घटनाओं के क्रम को ही पलट दिया और लिखा कि आवाज़ पहले आई और रोशनी बाद में दिखाई पड़ी।
21. *तुज़ुक*, पृ. 327-28 देखें। 160 तोला वज़न को पौंड ए वी डी पी में बदलने के लिए एक तोला को 185.5 ग्रेन के बराबर माना गया है जो लगता है स्थिर मानदंड था। इरफ़ान हबीब, *एग्रेरियन सिस्टम ऑफ़ मुग़ल इंडिया*, मुम्बई, 1963, पृ. 367 और आगे देखें।
22. इनकी गिनती भारत में दिखाई देनेवाले पुच्छल तारों के बारे में आर श्राम की तालिका से की गई है जो आर सेविल, *द इंडियन कैलेंडर*, लन्दन, 1896, पृ. 125-26 में दी गई है।
23. एड 27, 247, फ़ोलियो 387 बी
24. *अकबरनामा*, तीन, पृ. 579
25. *अकबरनामा*, तीन अनु : एच बेवरिज, भारतीय पुनर्मुद्रण, 1993, पृ. 877 की टिप्पणी।
26. आर सेविल, *द इंडियन कैलेंडर*, तालिका ए, पृ. 125
27. *अलबैरुनी'ज़ इंडिया*, दो, पृ. 107-14
28. इरफ़ान हबीब, कार्टोग्रफी इन मुग़ल इंडिया, *मेडिवल इंडिया : ए मिस्सेलेनी* चार, पृ. 132 से तुलना करें।
29. *आईने-अकबरी*, दो, सं : ब्लाख़मान, कलकत्ता, 1867, पृ. 237
30. *तुज़ुक*, पृ. 76-77, 88, 138
31. उपरोक्त, पृ. 88
32. उपरोक्त, पृ. 138
33. *तुज़ुक*, पृ. 76-77 देखें। यह स्पष्ट नहीं है कि क्या जहाँगीर की पाँच घड़ियाँ केवल पूर्ण ग्रहण के बारे

में हैं क्योंकि इस दशा में वे अधिकतम संभव समय (एक घंटा बयालीस मिनट) से थोड़ी-सी ज़्यादा होंगी, या इनमें आंशिक ग्रहण का समय भी शामिल है जो आगे भी दो घंटे या और अधिक समय तक जारी रहा होगा। फिर भी हो सकता है कि जहाँगीर रात की छोटी घड़ियों (हरेक घड़ी अर्थात् बाईस मिनट चौबीस सेकंड) का ज़िक्र कर रहा हो। (अब्दुल हमीद लाहौरी, *पादशाहनामा,* बिब्लियोग्रैफिया इंडिका, कलकत्ता, 1866-72, दो, पृ. 337-39 से तुलना करें।) इस दशा में उसने ग्रहण की जो अवधि बतलाई है, वह एक घंटा बावन मिनट रही होगी।

अबुल-फ़ज़्ल कृत आईने-अकबरी में वैज्ञानिक धारणाएँ

इक़बाल ग़नी ख़ान

अकबर के चरित्र के बारे में प्राप्त कुछ यूरोपीय और देसी वृत्तान्तों से यह बात एकदम स्पष्ट है कि विज्ञान और तकनालोजी में उसकी दिलचस्पी मात्र चलताऊ नहीं थी। उसके वज़ीर और तर्जुमान (प्रवक्ता) अबुल-फ़ज़्ल ने *आईने-अकबरी* में वैज्ञानिक और प्रौद्योगिक विषयों पर अनेक खंड लिखे हैं। 'आइने-पैदाइशे-फ़िलिज़्ज़ात' शीर्षकवाले खंड में समस्त पदार्थों के चार तत्त्वों और प्राकृतिक संवृत्तियों के बारे में अरस्तू का सिद्धान्त दिया गया है। अरस्तू का क़ौल था कि सभी सांसारिक संवृत्तियाँ अग्नि, जल, पृथ्वी और वायु, इन चार तत्त्वों से बनी हुई हैं। ये वे अग्नि, जल, पृथ्वी और वायु नहीं हैं जिनको हम जानते हैं, बल्कि मूल पदार्थ के विभिन्न पक्ष हैं जिनको उसने आदितत्व (प्रोटाइल) कहा था। हर पक्ष के अलग गुण होते हैं और आदि तत्व में मौजूद संभावित रूप चार मूलभूत गुणों अर्थात् ऊष्मा, आर्द्रता, शीतलता और शुष्कता के प्रभाववश ही साकार होते हैं। ये गुण कभी अलग-अलग नहीं दिखाई देते। मसलन वायु गर्म भी होती है और नम भी; अग्नि गर्म और ख़ुश्क होती है, पृथ्वी ठंडी होती है और, अन्त में, जल ठंडा और नम होता है।[1]

अलावा इसके, अरस्तू ने 'शुष्क' और 'आर्द्र कुहासों' (वेट एक्सहेलेशंस) की धारणा का प्रयोग करके प्रकृति के लयदार चक्रों जैसे वाष्पीकरण, वर्षा, बर्फ़ और बाढ़ की व्याख्या की थी। मसलन पृथ्वी के भाग गर्म होकर हवा से मिलते हैं और वह चीज़ बनाते हैं जिसे उसने 'शुष्क कुहासों' (अबुल-फ़ज़्ल का 'दुख़ान') कहा है। ये 'शुष्क कुहासे' पृथ्वी की ऊपरी सतह के अन्दर 'आर्द्र कुहासों' से मिलकर खनिज़ों और धातुओं के अयस्कों का निर्माण करते हैं।[2]

आरम्भिक इस्लाम के 'संक्रमणकालीन चरण' (लगभग 800 ई) में, जबकि कुछ सीखने और आप्तवचन की आलोचना करने को अधार्मिकता की पहचान नहीं समझा जाता था, और जो यूनानी वैज्ञानिक कृतियों के ग्रहण का काल था, अरस्तू के विचारों पर सवाल उठाए गए और उन्हें संशोधित रूप में स्वीकार किया गया। वे मध्यकालीन भारत में जिस रूप में पहुँचे,

उसकी झलक 'आईने-पैदाइशे-फ़िलिज़्ज़ात' में मिलती है।[3] मसलन अबुल-फ़ज़्ल लिखते हैं : 'अल्लाह ने चार बुनियादी अनासिर (अर्थात आग, पानी, धरती और हवा) को विभिन्न रूपों में ज़ाहिर किया है। आग गर्म, ख़ुश्क और निस्बतन हलकी होती है। हवा निस्बतन गर्म और हलकी होती है। पानी कुछ ज़्यादा गर्म और भारी होता है जबकि धरती ठंडी, ख़ुश्क और बहुत ही भारी होती है। गर्मी से हलकापन पैदा होता है; नमी भारीपन देती है; गीलेपन से कोई चीज़ आसानी से अलग हो सकती है, जबकि ख़ुश्की अलगाव को रोकती है। इसी ताज्जुबख़ेज़ ढंग से चारों तत्त्व क़ुदरती मज़ाहिर (नेचुरल फेनामिना) के रूप में (यानी आसारे-उलवीया या बारिश, बर्फ़, बिजली के रूप में); दूसरे, पत्थरों के रूप में; तीसरे, पौधों के रूप में; और चौथे, हैवानों के रूप में ज़ाहिर होते हैं।'[4] उसके बाद अबुल-फ़ज़्ल अरस्तू द्वारा नम और ख़ुश्क कुहासों का वर्णन करते हैं जिनको क्रमशः दुख़ान और बुख़ार कहते हैं। पृथ्वी के वायुमंडल में ये दोनों मिलकर बारिश, बर्फ़, ओले वग़ैरह पैदा करते हैं। यही चीज़ें धरती की सतह के नीचे मिलकर भूडोल, ज्वालामुखी और खनिज पैदा करती हैं।[5] हम यह बात कह सकते हैं कि अरस्तू के मुक़ाबले अबुल-फ़ज़्ल द्वारा वर्णित तत्त्व और गुण, तथा उनके द्वारा प्रयुक्त पारिभाषिक शब्द भी, अधिक सटीक और परस्पर सापेक्ष हैं। अलावा इसके, जब वे गन्धक और पारे को पृथ्वी की सतह के नीचे मौजूद तमाम खनिजों और धातुओं की बुनियादी सामग्री बतलाते हैं तो (जाबिरी रूप में) चीनी द्वैतवाद का प्रयोग भी कर रहे होते हैं। इस तरह अरस्तू के नम और ख़ुश्क कुहासे अनेक प्रकार से मिलकर गन्धकों और पारों (सहजीवी और गर्म रसायनों) की एक पूरी श्रृंखला पैदा करते हैं। फिर ये गन्धक और पारे मिलकर पाँच श्रेणियों और 'सात धातुओं' को जन्म देते हैं।

इस सबके कारण अबुल-फ़ज़्ल कीमियागरी-सम्बन्धी विश्वासों के सैद्धान्तिक आधार को स्वीकार करते हैं। बिना किसी शर्तसूचक टिप्पणी के वे लिखते हैं, 'हालाँकि गन्धक और पारा सातों धातुओं के घटक हैं, फिर भी उनके शुद्धता-सम्बन्धी अन्तर के कारण, या उनके मेल के ख़ास हालात के कारण, या एक-दूसरे पर इन घटकों के तरह-तरह के घात-प्रतिघात के कारण विभिन्न रूप पैदा होते हैं। मसलन जब इनमें से किसी भी घटक को पार्थिव कणों से नहीं मिलाया जाता, जब वे शुद्ध हों और पूरी तरह मिल जाएँ और जब गन्धक सफ़ेद हो और मात्रा में पारे से कम हो तो चाँदी पैदा होती है। अगर दोनों बराबर मात्रा में हों तथा गन्धक लाल हो और रंग पैदा कर सकता हो तो सोना पैदा होता है।'[6] इसी तरह वे अपना वर्णन तब तक जारी रखते हैं जब तक कि सभी सातों धातुओं के निर्माण की व्याख्या नहीं हो जाती। फिर भी, समापन करते समय जब वे एक धातु से दूसरी धातु में रूपान्तरण की संभावना की व्याख्या पर आते हैं तो लगता है कि थोड़ा पीछे हट रहे हैं। इस विचार को (अल-कीमिया के) माहिरों (अहले-सनअत) से जोड़ते हुए वे लिखते हैं कि टिन कोढ़ग्रस्त चाँदी होता है और काँसा कच्चा सोना होता है, और कीमियागर उन्हें हकीमों की तरह विरोध और समानता की विधियों का सहारा लेकर वापस शुद्ध अवस्था में ला सकता है।[7]

अबुल-फ़ज़्ल का अपना व्यावहारिक मन इस बात को लेकर अधिक चिन्तित था कि

जस्ता धातु का श्रेणीकरण कैसे किया जाए। जस्ता तब (उदयपुर के पास) ज़वार में खान से निकाला और शुद्ध किया जा रहा था, मगर 'ज्ञान की पुस्तकों (नामा-हा-ए हिकमत) में इसका कोई ज़िक्र नहीं मिलता।'[8] इसलिए वे इस धातु का वर्णन उसके स्थानीय नाम (जस्त) और जस्ता के ऑक्साइड के लिए प्रयुक्त फ़ारसी शब्द (रूहे-तूतिया) के सहारे करते हैं। फिर वे ताँबा, कौलपत्र और सीमे-सोख़्ता जैसी मिश्र धातुओं में उसके उपयोग गिनवाकर और उनका वर्णन करके उसके महत्त्व की व्याख्या करते हैं।

खनिजों का वर्गीकरण

खनिजों के उद्‌गम की व्याख्या करने के बाद अबुल-फ़ज़्ल उनके वर्गीकरण के प्रयास भी करते हैं। वे एक तरफ़ जहाँ अरस्तू के गीलापन, ख़ुश्की, गर्मी और ठंडापन जैसे मानदंडों का प्रयोग करते हैं, वहीं दूसरी ओर विशिष्ट गुरुत्व के बारे में अल-बैरूनी और अल-ख़ाज़िनी के बेहद वैज्ञानिक मानदंडों का प्रयोग भी करते हैं।[9]

खनिजों का वर्गीकरण जाबिर-इब्न-हय्यान, ज़करिया अल-राज़ी और अबू-सीना जैसे अरब कीमियागरों की दिलचस्पी का एक अहम नुक्ता था, और उनकी कोशिशों ने वैज्ञानिक विधि और रसायनशास्त्र के विकास में भारी सहायता पहुँचाई।

अधिक बारीक श्रेणियों की इच्छा के कारण अल-बैरूनी ने अपना काम अन्ततः वहाँ से शुरू किया जहाँ आर्किमिडीज़ ने अपना काम छोड़ा था, और उन्होंने बहुत बड़ी तादाद में खनिजों के विशिष्ट गुरुत्व और सापेक्ष घनत्व की एक बहुत लम्बी और सटीक तालिका तैयार की।

इस धारणा की व्यावसायिक कार्यों के लिए सटीकता और उसकी व्यवहार्यता ने अबुल-फ़ज़्ल की कल्पना को भी प्रेरित किया, और उन्होंने इस विषय पर 'प्रत्येक द्रव्य के भारीपन और हलकेपन के बारे में' शीर्षक से एक पूरा अध्याय ही जोड़ दिया। तालिकाओं से बहुत बड़ी हद तक भरे इस अध्याय का सैद्धान्तिक आधार अपेक्षाकृत सरल है। अबुल-फ़ज़्ल के अनुसार 'कुछ वस्तुएँ (अपने बड़े आकार के बावजूद) दूसरों से हलकी होती हैं क्योंकि ख़ुश्क और नम कुहासों के अधूरे मेल के कारण उस वस्तु के कणों के बीच वाले स्थान में हवा भर जाती है। इसके कारण वे उन वस्तुओं से बड़ी मगर हलकी हो जाती हैं जिनमें यह मेल अधिक मुकम्मल होता है।'

कणों के बीच के स्थान का हवाला देना तथा (विभिन्न वस्तुओं के कणों—अजज़ा—के बीच के स्थान में हवा भरने की बात करते समय) परमाणुवाद का सहारा लेना अबुल-फ़ज़्ल की इस योग्यता का उदाहरण है कि जब वे किसी नए सिद्धान्त को अपने बुद्धिवाद से मेल खाता हुआ पाते थे तो उसे स्वीकार कर लेते थे।[10]

फिर भी, विशिष्ट गुरुत्व (या सापेक्षिक घनत्व) पर आएँ तो अबुल-फ़ज़्ल पद्य में एक 'रेडी- रेकनर' को उद्‌धृत करते हैं जिससे कोई व्यक्ति पारा, काँसा, टिन, सोना, सीसा, लोहा, पीतल, ताँबा और चाँदी के सापेक्षिक घनत्व याद कर सकता है—जुम्मल (संख्याओं) में भी और अबजद (अक्षरों को दिए गए अंकों) में थी।[x]

वे हाल के एलेनमेयर फ़्लास्क से मिलते-जुलते एक उपकरण (आल-ए-मख़रूतिया) का वर्णन भी करते हैं जिसकी सहायता से कोई व्यक्ति विभिन्न द्रव्यों के समान भार द्वारा विस्थापित जल की सापेक्ष मात्राएँ नाप सकता था। *आईन* में विभिन्न प्रकार की तुलाओं का वर्णन भी किया गया है।[11] अबुल-फ़ज़्ल सापेक्ष भारों पर विस्तृत तालिकाएँ तथा सोना, चाँदी, मोती, स्फटिक, क़ीमती पत्थरों और मिश्र धातुओं जैसे विभिन्न प्रकार के पदार्थों के भार में आनेवाली कमी की तालिकाएँ देकर इस अध्याय का समापन करते हैं।[12] इस धारणा को दिया गया महत्त्व तथा सापेक्ष भारों के निर्धारण के लिए प्रयुक्त उपकरण सिर्फ़ बौद्धिक सटीकता को नहीं, इस तथ्य को भी दर्शाते हैं कि अनेक कुलीन क़ीमती पत्थरों और धातुओं की ख़रीद-बिक्री करते रहते थे और इसलिए उन्हें जाली माल और सच्चे माल में अन्तर की तरकीबें जानने की ज़रूरत महसूस होती थी।[13]

16वीं सदी के भारतीय विज्ञान में सटीक और विस्तृत तालिकाओं का यह प्रयोग पद्धतिशास्त्रीय परिमाणीकरण और सटीकता से भी वंचित नहीं था। वास्तव में परिमाणीकरण के सवाल पर यह जानना दिलचस्पी से ख़ाली नहीं होगा कि अबुल-फ़ज़्ल किस तरह धातुओं के उद्‌गम-सम्बन्धी अध्याय का सम्बन्ध मिश्रधातुओं के उत्पादन या धातुओं के रासायनिक संयोग-सम्बन्धी एक परिच्छेद से जोड़ते हैं। मिसाल के लिए सफ़ीदरुई (सफ़ेद काँसा) के उत्पादन का वर्णन करते हुए वे कहते हैं : 'इस मिश्र धातु को हिन्दी में काँसी कहते हैं और कहा जाता है कि इसमें ताँबा और सीसा 4:1 के अनुपात में होते हैं...एक और काँसे में ताँबा और सीसा 8:3 के अनुपात में होते हैं तथा इसे फ़ारसी में रुई और हिन्दी में भंगार कहा जाता है।'[14] पीतल के उत्पादन के बारे में ताँबे और जस्ते के तीन अलग-अलग अनुपात बताए गए हैं, यानी 72 प्रतिशत ताँबा, 67 प्रतिशत ताँबा और 58 प्रतिशत ताँबा।[15]

और भी जटिल मिश्रधातुओं के बारे में, जिनमें तीन से लेकर आठ तक घटक धातुएँ होती हैं, परिमाणों का निश्चय पहले तो सरल, दो तत्त्वोंवाली मिश्रधातुओं को एक साथ रखकर किया गया है, और उनके अनुपात के तय हो जाने के बाद उनको मिलाकर और भी जटिल मिश्रधातुएँ जैसे हफ़्त-जोश और अष्टधातु तैयार किए जाते हैं। प्रसंगवश, तकनोलाजी में अपनी दिलचस्पी के कारण ख़ुद अकबर ने भी एक मिश्रधातु का 'आविष्कार' किया था। उसने इसे दो भाग सफ़ेद कांसा और एक भाग ताँबा मिलाकर तैयार किया और यह 'ख़ूबसूरत और चमकदार' था।[16] हालाँकि नए आविष्कारों को बादशाह से मंसूब करना प्रचलित चमचागीरी का हिस्सा होता था, फिर भी इस मुआमले में अबुल-फ़ज़्ल की बात का विश्वास किया जा सकता है। कारण कि कार्यशाला में अकबर के कामों पर तत्कालीन जेसुइट लेखकों ने भी लिखा है।[17]

ध्वनियों के बारे में

वैज्ञानिक चर्चाओं में अकबर को मज़ा आता था और ध्वनि की गति और रंगों-सम्बन्धी चर्चा के दिलचस्प विवरण *आईन* में उपलब्ध हैं, हालाँकि वे प्रत्यक्ष या सुसंगत वर्णन

से अधिक विषयान्तर की श्रेणी में आते हैं। मसलन ध्वनि की विवेचना किताबतवाले अध्याय में की गई है, और अबुल-फ़ज़्ल ने इसका सम्बन्ध यह स्थापित किया है कि अक्षरों की शक्लें कैसी होती हैं और उनसे आवाज़ें कैसी निकलती हैं। यहाँ वे इख़्वानुस्सफ़ा और इब्न-सीना जैसे बुद्धिवादियों के गुप्त संगठन द्वारा प्रतिपादित सिद्धान्तों का सहारा लेते हैं। कहते हैं, 'कठोर पदार्थों को आपस में टकराने या उनको तोड़ने से ध्वनि पैदा होती है। दोनों मुआमलों में उनके बीच मौजूद हवा में तरंग-गति पैदा होती है और इस तरह ध्वनि नाम से ज्ञात अवस्था उत्पन्न होती है।'[18]

इस तरह यहाँ हमें परमाणु भी दिखाई देते हैं और ध्वनि के प्रसार का तरंग सिद्धान्त भी मिलता है, और दोनों का वर्णन बहुत स्पष्ट, असंदिग्ध ढंग से किया गया है। उसके बाद ध्वनि पर परिवर्तनकारी प्रभावों-सम्बन्धी और अधिक जानकारी मिलती है। पर स्थानाभाव के कारण हम यहाँ उनका विस्तृत उल्लेख नहीं कर सकते।

रंगों के बारे में

किताबत और चित्रकला वाले अध्याय से ठीक पहले अबुल-फ़ज़्ल बुनियादी रंगों और उनसे विभिन्न छायाओं की उत्पत्ति पर एक छोटी-सी टिप्पणी दर्ज करते हैं। इन्द्रधनुष पर अरस्तू की परिकल्पना को दोहराते हुए वे लिखते हैं : 'सफ़ेद और काले को सभी रंगों का स्रोत माना जाता है। उनको दो छोर और सभी रंगों के घटक समझा जाता है। थोड़े-से काले रंग के साथ ढेर सारा सफ़ेद रंग मिलाया जाए तो पीला रंग पैदा होता है; बराबर मात्रा में काला और सफ़ेद रंग लें तो लाल पैदा होता है; सफ़ेद और ढेर-सा काला रंग लें तो हरा रंग बनता है। इन बुनियादी रंगों को भिन्न-भिन्न मात्राओं में मिलाकर दूसरे रंग बनाए जा सकते हैं। अलावा इसके, यह भी ध्यान में रहे कि ठंड किसी नम वस्तु को सफ़ेद और ख़ुश्क वस्तु को काली बनाती है, जबकि गर्मी जो 'नम' है उसे काला और जो 'ख़ुश्क' है उसे सफ़ेद बनाती है। ये दो कारक (गर्मी और ठंडक) अपनी-अपनी जगह किसी वस्तु के रंग में तबदीली पैदा करते हैं; और दोनों ही क्रियाओं में समर्थ (क़ाबिल) और आसमानी वस्तुओं (ख़ासकर सूरज) के प्रभाव के प्रति संवेदनशील (मुक़्तज़ा) हैं।'[19] *आईने-अकबरी* में रंगों का जो सिद्धान्त मिलता है, वह इस बात का एक मिसाली नमूना है कि अरस्तवी धारणाएँ किस तरह से वैज्ञानिक विश्वासों की हिन्द-इस्लामी प्रणाली में घुली-मिलीं। ऐसे मुक़ामों पर यह देखकर ताज्जुब होता है कि अबुल-फ़ज़्ल ने कैसे भला प्रकाश और रंगों पर इब्न-अल-हिसाम (लगभग 965-1010 ई) की अनुसन्धानपूर्ण रचनाओं के अनदेखा किया, जो उसकी पुस्तक *किताबुल-मनाज़िर* (प्रकाशिकी ग्रन्थ) में मिलती हैं। सच तो यह है कि अल-हिसाम ने जो कुछ किया वह एक क्रान्तिकारी क़दम था क्योंकि उसने प्रकाश के व्यवहार का अध्ययन करने के लिए प्रयोगों और उपकरणों का उपयोग शुरू किया। उसके विचार शायद सत्ता-प्रतिष्ठान को कुछ ज़्यादा ही ख़तरनाक लगे क्योंकि उसे बग़दाद छोड़कर क़ाहिरा से अधिक सहिष्णु अय्यूबी शासकों के यहाँ पनाह लेनी पड़ी। इस्लामी सभ्यता

में विज्ञान के लिए इससे भी ज़्यादा त्रासद बात यह थी कि बाद के प्रकाश-विज्ञानी और भौतिक-शास्त्री हिसाम द्वारा आरम्भ की गई पद्धति को ग्रहण करके उसे एक परम्परा का रूप देने में असफल रहे।[20] वास्तव में मध्यकालीन भारत की वैज्ञानिक रचनाओं के एक सर्वेक्षण से रंगों पर सिर्फ़ एक रचना सामने आई है और वह भी शायद कुतबुद्दीन शीराज़ी की *शरहे-मनाज़िर* की नक़ल है।[21]

वैसे तो हिसाम ने जो कुछ कहा था, उससे कुछ ग्रहण करने में अल-बैरूनी भी असफल रहा। (शायद इसलिए कि दोनों समकालीन थे और शायद अल-बैरूनी हिसाम की रचनाओं से अपरिचित रहा हो।) पर अरस्तू के सभी अनुयायियों के नाम उसकी सलाह से अबुल-फ़ज़्ल का बेपनाह भला होता। अल-बैरूनी ने कहा था, 'इन लोगों की बदनसीबी यह है कि वे पूरी तरह अरस्तू की रायों का पक्ष लेने में मुबालग़ा (अतिशयोक्ति) से काम लेते हैं। यह उनके विश्वासों का अंग भी है जिससे उसकी ग़लतियों की गुंजायश को स्वीकार करने की संभावना नहीं रह जाती, बावजूद उनके इस ज्ञान के कि वह तीव्र बुद्धिवाले विचारकों में एक था पर उनमें से एक न था जिनकी बातें अकाट्य होती हों।'[22]

आईने-अकबरी में सोने की विभिन्न श्रेणियों की शुद्धता मापने पर भी कुछ अध्याय मिलते हैं। शाही टकसाल का वर्णन करते हुए अबुल-फ़ज़्ल अयस्कों से सोना, चाँदी और ताँबा की निकासी का तथा टकसाल के उस्तादों द्वारा निर्धारित कठोर मानदंडों तक उनके शुद्धीकरण का वर्णन भी करते हैं।[23] धातु-कर्म के अलावा अबुल-फ़ज़्ल ने रासायनिक प्रौद्योगिकी के क्षेत्रों का वर्णन भी किया है। मिसाल के लिए वे इत्रों की कशीद, साबुन के उत्पादन, शोरे के उपयोग से पानी को ठंडा करने की कला, काग़ज़ के निर्माण और यहाँ तक कि शराब की कशीद के तरीक़ों की व्याख्या भी करते हैं।[24]

कुछ अध्याय तकनोलाजी के दूसरे क्षेत्रों पर भी हैं। मसलन तोप और तोड़ेदार बन्दूक़ के निर्माण पर; एक ही समय में 16 तोपों की नलियों की सफ़ाई करने और उनको चिकनी बनाने पर; और ऐसी घिर्रीदार मिलों पर जो चलती गाड़ी में गेहूँ पीसती हैं।[25]

ऊपर वर्णित धारणाओं के अलावा *आईन* में कुछ परिच्छेद पशु-चिकित्सा विज्ञान और प्राकृतिक इतिहास, आयुर्विज्ञान और भौतिक व गणितीय भूगोल पर भी हैं। अन्तिमोक्त में एक देशान्तर या अक्षांश के रैखिक विस्तार और इस तरह पृथ्वी की परिधि के निर्धारण की विधियों का वर्णन किया गया है। सौर वर्ष का पंचांग बनाना तब एक प्रमुख समस्या था और इलाही पंचांग शुरू करके उसका एक हल निकालने की कोशिश की गई। यह अपने-आपमें विज्ञान का अत्यन्त समस्याग्रस्त क्षेत्र है।

हिन्दू विज्ञानों की उपेक्षा भी नहीं की गई और *आईन* के अन्तिम भाग का काफ़ी बड़ा हिस्सा हिन्दू विज्ञानों (तथा भारतीय और टालमीय भूगोल) पर है।

अन्तिम बात। इसका श्रेय ख़ुद अकबर को जाता है कि उसने अबुल-फ़ज़्ल और फ़तहुल्लाह शीराज़ी जैसे लोगों को संरक्षण और प्रोत्साहन दिया जो मदरसों में अधिक

वैज्ञानिक पाठ्यक्रमों के तथा तकनालोजी में अधिक कारगर तकनीकों के आरम्भ में या वैज्ञानिक सिद्धान्तों पर चर्चा आरम्भ करने में अकबर की सहायता करते रहे।[26] तो भी इसके कारण जो सामाजिक-आर्थिक और वैज्ञानिक प्रेरणाएँ उत्पन्न हुईं वे ज़ाहिरा तौर पर इतनी शक्तिशाली न थीं कि भारतीय विज्ञान के ढाँचे में कोई 'समष्टिगत परिवर्तन' (पैराडिम चेंज) आता।[27] इसीलिए *आईन* में अबुल-फ़ज़्ल अफ़सोस का इज़हार करते हैं कि 'बेलोच परम्परा (तक़लीद) की सर्द बयार के कारण और अक़्लो-दानिश के चिराग़ की टिमटिमाहट के कारण' विभिन्न धर्मों के वैज्ञानिकों के बीच विचारों का आदान-प्रदान नहीं हो रहा है। 'विज्ञान' का पुराना पद्धतिशास्त्रीय-विचारधारात्मक ढाँचा अभी नहीं टूटा था, यह बात उनकी बाक़ी की टिप्पणी से स्पष्ट है : 'अनन्त काल से छानबीन के कामों पर पाबन्दी रही है, और सवाल या जाँच-पड़ताल को कुफ्र का पेशख़ैमा माना जाता है। पिता, बन्धु-बान्धवों या गुरु से जो कुछ मिला हो उसे ही ख़ुदादाद धरोहर समझा जाता है और किसी असन्तुष्ट व्यक्ति को काफ़िर या बेदीन का ताना दिया जाता है। किसी पीढ़ी के अक़्लमन्द इनसानों में कुछेक लोग हालाँकि दूसरों में इस विधि की मूढ़ता की बात स्वीकार करते हैं, फिर भी वे ख़ुद किसी व्यावहारिक दिशा में एक क़दम भी नहीं उठाते।'[28]

सौभाग्य से अकबर के ज़माने में ऐसे अपवाद थे।

सन्दर्भ और टिप्पणियाँ

1. ओलफ़ पेडरसन और एम पिह्ल, *अर्ली फिज़िक्स एंड एस्ट्रोनोमी : ए हिस्टारिकल इंट्रोडक्शन*, लन्दन, 1974, पृ. 146 देखें। बहस के ब्यौरों के बारे में रेने टेडन (सं), *ए जनरल हिस्टरी ऑफ़ साइंस, मेडिवल एंड एंशिएंट*, लन्दन, 1963 देखें। बेंजामिन फ़ैरिंगटन, *ग्रीक साइंस;* जे डी बर्नल, *साइंस इन हिस्टरी*, लन्दन, 1957, पृ. 140 और आगे; जूलियन मेरियस, *ए हिस्टरी ऑफ़ फिलासफी*, डोवर, 1967; एस सैंबर्स्की, *द फिज़िकल वर्ल्ड ऑफ़ द ग्रीक्स*, लन्दन, पृ. 14-15 जैसी क्लासिक रचनाओं में कुछ अच्छे सर्वेक्षण उपलब्ध हैं। इस सिद्धान्त के भारतीय प्रतिरूपों के बारे में *सुश्रुत संहिता*, खंड दो देखें जिसे बी वी सुब्बारायप्पा आदि ने *ए कंसाइज़ हिस्टरी ऑफ़ साइंस इन इंडिया*, नई दिल्ली, 1971, पृ. 455-60 में उद्धृत किया है।
2. पेडरसन और पिह्ल, पूर्वोक्त, पृ. 146 और आगे से तुलना करें।
3. अनुवादों के चरण के ब्यौरों के बारे में ओ' लियरी, *हाउ ग्रीक साइंसेज़ पास्ड टू द अरब्स*, लन्दन, 1957; साथ में एफ़ ई पीटर्स, *एरिस्टाटिल एंड द अरब्स*, न्यूयॉर्क, 1968, और जार्ज सैर्टन, *इंट्रोडक्शन टू द हिस्टरी ऑफ़ साइंस*, हारवर्ड, दो भी देखें।
4. *आईने-अकबरी*, नवलकिशोर, लखनऊ, एक, पृ. 37-38
5. उपरोक्त, पृ. 38
6. उपरोक्त, पृ. 39
7. उपरोक्त।
8. उपरोक्त।

9. कड़ापन, घुलनशीलता, रंग, चमक और टूटन जैसे मानदंडों का निर्धारण अरस्तू के एक शिष्य थियोफ्रैस्टस (लगभग 372-288 ई. पू.) ने अपनी रचना *दे लैपिदस* में किया था। जार्ज सैर्टन, पूर्वोक्त, पृ. 560 देखें।
10. *आईन,* एक, पृ. 40
11. प्रसंगवश परमाणुवाद के सिद्धान्त को अरस्तू बुरी तरह नापसन्द करता था और उसने उसका खंडन भी किया था। *आईन,* एक, पृ. 40-41; बर्नल, पूर्वोक्त, पृ. 133-45 से तुलना करें।
12. *आईन,* एक, पृ. 40-41 देखें। तुलना करें अल-ख़ाज़िनी, *मीजानुल-हिकमत,* हैदराबाद, 1940, पृ. 79-82 से।
13. अल-बैरूनी, *किताबुल-जमाहिर फ़ी मआरिफ़तुल-जवाहिर,* हैदराबाद, हिजरी 1355 देखें।
14. *आईन,* एक में पृ. 14 पर क़ीमती पत्थरों के पूरे एक ख़ज़ाने का वर्णन किया गया है।
15. *आईन,* एक, पृ. 37
16. उपरोक्त, पृ. 40
17. मोंसेरेट, *कमेंटरी ऑन हिज़ जर्नी टू द कोर्ट ऑफ़ अकबर,* अनु : जे एस हायलैंड और एस एन बनर्जी, कटक, 1922, पृ. 201; *अकबर एंड द जेसुइट्स,* अनु : सी एच पाइनी, लन्दन, 1926 में दु जैरिक का विवरण देखें।
18. *आईन,* एक, पृ. 127; इब्न-सीना, *रिसाला अल मौसीक़ी,* हैदराबाद, हिजरी 1353, पृ. 10 और *रसाइल इख़्वानुस्सफ़ा,* बम्बई, 1886, एक, पृ. 1188
19. *आईन,* एक, पृ. 126
20. ब्यौरों के बारे में इब्न अल हिसाम, *किताबुल-मनाज़िर,* अनु : उमर बिन सालेह, शिकागो, 1980 देखें।
21. पांडुलिपि संख्या 2335, अरबी, रज़ा लाइब्रेरी, रामपुर; तुलना करें ए रहमान, एम ए अलवी आदि, *साइंस एंड टेक्नोलाजी इन मेडिवल इंडिया : ए बिब्लियोग्राफी,* नई दिल्ली, 1982 से।
22. *अल-बैरूनीज़ किताब इफ़राद अल मक़ाला फ़ी अम्र ज़लाल* (छायाओं आदि के बारे में), अनु : ई एस केनेडी, अलेप्पो, 1976, एक, पृ. 32
23, *आईन,* एक, पृ. 18-32
24. उपरोक्त।
25. इरफ़ान हबीब का लेख 'अकबर एंड टेक्नोलाजी' देखें।
26. एम ए अलवी और ए रहमान, *शाह फ़तहुल्लाह शीराज़ी : ए सिक्सटींथ सेंचुरी इंडियन साइंटिस्ट,* नई दिल्ली, 1976
27. 'समष्टिगत परिवर्तन' के विचार के बारे में टी एस कुह्न, *द स्ट्रक्चर ऑफ़ साइंटिफ़िक रिवाल्यूशंस,* शिकागो, 1970 देखें।
28. *आईने-अकबरी,* तीन, अनु : जैरेट, संशोधन : सरकार, ओरिएंटल रिप्रिंट, 1978, पृ. 4-5

अकबर और प्रौद्योगिकी

इरफ़ान हबीब

अप्रैल 1580 में फ़तेहपुर सीकरी से जेसुइट पादरी फ्रांसिस हेनरीक्स ने ख़बर दी कि 'अकबर सभी धन्धों के बारे में थोड़ा-थोड़ा जानता है और कभी-कभी, या तो बढ़ई या लुहार या हथियारसाज़ के रूप में उन्हें अपने लोगों के सामने करके दिखाना पसन्द करता है।'[1] इसके कुछ ही समय बाद, जुलाई में रुडोल्फ़ एक्वाविवा ने 'यान्त्रिक कलाओं' में अकबर की दिलचस्पी का हवाला दिया।[2] सितम्बर में मोंसरेट ने दावा किया कि उन्होंने 'उसे एक ज़रीसाज़ की तरह फीते बनाते हुए तथा रेती चलाते, खरादी करते और बहुत कड़ी मेहनत करते हुए भी देखा है।[3] आगे चलकर अपनी कमेंटरी लिखते हुए मोंसरेट ने इस बात को याद किया कि :

> ज़लालदीनस (जलालुद्दीन मुहम्मद अकबर) इमारतसाज़ी से इतना लगाव रखता है कि कभी-कभी दूसरे कामगारों के साथ ख़ुद पत्थर तक तोड़ता है। न ही वह एक मामूली दस्तकार के फ़न को देखने और मनबहलाव के लिए ख़ुद उसे करने से झिझकता है। इस मक़सद के लिए उसने महल के पास एक कारख़ाना बनवाया है जहाँ चित्रकला, सुनारगीरी, क़ालीनसाज़ी और पर्दासाज़ी जैसे अधिक बारीक और अधिक बाइज़्ज़त कलाओं के लिए तथा हथियार बनाने के लिए स्टूडियो और कार्यशालाएँ हैं। यहाँ वह अक्सर आता रहता है और इस कलाओं में लगे लोगों को देखकर अपने मन को हलका करता है।[4]

जेसुइट प्रत्यक्षदर्शियों के ये वक्तव्य महत्त्वपूर्ण हैं क्योंकि ये संकेत देते हैं कि हस्तकला और प्रौद्योगिकी में अकबर की भारी दिलचस्पी पर अबुल-फ़ज़्ल के दावे सिर्फ़ दरबारी ख़ुशामद के नमूने नहीं हैं। औद्योगिक कलाओं के प्रति अकबर में एक स्वाभाविक रुझान था और यह निःसन्देह प्रौद्योगिक प्रवर्तन (इनोवेशन) से उसके सरोकार का कारण था।

'पूर्वनिर्मित' और चल ढाँचे

प्रौद्योगिकी में अकबर की रुचि का एक साक्ष्य पहले आरिफ़ क़न्धारी ने दिया था।

उन्होंने 1579 में लिखा था :

> उनकी उम्दा और शानदार प्रकृति ऐसी है कि जब वे सफ़र पर जाते हैं तो जहाँपनाह के ख़ेमे पाँच सौ ऊँटों पर लादे जाते हैं। अठारह तो मकान हैं जो लकड़ी के तख़्तों से बने हैं। हरेक में एक ऊपरी मंज़िल और छज्जा है। ये किसी मुनासिब और आकर्षक स्थान पर गाड़ दिए जाते हैं। खानगी के वक्त़ हर तख़्ते को अलग कर दिया जाता है और ख़ेमा डालने के वक़्त तख़्ते लोहे के छल्लों से आपस में जोड़ दिए जाते हैं। इन मकानों का अन्दरूनी भाग यूरोपी किमख़ाब और यूरोपी मख़मल से ढका जाता है और बाहरी हिस्सा चौड़े ऊनी कपड़ों से।[5]

ख़ेमों के साथ लकड़ी के तख़्तों का इस्तेमाल करके पूर्वनिर्मित और चल ढाँचों का यह निर्माण एक रोचक प्रवर्तन था। हालाँकि आगे चलकर अबुल-फ़ज़्ल ने *आईने-अकबरी* में इसका थोड़ा विस्तार से वर्णन किया, पर लगता है लोग इस पर ध्यान देने से चूक गए हैं, ख़ासकर इसलिए कि ब्लाख़मान का अनुवाद[6] इस तथ्य को स्पष्ट नहीं करता कि ये ढाँचे कपड़े या किरमिच के नहीं, मूलतः लकड़ी के थे। मैं यहाँ *आईने-अकबरी* के वर्णन का नए सिरे से अनुवाद कर रहा हूँ :

> ख़ेमाबन्दी और मुहिम का आईन : इस सब का बयान मुश्किल है, पर शिकार की मुहिमों और पास की जगहों के सफ़र के दौरान जो बन्दोबस्त किया जाता है उसे लिखा जा रहा है और एक बे-मिसाल बयान पेश किया जाता है। पहली बात यह कि गुलालबार एक अद्‌भुत गढ़ी है जिसे जहाँपनाह ने बनाया है। इसका घेरा बहुत ठोस है तथा रास्ता ताले-चाबी से बन्द किया या खोला जाता है। यह रक़्बे में 10 गज़ गुणे 10 गज़ से कम है। इसमें पूरब की तरफ़ एक बड़ा शामियाना (बारगाह) है जिसके दो ऊँचे मस्तूल (सर्ग़) हैं; इसमें 54 कमरे हैं (अर्थात उनके गिर्द 54 छोटे खम्भे हैं) जो 24 गज़ लम्बे और 14 गज़ चौड़े हैं।[7] (गुलालबार के) अन्दर एक बड़ी, लकड़ी की रावटी खड़ी है और उसके इर्द-गिर्द दूसरे पर्दादार मंडप हैं। उससे सटे हुए एक दो कमरों की (दो-आशियाना) लकड़ी की इमारत खड़ी की जाती है, और यही जहाँपनाह का इबादतख़ाना है। इसके बाहर चुनिन्दा ढंग से लकड़ी की 24 रावटियाँ खड़ी की जाती हैं जिनमें हरेक 10 गज़ लम्बी और 6 गज़ चौड़ी होती है, और हर रावटी पर्दों से दूसरों से अलग होती है। शाही हरम की ख़वातीन यहीं आराम फ़रमाती हैं।[8]

थोड़ा ही आगे चलकर 'आईने-फ़र्राशख़ाना' में 'लकड़ी की रावटी' का मुनासिब वर्णन किया गया है :

> लकड़ी की रावटी[9] दस खम्भों पर खड़ी की जाती है। इनका एक हिस्सा ज़मीन में गाड़ा जाता है और सभी बराबर ऊँचाई के होते हैं, पर वे दो[10]

> जिन पर शहतीर टिकाई जाती है, थोड़े से ऊँचे होते हैं। (शहतीर के) ऊपर और नीचे रखे गए लकड़ी के तख़्तों से मज़बूती बढ़ जाती है तथा शहतीर और तख़्ते के ऊपर कुछ कड़ियाँ रखी जाती हैं। ये सब एक-दूसरे से लोहे की चादरों से जुड़े होते हैं जिनमें मर्दाना और ज़नाना पैबन्द होते हैं (हुमा ए आहन जाम ब-तर्ज़े-नरो-मादगी पैबन्द दहद।) दीवार और छत आपस में जुड़ी बाँस की डंडियों के होते हैं। एक या दो दरवाज़े होते हैं और (दरवाज़े के सामने) एक बापर्दा फ़र्श (सुफ़्फ़) होती है जो निचले तख़्त के आकार के मुताबिक़ होती है। अन्दर का भाग किमख़ाब और मख़मल से सजा होता है तथा बाहरी भाग चौड़े ऊन और रेशम की पट्टियों से घिरा होता है।

ख़ेमाबन्दी के वर्णन के आरम्भिक भाग में जिस दो-आशियाना का ज़िक्र हुआ है, अबुल-फ़ज़्ल उसका भी वर्णन करते हैं :

> दो-अशियाना 18 खम्भों पर खड़ा किया जाता है। 6-6 गज़ के खम्भे खड़े किए जाते हैं और उन पर लकड़ी के तख़्ते रखे जाते हैं। उनसे मर्दाना और ज़नाना पैबन्दों के ज़रिये (ब-तर्ज़े-नरो-मादा) (लम्बाई में) 4 गज़ के खम्भे जोड़े जाते हैं और इस तरह ऊपरी कमरा (बाला-ख़ाना) बनाया जाता है। उसके अन्दरूनी और बाहरी भाग को (लकड़ी की रावटी की तरह ही) सजाया जाता है। मुहिम के दौरान यह बादशाह के शयनकक्ष का काम करता है।[11]

यहाँ ये विस्तृत अनुवाद यह दिखाने के लिए दिए गए हैं कि, जैसा कि आरिफ़ क़न्धारी कहते हैं, खम्भों और शहतीरों की तैयारी में काफ़ी प्रवर्तन-वृत्ति से काम लिया जाता था और सिर्फ़ तम्बू नहीं, लकड़ी के ढाँचे फ़ौरन खड़े करने के लिए उनका इस्तेमाल किया जा सकता था। 'लकड़ी की रावटी' की तरह एक लकड़ी और बांस का महल तथा 'दो-आशियाना' की तरह एक दोमंज़िला ढाँचा सफ़र के हर मरहले में खड़ा किया और अलग-अलग किया जा सकता था। ब्लाख़मान का अनुवाद यह संकेत देता है कि अनेक भागों को जोड़ने के लिए 'नट-बोल्ट' का प्रयोग किया जाता था।[12] अगर यह सही है तो यह बहुत पहले जोड़ने के लिए स्क्रू के उपयोग का साक्ष्य होगा हालाँकि यूरोप में बढ़ईगीरी के काम में स्क्रू का प्रयोग 16वीं सदी तक शुरू नहीं हुआ था।[13] लेकिन 'आहन जाम' (लोहे का कवर) शब्द स्क्रू की सम्भावना ख़त्म करने के लिए निर्णायक महत्त्व रखते हैं। ज़ाहिर है यहाँ लोहे की छोटी-छोटी नलकियों की बात कही गई है जो मस्तूलों और शहतीरों के सिरों को ढकने के काम आती थीं। इनके बाहर निकले भाग ('नर') ऐसे होते थे कि उन संगत नलियों के खोखल ('मादा') में फ़िट बैठते थे जो दूसरे मस्तूलों और शहतीरों से जुड़ी होती थीं। वे मस्तूल या शहतीर की लम्बाई में भी निकली होती थीं और उनसे समकोण बनाते हुए भी। लोहे की आधुनिक मचान (स्कैफ़ोल्डिंग) इसी तरह खड़ी की जाती है, और यह देखना दिलचस्पी

से ख़ाली नहीं होगा कि क्या भारत में इमारती लकड़ी के उपयोग में इस तरह के साधन के प्रयोग का पहले कोई साक्ष्य है या नहीं है। इसका सामान्य सिद्धान्त प्राचीन ईरान में ज्ञात था जहाँ कारिज़ मिट्टी की नलकियों को इसी तरह फ़िट किया जाता था; इनमें से हरेक का एक सिरा 'नर' और दूसरा सिरा 'मादा' होता था। लेकिन इमारती लकड़ी के किसी काम में इसके उपयोग का मुझे ज्ञान नहीं है।

कपड़ासाज़ी

वस्त्र-प्रौद्योगिकी में अकबर की दिलचस्पी पर भी हमारे प्रारम्भिकतम स्रोत आरिफ़ क़न्धारी ही हैं। लिखते हैं :

> उम्दा कामों पर जहाँपनाह की ऐसी निगाह है कि उन्होंने हिन्दस्तान में रेशमी कपड़ों, किमख़ाब, रंगीन पर्दों तथा रेशम और किमख़ाब की क़ालीनों की शुरुआत (शब्दशः ईजाद) की है और अत्यन्त कुशल उस्तादों को इस फ़न की तालीम दी है जिसके कारण आज हिन्दस्तान का काम फ़ारस और यूरोप के काम से बहुत बेहतर है। उन्होंने डिज़ाइनों (तर्राही) के काम का इतना अच्छी तरह अभ्यास किया है कि अगर (महान कलाकार) मानी ज़िन्दा होता तो ऐसी तर्राही और रँगरेज़ी पर दाँतों तले अपनी उँगलियाँ दबा लेता है।[14]

यह उद्धरण महत्त्वपूर्ण है। यह दिखाता है कि वस्त्र-कला सम्बन्धी प्रवर्तन-वृत्ति के बारे में अकबर की प्रतिष्ठा अबुल-फ़ज़्ल के दिमाग़ की उपज नहीं थी, और उन्होंने जब *आईने-अकबरी* लिखना शुरू किया उससे बहुत पहले से ही इसे व्यापक रूप से स्वीकार किया जा रहा था। उन्होंने तो बस ब्यौरे अधिक दिए हैं :

> जहाँपनाह की तवज्जह के सबब तरह-तरह के कपड़े (क़माश) सामने आए और ईरानी, यूरोपी व चीनी कपड़े आम हुए। सिद्धहस्त उस्ताद और बेमिसाल माहिर सामने आए और उन्होंने हिदायत के काम में जोश पैदा किया। शाही ख़ेमे में तथा लाहौर, आगरा, फ़तेहपुर (सीकरी), अहमदाबाद और गुजरात के नगरों में तरह-तरह के चित्रों (तस्वीर), डिजाइनों (नक़्श) और बुनाइयों (शब्दशः गिरहों) और अद्‌भुत डिज़ाइनों (तरह-हा) का प्रचलन हुआ तथा उम्दा मालों को परखनेवाले जहाँगर्द (विश्वभर में भटकनेवाले यात्री) हैरान रह गए। थोड़े ही अरसे में दूरदर्शी बादशाह ने इस कला के सैद्धान्तिक और व्यावहारिक पक्षों की जानकारी पा ली और उनके संरक्षण में इस मुल्क के सीखने में होशियार, कुशल उस्तादों ने भी इसे सीख लिया।[15]

सन्दर्भ से यह भी स्पष्ट है कि यहाँ बात अकबर के संरक्षण में ईरान, चीन और यूरोप के नक़्शों और गिरहों के आपसी मेल की चल रही है। उस्ताद तो सिर्फ़ ईरान से आए होंगे पर बुनाई की तकनीक में मूठ करघा (ड्रा-लूम) का प्रयोग इन तीनों ही

क्षेत्रों में किया जाता था। अबुल-फ़ज़्ल इस तकनीक के व्यवहार की बात कर रहे हैं या नहीं, इसे निश्चय के साथ न कह पाना अफ़सोस की बात तो है, पर यह असम्भव नहीं है।

आरिफ़ क़न्धारी के उपरोक्त उद्धरण में तर्राही और अबुल-फ़ज़्ल के उद्धरण में तर्ह शब्द के प्रयोग पर विशेष ध्यान देने की आवश्यकता है। ऐन मुमकिन है कि इनसे आशय छींट की छपाई के ब्लाकों (छापों) पर बनी डिज़ाइनों से हो। कहते हैं कि 1592 में अब्दुर्रहीम ख़ाने-ख़ानाँ की नौकरी छोड़नेवाले ग़नी बेग असदाबादी ने 'डिज़ाइन बनाने (तर्राही) की कला में और छींट के ढर्रे (इख़्तिरा-ए-छीट) की ईजाद करने में इतना काम किया था कि जो इस फ़न के उस्ताद थे वे उनकी तारीफ़ और नक़ल करते थे।[16] उनके बारे में यह बात छींट की छपाई के केन्द्र सिरौंज में उनके प्रवास के बारे में कही गई थी। उनके समकालीन आक़ा मुहम्मद शीराज़ी ने 'छींट के ढर्रे (तर्राही-ए-छीट) बनाने में अजीबोग़रीब और अद्भुत ईजादें की थीं तथा काफ़ी कामयाबी हासिल की थी, जिसे पूरे हिन्दस्तान में सबसे अच्छा सिरौंज में ही बनाया जाता है।[17] ज़रूरी नहीं कि छापे की तकनीक ईरान से आई हो। फिर भी छींट के ये दोनों छापनेवाले, जो अब्दुर्रहीम की मुलाज़िमत में थे, ईरानी थे। और इस तथ्य से ऐसा संकेत मिलता है कि मूठ करघे की बुनाई की फ़ारसी डिज़ाइनों को छींट की छपाई में हस्तान्तरित करने की एक प्रवृत्ति रही होगी। कपड़ासाज़ी में अकबर की उपलब्धियों के बारे में प्रयुक्त तर्ह और तर्राही शब्दों में अगर छापों की डिज़ाइनें भी शामिल हैं तो और भी आसानी से यह बात समझ में आती है कि अकबर ने जिन ड़िजाइनों या ढर्रों को बनाया उन्हें क्यों इतनी व्यापक प्रशंसा मिली।

छापों की डिज़ाइनों का रंगों के उपयोग से गहरा सम्बन्ध होता है। उपरोक्त उद्धरण में आरिफ़ क़न्धारी ने इन दोनों क्षेत्रों में अकबर की विशेषज्ञता की प्रशंसा भी की है। अबुल-फ़ज़्ल हमें शाल के ऊन की रँगाई के बारे में अकबर के प्रयोगों की जानकारी देते हैं। उस समय तूस ऊन का उपयोग उसे रँगे बिना किया जाता था, पर अकबर उसे रँगने पर जुट गया और उसने पता लगाया कि उस पर लाल रंग नहीं चढ़ता। इसके अलावा 'सफ़ेद अल्च के, जिसे तर्हदार भी कहते हैं, क़ुदरती रंग होते हैं। उसका ऊन या तो सफ़ेद या काले रंग का होता है। उसे तीन तरह से बुना जाता है : (पूरा) सफ़ेद, (पूरा) काला या मिलाकर। पुराने वक़्तों में पहले (सफ़ेद) पर तीन या चार से अधिक रंग नहीं चढ़ते थे। लेकिन जहाँपनाह ने उसे रंगारंग (गूनागूं) बना दिया। (तात्पर्य यह कि उस पर अनेक रंग चढ़ाने में कामयाबी पाई।)'[18] इस तरह ज़ाहिर है कि अकबर ने यह देखने के लिए बहुत सारे प्रयास और प्रयोग किए कि ऊन पर कौन सा रंग चढ़ेगा।

एयरकूलिंग और रेफ्रिजेरेशन

अबुल-फ़ज़्ल कहते हैं कि 'ठण्डे पानी के अभाव और बहुत अधिक गर्मी के कारण

हिन्दस्तान की आलोचनाएँ होती रहती थीं' और इसलिए ख़स की टट्टियों को लोकप्रिय बनाकर अकबर ने इस गर्मी के कारण को दूर करने की कोशिश की :

> एक बहुत ही ख़ुशबूदार जड़ होती है, बहुत ही ठण्डी, जिसे ख़स कहते हैं। जहाँपनाह के हुक्म से बांस के ऐसे चौखटों से झोंपड़े बनाना (नैबस्त ख़ानाहा) आम हो गया जिसमें यह (ख़स) लगी हो। उस पर जब पानी डाला जाता है तो लगता है कि गर्मी के बीच में जाड़ा आन पहुँचा।[19]

अकबर से पहले ख़स के चौखटों को गीला करके घरों या कमरों को ठण्डा करने का चलन था या नहीं, इसकी छानबीन अभी बाक़ी है। भारत पर बाबर के वर्णन में इसका ज़िक्र नहीं मिलता। 'बहार' (1739) ने ख़स-ख़ाना को भारत की ख़ास चीज़ कहा है, और इसके समर्थन में अच्छी-ख़ासी संख्या में शे'र उद्धृत किए हैं, पर हमें पता है कि तीन उद्धृत शायरों में से दो तो 17वीं और 18वीं सदियों के हैं।[20] इसलिए अबुल-फ़ज़्ल द्वारा इसकी ईजाद को अकबर से जोड़ा जाना काफ़ी कुछ सटीक हो सकता है।

पानी को ठण्डा करने की अकबर की तरकीब इससे भी अधिक दिलचस्प है। इसके लिए शोरे का प्रयोग किया जाता था। अबुल-फ़ज़्ल ने इसकी ईजाद के बारे में अकबर के दावे का हवाला दिया है।[21] और वे ख़ुद एक से अधिक स्थानों पर बिना किसी अगर-मगर के इस आविष्कार को अकबर से जोड़ते हैं।[22] इस ईजाद का ख़ास चर्चा नीचे के उद्धरण में हुआ है :

> दूरदर्शी बुद्धि के उमड़ाव के चलते जहाँपनाह ने पानी ठण्डा करने का साधन उसी शोरे से बनाया जो (बारूद के रूप में) इतनी अधिक हलचल पैदा करता है, जिसके चलते अमीर और ग़रीब बहुत ख़ुश हुए। यह एक नमकीन लोंदा होता है। उसे एक छलनी में रखा जाता है और उस पर कुछ पानी छिड़क दिया जाता है। (छलनी से) जो कुछ नीचे चूता है उसे उबाला जाता है, मामूली मिट्टी से अलग कर लिया जाता है, और उसके स्फटिक (बरबदंद) बना लिए जाते हैं। काँसा या चाँदी या ऐसी ही किसी धातु की एक बोतल में एक सेर पानी डाला जाता है और उसका मुँह बन्द कर दिया जाता है। एक छलनी में ढाई सेर शोरे में पाँच सेर पानी मिलाया जाता है और उस मिश्रण में आधी घड़ी (अर्थात् 12 मिनट) तक उस मुँहबन्द बोतल को इधर से उधर घुमाया जाता है। बोतल के अन्दर का पानी बहुत ठण्डा हो जाता है। एक शख़्स एक रुपए में तीन चौथाई मन से लेकर चार मन तक (शोरा) ख़रीद सकता है।[23]

अबुल-फ़ज़्ल ने इस ईजाद की तारीख़ का स्पष्ट हवाला नहीं दिया है पर इस उद्धरण के ठीक बाद वे कहते हैं कि अकबर जब 1585 में अपनी राजधानी लाहौर ले गया तो पानी को ठण्डा करने के लिए उसने क़ुदरती बर्फ़ का प्रयोग शुरू किया। इससे संकेत मिलता है कि पानी ठण्डा करने के लिए अकबर ने शोरे के उपयोग का

आविष्कार आगरा और फ़तेहपुर सीकरी में, अर्थात 1585 से पहले ही, किया होगा। इस तरीक़े का इससे पहले कोई वर्णन नहीं मिलता, और इस कारण अबुल-फ़ज़्ल का यह दावा उचित ही लगता है कि उनका स्वामी ही इसका आविष्कारक था। आगे चलकर इसके काफ़ी वर्णन मिलते हैं, ख़ासकर यूरोपी यात्रियों के यहाँ। इनमें इस पर ज़ोर दिया गया है कि इसका चलन सिर्फ़ भारत में पाया जाता है।[24] अगर अकबर की यह ईजाद 1585 से पहले की है तो यह कालक्रम में स्पष्ट रूप से रेफ्रिजेरेशन की उन रासायनिक विधियों से पहले की है जो यूरोप में ईजाद हुईं और जिनमें इससे बड़ी बात यह है कि प्रक्रिया को शुरू करने के लिए बर्फ़ की आवश्यकता पड़ती थी।[25]

गरारीदार रहट

गरारी और जंज़ीर से युक्त उस रहट से बाबर बहुत अधिक आकर्षित हुआ था जिसे आंग्ल-भारतीय वांग्मय ने आगे चलकर 'पर्शियन व्हील' का नाम दे दिया। लगता है उसने मध्य एशिया और अफ़ग़ानिस्तान में कभी इसे नहीं देखा था और इसका सबसे पहले दर्शन उसने 1519 में भेरा (पश्चिमी पंजाब) में किया।[26] अपने भारत सम्बन्धी वृत्तान्त में उसने इस यन्त्र का सबसे पहला वैज्ञानिक विवरण प्रस्तुत किया है।[27] इसमें कोई ताज्जुब नहीं कि इन रहटों में अकबर की दिलचस्पी पैदा हुई होगी, और वह जिन किताबों का चित्रांकन कराता था उनमें कलाकारों ने निश्चित ही इसे अनेक बार दिखाया है।[28]

अबुल-फ़ज़्ल यहाँ भी अकबर से कुछ आविष्कारों को जोड़ते हैं :

> जहाँपनाह ने ऐसी रहटें (दौलाब-हा) बनाईं और उनमें ऐसे (गरारीदार) पहिए (गरदून-हा) लगाए कि (एक) दूर-दराज़ की नीची जगहों से पानी ऊँचाई तक ले जाया जा सके, (दो) दो बैल एक ही साथ चार पहियों (चर्ख़े) को घुमा सकें, और (तीन) इसके अलावा एक ही बैल से दो पहियों को घुमाकर पानी दो कुँओं से निकाला जा सके और एक पनचक्की चलाई जा सके।[29]

इनमें से पहले आविष्कार में निज़ामी की रचना *ख़म्सा* की एक जिल्द में दिखाया गया है जिसे अकबर के पुस्तकालय के लिए लिखा और चित्रांकित किया गया था।[30] इसमें बैल तो ज़मीन पर है तथा एक जुआ लादे हुए गोलाई में घूमकर एक ऊँची ऊर्ध्व धुरी को घुमा रहा है, वहीं धुरी के सिरे पर या सिरे के पास एक दाँतीदार पहिया है जिसकी दाँतियाँ एक ऊर्ध्वाकार पहिए की गरारियों में फँसी हुई हैं। (एक चित्र में इस धुरी को स्थायित्व के लिए एक और खम्भे से जुड़ा दिखाया गया है जबकि दूसरे चित्र में यह अकेली दिखाई देती है।)

यह दूसरा पहिया फिर एक बर्तनों की शृंखला को घुमाता है जो उसी धुरी से जुड़ी है, और इस तरह पानी बैल या जुए के स्तर से बहुत ऊँचे स्तर तक उठ जाता है। यही वह आविष्कार था जिसके चलते फ़तेहपुर सीकरी में उत्तरोत्तर अनेक लिफ़्टों का उपयोग

करके पानी को बहुत ऊँचाई तक चढ़ाया जाता था। जैसा कि हेबर ने 1826 में कहा था :

> वह पूरी पहाड़ी जिस पर यह महल खड़ा है, बेदियों और बाग़ों के निशानों से भरी है जिनकी सिंचाई के लिए लगता है कुँओं, हौज़ों और रहटों का एक लम्बा-चौड़ा सिलसिला बनाया गया था। यह सिलसिला बड़ी मस्जिद की बग़ल में था और पानी को लगभग उसी छत तक पहुँचाता था। ये हौज़ आज भी बारिश के पानी को जमा करने के लिए उपयोगी हैं, लेकिन मशीनरी बहुत पहले ही नष्ट हो चुकी थी।[31]

फ़तेहपुर सीकरी के अपने सर्वेक्षण में ई. डब्ल्यू. स्मिथ ने इन विशाल हौज़ों का, जिनमें उत्तरोतर चरणों में पानी को ऊपर ले जाने का प्रावधान था, और मार्ग सेतुओं के विशाल तन्त्र का काफ़ी विस्तार से वर्णन किया है लेकिन उस 'मशीनरी' या साधन के बारे में कुछ ख़ास अन्दाज़ा किए बग़ैर जिसका उपयोग पानी चढ़ाने के लिए किया जाता था।[32] हो सकता है इसे उन्होंने *ख़म्स-ए-निज़ामी* के चित्रों में देखा हो। कुछ भी हो, फ़तेहपुर सीकरी की विशाल जल-व्यवस्था यह स्पष्ट कर देती है कि 1570 के दौरान आविष्कार एक का भरपूर उपयोग हो रहा था।

रहा सवाल आविष्कार दो और तीन का तो हम देख सकते हैं कि इन्हें गरारियों को और कारगर बनाकर ही सम्भव बनाया गया होगा। जैसा कि हम अगले भाग में देखेंगे, इसका कोई प्रमाण नहीं मिलता कि अकबर और उसके इंजीनियरों को कार्टमिल (अराबा चक्की) के किसी विकल्प का ज्ञान रहा होगा। इस सीमा को देखते हुए बेहतर कारीगरी करके (दाँतियों को गरारों के अनुसार और सटीक बनाकर), उनके सन्धिस्थलों पर लोहे का प्रयोग करके, पूरे यन्त्र के लिए और अधिक ढाँचागत स्थिरता के उपाय आदि करके ही इसमें सुधार किए जा सकते थे। लेकिन दुर्भाग्य से अबुल-फ़ज़्ल यह नहीं बतलाते कि क्या इन सभी उपायों का या इनमें से किसी उपाय का सहारा लिया गया या नहीं।

गरारी के दूसरे उपयोग : अराबा चक्की और बन्दूक़ की नली का वेधन

1582 में एक यशस्वी ईरानी विद्वान, धर्मशास्त्री और चिकित्सक मीर फ़त्हुल्लाह शीराज़ी अकबर के दरबार में आए और फ़ौरन उन्हें अकबर के प्रमुख सलाहकारों में एक ऊँचा मर्तबा हासिल हो गया। बदायूँनी कहते हैं कि 20 मार्च, 1583 को जब नौरोज़ का त्यौहार मनाया गया तब बादशाह ने एक बाज़ार लगवाया जिसमें :

> पिछले रिवाज के मुताबिक़ अलग-अलग कुलीनों को अलग-अलग दुकानें दी गई थीं। अपनी दुकान में शाह फ़त्हुल्लाह शीराज़ी ने विभिन्न प्रकार की कुशलताओं (की पैदावारों) को पेश किया जिनमें बोझ हिलाने-डुलानेवाली मशीनें (जर्रे-असक़ाल) और अजीबोग़रीब यन्त्र भी थे।[33]

और भी सटीक सूचनाएँ शैख़ निज़ामुद्दीन अहमद ने दी हैं जिन्होंने 1593 में

फ़त्हुल्लाह के बारे में लिखा था कि :

> वे अजीबोग़रीब यन्त्रों के विज्ञानों (उलूमे-ग़रीबा), जैसे अनोखे और जादुई यन्त्रों, में भी कुशल थे। मसलन उन्होंने एक गाड़ी पर रखी एक चक्की ईजाद की जो अपने-आप चलती और आटा पीसती थी; उन्होंने एक आईना बनाया था जिसमें दूर और पास से अजीब-अजीब शक्लें दिखाई देती थीं; और एक पहिए से दस दस्ती बन्दूकों के सिरे अपनी जगह आ जाते (सर मी शुद) थे।[34]

जैसाकि एम ए अलवी और ए रहमान ने कहा है, इनमें से दो ईजादें वे हैं जिन्हें अबुल-फ़ज़्ल ने अकबर के नाम से जोड़ा है।[35] इससे वे बल्कि यह अपेक्षाकृत अतिवादी नतीजा निकालते हैं कि ये ही नहीं, *आईन* में जिन दूसरे यान्त्रिक आविष्कारों को अकबर के नाम से जोड़ा गया है, लगभग वे सभी फ़त्हुल्लाह शीराज़ी के कारनामे थे हालाँकि वे अकबर के दरबार में सिर्फ़ सात साल (1582-89) रहे।[36] इस ईरानी विद्वान से कितने आविष्कार जोड़े जाने चाहिए, इस बहस में पड़े बिना, सबसे अच्छी बात तो यह होगी कि अबुल-फ़ज़्ल के विवरण से इन मशीनों की प्रकृति को समझा जाए।

पहले अराबा चक्की (कार्ट-मिल) को लेते हैं :

> अपने कौशल से जहाँपनाह ने एक अद्भुत गाड़ी (अराबा) ईजाद की जो दुनिया-जहान के लोगों के लिए आराम का सबब बन गई। जिस समय यात्रा और यातायात के लिए इसका उपयोग किया जाता है उस समय यह तरह-तरह के अनाजों को पीसकर आटा भी बनाती है।[37]

यह गाड़ी 'तरह-तरह के अनाजों को' पीसती है, इस वक्तव्य से निश्चित ही गाड़ी पर एक-दो से अधिक चक्कियों की मौजूदगी का संकेत मिलता है। अगर हम यह मान लें कि यह गाड़ी दो-पहिया थी तो यह मानना भी आवश्यक होगा कि उसे सन्तुलित रखने के लिए धुरी के दोनों तरफ़ बराबर संख्या में (मान लीजिए, दो-दो) चक्कियाँ रखी जाती होंगी। चूँकि हमें पता है कि अकबर के पास दाँतेदार पहिए को छोड़कर गरारी का कोई और उपाय नहीं था, हम मान सकते हैं कि धुरी से एक लम्बा पहिया जुड़ा होगा जिसके दाँते क्षैतिज पहिए की परिधियों पर लगे ऊर्ध्व खाँचों में फँसते होंगे। हर तरफ़ इन खाँचों का एक जोड़ा रहा होगा और हर पहिया एक चक्की के पाट को घुमाता होगा। निश्चित ही इसके कारण चार अलग-अलग प्रकार का अनाज एक साथ आटे में परिवर्तित होता होगा।[38] यह आविष्कार 1580 में, अकबर के दरबार में फ़त्हुल्लाह शीराज़ी की मौजूदगी के दौरान किया गया होगा। इस तरह यह यूरोप के वैगन-मिल से पहले का आविष्कार है जिसका पहला रूप (1580 के आसपास निर्मित और 1607 में ज़ोंका द्वारा वर्णित) चलते समय चक्की को नहीं घुमाता था, बल्कि उसकी चक्की का पाट तब घूमता था जब खुद गाड़ी स्थिर रहती थी। गाड़ी के पहिए से जुड़ी और इस तरह गाड़ी के चलने पर घूमनेवाली चक्कियों का यूरोप में पता सिर्फ़ 17वीं सदी के बाद लगता है।[39]

अबुल-फ़ज़्ल आगे कहते हैं :

> इसके अलावा जहाँपनाह ने एक बड़ी गाड़ी (सतुर्ग गरदूने) ईजाद की जिसे एक हाथी खींचता है। यह इतनी बड़ी होती है कि इस पर भाप-स्नान के अनेक कमरे बनाए जाते हैं; इसमें एक हम्माम आनन्ददायी होता है। अजीब बात है कि इसे एक बैल आसानी से खींच सकता है। ऊँट और घोड़े से भी ये गाड़ियाँ (गरदून-हा) खींची जाती हैं और लोगों को राहत पहुँचाती हैं। और अधिक नज़ाकत भरी गाड़ी को बहूल कहते हैं और समतल ज़मीन पर इस पर अनेक लोग बैठकर यहाँ-वहाँ जा सकते हैं।[40]

यह वर्णन इस यान्त्रिक सुधार की ठीक-ठीक प्रकृति के बारे में हमें सन्देह में डाल देता है। थोड़ी-सी सम्भावना यह हो सकती है कि पहिए से चलनेवाली धौंकनी और घन के सिद्धान्त पर इसमें पानी गर्म करने के लिए आग जलाने में गरारियों का प्रयोग किया जाता हो। दूसरी ओर अकबर ने इसके अलावा और कुछ नहीं किया होगा कि गाड़ी के पहियों (गरदून) की संख्या बढ़ा दी होगी। ताकि और भी लम्बी गाड़ी बनाई जा सके और उसे खींचने के लिए हाथी का प्रयोग हो। इन गाड़ियों के निर्माण में फ़त्हुल्लाह का हाथ था, इसका कोई प्रमाण नहीं मिलता।

आख़िर में बन्दूक की नली को घिसने की मशीन का सवाल रहता है। हो सकता है यह वही मशीन रही हो (या उसी सिद्धान्त पर काम करती हो) जिसे फ़त्हुल्लाह शीराज़ी की ईजाद कहा गया है। अबुल-फ़ज़्ल का विवरण इस प्रकार है :

बरग़ू बनाने का आईन

> पहले लोहे के औज़ारों से एक ताक़तवर इनसान भी काम करता तो उसे भारी मुसीबतें झेलनी पड़ती थीं जब तक कि (दस्ती बन्दूक की नली में) कुछ चिकनापन (सफ़ा) पैदा न कर दिया जाता। अपनी बुद्धि के बल पर जहाँपनाह ने एक ऐसा पहिया ईजाद किया जो एक बैल के घुमाने पर बहुत कम समय में 16 बन्दूकों (की नलियों) को चिकना बना सकता था। पाठक की जानकारी के लिए इसका एक चित्र दिया जा रहा है।[41]

इसका मूल चित्र अनेक पाण्डुलिपियों में सुरक्षित है और कुछ दोषों के साथ ब्लाख़मान के अनुवाद में भी दिया गया है।[42]

इस विधि ने जो कुछ किया वह 'सफ़ाई' का काम नहीं था, जैसाकि ब्लाख़मान ने मान लिया है।[43] शब्द सफ़ा का उपयोग बन्दूक़ की सफ़ाई और पालिश (चिकनाई) दोनों के लिए किया तो जा सकता है, शब्द बरग़ू या यरग़ू (पाण्डुलिपियों में इसे अलग-अलग ढंग से पढ़ा गया है) के साथ बात कुछ अलग है।[44] मैंने जिन शब्दकोशों को देखा है, उनमें यह शब्द नहीं मिलता। लेकिन *आईन* में इससे पहले के अध्याय में इसका अर्थ स्पष्ट कर दिया गया है। नली (दराज़ि-ए-तफ़ंग) जब बना ली जाती थी तो उसे 'पिछले हिस्से' (तह) के बिना शाही महल में भिजवा दिया जाता था। हमने

कहा गया है कि वहाँ :

> बादशाह छर्रे का वज़न तय करते हैं, और उसी के मुताबिक छेद (नली) को एक आकार दिया जाता है। एक लम्बी (दस्ती बन्दूक़) में (छर्रे का) वज़न 25 टाँक (3.70 पौण्ड एबीडीपी) से और एक छोटी (बन्दूक़) में 15 टाँक (2.202 पौण्ड) से अधिक नहीं होता। ऐसी वज़नों से गोली चलाने की दिलेरी सिर्फ़ जहाँपनाह में है। बरग़ू जब पूरा हो जाता है तो दस्ती बन्दूक़ (हैण्डगन) को (मंजूरी के लिए) फिर शाही महल में भेजा जाता है।[45]

इस उद्धरण से स्पष्ट है कि बरग़ू का अर्थ सूराख़ बनाए जाने के बाद बन्दूक़ की नली की आख़िरी शक्ल था।[46] नली के सूराख़ की घिसाई जैसे इसी सख़्त काम को पशुबल के प्रयोग से हल्का बनाने की कोशिश की गई; नली के अन्दर 'लोहे के औज़ार' या ड्रिल को इसी पशु-बल से घुमाया जाने लगा।

अबुल-फ़ज़्ल का चित्र यह स्पष्ट कर देता है कि एक बड़े, क्षैतिज पहिए (चर्ख़े-अज़ीम) को घुमाने के लिए बैल एक अर्गला (ड्रा-बार) को घुमाता था। (यह चित्र ब्रिटिश म्यूज़ियम की पाण्डुलिपि ऐड 7652 में सबसे अच्छा दिया हुआ है। इसका शीर्षक 'बरग़ू पहिए का चित्र' है तथा विभिन्न स्थानों पर संकेत भी दिए गए हैं। बैल को वास्तव में दिखाया तो नहीं गया है लेकिन अर्गला के सिरे पर उसी स्थिति को संकेत 'तस्वीरे-गाव' अर्थात बैल का चित्र से बताया गया है। पहिए में परिधि पर मेख दिखाए गए हैं और उसकी धुरी अर्थात मह्बर साफ़ दिखाई देती है।) परिधि पर उसके दाँते 8 ऊर्ध्व गरारेदार पहियों के गरारों में फँसते थे जिन्हें उनकी परिधि पर तिकोने गरारों वाले वृत्तों के रूप में दिखाया गया है। इन पहियों के दोनों तरफ निकले हुए धुरे ड्रिलिंग का काम करते थे और इस तरह हर पहिया अपने धुरे से कसकर सटाई गई दो नलियों (नालों) में सूराख़ कर सकता था। धुरों के ये ड्रिल बन्दूक़ों के मुँह (दहान-ए-बन्दूक़) में प्रवेश करके नलियों में सूराख़ और उनके अन्दरूनी भाग को चिकना घिसते थे। चित्र में बाहरी नलियों के बाहरी सिरों को काट रही ऋजु रेखाएँ, जिन्हें क़ायमे-कमान कहा गया है, सम्भवतः उन चोबों और सलाखों (बन्दूक़ों के अवलम्बों) का संकेत करती हैं जिनमें स्थायित्व के लिए नलियों को टिका दिया जाता था। चित्र की तकनीकी पूर्णता इस मान्यता की ज़बरदस्त पुष्टि करती है कि यहाँ एक काल्पनिक नहीं, वास्तविक मशीन का वर्णन किया जा रहा है।[47]

दस्ती बन्दूकें और तोपें

आईने-अकबरी में दस्ती बन्दूक़ों और तोपों में अकबर की दिलचस्पी पर ज़ोर दिया गया है और एक लम्बे उद्धरण में हमें बताया गया है कि शाही बन्दूक़साज़ निर्माण के सभी चरणों में किस तरह बन्दूक़ को उसके सामने जाँच और हिदायत के लिए बार-बार पेश करते थे।[48]

अबुल-फ़ज़्ल ने एक ऐसी तकनीक की ईजाद को अकबर से मंसूब किया है जिससे बन्दूक़ की नाल को मज़बूती हासिल हुई। कहते हैं :

> बन्दूक़ से जहाँपनाह को गहरा लगाव है। वे इसे बनाने और चलानेवाले बेमिसाल लोगों में एक हैं। (उनके संरक्षण में) वे लोग बन्दूक़ इस तरह बनाते हैं कि उसे मुहाने तक बारूद से भरकर चलाया जाए तो भी नहीं फटती। पहले वे लोग (नाल का) चौथाई से अधिक भाग नहीं भर सकते थे। इसके अलावा वे हथौड़े और घन से लोहे को चपटा किया करते थे और फिर (नाल बनाने के लिए) इस चपटे टुकड़े के दोनों सिरों को आपस में जोड़ते थे। दूसरे लोग दूरदर्शिता से काम लेकर (चपटी चादर का एक भाग) एक तरफ़ चढ़ा दिया करते थे। (ऐसी नालों की कमज़ोरी के कारण) काफ़ी लोग घायल होते थे, ख़ासकर पहलेवाली हालत में। जहाँपनाह ने एक उम्दा तरीक़ा शुरू किया। लोहे को चपटा करने के बाद वे लोग इसे काग़ज़ के गोल बण्डल (तूमार) की तरह टेढ़ा मरोड़ते हैं जिससे हर मरोड़ के साथ बण्डल और लम्बा हो जाता है। वे इसके सिरे को सिरे से नहीं जोड़ते बल्कि एक सिरे को दूसरी तरफ़ चढ़ा देते हैं और इसे आग में तपाकर हर-हर चरण में मज़बूत बनाते हैं। इसके अलावा लोहे की चादरों को तपाने और मज़बूत (पुख़्ता) बनाने के बाद वे उन्हें (लोहे की) एक छड़ के इर्द-गिर्द खींचते हैं और इस तरह (नाल का) एक सूराख़ बन जाता है। (बन्दूक़ की एक नाल) बनाने के लिए तीन या चार चादरों का, छोटी बन्दूक़ों के लिए ज़्यादातर दो चादरों का प्रयोग किया जाता है। लम्बी (नाल) लगभग दो गज़ लम्बी और छोटी नाल सवा गज़ लम्बी होती है। (इस हालत में) इसे दमानक कहते हैं।[49]

इस तरह अकबर का हथियारख़ाना यह दावा कर सकता है कि उसने बन्दूक़ की नाल बनाने का एक नया तरीका शुरू किया : (अ) एक लोहे की चपटी चादर को मरोड़कर, लगातार तपाकर, बढ़ती लम्बाई में गोल-गोल इस तरह घुमाकर कि चादर का एक सिरा दूसरे सिरे के ऊपर चढ़ा रहे, और फिर (ब) ऐसे मरोड़े हुए गर्म टुकड़े को लोहे की एक छड़ पर चढ़ाकर ताकि एक नाल बन जाए। इस तरह नाल में कोई कमज़ोर जोड़ नहीं बचता था। यह तरीक़ा शुद्धतः साँचे में ढलाई का तो नहीं था, पर लगता है इसने नाल में यथासम्भव मज़बूती पैदा की और उसे विस्फोट के भारी दबाव को झेलने योग्य बनाया।

हमने जिस उद्धरण की विवेचना की है उसके बाद एक और उद्धरण आता है जो भारी प्रौद्योगिक महत्त्व का मालूम होता है :

> इसके अलावा जहाँपनाह की विशेषज्ञता के सहारे उन्होंने (बन्दूक़ों को) इस तरह बना दिया है कि पलीते (फ़तील-ए-आतिश) के बिना, घोड़े (माश) को ज़रा सी हरकत देकर धमाका किया जा सकता है और छर्रा

बाहर आ जाता है।[50]

बन्दूक़ के निर्माण के चरणों का जो वर्णन आगे आता है उसमें हमें बताया गया है कि एक बार जब नाल और मूठ (स्टाक) को ठीक कर लिया जाता है तो 'तह (पिछले भाग या रंजक तले ?) के सही जगह पर लाए जाने के बाद वे ही घोड़े और गज़ (रैमराह ?) और परगज़ (?) को सही स्थिति में लाने का काम करते हैं।'[51] घोड़ा कैसे काम करता था, यह स्पष्ट नहीं किया गया है। इसलिए हमें यह पता नहीं चल पाता कि पलीते के बिना तह में मौजूद बारूद तक चिंगारी कैसे पहुँचती थी।

पहले मैंने संकेत दिया था कि एक तोड़ीदार बन्दूक़ (व्हील-लाक) का प्रयोग किया जाता होगा, और फिर मेरा विचार था कि आशय बहरहाल पलीतेदार बन्दूक़ (मच-लाक) से रहा होगा हालाँकि पलीतेदार बन्दूक़ के लिए फिर भी पलीते (फ़तीला) की ज़रूरत पड़ती होगी।[52] ऐसी असंगति पर इक़्तिदार आलम ख़ान का उँगली उठाना सही है तथा भारत में दस्ती बन्दूकों के आरम्भिक इतिहास पर उनके बहुत ही निश्चयात्मक अध्ययन ने बात को ख़ासी अच्छी तरह तोड़ीदार बन्दूक़ तक सीमित कर दिया है।[53] लेकिन सकारात्मक प्रमाण की आवश्यकता अभी भी रहती है।

तोपों पर अपने संक्षिप्त अध्याय (आइने-तोप) में अबुल-फ़ज़्ल ने अकबर से दो ईजादों को मंसूब किया है जिस पर चलताऊ से कुछ अधिक ही ध्यान देने की आवश्यकता है। पहली बात, 'उन्होंने एक (तोप) बनवाई जिसके पुर्ज़ों को अलग-अलग करके वे लोग मुहिमों के दौरान आसानी से यहाँ-वहाँ ले जा सकते हैं। जब उसे चलाने की ज़रूरत पड़ती है, उसे बहुत अच्छी तरह फिर से जोड़ा जा सकता है।'[54] चूँकि अकबर के दरबार में जोड़ के काम आनेवाले पेचों के प्रयोग का कोई साक्ष्य हमारे पास नहीं है, तोप के भागों को अलग-अलग करने और फिर से जोड़ने का एक ही उपाय रहा होगा कि तोप की नाल के भागों को कीरीज़ नलियों के सिद्धान्त पर बनाया जाए : एक ओर मोटी और दूसरी ओर पतली। इस तरह उसके भागों को एक-दूसरे से जोड़ा जा सकता था। फिर भी तोप के दाग़े जाने पर नाल के हिस्से उड़कर अलग-अलग न जाएँ, इसके लिए जोड़ों के ऊपर छल्लों को हथौड़े से ठोककर जोड़ों को मज़बूत करने की आवश्यकता पड़ती होगी। हम देख सकते हैं कि हमारा यह वर्णन शाही ख़ेमे के लकड़ी के ढाँचों को अलग-अलग करने और फिर से जोड़ने के लिए बयान की गई तकनीक से मेल खाता है।

दूसरा आविष्कार यह था : 'उन्होंने 17 (तोपों) को ऐसे एक सूत्र में बाँधा कि एक ही पलीता उन सबको दाग़ सकता है।'[55] यह सब कैसे सम्भव हुआ होगा, इस बारे में अबुल-फ़ज़्ल का संक्षिप्त विवरण हमें कल्पना-शक्ति पर भरोसा करने के लिए मजबूर करता है। 17-17 तोपों की नालों को एक ही कूँड़ा दुर्भाग्य से प्राइमिंग पैन तो निश्चित ही नहीं जोड़ता होगा। एकमात्र सम्भावना यह है कि नालों और उनके कूँड़ों को एक दूसरे के इतना क़रीब रखा जाता होगा कि एक कूँड़े में विस्फोट होने पर सिर्फ़ उसकी अपनी नाल में विस्फोट नहीं होता होगा बल्कि उसकी बग़ल में मौजूद कूँड़े में

भी विस्फोट होता होगा। माना जा सकता है कि ऊष्मा के ऐसे स्थानान्तरण को प्रभावी बनाने के लिए कूँड़े को आयताकार बनाया जाता होगा। तोपों की दग़ाई एक साथ नहीं बल्कि तीव्र गति से उत्तरोतर होती होगी और बीच के कूँड़े में पहले विस्फोट होने पर सारी तोपें सबसे अधिक तीव्रता से दग़ती होंगी।[56]

जहाज़-निर्माण

समुद्रगामी जहाज़ों के निर्माण में अकबर की रुचि उसकी प्रवर्तन-वृत्ति का एक ऐसा पहलू है जिस पर पर्याप्त ध्यान नहीं दिया गया है। यह दिलचस्पी एक ऐसे बादशाह के सिलसिले में आश्चर्यजनक है जिसकी राजधानियाँ (आगरा, फ़तेहपुर सीकरी और लाहौर) समुद्र से बहुत दूर थीं और जो नाव में बैठकर समुद्र में सिर्फ़ एक बार (कैंबे में दिसम्बर 1572 में) गया था। समुद्रगामी जहाज़ों के कप्तानों और ख़लासियों के कर्त्तव्यों और कार्यों का, उनकी तनख़्वाहों तक के साथ और उनके बन्दरगाहों के अनुसार, *आईने-अकबरी* में व्यवस्थित और विस्तृत वर्णन किया गया है। यह जहाज़रानी के प्रति शाही सरोकार का एक ज़ोरदार संकेत है।[57] 'समुद्री यात्रा करनेवालों के सुख-आराम के स्रोत बनने के लिए' बन्दरगाहों में बड़े-बड़े शाही जहाज़ बनाए जाते थे। लेकिन इससे भी दिलचस्प बात यह है कि 'जहाज़ इलाहाबास (इलाहाबाद) और लाहौर में भी बनाए जाते थे और (नदी के रास्ते) समुद्र में पहुँचाए जाते थे।'[58]

इलाहाबाद में बने जहाज़ों के बारे में हमारे पास कोई सूचना नहीं है, लेकिन लाहौर में जो कुछ होता था उसके बारे में हम बेहतर स्थिति में हैं। याद करें कि सिन्ध को 1591 में जाकर ही अकबर की सल्तनत में शामिल किया जा सका, जिसके कारण थत्ता बन्दरगाह (और साथ में बन्दर लहरी का बाहरी बन्दरगाह) उसके हाथ में आ गए। सिन्ध में इमारती लकड़ी नहीं मिलती। इसलिए अकबर को लाहौर में जहाज़ बनवाने का होशियारी भरा ख़्याल आया जो थत्ता से कौवे की उड़ान की दिशा में कोई 650 मील दूर है पर उससे सिन्ध नदी-प्रणाली के ज़रिए जुड़ा हुआ है। लाहौर के साथ लाभ यह था कि वह इमारती लकड़ी के हिमायती स्रोतों के क़रीब था।

अबुल-फ़ज़्ल के अनुसार[59] लाहौर में रावी नदी के किनारे पहले बड़े जहाज़ का निर्माण जून 1594 में पूरा हुआ। उसके पठावे ('लकड़ी की वह शहतीर जिस पर लकड़ी का यह ढाँचा खड़ा किया जाता है') की लम्बाई 35 गज़े-इलाही (93 फ़ुट से ज़रा सी अधिक) थी। यह साल और चीड़ की लकड़ी के 2936 बड़े तख़्तों से बनी थी।[60] इसमें 468 मन 2 सेर, अर्थात् 2240 पौंड ए वीडीपी के 11-56 टन, लोहे का इस्तेमाल किया गया था। इससे तख़्तों को आपस में जोड़ने के लिए लोहे की कीलों, पट्टियों, छल्लों आदि के बहुत दरियादिली से उपयोग का संकेत मिलता है। कहा गया है कि यह जहाज़ बनाने में 240 बढ़इयों, लुहारों और दूसरे लोगों को लगाया गया था। जब यह पूरा हुआ तो बादशाह ख़ुद इसके जलावतरण को देखने आया। तरह-तरह के चालाकी भरे उपायों से एक हज़ार लोगों ने इस जहाज़ को खींचा, पर फिर भी इसे नदी में पहुँचाने में दस

दिन लग गए। ज़ाहिर है कि एक समुद्रगामी जहाज़ को झेलने लायक़ पानी रावी में मुश्किल से ही रहा होगा। फिर भी यह आख़िरकार बन्दर लहरी पहुँच ही गया। एक और तत्कालीन वृत्तान्त-लेख का कहना है कि मक्का, अर्थात लाल सागर, की यात्राओं के लिए यह जहाज़ बनाया और 'सिन्ध के बन्दरगाह' तक भेजा गया था।[61]

अबुल-फ़ज़्ल कहते हैं कि पहले जहाज़ को रावी में खेने में जो कठिनाई हुई उसके कारण अकबर ने इस विचार को आज़माने की कोशिश की कि अगला समुद्रगामी जहाज़ एक बड़े बजरे (बार्ज) पर बनाया जाए जो 15,000 मन (वज़न में 370 टन) या इससे भी अधिक का बोझ ढो सके। जुलाई 1596 के लगभग मध्य में इस जहाज़ का निर्माण शुरू हुआ और दिसम्बर के लगभग मध्य तक पूरा हुआ। यह 37 गज़ अर्थात लगभग 99 फुट लम्बा था, पर यह नौतल (कील) की लम्बाई थी या ऊपरी डेक की, यह नहीं कहा गया है। इस पर 16,338 रुपए की रक़म ख़र्च हुई थी। बजरे के ऊपर यह जहाज़ आराम से बन्दर लहरी तक पहुँचा दिया गया।[62] ज़ाहिर है कि जिस बजरे पर यह जहाज़ बना और लाया गया होगा, उसे वहाँ तोड़ दिया गया होगा जिससे जहाज़ समुद्र में पहुँच गया होगा। यह तरीक़ा (1688 में डच गोरियों में आविष्कृत) 'कैमल' से पहले का है। यह 'कैमल' एक ऐसा बजरा था जिसे पानी में डुबोया जा सकता था ताकि एक जहाज़ उस पर आ सके, फिर छिछले पानी में जहाज़ ले जाने के लिए उसे उठाया जा सकता था।[63]

समुद्री जहाज़रानी में अकबर की दिलचस्पी इतनी अधिक थी कि झेलम नदी और उससे जुड़ी कश्मीर की झीलों में चलाने के लिए एक समुद्रगामी ग़ुराब (छोटा जहाज़, गैली) की तर्ज़ पर उसने एक जहाज़ तक बनवाया था। कहा जाता है कि इससे देखनेवालों को व्यापक आश्चर्य हुआ था, और जुलाई 1597 में अकबर ने ख़ुद उस पर सवारी की थी।[64] अनुमान लगाया जा सकता है कि इस जहाज़ में पतवार रहे होंगे और (नीचे के किसी डेक पर ?) खेनेवालों के लिए जगह रही होगी।

अजीबोग़रीब यन्त्र

अरबी-फ़ारसी में सैद्धान्तिक प्रौद्योगिकी का एक अच्छा-खासा भाग जल-प्रवाह, गरारियों, उत्तोलकों और सन्तुलन के उपायों से उत्पन्न तरह-तरह की गतियों की कल्पनाओं पर आधारित है। अल-जज़री इस परम्परा का सबसे अच्छा दृष्टान्त प्रस्तुत करता है। व्यवहार में ऐसे यन्त्र बनाना कुछ अधिक कठिन था, पर हमें पता है कि जल-घड़ी जैसे कुछ यन्त्र सचमुच बनाए गए थे।

अपनी रचना *ज़ुब्दतुत्-तवारीख़* में नूरुल-हक़ ने एक 'जादुई मशीन' का वर्णन किया है जिसे अकबर ने लाहौर में 1594-95 में देखा और उससे बेहद आनन्दित हुआ। इलियट ने इस उद्धरण का चयन करके इसका अनुवाद किया है, और पाठ से तुलना के आधार पर कुछ संशोधनों के बाद उनके अनुवाद के एक भाग को प्रस्तुत कर रहा हूँ :

इस साल (हिजरी 1003 में) कला के अजूबों में जिसका प्रदर्शन किया गया वह सैयद हुसैन शीराज़ी का कारनामा था। वे अपने सामने एक बक्सा रखकर खड़े हो जाते और जब कोई एक रुपया देता तो उसे बक्से में फेंक देते जो पेंदे में गिरने तक ढुलकता रहता था। इसके बाद एक तोता, जो बक्से (बुक़ा) के ऊपर रखा होता था, घूमने लगता था और फिर दो परिन्दे एक-दूसरे पर चहचहाने लगते थे। फिर एक छोटी खिड़की खुलती थी, एक तेन्दुआ उससे अपना सर बाहर निकालता था और उसके मुँह से एक गोला निकलकर एक तश्तरी में गिरता था जो एक बाघ के सर पर रखी होती थी और वह गोला बाघ के मुँह से बाहर आता था...(खिलौना जानवरों और पुतलों की ऐसी ही दूसरी हरकतें फिर होती थीं; आख़िरकार) एक और खिड़की खुलती तथा एक पुतला अपने हाथों में हाफ़िज के *दीवान* का एक शे'र लेकर सामने आता, और जब वह शे'र उससे ले लिया जाता तो वह वापस चला जाता और खिड़की बन्द हो जाती। संक्षेप में, उनके (हुसैन शीराज़ी के) हाथों में जब भी पैसा रखा जाता, ये सभी अजीब़ोग़रीब बातें होतीं। सबसे पहले जहाँपनाह ने अपने ही हाथों से एक अशरफ़ी (स्वर्ण-मुद्रा) फेंकी और यह तमाशा देखा। फिर उन्होंने मौजूद लोगों को एक-एक रुपया देने का हुक्म दिया। उन्होंने जो शे'र पाए वे नक़ीब ख़ान को दे दिए जिनके द्वारा वे पढ़े गए। देर रात तक यही तफ़रीह जारी रही।[65]

हम देख सकते हैं कि आरम्भिक गति सिक्का डालने पर पैदा होती थी और फिर आगे की क्रियाएँ उत्तरोत्तर अधिक भारी वज़नों के विस्थापन से उत्पन्न होती थीं। पूरा उपकरण जिस तरह काम करता था उसके लिए सिर्फ़ उत्तोलकों, सन्तुलन के उपायों और शायद घिर्रियों की ज़रूरत होती थी। किसी गरारे या स्प्रिंग का होना आवश्यक नहीं था और इस कारण यूरोपी क्लाकवर्क या यान्त्रिक उपायों के किसी प्रभाव की बात नहीं कही जा सकती। लेकिन यह जानकर अच्छा लगता है कि अकबर हममें से ही किसी शख़्स की तरह ही एक सुनिर्मित यान्त्रिक उपकरण का आनन्द लेता था।

अकबर जल-उपकरणों और वास्तुशिल्पी प्रवर्तनों के प्रति बहुत आकर्षित था। इसलिए हम यह बात समझ सकते हैं कि इन दोनों पर आधारित कोई अजीबोग़रीब उपकरण कैसे उसे आकर्षित करता होगा। बदायूँनी कहते हैं कि :

उस साल (हिजरी 986/ईसवी 1578-79 में) एक हकीम (विद्वान) फ़तेहपुर आए और कहा कि एक ऐसा मकान बनाया जा सकता है जिसके चारों ओर पानी ही पानी हो और इसलिए पानी से गुज़रकर ही उसमें दाख़िल हुआ जा सके मगर फिर भी पानी उसमें प्रवेश न कर सके। इस कारण से जहाँपनाह ने अपने महल के दालान में 20 गज़ गुणे 20 गज़ का, तीन गज़ गहरा एक तालाब (हौज़) बनवाया। उसके अन्दर पत्थर का एक

> कमरा बनवाया गया और उसके ऊपर एक लम्बी मीनार बनवाई गई। कमरे के चारों तरफ़ पुल बनवाए गए। लेकिन उस हकीम का दावा झूठा साबित हुआ, जैसा कि ज़हरमार दवाओं के दावों के साथ आम तौर पर होता है, और वह भागकर कहीं चला गया।[66]

जिस एकमात्र ढाँचे से इसकी पहचान की जा सकती है वह अनूपतलाव है, पर अनूपतलाव के बिचले चबूतरे पर किसी कमरे और मीनार का कोई निशान नहीं मिलता।

बदायूँनी कहते हैं कि इस वाक़िए के 17 साल बाद हकीम अली गीलानी ने लाहौर में ठीक इसी तरह का एक हौज़ बनवाया जिसमें उन्होंने कामयाबी के साथ वैसा ही सब दिखाया जो पिछला दावेदार नहीं दिखा सका था। इसके निर्माण की बदायूँनी ने तारीख़ भी कही थी : हिजरी 1002/1593-94 ईसवी। अबुलफ़ज़्ल ने इस 'अद्‌भुत हौज़' के निर्माण का वर्णन उर्दीबिहिश्त 39 इलाही/अप्रैल-मई 1594 के अन्तर्गत किया है : 'उससे होकर एक रास्ता एक कोठरी तक जाता था और अद्‌भुत इतना था वह कि इस हौज़ का पानी उस कोठरी में नहीं जाता था।'[67]

नूरुल-हक़ ने इस ढाँचे के और भी ब्यौरे दिए हैं। उसका निर्माण हिजरी 1003/1594-95 में बतलाते हुए वे कहते हैं कि हकीम अली गीलानी ने :

> मुनासिब लम्बाई-चौड़ाई का एक तहख़ाना बनवाया और एक छोटा दरवाज़ा लगा दिया कि कमरे की छत से होकर आसानी से अन्दर जाया जा सके। उस छत के ऊपर उन्होंने एक गहरा, पानी से भरा हौज़ बनवाया। जब कोई उस घर के अन्दर जाना चाहता तो उसे उस पानी में चलना पड़ता, उस छोटे दरवाज़े तक पहुँचना पड़ता और उसके खुले होने पर उससे होकर उस कमरे में जाना पड़ता था। उस कमरे के अन्दर एक महफ़िल की सारी ज़रूरतें रखी हुई थीं, जैसे क़ालीनें, किताबें वग़ैरह। पानी उस कमरे में नहीं जा सकता था। कहते हैं कि एक दिन ख़ुद जहाँपनाह अपने क़रीबी सलाहकारों के साथ उस छत (कोटा) के रास्ते आए और वहाँ एक महफ़िल सजाई। वहाँ ठहरने के बाद वे उसी रास्ते, छोटे दरवाज़े से होकर बाहर आ गए।[68]

अगर वह छोटा दरवाज़ा हौज़ में पानी के स्तर से ऊपर नहीं था, जैसाकि लाज़मी तौर पर कोई मान सकता है, तो क्या चीज़ पानी को कमरे में पहुँचने से रोकती थी, यह नहीं बतलाया गया है। लगभग नूरुल-हक़ जैसे ही ब्यौरे देनेवाले मोतमिद ख़ान हमें भरोसा दिलाते हैं कि 'हवा पानी के दाख़िले को रोकती थी।'[69] एक ही उपाय समझ में आता है : जो पानी दरवाज़े से होकर कमरे में पहुँचता होगा उसे खींचकर एक कुएँ में पहुँचाने की व्यवस्था रही होगी, और यही कुआँ हो सकता है ऊपर स्थित हौज़ के पानी का स्रोत भी रहा हो। लेकिन ऐसा ही किया जाता था, इस बारे में यक़ीन के साथ कुछ कह पाना कठिन है।

कपड़ासाज़ी से जहाज़ों के निर्माण तक और शीतलन से गरारीदार उपकरणों तक

अकबर की प्रौद्योगिकी सम्बन्धी रुचियों का दायरा सचमुच प्रभावशाली है। भले ही अपने दरबार में किए गए इन सभी आविष्कारों का कर्त्ता वह न रहा हो, प्रौद्योगिक गतिविधियों की यह बाढ़ मूलतः उसकी रुचि और उसके संरक्षण का परिणाम थी। प्रौद्योगिकी की ओर ऐसे सोद्‌देश्य ध्यान की मिसालें हमारे इतिहास में बहुत कम मिलती हैं, और बाद के काल में भी इसके मुक़ाबले की चीज़ें बहुत कम थीं जब यूरोप अबाध रूप से प्रगति करता हुआ आज की विश्वव्यापी प्रौद्योगिक श्रेष्ठता की स्थिति तक पहुँचा।

सन्दर्भ और टिप्पणियाँ

1. *लेटर्स फ्राम द मुग़ल कोर्ट : द फ़र्स्ट जेसुइट मिशन टू अकबर* (1580-83), सम्पादन (और अनुवाद) एक भूमिका के साथ : जान कोरिया-अफ़ोंसो, बम्बई/अनन्द, 1980, पृ. 22
2. उपरोक्त, पृ. 56
3. उपरोक्त, पृ. 81
4. मोंसेरेट, *कमेण्टरी आन हिज़ जर्नी टू द कोर्ट आफ़ अकबर,* अनुवाद : जे एस हायलैण्ड और एस एन बनर्जी, कटक, 1922, पृ. 201 देखें। *अकबर एण्ड द जेसुइट्स,* अनुवाद : सी एच पाइनी, लन्दन, 1926 पर (अन्ततः) आधारित, पियरे दु जैरिक का विवरण, पृ. 26 देखें। ('अगले लम्हे वह ऊँट के बाल मूँडते, पत्थर तोड़ते, लकड़ी चीरते या लोहा पीटते देखा जा सकता है।')
5. आरिफ़ क़न्धारी, *तारीख़े-अकबरी,* सं : मुइनुद्दीन नदवी, अज़हर अली देहलवी और इम्तियाज़ अली अर्शी, रामपुर, 1962, पृ. 43
6. *आईने-अकबरी,* एक, अनु. : एच ब्लाख़मान, संशोधन : डी सी फिलट, कलकत्ता, 1927, पृ. 49
7. *आईने-अकबरी,* एक, अनु. : एच ब्लाख़मान, 1866-67 में पृ. 49 पर 'आईने-फ़र्राशख़ाना' के अन्तर्गत बारगाह का अलग से वर्णन देखें। इससे पता चलता है कि यह एक तम्बूदार छतवाला हाल था जिसके कारण '10000 या इससे भी अधिक लोग इसके नीचे पनाह ले सकते थे।' *आईन* के इसी अध्याय में इसी उद्धरण से और इस शब्द के दूसरे प्रयोगों से बड़ा डोल (मेनमास्ट) के रूप में सर्ग़ के महत्त्व का पता चलता है।
8. *आईने-अकबरी,* एक, अनु. : ब्लाख़मान, पृ. 41
9. अबुल-फ़ज़्ल ने इस शब्द की एक-एक अक्षर करके वर्तनी लिखी है। यह शब्द जान टी प्लैट्स, *डिक्शनरी आफ़ उर्दू, क्लासिकल हिन्दी एण्ड इंग्लिश,* पुनर्मुद्रण : नई देहली, 1977 में पृ. 584 पर भी दिखाई देता है। वहाँ इसके हिज्जे वही हैं पर उच्चारण राउटी लिखा गया है; इसका मतलब एक छोटा सा आयताकार तम्बू है। हेनरी यूल और ए सी बर्नेल, *हाब्सन-जाब्सन,* संशोधन : विलियम क्रुक, पुनर्मुद्रण : देहली, 1968, पृ. 772 (प्रविष्टि : रौटी) भी देखें। राउटी किरमिच (कैनवस) या कपड़े का एक तम्बू होती है; पर अबुल-फ़ज़्ल ने स्पष्ट रूप से 'लकड़ी की रावटी' का वर्णन किया है।
10. ब्लाख़मान के संस्करण में 'मगर दो'; ब्रि म्यू ऐड 7652, फ़ोलियो 25 ए में 'मगर दुज़' दिया गया है। 'दुज़' का अर्थ 'संख्या' है जबकि दज़ का अर्थ 'गलियारा, बाल्कनी' है। नवलकिशोर संस्करण 1893, एक में पृ. 32 पर न-गर्दद दिया गया है जिससे अबुल-फ़ज़्ल यह कहते हुए लगते हैं कि 'सभी खम्भे बराबर ऊँचाई के नहीं होते हैं, क्योंकि वे.....।' लेकिन न-गर्दद यहाँ भोंडा दिखाई देता है।
11. *आईने-अकबरी,* एक, ब्लाख़मान, पृ. 49

12. *आईने-अकबरी,* एक, अनु. : ब्लाख़मान, संशोधन : फिलट, 1927, पृ. 56, पंक्तियाँ 11 और 17
13. सिंगर आदि द्वारा सम्पादित *हिस्टरी आफ़ टेक्नोलोजी,* दो में आर डब्ल्यू साइमण्ड्स का लेख, पृ. 242 की टिप्पणी देखें। टेकचन्द बहार के शब्दकोश *बहारे-अजम,* 1739, दो, देहली, हिजरी 1283, पृ. 682, प्रविष्टि : नर-मादगी में शब्द 'मर्दाना और ज़नाना' (नर-मादगी) का प्रयोग ताले के बोल्ट के लिए हुआ है।
14. *तारीख़े-अकबरी,* पृ. 45
15. *आईने-अकबरी,* एक, सं : ब्लाख़मान, पृ. 101
16. अब्दुल बाक़ी निहाबन्दी, *मआसिरे-रहीमी,* सं : एम हिदायत हुसैन, 1910-31, तीन, पृ. 980, 986
17. उपरोक्त, तीन, पृ. 1659
18. *आईने-अकबरी,* एक, सं : ब्लाख़मान, पृ. 103-4 देखें। ब्लाख़मान के अनुवाद (एक, पृ. 97) से यह भाव नहीं निकलता : 'जहाँपनाह ने इसे अनेक प्रकार से रँगने का हुक्म दिया', गोया कि यह सिर्फ़ फ़ैशन का सवाल हो। यहाँ क्रिया बरसाख़्त : 'बनाना', न कि 'हुक्म देना' है।
19. *आईने-अकबरी,* दो, सं : ब्लाख़मान, पृ. 6
20. *बहारे-अजम,* एक, देहली, हिजरी 1282, पृ. 569, प्रविष्टि : ख़सख़ाना : 'ख़स से बना झोंपड़ा जिसमें लोग गर्मियों में बैठते हैं, और यह ख़ुशबूदार ख़स (घास) और ऐसे झोंपड़े हिन्दस्तान की ख़ास चीज़ें हैं।' उद्धृत शायर 'क़ुबूल', हकीम सादिक़ और मुल्ला अबुल-बरकत 'मुनीर' हैं। मैं हकीम सादिक़ का पता तो नहीं लगा सका पर 'क़ुबूल' (मिर्ज़ा अब्दुलग़नी कश्मीरी) की मृत्यु हिजरी 1139 / ईसवी 1726-27 में और अबुल-बरकत 'मुनीर' की मृत्यु हिजरी 1054 / ईसवी 1644-45 में हुई। आज़ाद बिलग्रामी, *सर्वे-आज़ाद,* सं : अब्दुल्लाह ख़ान और अब्दुल हक़, लाहौर/हैदराबाद दकन, 1913, पृ. 60, 198-99 देखें।
21. *आईने-अकबरी,* दो, सं : ब्लाख़मान, पृ. 241 में अन्त में 'जहाँपनाह का मनमोहक कथन' देखें : 'जब हमने शोरे का तजरबा किया तो पता चला कि नमक, अर्थात वफ़ादारी से लगाव पानी में भी पाया जाता है।'
22. उपरोक्त, एक, पृ. 51; दो, पृ. 6
23. उपरोक्त, एक, पृ. 51 देखें। इस उद्धरण का ब्लाख़मान कृत अनुवाद (एक, पृ. 58) सटीक है। अकबर के दौर में एक मन 55.32 पौण्ड ए वी डी पी के बराबर होता था।
24. मैंने सबसे पहले यह बात पीटर मुण्डी (1632) के यहाँ देखी। *द ट्रैवेल्स आफ़ पीटर मुण्डी इन यूरोप एण्ड एशिया,* दो, सं : आर सी टेम्पल लन्दन, 1914, पृ. 77 देखें। फ्रांकोइस बर्नियर (1644), *ट्रैवेल्स इन द मुग़ल इम्पायर,* 1656-68, अनु. : ए कांस्टेबल, संशोधन : वी ए स्मिथ, लन्दन, 1916, पृ. 356-57, और जान मार्शल (1671), *जान मार्शल इन इण्डिया : नोट्स एण्ड आब्जर्वेशंस इन बंगाल, 1668-72,* सं : एस ए ख़ान, लन्दन, 1927, पृ. 428-29 भी देखें।
25. इनके बारे में आर जे फ़ोर्बेस, *स्टडीज़ इन एंशिएंट टेक्नोलाजी,* छः, लाइडेन, 1966, पृ. 105 देखें। चेंजेज़ इन टेक्नोलाजी इन मेडिएवल इण्डिया, *स्टडीज़ इन हिस्टरी,* नई देहली, दो (1), 1986 में पृ. 38 पर मैंने अकबर के आविष्कार की इस प्राथमिकता की ओर ध्यान खींचा है।
26. *बाबरनामा,* फ़ारसी अनुवाद : अब्दुर्रहीम, ब्रि म्यू ओरि. 3174, फ़ोलियो 314 बी, अनुवाद : ए एस बेवरिज, लन्दन, 1921, एक, पृ. 388
27. उपरोक्त, ओरि, 3174, फ़ोलियो 376 बी-377 ए; अनु : बेवरिज, दो, पृ. 486-87
28. सोमप्रकाश वर्मा, *आर्ट एण्ड मैटेरियल कल्चर इन द पेंटिंग्स आफ़ अकबर्स कोर्ट,* नई देहली, 1978, पृ. 109 से तुलना करें। प्लेट 47 (संख्या 14 और 15) के चित्र में दिशा दिखानेवाले तीर को उलटा करने की आवश्यकता है।

29. *आईने-अकबरी*, एक, सं : ब्लाख़मान, पृ. 199
30. ब्रि म्यू ओरि 12208, फ़ोलियो 65 ए, 99 बी
31. रेजिनल्ड हेबर, *नैरेटिव आफ़ ए जर्नी थ्रू द अपर प्राविंसेज़ आफ इण्डिया, एटसेटरा*, दो, लन्दन, 1873, पृ. 15
32. एडमण्ड डब्ल्यू स्मिथ, *मुग़ल आर्किटेक्चर ऐट फ़तेहपुर सीकरी*, इलाहाबाद, 1896, भाग दो, पृ. 19, 30-31, 38-40
33. अब्दुल क़ादिर बदायूँनी, *मुंतख़बुत्-तवारीख़*, सं : अहमद अली और लीस, कलकत्ता, 1864-69, दो, पृ. 321
34. *तबक़ाते-अकबरी*, सं : बरुण डे, कलकत्ता, 1913-15, दो, पृ. 457 देखें। वाक्यांश सर मी शुद का अर्थ सामान्यतः 'दाग़ा गया' लगाया जाना चाहिए, और इसके कारण एम ए अलवी और ए रहमान (*फ़त्हुल्लाह शीराज़ी, ए सिक्सटींथ सेंचुरी इण्डियन साइंटिस्ट*, नई दिल्ली, 1968, पृ. 30-31) ने यह अनुमान लगाया है कि यहाँ तोड़ेदार बन्दूक़ (व्हील-लाक) ही होनी चाहिए। एक अकेली बन्दूक़ एक साथ दस बन्दूक़ें नहीं दाग़ सकती थी। इसे छोड़ भी दें तो अगर बन्दूकें एक बड़े पहिए पर लगाकर दाग़ी जाती होंगी तो विभिन्न दिशाओं में मार करती होंगी और इसका कोई फ़ायदा नहीं होता।
35. *आईने-अकबरी*, एक, सं : ब्लाख़मान, पृ. 126, 199
36. एम ए अलवी और ए रहमान, पूर्वोक्त, विशेषकर, पृ. 4, 30-32
37. *आईने-अकबरी*, एक, सं : ब्लाख़मान, पृ. 199
38. अलवी और रहमान, पूर्वोक्त में पृ. 8 के चित्र तीन में दिखाया गया आधुनिक चित्र एक ही चक्की को और यूरोपीय शैली के दाँतेदार पहिए को दिखाता है। इसलिए इसे इस यन्त्र का एक विश्वसनीय चित्र मानना कठिन है।
39. जे नीदम, *साइंस एण्ड सिविलाइज़ेशन इन चाइना*, चार : 2, कैम्ब्रिज, 1965, पृ. 255-57 देखें ज़हाँ 1300 साल पहले ईजाद किए गए ऐसे ही मगर फिर ज़ाहिर है भुला दिए गए एक चीनी आविष्कार का भी साक्ष्य दिया गया है।
40. *आईने-अकबरी*, एक, सं : ब्लाख़मान, पृ. 199
41. उपरोक्त, पृ. 126
42. ब्लाख़मान के अनुवाद में पृ. 18 के सामने की प्लेट पन्द्रह का ऊपरवाला चित्र। नीचेवाला चित्र एक आधुनिक चित्र है और इसे नज़रअन्दाज़ किया जाना चाहिए। इस लेख में आगे इस चित्र की विवेचना की गई है।
43. *आईने-अकबरी*, अनु : ब्लाख़मान, संशोधन : फिलट, एक, पृ. 122 देखें। अलवी और रहमान (पूर्वोक्त, पृ. 4-7) ने ब्लाख़मान के अनुवाद को इस तरह स्वीकार कर लिया है कि वे 'घूमनेवाले ब्रशदार डण्डों (ब्रशराड्स)' तक की बात करते हैं। यहाँ हमें जे नीदम की अन्तःदृष्टि को मानना पड़ता है कि जहाँ उनके पास सहारा लेने के लिए सिर्फ़ ब्लाख़मान का अनुवाद था वहीं उन्होंने फिर भी यह बात समझ ली कि 'सूराख़ और सफ़ाई करना' इस मशीन का मक़सद रहा होगा। *साइंस एण्ड सिविलाइज़ेशन इन चाइना*, चार : 2, कैम्ब्रिज, 1965, पृ. 88 की टिप्पणी देखें।
44. ब्रि म्यू ऐड 7652 में, जो *आईन* की सबसे सटीक पाण्डुलिपियों में एक है, लगातार बरग़ू लिखा गया है।
45. *आईने-अकबरी*, एक, सं : ब्लाख़मान, पृ. 125 देखें। टाँक के बारे में कहा गया है (उपरोक्त, पृ. 60) कि यह वज़न में 1/5 दाम होता था और एक दाम का सिक्का 322.7 ग्रेन का होता था।
46. इसलिए यह नालों की चिकनाई के लिए गरारीदार युक्ति का सूचक नहीं, जैसा कि अलवी और रहमान (पूर्वोक्त, पृ. 4-7) ने मान लिया है।

47. यह चित्र ऐड 7652 में फ़ोलियो 55 बी पर दिया गया है। माइक्रोफ़िल्म में कुछ संकेत पढ़े नहीं जा सकते। इस पाण्डुलिपि तथा ब्रि म्यू पाण्डुलिपि ऐड 6552 में (जिसमें दूसरी पाण्डुलिपियों की ही तरह संकेत नहीं दिए गए) जो चित्र दिया गया है वह ब्लाख़मान के अनुवाद में दिए गए चित्र (प्लेट पन्द्रह) से भिन्न है। इसमें बाहरी नालों के बाहरी सिरों के पास से बड़े-बड़े प्रक्षेप निकले दिखाए गए हैं जिनके अन्दर की ओर मुड़े हुए सिरे बाहरी नालों की दाईं तरफ़ जाकर निकलते हैं। ये शायद हैण्डिल थे जिनकी सहायता से बन्दूक़साज़ नाल को तब यथास्थिति रखता होगा जब ड्रिल उसमें सूराख़ करता होगा।
48. *आईने-अकबरी,* एक, सं : ब्लाख़मान, पृ. 125-26
49. उपरोक्त
50. उपरोक्त, पृ. 125
51. उपरोक्त, पृ. 126 देखें। जहाँगीर की *तुज़ुक,* सं : सैयद अहमद, पृ. 199 में बारूद के कूँड़े (प्राइमिंग पैन) के लिए शब्द आतिशख़ाना का प्रयोग किया गया है।
52. *इण्डियन इकानामिक एण्ड सोशल हिस्टरी रिव्यू,* सत्रह (1), पृ. 17; *स्टडीज़ इन हिस्टरी,* दो (1), पृ. 36
53. द नेचर आफ़ हैण्डगंस इन मुग़ल इण्डिया, *प्रोसीडिंग्स आफ़ द इण्डियन हिस्टरी कांग्रेस,* सत्र 52 (नई देहली, 1991-92), देहली, 1992, पृ. 378-89, विशेषकर पृ. 383-84 और पृ. 386 की टिप्पणी।
54. *आईने-अकबरी,* एक, सं : ब्लाख़मान, पृ. 124
55. उपरोक्त।
56. सत्रह तोपोंवाली एक जुगत में बीच की तोप के दोनों तरफ़ आठ-आठ तोपें होती होंगी। बीच के तसले में पहली चिंगारी लगने के बाद हर तरफ़ एक-बाद-एक करके तसलों में चिंगारी लगती होगी, और इस तरह दोनों तरफ़ उत्तरोत्तर साथ-साथ गोले छूटते होंगे।
57. *आईने-अकबरी,* एक, सं : ब्लाख़मान, पृ. 202-3
58. उपरोक्त, पृ. 202
59. *अकबरनामा,* तीन, पृ. 651-52
60. मुद्रित पाठ में नाख़ूद नाजू शब्द की जगह ग़लती से लिखा गया है। जैसाकि सम्पादक ने कहा है, कुछ पाण्डुलिपियों में तख़्तों की संख्या 9536 बताई गई है।
61. ताहिर मुहम्मद सब्ज़बारी, *रौज़तुत्-ताहिरीन,* ब्रि म्यू ओरि 168, फ़ोलियो 556 ए-बी।
62. *अकबरनामा,* तीन, पृ. 715-16 देखें। अपने ज्ञानवर्धक लेख शिप-बिल्डिंग इन मेडिएवल इण्डिया, *इण्डियन इकानमिक एण्ड सोशल हिस्टरी रिव्यू,* पाँच (2), जून 1968 में पृ. 160 पर लगता है ए जे क़ैसर ने जो कुछ अकबर ने किया था उसे ग़लत समझ लिया है, और कहते हैं कि उसने 'एक बड़ी किश्ती या जहाज़ पर जहाज़ चढ़वाकर' इस समस्या को हल किया था। जहाज़ के बन जाने के बाद उसे इस तरह 'चढ़वाना' या उठवाना लगभग असम्भव रहा होगा। कुछ भी हो, अबुल-फ़ज़्ल स्पष्ट रूप से कहते हैं कि बजरे के डेक पर (बर फ़राज़) जहाज़ को बनाया जानेवाला (बरसाज़न्द) था।
63. एल्स एम जैकब्स, *इन परसूट आफ़ पेपर एण्ड टी : द स्टोरी आफ़ द डच ईस्ट इण्डिया कम्पनी,* एम्सटर्डम/त्ज़ुटफेन, 1991, पृ. 34 देखें। आविष्कार की तिथि और आविष्कारक के नाम (मीयूविस मींडेर्ट्ज़ बेक्कर) की जानकारी डॉ. जैकब्स ने कृपा करके मुझे एक निजी पत्र (1 जुलाई 1993) में दी। जहाज़ के 'कैमल' का उपयोग आगे चलकर पीटर महान की गोदियों में किया गया। *ओ ई डी,* प्रविष्टि : कैमल, 2 : 1716 का एक उद्धरण देखें।
64. *अकबरनामा,* तीन, पृ. 727-28; *आईने-अकबरी,* एक, सं : ब्लाखमान, पृ. 202-3 देखें। ग़ुराब के बारे में भूल और बर्नेल, *हाब्सन-जाब्सन,* पूर्वोक्त, संशोधन : क्रुक, पृ. 391-92, प्रविष्टि : ग्राब (grab)

देखें।

65. एच एम इलियट और जे डासन, *द हिस्टरी आफ़ इण्डिया ऐज़ टोल्ड बाई इट्स ओन हिस्टारियंस,* लन्दन, 1867-77, छः, पृ. 192 देखें। इण्डिया आफ़िस की पाण्डुलिपि एथ 290, फ़ोलियो 189 ए-बी से मैंने इसकी तुलना की है और कुछ स्थानों पर प्रस्तुति को अच्छा-ख़ासा बदल दिया है।
66. बदायूँनी, *मुंतख़बुत्-तवारीख़,* दो, पृ. 264-65
67. उपरोक्त, पृ. 265; *अकबरनामा,* तीन, पृ. 650
68. *जुब्दतुत्-तवारीख़,* इण्डिया आफ़िस, पाण्डुलिपि एथ 290, फ़ोलियो 190 बी
69. *इक़बालनाम-ए-जहाँगीरी,* नवलकिशोर, लखनऊ, 1870, दो, पृ. 441 देखें। समय की दृष्टि से नूरुल हक़ की रचना मोतमिद ख़ान की रचना से पहले की है, जिसमें (दो, पृ. 479) इसकी तारीख़ शह्रीवार जहाँगीरी शासनवर्ष 15 (अगस्त-सितम्बर 1620) दी गई है।

अकबरी दौर की चित्रकला, वर्णन-विधा के रूप में

सोमप्रकाश वर्मा

अकबर के दौर में चित्रकला मुख्य रूप से किताबों के चित्रांकन से जुड़ी हुई थी। इसलिए उसे मूलतः वर्णन की एक विधा कहा जा सकता है। इस रूप में उसकी जड़ें फ़ारसी और भारतीय, दोनों कलाओं (मूर्तिकला और चित्रकला) में ढूँढ़ी जा सकती हैं।

अपनी विशिष्ट शैली के साथ मुग़ल कला-सम्प्रदाय ने 1580 तक एक रूप ग्रहण किया। इस पर सफ़वी और तैमूरी कला-परम्पराओं की छाप दिखाई देती है और कुछ हद तक क्लासिकी भारतीय सम्प्रदायों (अजन्ता और पश्चिमी भारतीय सम्प्रदायों) की भी। ऐसा ख़ासकर पांडुलिपियों के चित्रांकन में है। इसका सबसे अच्छा और सबसे पहला प्रमाण क्लीवलैंड कला संग्रहालय, क्लीवलैंड में रखी *तूतीनामा* की पांडुलिपि (लगभग 1565-80), प्राच्य और अफ़्रीकी अध्ययन संस्थान, लन्दन में रखी *अनवारे-सुहैली* की पांडुलिपि (1570) और *हम्ज़ानामा* (लगभग 1565-80) के अंशों में दिखाई देता है। गहन अध्ययन से पता चलता है कि दृश्यात्मक वर्णन की जो विभिन्न विधियाँ इनमें मौजूद थीं वे, कुछ अधिक पेचीदा रूप में ही सही, बाद की मुग़ल कला में भी जारी रहीं। पुस्तकों के चित्रांकन की कला में मुग़ल-परम्परा अनेक रूपों में दिखाई देती है।

मुग़ल वृत्तान्तों में कलाकार की अभिव्यक्ति की सरलतम विधियों का पता *तूतीनामा* के चित्रों से चला। यहाँ हम देखते हैं कि किसी घटना का एक प्रमुख दृश्य चुनकर एक ही सतह पर उसका संक्षिप्त चित्र प्रस्तुत किया जाता है। ऐसे दृश्यों के चित्र इसलिए बनाए जाते हैं कि दर्शक घटना की पहचान कर सके। इस पांडुलिपि में एक घटना के लिए एक दृश्य चुना गया है, इसलिए दर्शक स्वयं को उस घटना से परिचित करा सके, इसमें उसे कम ही मदद मिलती है क्योंकि एक घटना के पहले और बाद की बातें कलाकार के वृत्तान्त का अंग नहीं हैं। फलस्वरूप ऐसे दृश्यात्मक वर्णन देश-काल की धारणा से रहित हैं। उनमें किसी दृश्य में एक घटना के प्रमुख पात्र ही दिखाई देते हैं और पूरी कार्रवाई उनके इर्द-गिर्द घूमती है।

इस तरह *तूतीनामा* के चित्रों की विशेषता 'एक-दृश्य की प्रस्तुति' है। मिसाल के

लिए '31वीं रात' (पांडुलिपि, फ़ोलियो 207 आर) की घटना को इस चित्र द्वारा दिखाया गया है कि 'शेर की खाल ओढ़े हुए गधा किस प्रकार रेंककर अपनी पहचान जता देता है।' घटना का वर्णन इस प्रकार किया गया है[1] :

> ...उसके पास एक गधा था पर उसके लिए घास ख़रीदने को पैसा न था। गधे के लिए चारे के अभाव में व्यापारी का व्यापार बैठा जा रहा था, और चारा न मिलने से गधा क़यामत के दिन की ओर बढ़ रहा था। व्यापारी नेक काम करनेवाला एक होशियार बन्दा था। उसने एक शेर की खाल जुटाई, और अब वह खाल अपने गधे को पहनाकर उसे पास के खेतों और बाग़ों में चरने छोड़ देता था। उसने उसे सिखाया : 'अगर चौकीदार नज़र आए तो बायाँ घुटना झुकाकर उसके सामने चुप खड़ा हो जा। उतना ही हिल-डुल जितना कि खाल में मुमकिन हो, पर उसे अपनी सही पहचान पता न चलने दे। रेंकना मत वर्ना तेरी पोल खुल जाएगी और तब तेरी सच्ची पहचान छिपी रहेगी।' गधा इस पर अमल करता और हरेक को बेवकूफ़ बनाता रहा।
>
> कुछ दिनों में गधा हट्टा-कट्टा हो गया और जल्द ही उसका वज़न बढ़ गया। चूँकि पड़ोसी उसे शेर समझते थे, इसलिए अपने खेत और बाग़ छोड़कर भाग खड़े हुए।
>
> *एक रात गधा किसी खेत में जा पहुँचा। उसके पंजों से डरकर चौकीदार एक पेड़ पर जा चढ़े। तभी कहीं पास में एक गधा रेंका। व्यापारी का गधा भी, जैसाकि कोई भी गधा करता, साँस खींच और छोड़कर रेंकने लगा और बेसुरा शोर मचाने लगा जिससे पता चल गया कि वह क्या था।*

इस कर्कश ध्वनि से पता चल गया कि वह क्या था और क्या नहीं। वे पेड़ से उतरे, गधे को एक पेड़ से बाँधा, उसकी जमकर पिटाई की और उसने जो आतंक और भय फैलाया था उसकी सज़ा उसे दी। उस जानवर की अपनी आवाज़ ने उसकी असलियत ज़ाहिर कर दी और वही उसके पतन का कारण बनी।

इस कहानी के चित्रांकन (प्लेट एक) में एक खेत के बीच चीते की खाल (पाठ में शेर की खाल) ओढ़े एक गधे को रेंकते हुए दिखाया गया है जबकि चौकीदार पेड़ों के पत्तों में छिपे हुए हैं और उस जानवर के बेसुरे शोर से घबड़ाए हुए हैं। इस तरह इस चित्र में उपरोक्त कहानी का वही अंश दर्शाया गया है जिसे ऊपर हमने तिरछे छपे अक्षरों में दर्ज किया है।

'एक दृश्यवाले चित्रों' में दिखाई देनेवाली सरलता को डगलस बैरेट बासिल ग्रे ने भारतीय परम्परा से व्युत्पन्न बतलाया है।[2] *तूतीनामा* के वृत्तान्तों की यह विशेषता मुग़ल चित्रकला में धीरे-धीरे ग़ायब होती गई क्योंकि दृश्यात्मक वर्णन सरल से जटिल होता

रहा। 'एक दृश्यवाले' इन चित्रों में पाठ की वृत्तान्तिक गतिशीलता को लगभग पूरी तरह अनदेखा किया गया है और इस तरह चित्रात्मक गति की संभावना हमेशा ही सीमित रहती है। ऐसी मिसालों में चित्रांकन का नाटकीय पहलू वह एकमात्र शक्ति है जो उसे कहानी से जोड़ने के लिए दर्शक को प्रेरित करता है। फ़ोलियो 37वी, 43 आर, 51वी, 102वी, 223वी, 282वी और 316आर के चित्रों जैसे कुछ दृष्टान्तों में चित्र न तो कोई कहानी ही सामने लाते हैं और न उसके किसी अंश को प्रस्तुत करते हैं।[3] लगता है इनका उद्देश्य उपदेशात्मक और शुद्ध सज्जात्मक है। इन दृष्टान्तों में (प्लेट दो) किसी दृश्य की दृश्यात्मक पुनर्प्रस्तुति निश्चित ही कलाकार का मक़सद नहीं लगती।

किसी घटना का सतत वर्णन करनेवाली रचनाएँ कभी-कभी *अनवारे-सुहैली* में दिखाई देती हैं जो *तूतीनामा* की समकालीन रचना है। अन्यथा सामान्यतः इस पांडुलिपि में भी 'एक दृश्यवाले' चित्र ही मिलते हैं। इसमें चित्र की एक ही सतह में किसी घटना या कथा के एक से अधिक चरण दिखाए गए हैं। बिला शुब्हा चित्रांकन के लिए चुने गए चरण आम तौर पर उस कहानी का अन्त/चरम हैं। पर कलाकार दो चरणों में अन्तर नहीं करता और उनको एक ही दृश्यात्मक क्षेत्र में प्रस्तुत करता है। इन चरणों की पहचान का एकमात्र संकेत उन विभिन्न भागों में प्रमुख चरित्र का बार-बार नज़र आना है जिनमें कलाकार ने अपनी रचना को बाँट रखा है। किसी घटना के ये चरण कहानी की उत्तरोत्तर गतियों को जोड़ते हैं और चित्रकला में देश व काल, दोनों के सूचक हैं। *अनवारे-सुहैली* के फ़ोलियो 232 आर पर मौजूद चित्र एक बूढ़े किसान की बेवफ़ा नौजवान बीवी को दर्शाता है जो एक शाहज़ादे के साथ भाग गई थी। रास्ते में जब वे एक झरने के पास आराम कर रहे थे, एकाएक एक शेर ने उस औरत पर हमला कर दिया और शाहज़ादा डर के मारे भाग खड़ा हुआ। चित्र में दोनों प्रमुख पात्रों अर्थात् उस शाहज़ादे और उस औरत को दो बार दिखाया गया है।[4] चित्र में दाहिने हाथ की ओर (निचले) कोने में शाहज़ादा और औरत को एक झरने के पास बैठे दिखाया गया है, और बाएँ कोने में (प्लेट तीन) औरत को शेर के हाथों फाड़े जाते और शाहज़ादे को भागते हुए दिखाया गया है। इस तरह घटना के इन दो उत्तरोत्तर चरणों को एक ही दृश्य-क्षेत्र में प्रस्तुत किया गया है ताकि विभिन्न कालों में हो रही घटना की निरन्तरता का संकेत दिया जा सके। फिर भी मुग़ल वृत्तान्तात्मक चित्रकला में प्रमुख पात्रों का बार-बार दिखाया जाना अपेक्षाकृत दुर्लभ विशेषता है; फारसी पुस्तक-चित्रांकन में भी इसका पता नहीं मिलता। भारतीय कला में इसका प्राचीनतम साक्ष्य गान्धार और मथुरा मूर्तिकला (प्लेट चार-पाँच) में मिलता है।[5] इस वर्णन विधि के उदाहरण साँची के स्तूप (पहली सदी ईसा-पूर्व का उत्तरार्ध) और अजन्ता के चित्रों (प्लेट छः) में मिलते हैं।[6]

मुग़ल सम्प्रदाय का सतत वर्णन *हम्ज़ानामा* के चित्रों में भी मिलता है जो एक ही दृश्य-क्षेत्र में किसी घटना के अनेक चरण प्रस्तुत करते हैं। ये चरण (घटना की इकाइयाँ) केन्द्रीय विषय के इर्द-गिर्द घूमते हैं और घटना की प्रस्तुति को और भी विस्तृत और

वर्णनात्मक बना देते हैं। ऐसी मिसालों में मुख्य पात्रों को दोहराया नहीं गया है। इसकी बजाय चित्र की सतह को छोटी-छोटी इकाइयों में बाँट दिया गया है जिसमें मुख्य विषय से जुड़ी क्रिया दिखाई देती है। दृश्य-क्षेत्र के इस विभाजन में आधानों का खुलकर इस्तेमाल किया गया है जिनमें पहाड़ियाँ, मिट्टी के टीले, नहरें, हरियाली, इमारतों के स्तम्भ आदि शामिल हैं। यह तकनीक (प्लेट सात) अजन्ता के चित्रकार को अच्छी तरह ज्ञात थी[7] पर फ़ारसी पांडुलिपि-चित्रांकन में भी उतनी ही प्रचलित थी।

15वीं-16वीं सदियों में फ़ारसी वृत्तान्तात्मक कला में आमतौर पर एक दृश्य-क्षेत्र को दो या दो से अधिक इकाइयों में बाँटने की प्रवृत्ति प्रचलित थी। पर उनके बीच किसी प्रकार का सम्बन्ध दिखाने के प्रति कलाकार के प्रयास के अभाव में वे इकाइयाँ अलग-अलग रहती थीं। फलस्वरूप वर्णन की एकात्मता का प्रभाव मारा जाता था। मुग़ल कलाकारों ने इस ख़ामी को दूर किया और उन्होंने लयदार गतियों, हाव-भावों और मुखड़े की अभिव्यक्तियों के ज़रिए इन इकाइयों को जोड़ने में कामयाबी हासिल की। अपनी रचनाओं में वे फ़ारसी चित्रकारों से अधिक उन्मुक्त, दिलेर और प्रभाव में अधिक ज़ोरदार दिखाई देते हैं।[8] लयदार गति ने चित्रों के बीच सम्बन्ध ही नहीं पैदा किया बल्कि प्रकृतिवाद को भी बढ़ावा दिया। बैरेट और ग्रे ने पात्रों के बीच के इस सम्बन्ध की परिभाषा 'मनोवैज्ञानिक' के रूप में की है, जबकि इसके विपरीत ईरानी चित्रकला में लगभग पूरी तरह रूपात्मक सम्बन्ध दिखाई देता है।[9] *तूतीनामा* के वृत्तान्तों में भी पात्रों के बीच एक मनोवैज्ञानिक सम्बन्ध स्थापित करने पर ज़ोर दिखाई देता है। प्रमोदचन्द्र और डेनियल जे एनबाम का विचार है कि *हम्ज़ानामा* के चित्रों में जो जीवन्तता, आन्तरिकता, एकात्मता दिखाई देती है वह स्पष्ट रूप से मुग़ल शैली में कार्यरत देशी तत्त्वों का परिणाम है।[10]

ऐसी रचनाओं का सबसे परिपक्व रूप हमें *तारीख़े-खानदाने-तैमूरिया,* लगभग 1584-87(ख़ुदाबख़्श ओरिएंटल पब्लिक लाइब्रेरी, पटना), *जमीयतुत्-तवारीख़,* 1597-98 (इम्पीरियल लाइब्रेरी, तेहरान) और *अकबरनामा,* लगभग 1602-5 (विक्टोरिया एंड अलबर्ट म्यूज़ियम, लन्दन) के चित्रों में दिखाई देता है। इनमें हम देखते हैं कि एक ही चित्र के दृश्य-क्षेत्र में तीन से पाँच इकाइयाँ शामिल हैं जो किसी घटना के उत्तरोत्तर ब्यौरों को दर्शाते हैं। ऐसी व्यवस्था का एक उल्लेखनीय उदाहरण *तारीख़े-ख़ानदाने-तैमूरिया* में 'सुल्तान मुहम्मद की बेटियों की शादी' का चित्र है।[11] इसके दृश्य-क्षेत्र में चार इकाइयाँ शामिल हैं। ऊपर के आधे भाग (प्लेट आठ) में जो एक विकर्ण के साथ बँटा हुआ है, बादशाह और उसके कुलीनों को दिखाया गया है (जो इस अवसर पर बादशाह को शुभकामनाएँ दे रहे हैं) और शाहज़ादी की सेवा उसकी कनीज़ें कर रही हैं। नीचे के आधे भाग में दो अलग-अलग समूहों में वाद्यकार दलों को दिखाया गया है। पहले तो स्त्री वाद्यकारों और नर्तकियों का दल है, और उसके बाद महल से बाहर नक़्क़ारखाने के संगीतकारों को कुछ गाते-बजाते दिखाया गया है जबकि चाकर हाथों में तोहफ़े वग़ैरह लेकर खड़े हैं। यहाँ इकाइयों को वास्तुशिल्पी तत्त्वों (मुख्यतः दीवारों) से अलग किया

गया है और उन्हें आड़े-तिरछे क्रम में आरोही विकर्णों की शृंखला में व्यवस्थित किया गया है।

एक और उदाहरण 'फ़तेहपुर सीकरी में अकबर के दूसरे बेटे की पैदाइश के जश्न' का है। इसके दृश्य-क्षेत्र में पाँच इकाइयाँ हैं। ऊपर दाहिने कोने की इकाई में महारानी को कनीज़ों के बीच नवजात शिशु के साथ दिखाया गया है (प्लेट नौ); उसके साथ जुड़ी एकदम दाहिनेवाली इकाई में कनीज़ों को कुछ काम करते देखा जा सकता है। इन दोनों के ठीक नीचे की इकाइयों में स्त्री संगीतकारों और नर्तकियों को दिखाया गया है जबकि ज्योतिषियों का एक दल ज़ायचा (जन्मपत्री) तैयार करने में व्यस्त है। अन्त में नीचे की इकाई में महल के बाहर नक़्क़ारख़ाना के संगीतकार और उनके साथ पुरुष नर्तक हैं।[12]

वर्णन की उपरोक्त विधियाँ अकबर के शिल्पागार में एक ही साथ व्यवहृत की जाती रहीं; अपवाद सिर्फ़ दूसरी श्रेणी का वर्णन है जिसमें प्रमुख पात्र को दोहराया जाता है। यह वक्तव्य जहाँगीर और शाहजहाँ के शासनकालों के वृत्तान्तात्मक चित्रों के बारे में भी उतना ही सही है।

एक दो-आयामी सतह में तीन आयामोंवाले यथार्थ को दर्शाने की तकनीकी योग्यता मुग़ल चित्रकारों में नहीं थी। इसलिए सतत वर्णन के उद्देश्यवाले चित्रों में वे अकसर किसी घटना के विभिन्न चरणों को ऊर्ध्व अर्थात् आरोही क्रम में दर्शाते थे। ऐसे वृत्तान्तों में किसी घटना की इकाइयों को एक-ऊपर-एक दिखाया गया है जिनके बीच एक स्पष्ट अलगाव मौजूद है, हालाँकि दृश्य-क्षेत्र में मौजूद आधान दर्शक को उनमें अन्तर करने में सहायता देते हैं।

ऊर्ध्व क्रम में वस्तुओं को एक ही साथ आँख की सतह पर (प्रत्यक्ष अवलोकन) और ऊपर से (विहंगावलोकन) दिखाया जाता है। हाजिक का कथन है कि वर्णन की यह विधि जो अजन्ता में देखी जाती है, बौद्ध कलाकारों के हाथों और सुधरी जिन्होंने प्रत्यक्ष अवलोकन और विहंगावलोकन के अलावा सोपानी परिप्रेक्ष्य का प्रयोग किया।[13] अवलोकनों की इस पेचीदगी को क्रैमरिश ने 'बहु-परिप्रेक्ष्य' कहा है।[14] विद्या देहेजिया को अजन्ता की 17वीं गुफा की ऊर्ध्व रूपरेखा में एक सतत वर्णन दिखाई देता है; यह चित्र 'स्वर्ग से बुद्ध का अवतरण' दिखाता है।[15] वर्णन की यह विधि शुद्ध फ़ारसी परम्परा से एक निश्चित अन्तर दर्शाती है, अकबर के शिल्पागार में इस परिवर्तन के सबसे आरम्भिक उदाहरण *हम्ज़ानामा* के चित्रों में दिखाई देते हैं जिनमें दृश्य-क्षेत्र में एक के पीछे दूसरी सतह की एक ख़ास विशेषता दिखाई देती है। अर्थात् इनमें पृष्ठभूमि में गौण दृश्य दिखाए गए हैं; यह अभिव्यक्ति फ़ारसी नहीं, मूलतः भारतीय है।[16] अब्दुस्समद के चित्र 'अकबर अपने पिता हुमायूँ को एक चित्र भेंट करते हुए' (तिथि 1559 से पहले) पर एटिंगहाउज़ेन की टिप्पणी महत्त्वपूर्ण है : 'विषय की गहमागहमी, चित्रकार का यथार्थवादी दृष्टिकोण और दीवार से परे चाकरों और ख़िदमतगारों को दिखाने का ढंग जबकि प्रमुख दृश्य पीछे की ओर, अर्थात् चित्र में ऊपर की ओर है—यह सब एक भारतीय शैली की ओर इशारा करते हैं।'[17]

यह तो मुग़ल चित्रकारों की चातुरी थी कि सतत वृत्तान्तों में उन्होंने गति पैदा करने के लिए आधानों का भरपूर इस्तेमाल किया। एक ही दृश्य-क्षेत्र में छोटी-छोटी इकाइयों को आड़े-तिरछे रखने से तस्वीर में गहराई भी बढ़ जाती थी। इसी तरह वस्तुओं (प्रमुख पात्रों) को विकर्णी ढंग से रखना वृत्तान्तों के बहुत ही अनुकूल होता था।

वाल्टर एम स्पिंक और देबोरा लेवाइन का कथन है कि *अकबरनामा* के दृश्यात्मक वृत्तान्त, जिनकी प्रमुख विशेषता तीव्र शारीरिक गति और उत्तेजना है, यह दिखाते हैं कि कलाकार एक विकर्णी ज़ोर को क्षैतिज या ऊर्ध्व ज़ोर से अधिक महत्त्वपूर्ण मानते थे। 'नावों के पुल पर हाथियों का पीछा किए जाते देख रहे भृत्यगण' और 'रणथम्भौर के हमले के दौरान तोपों को खींचते बैल' शीर्षक वृत्तान्त-चित्रों पर उनकी टिप्पणियाँ उद्‌धृत करने योग्य हैं[18] :

> गरजते हुए हाथियों का विकर्णी खिंचाव लगता है कि चित्र को ही फाड़ देगा, और कमज़ोर पंटून पुल को ढहा देगा। भागता हुआ रणबाग़ तस्वीर के खाँचे से बाहर निकलता दिखाई देता है और इस तरह पूरे चित्र में तनाव का तत्त्व और बढ़ जाता है। हम *अकबरनामा* के दूसरे चित्रों में भी इस मोटे विकर्णी अक्ष को दोहराया जाता देखते हैं। लगता है यह चित्रकारों की एक प्रिय विधि थी।
>
> इस दृश्य में, जो विक्टोरिया और अलबर्ट पांडुलिपि के आमने-सामने के पृष्ठों पर बने दो चित्रों में एक है, साथ के उठान को नाटकीय रूप से दर्शाया गया है। कलाकार मिस्कीन ने दो मोटे विकर्णी अक्षों का प्रयोग किया है जिनमें से एक-दूसरे से काफ़ी झुकाव पर प्रक्षेपित हो रहा है। इससे एक ढलानदार और चट्टानी इलाक़े का भाव तथा लगभग सीधी चढ़ाई पर एक-एक क़दम बढ़ रहे इनसानों और जानवरों पर पड़ रहा तनाव सुन्दर ढंग से व्यक्त होते हैं...यह चित्र निश्चित ही *अकबरनामा* की पूरी पांडुलिपि में अत्यन्त शक्तिशाली कल्पना से तैयार किए गए चित्रों में एक है।

इसी पांडुलिपि के दूसरे चित्रों में आरोही विकर्णों की एक शृंखला 'आगरा क़िले का निर्माण' तथा 'ख़ान ज़माँ के अनुयायियों को मारते हुए प्रशिक्षित हाथी' में देखी जा सकती है।[19]

एक बहुत चलताऊ ढंग से ही सही, चित्र के खाँचे से बाहर निकलते हुए पात्र, जो सफ़वी और तैमूरी चित्रों की एक स्पष्ट विशेषता है, सतत वृत्तान्त की विधि के पूरक लगते हैं। इसी तरह हृदय-क्षेत्र के एकदम बाहर हाशिए पर दिखाई गई वस्तुएँ भी, जिनका कुछ भाग दृष्टि से कट जाता है, तस्वीर के खाँचे से बाहर दृश्य की निरन्तरता के संकेत देती हैं। कलाकारों ने तस्वीरों के खाँचों का उपयोग दृश्यों को काटने के लिए किया है, जिसका अर्थ यह है कि दर्शक के सामने सम्पूर्ण का एक अंश मात्र है। बिना शुब्हा यह विधि दृश्य-क्षेत्र को विस्तार देती थी।

हालाँकि मुग़ल वृत्तान्तों की ऐतिहासिकता का मूल्यांकन करना यहाँ हमारा मक़सद नहीं है, फिर भी उसका एक संक्षिप्त वर्णन आवश्यक है। कारण कि इसका सम्बन्ध किसी घटना के कुछ उद्धरणों के और वर्णन के ब्यौरों के चयन से है।

वर्णन की शैलियों की सीमाओं के बावजूद समान विषयों पर वृत्तान्तों को दर्शाते हुए भी कलाकारों की अभिव्यक्ति की विधियों में हमेशा एक भारी विविधता पाई जाती थी। लगता है कि मुख्य घटना के वर्णन से जुड़े ब्यौरों के चयन में कलाकार को काफ़ी स्वतन्त्रता प्राप्त थी। *बाबरनामा* की विभिन्न प्रतियों (ब्रिटिश म्यूज़ियम, लन्दन; राष्ट्रीय संग्रहालय, नई दिल्ली; म्यूज़ियम ऑफ़ ओरिएंटल कल्चर्स, मास्को; और फ़ोग आर्ट म्यूज़ियम, बोस्टन) में मौजूद चार चित्रों में एक ही घटना ('चिड़िया पकड़ना') दिखाई गई है। इनकी तुलना से इस बात की पुष्टि होती है कि वस्तुओं के ब्यौरों को लेकर चित्रों में भिन्नताएँ पाई जाती थीं।[20] हम पाते हैं कि ब्रिटिश म्यूज़ियम वाला चित्र अधिक तफ़सीली है जिसमें चिड़िया पकड़ने के विभिन्न साधनों से युक्त चिड़ीमारों का अमल दिखाया गया है। इसके विपरीत राष्ट्रीय संग्रहालय (नई दिल्ली) और मास्को की प्रतियों में मौजूद चित्र ब्यौरों और संरचना, दोनों में अपेक्षाकृत सरल हैं। इस तरह एक समान विषयों के वृत्तान्तों में किसी दृश्य-क्षेत्र में प्रस्तुत वस्तुओं और पृष्ठभूमि के ब्यौरों में हमेशा अन्तर मौजूद होते थे। फिर भी सम्बन्धित पाठ के चित्र का जुड़ाव हमेशा बना रहता था। अलावा इसके, किसी घटना के उद्धरणों के चयन में भी कलाकार के पास विकल्प रहता था। एक ही घटना को दर्शानेवाले चित्रों की तुलना तथा पाठ की साहित्यिक माँगों की रोशनी में उनके अन्तःतत्त्व के बोध से यह बात स्पष्ट हो जाती है। ऐसा ही एक उदाहरण है, 'अकबर जंगली गोरख़रों का शिकार करते हुए पाक पाटन के रास्ते पर' जो *तारीख़े-ख़ानदाने-तैमूरिया* (लगभग 1584-87) और *अकबरनामा* (लगभग 1602-5) में चित्रित है। अबुल-फ़ज़्ल ने इस विशेष घटना का वर्णन इस प्रकार किया है[22] :

> रास्ते में सतलुज के पास, जिसे वहाँ हरहरी कहते हैं, राय अलाउद्दीन की तलवंडी की सरहदों पर एक अजीब वाक़िया हुआ। क़िस्सा मुख़्तसर यह कि हरकारों ने ख़बर दी कि जंगली गोरख़रों का एक झुंड वहाँ मौजूद था। बादशाह सलामत तीन या चार ख़ास शिकारियों को लेकर उनके शिकार के लिए आगे बढ़े। मैदान के पास पहुँचकर वे घोड़े से उतरे और पैदल बढ़ने लगे। पहले निशाने में उन्होंने एक गोरख़र को मारा और बाक़ी झुंड गोली की आवाज़ सुनकर काफ़ी दूर भाग गया। उस ख़ुदा के सूरमा ने उसका एक टुकड़ा हाथ में लिया और उन्हीं तीन या चार शिकारियों के साथ जलती रेत पर पैदल तेज़ी से आगे बढ़ चला। जल्द ही उन्होंने मैदान को पार कर लिया और झुंड के सर पर पहुँचकर अपनी बन्दूक़ से उन्हें एक-बाद-एक मार डाला। उन्होंने उनका पीछा जारी रखा, और उस रोज़ तेरह जंगली गोरख़र मारे। जब भी वे एक को मारते, दूसरे

और भी दूर भाग जाते। तब तक वे प्यास से निढाल हो उठे थे। पानी का कोई निशान तक न था। चूँकि उन्होंने शिकार का पीछा पैदल करने का फ़ैसला कर रखा था, इसलिए शिकार में शामिल लोगों ने सोचा कि जहाँपनाह साथ में हैं, उन्होंने उस जगह पर नज़र रखी जहाँ शिकार मौजूद थे और अपनी जगह नहीं छोड़ी। जब दुनिया के मालिक कुछ कोस चल चुके तो उनके साथवालों ने पानी की तलाश तो की, पर न किसी भिश्ती का पता चला और न ही पानी का कोई निशान मिला। एक अजीब हालत पैदा हो गई, और प्यास के मारे कमज़ोरी इतनी बढ़ी कि वे बोलने की कुव्वत खो बैठे।

पहली पांडुलिपि में मौजूद चित्र (प्लेट दस) में अकबर को पैदल, अपनी बन्दूक़ से जंगली गोरख़रों के शिकार में लगा दिखाया गया है, जो घटना के पहले भाग का दृश्यात्मक वृत्तान्त है। घटना का दूसरा और अन्तिम चरण *अकबरनामा* के चित्रकारों महेश और केशव का चयन है। उन्होंने अकबर को प्यास से निढाल होकर बैठा हुआ दिखाया है, उसकी बन्दूक़ उसके कन्धे से टिकी हुई है और साथ के लोग बादशाह की अजीब हालत के बारे में पूछताछ कर रहे हैं। (प्लेट ग्यारह।)

इस तरह घटना तो वही है, पर दृश्य-क्षेत्र में प्रस्तुति के लिए घटना के भागों के चयन में अन्तर है। यह चयन निश्चित ही घटना के महत्त्वपूर्ण अंश से हमेशा ही सम्बन्धित होता था जिससे दर्शक को कहानी को समझने की क्षमता प्राप्त होती थी।

अकसर किसी विशेष घटना पर ज़ोर देने के लिए 'दो पृष्ठों पर' चित्र को फैलाकर दृश्य-क्षेत्र को विस्तृत कर लिया जाता था। 'थानेसर में संन्यासियों के परस्पर विरोधी गुटों की लड़ाई' विषय पर *तारीख़े-ख़ानदाने-तैमूरिया* (लगभग 1584-87) का चित्र एक पृष्ठ का है और उसमें (प्लेट बारह) दृश्य-क्षेत्र के मध्य में प्रमुख पात्रों को तथा दाहिने हाथ के कोने पर लड़ाई के दृश्य को दिखाया गया है।[23] 1602-5 के दौरान *अकबरनामा* (विक्टोरिया और अलबर्ट) में इसी घटना पर दो पृष्ठों का जो चित्र बनाया गया था, वह वर्णन के ब्यौरों की दृष्टि से साफ़ तौर पर अधिक समृद्ध है।[24] दोनों दृश्यात्मक वृत्तान्तों में लड़ाई का स्थान एक है, अर्थात् एक बड़े तालाब के पास एक पक्के चबूतरे के मध्य में एक बरगद का विशाल पेड़ दोनों में दर्शाया गया है, और पूरी घटना इसी की बग़ल में हो रही है। (प्लेट तेरह-चौदह।) *अकबरनामा* के चित्र में अधिक ब्यौरे हैं जो इस घटना पर अबुल-फ़ज़्ल के वर्णन के पाठ से मेल खाते हैं[25] :

> जब वे थानेसर में ख़ेमा डाले हुए थे, संन्यासियों के बीच एक झगड़ा उठ खड़ा हुआ जिसका अंजाम ख़ूनख़राबे के रूप में हुआ...
>
> अगुवा किसू पूरी अम्बाला आया, जुहार की और इंसाफ़ का तक़ाज़ा
> ि क य ा
>
> ...उसके बाद पूरियों ने पत्थरों से कूरों पर हमला बोल दिया...वे अपने पीर और अगुवा को लेकर आए जिसका नाम आनन्द कूर था, और उस

बदनसीब इनसान का क़त्ल कर डाला।

अकबरनामा वाले चित्र में दिखाया गया है कि अकबर के आदमी विरोधी गुट (कूरों) पर हमले में संन्यासियों के एक गुट (पूरियों) का साथ दे रहे हैं, और दूसरे गुट का नेता आनन्द कूर क़त्ल किया जा रहा है। इस तरह हम पाते हैं कि भिन्न-भिन्न देशकालों में बनाए गए दो उपरोक्त ऐतिहासिक चित्र मूल बातों में पाठ से मेल खाते थे। दृश्यात्मक वृत्तान्तों की यह विशेषता भी उनकी ऐतिहासिक प्रकृति की पुष्टि करती है।

दो पृष्ठवाले चित्र सबसे पहले 1584-87 में, सवाई मानसिंह द्वितीय संग्रहालय, जयपुर, की पांडुलिपि *रज़्मनामा* में दिखाई देते हैं।[26] आमतौर पर दावतों, त्यौहारों, लड़ाइयों और शिकार के दृश्यों के वृत्तान्त प्रस्तुत करने के लिए दो पृष्ठों पर फैले चित्रों को तरजीह दी जाती थी।

कुछ मुआमलों में किसी घटना पर दिए गए ज़ोर की व्याख्या करने के लिए उसके विभिन्न चरणों को अलग-अलग दृश्य-क्षेत्रों में प्रस्तुत किया जाता था। पर ऐसी मिसालों में सतत वर्णन की गुणवत्ता और भावना मारी जाती है।

ऊपर दृश्यात्मक वर्णन की जिन शैलियों और विधियों का वर्णन किया गया है, उनकी शुरुआत मुग़लों से नहीं होती क्योंकि भारत और फ़ारस में, मूर्तिकला और चित्रकला दोनों में वे पहले से प्रचलन में थीं। उनकी चातुरी तो इस बात में थी कि किसी दृश्य-क्षेत्र में एक से अधिक दृश्य हों तो भी वे उस क्षेत्र का इस प्रकार उपयोग करते थे कि विभिन्न पहलुओं से युक्त किसी घटना का एक समग्र और एकात्मक चित्र सामने आ सके। जिस विस्तारित दृश्य-क्षेत्र में आधानों के बीच और किसी घटना की दो या तीन से अधिक इकाइयाँ हों तो भी वह एकात्मक रहता है जिससे कहानी और उसके विभिन्न चरण एक इकाई के रूप में सामने आते हैं।

मुग़लों के दृश्यात्मक वृत्तान्त मुग़ल-पूर्व भारतीय कला के वृत्तान्तों से स्पष्ट रूप से भिन्न हैं, और चित्रों के परम्परागत उस उपदेशात्मक उद्‌देश्य से एक स्पष्ट अलगाव दिखाई देता है जो हमें पश्चिम भारतीय सम्प्रदाय की चित्रित पांडुलिपियों में (तथा प्रारम्भिक मुग़ल पांडुलिपि *तूतीनामा* में भी) नज़र आता है। इन मुग़ल वृत्तान्तों में चित्रों का समावेश सज्जात्मक लगता है और पाठ के आकर्षण को मात्र बढ़ाता है। मुग़ल शिल्पागार में वृत्तान्तों के वास्तविक ब्यौरों का चित्रांकन कलाकार के कर्म का आधार था। वह हमेशा किसी दृश्य या घटना की प्रस्तुति के वर्णनात्मक ब्यौरों से जुड़ी वस्तुओं के सटीक और सच्चाई से चित्रण के प्रति सजग दिखाई देता है। इसलिए उसके दृश्यात्मक वृत्तान्तों को भौतिक संस्कृति और प्राकृतिक इतिहास के सटीक चित्रण के रूप में मान्यता मिली हुई है। आज उनको देखकर व्यक्ति ख़ुद को अतीत में पहुँच चुका महसूस करता है। अतीत की घटनाओं के सिलसिले में कलाकार को निश्चित ही पाठ के ब्यौरों से प्रत्यक्ष अवलोकन-सम्बन्ध स्थापित करने का अवसर नहीं मिलता था, जैसा कि रोज़मर्रा की समकालीन घटनाओं और कहानियों के चित्रण में उसके

लिए संभव था। ऐसे वृत्तान्तों में दृश्य-क्षेत्र में कलाकार वर्णन के ब्यौरों को विस्तार देता था। इसके लिए वह अपने अनुभवों का सहारा लेता था, हालाँकि कल्पना की भी एक भूमिका अवश्य होती थी। अलावा इसके, उसके चित्रात्मक वृत्तान्त प्रकृतिवाद से भरे हुए हैं; यह विशेषता दृश्यों को जीवन्त बना देती है। किसी घटना के प्रमुख पात्रों को उनके उपयुक्त परिवेश में रखकर मुग़ल कलाकार पाठ की साहित्यिक चित्रात्मक माँगों को पूरा करने के लिए दृश्य-क्षेत्र में नाटक का सृजन करता है। बैरेट और ग्रे को बहुत पहले, 1570 में ही मुग़ल वर्णन-विधा में यथार्थवाद नज़र आता है जब वे ख़ास तौर पर, छायांकन और प्रतिरूपण के प्रयोग से, प्राणियों के चित्रों और वास्तुकला में उसके दर्शन करते हैं।[28] एलेत्र का कहना है कि मुग़ल चित्र-सम्प्रदाय में भारतीय आदर्शों के समावेश से फ़ारसी परम्पराएँ और विधियाँ कमज़ोर पड़ीं।[29] फिर भी मुग़ल कलाकार की मौलिकता इस बात में थी कि उसने भौतिक जगत की वस्तुनिष्ठ विशेषताओं की पड़ताल के लिए प्रकृतिवाद को एक रूपरेखा दी। विषय में उसकी गहरी दिलचस्पी के कारण उसके वर्णन में आध्यात्मिक और भावात्मक पहलुओं की कोई ख़ास गुंजाइश नहीं रहती थी, और यह तत्त्व भारतीय परम्परा से टकराता था। मुग़ल चित्रकार की कृति से यथार्थ किस रूप में समझ में आता है, इसका एक सन्दर वर्णन हाजिक ने किया है : 'यह अप्रतीकात्मक है; उसमें ऐसा कोई यथार्थ निहित नहीं जिसका वह चित्रण नहीं करती।'[30]

सन्दर्भ और टिप्पणियाँ

1. *द क्लीवलैंड म्यूज़ियम ऑफ़ आर्ट्स : तूतीनामा, टेल्स ऑफ़ पैरट बाई ज़ियाउद्दीन नख़शबी;* सं और अनु : मुहम्मद ए सिम्सर, ऑस्ट्रिया, 1978, पृ. 198-99, पृ. 200 के सामने का रंगीन चित्र।
2. डगलस बैरेट और बासिल ग्रे, *पेंटिंग ऑफ़ इंडिया,* क्लीवलैंड, 1963, पृ. 82-83, पृ. 85 का रंगीन चित्र।
3. उनकी पुनर्प्रस्तुति प्रमोदचन्द्र और डेनियल जे एनबाम, *द क्लीवलैंड तूतीनामा मैनस्क्रिप्ट एंड द ओरिजिंस ऑफ़ मुग़ल पेंटिंग,* शिकागो, 1976, प्लेट 12, 21-25 में देखें।
4. जान सेयलर, द स्कूल ऑफ़ ओरिएंटल एंड अफ्रीकन स्टडीज़ *अनवारे-सुहैली,* द इलस्ट्रेशन ऑफ़ ए डिलक्स मुग़ल मैनस्क्रिप्ट, *आर्काइव्ज़ ऑफ़ इंडिया आर्ट,* खंड 38, न्यूयॉर्क, 1985, पृ. 124, चित्र 2
5. मेडेलीन हैलाड, *द गान्धार स्टाइल एंड द इवाल्यूशन ऑफ़ बुद्धिस्ट आर्ट,* लन्दन, 1968, पृ. 133, प्लेट 97 देखें। गान्धार के बैस-रिलीफ़ (ब्रिटिश म्यूज़ियम, लन्दन) में दृश्य 'नन्द का धर्म-परिवर्तन' (लगभग 200ई) की दो घटनाएँ दिखाई गई हैं। केन्द्र में नन्द बुद्ध के लिए भोजन का पात्र लेकर जा रहा है; बाईं तरफ़ वह बुद्ध को पात्र दे रहा है। इस तरह यह पैनल सतत वृत्तान्त की माँग को पूरा करने के लिए प्रमुख पात्र को दो बार दिखाता है। उपरोक्त, पृ. 100, प्लेट 72 भी देखें।
   मथुरा का जो बैस-रिलीफ़ (सारनाथ सम्प्रदाय, गुप्त शैली, 5वीं सदी) नई दिल्ली के राष्ट्रीय संग्रहालय में है, उसमें एक ही दृश्य-क्षेत्र में 'बोधिसत्व का प्रस्थान, बोधिसत्व का सर मुँड़ाना, नैरंजन नदी में उनका अनुष्ठान-सम्बन्धी स्नान, सुजाता द्वारा उन्हें भोजन दिया जाना, और ध्यानमग्न बुद्ध' को

दिखाया गया है और बुद्ध के इन जीवन-चरणों के बीच कोई विभाजन नहीं दिखाया गया है। (उपरोक्त, पृ. 201-2, प्लेट 162 देखें।)

6. विद्या देहेजिया, नैरेटिव मोड्स इन अजन्ता केव 17 : ए प्रेलिमिनरी स्टडी, *साउथ एशियन स्टडीज़,* वर्ष सात, लन्दन, 1991, पृ. 48-49, चित्र 4
7. ल्यूबर हाजिक, *इंडियन मिनेएचर्स ऑफ़ द मुग़ल स्कूल,* प्राग, 1960, पृ. 31 : 'अजन्ता के चित्रों में पात्रों के समूह आधानों के माध्यम से एक साथ दिखाए गए हैं, और इन सीमित स्थानों में पात्रों की भीड़ भरकर उनके आपसी सम्बन्ध पर ज़ोर डाला गया है।'
8. कार्ल खंडलवाल, द मुग़ल स्कूल एंड इट्स रैमिफ़िकेशंस, *द डवलपमेंट ऑफ़ स्टाइल इन इंडियन* पेंटिंग, दिल्ली, 1974, पृ. 70
9. बैरेट और ग्रे, पूर्वोक्त, पृ. 81
10. प्रमोदचन्द्र और एनबाम, पूर्वोक्त, पृ. 11
11. सोमप्रकाश वर्मा, *आर्ट एंड मैटेरियल कल्चर इन द पेंटिंग्स ऑफ़ अकबर्स कोर्ट,* नई दिल्ली, 1978, पृ. 18, प्लेट चौदह।
12. उपरोक्त, पृ. 17-18, प्लेट तेरह।
13. हाजिक, पूर्वोक्त, पृ. 28
14. उपरोक्त।
15. विद्या देहेजिया, पूर्वोक्त, पृ. 49 : 'एक ऊर्ध्व व्यवस्था में सतत वृत्तान्त का संकिसा में स्वर्ग से बुद्ध का अवतरण दिखाने के लिए कारगर इस्तेमाल किया गया है। सबसे ऊपर के भाग में बुद्ध स्वर्ग में अपनी माता और देवताओं को उपदेश दे रहे हैं, 'मध्य भाग का सम्बन्ध अवतरण से है, जबकि निचले भाग में उन्हें पृथ्वी पर, भिक्षुकों और गृह उपासकों को उपदेश देते दिखाया गया है।'
16. *द आर्ट ऑफ़ इंडिया एंड पाकिस्तान,* सं : ली एश्टन, लन्दन, 1940, पृ. 93 पर बासिल ग्रे।
17. रिचर्ड एटिंगहाउज़ेन, अब्दुस्समद, *इनसाइक्लोपीडिया ऑफ़ वर्ल्ड आर्ट,* न्यूयार्क, खंड एक, पृ. 19, प्लेट 16
18. वाल्टर एम स्पिंक और देबोरा लेवाइन, *अकबरनामा : कैटेलाग,* न्यूयार्क, तिथि अज्ञात, प्लेटें और पाठ, संख्या 3-4 और 15-16
19. उपरोक्त, प्लेटें और पाठ, संख्या 7-8 और 22; संख्या 22 भी देखें।
20. उनकी पुनर्प्रस्तुतियाँ हामिद सुलैमान, *मिनिएचर्स ऑफ़ बाबरनामा,* ताशक़न्द, 1970, रंगीन प्लेट 27; एस आई ल्यूलाएव, *मिनिएचर्स ऑफ़ बाबरनामा,* मास्को, 1960, प्लेट 15; एम एस रन्धावा, *पेंटिंग्स ऑफ़ द बाबरनामा,* नई दिल्ली, 1984, रंगीन प्लेट आठ; एस सी वेल्च, *आर्ट ऑफ़ मुग़ल इंडिया : पेंटिंग एंड प्रेशस आबजेक्ट्स,* न्यूयॉर्क, 1963, प्लेट 9 देखें। सोमप्रकाश वर्मा, ट्रीटमेंट ऑफ़ सिमिलर थीम्स : ए स्टडी बेस्ड ऑन द इलस्ट्रेशंस ऑफ़ *तुज़ुके बाबरी, प्रोसीडिंग्स ऑफ़ द इंडियन हिस्टरी कांग्रेस,* चंडीगढ़, 1973, पृ. 293-94 भी देखें।
21. *तारीख़* की पांडुलिपि में फ़ोलियो 331 ए पर मौजूद चित्र अप्रकाशित है। *अकबरनामा* के चित्र की पुनर्प्रस्तुति के लिए गीति सेन, *पेंटिंग्स फ्रॉम द अकबरनामा,* नई दिल्ली, 1984, पृ. 137, रंगीन प्लेट 60 देखें।
22. अबुल-फ़ज़्ल *अकबरनामा,* सम्पादित पाठ, खंड दो, पृ. 359-60; अनुवाद, खंड दो, पृ. 522
23. *तारीख़* की पांडुलिपि में फ़ोलियो 322 ए पर मौजूद चित्र अप्रकाशित है।
24. पुनर्प्रस्तुति के लिए गीतिसेन, पूर्वोक्त, पृ. 105-9, रंगीन प्लेट 43-44 देखें।
25. *अकबरनामा,* सम्पादित पाठ, खंड दो, पृ. 286-87; अनुवाद, खंड दो, पृ. 422-24

26. टी एच हेंडली, *रज़्मनामा (मेमायर्स ऑफ़ जयपुर एक्ज़िबीशन-1883)*, चार, जयपुर, प्लेट 47-48, 41-42, 44-45, 72-73, 126-27, 132-133, 139-140 देखें।
27. टी डब्ल्यू आर्नल्ड और जे वी एस विल्किंसन, *लाइब्रेरी ऑफ़ चेस्टर ब्यूटी : ए कैटेलाग ऑफ़ द इंडियन मिनिएचर्स*, दो, लन्दन, 1936, प्लेट 39ए-बी, 43 ए-बी, 44ए-बी
28. बैरेट और ग्रे, पूर्वोक्त, पृ. 81
29. एम आर एलेत्र, बर्ड्स एंड एनिमल्स इन मुग़ल पेंटिंग, *बुलेटिन ऑफ़ द कॉलेज ऑफ़ आर्ट्स*, वर्ष एक, बग़दाद, 1959, पृ. 16
30. हाजिक, पूर्वोक्त, पृ. 23

प्लेट एक : शेर की खाल ओढ़े गधा रेंककर अपनी पहचान ज़ाहिर करता है; तूतीनामा, क्लीवलैंड म्यूज़ियम ऑफ़ आर्ट, क्लीवलैंड, फ़ोलियो 207

प्लेट दो : तोता ख़ुजस्त से सम्बोधित है; तूतीनामा, क्लीवलैंड म्यूज़ियम ऑफ़ आर्ट, क्लीवलैंड, फ़ोलियो 282

प्लेट तीन : नन्द का धर्म-परिवर्तन (लगभग 500 ई), गांधार सम्प्रदाय, ब्रिटिश म्यूज़ियम, लंदन

प्लेट चार : बूढ़े किसान की बेवफ़ा बीवी और उसकी मौत, अनवारे-सुहैली, प्राच्य और अफ्रीकी अध्ययन संस्थान, लंदन, फ़ोलियो 232

प्लेट पाँच : बोधिसत्व का प्रस्थान (लगभग 500 ई), मथुरा (सारनाथ सम्प्रदाय), राष्ट्रीय संग्रहालय, नई दिल्ली

प्लेट छह : हाथी नलगरी की कथा (लगभग 500 ई), अजंता की गुफा 17

प्लेट सात : हम्ज़ानामा की एक प्रति का फ़ोलियो, विक्टोरिया और अलबर्ट मयूज़ियम, लंदन

प्लेट आठ : सुल्तान मुहम्मद की बेटियों की, तारीख़े-ख़ानदाने-तैमूरिया, ख़ुदाबख़्श ओरिएंटल पब्लिक लाइब्रकरी, पटना, फ़ोलियो 40

प्लेट नौ : अकबर के दूसरे बेटे की पैदाकश का जश्न, *अकबरनामा*, विक्टोरिया एंड अलबर्ट मयूज़ियम, लंदन संख्या 80/177

प्लेट दस : अकबर जंगली गोरख़रों का शिकार करते हुए, तरीख़े-ख़ानदाने-तैमूरिया, .ख़ुदाबख़्श ओरिएंटल पब्लिक लाइब्रेरी, पटना, फ़ोलियो 331

प्लेट ग्यारह : शिकार के बाद निढाल अकबर, अकबरनामा, विक्टोरिया एंड अलबर्ट म्यूज़ियम, लंदन, संख्या 84/117

प्लेट बारह : संन्यासियों के हथियारबन्द टकराव के बीच मौजूद अकबर, तारीख़े-ख़ानदाने-तैमूरिया, . खुदाबख़्श ओरिएंटल पब्लिक लाइब्रेरी, पटना, फ़ोलियो 322

प्लेट तेरह : संन्यासियों कि हथियारबन्द टकराव के बीच मौजूद अकबर, अकबरनामा, विक्टोरिया एंड अल्बर्ट म्यूज़ियम लंदन, 61/117 (दो पृष्ठों के चित्र का पहला भाग)

प्लेट चौदह : प्लेट तेरह के चित्र (संख्या 62/117) का दूसरा भाग

फ़तेहपुर सीकरी की पुनर्यात्रा : कुछ इमारतों की व्याख्या

सैयद अली नदीम रिज़्वी

चार ज़िल्दों में ई डब्ल्यू स्मिथ की यादगार रचना के बाद अकबर के शाही नगर फ़तेहपुर सीकरी पर बहुत-कुछ लिखा जा चुका है। विभिन्न पत्रिकाओं में छपे ढेर सारे लेखों और आलेखों के अलावा बहुत सारी पुस्तकें भी प्रकाशित हो चुकी हैं।[1] एक उलझन-भरी समस्या इमारतों के नामकरण की है और विभिन्न लेखकों ने एक ही इमारत के लिए अलग-अलग नामों का इस्तेमाल किया है। फिर समस्या आती है लोगों में प्रचलित क़िस्सों की जो पिछली सदी में किसी समय प्रचलित हुए और जिनको पुरातत्वशास्त्रियों और इतिहासकारों ने स्वीकार कर लिया है। एक हालिया रचना ने इन भवनों को मोटे तौर पर दो श्रेणियों में बाँटा है : वे जिनका ज़िक्र फ़ारसी स्रोतों में मिलता है और वे जिनका नहीं मिलता।[2] नगर से जुड़ा एक और विवाद और भी हाल का है : क्या फ़तेहपुर एक योजनाबद्ध नगर है जैसा कि अकबर के पोते का बसाया हुआ शाहजहाँनाबाद है, या इसका क्रमिक विकास हुआ है ? ए पेत्रूक्शियोली हमें पहले दृष्टिकोण का क़ायल करने की कोशिश करते हैं,[3] हालाँकि स्रोतों के अध्ययन से हम इसके विपरीत निष्कर्ष पर पहुँचते हैं। 1970 की दहाई में भारतीय पुरातत्व सर्वेक्षण और इतिहास विभाग, अलीगढ़ मुस्लिम विश्वविद्यालय के पुरातत्वशास्त्रियों की एक मिली-जुली टीम ने महल-परिसर के आसपास अनेक स्थानों की खुदाई की। इनका सम्बन्ध 'कुलीनों के महलों आदि, बाज़ार अस्तबलों, हरम वग़ैरह' से था। इसकी एक विस्तृत रिपोर्ट प्रकाशित होनी अभी बाक़ी है।[4]

प्रस्तुत आलेख कुछ ऐसे ढाँचों की पहचान का एक प्रयास है जिन पर अभी तक विद्वानों की निगाह नहीं पड़ी, बावजूद इसके कि हो सकता है, तत्कालीन वृत्तान्त-लेखकों ने कुछ तथाकथित ग़ैर-पहचानशुदा ढाँचों का ज़िक्र किया हो। आलेख में फ़तेहपुर सीकरी के एक सर्वेक्षण के परिणामों का सार-संक्षेप भी प्रस्तुत करने का प्रयास किया गया है। वह सर्वेक्षण मैंने पहले-पहल मई 1989 में और फिर बाद में जुलाई 1997 के पहले सप्ताह तक विभिन्न अवसरों पर किया था।[5]

फ़तेहपुर सीकरी का सबसे विस्तृत तत्कालीन वर्णन फ़ादर मोंसेरेट ने किया है जो फ़ादर एक्वाविवा और फ़ादर हेनरीक्स के साथ 1580 में दरबार में आए थे। लिखते हैं :

> दूसरे हिन्दोस्तानी राजाओं के महलों के विपरीत ये शानदार हैं; क्योंकि एक हिन्दोस्तानी महल आमतौर पर मन्दिर जैसा नीचा और गरिमारहित होता है। उनका पूरा घेरा इतना बड़ा है कि उसमें आसानी से *चार बड़े-बड़े शाही महल* आ जाते हैं जिनमें सबसे बड़ा और सबसे सुन्दर तो बादशाह का अपना महल है। दूसरा महल रानियों और तीसरा शाहज़ादों का है, जबकि चौथे का इस्तेमाल भंडारघर और हथियारख़ाने के रूप में किया जाता है।[6]

'बादशाह का अपना महल' दो भागों—दौलतख़ाना और दीवानख़ान-ए-आम—में विभाजित था। बदायूँनी दूसरे भाग को दौलतख़ान-ए-आम कहकर हमें जानकारी देते हैं कि इसमें '114 ऐवान' (ओसारे) आते हैं।[7] इस इमारत में जहाँ बादशाह अवाम की बातें सुनता था, चार दरवाज़े हैं जबकि बादशाह के अपने दाख़िल होने का रास्ता अलग से है, और इन सब पर एक-एक पहरेदार रहता था। मोंसेरेट को सुनिए :

> महल के एक दरवाज़े पर तरह-तरह की जंज़ीरें, हथकड़ियाँ, बेड़ियाँ और दूसरी हथकड़ियाँ वग़ैरह लटकी हुई हैं, और उपरोक्त मुख्य जल्लाद इस दरवाज़े की निगरानी करता है। बाक़ी तीन दरवाज़ों पर क्रमशः मुख्य द्वारपाल, अखाड़ाबाजों के मुख्य प्रशिक्षक और मुख्य हरकारे का पहरा होता है।[8]

यह माना जा सकता है कि मुख्य द्वारपाल उस दरवाज़े पर खड़ा रहता होगा जो कमल स्तम्भवाले हाल के सामने दौलतख़ान-ए-ख़ास में खुलता है। मुख्य हरकारा उस दरवाज़े के पास खड़ा रहता होगा जो इमारत को चहारसुक़ बाज़ार से होते हुए आगरा दरवाज़े तक आनेवाली सड़क से जोड़ता है; शहर से बाहर जाने का यही सबसे छोटा रास्ता था। हौज़े-शीरीं की तरफ़ खुलनेवाला दरवाज़ा, लगता है, वह मुख्य दरवाज़ा रहा होगा जिससे कुलीनों और उनके लाव-लश्कर को दाख़िला दिया जाता होगा। उनके दिलों में आक्रान्ति और भय का भाव पैदा करने के लिए मुख्य जल्लाद ग़ालिबन यहीं खड़ा होता होगा। अखाड़ाबाज़ों का मुख्य प्रशिक्षक दक्षिण की ओर खुलनेवाले दरवाज़े पर पहरा देता था। एक चित्र में इसी दरवाज़े से बाज़ीगरों और उनके जानवरों को दाख़िल होते दिखाया गया है।[9]

लगता है दौलतख़ान-ए-ख़ास दो भागों में बँटा था—दौलतख़ाना और दौलतख़ान-ए-अनूपतलाव में।[10] इस क्षेत्र में प्रवेश का अधिकार थोड़े-से लोगों तक सीमित था और वे भी आते थे जिनको बादशाह ख़ुद बुलवाता था। दौलतख़ान-ए-अनूपतलाव का यही क्षेत्र है जिसमें ख़िलवतकद-ए-ख़ास (शाही कमरे) और अकबर की ख़्वाबगाह (शयनकक्ष) थी। इस क्षेत्र का नाम यहाँ बने एक हौज़ अनूपतलाव के नाम पर पड़ा

है। लेकिन फ़ादर मोंसेरेट और जहाँगीर ने तालाब का नाम कपूरतलाव लिखा है।[11] बदायूँनी ने एक और इमारत का ज़िक्र किया है जिसे वे हुजर-ए-अनूपतलाव (अनूपतलाव का कक्ष) कहते हैं; यहाँ बादशाह कभी-कभी धर्म-चर्चाओं का आयोजन करता था।[12] प्राविंशियल फ़ादर र्‌यू विंसेंट के नाम अपने एक पत्र में फ़ादर मोंसेरेट ने इस जगह का और भी खुलकर वर्णन किया है। लिखते हैं :

> सनीचर (के रोज़), जो ख़ुदा से जुड़ी बातों की चर्चा के लिए तय किया गया है, हम तीनों (फ़ादर एक्वाविवा, हेनरीक और मोंसेरेट) 'दरिगतियाना' (दौलतख़ाना) महल में गए, और जब वक़्त हुआ तो बादशाह के पास जो सबसे पढ़े-लिखे छः मुल्ला थे, उनको उसने हमें लाने के लिए भेजा और हम एक बरामदे तक गए जहाँ दूसरे वक़्तों में वह बोला करता है...[13] ...वह (अकबर) विनम्रता के साथ सबकुछ सुन रहा था, क्योंकि उससे कोई बात चूकती न थी और जो कुछ पढ़ा जा रहा था, उसे बेहतर समझने के लिए वह कुछ पूछ लेता था, और सर हिलाता था, और यह जतलाता था कि वह सो रहा है, और दूसरी तरफ़ वह अपनी बेहद चमकदार आँखें कमरे में दौड़ाकर एक बहुत ही समझदार और होशियार शख़्स की अदा से मौजूद लोगों का जायज़ा लेता था।[14]

इस साक्ष्य से स्पष्ट संकेत मिलता है कि तथाकथित 'तुर्क सुल्तान का हुजरा' और उसके चारों तरफ़ का छत्तेदार बरामदा वही इमारतें हैं जिनके लिए बदायूँनी ने हुजर-ए-अनूपतलाव का नाम इस्तेमाल किया है। इस बरामदे का इस्तेमाल उन लोगों को बिठाने के लिए किया जाता था जिनको बादशाह मिलने के लिए बुलाता था।[15] इसके अलावा यह दौलतख़ान-ए-अनूपतलाव के क्षेत्र को दौलतख़ान-ए-ख़ास से अलग भी करता था। हुजर-ए-अनूपतलाव के पश्चिम में और उससे छत्तेदार दोहरे गलियारे के ज़रिए जुड़ा हुआ एक और ढाँचा है जिसे कभी-कभी ग़लती से एक 'बालिका विद्यालय' कह दिया जाता है।[16] अतहर अब्बास रिज़्वी जब उसे 'आबदारख़ाना और फल-भंडार' कहते हैं जहाँ बादशाह के लिए फल और पेय जमा करके रखे जाते थे, तो लगता है उनकी बात सही है।[17] ख़िलवतकद-ए-ख़ास और ख़्वाबगाह भी इसी क्षेत्र में स्थित हैं।[18]

ख़िलवतकद-ए-ख़ास और ख़्वाबगाहवाली इमारत के पूरब में दो कमरे हैं जिनके परम्परा में विभिन्न उद्‌देश्य बताए गए हैं। जो कमरा पीछे की ओर है और जिसके साथ एक चबूतरा जुड़ा हुआ है, उसकी पहचान अतहर अब्बास रिज़्वी ने दीवाने-ख़ास के रूप में की है।[19] सामने के कमरे को अलग-अलग लोगों ने 'भंडारा' (पैंट्री) या 'पुस्तकालय' कहा है। रिज़्वी लिखते हैं कि इसका इस्तेमाल अकबर के निजी पुस्तकालय के रूप में, सम्मानित अतिथियों से अनौपचारिक गप-शप के लिए और भोजनकक्ष के रूप में किया जाता था।[20] कहा गया है कि यहाँ एक खज़ान-ए-अनूपतलाव यानी अनूपतलाव का ख़ज़ाना भी था।[21] शायद यही इमारत बेहतर ढंग से इस मक़सद को पूरा करती होगी। सरकनेवाले तख़्तों के साथवाली खोखली दीवारें दूसरी किसी इमारत के मुक़ाबले इस

उद्देश्य के लिए ज़्यादा माक़ूल होंगी।

आबदारख़ाना से परे दौलतख़ान-ए-ख़ास का दालान है जहाँ सुप्रसिद्ध पंचमहल, तथाकथित 'सोने-चाँदी का ख़ज़ाना' (आँख मिचौली) और 'जवाहरख़ाना' (कमल-स्तम्भ वाला कमरा) स्थित हैं। आमतौर पर माना जाता है कि तत्कालीन फ़ारसी स्रोत इनके बारे में पूरी तरह ख़ामोश हैं। पर आरिफ़ क़न्धारी का विवरण पढ़ें तो यह विवाद सुलझ जाता है। दौलतख़ाने के दालान का वर्णन करते हुए क़न्धारी लिखते हैं :

> आसमान जैसी छतवाली उस इमारत के सेहन (दालान) के एक तरफ़ एक चहारख़ाना चहारसुफ़्फ़ा और एक ऐवानख़ाना बना रखा है जो सभी लाल बलुआ पत्थर से तराशे गए हैं। उनके अबवाब (दरवाज़े) और शिबाक (झरोखे) इस तरह तैयार किए गए हैं कि आठ दरवाज़ोंवाली जन्नत का रखवाला भी उनसे बराबरी का दावा नहीं कर सकता...[22]

चहारख़ाना एक वर्गाकार कमरा है जिसमें चारों तरफ़ दरवाज़े हैं। यह कमल-स्तम्भवाले कक्ष का स्पष्ट हवाला है, जो दालान के उत्तरी तरफ़ स्थित है और एक पूर्ण वर्ग के रूप में है। दालान के उत्तर-पश्चिम में पंचमहल है जो एक चारमंज़िला इमारत है और जिसके ऊपर एक छोटा-सा गुम्बद बना है; चहारसुफ़्फ़ा का मतलब ही चार चबूतरों या फ़र्शोंवाली इमारत है। इन दो इमारतों के बीच तथाकथित ख़ज़ाना है जिसमें तीन बड़े ऐवान (ओसारे) आते हैं; शब्द ऐवानख़ाना का प्रयोग इसी कारण किया गया है। दिलचस्प बात यह है कि इन तीनों ऐवानों में कभी जालीदार झरोखे (शिबाक) हुआ करते थे।

बदायूँनी कहते हैं कि 985 हि/1577 ई में अकबर ने एक वर्गाकार हौज़ बनवाने का हुक्म जारी किया था जिसका हर किनारा बीस गज़ का हो और गहराई तीन गज़ हो। इसके बीच में एक हुजरा (कमरा) बनवाया गया जिसके ऊपर एक मीनार-ए-बुलन्द (ऊँची मीनार) बनी थी। कमरे के चारों तरफ़ पुल बने हुए थे।[23] अबुल-फ़ज़्ल भी यही लम्बाई-चौड़ाई बतलाते हैं।[24] बदायूँनी कहते हैं कि यह हौज़ जो 1577 में बनवाया गया, 'बीस करोड़ क़ीमत के ज़रे-सियाह (ताँबे के सिक्कों) से भरा गया।' क़न्धारी कहते हैं कि 'उस सेहन (दालान) में बना' तालाब 986 हि/1578-79 ई में ख़ाली करा लिया गया और 'ताँबे, चाँदी और सोने के तंकों' से भर दिया गया।[25] अबुल-फ़ज़्ल ने उसी साल के मुतल्लिक़ यही जानकारी दी है।[26]

दूसरी तरफ़ जहाँगीर ने दालान के बीच एक तालाब का ज़िक्र किया है जिसे वह 'कपूरतलाव' कहता है और उसका माप 36 वर्ग गज़ मय 4.5 गज़ गहराई बतलाता है। इसे भी ताँबे के सिक्कों से लबालब भरा गया था।[27]

सवाल यह है कि अबुल-फ़ज़्ल ने अनूपतलाव की जो लम्बाई-चौड़ाई बताई है, उस पर भरोसा करें तो क्या यही तालाब हौज़े-अनूपतलाव था। अनूपतलाव की तरह इस हौज़ में भी पुल थे। पर फिर बदायूँनी तो अनूपतलाव के निर्माण का जो साल 1575-76 (983 हि)[28] लिखते हैं, यानी इस दूसरे तालाब के निर्माण का साल वे बतलाते हैं उससे

दो साल पहले। दूसरी बात, कहा गया है कि बादवाले तालाब के ऊपर एक ऊँची मीनार थी जो बदनसीबी से आज ग़ायब है। इस तालाब के वजूद पर बदायूँनी के बयान की ताईद *अकबरनामा* के दो चित्रों से होती है, और दोनों में ही दीवाने-आम के पीछे कहीं एक मीनार दिखाई गई है।[29] इसलिए हम इत्मीनान से कह सकते हैं कि किसी वक़्त दौलतख़ाना में दो तालाब थे—एक तो अनूपतलाव और एक दूसरा। तो क्या यह दूसरा तालाब वही है जिसे जहाँगीर ने 'कपूरतलाव' लिखा है ?

मोंसेरेट ने अकबर के जिस 'पहले महल' का ज़िक्र किया है, उससे जुड़ी एक और समस्या बादशाह के भोजनकक्ष की है। अगर यह ख़िलवतकदा और दौलतख़ाना के पास नहीं था तो फिर कहाँ था ? इस समस्या का एक उत्तर ख़ुद मोंसेरेट ने दिया है। निजी भोजनकक्ष का वर्णन करते हुए फ़ादर मोंसेरेट लिखते हैं :

> उसके भोजनकक्ष में ईसा, मरियम, मूसा और मुहम्मद की तस्वीरें लगी हैं; उनका नाम लेते समय मुहम्मद को आख़िर में रखकर उसने अपने सच्चे जज़्बात ज़ाहिर किए; क्योंकि वह कहने लगा, 'यह ईसा की तस्वीर है, यह मरियम की, यह मूसा की और वह मुहम्मद की...[30]

आगे वे कहते हैं :

> उसका दस्तरख़्वान बेहद लम्बा-चौड़ा है, जिसमें आमतौर से बड़ी-बड़ी थालियों में परोसे गए 40 से अधिक व्यंजन होते हैं। इनको मलमली कपड़ों से ढककर और लपेटकर शाही भोजनकक्ष में लाया जाता है... उनको भोजनकक्ष के दरवाज़े तक नौजवान लड़के लेकर आते हैं, दूसरे मुलाज़िम उनके आगे-आगे चलते हैं और बावर्चियों का मुखिया पीछे चलता है। यहाँ उनको हिजड़े ले लेते हैं जो उन्हें शाही दस्तरख़्वान पर भोजन परोसनेवाली कनीज़ों के हवाले कर देते हैं। वह एक आम भोज के मौक़ों को छोड़ दें तो अकेले में भोजन करने का आदी है...[31]

दूसरा सवाल भोजनकक्ष की स्थिति को लेकर है जो ऐसी जगह रहा होगा जहाँ मर्दों को जाने की इजाज़त नहीं रही होगी। दौलतख़ान-ए-अनूपतलाव के छत्तों से पश्चिम में और उस आबदारख़ाना से बहुत दूर नहीं जहाँ माना जाता है कि भोजन परोसा जाता होगा, एक निजी दरवाज़ा है। यह उस भाग की ओर खुलता है जो, आज लगता है, हरमसरा या रनिवास रहा होगा। यह दरवाज़ा व्यक्ति को दौलतख़ाना से उस इमारत की ओर ले जाता है जिसे लोग 'सुनहरा मकान' या 'मरियम का मकान' कहते हैं। यह इमारत भी शुरू में हरमसरा के दफ़्तरों की तरफ़ और मुख्य हरमसरा ('जोधाबाई महल') की तरफ़ दीवारें खड़ी करके बाकी हरमसरों से अलग कर दी गई थी। एक और दीवार इस इमारत को हरमसरा के बाग़ से अलग करती थी। दूसरे शब्दों में, 'मरियम का मकान' दौलतख़ाना से बाहर होते हुए भी हरमसरा का हिस्सा न था। इस इमारत में दोनों महलों के निवासी ब-आसानी आ-जा सकते थे। इसके केन्द्रीय कक्ष में ताक़ें बनी हुई हैं जिनमें तस्वीरों के कुछ निशान आज भी देखे जा सकते हैं। केन्द्रीय कक्ष की एक

(दक्षिण-पूर्व की) ताक़ में यूरोपीय फ़ैशन की एक औरत की तसवीर बनी हुई है।[32] इस इमारत की पूर्वी और पश्चिमी दीवारों पर पंखवाली हस्तियों की तसवीरें हैं जिनको स्मिथ ने फ़रिश्ते समझा था।[33] यह इमारत भित्तिचित्रों से भरी हुई है जिनमें दरबार के दृश्य, हाथियों की लड़ाइयाँ, और फूलों की अल्पनाएँ दिखाई देती हैं। ऐन मुमकिन है कि ये चित्र *हम्ज़ानामा* या ऐसी ही किसी दूसरी रचना से लिए गए हों।[34]

हो सकता है, इन चित्रों ने स्मिथ की तरह मोंसेरेट को भी गुमराह किया हो कि इनमें ईसाइयत के विषय दिखाए गए हैं। यह भी मुमकिन है कि ताक़वाली महिला को मरियम माना गया हो।

अगर यह किसी महिला का निवास रहा होगा जो चाहे जितने ऊँचे रुतबेवाली रही हो, शिकार, लड़ाई और घेराबन्दी के अनेक दृश्यों का वहाँ कोई मतलब नहीं था। इससे लगता है कि यही इमारत अकबर का वह 'भोजनकक्ष' रही होगी जिसका मोंसेरेट ने वर्णन किया है।

उसकी बाईं तरफ़, दक्षिण-पूर्व दिशा में ढेर सारी नक़्क़ाशीवाली एक इमारत (रिज़्वी का 'हरमसरा का दफ़्तर') है जिसकी छत मूल रूप से ढलवाँ थी। हुजर-ए-अनूपतलाव से बहुत-कुछ मिलते-जुलते ढाँचोंवाली यह इमारत शायद शाही मुंशियों का दफ़्तर रही होगी जो अकबर के हुज़ूर में खड़े रहते होंगे। मोंसेरेट के विवरण के आधार पर इसे ही हम 'भोजन कक्ष' कह सकते हैं।

स्रोतों में एक और इमारत का ज़िक्र मिलता है पर अभी तक उसकी सही पहचान नहीं हो सकी है। यह है शाहज़ादों का मदरसा। मोंसेरेट ने यह बात बिलकुल साफ़ कर दी है कि यह 'मदरसा' महल के अन्दर ही था :

> जुमा (शुक्रवार) की सुब्ह को मैं महल में गया और वहाँ पहुँचा तो बादशाह वहाँ दाख़िल हो रहा था जहाँ हम पढ़ाते हैं, और जब हमने उसकी बन्दगी की तो उसने इशारा किया कि मैं अन्दर आ जाऊँ...[35]

तथाकथित 'हरमसरा मेहमानख़ाने' पर हम और गहरी निगाह डालें तो पता चलता है कि वह उस इमारत के पास जिसे हमने ऐवानख़ाना कहा है, एक गलियारे के ज़रिए दौलतख़ाना से जुड़ा हुआ है। यह हरमसरा से निश्चित रूप से एक बड़े दरवाज़े की मदद से अलग किया हुआ है जो हरमसरा के बाग़ों की तरफ़ खुलता है। इस तथाकथित 'मेहमानख़ाने' का केन्द्रीय कक्ष भी इसके लिए बिलकुल उपयुक्त है कि वहाँ कोई शाहज़ादा मुख्य महल और हरमसरा, दोनों के वासियों की नज़रों में रहकर अध्ययन करे। क्या यही उन नौजवान शाहज़ादों का मदरसा या मक़तब था जिनको जेसुइट पादरी पढ़ाते थे ?

किसी समय ढकी हुई जालियों और खम्भोंवाला एक गलियारा ख़्वाबगाह को दौलतख़ाना के पश्चिम में स्थित उस लम्बी-चौड़ी और मज़बूत बनी दोमंज़िला इमारत से जोड़ता था जिसे लोग 'जोधाबाई का महल' कहते हैं। तथाकथित 'बीरबल महल', खम्भोंवाले और आयताकार दालान जैसी इमारत (रिज़्वी का 'मीनाबाज़ार'), नगीना

मस्जिद और 'जोधाबाई महल' के उत्तर में स्थित छोटे मगर ख़ूबसूरत बाग़ के साथ यह इमारत ही शायद मोंसेरेट का बताया हुआ 'दूसरा महल' रही होगी।

'जोधाबाई का महल' जिसमें ड्योढ़ीवाले मात्र एक दरवाज़े से जाया जा सकता था, चौकोर बना है। इसमें चारों तरफ़ परस्पर असम्बद्ध कमरे और ऐवान हैं और बीच में एक बड़ा-सा वर्गाकार दालान है। इसकी दोनों मंज़िलों में कुल मिलाकर सात या आठ से अधिक लोग नहीं रह सकते थे। शायद यही ढाँचा मुख्य हरमसरा रहा होगा[36] जहाँ अकबर की पटरानियाँ, जो ख़ुद संभवतः सात या आठ से अधिक न थीं, रहती होंगी।[37] इस ढाँचे की उत्तरी दीवार से जुड़ा हवामहल यूँ तो बाद में जोड़ा गया[38] पर ख़ुद अकबर के दौर में, संभवतः 1575-76 के आसपास जोड़ा गया। इस हवामहल के पीछे से गुज़र रहा एक जालीदार गलियारा मुख्य हरमसरा को हिरनमीनार के पास की सराय से जोड़ता है।

तथाकथित 'बीरबल महल' भी हरमसरा परिसर का ही भाग है। इसमें दौलतख़ाना में स्थित हुजर-ए-अनूपतलाव की तरह ही ढेर सारी नक़्क़ाशी दिखाई देती है। इसके दक्षिणी कमरों में से एक की पश्चिमी दीवार पर मौजूद एक कच्ची देवनागरी तहरीर में इसके निर्माण की तिथि 1629 संवत्/1572 ई बताई गई है, अर्थात शाही महलों के निर्माण का हुक्म जारी किए जाने के कुछ ही बाद।[39] मोंसेरेट ने भी लिखा है कि उन्हीं दिनों अकबर ने 'जितनी तेज़ी से मुमकिन हो, एक छोटा मगर शाही शान-शौकतवाला देसी मकान बनाने का हुक्म जारी किया' था और इसे 'कुछ ही अर्से बाद बढ़ाकर एक महल बना दिया गया।'[40] यह इमारत बिलकुल शुरू में बननेवाली इमारतों में एक थी, और लगता है कि 1575-76 में ख़्वाबगाह और ख़िलवतगाह के पूरा होने से पहले शाही इस्तेमाल में रही होगी।[41] अकबर जब अपने नए दौलतख़ाने में चला गया तो इस दोमंज़िला इमारत को हरम का हिस्सा बना दिया गया। अगर हम इसके स्वतन्त्र चरित्र को एक संकेत मानें तो हो सकता है कि इसे अकबरी दरबार की एक और शाही ख़ातून का निवास बना दिया गया हो; यह ख़ातून थी हुमायूँ की विधवा और बादशाह की माँ मरियम मकानी जिनकी दरबार में बेपनाह इज़्ज़त की जाती थी। दूसरी औरतों और कनीज़ों को ग़ालिबन तथाकथित 'मीनाबाज़ार' में रखा जाता था और इसलिए इसे हम छोटा हरमसरा कह सकते हैं। अकबर के हरम की स्त्रियाँ, चाहे वे कितनी ही महत्त्वहीन हों, मुख्य महल के परिसर से बाहर नहीं रखी जा सकती थीं। पर उस 'तीसरे महल' का क्या हुआ जहाँ शाहज़ादे रहते थे ? रिज़्वी का कहना है कि कर्ज़न के डाकबँगला के सामने तानसेन की तथाकथित बारादरी के पास का क्षेत्र शाहज़ादा सलीम की रिहाइश का क्षेत्र था।[42] पर इस क्षेत्र में बाद की खुदाइयों से सिर्फ़ कुछ 'कुलीनों की इमारतों' का पता चला है। शाहज़ादा सलीम के मरतबेवाला कोई शख़्स जिस एकमात्र स्थान में रहता होगा वह है तथाकथित 'हकीम का मकान' जो है तो शाही रिहाइशगाहों से अलग पर फिर भी उनके सबसे पास और सबसे शानदार है। ख़्वाबगाह, शाही हम्मामों के लिए ज़रूरी पानी की रसद करनेवाले जलाशयों और अनूपतलाव के इतने क़रीबी इलाक़े में

किसी कुलीन को रहने की इजाज़त नहीं रही होगी।

शाही हम्मामों ('हकीम के हम्मामों') के पास और दीवानख़ान-ए-आम के दक्षिण-पूर्व में चहारदीवारी से नीची सतह पर इमारतों का एक और समूह है जिसमें कमरे, हम्माम और ऐवान हैं। ये इमारतें सोने के रंगों में फूलों की अल्पनाओं और ज्यामितीय आकृतियों से बहुत अधिक सजाई हुई हैं। ये इमारतें भी 'शाहज़ादों की रिहाइशगाहों' का हिस्सा लगती हैं।

जहाँ तक कारख़ानों का ताल्लुक़ है, वे भी महल के अन्दर या उसके बहुत पास हैं। अपने एक पत्र में मोंसेरेट ने लिखा है : 'बादशाह एक मिस्त्री है और महल के घेरे के अन्दर उसने हर तरह के कारीगर जमा कर रखे हैं।'[43] आगे लिखते हैं कि अकबर दीवाने-आम के पास में ही स्थित 'बन्दूक़साज़ के कारख़ाने' तक टहला करता था।[44] अपनी *कमेंटरीज़* में वे स्पष्ट करते हैं :

> ...उसने महल के नज़दीक एक कारख़ाना बनवा रखा है जहाँ तसवीरकदे और अधिक ललित और अधिक इज़्ज़त पानेवाली कलाओं के कारख़ाने हैं, जैसे चित्रकला, सुनारगीरी, चित्रों के साथ कपड़ासाज़ी, क़ालीनसाज़ी और परदासाज़ी, और हथियारसाज़ी के कारख़ाने।[45]

क़न्धारी भी यही बतलाते हैं कि वे कारख़ाने (बुयुतात/कारख़ाना-हा) महल परिसर की 'बग़ल में या इर्द-गिर्द' बनवाए गए थे।[46]

लगता है कि दीवानख़ान-ए-आम के उत्तर-पूर्व में बना विशालकाय, पक्की चिनाईवाला ढाँचा ही वह शाही कारख़ाना रहा होगा जिसका हवाला क़न्धारी और मोंसेरेट ने दिया है। इस वर्गाकार ढाँचे में एक केन्द्रीय दालान है जो चारों तरफ़ छत्तेदार गलियारों से घिरा हुआ है और ये गलियारे दोहरे चबूतरों के रूप में हैं जो छोटे गोल गुम्बदों से ढके हुए हैं। उन्नत इतिहास अध्ययन केन्द्र, अलीगढ़ द्वारा की गई खुदाइयों से आयताकार तालाबों और पत्थर के कुंडोंवाले चबूतरों का पता चला है जो इस इमारत के दालान में बने हुए हैं। इस इमारत की वास्तुशास्त्रीय विशेषताओं और स्थिति से इस विचार को बल मिलता है कि तथाकथित 'टकसाल' शाही कारख़ाना थी।

लगता है, हाथीपोल के इर्द-गिर्द शाही कारख़ाना ('टकसाल') के जिस क्षेत्र का ज़िक्र किया गया है वह यतशख़ानों अर्थात विभिन्न अफ़सरों के दफ़्तर-मय-रिहाइश के लिए दे दिया गया था। दीवाने-आम की उत्तरी दीवार से लगा हुआ बावर्चीख़ाना है जिसके साथ बावर्चीख़ाने के अफ़सर मुहम्मद बाक़र का यतशख़ाना था। उससे आगे, हौज़े-शीरीं से नीचे जानवरों के अफ़सर का मकान है। यह यतशख़ाना चीताख़ाना, फ़ीलख़ाना वग़ैरह से लगा हुआ है जिनका पता अभी हाल की खुदाई से चला है। अफ़सरों के दफ़्तरों और मकानों का यह सिलसिला हाथीपोल से आगे तक चला जाता है जिसके पीछे परिसर के घेरे की सीमा पर एक मकान है। यह मकान हिरनमीनार के पास स्थित तथाकथित फ़र्राशख़ाना या सराय से सीढ़ियों के ज़रिए सीधा जुड़ा हुआ है। वास्तुशास्त्र की दृष्टि से इस 'सराय' की इमारत अकबर की दूसरी इमारतों जैसी ही लगती है।

क़न्धारी जब फ़तेहपुर सीकरी में अकबर द्वारा सरायों के निर्माण की बात करते हैं तो बहुवचन (सरा-हा) का प्रयोग करते हैं।[47] वारिस हमें बतलाते हैं कि 1064 हि/1655 ई में शाहजहाँ ने झील में झाँकते हुए एक महल (दौलतख़ाना) की तामीर का हुक्म जारी किया था।[48]

ऊपर उद्धृत अध्यक्षीय भाषण[49] में आर सी गौड़ ने एक विशाल इमारत का ज़िक्र किया है जो 'समोसा महल', चिश्ती की दरगाह, जामी मस्जिद और हिरनमीनार की 'सराय' के अफ़सर के मकान के बीच स्थित थी। इसकी पहचान वे 'छोटा हरमसरा' के रूप में करते हैं। इसकी मात्र स्थिति ही इसकी संभावना नहीं रहने देती कि यह बादशाह के परिवार की किसी ख़ातून की रिहाइश रही होगी क्योंकि उन ख़ातूनों को कभी दफ़्तरी इलाक़े में रहने की इजाज़त नहीं दी जाती। फिर भी यह इमारत इतनी विशाल है कि इसकी पहचान किसी कुलीन के महल के रूप में भी नहीं की जा सकती। इसमें बहुत सारे कमरों के अलावा दो हम्माम हैं, एक चहारबाग़ है, एक भूमिगत जलाशय है और एक खुला तालाब है। इस इमारत और इसके हम्मामों की दीवारों पर चमकदार मैरून रंग में बहुत सारी, फूलों की अल्पनाएँ बनी हैं। गौड़ की बताई हुई योजना इमारत में किसी प्रवेशद्वार की जानकारी नहीं देती पर और भी ध्यान से देखने पर एक विशाल दरवाज़ा नज़र आया जो बाद के किसी मरम्मत-कार्य के दौरान एक कमरे में बदल दिया गया। यह दरवाजा हाथीपोल से चिश्ती की दरगाह और रंगमहल जानेवाले रास्ते पर खुलता था।

इसके उत्तर में स्थित झील को देखकर साँस थम-सी जाती है। इस तरह लगता है कि यह शानदार इमारत छोटा हरमसरा न होकर शाहजहाँ का बनवाया वह महल रही होगी जो तब बनवाया गया जब अकबर के महलों और दफ़्तरों वग़ैरह का इस्तेमाल बन्द हो चुका था।[50]

यूँ तो फ़तेहपुर सीकरी के बारे में बहुत-कुछ लिखा गया है, पर फिर भी वह नगर अकबर के दौर के बारे में जानकारियों का एक कभी ख़त्म न होनेवाला ख़ज़ाना मालूम होता है। हिरनमीनार से लेकर अजमेर दरवाज़ा तक की दुकानें, इन्दरावली का इलाक़ा और उसके चबूतरे, इमारतें, कुएँ, तालाब और बावलियाँ, बीरपोल के इर्द-गिर्द का इलाक़ा, ग्वालियर दरवाज़ा, और घेरे पर बनी इमारतें—उस महान प्रतिभाशाली व्यक्ति द्वारा बसाए गए इस नगर के रहस्यों पर से परदा उठाने के लिए इन सबका विस्तृत अध्ययन आवश्यक है।

सन्दर्भ और टिप्पणियाँ

1. मसलन एस के बनर्जी, बुलन्द दरवाज़ा ऑफ़ फ़तेहपुर सीकरी, *लन्दन हिस्टारिकल क्वार्टरली,* तेरह,

1937; उन्हीं की ए हिस्टारिकल आउटलाइन ऑफ़ अकबर्स दारुल-ख़िलाफ़त, फ़तेहपुर सीकरी, *जर्नल ऑफ़ इंडियन हिस्टरी जे आई एच, इक्कीस, 1942;* फ़ादर हेरस, द पैलेस ऑफ़ अकबर ऐट फ़तेहपुर सीकरी, *जे आई एच,* 1925; अशरफ़ हुसैन, *ए गाइड टू फ़तेहपुर सीकरी,* दिल्ली, 1947; ए बी एम हुसैन, *फ़तेहपुर सीकरी एंड इट्स आर्किटेक्चर,* ढाका, 1970; मुहम्मद सईद मारहरवी, *तारीख़े-फ़तेहपुर* (उर्दू), 1905; एस ए ए रिज़्वी, *फ़तेहपुर सीकरी,* नई दिल्ली, 1972; एस ए ए रिज़्वी और वी जे ए फ़्लिन, *फ़तेहपुर सीकरी,* मुम्बई, 1975; माइकेल ब्रांड और ग्लेन डी लावरी (सं), *फ़तेहपुर सीकरी : ए सोर्स बुक,* मैसाचुसेट्स, 1985; उन्हीं की *अकबर्स इंडिया : आर्ट फ़्रॉम द मुग़ल सिटी ऑफ़ विक्टरी,* मैसाचुसेट्स, 1985 देखें।

2. माइकेल ब्रांड और ग्लेन डी लावरी (सं), पूर्वोक्त।
3. एतिलियो पेत्रूक्शियोली, *ला सित्ता देल सोल एंद देले एक्वे फ़तेहपुर सीकरी,* रोम, 1988
4. अलीगढ़ की टीम ने प्रोफ़ेसर आर सी गौड़ के निर्देशन में काम किया जिन्होंने आगे चलकर इंडियन आर्कियोलोजिकल सोसाइटी में अपने अध्यक्षीय भाषण में एक प्रारम्भिक रिपोर्ट 'द आर्कियोलोजी ऑफ़ अर्बन मुग़ल इंडिया : एक्सकेवेशंस ऐट फ़तेहपुर सीकरी' (शान्तिनिकेतन, दिसम्बर, 1988) प्रस्तुत की।
5. आलेख के अन्त में दिया गया चित्र देखें जिसमें महल परिसर की जिन इमारतों की पहचान यहाँ की गई है, उनको दिखाया गया है। लेखक इतिहास विभाग, अलीगढ़ मुस्लिम विश्वविद्यालय के पुरातत्व अनुभाग के श्री ज़मीर अहमद, श्री अनीस अलवी, श्री ग़ुलाम मुज्तबा और श्री हुसैन हैदर का तथा अपने सहकर्मियों स्वर्गीय श्री राजीव शर्मा और डा. ज़ाबिर रज़ा का आभारी है जिन्होंने विभिन्न अवसरों पर उसके साथ सीकरी की यात्राएँ कीं।
6. फ़ादर एंथनी मोंसेरेट, *द कमेंटरी ऑफ़ फ़ादर मोंसेरेट, एस जे,* अनु : जे एस हायलैंड, लन्दन, 1922, पृ. 199
7. बदायूँनी, *मुंतख़बुत्-तवारीख़,* सं : एम ए अलवी, कलकत्ता, दो, 1869, पृ. 365
8. मोंसेरेट, पृ. 211
9. प्लेट एक देखें।
10. बदायूँनी, दो, पृ. 215; एक और जगह (उपरोक्त, दो, पृ. 201) बदायूँनी ने इसे 'अनूपतलाव की इमारत' कहा है।
11. मोंसेरेट, पृ. 28; *तुज़ुके-जहाँगीरी,* ग़ाज़ीपुर व अलीगढ़, 1863-64, पृ. 260; बदायूँनी की तरह क़न्धारी (*तारीख़े-अकबरी,* रामपुर, 1962, पृ. 151) भी अनूपतलाव का ज़िक्र करते हैं।
12. बदायूँनी, दो, पृ. 208
13. *लेटर्स फ़्रॉम द मुग़ल कोर्ट : द फ़र्स्ट जेसुइट मिशन टु अकबर (1580-1583),* सं : जान कोरिया-अलफ़ांसो, मुम्बई, 1980, पृ. 72
14. उपरोक्त, पृ. 74
15. उपरोक्त, पृ. 83
16. एस के बनर्जी, अकबर्स दारुल-ख़िलाफ़त, *जे आई एच,* पूर्वोक्त, पृ. 211
17. एस ए ए रिज़्वी और वी जे ए फ़्लिन, पूर्वोक्त, पृ. 35
18. इसकी तफ़सील के लिए उपरोक्त, पृ. 28-29 देखें।
19. रिज़्वी, पूर्वोक्त, पृ. 26
20. उपरोक्त, पृ. 26 देखें। फ़ादर हेरस, पूर्वोक्त, ने पृ. 61-62 पर इसे ग़लत तौर पर भोजनकक्ष कहा है।
21. अबुल-फ़ज़्ल, *अकबरनामा,* कलकत्ता, 1887, तीन, पृ. 246
22. क़न्धारी, पृ. 151

23. बदायूँनी, दो, पृ. 264-65
24. अबुल-फ़ज़्ल, *अकबरनामा,* तीन, पूर्वोक्त, पृ. 141-42
25. क़न्धारी, पृ. 152
26. *अकबरनामा,* तीन, पृ. 246
27. तुज़ुक, पृ. 260
28. बदायूँनी, दो, पृ. 200-201
29. प्लेट एक व दो देखें।
30. मोंसेरेट, पृ. 29
31. उपरोक्त, पृ. 199
32. प्लेट तीन देखें।
33. प्लेट चार और पाँच देखें।
34. विस्तृत वर्णन के लिए एस ए ए रिज़्वी, पूर्वोक्त, पृ. 53-55 देखें।
35. *जेसुइट लेटर्स,* पृ. 85
36. रिज़्वी, पूर्वोक्त, पृ. 46-49 भी देखें।
37. अकबर की पत्नियों की ठीक-ठीक संख्या ज्ञात नहीं है। पर हमें यह ज्ञात है कि फ़तेहपुर सीकरी के इबादतख़ाना में धर्मचर्चा के दौरान शैख अब्दुन्नबी ने एक बार राय दी थी (बदायूँनी, दो, पृ. 207-8) कि वह क़ानूनी तौर पर नौ बीवियाँ रख सकता है। मुमकिन है शैख़ ने उसी संख्या की सिफ़ारिश की हो जो अकबर के पास पहले से थी। इनमें से सिर्फ़ तीन, अर्थात, रुक़य्या सुल्तान बेगम (बिंते मिर्ज़ा हिंडाल), सलीमा सुल्तान बेगम (बेवा बैरम ख़ान) और मरियम ज़मानी (वालिदा शाहज़ादा सलीम) ही उसकी पटरानियाँ मालूम होती हैं।
38. पेत्रूक्शियोली, द ज्योमेट्री ऑफ़ पावर : द सिटीज़ प्लानिंग, एम ब्रांड और ग्लेन डी लोवरी (सं), *फ़तेहपुर सीकरी,* मार्ग प्रकाशन, 1987 में संकलित, पृ. 56
39. *अकबरनामा,* दो, पृ. 365; क़न्धारी, पृ. 149-51
40. मोंसेरेट, पृ. 33
41. बदायूँनी, दो, पृ. 201
42. रिज़्वी, पूर्वोक्त, पृ. 24
43. *जेसुइट लेटर्स,* पृ. 37; पृ. 81 भी
44. उपरोक्त, पृ. 35-36
45. मोंसेरेट, पृ. 201
46. क़न्धारी, पृ. 151
47. क़न्धारी, पृ. 150
48. वारिस, *बादशाहनामा,* पांडुलिपि रामपुर की प्रति, इतिहास विभाग, अ. मु. विश्वविद्यालय में सुरक्षित, दो, पृ. 244, 284
49. आर सी गौड़, पूर्वोक्त
50. मेरा अनुलेखित आलेख 'पोस्ट-अकबर फ़तेहपुर सीकरी' देखें जो उत्तर प्रदेश इतिहास कांग्रेस के आठवें सत्र (वाराणसी; फ़रवरी 1994) में प्रस्तुत किया गया था।

दौलत खाना(पैलस), फतेहपुर सीकरी

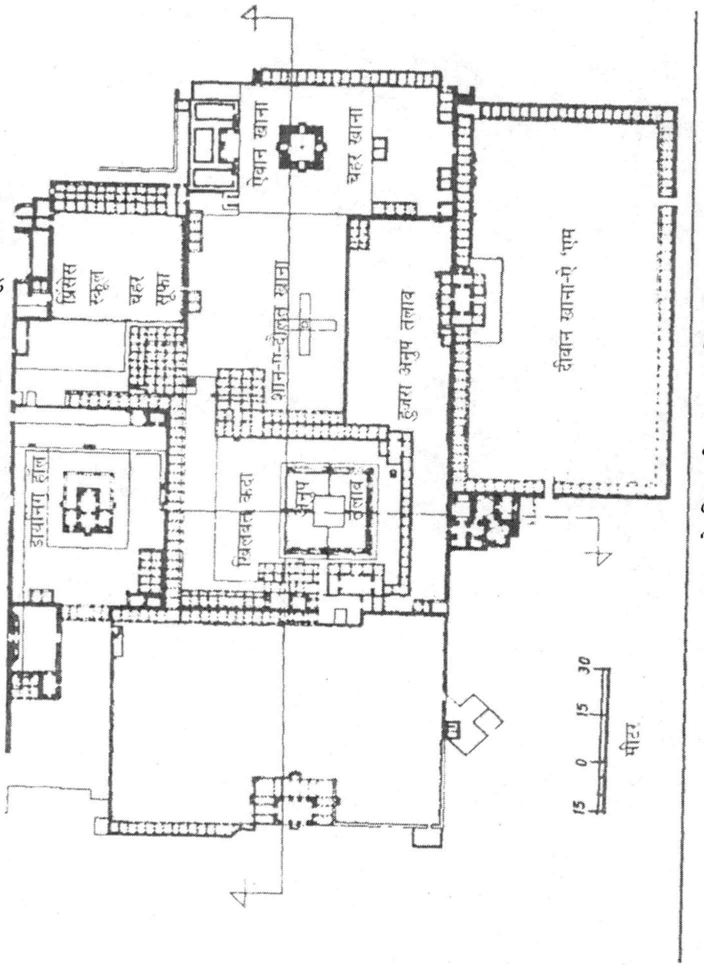

पेट्रूसियनली पर आधारित योजना

प्लेट एक

प्लेट दो

प्लेट तीन

प्लेट चार

प्लेट चार

हिन्दवी-फ़ारसी और देशज स्रोतों में अकबर की संगीत के संरक्षक की छवि

फ्रांकोइस 'नलिनी' देलवोये

संगीत के प्रति अकबर के संरक्षण तथा अपने दरबार के सबसे अग्रणी संगीतकार तानसेन के साथ उसके सम्बन्ध की पुष्टि अनेक लिखित और चित्रांकित स्रोतों से होती है, तथा मौखिक परम्परा से भी। लिखित साक्ष्यों में हम मोटे तौर पर दो समूह देख सकते हैं—हिन्दवी-फ़ारसी और देशज।

(अ) अकबरी दरबार में संगीत पर हिन्दवी-फ़ारसी साक्ष्य

संगीत के लिए अकबर के संरक्षण के इतिहास को दिखानेवाले हिन्दवी-फ़ारसी पाठों[1] को आगे बादशाह की समकालीन दस्तावेज़ों और बाद के वृत्तान्तों में विभाजित किया जा सकता है। एक अधिक संगीतशास्त्रीय चरित्रवाले हिन्दवी-फ़ारसी पाठ आम तौर पर सैद्धान्तिक और तकनीकी सूचनाएँ प्रदान करते हैं। ये संगीतकारों और उनके संरक्षकों के जीवनवृत्त भी प्रस्तुत करते हैं। बाद के पाठों की अपेक्षा पहले के स्रोतों में सामान्यतः अधिक प्रामाणिकता पाई जाती है।

अबुल-फ़ज़्ल कृत *अकबरनामा*[2] और मुल्ला अब्दुल क़ादिर बदायूँनी कृत *मुंतख़बुत्-तवारीख़*[3] तत्कालीन स्रोतों में प्रमुख हैं। बाद के स्रोतों में ये भी शामिल हैं—*तुजुके-जहाँगीरी* के संक्षिप्त हवाले,[4] अब्दुल-हमीद लाहौरी कृत *पाद शाहनामा*[5], समसामुद्दौला शाह नवाज़ ख़ान कृत *मआसिरुल-उमरा,*[6] शाहजहाँ के दरबार में संकलित तथा नायक बख़्शू के नाम से जोड़े जानेवाले एक हज़ार गीतों के संकलन *हज़ार ध्रुपद* या *सहस्रास* की फ़ारसी में अनाम लेखक की भूमिका[7], तथा 17वीं सदी के उत्तरार्ध के बाद संगीतशास्त्रीय प्रकृति के पाठ, जैसे सैफ़ ख़ान फ़क़ीरुल्लाह कृत *राग दर्पन*।[8] अन्तिम श्रेणी के पाठ, अर्थात वे जो 17वीं सदी के अन्तिम भाग और 18वीं सदी के हैं, ज़रा से हेरफेर के साथ पुरानी सूचनाओं को ही दोहराते हैं और इस प्रकार इतिहास के लिए उनकी उपयोगिता सीमित है हालाँकि अपने ख़ुद के काल के संगीत-इतिहास के प्रलेखन के लिए ये मूल्यवान हैं।

1. अकबर एक संगीतकार और एक गुणी श्रोता के रूप में

संगीत से अकबर के सम्बन्ध के विभिन्न पहलुओं के ब्यौरे हम हिन्दवी-फ़ारसी स्रोतों से जमा कर सकते हैं : एक संगीत-रचनाकार, एक संगीतकार और एक गुणी श्रोता के रूप में, तथा संगीत के सिद्धान्तकारों और संगीतकारों के संरक्षक के रूप में भी। इसके उल्लेखनीय उदाहरण तानसेन हैं जो उसके दरबार के अग्रणी संगीतकार (1562-89) थे।

(अ) संगीत की ओर झुकाव : यूनानी और हिन्दवी ज्योतिष प्रणालियों के आधार पर अकबर की जो विभिन्न जन्मपत्रियाँ तैयार की गई थीं उनमें से चार को अबुल-फ़ज़्ल ने *अकबरनामा* में पेश किया है। ये सभी तथाकथित रूप से सारे क्षेत्रों में उसके असाधारण गुणों को दिखाती हैं।[9] हिन्दुस्तानी दरबारी ज्योतिषी जोतिक राय के अनुसार, जिन्होंने अकबर के जन्म के सम्भवतः अनेक बरस बाद उसकी जन्मपत्री बनाई थी, 'वह संगीत की धुनों का, सूक्ष्म सहस्वरता का और राग के रहस्यों का तीक्ष्ण-बुद्धि और पारखी ज्ञाता बनेगा।'[10]

अबुल-फ़ज़्ल के विवरण के अनुसार, फ़ारसी गेय और वाद्य संगीत के साथ अकबर के जन्म पर जश्न मनाया गया। इसकी पुष्टि *अकबरनामा* और उसके कुछ चित्रों से तथा *तारीख़े-ख़ानदाने-तैमूरिया* (लगभग 1584) के एक उल्लेखनीय रंग-चित्र से भी होती है।[11]

(ब) अकबर एक संगीतकार तथा धुनों के रचयिता के रूप में : अकबर ख़ुद एक संगीतकार था (और नक़ार बजाता था), इसका ज़िक्र भी मिलता है, ख़ासकर अबुल-फ़ज़्ल की रचनाओं में। *आईने-अकबरी* में अबुल-फ़ज़्ल 'शाही की निशानियाँ' (शिकोहे-सल्तनत) के अन्तर्गत फ़ौजी बैण्ड का बयान करते हैं[12] और उन बाजों व धुनों का भी जिनको एक निश्चित समय-सारणी के अनुसार नक़्क़ारखाना में बजाया जाता था।[13] वे कहते हैं : 'जहाँपनाह को संगीत-विज्ञान (इल्मे-मूसीक़ी) का इतना ज्ञान है कि उस्ताद संगीताकारों (साहिबाने-फ़न) को भी नहीं है, और इसी तरह ख़ासकर नक़ार बजाने में उन्हें महारत हासिल है।'[14]

पुरानी ख़्वारज़्मी धुनों का बजाया जाना नक़्क़ारख़ाने की प्रस्तुति का अंग होता था : 'इनमें से 200 से अधिक (धुनें) जहाँपनाह ने बनाई हैं जो बूढ़ों और जवानों को आनन्द देती हैं, ख़ासकर जलालशाही, महामीर करकट (?) और नौरोज़ी जैसी धुनें।'[15]

नक़्क़ारख़ाने में और शाही दरबार के दीवाने-आम वाले हिस्से में बजाए जानेवाले यन्त्रों को लेकर थोड़ा भ्रम रहता है।[16] अवसर के अनुसार बजाए जानेवाले संगीत की क़िस्म को लेकर तथा दरबार के रोज़मर्रा के कामों, बादशाह, कुलीनों और सम्मानित अतिथियों के आगमन और प्रस्थान की सूचना देनेवाले संगीत के बारे में, शाहज़ादों के जन्म और त्यौहारों जैसे ख़ुशी के मौक़ों पर बजाई जानेवाली धुनों के बारे में तथा युद्धभूमि के लिए सेना के प्रस्थान के समय बजाई जानेवाली धुन को लेकर सवाल बाक़ी रहता है। विभिन्न परिवेशों में बजाए जानेवाले बाजों के बारे में चित्रांकित साक्ष्य कुछ

सूचनाएँ देते हैं। इससे यह निहितार्थ निकलता है कि नौबत का संगीत, जिसमें तुरहियों और ऐसे ही दूसरे बाजों का जमकर प्रयोग किया जाता था और तरह-तरह के नगाड़े बजाए जाते थे वे कोई एक गायक की फ़ारसी या हिन्दवी संगीत-कला के नमूने नहीं रहे होंगे, न ही सीमित संख्या में एकाकी वाद्यों या साथ बजनेवाले वाद्यों की मिसाल रहे होंगे, जैसाकि पाश्चात्य चैम्बर संगीत में होता था।

(स) अकबर : संगीत का एक ज्ञानी श्रोता : 'जहाँपनाह को *संगीत* और अन्य रचनाओं में स्पष्ट किए गए सिद्धान्तों का अच्छा-ख़ासा ज्ञान है, और जो चीज़ दूसरे नश्वर मनुष्यों को आलस भरी नींद सुला देती है वही उनके लिए बेहद जागरूकता का स्रोत बन जाती है।'[17]

अबुल-फ़ज़्ल ने इस ख़ुशामद भरे वक्तव्य में अकबर के संगीत-ज्ञान को साकार किया है। एक अन्य स्थान पर, अकबर के दरबार में तानसेन को लानेवाले हालात का परिचय देते हुए वे संकेत देते हैं कि फ़ारस और हिन्द का संगीत, अपने सैद्धान्तिक और व्यावहारिक पक्षों के साथ, अकबर को ज्ञात विद्याओं में एक था।[18]

संगीत में अकबर की दिलचस्पी का एक और साक्ष्य असद बेग क़ज़बीनी ने अपनी प्रथम बीजापुर यात्रा (1603-4) के विवरण में दिया है। यह विवरण *वक़ाइ-ए-असद बेग* (1602-5) में प्राप्य है।[19] मुग़ल राजपूत के विदाई-समारोह में बीजापुर के सुल्तान इब्राहीम आदिल शाह दोयम (शासन वर्ष : 1580-1627) ने संगीत में अकबर की दिलचस्पी के बारे में दरियाफ़्त किया, और यह भी कि बादशाह की मौजूदगी में तानसेन बैठकर गाते हैं या खड़े होकर। असद बेग का जवाब था कि बादशाह सचमुच कभी-कभी संगीत सुनता है। अगर वह खड़ा रहता है तो गायक भी खड़े रहते हैं और बैठता है तो संगीतकारों को भी बैठने की इजाज़त होती है, ख़ासकर बड़े त्यौहारों और समारोहों में या जब बादशाह अपने दरबारियों से बातचीत कर रहा हो या उन्हें भोज दे रहा हो।[20]

अकबर की उत्सुकता सिर्फ़ फ़ारसी और हिन्दवी संगीत तक सीमित नहीं थी बल्कि यूरोपीय संगीत में भी थी। इसकी पुष्टि बदायूँनी ने की है जो कहते हैं कि अकबर ने फ़तेहपुर सीकरी में 1581 में प्रदर्शित किए गए एक यूरोपीय वाद्य-यन्त्र (एक आर्गन या आरग़नूँ) में उत्सुकता दिखाई थी।[21]

2. अकबर संगीत-सिद्धान्तकारों के संरक्षक रूप में

हिन्दवी संगीत-विद्या का एक सुव्यवस्थित वर्णन *आईने-अकबरी* के उस भाग में किया गया है जिसका सम्बन्ध हिन्दुस्तान की संस्कृति और बौद्धिक जीवन से है।[22] एक भाग का शीर्षक 'संगीत' है अर्थात 'संगीत और नृत्य के साथ गायन की कला।'[23] एक और भाग का शीर्षक 'गायकों के वर्ग' (शुमार-ए-नग़्मा सरायाँ)[24] है और एक तीसरे भाग का सम्बन्ध 'अखाड़ा' से है अर्थात् 'इस मुल्क के कुलीनों द्वारा रात में आयोजित मनोरंजन-समारोह से, जिनकी कुछ घरेलू कनीज़ों को गाना-बजाना सिखाया जाता था।'[25] सात 'अध्यायों' में भारतीय संगीत की विवेचना संगीत पर संस्कृत प्रबन्धों की याद

दिलाती है, जैसे 13वीं सदी के पूर्वार्ध में शारंगदेव-रचित *संगीत रत्नाकर* का जिसे अक्सर 'सप्ताध्यायी' (सात अध्यायोंवाला ग्रन्थ) कहा जाता है। यह उसके फ़ारसी अनुवादों और भाष्यों की भी याद दिलाती है, जैसे यह्या अल-काबुली कृत *लहजते-सिकन्दर शाही* की।[26] अबुल-फ़ज़्ल ने पहले अध्याय (स्वराध्याय) में अनेक तकनीकी परिभाषाएँ दी हैं। दूसरा अध्याय (राग-विवेकाध्याय) राग का वर्गीकरण प्रस्तुत करता है। यह प्रचलन से बाहर हो चुकी और प्रचलित संगीत विधाओं की एक सूची तथा साथ में उनकी विशेषताओं के दिलचस्प ब्यौरे भी देता है। यह बतलाता है कि हर विधा किस क्षेत्र में प्रचलित थी, तथा उसके उद्गम, विकास और मौजूदा व्यवहार का एक संक्षिप्त ऐतिहासिक सर्वेक्षण प्रस्तुत करता है। ऐसा करते हुए अबुल-फ़ज़्ल ने संगीत सम्बन्धी अधिकांश हिन्दवी-फ़ारसी लेखकों की एक साझी विशेषता दिखाई है—सिद्धान्त और व्यवहार के साथ संगीत की प्रस्तुति। तीसरा अध्याय (प्रकीर्णाध्याय) एक राग के आशु और सायास-रचित भागों की एक संक्षिप्त प्रस्तुति है। चौथे अध्याय (प्रबन्धाध्याय) का सम्बन्ध संगीत की किसी रचना के ढाँचे से है। पाँचवें अध्याय (तालाध्याय) में लय-व्यवस्था का सिर्फ़ हवाला दिया गया है तथा अतीत की या वर्तमान में प्रचलित विभिन्न लय-चक्रों की कोई विवेचना नहीं की गई है। संगीत पर दूसरे बहुत से हिन्दवी-फ़ारसी पाठों का भी यह एक साझा दोष है। वाद्यों पर छठा अध्याय (वाद्याध्याय) फ़ारसी और हिन्दवी वाद्यों का एक दिलचस्प ख़ाका पेश करता है। इन्हें परम्परागत भारतीय और सम्भवतः दरबार में प्रयुक्त वर्गीकरण के अनुसार प्रस्तुत किया गया है, हालाँकि उनमें से हरेक पर बजाए जानेवाले संगीत का कोई सटीक उल्लेख नहीं किया गया है। न ही यह बतलाया गया है कि इनमें से किन्हें एक साथ बजाया जा सकता है, जो कुछ दिलचस्पी का विषय है, क्योंकि कुछ लघुचित्रों में उनके अपेक्षाकृत मनमाने संयोग दिखाए गए हैं। नृत्य सम्बन्धी सातवें अध्याय (नृत्याध्याय) में बस हवाला दिया गया है। संगीतकारों की श्रेणियों सम्बन्धी अगला भाग पुरुष व स्त्री संगीतकारों, नटों, स्वाँगियों और सयानों के भौगोलिक और सामाजिक मूलों पर मौलिक सूचनाएँ प्रदान करता है जो मध्यकालीन संगीत के सामाजिक-सांस्कृतिक इतिहास के लिए ख़ास दिलचस्पी का विषय है। भारतीय संगीत पर आख़िरी भाग अखाड़ा के बारे में है जिसका हवाला ऊपर दिया जा चुका है। शास्त्रीय और लोक, दोनों प्रकार के भारतीय संगीत का ऐसा परिचय उसके लेखक की प्रबोधमयी भावना का और इस तरह सम्भवतः उसके संरक्षक अर्थात अकबर का रुझान सामने लाता है।

हम फ़ारसी संगीत के दो ग्रन्थों का भी ज़िक्र कर सकते हैं जो अकबर को समर्पित हैं। इससे कम से कम यह संकेत तो मिलता ही है कि उनके लेखक संगीत-सिद्धान्त में अकबर की रुचि से परिचित थे। सी ए स्टोरी के वर्णन[27] के अनुसार क़ासिम बिन दोस्त अली अल बुख़ारी कृत *कश्फ़ुल-औतार* 'संगीत के वाद्यों में तारों के भागों पर...अकबर को समर्पित एक लघु-प्रबन्ध है; यह हुमायूँ को समर्पित, दरवेश हैदर तुनियानी कृत *दुवाज़दह मक़ाम* शीर्षकवाली रचना के छठे मक़ाम का एक परिचय है।'[28]

इनायतुल्लाह बिन मीर हाज्जुल-हरवी कृत *तोहफ़तुल-अदवार* 'अकबर को समर्पित, अंशतः गद्य और अंशतः पद्य में एक छोटा सा ग्रन्थ' है जो संगीत के अध्ययन को सुचारु बनाता है।[29]

3. अकबर संगीतकारों के संरक्षक रूप में : तानसेन का दृष्टान्त

'जहाँपनाह संगीत पर काफ़ी ध्यान देते हैं और उन सभी लोगों के संरक्षक हैं जो इस जादुई कला का अभ्यास करते हैं....'[30]

हिन्दवी-फ़ारसी स्रोत अकबर द्वारा संगीतकारों को दिए जानेवाले संरक्षण पर भी रौशनी डालते हैं, ख़ास तौर पर *आईने-अकबरी* का वह उप-अध्याय जो 'शाही संगीतकारों' (ख़ूँयगराँ) से सम्बन्धित है।[31]

संगीत की जादुई शक्ति का अतिशयोक्तिपूर्ण वर्णन करने के बाद अबुल-फ़ज़्ल संकेत देते हैं कि अनेक (हिन्दू, ईरानी, तूरानी और कश्मीरी) संगीतकार स्त्री-पुरुष सात समूहों में व्यवस्थित हैं जिनमें से हर समूह सप्ताह के एक दिन के लिए है : 'जहाँपनाह जब हुक्म देते हैं तो वे सुरों की शराब बहा देते हैं।'[32] इस श्रेणी के लोगों का वर्णन बहुत कठिन समझकर अबुल-फ़ज़्ल सिर्फ़ 36 प्रमुख संगीतकारों की एक सूची देते हैं—उनके नामों, मूल स्थानों और गायकों (गोयन्द), वाचकों (ख़्वानिन्द) या वाद्य बजानेवालों के रूप में उनकी संगीतशास्त्रीय विशेषज्ञताओं के साथ।[33] तानसेन और बाज़बहादुर जैसे कुछ संगीतकारों पर एक संक्षिप्त टिप्पणी भी की गई है तथा कुछ के वंश-सम्बन्ध बताए गए हैं। अपूर्ण होते हुए भी शाही संगीतकारों की इस सूची से प्राप्त कुछ ब्यौरे महत्त्वपूर्ण हैं। उनसे पता चलता है कि यह मुग़ल बादशाह ईरान, ख़ुरासान और मध्य एशिया के संगीत में भी रुचि रखता था और हिन्दवी संगीत में भी। पहली श्रेणी का संगीत अधिकतर वाद्य-संगीत था जबकि दूसरा अधिकतर कण्ठ-संगीत प्रकार का। इसके बहुत से गायक ग्वालियर क्षेत्र के तथा और भी सामान्य ढंग से कहें तो मध्यदेश के थे जिसे सुदेश भी कहा जाता था। यह कला और साहित्य का एक उल्लेखनीय क्षेत्र था जिसे सैफ़ ख़ान फ़क़ीरुल्लाह (1666) जैसे बाद के हिन्दवी-फ़ारसी लेखकों ने भी याद किया है।[34]

(अ) मुग़ल दरबार में तानसेन का आगमन : शाही संगीतकारों के बारे में अबुल-फ़ज़्ल की सूची में सबसे पहला नाम मियाँ तानसेन ग्वालियारी का था जो अकबर के सबसे प्रमुख कृपा-पात्र थे : 'एक हज़ार बरस में उनके जैसा कोई दूसरा नहीं हुआ है।'[35]

1562 में अकबर ने जब राजा रामचन्द्र बघेल से उन्हें माँगा तब उनकी उम्र सिर्फ़ 20 साल की थी। तानसेन, जिनका आरम्भिक जीवन अज्ञात है, रीवा के बघेल दरबार में पहले ही बहुत मशहूर हो चुके थे, जिसकी पुष्टि 1555 के आसपास संस्कृत में माधव द्वारा रचित *वीरभानूदय काव्य* से होती है। माधव एक विद्वान तथा बघेल राजाओं के दरबारी शायर थे जिनको यह श्लाघा समर्पित है।[36] *वीरभानूदय काव्य* का दसवाँ सर्ग

राजा रामचन्द्र के शासनकाल के बारे में है। एक पद में कवि कहता है कि राजा ने 'संगीत के सच्चे अवतार, तानसेन नामक कलाकार को उसके द्वारा प्रस्तुत हर राग पर, हर तान-शृंखला पर और हर ध्रुपद पर एक करोड़ रजत-मुद्राएँ (शावसांकाव और तंका) प्रदान कीं।' उसके बाद तानसेन की संगीत-प्रतिभा का वर्णन आता है जिसमें ध्रुपद के कवि-रचनाकर के रूप में उनके साहित्यिक गुणों पर ज़ोर दिया गया है।[38]

तानसेन 1562 में मुग़ल दरबार में कैसे आए, इस बारे में अबुल-फ़ज़्ल और बदायूँनी, दोनों ने विस्तार से, हालाँकि परस्पर विरोधी, बातें लिखी हैं। बदायूँनी की 'प्रस्तुति' से तुलना को आसान बनाने के लिए नीचे *अकबरनामा* के एच बेवरिज कृत अंग्रेज़ी अनुवाद से पूरा विवरण दिया जा रहा है[39] :

> इन वाक़ियों में मुबारक दरबार में तानसेन की आमद भी शामिल थी। संक्षेप में विवरण इस प्रकार है। जहाँपनाह-शाहंशाह की मुबारक शख़्सियत आध्यात्मिक और लौकिक गुणों का ख़ज़ाना तथा दैवी और पार्थिव उत्कृष्टताओं का संकलन है, जिससे जब भी कभी बात चलती है, हर इल्म का उस्ताद यह समझता है कि उस मुबारक शख़्सियत ने उसके विषय विशेष पर पूरा-पूरा ध्यान दिया है और उनकी पूरी बुद्धि उस पर लगी है। दूसरे इल्मों की तरह संगीत की बारीकियों का जहाँपनाह को जो इल्म है, सिद्धान्त और व्यवहार के बारे में, चाहे फ़ारस के नग़्मे हों या हिन्दस्तान के तरह-तरह के गीत, वह सभी ज़मानों के लिए बेमिसाल है। जब तानसेन की, जो अपने ज़माने में ग्वालियर के कलावन्तों में सबसे प्रमुख थे, शोहरत की ख़बर शाही कानों में पड़ी और यह बतलाया गया कि वह सेवानिवृत्त होने की बात सोच रहे थे और वे अपने दिन पन्ना के राजा रामचन्द्र की हाज़िरी में गुज़ार रहे थे, जहाँपनाह ने हुक्म दिया कि उन्हें शाही संगीतकारों में शामिल किया जाए। जलाल ख़ान क़ूरची को, जो एक मुँहलगा मुलाज़िम था, तानसेन को लाने के मक़सद से एक रौब भरे फ़रमान के साथ राजा के पास भेजा गया। राजा ने शाही फ़रमान क़ुबूल किया और दूत के भेजे जाने को इज़्ज़त की बात स्वीकार किया, तथा मशहूर हाथियों और क़ीमती ज़ेवरात जैसे मुनासिब तोहफ़ों के साथ उसे वापस भेजा। उसने तानसेन को भी उपयुक्त वाद्य-यन्त्र दिए और उन्हें अपने तोहफ़ों का नगीना बना दिया। उसी साल तानसेन ने सलाम बजाया और इज़्ज़त पाई। जहाँपनाह-शाहंशाह को ख़ुशी हुई और उन्होंने उनकी उम्मीदों का दामन धन-दौलत के तोहफ़ों से भर दिया। चूँकि वे एक उम्दा प्रकृति और क़ाबिले-क़ुबूल रुझानवाले शख़्स थे, उन्हें जहाँपनाह की लम्बी मुलाज़िमत और साथ नसीब हुए तथा संगीत और संगीत-रचनाओं में उनके हाथों भारी कारनामे अंजाम दिए गए।

बदायूँनी ने अपनी रचना *मुंतख़बुत्-तवारीख़* में संगीत और संगीत-सभाओं के

अनेक हवालों के बीच तानसेन का अनेक बार ज़िक्र किया है। इस रूढ़िवादी लेखक ने इन संगीत-सभाओं की कोई ख़ास तारीफ़ नहीं की है, बल्कि उनकी निन्दा ही की है। मुग़ल ताक़त के आगे राजा रामचन्द्र के समर्पण तथा अकबर के लिए उसके भारी तोहफ़ों का हवाला देते हुए बदायूँनी ने राजा की दरियादिली को याद किया है :

> यह रामचन्द्र स्वभाव से ही इतने खुले दिल का है कि हमारे ज़माने में उसके जैसा कोई नहीं है। और उसके तोहफ़ों में यह भी था : उसने एक ही दिन में मियाँ तानसिंघ (!) कलावन्त को एक करोड़ सोने की मुहरें दीं। और मैंने ऊपर यह भी ज़िक्र किया है कि कैसे उसने इब्राहीम सूर को शाही निशानियाँ दी थीं। मियाँ तानसिंघ उसका साथ छोड़ना नहीं चाहते थे। आख़िर में जलाल ख़ान क़ूरची आया और उसने उन्हें अपना फ़र्ज़ याद दिलाया।[40]

तानसेन को देने में राजा रामचन्द्र की सच्ची हिचक और उसकी असहायता पर बदायूँनी की टिप्पणी स्थिति के बारे में लेखक की यथार्थवादी समझ का संकेत देती है। सरकारी वृत्तान्त-लेखक के विवरण में यह समझ नहीं पाई जाती।

शाहजहाँनी दौर के दूसरे स्रोतों ने भी टिप्पणी के लिए इस घटना को लिया है, जैसे अब्दुल हमीद लाहौरी कृत *पादशाहनामा* ने।[41] बाद के ग्रन्थों ने अक्सर इस तथ्य का हवाला दिया है कि तानसेन शाही दरबार में आने से पहले राजा रामचन्द्र के दरबारी संगीतकार थे। इनायत ख़ान 'रासिख़' (जन्म : 1701) की रचना *रिसाल-ए-ज़िक्रे-मुग़न्नियाने-हिन्दस्तान* में हम यही बात देखते हैं।[42]

जीवनचरित-संग्रह *मआसिरुल-उमरा* (1780) में राजा रामचन्द्र बघेल सम्बन्धी टिप्पणी में लेखक शाहनवाज़ ख़ान ने अकबर के दरबार में तानसेन के आगमन का वर्णन अबुल-फ़ज़्ल से कुछ मिलते-जुलते ढंग से किया है। वे अकबर द्वारा तानसेन को दी गई रक़म का सटीक उल्लेख करते हैं : 'जब तानसेन आए, पहले दिन बादशाह ने उन्हें दो करोड़ दाम दिए जो आज के दो लाख रुपयों के बराबर हैं, और उनकी प्रस्तुति पर मुग्ध हो गए। उनकी रचनाएँ (तसानीफ़), जिनमें से बहुतों पर बादशाह अकबर का नाम है, आज भी प्रचलित हैं।[43] पहली टिप्पणी की पुष्टि इस बात से होती है कि तानसेन के 'दस्तख़त' (छाप) वाले और अकबर को समर्पित बहुत से गीत-ग्रन्थ 17वीं सदी के अन्तिम भागों के दरबारी संगीतकारों के ज़ख़ीरों में मौजूद थे। आगे चलकर इस पर टिप्पणी की जाएगी।[44]

मौखिक परम्परा, जो सम्भवतः बाद के देशज सन्तचरितों से प्रेरित है, राजा रामचन्द्र की असहायता और अपने पसन्दीदा संगीतकार से उसके लगाव के किस्सों से भरी पड़ी है। कहते हैं कि आगरा जाते समय तानसेन जिस पालकी में बैठे हुए थे उसमें कहार के रूप में राजा रामचन्द्र ने भी कन्धा दिया था। जब वे लोग रास्ते में पानी के लिए रुके तब तानसेन ने उसे पहचाना। एक और कहानी के अनुसार बघेल शासक को छोड़ने की हिचक की निशानी के तौर पर वादा किया था कि वे शाही तोहफ़े क़ुबूल

करते वक़्त दाएँ हाथ का प्रयोग नहीं करेंगे। इस तरह उन्होंने मुग़ल दरबार के कठोर शिष्टाचार का उल्लंघन किया।[45]

(ब) दरबारी संगीतकारों के मुकाबले : तानसेन के बारे में अबुल-फ़ज़्ल की प्रशंसा भरी टिप्पणियों के बावजूद हम मान सकते हैं कि ऐसे अनेक अच्छे कलाकार—गायक, शायर और साज़िन्दे—थे जो अकबर की कृपा पाने के लिए आपस में मुक़ाबला करते रहते थे। फ़तेहपुर सीकरी में 1577 में बनवाए गए वर्गाकार हौज़ का बयान करते हुए ऐसी ही एक घटना का ज़िक्र बदायूँनी ने किया है। इस तालाब के केन्द्र में एक चबूतरा था जो अकबर के महल के सामने के दालान से चार पुलों द्वारा जुड़ा हुआ था। इसी को आज अनूपतलाव कहते हैं। अकबर ने 20 करोड़ ताँबे के सिक्कों से इस हौज़ को मुँह तक भरवा दिया था :

> एक दिन उसने (अकबर ने) शैख़ बंजहू नामक एक मधुर गलेवाले (खुशख़्वानी) और सूफ़ी रुझानवाले एक गायक (क़व्वाल) को मुलाक़ात का समय दिया। यह शख़्स जौनपुर के शैख़ अज़न के शागिर्दों में एक था (जिनके नाम से उनकी मृत्यु की तारीख़ (हिजरी 970) का पता चलता है), और उसका वक़्त बहुत ख़ुशगवार गुज़रा। फिर उसने मियाँ तानसेन और हिन्द के दूसरे बेमिसाल गायकों को बुलवाया, पर उसने उन्हें दूसरे किसी और पर वरीयता दी, और हुक्म दिया कि शैख़ बंजहू वह पूरी रक़म ले जाए। पर उसकी ताक़त इतनी नहीं थी कि वह सारी रक़म ले जाए, सो उसने उसकी बजाए थोड़ा सा सोना माँगा। इस पर बादशाह ने उसे इसके बदले लगभग 1,000 रुपए दिए। और तीन साल के दौरान बादशाह ने विभिन्न ख़र्चों के ज़रिए बाक़ी रक़म से छुटकारा पा लिया। इसी समय उसे अपनी फ़िज़ूलख़र्ची पर (अबुल-फ़ज़्ल के पिता) शैख़ मुबारक से एक भाषण सुनने को मिला। उसने पहले (संगीत) प्रदर्शनों के अवसर पर (अबुल-फ़ज़्ल के भाई) शैख़ फ़ैज़ी ने कहा था : 'हमारे शैख़ (मुबारक) दरबारी तो कुछ ख़ास हैं ही नहीं।' बादशाह ने जवाब दिया : 'नहीं, उन्होंने वे सारे दन्द-फन्द तुम्हारे लिए छोड़ दिए हैं।' उसने शैख़ बंजहू और मियाँ तानसेन को और सारे संगीतकारों को शैख़ (मुबारक) के पास भेजा ताकि वे उन्हें बता सकें कि संगीतकारों के रूप में उनकी क्या हैसियत है। उन्होंने मियाँ तानसेन से कहा : 'सुना है, थोड़ा सा गा लेते हो!' आख़िर में उन्होंने उनके गाने की तुलना जानवरों के शोर से की, और इसे इस शोर से बेहतर साबित होने नहीं दिया।[46]

इस विवरण के दस्तावेज़ी पहलू के अलावा, और बावजूद इसके कि बदायूँनी संगीत के आलोचक के रूप में शैख़ मुबारक का मज़ाक उड़ाना चाहते हैं, यह दरबारी संगीतकारों और सूफ़ी संगीतकारों के मज़बूत सम्बन्ध का संकेत देता है। तानसेन के उन दिनों के वास्तविक संगीत पर किसी ऐसे समकालीन साक्ष्य के अभाव में, जो उनकी

शायराना प्रतिभा पर प्रशंसापूर्ण टिप्पणियों का मुक़ाबला करता हो, तानसेन की आवाज़ सम्बन्धी निन्दापूर्ण टिप्पणियों की व्याख्या उनकी आयु से भी की जा सकती है। वे 1562 में दरबार में आने से पहले ही सेवानिवृत्त होने की बात सोच रहे थे।

(स) तानसेन की मृत्यु : अकबरनामा में प्राप्त एक और महत्त्वपूर्ण ऐतिहासिक तथ्य का सम्बन्ध तानसेन की मृत्यु से है :

> उसी 15वीं (उर्दीबिहिश्त 997; 26 अप्रैल 1589) को मियाँ तानसेन की मृत्यु हुई और जहाँपनाह के हुक्म से सभी संगीतकारों और गायकों ने, जैसी शादी-ब्याह में बजाई जाती हैं, ऐसी धुनें बजाते हुए, उनके शरीर को क़ब्र के हवाले कर दिया। ज़माने की ख़ुशियाँ चली गईं और जहाँपनाह ने कहा कि उनकी मौत संगीत की मौत है। लगता है एक हज़ार बरसों में मधुरता और कला में उनके जैसा शायद ही कोई हुआ होगा।[47]

जहाँ तक मुझे ज्ञात है, कोई और समकालीन हिन्दवी-फ़ारसी दस्तावेज़ तानसेन की मौत, अकबर के मन पर उसके हलचल पैदा करनेवाले प्रभाव और उनके कफ़न-दफ़न के लिए उसके हुक्म पर किए गए बन्दोबस्तों का हवाला नहीं देती। *अकबरनामा* का विवरण अनेक सवाल उठाता है जो जवाब से महरूम हैं, जैसे यह कि तानसेन की मौत किस जगह हुई ? आज के लोक-वृत्तान्त इसे आगरा या फ़तेहपुर सीकरी की घटना बतलाते हैं। पर अकबर उन दिनों लाहौर में था और कश्मीर की पहली यात्रा पर जानेवाला था।[48] अबुल-फ़ज़्ल की दी हुई तारीख़ सटीक है और लगता है ख़ुद बादशाह ने उनकी मौत देखी थी। पाठ में उस अर्थी (ना'श) का हवाला दिया गया है जिस पर दफ़न किए जाने से पहले तानसेन का शरीर लिटाया गया था। फ़ारसी पाठ सटीक शब्दों का प्रयोग करता है और कफ़न-दफ़न का—और इसलिए एक क़ब्र का—संकेत हमें तानसेन के जीवन के एक और विवादास्पद पक्ष की ओर ले जाता है। इसका सम्बन्ध उनके धर्म से है और उनकी ग्वालियरवाली क़ब्र की प्रामाणिकता से है; यह मक़बरा शैख़ मुहम्मद ग़ौस के मक़बरे के क़रीब है जो हो सकता है तानसेन के आध्यात्मिक गुरु रहे हों।[49] ग्वालियर में तानसेन के लिखित हवाले अपेक्षाकृत बाद के हैं। मेरे इल्म के मुताबिक़ इसका पहला ज़िक्र मिर्ज़ा ख़ान की विश्वकोश जैसी रचना *तोहफ़तुल हिन्द* (1675) से है जिसका एक पूरा अध्याय हिन्दवी और फ़ारसी संगीत पर है।[50] मिर्ज़ा ख़ान ने तानसेन के अकबरी दरबार में आने से पहले उनके जीवनचरित का आरम्भ राजा (अर्थात रीवा के राजा रामचन्द्र) से शुरू किया है। शैख़ मुहम्मद ग़ौस ग्वालियारी का पालक-बालक होने के नाते वे उसी क़ब्रोंवाले बाग़ (रौज़ा) में दफ़न हैं।[51] तानसेन के एक जीवनचरित के साथ दोनों क़ब्रों का एक चित्रमय वर्णन जेम्स फ़ोर्बेस के यहाँ मिलता है जो मई 1785 में ग्वालियर में था।[52]

संगीतकारों और संगीत के इतिहासकारों ने तानसेन के धर्म पर जो विवाद उठाया था वह नियमित रूप से हर साल ग्वालियर में उनके उर्स के मौक़े पर ताज़ा हो जाता है, जब उनकी क़ब्र पर एक नई चादर चढ़ाई जाती है और एक महत्त्वपूर्ण

संगीत-समारोह होता है। पर इस विवाद पर आगे विवेचना इस लेख के दायरे से बाहर है।

जैसाकि माधव की संस्कृत रचना तथा हिन्दवी-फ़ारसी स्रोतों से स्पष्ट है, तानसेन केवल एक संगीतकार नहीं थे। वे एक कवि-रचयिता (वाग्गेयकार) भी थे जिनके गीत अधिकतर मध्यदेशीय भाषा में हैं जिसे आगे चलकर ब्रज भाषा कहा गया।[53] अकबर उनका और उनके जैसे दूसरे लोगों का संरक्षक था, इस तथ्य से संकेत मिलता है कि बादशाह उन देसी भाषाओं से परिचित था जिनमें गीतों के पाठ रचे जाते थे और वह इनके बिम्ब-विधान और सौन्दर्यशास्त्रीय मूल्यों को समझ सकता था जो फ़ारसी शायरी के बिम्बों और सौन्दर्यशास्त्रीय मूल्यों से पूरी तरह भिन्न थे।[54]

(द) दूसरे दरबारी संगीतकार : अबुल-फ़ज़्ल के बताए संगीतकारों और वाग्गेयकारों के बारे में दूसरे स्रोतों से कुछ अधिक जानकारी नहीं मिलती। लेकिन अकबर से संरक्षण-प्राप्त दूसरे वाग्गेयकारों में अबुल-फ़ज़्ल ने बाज़बहादुर का ज़िक्र 'एक बेमिसाल गायक' के रूप में किया है; वह मुग़ल बादशाह के आगे समर्पण करने से पहले मालवा का राजा था। वह एक दिलचस्प राजनीतिक पात्र है जिसकी रानी रूपमती से प्रेम-कथा ने बहुत सारी दन्तकथाओं को और हाल में नृत्य-नाटिकाओं को जन्म दिया है, संगीत और नृत्य में उसके वास्तविक योगदान से भी अधिक।[55] वह इसका पात्र है कि हिन्दवी-फ़ारसी स्रोतों, देशज साहित्य और चित्रित दस्तावेज़ों के आधार पर उसका और भी सही मूल्यांकन किया जाए। एक और भी आम्डबरहीन ढंग से दरबारी कवि और संगीतकार ढोंढी भी जिसके अनेक गीत 17वीं सदी के अन्तिम भाग के ज़ख़ीरों में मिलते हैं, एक महत्त्वपूर्ण भक्त-कवि है। वह पुष्टि सम्प्रदाय का कवि था ज़ो वल्लभाचार्य का वैष्णव सम्प्रदाय है और मुग़ल दरबार से इस सम्प्रदाय के मज़बूत सम्बन्ध थे।[56]

4. हिन्दवी-फ़ारसी स्रोत : एक विहंगावलोकन

हिन्दवी-फ़ारसी पाठों से प्राप्त सूचनाएँ अकबर के दरबार में फ़ारसी और हिन्दवी, संगीत की दोनों धाराओं को प्राप्त संरक्षण की पुष्टि करती हैं। अनेक संगीतकारों के भौगोलिक और सांस्कृतिक मूल विभिन्न संगीत-प्रस्तुतियों को एक ही संरक्षक से प्राप्त संरक्षण के संकेत देती हैं जिसने हो सकता है विभिन्न अवसरों और अपने मानसिक रुझान के अनुसार अपनी पसन्द-नापसन्द तय की हो। संगीत-कला की दो प्रमुख प्रवृत्तियों तथा अबुल-फ़ज़्ल और बाद के सैफ़ ख़ान फ़क़ीरुल्लाह जैसे लेखकों के यहाँ वर्णित कुछ लोक-संगीत के रूपों का सह-अस्तित्व तथा दरबारी संगीतकारों की गतिशीलता एक ऐसी अन्तःक्रिया का इशारा करते हैं जिसका अभी तक प्राप्त समकालीन लिखित स्रोतों के आधार पर मूल्यांकन कर पाना कठिन है।

तो क्या अकबर का दरबार एक ऐसी संश्लिष्ट संगीत-शैली के प्रयोगों का मंच था जो हिन्दुस्तानी संगीत में आज तक सुरक्षित है ? क्या फ़ारसी और हिन्दवी संगीतकारों का कोई ऐसा 'हिन्दवी-फ़ारसी' संगीत था जिसे अकबर ने प्रोत्साहन दिया, जिसने

अन्यत्र, वास्तुकला और चित्रकला में समन्वय और प्रवर्तन को संरक्षण देकर सांस्कृतिक प्रयोगों में अपनी दिलचस्पी दिखाई ?

(ब) संगीत के संरक्षक रूप में अकबर पर देशज स्रोत

देसी बोलियों में और ख़ासकर आगरा-ग्वालियर या मध्यदेश के क्षेत्र में 16वीं सदी के बाद ब्रजभाषा में, पैदा होनेवाला साहित्य मुग़ल इतिहास के सामाजिक-सांस्कृतिक पक्षों का प्रलेखन करनेवाले लिखित स्रोतों का एक समृद्ध भण्डार है। संगीत के संरक्षक रूप में अकबर के बारे में ब्रज की पद्य और गद्य रचनाओं को मोटे तौर पर दो श्रेणियों में बाँटा जा सकता है। पहली श्रेणी में वैष्णव सन्तों के जीवन के विवरण (वार्ता और ऐसे ही साहित्य) आते हैं और दूसरी श्रेणी में कला-संगीत में गाए जानेवाले वे गीत आते हैं जिनमें अकबर एक संरक्षक, बल्कि एक वाग्गेयकार के रूप में भी दिखाई देता है।

1. सन्त-चरितों के साक्ष्य

ब्रज क्षेत्र के प्राचीन पवित्र चरित्र की 'पुनर्खोज' के कारण जो वैष्णव और ख़ासकर कृष्ण पर केन्द्रित 'पुनर्जागरण' शुरू हुआ उसने अपने लोकव्यापी आकर्षण के साथ-साथ एक ऐसा विशाल भक्ति साहित्य पैदा किया जो लिखित और मौखिक परम्पराओं में आज तक सुरक्षित है।[57] अकबर की छवि के लिए प्रासंगिक पहली श्रेणी के पाठों में वे गद्य-पद्य रचनाएँ शामिल हैं जो भक्ति आन्दोलन के पुनर्जीवन के कारण 17वीं सदी से ही रची जा रही थीं। अतीत के महान सन्तों के जीवन के विवरण या विभिन्न पन्थिक आन्दोलनों के संस्थापकों और अनुयायियों के प्रेरक जीवनचरित होने के कारण इन पाठों का उद्देश्य मौखिक परम्परा के ज़रिए पाठकों और एक व्यापकतर श्रोतावर्ग को प्रेरित करना है। पुष्टि-मार्ग अर्थात 'दैवी कृपा से आत्मसिद्धि का मार्ग' (पुष्टि) के संस्थापक वल्लभाचार्य (479-1531) तथा इस पन्थ को संगठित करने और फैलानेवाले उनके पुत्र विट्ठलनाथ (लगभग 1515-86) उन धार्मिक अगुवों में प्रमुख हैं जिन्होंने अधिकतर ब्रजभाषा में रचित एक समृद्ध काव्य में योगदान दिया, उसे प्रेरित किया या उसे संरक्षण दिया।[58] वल्लभ-सम्प्रदाय के सन्त-चरित वार्ता के नाम से जाने जाते हैं। प्रमुख वार्ताएँ *चौरासी वैष्णवन की वार्ता* और *दो सौ बावन वैष्णवन की वार्ता* हैं जो क्रमशः वल्लभ के 84 शिष्यों और विट्ठलनाथ के 252 शिष्यों के जीवनचरित प्रस्तुत करती हैं।[59] ये दोनों ऐसे पाठ हैं जिनका कोई आलोचनात्मक संस्करण नहीं है और विट्ठलनाथ के एक पुत्र गोकुलनाथ (लगभग 1551-1647?) से जोड़े जाते हैं। मगर गोकुलनाथ के एक शिष्य और वार्ता पर एक भाष्य (भावप्रकाश) के लेखक हरीराय को अकसर मूल संकलनकर्ता समझा जाता है।

अकबर इनमें अक्सर तानसेन के साथ किसी प्रसंग-विशेष में सामने आता है। इन पाठों में बार-बार सामने आनेवाला एक विषय इस प्रकार है : एक संगीतकार (अक्सर तानसेन) अकबर के दरबार में किसी भक्त-कवि की एक रचना गाता है। अकबर गीत

के रचनाकार के बारे में उत्सुकता दिखाता है और उस भक्त-कवि के पास ले जाया जाता है। वहाँ किसी ढंग से बादशाह की परीक्षा ली जाती है और इस घटना से एक नैतिक उपदेश उपजता है। इस घटना के अनेक रूप हैं पर सब में संगीत और ख़ासकर भारतीय गेय संगीत के संरक्षक के रूप में तथा देशज गीतों के गुणी संग्राहक के रूप में अकबर की छवि केन्द्र में है। उनमें धार्मिक अनुभवों को लेकर अकबर की उत्सुकता और यदृच्छता पर भी ज़ोर दिया गया है।

सन्त कवि सूरदास, कुम्भनदास और नन्ददास द्वारा तथा वैरागी संगीतकार स्वामी हरिदास द्वारा भी रचित गीतों में अकबर ने जो संगीत सम्बन्धी रुचि दिखाई, ब्रज स्रोतों से चुने गए कुछ उदाहरण उसके विभिन्न प्रसंग प्रस्तुत करते हैं। तीन दृष्टान्तों में तानसेन को 'मध्यस्थ' के रूप में दिखाया गया है जो अकबर के सामने विमुग्ध कर देनेवाले गीत गाते हैं।

(अ) सूरदास : सूरदास के जीवन ने अच्छी-ख़ासी तादाद में ऐसी अनेक विद्वतापूर्ण रचनाओं को जन्म दिया है जिनमें छिटपुट और विवादास्पद 'ऐतिहासिक' तत्वों, वैष्णव (वल्लभी और ग़ैर-पन्थी) सन्त-चरितों और सूरदास से मंसूब साहित्यिक रचनाओं का उपयोग किया गया है। इन रचनाओं के आलोचनात्मक सम्पादन की प्रक्रिया जारी है।[60] *चौरासी वैष्णवन की वार्ता* में सूरदास की भेंट वल्लभाचार्य से होती है और अपने गुरु के आदेश पर वे अपने पदों को पूरी तरह पुष्टि-मार्ग को समर्पित कर देते हैं। ज़ाहिर है कि यह एक परवर्ती पन्थी अधिग्रहण का उदाहरण है। वार्ता का तीसरा प्रसंग बड़ी संख्या में सूरदास द्वारा रचित गीतों पर ज़ोर देता है जिन्हें हर आदमी सीखता और गाता था। रिचर्ड बैर्ज़ के अनुवाद से यहाँ एक घटना का सारसंक्षेप प्रस्तुत किया जाता है जिसमें अकबर और तानसेन मौजूद हैं।[61] 'एक बार अकबर ने सूरदास-रचित एक पद सुना जिसे तानसेन ने गाया था। बादशाह ने फ़ौरन सूरदास को बुलवाने का हुक्म दिया जो ब्रज में गोवर्धन पर्वत पर श्रीनाथजी के लिए गाया करते थे। कुछ कठिनाई के बाद ये भक्त-कवि अकबर के सामने लाए गए जिसने आदर के साथ उनसे कहा कि वे विष्णु की प्रशंसा में रचित अपने कुछ पद गाएँ। उन्होंने इसे बहुत सराहा।[62] फिर बादशाह ने उन्हें अपनी तारीफ़ में कुछ गाने के लिए कहकर उत्तेजित कर दिया। सूरदास ने एक पद गाया पर वह अकबर नहीं, कृष्ण की प्रशंसा में था।[63] कवि की धार्मिकता से प्रभावित होकर अकबर ने उनसे एक पद के दोहरे अर्थ के बारे में पूछा। वह उन्हें पुरस्कार भी देना चाहता था जिसे उन्होंने निर्मम ढंग से लेने से मना कर दिया। फिर सूरदास ने उससे कहा कि वह उनसे फिर मिलने की कोशिश न करे।' एक और कथा केवल संगीत के प्रस्तुति-पक्ष में नहीं बल्कि उसके दरबारी संगीतकारों द्वारा गाए जानेवाले गीतों में भी अकबर की रुचि पर और अधिक रौशनी डालती है। बादशाह ने सूरदास-रचित गीतों पर स्वर्ण और रजत-मुद्राएँ दीं और उन्हें फ़ारसी अनुवाद के माध्यम से पढ़ा।

बादशाह अकबर की छवि तथा उसकी हिन्दू संस्कृति को जानने की इच्छा के बारे

में यह पन्थी विवरण बहुत ही मुखर है। अकबर ने सूरदास की रचनाओं का फ़ारसी अनुवाद कराया, यह ज़िक्र दिलचस्प है, हालाँकि पहले के विवरण से स्पष्ट है कि सूरदास ने बादशाह के लिए जो गीत गाया, वह फ़ौरन उसका अर्थ समझ गया और फ़ौरन उस पर प्रतिक्रिया भी दिखाई।

(ब) कुम्भनदास : वल्लभ के शिष्य और सन्त-कवि कुम्भनदास की वार्ता, जो *चौरासी वैष्णवन की वार्ता* में मौजूद है, अकबर का और एक संगीतकार (कलावन्त) का एक और विवरण देती है जिसका नाम नहीं लिया गया है। उसने फ़तेहपुर सीकरी में अकबर के आगे कुम्भनदास की एक रचना गाई थी। अकबर के आदमियों ने भक्त-कवि पर दरबार में आने का दबाव डाला। वे आए तो पर पाँव-पैदल आए। उन्होंने अकबर की भेजी सवारी में यात्रा करने से इनकार कर दिया। वे बहुत हिचक के साथ आए और अपने सुपरिचित ब्रज को छोड़कर नरक में आने के लिए खुद को कोसते रहे। कुम्भनदास ने आख़िरकार एक पद रचा और उसे अकबर के सामने गाया :

> कुम्भनदास कहते हैं कि अब मुझे उसकी स्तुति करनी पड़ेगी जिसका मुँह देखकर ही दुख मिलता है; 'लाल गिरि घर के बिना यह पूरा महल एक मिथ्या है।'[65] पहले तो अकबर नाराज़ हुआ पर फिर कुम्भनदास की भक्ति को उसने समझा और सन्त से बोला : 'बाबासाहब, आप जो भी हुक्म दें, मैं बजा लाऊँगा।' कुम्भनदास ने जवाब दिया : 'आज के बाद तुम मुझे यहाँ कभी नहीं बुलाना'......कुम्भनदास के शब्द सुनकर अकबर ने उन्हें छोड़ दिया।[66]

संगीत में अकबर की रुचि के दूसरे हवाले *दो सौ बावन वैष्णवन की वार्ता* की कुछ वार्ताओं में मिलते हैं जिनमें तानसेन का भी ज़िक्र है। एक और घटना गोविन्दस्वामी की वार्ता में दर्ज है : गोविन्दस्वामी के बारे में सुनने के बाद अकबर भेष बदलकर उन्हें सुनने गया। हैरत में आकर बादशाह खुद को 'वहवावहवा' (वाह ! वाह !) कहने से नहीं रोक सका जिससे गोविन्दस्वामी नाराज़ हो गए। फलस्वरूप संगीतकार ने फिर कभी राग भैरव न गाने का फ़ैसला किया कि वह अशुद्ध हो चुका था![67]

(स) नन्ददास : सूरदास की तरह महाकवि नन्ददास भी वल्लभ-सम्प्रदाय के 'अष्टछाप' (आठ मुहरों) अर्थात प्रमुख सन्त कवियों में एक हैं। उनकी वार्ता *दो सौ बावन वैष्णवन की वार्ता* में तथा महत्त्वपूर्ण परिवर्तनों के साथ एक कम ज्ञात वल्लभी सन्त-चरित *अष्टछाप की वार्ता* में शामिल है।[68] *अष्टछाप की वार्ता* के एक प्रसंग में तानसेन नन्ददास का एक कीर्तन (!) अकबर के आगे गाते हैं जो रास-नृत्य में कृष्ण के वर्णन से इतना प्रभावित होता है कि उसके रचयिता से मिलने को व्याकुल हो उठता है। उन्हें बीरबल द्वारा दरबार में बुलवाया जाता है। आख़िरकार जब अकबर मानसी गंगा में नन्ददास से मिलता है तो पद की एक पंक्ति का अर्थ पूछता है। कवि इसे बताने से झिझक रहे हैं। इसकी बजाए वे बादशाह को सुझाते हैं कि वह एक विशेष स्त्री को अपने दरबार में बुलाए। बीरबल को तानसेन के पास छोड़कर अकबर वापस दरबार

में जाता है और उस स्त्री को बुलाता है जो बेहोश हो जाती और फ़ौरन मर जाती है। तब अकबर दौड़कर नन्ददास के पास जाता है जिन्होंने 'फ़ौरन शरीर त्याग दिया और (दिव्य) लीला में चले गए।' हैरान-परीशान बादशाह को बीरबल समझाते हैं कि सच्चे भक्तों के रूप में दोनों इस अर्थ को गुप्त रखना चाहते थे और इसकी जगह उन्होंने मृत्यु को स्वीकार किया।[69]

(द) स्वामी हरिदास : परवर्ती, 18वीं सदी के बाद के सन्त-चरित साहित्य में, संगीतकारों की आज की मौखिक परम्परा में और लोक-विश्वास में वृन्दावन के सुप्रसिद्ध सन्त-संगीतकार स्वामी हरिदास को अक्सर तानसेन का गुरु कहा गया है। उनकी पद्य-रचनाएँ तो सुविदित हैं पर उनके जीवन के अनेक पक्ष आज भी अस्पष्ट हैं। हम यहाँ इन प्रश्नों में नहीं जा सकते।[70]

जीवन-चरितों के साक्ष्य : लगता है अकबर, तानसेन और स्वामी हरिदास का ज़िक्र करनेवाला पहला वृत्तान्त *पद-प्रासंग-माला* है जिसे नागरीदास (1699-1764) से जोड़ा जाता है। ये सावन्त सिंह के नाम से किशनगढ़ पर (1744 से) राज्य करते थे पर 1757 में सब कुछ छोड़ वृन्दावन चले गए जहाँ उन्हें 'नागरीदास' के नाम से जाना गया।[71] *पद-प्रासंग-माला* की तिथि निश्चित नहीं है पर यह विभिन्न पाण्डुलिपियों में सुरक्षित है जिनमें से एक पर सम्वत् 1748 (ईसवी 1691) दर्ज है। यह वृत्तान्त तानसेन से अकबर के इस प्रश्न से आरम्भ होता है कि उन्हें संगीत-शिक्षा किसने दी और उनसे बेहतर कौन गा सकता है। तानसेन का जवाब था कि गेय संगीत में वे 'हरिदास-जू' नामी एक वैष्णव के शिष्य हैं जो वृन्दावन में रहते हैं। पिछली कथाओं की तरह इसमें भी अकबर और तानसेन वृन्दावन में 'स्वामीजी' से मिलने के लिए फ़ौरन चल पड़ते हैं। पहले तानसेन गाते हैं और फिर 'महाराज' से कुछ गाने के लिए आग्रह करते हैं। 'श्री हरिदास-जू राग मलार गाना शुरू करते हैं और महीना तो चैत्र-वैशाख (मार्च-मई) का है, पर बादल छा जाते हैं और मोर गाने लगते हैं।' फिर वे एक विष्णुपद गाना शुरू करते है, 'मौसम ऐसा है कि मोर वही गाए जा रहे हैं' जिसे उन्होंने अभी-अभी रचा है, और फ़ौरन बारिश होने लगती है।[72] यह संक्षिप्त कथा वल्लभी वृत्तान्तों की ही तर्ज़ पर है, सिर्फ़ इसमें स्वामी हरिदास के संगीत से पैदा एक जादुई तत्व जोड़ दिया गया है।

किशोरदास (1763?) से मंसूब *निजमत सिद्धान्त* में तानसेन का ज़िक्र स्वामी हरिदास के शिष्य-रूप में किया गया है जिन्हें इस पाठ में निम्बार्क सम्प्रदाय से जोड़ा गया है।[73] इसमें तानसेन एक कथा में दिखाई देते हैं जो आज भी प्रसिद्ध है। इसमें वे राग दीपक गाते हैं जिसे अगर पूर्णता के साथ गाया जाए तो उसका आग्नेय प्रभाव सभी जानते हैं। आख़िर तानसेन के साथ ऐसा ही होता है। इस पाठ में यह घटना राजा रामचन्द्र बघेल के दरबार की है (न कि आधुनिक पाठों की तरह मुग़ल दरबार की)। रामचन्द्र को इसका इसके अलावा कोई इलाज सुझाई नहीं पड़ा कि इस दाह के तोड़ के रूप में किसी से राग मलार गवाए, पर दरबार का कोई संगीतकार इसे सही ढंग से नहीं गा सका। ऐसे किसी गायक की तलाश में तानसेन ओरछा के लिए चल पड़े

जहाँ एक स्त्री ने उनके 'रोग' का निदान किया और उन्हें राग मलार सिखाया। उसके सुझाव पर तानसेन वृन्दावन गए जहाँ उन्होंने यही राग 'स्वामीजी' से सीखा (अर्थात स्वामी हरिदास से जिन पर यह पाठ केन्द्रित है) और उनके भक्त (दास) बन गए। वहाँ से वे आगरा आए जहाँ अकबर ने उनके बारे में सुना और उन्हें गाने के लिए निमन्त्रित किया। फिर अकबर ने उनसे पूछा कि वे स्वामी हरिदास जैसा क्यों नहीं गा सकते। तानसेन ने जवाब दिया कि वे जहाँपनाह के लिए गा रहे हैं और स्वामी हरिदास स्वयं के लिए गाते हैं।[74] आधुनिक पाठ इसका एक अधिक गरिमापूर्ण उत्तर देते हैं और संकेत देते हैं कि प्रभु ही स्वामी हरिदास के संरक्षक थे।[75]

एक और कथा इस प्रकार है : एक दिन अकबर ने तानसेन की कला-मर्मज्ञता के पुरस्कारस्वरूप उन्हें दो क़ीमती मोती दिए। बाद में जब बादशाह ने सुना कि तानसेन ने वे मोती दो नौकरों को दे दिए हैं तो वह आगबबूला हो उठा। अकबर ने उन्हें वापस माँगा। तानसेन मदद के लिए रामचन्द्र बघेल के पास गए। राजा ने उनकी रक्षा मोतियों जड़ा एक पंखा देकर की जिसका मूल्य अकबर के तोहफ़े का 300 गुना था। रामचन्द्र ने तानसेन से यह प्रार्थना भी की कि उसकी ओर से स्वामी हरिदास का अभिनन्दन करें। अकबर हैरान रह गया। तानसेन बाद में रामचन्द्र का अभिनन्दन पहुँचाने के लिए वृन्दावन गए, इत्यादि।[76]

ऐसी ही भावना लक्ष्मणदास कृत *भक्तसिन्धु* में व्याप्त है जो ब्रजभाषा की एक परवर्ती रचना है। इसका मूल पाठ तो खो चुका है लेकिन एफ़ एस ग्रोज़ ने इसका अंग्रेज़ी अनुवाद (1882) किया है।[77] स्वामी हरिदासवाला अध्याय ही *भक्तसिन्धु* के अनुवाद का प्रमुख भाग है। कुछ पिछले सन्त-चरितों के आधार पर यह ग्रन्थ अकबर, तानसेन और हरिदास के सम्बन्ध के वैष्णव संस्करण में कुछ 'नए' तत्व जोड़ता है।[78]

एक समृद्ध मौखिक परम्परा को जन्म देनेवाला परवर्ती सन्त-चरित साहित्य कुछ ऐसे रंगारंग तत्व प्रस्तुत करता है जो एक दन्त कथानक के रूप में तानसेन के विकास को समझने में हमें सहायता देते हैं। इस प्रक्रिया में भारतीय संगीत के संरक्षक-रूप में अकबर की छवि भी निखरती है।

फिर भी सन्त-चरितों तथा मौखिक परम्परा पर आधारित कुछ 19वीं सदी के हिन्दी पाठ मुग़ल संगीतकारों के बारे में और इस तरह अकबर से संरक्षण-प्राप्त संगीत के घटिया स्तर के बारे में कुछ कुत्सापूर्ण विवरण प्रस्तुत करते हैं। एक उल्लेखनीय उदाहरण देहली से 1896 में प्रकाशित, पन्नालाल गोस्वामी कृत *नाद-बिनोद-ग्रन्थ* है।[79] यह संगीत और वाद्य-अभ्यास के सिद्धान्त पर हिन्दी की आरम्भिकतम रचनाओं में एक है जिसमें रागों के दृष्टान्तस्वरूप सैकड़ों गीत दिए गए हैं। इस पुस्तक को राजा मेवाड़ के सिपहसालार श्रीकिशोर सिद्धजी ने लिखवाया था। प्रस्तावना के 8 पृष्ठ स्वामी हरिदास के बारे में हैं।[80]

बाद के द्वितीयक स्रोतों में तथा छात्रों के लिए संस्तुत संगीत व संगीतशास्त्री की हस्तपुस्तिकाओं में अक्सर आभार-प्रदर्शन किए बिना गोस्वामी के विवरण के अनेक

हवाले दिए गए हैं।[81] 20वीं सदी की स्वामी हरिदास से सम्बन्धित रचनाओं में अकबर का ज़िक्र हमेशा आता है।[82]

चित्रों के साक्ष्य : परवर्ती देशज स्रोतों में वर्णित अकबर, तानसेन और स्वामी हरिदास की भेंट की 'पुष्टि' चित्रांकित साक्ष्य भी करते हैं। लगता है इस 'घटना' को प्रस्तुत करनेवाले चित्रों की एक पूरी शृंखला एक सुप्रसिद्ध लघुचित्र से प्रेरित हुई है जिसे 1760 के आसपास किशनगढ़ में बनाया गया था। यह चित्र राष्ट्रीय संग्रहालय, नई देहली में प्रदर्शित है।[83] कार्ल खण्डलवाल और मोतीचन्द्र के शब्दों में :

> यह दृश्य एक सुन्दर भूपटल पर दिखाया गया है जिसमें कलियों से पेड़ लदे हुए हैं। दाहिनी ओर दुबले-पतले और घुटे सरवाले हरिदास वीणा बजा रहे हैं। बाईं ओर फ़ारसी शैली में तानसेन बैठे हैं और उनके पीछे अकबर हाथ बाँधे खड़ा है। आसमान में काले बादल छाए हुए हैं। यह चित्र एक पवित्र शान्ति का वातावरण प्रस्तुत करता है और उस्ताद व उसके शागिर्द के महान संगीत के लिए उपयुक्त पृष्ठभूमि प्रदान करता है। तानसेन को राष्ट्रीय संग्रहालयवाले पोट्रेट की अपेक्षा अधिक युवा दिखाया गया है, पर चेहरे की समानता असन्दिग्ध है।[84]

कार्ल खण्डलवाल और मोतीचन्द्र ने खड़ी मुद्रा में तानसेन के एक पोट्रेट (लगभग 1585-90) का हवाला दिया है जो राष्ट्रीय संग्रहालय, नई देहली में रखा हुआ है। यह संगीतकार को उनकी वृद्धावस्था में दिखाता है, पर विशेषताएँ वही हैं, जैसे एक तीखी नाक और साँवली रंगत।[85] अकबर दूसरे चित्रों की अपेक्षा यहाँ अधिक उम्र का दिखाई देता है जो अपेक्षाकृत अविश्वनीय है। देवनागरी इबारत तीनों व्यक्तियों की पहचान 'स्वामी हरिदास', 'मियाँ तानसेमिन' और 'पातसाह अकबर' के रूप में करती है। दिलचस्प बात यह है कि यह चित्र सावन्त सिंह के शासनकाल के समकालीन है जो 1744 से लेकर 1757 में संन्यास लेकर वृन्दावन जाने तक किशनगढ़ के राजा थे। सावन्त सिंह प्रसिद्ध चित्रकार निहालचन्द के संरक्षक थे जिन्होंने चित्र 'प्रेम की बजरी' बनाया था। राष्ट्रीय संग्रहालय, नई दिल्ली में यह चित्र भी रखा हुआ है।

इसी विषय पर अनेक चित्र बनाए तथा हालिया प्रकाशनों में पुनरोत्पादित किए गए हैं। यह इस विषय की लोकप्रियता का संकेत है जिस पर लिखित व मौखिक परम्पराओं में आज भी टीकाएँ की जाती हैं।[86]

(स) सन्त-चरित जैसे स्रोत : एक विहंगावलोकन : अकबर के समकालीन या थोड़े बाद के संगीत और संगीतकारों से सम्बन्धित हिन्दवी-फ़ारसी स्रोत अकबर और स्वामी हरिदास के किसी सम्बन्ध का ज़िक्र नहीं करते। सिर्फ़ बाद के ही पन्थ-साहित्य में तानसेन के माध्यम से उस सन्त-कवि से बादशाह की भेंट का हवाला दिया गया है। (इसमें तानसेन को कवि-रचनाकार-गीतकार नहीं, एक वाद्यकार के रूप में दर्शाया गया है।) इस भेंट की पुष्टि कुछ काल्पनिक 'चित्रित' साक्ष्यों से की गई है। इन तीनों के बीच एकदम असम्भावित भेंट उस परम्परागत भेंट का एक और बहुमुखी दृष्टान्त मालूम

होती है जो राजा सन्तों से करते हैं। यहाँ यह मुलाक़ात कुछ छायावादी पदों के प्रभाववश की गई है जिन्हें अद्भुत संगीत के साथ गाया गया हो। सन्दर्भ पूरा का पूरा आलंकारिक है : फ़ौरी सफ़र, असाधारण भेष-परिवर्तन और प्रचुर शाही पुरस्कार जिसे सन्त अस्वीकार कर देता है बल्कि आगबबूला तक हो उठता है, और ताक़तवर बादशाहों के सामने सिर्फ़ सन्त ही ऐसी प्रतिक्रिया दर्शा सकते थे। ऐसे सन्दिग्ध तथ्य ऐतिहासिक साक्ष्य नहीं होते, पर एक अपरम्पराबद्ध शासक की समन्वित 'छवि' में योगदान तो देते ही हैं।[87]

2. ब्रज गीतों में अकबर संगीत के संरक्षक रूप में

खुद अकबर क्या फ़ारसी या हिन्दवी का शायर था ? या वह भारत की देसी बोलियों की काव्य भाषा से इतना परिचित था कि अपने हिन्दस्तानी दरबारी संगीतकारों के गाए गीतों की दाद दे सकता ? अबुल-फ़ज़्ल कहते हैं :

> जहाँपनाह की इलहामी तबीयत हिन्दवी और फ़ारसी शायरी की रचना की ओर काफ़ी झुकी हुई है और ज़बाने शायरी की बारीकियों के बारे में आलोचनात्मक है और बाल की खाल उधेड़ती है। शायरी की किताबों में से वे मौलवी (रूमी) की मस्नवी और 'सूफ़ी ज़बान' (हाफ़िज) के दीवान से ज़बानी शे'र पढ़ते हैं तथा उनकी सच्चाई और सुन्दरता का लुत्फ़ लेते हैं...उन्होंने हिन्दवी ज़बान में सूक्तियाँ भी कही हैं जिन्हें इस तरह के शाहकार माना जा सकता है।[88]

महान फ़ारसी शायरों के लिए अकबर का संरक्षण सर्वविदित है,[89] और देसी बोलियों में रचनाकर्म कर रहे कवियों को उसने जो संरक्षण दिया वह भी अच्छी तरह पुष्ट है।[90] फिर भी देसी बोली में उसकी अपनी शायरी की क्षमता की पुष्टि कठिन है। अकबर के नाम से बहुत सी छन्दबद्ध और छन्दमुक्त कविताएँ पाई जाती हैं। इन पर उसका नाम 'दस्तख़त' रूप में है या सम्बोधित के रूप में, और ये गीतों की पाण्डुलिपियों, लिथोग्राफिक या मुद्रित संकलनों में उपलब्ध हैं।[91] लेकिन उनकी प्रामाणिकता सन्दिग्ध है और उसे स्थापित करना उतना ही कठिन है जितना उन दूसरे कवियों और रचनाकारों के लिए जिनके स्वतन्त्र मुक्तक या गेय पद विभिन्न संग्रहों में बिखरे हुए हैं।[92]

अपनी *तुज़ुक* में जहाँगीर कहता है कि लाल कलावन्त ने, जो बचपन से ही अकबर की सेवा में रहकर बड़ा हुआ था, उसे 'हिन्दवी भाषा के हर उच्छवास और ध्वनि की जानकारी दी थी....।'[93] हम मान सकतें हैं कि एक गायक होने के नाते लाल कलावन्त ने अकबर को 'हिन्दी' के या और सटीक कहें तो ब्रज भाषा के कुछ काव्य-रूपों की जानकारी दी होगी जिनमें उस काल में गेय-संगीत में गाए जानेवाले अधिकांश गीत रचे जाते थे।[94] अपने कवि गंग और अर्ब्दुरहीम ख़ाने-ख़ानाँ द्वारा पढ़कर सुनाए जानेवाले और अपने दरबारी गायकों द्वारा गाए जानेवाले काव्य की समझ के सिलसिले में अकबर

ने इस भाषाशास्त्रीय और सम्भवतः साहित्यिक प्रशिक्षण से अवश्य लाभ उठाया होगा। इन दरबारी गायकों में तानसेन सबसे प्रसिद्ध थे।

17वीं और 18वीं सदी की गीतमालाओं और दरबारी संगीतकारों के ज़ख़ीरों में तानसेन सबसे अग्रणी दिखाई देते हैं जो उनकी काव्य-प्रतिभा का संकेत है। उनका ज़िक्र करनेवाले हिन्दवी-फ़ारसी लेखकों ने भी इस पर ध्यान दिया था।[95]

तानसेन अकबर के प्रिय संगीतकार थे तथा ध्रुपद के रचयिता और प्रस्तोता के रूप में मशहूर थे, इस तथ्य का मतलब संगीत के इस विशेष रूप में अकबर की रुचि भी है। ध्रुपद 16वीं सदी में गेय-संगीत का प्रमुख रूप था;[96] इसमें गाए जानेवाले गीतों को वाग्गेयकार आम तौर पर ब्रज में रचते थे। ये वाग्गेयकार दरबारी संगीतकार होते थे या किसी वैष्णव मन्दिर से जुड़े होते थे या दोनों होते थे।[97] मौखिक परम्परा के द्वारा चलते चले जानेवाले या कभी-कभी रची गई या गीतमालाओं में और आज भी मौजूद दरबारी संगीतकारों के ज़ख़ीरों में पाए जानेवाले ये ध्रुपद गीत मध्यकालीन भारत के सांस्कृतिक इतिहास के लिए आज भी एक समृद्ध साहित्यिक स्रोत हैं।[98]

भारतीय संगीत पर अबुल-फ़ज़्ल के सर्वेक्षण में ध्रुपद को आगरा, ग्वालियर और बारी के क्षेत्र का प्रमुख गेय रूप बताया गया है। ग्वालियर के राजा मानसिंह तोमर (शासनकाल : 1486-1516) के दरबार में उसके जन्म का संक्षिप्त इतिहास देने के बाद अबुल-फ़ज़्ल ध्रुपद का वर्णन इस प्रकार करते हैं :

> ....(गायन का) एक रूप जिसे साधारण लोग पसन्द करते और ख़वास संरक्षण देते हैं.....ध्रुपद चार तुकान्त पंक्तियों का होता है तथा उसके शब्दों और शब्दांशों की समान संख्या अपरिहार्य नहीं है। इसका सम्बन्ध प्रेम के संगीत और हृदय के अद्‌भुत मुआमलों से होता है।[99]

16वीं सदी के अन्तिम भाग में और उसके बाद मन्दिरों में अनेक गीतमालाओं (पदावली और पद संग्रह) की रचना की गई जिनका उपयोग वैष्णव भक्ति-साधना में किया जाता था। इनमें ध्रुपद गीत भी शामिल हैं। इसके अलावा दरबारी संगीतकारों के ज़ख़ीरे गीतों के प्रमुख स्रोत हैं जिनको मध्यकालीन सांस्कृतिक इतिहास के लिए एक वैध साहित्यिक स्रोत मानना चाहिए। कभी-कभी सैद्धान्तिक प्रबन्ध ग्रन्थों में दृष्टान्त-स्वरूप भी ध्रुपद गीतों का प्रयोग किया जाता था। उदाहरण के लिए 17वीं सदी के अन्तिम भाग में, बीकानेर के राजा अनूपसिंह (शासनकाल : 1669-98) के दरबार में भावभट्ट की संस्कृत संगीतशास्त्रीय रचनाओं में। ये राजा औरंगज़ेब के एक हाकिम थे और संस्कृति और कला के लिए अपने संरक्षण के कारण जाने जाते थे।[100] भावभट्ट ने अनेक रागों का परिचय देते समय देसी बोलियों की सैकड़ों रचनाओं से दृष्टान्त दिए हैं। ये उन्होंने सम्भवतः अपने पिता जनार्दन भट्ट से लिए होंगे जो शाहजहाँ और औरंगज़ेब के दरबारी संगीतकार थे।[101]

शाही दरबारों में रचित या उनसे संरक्षण-प्राप्त संग्रहों में मौजूद अनेक रचनाओं में किसी शासक का नाम आता है। इनमें सुल्तान अलाउद्‌दीन, सुल्तान सलीम, शाहबहादुर,

बाज़बहादुर, राजाराम, अकबर, जहाँगीर, शाहजहाँ, औरंगजेब़ आदि शामिल हैं। इनमें सबसे अधिक चर्चा अकबर का ही हुआ है।[102]

देसी भाषाओं में रचित भक्ति गीतों या लौकिक गीतों पर अक्सर परिकल्पित लेखक का 'दस्तख़त' (भनिता या छाप) पाया जाता है। इसी तरह अनेक ध्रुपद गीतों के पाठों में, जो आम तौर पर छन्दमुक्त हैं तथा मौखिक परम्परा से दर्ज किए या याद किए गए हैं, चौथी पंक्ति (आभोग) में एक कवि-संगीतकार का 'दस्तख़त' आता है। फिर भी यह ज़िक्र उसके लेखक होने की ज़मानत शायद ही हो। यह एक ऐसा नुक्ता है जिसे एक लेखक के नाम से गीतों के अनेक पाठों को प्रकाशित करानेवाले अधिकांश विद्वानों ने उपेक्षित किया है।[103]

बड़ी संख्या में तानसेन की छापवाले ऐसे गीतों का संकलन और सम्पादन करते हुए मैंने ऐसे अनेक गीत देखे जिनमें अकबर का ज़िक्र संरक्षक के रूप में हुआ है या उसका नाम आता है और कभी-कभी तो वह खुद कवि-रचनाकार के रूप में दिखाई देता है (अर्थात उन पर तानसेन की नहीं, अकबर की छाप है), जैसा कि ऊपर कहा गया है।[104] राजाओं की स्तुति में कहे गए दूसरे ध्रुपद पाठों की तरह ये भी प्रायः साहित्य की दृष्टि से मामूली स्तर की रचनाएँ हैं।

सारांश

इस तमाम विविध सामग्री को लेकर हम अकबर के जीवन के एक पक्ष की पुनर्रचना का प्रयास कर सकते हैं, और आनेवाली पीढ़ियों के लिए अकबर से सम्बन्धित दन्तकथाओं के एक पहलू की भी। मध्यकालीन भारतीय इतिहास में साहित्य, वास्तुकला, चित्रकला तथा हिन्दवी-फ़ारसी और हिन्दवी मूल के संगीत और नृत्य जैसी निष्पादन-कलाओं को जिन शासकों ने प्रोत्साहन दिया उनमें अकबर एक सच्चे संरक्षक का आद्यरूप दिखाई देता है जिसकी अनन्त उत्सुकता ने जीवन के विभिन्न क्षेत्रों से आनेवाले कलाकारों को आकर्षित किया। उनमें प्रतिभासम्पन्न कवि-रचनाकारों ने देशज गीतों की बहुतायत के रूप में अपना प्रत्युत्तर दिया जो संग्रहों में मौजूद हैं। ये संग्रह उनकी बहुमुखी रचनाशीलता के विद्यमान उदाहरण हैं और जीवित संगीतकारों की स्मृति में शेष हैं। उनमें जो सबसे प्रतिभाशाली थे उनके संगीत की असाधारण शक्ति ने और बादशाह से उनके घनिष्ठ सम्बन्ध ने भारत के सांस्कृतिक इतिहास में उनके लिए एक स्थान निश्चित कर दिया है।

सन्दर्भ और टिप्पणियाँ

1. फ्रांकोइस 'नलिनी' देलवोये, इण्डो-पर्शियन लिटरेचर आन आर्ट-म्यूज़िक : सम हिस्टारिकल एण्ड टेकनीकल एस्पेक्ट्स, एफ़ देलवोये (सं) : *कांफ़्लुएंस आफ़ कल्चर्स : फ्रेंच कंट्रीब्यूशंस टू इण्डो-पर्शियन*

स्टडीज़, नई देहली, 1994, पृ. 93-130

2. अबुल-फ़ज़्ल, *अकबरनामा* (आगे से : **अ**), फ़ारसी संस्करण : आग़ा अहमद अली और मौलवी अब्दुर्रहीम, तीन जिल्दों में, कलकत्ता, एशियाटिक सोसायटी आफ़ बंगाल (बिब्लियोथिका इंडिका, आगे से बि ई), अंग्रेजी अनुवाद : एच बेवरिज, कलकत्ता, एशियाटिक सोसाइटी ऑफ बंगाल (बी ई) 1873-1939, पुनर्मुद्रमण : देहली, 1972-73
3. अब्दुल क़ादिर बदायूँनी, *मुंतख़बुत-तवारीख़*, फ़ारसी संस्करण : कबीरुद्दीन अहमद, अहमद अली और डब्ल्यू एन लीस, तीन जिल्दों में, कलकत्ता, एशियाटिक सोसायटी आफ़ बंगाल (बि इं), 1864-69; अंग्रेजी अनुवाद तीन जिल्दों में : जी रैंकिंग (जिल्द एक), डब्ल्यू एच लोवी (जिल्द दो) और टी डब्ल्यू हैग (जिल्द तीन), कलकत्ता, एशियाटिक सोसायटी आफ़ बंगाल (बि इं), 1884-1925
4. जहाँगीर, *तुज़ुके-जहाँगीरी*, फ़ारसी संस्करण : सैयद अहमद ख़ान, अलीगढ़, 1864; अंग्रेजी अनुवाद : *मेमायर्स आफ़ जहाँगीर*, ए रोजर्स, संशोधन और टीका : एच बेवरिज, पुनर्मुद्रण : नई देहली, 1978
5. अब्दुल हमीद लाहौरी, *पादशाहनामा*, फ़ारसी संस्करण : कबीरुद्दीन अहमद, अब्दुर्रहीम और डब्ल्यू एन लीस, दो जिल्दों में, कलकत्ता, एशियाटिक सोसायटी आफ़ बंगाल (बि इं), 1866-72
6. समसामुद्दौला शाहनवाज़ ख़ान, *मआसिरुल-उमरा*, उनके पुत्र अब्दुल हई 'सारिम' औरंगाबादी द्वारा संशोधित व परिवर्धित, तीन जिल्दों में, कलकत्ता, एशियाटिक सोसायटी आफ़ बंगाल (बि.इ.), 1888-91; अंग्रेज़ी अनुवाद, एच बेवरिज, कलकत्ता, एशियाटिक सोसायटी आफ़ बंगाल (बि.इ.), 1991, पाठ, जिल्द दो, पृ. 134-35, अनुवाद, जिल्द दो, पृ. 581
7. इण्डिया आफ़िस लाइब्रेरी, लन्दन और बिब्लियोथेक नेशनल, पेरिस की पाण्डुलिपियों में *हज़ार ध्रुपद* में अज्ञात लेखक की भूमिका, आलोचनात्मक संस्करण : शरीफ़ हुसैन क़ासमी, *क़न्दे-पारसी*, नई देहली, जिल्द आठ, 1994 देखें। इसी का देवनागरी रूपान्तरण और हिन्दी अनुवाद : पी एल शर्मा, *संगीत नाटक अकादमी, नायक बख़्शू के ध्रुपदों का संग्रह*, नई देहली, 1972, भाग दो, पृ. 3-13 भी देखें।
8. भारत और विदेश में मौजूद इसकी अनेक पाण्डुलिपियों में इडिंया आफ़िस लाइब्रेरी, लन्दन की पाण्डुलिपि सैफ़ ख़ान 'फ़क़ीरुल्लाह', *राग दर्पन*, पां संख्या 1937, हिजरी 1196/ईसवी 1782 देखें। इसका वर्णन हरमन एथ ने *कैटेलाग आफ़ पर्शियन मैनस्क्रिप्ट्स इन द लाइब्रेरी आफ़ द इण्डिया आफ़िस*, आक्सफ़र्ड, 1903, जिल्द एक, नोटिस संख्या 2017, पृ. 1120-21 में किया है। फ़क़ीरुल्लाह की छाप समेत *राग-दर्पन* की एक महत्त्वपूर्ण पाण्डुलिपि मौलाना आज़ाद पुस्तकालय, अलीगढ़ मुस्लिम विश्वविद्यालय, लिटन कलेक्शन, *फ़ारसिया उलूम*, संख्या 41 में है। एन एच अंसारी और श्रीशुक्ल का फ़ारसी संस्करण *'राग-दर्पन'* तथा मुहम्मद उस्मान क़ैस, 'सौतुल-नाक़ूस', *पर्शियन रिसर्च जर्नल स्पेशल नम्बर*, देहली, फ़ारसी विभाग, देहली विश्वविद्यालय, 1981 भी देखें।
9. अबुल-फ़ज़्ल, *अ*, पाठ, जिल्द एक, पृ. 23-43; अनुवाद, जिल्द एक, पृ. 69-125
10. उपरोक्त, जिल्द एक, पृ. 30; अनुवाद, जिल्द एक, पृ. 94
11. उपरोक्त, जिल्द एक, पृ. 21, अनुवाद, जिल्द एक, पृ. 63; ब्रिटिश म्यूज़ियम में अकबरनामा की चित्रांकित पाण्डुलिपि (ओरि 12988, फ़ोलियो 20 बी-21ए और 22 ए), चेस्टर बीटी लाइब्रेरी, डबलिन की पाण्डुलिपि (इं मैनस्क्रिप्ट, संख्या 3) देखें। खुदाबख़्श लाइब्रेरी, पटना में ख़ेम और लाल द्वारा चित्राकिंत *तारीख़े-ख़ानदाने-तैमूरिया* की पाण्डुलिपि देखें। गीति सेन, म्यूज़िक एण्ड म्यूज़िकल इण्स्ट्रमेंट्स इन द पेंटिंग्स आफ़ द *अकबरनामा, क्वार्टरली जरनल आफ द नेशनल सेण्टर फ़ार द परफ़ार्मिंग आर्ट्स*, आठ (4), दिसम्बर 1979, पृ. 1-7, विशेषकर पृ. 4-5 देखें।
12. सासानियों के समय से ही नौबा (फ़ौजी बैण्ड) शाही की एक अहम संस्था रहा है। एच जी फ़ार्मर, *ए हिस्टरी आफ़ अरबिक म्यूज़िक टू द थर्टींथ सेंचुरी* (1929), लन्दन, दूसरा संस्करण, 1973,

पृ. 206-8 और इसी लेखक का तब्लख़ाना, *इनसाइक्लोपेडिया आफ़ इस्लाम*, लाइडेन, ई जे ब्रिल, सप्लिमेंट, 1938, पृ. 217-22 देखें।

13. अबुल-फ़ज़्ल, *आईने-अकबरी,* (आगे से : *आईन*) फ़ारसी संस्करण : एच ब्लाख़मान, दो जिल्दों में, कलकत्ता, एशियाटिक सोसायटी आफ़ बंगाल (बि इं), 1877; अंग्रेज़ी अनुवाद तीन जिल्दों में : एच ब्लाख़मान (जिल्द एक), एच एस जैरेट (जिल्द दो-तीन), कलकत्ता, एशियाटिक सोसायटी आफ़ बंगाल (बि इं), 1867-77, पुनर्मुद्रण : नई देहली, 1977-78, पाठ, जिल्द एक, पृ. 45-47; अनुवाद, जिल्द एक, पृ. 52-54
14. उपरोक्त, पाठ, जिल्द एक, पृ. 47; अनुवाद, जिल्द एक, पृ. 54; आगे से कोष्ठकों में दिए गए फ़ारसी शब्द उस संस्करण के हैं जिन्हें मैंने उद्धृत किया है।
15. उपरोक्त, पाठ, जिल्द एक, पृ. 47; अनुवाद, जिल्द एक, पृ. 53
16. गीति सेन, पूर्वोक्त; एण्ड्रयू जे ग्रेग, म्यूज़िकल इंस्ट्रूमेंट्स आफ़ अकबर्स कोर्ट, *जर्नल आफ़ एशियन कल्चर,* वर्ष चार, बसन्त, 1980, पृ. 154-77 और अप्रकाशित शोधप्रबन्ध इण्डियन म्यूज़िक इन द सिक्सटींथ सेंचुरी, कैलिफ़ोर्निया विश्वविद्यालय, लास एंजिलिस, 1989, अध्याय छः; एस पी वर्मा, *आर्ट एण्ड मैटेरियल कल्चर इन द पेंटिंग्स आफ़ अकबर्स कोर्ट,* नई देहली, 1978, संगीत-वाद्यों पर अध्याय छः, पृ. 60-70, एस पी वर्मा, द *लाइफ़ आफ़ अकबर ऐज़ इलस्ट्रेटेड इन कंटेंपोरेरी मिनिएचर्स,* एक्ज़िबिशिन कैटेलाग, सेमिनार 'अकबर और उसका दौर', अलीगढ़, 1992 देखें।
17. अबुल-फ़ज़्ल, *आईन,* पाठ, जिल्द दो, पृ. 144; अनुवाद, जिल्द तीन, पृ. 273
18. अबुल-फ़ज़्ल, *अ,* पाठ, जिल्द दो, पृ. 181; अनुवाद, जिल्द दो, पृ. 279
19. ब्रिटिश लाइब्रेरी पाण्डुलिपि ओरि 1996 देखें। पी एम जोशी, असद बेग्स मिशन टू बीजापुर, 1603-1604, सुरेन्द्रनाथ सेन (सं) : *महामहोपाध्याय प्रो. डी वी पोतदार सिक्सटी-फ़र्स्ट बर्थडे सेलेब्रेशन वाल्यूम,* प्रकाशक : डी के साठे, 1950, पृ. 184-96 भी देखें।
20. असद बेग, पूर्वोक्त, बि ला पां ओरि 1996, फ़ोलियो 16ए; पी एम जोशी, पूर्वोक्त, पृ. 193; नज़ीर अहमद, *किताबे-नौरस बाई आदिल शाह सेकंड,* नई देहली, 1956, पृ. 48-49 देखें।
21. इस वाद्य व इसको बजाने के आश्चर्यजनक ढंग के बारे में बदायूँनी, पूर्वोक्त, पाठ, जिल्द दो, पृ. 290-91; अनुवाद, जिल्द दो, पृ. 299 देखें।
22. अबुल-फ़ज़्ल, *आईन,* पाठ, जिल्द दो, पृ. 134-44; अनुवाद, जिल्द तीन, पृ. 260-73
23. अबुल-फ़ज़्ल, *आईन,* पाठ, जिल्द दो, पृ. 134-42; अनुवाद, जिल्द तीन, पृ. 260-71
24. उपरोक्त, पाठ, जिल्द दो, पृ. 142-43; अनुवाद, जिल्द तीन, पृ. 271-73
25. उपरोक्त, पाठ, जिल्द दो, पृ. 144; अनुवाद, जिल्द तीन, पृ. 273
26. सारंगदेव, *संगीतरत्नाकर,* कल्लिनाथ, *कलानिधि* और सिंहभूपाल, *संगीतसुधाकर,* सं : एस सुब्रमण्य शास्त्री, चार जिल्दों में, मद्रास, 1943-53 देखें। यह्या अल काबुली कृत *लहजते-सिकन्दरशाही* के बारे में सी ए स्टोरी, *पर्शियन लिटरेचर 'ए बायो-बिब्लियोग्राफिकल, सर्वे,* खण्ड दो, भाग 3, जी, आर्ट्स एण्ड क्राफ़्ट्स, लाइडेन, ई जे ब्रिल, 1977, नोटिस संख्या 705, पृ. 414 देखें। एन अहमद, लहजते-सिकन्दरशाही : ए यूनीक बुक आन इण्डियन म्यूज़िक आफ़ द टाइम आफ़ सिकन्दर लोदी (1489-1517), *इस्लामिक कल्चर,* वर्ष अट्ठाइस, अंक 3, जुलाई 1954, पृ. 410-17 भी देखें।
27. सी ए स्टोरी, पूर्वोक्त, नोटिस संख्या 707, पृ. 414-15
28. सी रीयू, *सप्लिमेण्ट टू द कैटेलाग आफ़ द पर्शियन मैनस्क्रिप्ट्स इन द ब्रिटिश म्यूज़ियम,* लन्दन, ब्रिटिश म्यूज़ियम, 1895, नोटिस संख्या 162(4) (पाण्डुलिपि तिथि हिजरी 1073-75/ईसवी 1662-64) देखें।

29. सी ए स्टोरी, पूर्वोक्त, नोटिस संख्या 708, पृ. 415 देखें। इसमें बोदलियान लाइब्रेरी में रखी एक पाण्डुलिपि (तिथि हिजरी 1077/ईसवी 1666) का हवाला दिया गया है। ई सचाऊ और एच एथ, *कैटेलाग आफ़ द पर्शियन, टर्किश, हिन्दस्तानी एण्ड पुश्तू मैनस्क्रिप्ट्स इन द बोदलियान लाइब्रेरी,* आक्सफ़र्ड, 1889, भाग एक, नोटिस संख्या 1845, पृ. 1063-64 भी देखें।
30. अबुल-फ़ज़्ल, *आईन,* पाठ, जिल्द एक, पृ. 263; अनुवाद, जिल्द एक, पृ. 681
31. उपरोक्त, पाठ, जिल्द एक, पृ. 262; अनुवाद, जिल्द एक, पृ. 680-82
32. उपरोक्त, पाठ, जिल्द एक, पृ. 263; अनुवाद, जिल्द एक, पृ. 681
33. उपरोक्त, पाठ, जिल्द एक, पृ. 263-64; अनुवाद, जिल्द एक, पृ. 681-82
34. फ़क़ीरुल्लाह, *राग दर्पन,* पृ. 34
35. अबुल-फ़ज़्ल, *आईन,*, पाठ, जिल्द एक, पृ. 263; अनुवाद, जिल्द एक, पृ. 681 देखें; अनुवाद मेरा। तानसेन सम्बन्धी पुस्तकों के हवालों और टिप्पणियों के बारे में एफ़ देलवोये, तानसेन एट ला ट्रेडिशन देलचांस ध्रुपद एन लैंग्वे ब्रज, दु XVI सिएकिल ए नोस जोर्स, डी लिट प्रबन्ध, सोरबोन विश्वविद्यालय, पेरिस, 1990 देखें। इसका सार संक्षेप तानसेन एण्ड द ट्रेडिशन आफ़ ध्रुपद सांग्स इन द ब्रज लैंग्वेज, फ्राम द सिक्सटींथ सेंचुरी टू द प्रेज़ेंट डे, *ध्रुपद एनुअल,* खण्ड आठ, वाराणसी, 1993, पृ. 37-44 में दिया गया है।
36. माधव, *वीरभानूदय काव्यम्,* सं : के के लेले और एच एस उपाध्याय, आलोचनात्मक विश्लेषण : हीरानन्द शास्त्री, रीवा दरबार, रीवा, 1938 देखें। पी के गोडे, ए कंटेंपोरेरी संस्कृत ट्रिब्यूट टू द म्यूज़िकल टैलेण्ट्स आफ़ तानसेन, द ग्रेटेस्ट म्यूज़िशियन आफ़ अकबर्स कोर्ट, एण्ड इट्स हिस्टारिकल पर्सपेक्टिव, *पी के गोडे स्टडीज़ इन इण्डियन लिटरेरी हिस्टरी,* खण्ड तीन, पूना, 1956, पृ. 188-95 भी देखें।
37. माधव, पूर्वोक्त, श्लोक 26; संस्कृत पाठ व अंग्रेजी अनुवाद : पी के गोडे, पूर्वोक्त, पृ. 190-91; यह अनुवाद हमारा है।
38. उपरोक्त, श्लोक 27-31
39. अबुल-फ़ज़्ल, **अ**, पाठ, जिल्द दो, पृ. 181; अनुवाद, जिल्द दो, पृ. 279-80
40. बदायूँनी, पूर्वोक्त, पाठ, जिल्द दो, पृ.335; अनुवाद, जिल्द दो, पृ. 345 देखें। 1563 में राजा रामचन्द्र की हार और अधीनता के बारे में अबुल-फ़ज़्ल, **अ**, पाठ, जिल्द एक, पृ. 181-83; अनुवाद, जिल्द एक, पृ. 281-83 देखें।
41. अब्दुल हमीद लाहौरी, *पादशाहनामा,* जिल्द एक, पृ. 7
42. इनायत ख़ान, *रिसाल-ए-ज़िक्रे-मुग़न्नियाते-हिन्दस्तान,* फ़ारसी संस्करण : सैयद अली हैदर (ख़ुदाबख़्श लाइब्रेरी, पटना की पाण्डुलिपि संख्या 1734-35 पर आधारित), पटना, 1961, पृ. 12-13 तथा सम्पादित पाठ पर एस ए हैदर की भूमिका, पृ. 25-26 देखें।
43. समसामुद्दौला शाहनवाज़ ख़ान, *मआसिरुल-उमरा,* पूर्वोक्त, पाठ, जिल्द दो, पृ. 134-38; अनुवाद, जिल्द दो, पृ. 581-84
44. आगे, पृ. 41-46 देखें।
45. हरिहर निवास द्विवेदी, *तानसेन : जीवनी, व्यक्तित्व तथा कृतित्व,* गवालियर, 1986, पृ. 41; निजी पत्र, दिसम्बंर 1985 देखें।
46. बदायूँनी, पूर्वोक्त, पाठ, जिल्द दो, पृ. 265; अनुवाद, जिल्द दो, पृ. 272-73
47. अबुल-फ़ज़्ल, *अ,* पाठ, जिल्द तीन, पृ. 536-37; अनुवाद, जिल्द तीन, पृ. 816
48. उपरोक्त, पाठ, जिल्द तीन, पृ. 537; अनुवाद, जिल्द तीन, पृ. 817
49. बदायूँनी, पूर्वोक्त, पाठ, जिल्द तीन, पृ. 4-6; अनुवाद, जिल्द तीन, पृ. 6-10 देखें। आर नाथ, द रम्ब

आफ़ शैख़ मुहम्मद गौस ऐट ग्वालियर, *इस्लामिक आर्किटेक्चर एण्ड कल्चर इन इण्डिया,* देहली, 1982, पृ. 79-86 भी देखें।

50. मिर्ज़ा ख़ान, *तुहफ़तुल-हिन्द,* फ़ारसी संस्करण : एन एच अंसारी, तेहरान, 1976, विशेषकर संगीत पर पाँचवाँ अध्याय (इल्मे-संगीत यानी इल्मे-मूसीक़ी), पृ. 322-456 देखें।

51. उपरोक्त, पृ. 361

52. जेम्स फ़ोर्बेस, *ओरियंटल मेमायर्स सेलेक्टेड फ्राम ए सिरीज़ आफ़ फैमिलियर लेटर्स रिटेन ड्यूरिंग सेविनटीज इयर्स रेज़िडेंस इन इण्डिया,* चार जिल्दों में, लन्दन, 1831, दूसरा संशोधित संस्करण, लन्दन, 1834; पुनर्मुद्रण डब्ल्यू एच सिद्दीक़ी की एक नई प्रस्तावना के साथ : देहली, 1988, जिल्द चार, पृ. 31-33

53. ऊपर टिप्पणी 35 देखें। तानसेन के कवि-रूप पर सुनीति कुमार चटर्जी, तानसेन ऐज़ ए पोएट, *आचार्य श्री पी सी रे कमेमोरेशन वाल्यूम,* कलकत्ता, 1932, पृ. 45-65 भी देखें। एफ़ देलवोये, द थिमेटिक रैंज आफ़ ध्रुपद सांग्स एट्रिब्यूटेड टू तानसेन, फ़ोरमोस्ट कोर्ट-म्यूज़िशियन आफ़ द मुग़ल, *इम्परर अकबर, स्टडीज़ इन साउथ एशियन डिवोशनल लिटरेचर,* नवीन हिन्द-आर्य भाषाओं में भक्ति साहित्य पर पाँचवें सम्मेलन, पेरिस-ई एफ़ ई ओ, 9-12 जुलाई 1991 में प्रस्तुत आलेख (1988-91), सम्पादन : एलन डब्ल्यू एण्टविसिल और फ्रांकोइस मैलीसन, नई देहली और पेरिस, 1994, पृ. 406-27 भी देखें।

54. एफ़ देलवोये, लेस चांत्स ध्रुपद एन लैंग्वे ब्रज देस पोएटस-म्यूज़िशिएंस दे ल' इन्दी मोग़ोल, *लितरेतरेस मोदिवलेस दे ल' इन्दी दु नार्द, कंट्रीब्यूशंस दे शार्लोत बाउदेबिले एत दे सेस एलेवीस,* सं : एफ़ मैलीसन, पेरिस, 1991, पृ. 139-85

55. समसामुद्दौला शाहनवाज़ ख़ान, पूर्वोक्त, पाठ, जिल्द एक, पृ. 387-91; अनुवाद, जिल्द एक, पृ. 394-96

56. एलन डब्ल्यू एण्टविसिल, *ब्रज : सेंटर आफ़ कृष्ण पिलाग्रिमेज,* ग्रोनिंजेन, 1985, पृ. 157-62 देखें। दीनदयालु गुप्त, *अष्टछाप और वल्लभ सम्प्रदाय : एक गवेष्णात्मक अध्ययन,* दो जिल्दों में, दूसरा संस्करण, प्रयाग, 1970, जिल्द एक, पृ. 32 भी देखें।

57. शार्लोत वाउदेविले, *ब्रज : लास्ट एण्ड फ़ाउण्ड, इण्डो-ईरानियन जर्नल,* अंक 18, 1976, पृ.195-213

58. एण्टविसिल, पूर्वोक्त, पृ. 141-43, 151-54 देखें। रिचर्ड बैर्ज़, *द भक्ति सेक्ट आफ़ वल्लभाचार्य,* फ़रीदाबाद, 1976, पुनर्मुद्रण : नई देहली, 1992 भी देखें।

59. द्वारकादास परीख द्वारा 1695 की एक पाण्डुलिपि से सम्पादित *चौरासी वैष्णवन की वार्ता,* दूसरा संस्करण, मथुरा, श्री बजरंग पुस्तकालय, 1970 देखें। *दो सौ बावन वैष्णवन की वार्ता* के दो संस्करण (ब्रजभूषण शर्मा और द्वारकादास परीख), तीन जिल्दों में, कंकरौली, 1951-53 और एन डी शर्मा गौड़, दूसरा संस्करण, मथुरा, 1972 देखें।

60. वाउदेविले, *पैस्तोरलेस पार सूरदास,* पेरिस, एन आर एफ़ गैलिमेयर; केनेथ ई ब्रेयेण्ट, *पोएम्स टू द चाइल्ड-गाड,* बर्कले ओर लास एंजिलिस, 1978, पृ. आठ, 1-6; जान स्ट्रैटन हाउली, द सेक्टेरियन लाजिक आफ़ द *सूरदास की वार्ता,* सं : एम थील-होर्स्टमान, *भक्ति इन करेंट रिसर्च,* 1979-82, बर्लिन, 1983, पृ. 157-69; और इसी लेखक की रचना *सूरदास : पोएट, सिंगर, सेंट,* सिएटिल और देहली, 1984 देखें।

61. *चौरासी वैष्णवन की वार्ता,* पूर्वोक्त संस्करण, में सूरदास की वार्ता, संख्या 81, पृ. 400-41, विशेषकर पृ. 417-19 देखें। बैर्ज़ कृत अंग्रेज़ी अनुवाद, पूर्वोक्त, पृ. 105-39, विशेषकर पृ. 121-23 भी देखें।

62. *चौरासी वैष्णवन की वार्ता,* पूर्वोक्त, पृ. 414-15; बैर्ज़, पूर्वोक्त, पृ. 120-121 ने राग नट में पद 'यह

सब जानो भक्त के लच्छन' का अनुवाद नहीं दिया है।

63. *चौरासी वैष्णवन की वार्ता*, पूर्वोक्त, पृ. 417; बैर्ज़, पूर्वोक्त, पृ. 121 ने राग केदारों में पद 'नाहिन रह्यो मन में ठौर' का अनुवाद नहीं दिया है।
64. *चौरासी वैष्णवन की वार्ता*, पूर्वोक्त में पृ. 476-90; अनुवाद, पृ. 165-206 पर कुम्भनदास की वार्ता देखें।
65. उपरोक्त, प्रासंग, पृ. 486-90; अनुवाद, पृ. 176-77
66. उपरोक्त।
67. *दो सौ बावन वैष्णवन की वार्ता* (एन डी शर्मा गौड़, मथुरावाले संस्करण में) गोविन्ददास सनोडिया, ब्राह्मण की वार्ता, पृ. 1-11, विशेषकर प्रासंग 5, पृ. 8-9 देखें।
68. *दो सौ बावन वैष्णवन की वार्ता*, संस्करण : बी शर्मा और डी परीख, कंकरौली, जिल्द तीन, पृ. 356 और आगे; *अष्टछाप की वार्ता*, 1640 और 1695 की पाण्डुलिपियों पर आधारित के एम शास्त्री का संस्करण, कंकरौली, 1952, पृ. 525-92
69. *अष्टछाप की वार्ता*, उपरोक्त, पृ. 587-92
70. स्वामी हरिदास सम्बन्धी अनेक कृतियों में रिचर्ड डेल हेनीज़, स्वामी हरिदास एण्ड द हरिदास सम्प्रदाय, पी एच डी शोधप्रबन्ध, दक्षिण एशिया क्षेत्रीय अध्ययन संस्थान, पेंसिलवेनिया विश्वविद्यालय, फिलाडेल्फिया, 1974; गोपालदत्त, *स्वामी हरिदासजी का सम्प्रदाय और उसका वाणी साहित्य*, नई देहली, 1977; छैलबिहारी उपाध्याय, *हरिदास तत्व जिज्ञासा : ऐतिहासिक, साहित्यिक साक्ष्यों के आधार पर*, वृन्दावन, मनीपाड़ा, 1983 देखें।
71. नागरीदास और उनकी कृति पर आर एस मैकग्रेगोर, *हिन्दी लिटरेचर फ्राम इट्स बिगिनिंग्स टू द नाइनटींथ सेंचुरी*, वीज़बेडेन, 1984, पृ. 158-59 और 210 (पद-प्रासंग-माला) देखें। एण्टविसिल, पूर्वोक्त, पृ. 270-71 और हेनीज़, पूर्वोक्त, पृ. 102-8 भी देखें।
72. *पद-प्रासंग-माला*, नागरीदास से मंसूब; के गुप्त द्वारा सम्पादित *नागरीदास ग्रन्थावली*, दो जिल्दें, वाराणसी, 1965
73. किशोरदास और *निजमत सिद्धान्त* पर आर एस मैकग्रेगोर, पूर्वोक्त, पृ. 165 और एण्टबिसिल, पूर्वोक्त, पृ. 156 और 194 देखें। तट्टी स्थान (स्वामी हरिदास सम्प्रदाय) ने 4 जिल्दों में वृन्दावन में 1911-15 में *निजमत सिद्धान्त* को प्रकाशित किया है।
74. *निजमत सिद्धान्त*, पूर्वोक्त, मध्यखण्ड, पृ. 89-91 देखें। छैलबिहारी उपाध्याय ने पूर्वोक्त में पृ. 13-14 पर पाठ का सारसंक्षेप दिया है। यहाँ दिया गया सार संक्षेप मेरा है।
75. कार्ल खण्डलवाल और मोतीचन्द्र (सं) : ए कंटेंपोरेरी पोर्ट्रेट आफ़ तानसेन, *ललित कला*, अंक 1-2 (अप्रैल 1955-मार्च 1956) में पृ. 15 पर (किसी हवाले के बिना) इस दन्तकथा को एक भिन्न रूप में दिया गया है।
76. *निजमत सिद्धान्त* , पूर्वोक्त, मध्य खण्ड, पृ. 96-99
77. एफ़ एस ग्रोज़, *मथुरा : ए डिस्ट्रिक्ट मेमायर* (1882), तीसरे संशोधित संस्करण (1883) का पुनर्मुद्रण : अहमदाबाद, 1978, पृ. 219-20
78. हेनीज़, पूर्वोक्त, पृ. 55-63 भी देखें।
79. पन्नालाल गोस्वामी, *नाद-बिनोद-ग्रन्थ*, देहली, 1896
80. उपरोक्त, पृ. 43-50
81. एक स्थान जहाँ *नाद-बिनोद-ग्रन्थ* का समुचित उल्लेख हुआ है, *संगीत-काव्य-सुधा* (अहमदाबाद, 1937) की पहली जिल्द है। पर गुजराती में गेय संगीत पर एक पुस्तक है। इसके लेखकगण सी सी नायक और आर सी नायक ने पृ. 73-74 पर स्वामी हरिदास का और फिर पृ. 74-77 पर तानसेन

का संक्षिप्त जीवनचरित दिया है। दोनों स्थानों पर वे पन्नालाल गोस्वामी कृत *नाद-बिनोद-ग्रन्थ* का स-शीर्षक उल्लेख करते हैं।

82. आचार्य श्रीगोपाल गोस्वामी, रासिख-सखी-सम्प्रदाय, श्री स्वामी हरिदास, *इण्डियन फिलासफी एण्ड कल्चर : क्वार्टरली जर्नल आफ़ द इंस्टीट्यूट आफ़ ओरिएण्टल फिलासफी*, वृन्दावन, उन्नीस (3), सितम्बर 1974, पृ. 183-94

83. चित्र संख्या 48-14/61 को अक्सर पुनरोत्पादित किया गया है। मसलन कार्ल खण्डलवाल और मोतीचन्द्र, पूर्वोक्त, प्लेट एक, चित्र 1, वर्णन : पृ. 20 देखें। गोपालदत्त, पूर्वोक्त, 104-8 और के चैतन्य, *ए हिस्टरी आफ़ इण्डियन पेंटिंग, मैनस्क्रिप्ट मुग़ल एण्ड दकनी ट्रेडिशन*, नई देहली, 1979, संख्या 47 देखें। (वैसे लेखक ने इसे पीछे अकबरी दौर में पहुँचा दिया है।) एफ़ ब्रुनेल, *द स्प्लेण्डर आफ़ इण्डियन मिनिएचर्स*, द्विभाषी संस्करण, बोलोन और नई देहली, तिथि दर्ज नहीं, प्लेट 55 (दो पृष्ठों में) भी देखें। वैसे आश्चर्य की बात यह है कि ऐसे प्रसिद्ध चित्र के (सटीक नामों वाले) पात्रों की पहचान नहीं की है और (पृ. 151 पर) अकबर के चित्र को अनदेखा करके इस दृश्य को 'शाहज़ाद संगीत का सबक़ लेते हुए' कहा है। राय आनन्दकृष्ण, स्वर सम्राट तानसेन की शबीहें, *ध्रुपद एनुअल*, वर्ष तीन, 1988, पृ. 3 से 5 (अंग्रेज़ी में सारसंक्षेप : पृ. 7-8 और 9) की कुछ टिप्पणियाँ भी देखें। यह चित्र सम्भवतः आरम्भ-17वीं सदी (?) के दो ऐसे ही लघुचित्रों की नक़ल होगी जो वृन्दावन शोध संस्थान में रखे हुए हैं। सी बी गुप्त, ए नोट आन द प्रिज़र्वेशन आफ मिनिएचर पेंटिंग्स आफ़ वी आर आई (वृन्दावन रिसर्च इंस्टीट्यूट), *जर्नल आफ़ द वृन्दावन रिसर्च इंस्टीट्यूट*, वर्ष दो, सितम्बर 1977, पृ. 57-61 देखें।

84. कार्ल खण्डलवाल और मोतीचन्द्र, पूर्वोक्त, पृ. 20 देखें। स्वामी हरिदास जिस वाद्य को बजाते थे वह वीणा नहीं, तानपूरा था।

85. राष्ट्रीय संग्रहालय, नई देहली में चित्र संख्या 50-14/28 देखें जिसका कार्ल खण्डलवाल और मोतीचन्द्र में पूर्वोक्त में पृ. 16 पर वर्णन किया है और प्लेट ए में रंगीन पुनरुत्पादन किया है।

86. इस विषय पर अन्य चित्रों के हवाले देलवोये के डी लिट प्रबन्ध, पूर्वोक्त में पृ. 227-29 पर देखें।

87. वैष्णव सम्प्रदाय की परम्पराओं में तानसेन के अधिग्रहण पर एक और भी विस्तृत और वैश्लेषिक अध्ययन तैयारी के क्रम में है।

88. अबुल-फ़ज़्ल, **अ**, पाठ, जिल्द एक, पृ. 271; अनुवाद, जिल्द एक, पृ. 520

89. एम अब्दुल ग़नी, *ए हिस्टरी आफ़ पर्शियन लैंग्वेज एण्ड लिटरेचर ऐट द मुग़ल कोर्ट, विद ए ब्रीफ़ सर्वे आफ़ द ग्रोथ आफ़ उर्दू लैंग्वेज*, इलाहाबाद, 1930; पुनमुर्दण : बेस्टमीड, 1972, भाग तीन

90. आर एस मैकग्रेगोर, पूर्वोक्त, पृ. 118-22 देखें। सरयूप्रसाद अग्रवाल, *अकबरी दरबार के हिन्दी कवि*, लखनऊ 1950 भी देखें।

91. रचनाओं और अधिक हवालों के लिए उदाहरणस्वरूप आर एस मैकग्रेगोर, पूर्वोक्त, 120-21 देखें।

92. प्रेमलता शर्मा, ध्रुपद के पदों में 'छाप' और उससे उद्भूत समस्याएँ, *ध्रुपद एनुअल* (आगे से : *डी ए*), वाराणसी, वर्ष दो, 1987, पृ. 84-98 और अंग्रेज़ी में सारसंक्षेप, 'सिग्नेचर इन ध्रुपद सांग-टेक्स्ट्स एण्ड द प्राब्लम्स एराइज़िंग देअरफ्राम', पृ. 99-101 देखें। एफ़ देलवोये, प्राब्लम्स एण्ड प्रास्पेक्ट्स आफ़ क्रिटिकल स्टडीज़ इन लिरिकल टेक्ट्स, *संगीत में अनुसन्धान की समस्याएँ और क्षेत्र*, सं : एस चौधुरी, अजमेर, 1988, 149-80, विशेषकर पृ. 161-63 भी देखें।

93. जहाँगीर, *तुज़ुके जहाँगीरी*, पूर्वोक्त, भाग एक, पृ. 150

94. सुनीति कुमार चटर्जी, *इण्डो-आर्यन एण्ड हिन्दी*, कलकत्ता, फ़र्मा के एल मुखोपाध्याय, दूसरा संशोधित व परिवर्तित संस्करण, 1960, पृ. 200 : '...अगर उत्तर भारत में किसी हिन्द-आर्य भाषा को बादशाही बोली कहा जा सकता था तो वह निश्चित ही ब्रज भाषा थी।'

95. एफ़ देलवोये, डी लिट प्रबन्ध, पूर्वोक्त, यथास्थान उद्‌धृत।

96. उपरोक्त। के सी बृहस्पति, *ध्रुवपद और उसका विकास,* पटना, 1976 और इन्दुराम श्रीवास्तव, *ध्रुपद : ए क्रिटिकल स्टडी आफ़ इट्‌स ओरिजिन, हिस्टारिकल डवलपमेण्ट, स्ट्रक्चर एण्ड प्रज़ेंट स्टेट,* देहली, 1980 देखें। ध्रुपद पर और रचनाओं के हवालों के लिए एफ़ देलवोये, बिब्लियोग्रफी आन ध्रुपद, *डी ए,* वर्ष एक, 1986, पृ. 95-115; वर्ष दो, 1987, पृ. 119-21; वर्ष तीन, 1988, पृ. 98-102; वर्ष चार, 1989, पृ. 105-7; वर्ष पाँच, 1990, पृ. 117-20; वर्ष छः, 1991, पृ. 30-33; वर्ष सात, 1992, पृ. 112-15; वर्ष आठ, 1993, पृ. 86-90; वर्ष नौ, 1994, पृ. 56-60, तथा एफ़ देलवोये, *लेस चांत्स ध्रुपद एन लैंग्वे ब्रज.....,* पूर्वोक्त, पृ. 140-41, 180-85 भी देखें।

97. चम्पकलाल छबीलदास नायक, *अष्टछापीय भक्ति संगीत, (हवेली संगीत) : उद्‌भव और विकास,* अहमदाबाद, जिल्द एक, 1983; जिल्द दो, 1985 देखें। अकबर के दरबारी संगीतकारों और वैष्णव संगीत-परम्परा के सुसिद्ध सम्बन्ध के अलावा दरबारी संगीत तथा पेशेवर संगीतकारों द्वारा दरगाहों में प्रस्तुत सूफ़ी संगीत (समअ) के सम्बन्ध का संकेत मीर अब्दुल व़हीम बिलग्रामी कृत *हक़ाइक हिन्दी* (1566) में मिलता है। इसका सम्पादन और हिन्दी अनुवाद एस ए ए रिज़्वी (वाराणसी, 1957) ने किया है। हिन्दवी-फ़ारसी स्रोतों में मिलनेवाली बिखरी हुई जानकारियाँ इस सम्बन्ध की पुष्टि करती हैं। इसका और आगे अध्ययन आवश्यक है।

98. एफ़ देलवोये, ला त्रांसमिशन देस रेपर्तायर्स दांस ला मूज़िक वोकेल हिन्दस्तानी : ल'एक्ज़ांपल देस चान्त्स ध्रुपद एत्रीब्यूतेस ए तानसेन, प्रिमियर मूज़िशियन दे ला कोर द' अकबर, पुरुषार्थ (पेरिस), प्रकाशनाधीन देखें।

99. अबुल-फ़ज़्ल, *आईन,* पाठ, जिल्द दो, पृ. 138, अनुवाद, जिल्द तीन, पृ. 265-66 देखें। अनुवाद मेरा है।

100. महाराज अनूपसिंह पर पी डब्ल्यू पाउलेट, *गज़ेटियर आफ़ द बीकानेर स्टेट (1874),* पुनर्मुद्रण : बीकानेर, 1908, दूसरा पुनर्मुद्रण : 1932, पृ. 38-45 देखें। गौरीशंकर हीराचन्द ओझा, *द हिस्टरी आफ़ राजपूताना,* जिल्द पाँच, भाग एक, *हिस्टरी आफ़ द बीकानेर स्टेट,* 1939, पृ. 253-91; दीनानाथ खत्री, *बीकानेर राज्य का संक्षिप्त इतिहास,* बीकानेर, 1978, पृ. 47-52; हरमान गोएत्ज़, *द आर्ट एण्ड आर्किटेक्चर आफ़ बीकानेर स्टेट,* आक्सफ़र्ड ब्रूनो कैसिदेर (बीकानेर राज्य तथा रायल इण्डिया एण्ड पाकिस्तान सोसायटी के लिए), 1950, यथास्थान उद्‌धृत देखें।

101. भावभट्ट के बारे में आदिनाथ उपाध्याय, भावभट्ट के ग्रन्थ और उनमें ध्रुवपद, *डी ए,* वर्ष एक, 1986, पृ. 69-92 देखें। जी एच ओझा, पूर्वोक्त, पृ. 285 और हरमान गोएत्ज़, पूर्वोक्त, पृ. 47 भी देखें।

102. एफ देलवोये, लेस चान्त्स ध्रुपद एन लैंग्वे ब्रज......, पूर्वोक्त में पृ. 176-79 पर विभिन्न विषयों पर अकबर को सम्बोधित ध्रुपदों के कुछ उदाहरण, उनके ब्रज पाठ और फ्रांसीसी अनुवाद के साथ, देखें।

103. ऊपर टिप्पणी 92 देखें।

104. मिसाल के लिए *मआसिरुल-उमरा,* पूर्वोक्त, पाठ, जिल्द दो, पृ. 134-38; अनुवाद, जिल्द दो, पृ. 581-84 की टिप्पणियाँ देखें।

अकबर और अबुल-फ़ज़्ल के भारत-सम्बन्धी विचार

एम अतहर अली

एक सदी से भी ज़्यादा का अरसा गुज़रा जब से एक धारणा के रूप में भारत की स्थिति पर बार-बार चर्चा होती रही है। क्या यह वास्तव में मात्र एक 'भौगोलिक इकाई' है जिसमें ऊँची पर्वतमालाओं का एक अर्धवृत्त उत्तर में उसका रक्षक है और दक्षिण का उलटा तिकोन सागर-महासागर से घिरा हुआ है ? भारत के बर्तानवी साम्राज्य के लिए यही चौहद्दी उसकी आदर्श 'वैज्ञानिक सीमा' थी और इस चौहद्दी में घिरी ज़मीन पर अधिकार के बारे में एक चलती चली आई परम्परा का संकेत देती थी जिसे बर्तानवी राज बड़े सचेत ढंग से अपनी विरासत कहता था। राजनीतिक सुविधा के लिए परिकल्पित एक भूभाग पर भारत नाम की कोई चीज़ थी भी या नहीं—यह एक ऐसा सवाल था जिसके बारे में बर्तानवी साम्राज्यवाद के प्रवक्ता हमेशा दोहरा रुख़ अख़्तियार करते रहे। विंसेंट ए स्मिथ 'विविधता में एकता' का दावा करते थे[1] तो साइमन कमीशन इसे अस्वीकार करता था।[2] और भी हाल में आएँ तो अंशतः एंडरसन की *इमैजिंड कम्युनिटीज़*[3] जैसी रचनाओं के प्रभाववश उपाश्रयी (सबाल्टर्न) या उत्तर-आधुनिकतावादी या इन दोनों ही इतिहास-सम्प्रदायों में भारतीय राष्ट्र की धारणा की आलोचना होती रही। प्रोफ़ेसर पार्थ चटर्जी हमें बतलाते हैं कि 'भारत के एक राष्ट्रीय इतिहास के विचार की विलक्षणता खुद ही' 'भारतीयों' को और अधिक विभाजित करती हैं।[4] स्वाभाविक रूप से यह सोचकर हैरानी होती है कि अगर कोई भारत न होता तो ये 'भारतीय' कहाँ से पैदा होते !

इसलिए इसके बारे में दो राय नहीं होनी चाहिए कि भारत की धारणा के इतिहास का अध्ययन करने के पक्ष में ठोस आधार हैं। उनके लिए भी जो राष्ट्रीय आन्दोलन के प्रवक्ताओं की तरह उसके वर्तमान और विगत यथार्थ का दावा करते हैं, और उनके लिए भी जो लार्ड साइमन के पद-चिह्नों पर चलते हुए इससे इनकार करते हैं। अकबर और उसके सलाहकारों के मन में भारत की क्या धारणा थी, इस पर केन्द्रित यह लेख इसी अध्ययन की दिशा में एक विनम्र योगदान है। हाँ, हम यह स्वीकार करते हैं कि वह समूह घोर अभिजातों का समूह था।

इसका आरम्भ हमें अरबी-फ़ारसी परम्परा से करना होगा कि ख़ास तौर पर अकबर

की पृष्ठभूमि में यही परम्परा मौजूद थी। तब भारत के दो नाम थे। उसे अरबी में 'हिन्द' कहते थे जो प्राचीन ईरानी शब्द 'हिन्दू' (वैदिक 'सिन्धु' के लिए अवेस्ता में प्रयुक्त शब्द) से निकला था। यूनानी का 'इंडिया' भी इसी स्रोत से निकला है। दूसरा नाम बाद में ईरानियों का दिया हुआ 'हिन्दोस्तान' था जो क्षेत्रीय नामों में प्रत्यय 'स्तान' जोड़ने की ईरानी प्रवृत्ति की देन है। (जैसे तुख़ारिस्तान, सिजीस्तान, गुर्जिस्तान आदि।) बाहरी होने के नाते ईरानियों के लिए स्वाभाविक था कि उन्होंने सिन्धु से पूर्व के पूरे इलाक़े को भारत समझ लिया; ये दो नाम इसी तरह पैदा हुए। 11वीं सदी में वैज्ञानिक अबू-रेहान अल-बैरूनी ने अपनी प्रसिद्ध रचना *किताबुल-हिन्द* (1035) में अल-हिन्द देश की एक सटीक भौगोलिक परिभाषा प्रस्तुत की थी : 'दक्षिण में उपरोक्त हिन्द महासागर से और बाक़ी तीनों तरफ़ से ऐसे ऊँचे पहाड़ों से घिरा हुआ जिससे निकली नदियाँ उसी सागर में जाकर मिलती हैं।'[5] संस्कृत के वैज्ञानिक और धार्मिक ग्रन्थों के अध्ययन के आधार पर अल-बैरूनी इस भूभाग की धारणा से जुड़ी एक समस्या से भी परिचित है। हिमवन्त से दक्षिण की तरफ़ फैला हुआ जो इलाक़ा रिहाइश के क़ाबिल है वह भारतवर्ष है जो जम्बूद्वीप का केन्द्र है। अल-बैरूनी का कहना है कि रिहाइश के क़ाबिल इस पूरे इलाक़े को भारतवर्ष मान लिया जाता है जबकि वास्तव में जो हिस्से इस नाम के तहत आते और समझे जाते हैं वे सिर्फ़ अल-हिन्द में स्थित हैं।[6] अल-बैरूनी के नज़दीक इस देश के निवासी 'हिन्दुओं' की एक स्पष्ट पहचानवाली अखंड, उच्चतर संस्कृति थी और उसकी भाषा संस्कृत थी जिसके आलोचनात्मक और पूर्वग्रहरहित अध्ययन और विवेचना को उसने अपना लक्ष्य बनाया था। इसलिए यहाँ उसे एक ठोस सांस्कृतिक एकता के दर्शन हुए जो हिन्दुओं के दम्भपूर्ण अलगाव में अभिव्यक्त होती थी। इसे लेकर उसे अफ़सोस भी होता था क्योंकि इसके कारण किसी विदेशी के लिए उनकी संस्कृति के अध्ययन में बाधाएँ पैदा होती थीं।[7]

ग़ोरी ख़ानदान की विजय और सल्तनत की स्थापना के बाद भारत के एक बड़े भाग में एक बार जब ब्राह्मणवादी संस्कृति के समानान्तर और संस्कृति स्थापित हुई तो ब्राह्मणवादी संस्कृति और भारत की सुस्पष्ट और सबकुछ को बाहर रखनेवाली पहचान, जिसे अल-बैरूनी बहुत ही स्वाभाविक मानता था, अब और आगे जारी नहीं रह सकती थी। फिर भी जो सीमाएँ अल-बैरूनी के यहाँ बतलाई गई हैं उन्हीं सीमाओं के अन्दर के भूभाग के लिए, कभी-कभी सांस्कृतिक रूप से उदासीन गुणों के साथ, हिन्दोस्तान की धारणा बनी रही। इसका सबसे अच्छा उदाहरण इस्लामी का भारत को पेश किया गया ख़िराजे-अक़ीदत (1350) है जो इस तरह शुरू होता है :

है निराली शान क्या इस मुल्के-हिन्दोस्तान की
रंगो-बू के इस चमन से रश्कज़न है .ख़ुल्द भी

(रश्कज़न=ईर्ष्यालु, .ख़ुल्द=स्वर्ग)

इस स्तोत्र में गुणगान किया गया है तो यहाँ की आबो-हवा का, इसकी नदियों का, इसके उपजाऊपन का, इसके जीवनदायी वातावरण का जो तमाम विदेशियों को यहाँ

बसने के लिए आकर्षित करता है। सांस्कृतिक विशेषता की यहाँ कोई भूमिका नहीं है।[8] वास्तव में इस्लामी ने मुसलमानों समेत भारत के तमाम निवासियों के लिए स्पष्ट रूप से 'हिन्दियान' या 'हिन्दी' शब्द का प्रयोग किया है।[9] इस तरह उस समय तक एक धर्म-विशेष को माननेवाले 'हिन्दुओं' और भारतवासी के रूप में 'हिन्दियों' का अन्तर स्थापित हो चुका था।

लेकिन 1318 में ही अमीर खुसरो अपनी गीति-रचना *नूह सिपहर* में भारत के कुछ अन्य, और भी उम्दा गुणों का बखान कर चुके थे जो इन शुद्ध प्राकृतिक या भौगोलिक गुणों से अलग थे। उन्होंने अपने देशप्रेम का ज़ोरदार ऐलान किया : 'हिन्द ही वह भूमि थी जहाँ उसने जन्म लिया, जहाँ उसने जीवन बिताया, जो उसका वतन है', 'अपने वतन से मुहब्बत एक इनसान के ईमान का अंश है।'[10] वे भी यही मानते थे कि अपनी मिट्टी के उपजाऊपन और अपनी ख़ुशगवार आबो-हवा के कारण भारत (जिसके लिए उन्होंने हर जगह 'हिन्द' नाम का इस्तेमाल किया है) स्वर्ग जैसा है।[11] फिर वे हिन्दू ज्ञान-विज्ञान और आचार-विचार की उपलधियाँ गिनवाते हैं। यूनान (रूम) की तरह हिन्दू भी विज्ञानों से लैस थे और उनके श्रेष्ठतर मस्तिष्क एक ईश्वर में विश्वास करते थे।[12] यहाँ अल-बैरूनी की गूँज साफ़ सुनाई देती है। पर फिर अमीर ख़ुसरो उत्तम पुरुष बहुवचन में बात करना शुरू कर देते हैं। हम 'हिन्द के लोग' विदेशी भाषाएँ बोल सकते हैं, पर चीनी, मंगोल, तुर्क और अरब 'हमारी हिन्दी ज़बान' नहीं बोल सकते।[13] हिन्दी ज्ञान पाने के लिए दूसरे देशों में नहीं जाते; दूसरों को यहाँ आना पड़ता है।[14] भारत ने ही दुनिया को हिन्दसों (अंकों), पंचतंत्र की कथाओं और शतरंज का ज्ञान दिया।[15] वे भारत को उन भाषाओं से जोड़ते हैं जो यहाँ प्रचलित थीं। 'ग़ोरी और तुर्क' अपने साथ फ़ारसी लेकर आए जिसे अब सभी स्तरों के लोग सीख चुके हैं, फिर क्षेत्रीय (हिन्दवी) भाषाएँ हैं जिनमें ख़ुसरो (तमिल और कन्नड़ समेत) बारह के नाम गिनवाते हैं; और अन्त में विद्वान ब्राह्मणों की भाषा संस्कृत है।[16] वे भाषाओं की इस दौलत पर ख़ास तौर पर फ़ख्र करते हैं। ज़ाहिर है कि ख़ुसरो के नज़दीक भारत की अपनी एक इकाई है जो सिर्फ़ ब्राह्मणवादी उच्च संस्कृति से परिभाषित नहीं होती हालाँकि वह उसका एक अभिन्न अंग है। यहाँ हम भारत को एक ऐसा देश मानने की प्रवृत्ति देखते हैं जिसकी अपनी एक विशिष्ट समन्वित संस्कृति है, जिससे बाहर से आए एक तुर्क मुस्लिम परिवार का अमीर ख़ुसरो जैसा सदस्य भी गर्व के साथ अपना सम्बन्ध जोड़ सकता है, और जिसने फ़ारसी को भी अपनी एक भाषा के रूप में अपनाया है।

अपनी सांस्कृतिक और सामाजिक संस्थाओं वाले एक देश के रूप में भारत की धारणा को लाजमी तौर पर प्रभावित करनेवाला एक उल्लेखनीय विकासक्रम दूसरे देशों के मुस्लिम समुदायों से भिन्न, भारत के अन्दर एक मुस्लिम समुदाय का विकास था। रूढ़िवादी धर्मशास्त्री और इतिहासकार अब्दुल क़ादिर बदायूँनी ने 1590-91 के दौरान नीतिशास्त्र पर जो किताब लिखी उसमें उन्होंने सुस्पष्ट दुख के साथ स्वीकार किया है कि मुस्लिम विधिशास्त्र सीमित अवधि के लिए विवाहों की तथा (पति के द्वारा) फ़ौरन

तलाक़ दिए जाने की इजाज़त देता है, और परम्परा इसे उचित ठहराती है। फिर उनकी टिप्पणी यूँ है : 'कितने अच्छे रीति-रिवाज हैं भारत के अवाम के कि वे इस प्रथा से बचते हैं और इसे (तलाक़ को) बदतरीन क़िस्म की गाली समझते हैं, यहाँ तक कि अगर किसी को 'तलाक़ी' कह दिया जाए तो वह मूर्खता के मारे मरने-मारने पर उतारू हो जाता है।'[79] ज़ाहिर है कि बदायूँनी की राय में भारत के मुसलमानों की जीवन-शैली दूसरे देशों के मुसलमानों से मिलती थी, जिसकी एक मिसाल यह है कि वे अपनी बीवी को तलाक़ देने के बारे में अच्छी राय नहीं रखते। यह विचार हिन्दू विधिशास्त्र में विवाह की शाश्वतता से प्रभावित था या नहीं, यक़ीन के साथ नहीं कहा जा सकता। फिर भी सुस्पष्ट भारतीय मुस्लिम प्रथा का अस्तित्व असन्दिग्ध है।

लगभग इसी के साथ, ऐतिहासिक उद्देश्यों के लिए, भारत को एक इकाई के रूप में स्वीकार किया गया। इसका आरम्भ बदायूँनी के दोस्त निज़ामुद्दीन अहमद के साथ हुआ जिन्होंने 1593-94 में अपनी रचना *तबकाते-अकबरी* पूरी की। इसका उद्देश्य भारत के नौ क्षेत्रों (दिल्ली, दकन, गुजरात, मालवा, बंगाल, जौनपुर, कश्मीर, सिन्ध और मुल्तान) का अलग-अलग वृत्तान्त प्रस्तुत करना था। भारत के एक सामान्य इतिहास के पक्ष में राजवंशों के इतिहास से इस प्रकार बचना एक ऐसा कार्य था जिसके लिए निज़ामुद्दीन अहमद को यक़ीनन भरपूर श्रेय नहीं मिला है। उन्होंने अनेक रचनाओं के लिए प्रेरणा के स्रोत का काम किया जिनमें बदायूँनी का लिखा इतिहास भी शामिल है। पर इसमें सबसे उल्लेखनीय मुहम्मद क़ासिम फ़िरिश्ता की प्रसिद्ध रचना *गुलशने-इब्राहीमी* (1609-10) है जिसमें देश के इस्लाम-पूर्व इतिहास की ऐसी ही पुनर्रचना का प्रयास किया गया है। यहाँ इतिहास की धारणा थोड़ी संकीर्ण अवश्य है, और अलग-अलग राजवंशों के (श्रम के साथ रचे गए) इतिहासों के समन्वय से अधिक की शायद ही कोशिश की गई हो, पर फिर भी भारत की ऐतिहासिक एकता की सतत अन्तर्निहित मान्यता उल्लेखनीय है।[18]

इस तरह हिन्दू-मुस्लिम परम्परा में भारत की धारणा उस शुद्ध भौगोलिक धारणा से बहुत आगे निकल गई जिससे अकबर का शुरू-शुरू में परिचय हुआ। वह पैदा तो भारत में (1542 में) हुआ पर उसका बचपन 1555 तक अफ़ग़ानिस्तान में गुज़रा, और उसने तो ख़ुद भी अपने बाद में 'भारत ('हिन्द') में आने' की बात कही है।[19] पर अपनी रिआया की भाषा और प्रथाओं में उसकी दिलचस्पी अधिकाधिक बढ़ती गई। 1563 में आदम ख़ान का मुक़ाबला करते हुए उसने एक हिन्दी गाली का प्रयोग किया जो आज भी हमारे बीच प्रचलित है।[20] वह हिन्दी में कविता करता था जिनमें, आधिकारिक जीवनी-लेखक के शब्दों में 'रंगारंग फ़रेबियाँ' होती थीं।[21] 'वफ़ादार हिन्दियों' की नक़ल करते हुए उसने बाल कतरवाने की बजाय उन्हें बढ़ने दिया,[22] और कभी दाढ़ी नहीं रखी। हिन्दुस्तानी क़िस्सों से लगाव के चलते उसने *सिंहासन बत्तीसी* का अनुवाद 1571-72 से पहले ही करा लिया था[23] पर हम उसे सबसे पहले अक्तूबर 1578 में ही जाकर स्नेह और गर्व के साथ भारत ('हिन्द') के अवाम का ज़िक्र करते

हुए पाते हैं। दरबार में हुई एक सभा में अकबर ने 'हिन्द के अवाम की सत्यप्रेमी प्रकृति की तारीफ़ की जिनकी स्त्रियाँ (अपने पतियों के साथ), उनकी चाहे जितनी ही मुश्किल ज़िन्दगी गुज़रे, अपने पतियों की मृत्यु पर बेपनाह स्नेह और प्रेम का प्रदर्शन करती हैं।' इसी के बाद वह सती के रूप में भारतीय स्त्रियों के आत्मबलिदान की चर्चा करता है। साथ-ही-साथ अकबर ने 'हिन्दोस्तान' के पुरुषों की बुज़दिली की निन्दा की जो अपनी स्त्रियों के इस कृत्य की इजाज़त या उसे बढ़ावा देते हैं।[24] चूँकि मुसलमान सती से ज़रा-सी भी मिलती-जुलती किसी प्रथा का व्यवहार नहीं करते, इसलिए दोस्ताना और निन्दापूर्ण, दोनों ढंगों से भारतीयों और भारत का अधिकतर हिन्दुओं और हिन्दू धर्म के साथ समीकरण यहाँ असन्दिग्ध है।

ऐसा ही समीकरण तब भी स्थापित होने लगा जब अकबर ने हिन्दू धर्म के विभिन्न सम्प्रदायों के धार्मिक विश्वासों का परिचय पाना शुरू किया। 1578 में पुरुषोत्तम और देवी (?) नाम के दो ब्राह्मणों ने उसे इन पेचीदगियों से परिचित कराया जिससे वह यह मानने लगा कि आत्मा का आवागमन हिन्दू धर्म का एक अभिन्न तत्व है।[25] अबुल-फ़ज़्ल ने उसकी जो सूक्तियाँ दी हैं उनमें आत्माओं के आवागमन के सिद्धान्त पर अकबर की पकड़ दिखाई देती है और उस परिणाम पर भी जो भारत में इस विश्वास के चलते पैदा हुआ। यह परिणाम था : पैग़म्बरी नहीं, अवतार का सिद्धान्त। इसीलिए उसने कहा : 'भारत ('हिन्द') में किसी ने कभी पैग़म्बर का दावा नहीं किया, इसलिए कि ईश्वरत्व के दावे को यहाँ प्रमुखता प्राप्त है।'[26]

इन कथनों में हम भारत पर गर्व करने की भावना देखते हैं जो एक आलोचनात्मक वृत्ति से मर्यादित है। अगर भारत की पहचान कुछ विश्वासों और प्रथाओं के प्रचलन से करना अभीष्ट हो तो भी ज़रूरी नहीं कि इनको स्वीकार किया जाए। इस तरह अकबर ने भारत की धारणा में एक नया तत्व, सुधार का तत्व जोड़ा। सती होने और रजस्वला होने से पहले विवाह करने पर प्रतिबन्ध, बेटी के लिए सम्पत्ति में बराबर के हिस्से की माँग, दास-प्रथा और दास-व्यापार की अकबर द्वारा निन्दा[27]—ये सब अतीत के कुछ बोझिल तत्वों को अस्वीकार किए जाने के सूचक हैं। जहाँ पहले भारत को एक सांस्कृतिक इकाई और फिर समन्वय की प्रक्रिया से गुज़र रही सांस्कृतिक विविधता समझा जाता था, वहीं अब अकबर के बाद भारत की यह धारणा बनी कि वह नैतिक या सामाजिक सुधार की प्रक्रिया से गुज़र रहा है। यह धारणा परम्परावाद के एक साहसिक अस्वीकार से जुड़ी हुई थी। उसका कथन इस प्रकार दर्ज मिलता है :

> अक़्ल को स्वीकारना और परम्परावाद (तक़लीद) को नकारना इस क़दर ज़रूरी है कि इन पर बहस की ज़रूरत ही नहीं है। अगर तक़लीद मुनासिब होती तो पैग़म्बरों ने सिर्फ़ अपने बुजुर्गों की तक़लीद की होती। (अर्थात वे नए सन्देश लेकर नहीं आए होते।)[28]

इस तरह लगभग यक़ीन के साथ हम कह सकते हैं कि अकबर के साथ हमें भारत के आधुनिकीकरण की एक प्राक्-आधुनिक धारणा का, पुनरुत्थानवाद से रहित देश-प्रेम

का एक कच्चा ख़ाका नज़र आने लगता है। लेकिन अकबर और उसकी मंडली के लिए, और अधिक विस्तार और गहराई में जाकर भारत का क्या अर्थ था, इसे समझने के लिए हमें उसके प्रमुख प्रवक्ता अबुल-फ़ज़्ल से सम्पर्क करना होगा।

पहले के किसी लेखक के मुक़ाबले अबुल-फ़ज़्ल भारत के भूगोल के प्रति अधिक सचेत थे, इसमें कोई शक ही नहीं। वे मानते थे कि ऊँची पर्वतमालाएँ उत्तर दिशा में भारत को एक ओर तूरान (मध्य एशिया) और ईरान से और दूसरी ओर चीन ('चीन और माचीन') से अलग करती हैं।[29] उनका लिखा निम्न उद्धरण एक अरसे तक उन ब्रिटिश रणनीति-विशेषज्ञों के लिए दलील का काम करता रहा जो अंग्रेज़ी राज की 'वैज्ञानिक सीमा' को अफ़ग़ानिस्तान के मध्य भाग से भी आगे रखते थे :

> अगले ज़मानों के बुद्धिमान काबुल और क़न्धार को हिन्दोस्तान के दो दरवाज़े मानते थे, एक दरवाज़ा (क़न्धार) अफ़ग़ानिस्तान जाने के लिए था और दूसरा तूरान जाने के लिए। इन दो मुक़ामात की रक्षा करके हिन्दोस्तान विदेशियों (हमला-आवरों) से शान्ति पाता है और इन दो राज्यों से विश्व-व्यापार में वृद्धि होती है।[30]

यह भी एक अहम बात है कि अबुल-फ़ज़्ल हिन्दोस्तान को एक प्रायद्वीप मानते थे; वे कहते हैं कि 'पूर्व, पश्चिम और दक्षिण में' समुद्र ही हिन्दोस्तान की सीमा है। फिर भी उनका दावा था कि हिन्दोस्तान में 'सरानदीप (श्रीलंका), अचीन (सुमात्रा में स्थित), मलूक (मलाया), मलाग़ (मलक्क) और अनेक द्वीप आते हैं' और इस तरह 'वास्तव में समुद्र उसकी सीमाएँ तय नहीं कर सकता।'[31] यह भी भारत की एक अपेक्षाकृत व्यापक धारणा है, और बाद की 'बृहत्तर भारत' की धारणा की पूर्वजा है, जिसका शायद ही अनुमोदन किया जा सके। मगर अबुल-फ़ज़्ल का आशय संभवतः यह था कि समुद्र भारतीय सांस्कृतिक प्रभावों को कुछ विदेशी क्षेत्रों तक पहुँचने से नहीं रोक सका। पर उनका यह कथन तो अपने-आप में रोचक है।

हिन्दोस्तान के अवाम पर बेपनाह तारीफ़ों की बारिश करके अबुल-फ़ज़्ल अपने देशप्रेम के दर्शन कराते हैं :

> इस मुल्क के अवाम ख़ुदातरस, फ़राख़दिल, अजनबियों के दोस्त, सुन्दर चेहरों वाले, चौड़े माथे वाले, ज्ञान-विज्ञान के संरक्षक, संन्यास के प्रेमी, न्यायप्रेमी, सन्तुष्ट, मेहनती और कार्यकुशल, नमकहलाल, सच्चाई को समझने वाले और वफ़ादारी में अडिग हैं।[32]

ध्यान दें कि ये गुण एक क्षेत्र के निवासियों से जोड़े गए हैं, न कि किसी एक धर्म के अनुयायियों से। पर चूँकि हिन्दू हिन्दोस्तान में बहुमत में थे, इसलिए अबुल-फ़ज़्ल का दावा है कि 'सभी लोग' (अर्थात हिन्दुओं समेत) 'ईश्वर के एकत्व को स्वीकार करते हैं।' उनका तर्क है कि कुछ लोग मूर्तियों का आदर जरूर करते हैं पर यह वास्तव में बुतपरस्ती नहीं है क्योंकि मूर्तियों का प्रयोग केवल ईश्वर-पूजा में सहायक के रूप में किया जाता है।[33] यहाँ हमारा सरोकार इस दलील के सच-झूठ से नहीं बल्कि इस तथ्य

से है कि अबुल-फ़ज़्ल को यह दलील देने की ज़रूरत महसूस हुई। ख़ुदातरस के रूप में हिन्दोस्तानियों के बारे में उनकी तारीफ़ हिन्दुओं पर भी लागू होती थी।

उन्होंने हिन्दोस्तान को एक महत्त्वपूर्ण संस्कृति की जन्मभूमि कहा जिसकी प्रमुख अभिव्यक्ति 'हिन्दी' ज़बान (अर्थात संस्कृत) में होती है। यही मान्यता *आईने-अकबरी* के बाद के हिस्से में मुल्क के एक लम्बे और सटीक सर्वेक्षण की प्रस्थान-बिन्दु थी; इस सर्वेक्षण का शीर्षक *'अहवाले-हिन्दोस्तान'* (हिन्दोस्तान का विवरण) है। वे इस संस्कृति को एक संकीर्ण रूप में प्रस्तुत करना चाहते थे, इसका कोई संकेत नहीं मिलता। यह विशेषता तो आधुनिक पूर्वग्रहों की है कि जब अबुल-फ़ज़्ल आरम्भ अपने इस इरादे के बयान से करते हैं कि 'इस मुल्क के हालात का थोड़ा-सा बयान और हिन्दोस्तानी (हिन्दी-नज़ाद) सन्तों की रायों का सर्वेक्षण'[34] किया जाए, तो अनुवादक अन्तिम टुकड़े को इस तरह प्रस्तुत करता है : 'हिन्दुओं में मौजूद विद्वानजन के बहुमत द्वारा माने जानेवाले मत।'[35] वास्तव में धर्म अबुल-फ़ज़्ल का प्रस्थान-बिन्दु है ही नहीं, बल्कि वे तो शुरुआत करते हैं खगोलिकी और भूगोल के क्षेत्रों में भारतीय विश्वासों से। इस बारे में उनका रवैया बदायूँनी के रवैये से बहुत मिलता-जुलता है; उनका भी सरोकार भारतीय ज्ञान-विज्ञान की पूरी धरोहर से था। अपने सर्वेक्षण के आख़िर में अबुल-फ़ज़्ल अफ़सोस का इज़हार करते हैं कि उन्हें यूनान और फ़ारस के विद्वानों से हिन्दोस्तान के विद्वानों की राय की तुलना करने का वक़्त नहीं मिला।[36] इससे भी यही संकेत मिलता है कि अल-बैरूनी की तरह विवेचना को आगे न बढ़ा पाने पर किए जा रहे इस अफ़सोस से परे जो चीज़ है, वह है भारतीय संस्कृति की एक ऐसी धारणा जो मूलतः धर्मनिरपेक्ष या संकीर्णता से रहित है।

भारतीय संस्कृति के बारे में अबुल-फ़ज़्ल का वर्णन फ़ारसी में, बड़े आकार के फ़ोलियो संस्करण में, लगभग 150 पृष्ठों पर फैला हुआ है। और, इसमें शक नहीं कि विस्तार और सटीकता की दृष्टि से यह एक यशस्वी उपलब्धि है जिसमें लौकिक ज्ञान-विज्ञान, धर्म, कर्मकांड और नृजातिशास्त्र को समेटा गया है। यह विवरण बड़ी हद तक अल-बैरूनी से स्वतन्त्र है और शुद्धतः सूचनाओं के दृष्टिकोण से उसके विवरण में बहुत-कुछ जोड़ता है। इक़बालिया तौर पर अबुल-फ़ज़्ल ने बहुत बड़ी तादाद में भारतीय ग्रन्थों से, और अनेक विद्वान टीकाकारों और अनुवादकों की सहायता से, ज्ञान प्राप्त किया था।[37] पर इन जानकारियों को व्यवस्थित करने में उन्होंने जिस सावधानी और सटीकता का उपयोग किया था, उसके लिए वे बहुत अधिक श्रेय के पात्र हैं। सरकार की अपेक्षाकृत अपमानजनक टिप्पणियों[38] के बावजूद इस सर्वेक्षण का विश्लेषण होना चाहिए, क्योंकि यह हमें बतलाता है कि उस समय (1595 के आसपास) भारत में विभिन्न विश्वासों और मतों को मानने या व्यक्त करने में कैसे और किन-किन बातों पर ज़ोर दिया जाता था।

अबुल-फ़ज़्ल की ख़ास दिलचस्पी फ़ारसी-दाँ पाठक के सामने भारतीय संस्कृति के मूल तत्वों को प्रस्तुत करने में थी जिसे तमाम विविधताओं के बावजूद एक इकाई माना

जाता था। वे तलाश करते हैं एक और व्यापक इकाई की ताकि 'अन्दरूनी और बाहरी टकराव मेल-मिलाप का रूप लें, बैर और दुश्मनी की कँटीली झाड़ियाँ दोस्ती का चमन बनें और बुद्धि पर आधारित तर्कों की आवाज़ें आएँ और एक विद्वत्तापूर्ण सभा जम सके।'[39] वे इस तरह वैज्ञानिक वृत्ति वाले और 'परम्परा से बँधे नक़्क़ादों'[40] के प्रति इस क़दर तिरस्कार से भरे हुए हैं कि जिन विभिन्न भारतीय विश्वासों और मतों का वे सर्वेक्षण कर रहे हैं, उन सबका अनुमोदन नहीं करते। इनसानों से बसी दुनिया के बारे में भारतीय और यूनानी विचारों के प्रति एक सुस्पष्ट तिरस्कार के भाव के साथ एक जगह वे कहते हैं कि 'आज सत्यप्रेमी विद्वान दक्षिण (विषुवत रेखा से नीचे) के क्षेत्र को उसी प्रकार आबाद मानते हैं जैसे कि उत्तर को।'[41]

दूसरे शब्दों में, अबुल-फ़ज़्ल की नज़र संस्कृतियों के एक समानान्तर अस्तित्व या एक समन्वित परम्परागत भारतीय संस्कृति से, परम्पराओं के मात्र समन्वय से बहुत परे भी जाती है। भारत के सांस्कृतिक समन्वय के प्रति उन्होंने अपने ही ढंग से सर झुकाया है। इसके लिए वे हमें सूचना देते हैं कि आदम से लेकर हुमायूँ तक बहुत-से विदेशी भारत ('हिन्दोस्तान') में आते रहे हैं।[42] फिर वे भारत के कुछ अधिक प्रसिद्ध मुस्लिम धर्मशास्त्रियों और सन्तों की बात करते हैं।[43] और यह सब इस तरह गोया कि इन आनेवालों ने जो धाराएँ बनाईं वे भी हिन्दोस्तान की ही धाराएँ रही हों। पर एक उच्चतर एकता की स्थापना के लिए आवश्यक था कि बुद्धि के सहारे शुद्ध होकर ये सभी धाराएँ आपस में मिलें। इस उच्चतर स्थान तक पहुँचने के लिए अबुल-फ़ज़्ल की राय में शाहंशाह की एक बुनियादी भूमिका थी।

तमाम तकलीफ़ों के बाद हुमायूँ के वापस हिन्दोस्तान आने का जश्न मनाना आवश्यक था तो इसलिए कि इसी के बाद अकबर तख़्तनशीन हुआ, और फिर अकबरी इंसाफ़ और इनसानों के बारे में अकबर की पहचान के तहत ही ऐसा हुआ कि 'हिन्दोस्तान सात इलाक़ों के भले इनसानों का मिलन-स्थल बना है और अलग-अलग ढंग से हर शख़्स अपने मक़सद को पाता है।'[44] सुलहे-कुल की, पूर्ण शान्ति की स्थापना शाहंशाह का प्रमुख साधन है, जिससे अबुल-फ़ज़्ल जैसे व्यक्तियों को[45] और व्यापक जनता को भी राहत का एहसास होता है। कारण कि शाहंशाह 'मानव-जाति के लिए पिता-समान है। हर तरह के लोग उससे राहत की कामना करते हैं, और लोग जिन धर्मों में विश्वास करते हैं उनकी विविधता से दुई की कोई धूल नहीं उड़ती।' लेकिन शाहंशाह को साथ ही साथ 'बुद्धि को कुचलकर जनता में लोकप्रिय बनने का प्रयास नहीं करना चाहिए।'[46] दूसरे शब्दों में, प्रचलित विश्वासों के प्रति सहिष्णुता शाहंशाह के कर्त्तव्य का सिर्फ़ एक अंश है; बुद्धि का अनुकरण करने और इस तरह परम्परावाद को नकारने पर लोगों को आमादा करना भी एक आवश्यक और पूरक कर्त्तव्य है।

इस तरह अब हम देखते हैं कि अबुल-फ़ज़्ल ने एक ऐसा निष्कर्ष निकाला है जिससे बुद्धिवाद और समाज-सुधार, दोनों के प्रति अकबर के प्रोत्साहन का औचित्य स्थापित होता है। इसका मक़सद एक ऐसे 'हिन्दोस्तान' का निर्माण करना था जो दुनिया

में यश पा सके। क्या यह विचार इतना ही विचित्र है कि इसे बेमुरव्वत बाहर फेंक दिया जाए जिसका सुझाव आज कुछ विद्वान दे रहे हैं ?

सन्दर्भ और टिप्पणियाँ

1. *ऑक्सफ़र्ड हिस्टरी ऑफ़ इंडिया,* लन्दन, 1919, पृ. 9-10
2. उसके विचारों की समालोचना के लिए रजनी पाम दत्त, *इंडिया टुडे,* मुम्बई, 1947, पृ. 237-39 देखें।
3. बेनेडिक्ट एंडरसन, *इमैजिंड कम्युनिटीज़ : रिफ़्लेक्शंस ऑन द ओरिजिन एंड स्प्रेड आफ़ नेशनलिज़्म,* लन्दन, 1983
4. *सबाल्टर्न स्टडीज़,* खंड आठ, नई दिल्ली, 1994, पृ. 49
5. एडवर्ड सी सचाउ (अनु), *अलबैरूनीज़ इंडिया,* लन्दन, 1910, खंड एक, पृ. 198
6. उपरोक्त, खंड एक, पृ. 294-98
7. उपरोक्त, खंड एक, पृ. 22-24
8. इस्लामी, *फ़ुतूहुस्सलातीन,* सं : ए एस उषा मद्रास, 1948, पृ. 604-5 : 'इस्लामी ने यह किताब दकन के दौलताबाद में लिखी और इसलिए हिन्दोस्तान से मतलब पूरा भारत लगाते थे।'
9. उपरोक्त, पृ. 465 देखें। यहाँ इस्लामी मुहम्मद तुग़लक़ की सेना की बात कर रहे हैं जो तरमाशीरीन में मंगोल फ़ौज़ों का सामना कर रही थी।
10. *नूह सिपह्र,* सं. मुहम्मद वहीद, मिर्ज़ा, लन्दन, 1950, पृ. 150
11. उपरोक्त, पृ. 151-61
12. उपरोक्त, पृ. 162-66
13. उपरोक्त, पृ. 166-67
14. उपरोक्त, पृ. 167-68
15. उपरोक्त, पृ. 168-70
16. उपरोक्त, पृ. 178-81 देखें। तो क्या अमीर ख़ुसरो भारत के पहले देशभक्त कवि थे ? बहुत पहले ए बी कीथ ने टिप्पणी की थी कि शास्त्रीय काल के संस्कृत लेखन 'देशप्रेम से बहुत प्रेरित नहीं' थे। (*ए हिस्टरी ऑफ़ संस्कृत लिटरेचर,* लन्दन, 1920, पृ. 345 देखें।)
17. *निजातुर्रशीद,* सं. सैयद मुईनुल-हक़, लाहौर, 1972, पृ. 427
18. इसकी बहुत पहले एक धुँधली-सी झलक मिलती तो है पर इस्लामी के यहाँ, जो कहते हैं कि 'अलाउद्दीन ख़िलजी ने तो हिन्दोस्तान को समृद्ध बनाया पर मुहम्मद तुगलक़ ने उसे तबाह कर दिया।' (*फ़ुतूहुस्सलातीन,* पृ. 605 देखें।)
19. अबुल-फ़ज़्ल, *आईने-अकबरी,* सं. नवलकिशोर, लखनऊ, 1892, खंड तीन, पृ. 188 : 'जब हम हिन्दोस्तान पहुँचे तो हमारे दिल हाथियों को देखकर लोट गए।'
20. बायज़ीद बयात, *तज़्किर-ए-हुमायूँ-व-अकबर,* सं : एम हिदायत हुसैन, कलकत्ता, 1941, पृ. 251-52
21. अबुल-फ़ज़्ल, *अकबरनामा,* सं : अहमद अली, कलकत्ता, 1873-87, पृ. 270-71
22. *अकबरनामा* का पहला पाठ, ब्रिटिश लाइब्रेरी : एड. 27, 247, फ़ोलियो 294 ए।
23. बदायूँनी, *मुंतख़बुत्-तवारीख़,* कलकत्ता, 1865-69, खंड दो, पृ. 177-78
24. *अकबरनामा,* पहला पाठ, ब्रि ला. : एड. 27, 247, फ़ोलियो 295 बी-296 ए देखें। *आईने-अकबरी* के अन्तिम भाग (खंड तीन, पृ. 190) में 'अकबर की सूक्तियाँ' के तहत अबुल-फ़ज़्ल ने लोगों के

व्यवहार के बारे में अकबर की और भी ज़ोरदार निन्दा का उद्धरण दिया है।

25. बदायूँनी, *मुंतख़बुत्-तवारीख़,* दो, पृ. 398-400
26. *आईने-अकबरी,* तीन, पृ. 185
27. इरफ़ान हबीब, अकबर एंड सोशल इनइक्विटीज़ : ए स्टडी ऑफ़ द इवोल्यूशन ऑफ़ हिज़ आइडियाज़, *प्रोसीडिंग्स ऑफ़ द इंडियन हिस्टरी कांग्रेस, वारंगल (1992-93) सेशन,* दिल्ली, 1993, पृ. 300-310 से तुलना करें। उन्हें अकबर में 'परम्परागत भारत की समालोचना की वे चिंगारियाँ' दिखाई देती हैं 'जो आगे चलकर 19वीं सदी के भारतीय पुनर्जागरण के दौरान लपट बन गईं।'
28. अकबर की सूक्तियाँ, *आईने-अकबरी,* तीन, पृ. 179
29. उपरोक्त, पृ. 4
30. उपरोक्त, दो, पृ. 192 देखें। 'वैज्ञानिक' मोर्चे की एक विवेचना के लिए वी ए स्मिथ कृत *आक्सफ़र्ड हिस्टरी ऑफ़ इंडिया,* में पृ. 755 पर इसी उद्धरण का अनुवाद देखें।
31. *आईने-अकबरी,* तीन, पृ. 4
32. उपरोक्त, पृ. 5
33. उपरोक्त।
34. *आईने-अकबरी,* तीन, पृ. 2
35. *आईने-अकबरी,* तीन, अनुवाद : एच एस जैरेट, सम्पादन : जदुनाथ सरकार, कलकत्ता, 1948, पृ. 1 देखें। जैरेट को यह 'बहुमत' कहाँ नज़र आया, यह भी स्पष्ट नहीं है। इसी तरह के सटीकता के अभाव के साथ, पर कम न्यायसंगत ढंग से जैरेट और सरकार ने 'हिन्दी' को संस्कृत लिखा और पाठक को जानकारी तक नहीं दी कि यहाँ मूल पाठ में 'संस्कृत' नहीं, 'हिन्दी' शब्द है।
36. *आइने-अकबरी,* सं : नवलकिशोर, तीन, पृ. 177 देखें। खगोलिकी और भूगोल के सिलसिले में अबुल-फ़ज़्ल सचमुच यूनानी विचारों और खोजों के व्यापक हवाले देते हैं।
37. उपरोक्त, तीन, पृ. 2
38. *आईने-अकबरी,* तीन, अनु. जैरेट, सं. सरकार, पृ. 4
39. *आईने-अकबरी,* सं : नवलकिशोर, तीन, पृ. 2
40. उपरोक्त, पृ. 30
41. उपरोक्त, पृ. 22
42. उपरोक्त, पृ. 152-63
43. उपरोक्त, पृ. 163-77 देखें। इस मुआमले में अबुल-फ़ज़्ल का पूर्वगामी एक बहुत रूढ़िवादी विद्वान था जो उनसे कुछ ही साल पहले हो गुज़रा था। दिल्ली के अब्दुल-हक़ ने 1591 में *अख़बारुल-अख़यार* पूरी की थी जो भारत के 255 मुसलमान सन्तों की संक्षिप्त परिचयात्मक टिप्पणियों का संग्रह है।
44. *आईने-अकबरी,* सं. नवलकिशोर, तीन, पृ. 163
45. उपरोक्त, पृ. 177-78
46. उपरोक्त, एक, पृ. 3

मध्य बंगाली साहित्य : अकबरी दौर में बंगाल के अध्ययन का स्रोत

अनिरुद्ध रे

बंगाल में 16वीं सदी उथल-पुथल और कायापलट की सदी साबित हुई। उस सदी की दूसरी दहाई में ही पुर्तगाली रंगमंच पर आ चुके थे। लेकिन तीसरी और चौथी दहाइयों में पहले शेरशाह और फिर हुमायूँ द्वारा गौर की विजय ने अफ़ग़ानों और मुग़लों के बीच एक लम्बे टकराव का सूत्रपात किया जिसमें उड़ीसा के राजा भी फँस गए। इस संघर्ष में अस्थायी रूप से अकबर के सिपहसालार मुनअम ख़ान की विजय हुई जिसने 1575 में गौर पर क़ब्ज़ा कर लिया। फिर भी अन्तिम रूप से उसे 17वीं सदी की दूसरी दहाई में जाकर ही अधीन बनाया जा सका।

निर्मम विजेताओं के आगमन के साथ हम धर्मसुधारक चैतन्य को भी सामने आते देखते हैं जिनके संक्षिप्त और धूमकेतु जैसे उदय ने बंगाल के सांस्कृतिक तानेबाने पर भारी प्रभाव डाला। यहाँ हम बंगाली स्रोतों की रौशनी में उन सामाजिक-आर्थिक शक्तियों के कार्यकलाप के विश्लेषण का प्रयास करेंगे जो बंगाल में अकबरी दौर से पहले कार्यरत थीं। और उस रूपान्तरण के विश्लेषण का भी जो, जैसाकि तर्क दिया गया है, 16वीं सदी के दौरान घटित हुआ।

कुछ विद्वानों ने बहुत पहले ही मध्य बंगाली साहित्य को बंगाल के मध्यकालीन इतिहास का स्रोत मान लिया था। 1964 में[1] आशुतोष भट्टाचार्य ने मंगल-काव्य की समृद्ध सामग्री की ओर ध्यान खींचा था। तपन राय चौधुरी,[2] अब्दुल करीम,[3] सुखमय मुखोपाध्याय[4] और हाल में अनिलचन्द्र बनर्जी[5] ने इन स्रोतों का प्रयोग सल्तनत और मुग़ल, दोनों कालों में बंगाल के अध्ययन के लिए किया है। फिर भी बंगाल में धीरे-धीरे जन्म ले रही नई शक्तियों के चरित्र और प्रभाव की समीक्षा करने के लिए इन स्रोतों पर नए सिरे से ध्यान देना आवश्यक है। स्रोतों की एकरूपता के कारण हमने भागीरथी पट्टी ('राढ़' क्षेत्र) के स्रोतों पर ही ध्यान केन्द्रित किया है तथा चटगाँव और अरकान के समृद्ध और विविधतापूर्ण स्रोतों को छोड़ दिया है। तो भी राढ़ क्षेत्र के समकालीन बंगाली स्रोतों के दृष्टिकोण, अन्तःवस्तु और शैलियाँ अलग-अलग हैं। अब हम इन्हीं पर विचार करेंगे।

दो

आम तौर पर मध्य बंगाली साहित्य धार्मिक सम्बद्धताओं के आधार पर मोटे तौर पर दो श्रेणियों में आता है।[6] एक श्रेणी चैतन्य की मृत्यु के बाद, 16वीं सदी के मध्य से वैष्णव काव्य की है। दूसरी श्रेणी शाक्त काव्यसमूह की है जिसे आगे तीन उपश्रेणियों—मनसा मंगल (सर्पिणी देवी की पूजा), चण्डी मंगल (चण्डी देवी की पूजा) और धर्म मंगल (धर्मराज की पूजा) में बाँटा जा सकता है। इनमें सबसे पुरानी श्रेणी मनसा मंगल की है और सबसे बादवाली धर्म मंगल की है जो वास्तव में अन्त-17वीं सदी में शुरू हुई और 18वीं सदी में फूली-फली। यह बंगाल के केवल एक क्षेत्र तक सीमित थी। सुकुमार सेन यह मानते हैं कि मनसा या चण्डी की पूजा एक प्राक्-वैदिक परम्परा की निरन्तरता थी और बंगाल के साधारण जन के मानस में उनकी गहरी जड़ें थीं।[7]

दिलचस्प बात यह है कि मंगल-काव्य की पहली दो श्रेणियाँ (मनसा और चण्डी) हमेशा व्यापार के लिए समुद्र-पार जा रहे सौदागरों की परेशानियों के इर्द-गिर्द अपनी कहानी बुनती हैं। सौदागर अपनी सुख-समृद्धि फिर पा सकें, इसके लिए देवी की कृपा इनका केन्द्रीय विषय है। इनमें चाँद सौदागर की कथा सबसे सुसंगत है। कहा गया है कि यह कथा सम्भवतः पाटलिपुत्र से शुरू हुई और 14वीं सदी के बाद किसी समय बंगाल पहुँची।[8] दिलचस्प बात यह है कि 14वीं सदी के मध्य में ही बंगाल स्वतन्त्र हुआ तथा 1351-52 में सुल्तान इलियास शाह द्वारा सोनारगाँव क्षेत्र की विजय के साथ एक प्रशासनिक व्यवस्था के अन्तर्गत आया।

यहाँ जिन वैष्णव कविताओं के हवाले दिए गए हैं वे 16वीं सदी के उत्तरार्ध और आरम्भ-17वीं सदी की हैं। चूँकि चैतन्य मुख्यतः छोटे कस्बों में सक्रिय थे, इस श्रेणी के साहित्य में हमें भागीरथी के दोनों किनारों पर स्थित इन कस्बों का ही चित्र प्राप्त होता है। इस प्रक्रिया में हम दस्तकारों और व्यापार की वह दुनिया भी देख सकते हैं जो इस साहित्य में झलकती है। इसके सहारे हम बंगाल में मुग़ल हुकूमत के आरम्भ तथा 16वीं सदी के दौरान भागीरथी पट्टी में समाज और अर्थव्यवस्था में हो रहे रूपान्तरण तक पहुँचते हैं। मुग़ल हुकूमत ने तब मौजूद राजनीतिक ढाँचे को तोड़ दिया तथा ख़ासकर भागीरथी के ऊपरी दोआबे में एक लम्बे और ख़ूनी युद्ध का सूत्रपात किया जिसके साथ तब पूर्वी भारत के सबसे बड़े नगर गौर का पतन हुआ और उससे जुड़े तमाम परिणाम सामने आए।

तीन

वर्तमान रूप में मंगल-काव्य के सूत्रधार हरिदत्त सम्भवतः अन्त-14वीं सदी में जीवित थे।[9] उनकी रचना एक ऐसे सौदागर के बारे में है जो अपने 14 जहाज़ों पर धन-दौलत लादे व्यापार से वापस आ रहा है। दिलचस्प बात यह है कि इस रचना की पाण्डुलिपियाँ, जो सभी बाद की प्रतियाँ हैं, बंगाल के तटीय क्षेत्र से, आज के बेकरगंज ज़िले से मिली

हैं।[10] यह क्षेत्र बाकला कहलाता है और अबुल-फ़ज़्ल ने इसे यही लिखा है।[11] यह 12वीं सदी के बाद से सौदागरी की गतिविधियों का आधार था।[12] अगले कवि नारायणदेव भागीरथी पट्टी में अपना घरबार छोड़कर पूर्वी बंगाल चले गए थे। उनकी पाण्डुलिपि के तिथि-निर्धारण में कुछ असमंजस है और प्रचलित सिद्धान्त के अनुसार वे अन्त-15वीं सदी के हैं।[13] उनके *पद्‌मापुराण* में चैतन्य का कोई ज़िक्र नहीं है। इसीलिए इस तिथि को स्वीकृति मिली है। यह कहानी चाँद नामक एक सौदागर की आज़माइशों और मुसीबतों पर केन्द्रित है।

विजयगुप्त ने, जिन्होंने बंगाल के सुल्तान जलालुद्दीन फ़त्हशाह (1481-87) के शासनकाल में, 1484-85 में अपने *पद्‌मापुराण* की रचना पूरी की थी,[14] इस श्रेणी की कविताओं को व्यापक लोकप्रियता दिलाई। उनकी पाण्डुलिपि भी बाकला क्षेत्र से ही, गैल-फुल्लसरी गाँव से मिली है जहाँ उनके वंशज देश विभाजन के समय तक रह रहे थे।[15]

हमारे दृष्टिकोण से सौदागरी से सम्बन्धित बातें, जैसे नावों के प्रकार, समुद्र का मार्ग, दोनों किनारों पर बसे नगर और विनिमय की वस्तुओं से जुड़ी सूचनाएँ सबसे दिलचस्प हैं। 15वीं सदी के अन्त तक चाँद सौदागर समुद्र में 14 जहाज लेकर जाता था। आरम्भ-16वीं सदी तक उनकी संख्या घटकर 7 रह गई थी और 14 की संख्या को सम्भवतः एक सौदागर के लिए बहुत अधिक समझा जाता था। या तो यह यथार्थवाद को स्वीकारना था या फिर बंगाली सौदागरों की धीरे-धीरे कम हो रही गतिविधियों का सूचक है।

विजयगुप्त के इस सौदागर द्वारा अपने डिंगों में व्यापार के लिए दक्षिण पाटन ले जाए गए मालों के ब्यौरे दिए हैं। इन मालों में चावल, कपड़े, दक्षिण भारत से लाए गए अनेक प्रकार के क़ीमती पत्थर मय मूँगा और मोती, विभिन्न प्रकार के अनाज, पान, सुपारी और गुलदान शामिल थे। आगे 700 घोड़ों और मसालों का ज़िक्र आता है जिनके बदले सोना लाया गया।[16] कवि के मन में शायद गुजरात का पाटन नगर था जो पहले के एक काल में एक महत्त्वपूर्ण बन्दरगाह था। कुछ भी हो, कवि तटीय व्यापार की बात कर रहा है न कि दक्षिण-पूर्व एशिया के राज्यों से व्यापार की।

नावों के निर्माण का एक विवरण हमें उत्तर बंगाल के जीवन मैत्र[17] की रचना से मिलता है जो मध्य-18वीं सदी के कवि हैं। लिखते हैं कि एक डिंग 100 गज लम्बा और 50 गज चौड़ा होता था और समुद्र-बीच के एक द्वीप से लाई गई एक विशेष प्रकार की लकड़ी (शायराना भाषा में मनसुख) से बनाया जाता था। दिलचस्प बात यह है कि इसमें पाल होते थे और जानवरों के चित्रों समेत अनेक प्रकार के चित्र बने होते थे। नाव के निर्माण की एक रस्म होती है। इसका प्रारम्भ अधिकारी या उस्ताद बढ़ई करता था। उससे पहले संगीत की धुन के साथ विभिन्न पशुओं की बलि दी जाती थी। ऐसे कर्मकाण्डों से कवि का परिचय स्पष्ट है तथा ये सर्दियों तक चलते चले गए। यह चण्डी या काली देवी की पूजा से मिलता-जुलता था और प्रायः सितम्बर-अक्तूबर में शुरू होकर

मध्य-नवम्बर तक जारी रहता था। यह दक्षिणी-पश्चिमी मानसून का काल होता है जो पश्चिम से जहाज़ों को ले आता था। यह पवन के साथ और भी पूरब में स्थित, दक्षिण-पूर्व एशिया के साम्राज्यों तक जाने का काल होता था। इसके अलावा मनसा मंगल में ज़मींदार सौदागर है हालाँकि बाद के कालों में हमें दूसरे सौदागरों के नाम मिलते हैं।[18]

16वीं सदी के अन्त में राढ़ क्षेत्र के मुकुन्दराम चक्रवर्ती ने[19] डिंग नामक नाव का वर्णन किया है। चूँकि नाव देव विश्वकर्मा द्वारा बनाई जाती थी, उन्होंने उसके निर्माण का कोई ब्यौरा नहीं दिया है। नाव का आकार 100 गज़ लम्बा और 20 गज़ चौड़ा होता था, और इस तरह 18वीं सदी की आम नावों से छोटा होता था। किसी दस्तकार का ज़िक्र नहीं किया गया है।

भागीरथी नदी के रास्ते समुद्र में जाने के मार्ग का स्पष्ट वर्णन हमें अन्त-15वीं सदी से ही मिलता है। चाँद के नावों की संख्या तब तक घटकर 7 रह गई थी। विप्रदास की कविता में, जिसे अन्त-15वीं सदी का माना जाता है,[20] सौदागर गुप्तीपाड़ा, मिर्ज़ापुर और त्रिवेणी में रुकता है पर सप्तग्राम में नहीं। लेकिन त्रिवेणी से वह ख़रीदारी के लिए थल-मार्ग से सप्तग्राम गया था। ज़ाहिर है कि तब तक सरस्वती नदी नाव खेने योग्य नहीं रह गई थी और भागीरथी की धारा, जैसा कि आज है, त्रिवेणी के पास से बहती थी। सप्तग्राम नगर तीन नदियों के संगम के कारण तीर्थ-नगर त्रिवेणी तक फैला हुआ था, और यह सप्तग्राम से जुड़े एक पत्तन का काम करता था। सप्तग्राम और त्रिवेणी को जोड़नेवाला पुल अलाउद्दीन हुसैन शाह ने 1506 में बनवाया था,[21] और इस तरह उसने भागीरथी की मुख्य धारा पर थल-मार्ग से सप्तग्राम और त्रिवेणी को जोड़ने की आवश्यकता पूरी की थी।

विप्रदास का वर्णन इस बन्दरगाही नगर का सम्भवतः सबसे पहला बंगाली वर्णन है। एक सदी के अन्दर एक फ्रांसीसी पर्यटक[22] द्वारा लिखे गए एक ग्रन्थ ने 36 जातियों के अस्तित्व और उनकी पूजा-अर्चना की स्वतन्त्रता का हवाला देते हुए सप्तग्राम में हिन्दुओं के कामकाज का तथा उसी नगर में मुग़लों और पठानों के अस्तित्व का वर्णन किया था। विप्रदास ने मकानों की क़तारों का वर्णन भी किया है, और हर मकान चाँदी के तारों के कारण शीशे जैसा झलकता था। नगर की दौलत ने लेखक को चकाचौंध कर दिया था।[23] फिर भी उन्होंने सरस्वती नदी का एक बार भी ज़िक्र नहीं किया है।

दिलचस्प बात यह है कि विप्रदास ने कलिकत्ता[24] का हवाला दिया है जिसका ज़िक्र अबुल-फ़ज़्ल ने भी एक सदी बाद किया।[25] लेकिन विप्रदास ने बेट्टूर का हवाला दिया है जहाँ 1530 में बड़े पुर्तगाली जहाज़ों से माल उतारे जाते थे। इससे संकेत मिलता है कि यह पत्तन पुर्तगालियों के आगमन से पहले भी रहा होगा जिन्होंने बेट्टूर में बड़े जहाज़ों का लंगर डालने और माल को सप्तग्राम भेजने की प्रथा को ही अपना लिया होगा।[26]

विप्रदास ने[27] और अगली दो सदियों में दूसरे लोगों ने[28] समुद्र सम्बन्धी जिस बंगाली धारणा को पेश किया है उससे संकेत मिलता है कि ये लेखक सौदागरों की दुनिया के

और ख़ासकर दूरदराज़ की जगहों तक जानेवाले सौदागरों के सम्पर्क में नहीं थे। यही बात नाव के हवाले में भी दिखाई देती है जो बुनियादी तौर पर नदी या समुद्रतट के किनारे-किनारे चलनेवाली नाव ही है। इसे राढ़ क्षेत्र में ही बनाया जाता था और अनेक नदियों के रास्ते समुद्र तक लाया जाता था। विप्रदास और परवर्ती लेखकों ने नदी और समुद्र के बीच जो अन्तर बताया है वह समुद्र में पानी के फैलाव से तथा हलचल से निर्धारित होता था, जिसमें काल्पनिक दानवों और समुद्री प्राणियों का भय सौदागरों और नाविकों को त्रस्त किए रहता था। व्यापार केवल श्रीलंका और उड़ीसा से होता था जिनका ज़िक्र किया गया है, और संभवतः अधिक दूर स्थित गुजरात से होता था, हालाँकि उसकी यादें तब तक अजीबोग़रीब ढंग से ग़ायब हो चुकी दिखाई देती हैं। सौदागर का जीवन आसान तथा समाज में ब्राह्मण का वर्चस्व अबाध दिखाई देता था।[29]

चार

वैष्णव काव्यधारा का आरम्भ मध्य-16वीं सदी में हुआ। ये काव्य एक भिन्न प्रकृति के थे और एक भिन्न मगर कहीं बहुत अधिक लौकिक जगत का चित्र प्रस्तुत करते हैं। उनमें सबसे पहली रचना चूड़ामणिदास की है जिन्होंने इसे 1548-49 में पूरा किया।[30] तब तक दक्षिणी राढ़ अर्थात भागीरथी की वादी का निचला भाग चैतन्य के आन्दोलन से अच्छा-खासा प्रभावित हो चुका था। नबद्वीप अर्थात नादिया, कटवा, शान्तिपुर, खरडाह, फूलिया और सप्तग्राम जैसे छोटे नगर अब वैष्णवों के गढ़ थे।

1538 में बंगाल पर शेरशाह के हमले के बाद, और फिर हुमायूँ द्वारा गौर पर अल्पकालिक आधिपत्य के बाद भागीरथी का बारीन्द्री कहलानेवाला ऊपरी दोआबा मुग़ल-पठान और अक्सर पठान-उड़िया संघर्षों में फँसकर रह गया। जहाँ गौर भारी दबावों में था वहीं सप्तग्राम और गौर के सम्बन्ध कड़वे हो गए। जहाँ मध्य-14वीं सदी से आज़ाद चले आ रहे बंगाल का केन्द्रीय ढाँचा इस संघर्ष के कारण कमज़ोर हो रहा था वहीं निचली भागीरथी पट्टी के छोटे नगर फल-फूल रहे थे। यह बात नबद्वीप और शान्तिपुर, इन दोनों नगरों के विकास में सबसे अच्छी तरह दिखाई देती है। मध्य 17वीं सदी तक नबद्वीप एक बड़ा नगर बन चुका था।[31]

मध्य-14वीं सदी में बंगाल के राजनीतिक एकीकरण के साथ चटगाँव-सोनारगाँव संकुल विकसित हुआ। इसकी राजधानी भागीरथी के ऊपरी दोआब में पाण्डुआ में थी। चटगाँव-सोनारगाँव मार्ग से बंगाल और ख़ासकर पाण्डुआ आनेवाले चीनी यात्रियों का वर्णन हम पर फल-फूल रहे उत्पादन और विदेश-व्यापार का ही प्रभाव छोड़ता है।[32] मध्य-15वीं सदी के बाद सम्भवतः चटगाँव के इर्द-गिर्द अराकान टकरावों के कारण भागीरथी के रास्ते का अधिकाधिक उपयोग होने लगा। इस तरह हमें इस रास्ते का वर्णन करनेवाली मंगल कविताओं की रचना, बन्दरगाह के रूप में सप्तग्राम के उदय और त्रिवेणी से उसके सम्बन्ध तथा भागीरथी के तट पर स्थित गौर में राजधानी की स्थापना के बीच एक सहसामयिकता दिखाई देती है, हालाँकि बड़े जहाज़ गौर तक नहीं जा पाते

थे। 15वीं सदी के अन्त तक भागीरथी के निचले दोआबे के कुछ क्षेत्रों का नगरीकरण हो रहा था। मिसाल के लिए नबद्वीप प्रवासियों से धीरे-धीरे भरता जा रहा था, ख़ासकर चटगाँव और सिलहट से आनेवालों से। अन्य के साथ चैतन्य के धनी माता-पिता यहीं से आए थे।[33] 16वीं सदी के आरम्भ तक नबद्वीप एक छोटे से विश्वविद्यालय वाला नगर बन चुका था जहाँ ज़ोर ब्राह्मणवादी शिक्षा पर दिया जाता था तथा अध्यापकगण छात्रों की एक बड़ी संख्या से प्राप्त शुल्क पर निर्भर थे।[34] ये गुरुजन जिस मध्यवर्ग के थे उसमें कवि भी शामिल थे और उनमें सभी लाज़मी तौर पर ब्राह्मण नहीं थे। सच तो यह है कि मध्य-14वीं सदी के बाद हिन्दू मध्यवर्ग का एक व्यापकतर समूह पैदा हुआ जिसमें सरकारी और ज़मींदारी दफ़्तरों में लगे शिक्षित कायस्थों का बोलबाला था। नबद्वीप नगर के मध्यवर्गीय चरित्र का सामना चैतन्य ने किया। वे भृत्यजन समेत निचले वर्गों को अपने आन्दोलन में ले आए तथा इस प्रकार जाति-प्रथा के नियमों के कठोर व्यवहार और ब्राह्मणों के वर्चस्व के लिए ख़तरा पैदा कर लिया।

मंगल कवियों के विपरीत वैष्णव कवियों ने व्यापार के लिए भागीरथी में यात्रा कर रहे ज़मींदार-सौदागर पर अधिक ध्यान नहीं दिया। इसकी बजाय उन्होंने इन छोटे नगरों में चैतन्य के कार्यकलापों पर ध्यान केन्द्रित किया। फिर भी नबद्वीप मध्य-10वीं सदी तक कुछ ख़ास विकसित नहीं था। चूड़ामणिदास के विवरण से पता चलता है कि नबद्वीप के बरकोना घाट के पीछे खुले मैदान थे। 20 साल के अन्दर-अन्दर इनमें मकान खड़े हो गए। अब यहाँ दस्तकार भी थे। नबद्वीप के निवासियों में वृन्दावनदास ने कविराजों, वैश्यों (आम तौर पर सौदागरों), पनवाड़ियों, तेलियों, बुनकरों, मालियों, नाइयों, सुनारों और लुहारों का और संगीतकारों का भी ज़िक्र किया है।[35] शंख बनानेवालों का कोई ज़िक्र नहीं है, और न ही मुहल्लों में नगर के विभाजन का कोई ज़िक्र है।

अजीब बात यह है कि पुर्तगालियों का कोई ज़िक्र नहीं किया गया है, बावजूद इसके कि कम से कम 1530 से ही वे बेट्टूर के रास्ते भागीरथी पट्टी से व्यापार करना शुरू कर चुके थे।[36] जहाँ सप्तग्राम से शुरू करके भागीरथी का ऊपरी दोआबा राजनीतिक टकराव के कारण तबाह हो रहा था, वहीं उसके निचले भाग में ये छोटे नगर फलते-फूलते रहे। यही काल था जब चैतन्य की शिक्षाओं ने ब्राह्मण-वर्चस्ववाले नबद्वीप का सामना शुरू किया जो तब सप्तग्राम (सतगाँव) सरकार में आता था। नबद्वीप में क़ाज़ी अकेला हाकिम दिखाई देता था और मुल्लापाड़ा में अनेक मुसलमान रह रहे थे। यह नगर का अकेला विशिष्ट क्षेत्र है जिसका स्रोतों में वर्णन मिलता है।

क़ाज़ी पर चैतन्य की विजय इतनी सुविदित है कि उसे यहाँ दोहराने की आवश्यकता नहीं। चैतन्य ने निचली जातियों के लोगों को तथा भागीरथी के निचले दोआबे के निकटवर्ती नगरों के सौदागर समुदायों को अपना मुरीद बनाया। ज़ाहिर है कि भृत्यकर्मी और व्यापारी समुदाय जाति के रूढ़ नियमों से मुक्ति चाहते थे। इस तरह हमें अकबरी दौर से ठीक पहले बंगाल में शक्तियों का एक समन्वय दिखाई देता है। भागीरथी के मार्ग का अधिकाधिक उपयोग, छोटे नगरों का उदय, पुर्तगालियों का

आगमन तथा एक नई विचारधारा का क्रमिक प्रसार—इन सबने मिलकर दस्तकार और सौदागर के सम्बन्ध को और गहरा बनाया और जाति के कठोर नियमों से उनको कम से कम अंशतः मुक्त कराया।

नबद्वीप के विकास को सबसे अच्छी तरह एक अन्य वैष्णव कवि जयानन्द की रचना में देखा जा सकता है जो 1560 में अपनी रचना लिख रहे थे। नबद्वीप का वर्णन एक बड़े नगर के रूप में करते हुए जयानन्द ने अनेक सुसज्जित मन्दिरों का तथा वहाँ पूजा-अर्चना की स्वतन्त्रता का हवाला दिया है। वहाँ ईंट के मकान थे, दीवारें थीं और ऊँचे दरवाज़े थे। बेचने के लिए वहाँ कांचीपुरम और कश्मीर समेत दूर-दराज़ के स्थानों से सामान लाए जाते थे। सौदागर तक नबद्वीप में बसने लगे थे।[37]

उन्हीं दिनों निचले भागीरथी दोआबे के दूसरे नगर भी विकसित हो रहे थे। उनमें से अधिकांश ईंटों के बने थे[38] और वहाँ मन्दिर भी थे। ये कपड़ा-उत्पादन के केन्द्र भी थे और सम्भवतः सप्तग्राम के बाज़ारों में कपड़े भेजते थे।

पाँच

द्विज बंसीदास की (1575 के आसपास लिखी गई) कविता में कथानायक चाँद सौदागर एक ही साथ ज़मींदार, महाजन और सौदागर भी है।[39] यह चरित्र कल्पना की उड़ान नहीं था, इसे हम पुर्तगालियों और बाकला के ज़मींदार के बीच 30 अप्रैल 1559 को हुई व्यापारिक सन्धि से देख सकते हैं।[40] बंसीदास की कविता में सप्तग्राम का या नावों के निर्माण का कोई ज़िक्र नहीं मिलता। इसकी बजाए क़ाज़ी और हिन्दुओं के बीच साम्प्रदायिक टकराव का चित्र मिलता है जिसमें क़ाज़ी के दमन के ब्यौरे दिए गए हैं। लगता है यही शख़्स प्रमुख हाकिम था और जिसने ब्राह्मणों का धर्म बदलवाने के लिए सभी मुसलमानों का आह्वान किया था।

ऐसे धार्मिक स्वर उसी काल के एक और मंगल-काव्य में नहीं मिलते जिसे 1594 और 1624 के बीच मुकुन्दराम चक्रवर्ती ने लिखा था। मुकुन्दराम ग्राम दमुनिया, परगना आरामबाग़, ज़िला हुगली के एक खाते-पीते किसान थे। राजा मानसिंह की सूबेदारी के दौरान[41] उन्हें पुश्तैनी गाँव छोड़कर और नदी पार करके पश्चिम जाना पड़ा।

मुकुन्दराम के गाँव के दिहीदार मामूद सरीफ़ (महमूद शरीफ़) ने ज़मीन की पैमाइश शुरू की थी। यह स्पष्ट है कि यह माप (एक बीघा में 15 कट्टे) का आरम्भ दर गिराए बिना एक छोटा बीघा बनाने के लिए किया गया था जिससे मुकुन्दराम समेत किसान स्वाभाविक रूप से तबाह हो गए। सम्भवतः ताल्लुक़दार (जो अवध के ताल्लुक़दार से रुत्बे में कम होता था) गोपीनाथ नन्दी ने इसका विरोध किया और गिरफ़्तार कर लिया गया। रुपए का दाम गिरकर दस आने रह गया और गाँव का पोद्दार (सूदख़ोर) दिए गए हर रुपए पर ढाई आना सूद वसूल करने लगा[42] जिसे मुकुन्दराम ने नाक़ाबिले-बरदाश्त समझा। स्पष्ट है कि बंगाल के गाँवों में बाज़ारी अर्थव्यवस्था का प्रवेश हो चुका था जिसके साथ नक़द लेन-देन भी जुड़ा हुआ था। समस्या सम्भवतः

इस कारण पैदा हुई कि मुग़लों ने ज़ब्त व्यवस्था शुरू करने की कोशिश की जिसकी एक बुनियादी विशेषता ज़मीनों की पैमाइश थी।

ज़मीन की पैमाइश का रिवाज नहीं था, यह बात मुकुन्दराम के एक और उद्धरण से देखी जा सकती है। कवि ने जंगल साफ़ करके एक शहर बसाए जाने का वर्णन किया था। (महत्त्वपूर्ण बात यह है कि इसे गुज़रात कहा गया।) किसानों को वहाँ बसने की प्रेरणा देने के लिए हाकिमों ने पहले तीन बरसों तक कोई मालगुज़ारी नहीं वसूली जो नई आबादियों के साथ आम मुग़ल प्रथा थी। कोई पैमाइश नहीं की जाती थी; मालगुज़ारी जब वसूली जाती तो एक हल पीछे एक तंका होती थी।[43]

एक ही कवि की दी हुई इन दो तस्वीरों का विरोध गहराई से ग़ौर करने के क़ाबिल है। पहली तस्वीर भागते किसानों की है जिन्हें दिहीदार महमूद शरीफ़ के पियादों ने जबरन रोका, जिसने परती ज़मीन को भी मालगुज़ारी देने के क़ाबिल दर्ज करना शुरू कर दिया था।[44] रुपए की क़ीमत गिरने के बाद कोई भी धान या गाय ख़रीदनेवाला नहीं रहा। मालगुज़ारी की वसूली रोक दी गई; जबरन ऐसी वसूली का कोई ज़िक्र नहीं मिलता। गाँव में तैयार नक़दी की कमी हो गई।

दूसरी तस्वीर में हम एक शहर को बसते देखते हैं जिसमें आम मुग़ल प्रथा के अनुसार ज़मीन का एक विशेष भाग सरकारी होता था। कोई भी ज़मीन को जोत्-बो सकता था और नया प्रवासी बलराम मण्डल किसानों को पट्टे दे रहा था। किसानों को मकान बनवाने के लिए और गाएँ या रस्सियाँ ख़रीदने के लिए नकद् रक़म तक दी जा रही थी। आबाद होने के लिए कोई सलामी नहीं देनी पड़ती थी और धान की बिक्री पर कोई कर नहीं लिया जाता था। कायस्थों को आबाद होने की इजाज़त थी और उनकी ज़मीन की हदबन्दी की जाती थी।[45] यह कायस्थों की ज़मीनों को सीमित रखने के लिए आवश्यक रहा होगा क्योंकि हमें आरम्भ-17वीं सदी के एक स्रोत से पता है कि आम तौर पर सरकारी सेवा में होने के कारण वे प्रभावसम्पन्न थे और बहुत लालची के रूप में बदनाम थे।[46] इसका मतलब यह नहीं कि सारी जमीनों की पैमाइश की जाती थी या पैमाइश का रिवाज था।

यहाँ कोई सम्भवतः तपन रायचौधुरी से भिड़ सकता है जिन्होंने इस कविता का कुछ विस्तार से उपयोग किया है।[47] 17वीं सदी के दो स्रोतों, अर्थात *बहारिस्ताने-ग़ैबी और फ़त्हिया इलिया* की विस्तृत तुलना की है। इन स्रोतों के आधार पर रायचौधुरी ने संकेत दिया है कि मुग़ल-विजय से पहले भी बंगाल में ज़मीन की पैमाइश का रिवाज था।[48] बंगाल में कायस्थों की लालची प्रकृति की जो छवि प्रचलित थी उसकी रोशनी में और मुकुन्दराम की राय की रोशनी में इसे स्वीकार नहीं किया जा सकता, मुकुन्दराम ने मानसिंह के दौर में पैमाइश के आरम्भ को ही मुसीबत की जड़ ठहराया है। वे साफ़ कहते हैं कि उनके सपनों के नगर में कोई पैमाइश नहीं होगी।[49]

अन्त-16वीं सदी के बंगाल के इतिहास में मुकुन्दराम का योगदान एक और दृष्टि से भी महत्त्वपूर्ण है। कविता में दन्तकथा के नगर गुजरात में बसने के लिए आनेवाले

लोगों में विशेष रूप से सौदागरों का वर्णन नहीं मिलता। उन्होंने जिन लोगों का ज़िक्र किया है वे वैश्य थे जो महाजन और वैष्णव थे।[50] उनमें से अधिकांश किसान थे ओर कुछ क़ीमती पत्थर बेचनेवाले घुमन्तू थे। ख़रीद-फ़रोख़्त के कारण 'गुजरात' के वैष्णव बहुत सुखी थे। बंगाली सौदागरी के समुद्रपारी व्यापार के दिन लद चुके थे, यह बात मुकुन्दराम के एक और कथन से स्पष्ट है। कहते हैं कि सप्तग्राम के सौदागर कहीं नहीं जाते बल्कि घर बैठे ही सारा मुनाफ़ा बटोरते हैं।[57] एक अन्य स्थान पर कहते हैं कि सप्तग्राम तो एक सुन्दर नगर है पर यह नगर जिस राढ़ क्षेत्र में स्थित है वह डाकुओं से भरा हुआ है।[52] यह कोई अतिशयोक्ति या निजी नापसन्द की अभिव्यक्ति नहीं है। एक समकालीन यात्री ने सप्तग्राम और गौर के बीच के क्षेत्र को डाकुओं से भरा कहा है जो घने जंगलों में रहते थे।[53] ज़ाहिर है सप्तग्राम और गौर का सम्बन्ध टूट चुका था और गौर वीरान होता जा रहा था।

समकालीन मंगल कवियों में मुकुन्दराम ने हमें सौदागरों पर काफ़ी जानकारी दी है हालाँकि उन्होंने सौदागर, बनिक और बेपारी में कुछ ख़ास अन्तर नहीं किया। धनपति सौदागर के पिता के श्राद्ध में सौदागरों को निमन्त्रित किया गया था जिनकी एक सूची मुकुन्दराम ने दी है। इनमें बर्दवान का धूसदत्त (बनिया), चम्पईनगर का चाँद सौदागर, घोड़े पर आनेवाला लक्ष्मी सौदागर, नीलम्बर दास, (अपने आठ भाइयों को लेकर आने वाला), बिनोद नस्कर, (अपने दो भाइयों गोपाल ओर गोविन्द के साथ) गणेशपुर से सनातन चाँद, दसघरा से बसूला, सप्तग्राम से श्रीधर हाज़रा, शंखदत्त और बिष्णुदत्त (साथ में सात भाई जो पालकियों में आए), कैटी से जादबेन्द्र दास, जौग्राम से रघुदत्त, तेघरा से गोपालदत्त (बनिया), त्रिवेणी से (नौ भाइयों के साथ), राम राय, लौगा से रामदत्त, लंगन से चण्डीदास ख़ान, सतघरा से राम दाव (बनिया), बिष्णुपुर से भाग्यबन्त ख़ान (बनिया), खण्डघोष से बासुदत्त, गेटन से (चार भाइयों के साथ) मधुदत्त, और धनपति के ससुर लक्ष्मीपति शामिल थे। सात सौ बणिक भी आए।[54] ज़ाहिर है कि एक हिन्दू धार्मिक अनुष्ठान में मुस्लिम सौदागरों को निमन्त्रित नहीं किया गया था। फिर भी कविता में यह भाव निहित है कि मुस्लिम अधिकतर व्यापारी थे और विभिन्न साप्ताहिक हाटों से सम्बन्ध रखते थे।[55] अजीब बात यह है कि मुकुन्दराम ने अनेक अवसरों पर गौर नगर का हवाला दिया है हालाँकि जब वे अपनी रचना लिख रहे थे तब तक गौर शायद वीरान हो चुका था। धनपति सौदागर एक परिन्दे का पिंजरा बनवाने के लिए गौर गया था।[56] ज़ाहिर है गौर को दस्तकारों ने नहीं छोड़ा था। यहाँ तक कि गौर में धनपति के जीवन से भी यह संकेत मिलता कि कुछ साल पहले नगर में महामारी फैली होगी।[57] उस दशा में हमें गौर नगर की वास्तविक दशा सम्बन्धी प्रचलित विचार को संशोधित करना पड़ता। राजधानी तो स्थानान्तरित हो चुकी थी, पर हो सकता है नगर पूरी तरह वीरान न हुआ हो। फिर भी मुकुन्दराम की सौदागरों की सूची में गौर का कोई व्यापारी नहीं दिखाई देता। न ही पूर्वी बंगाल से कोई है।

भागीरथी के मार्ग की दृष्टि से कहा जा सकता है कि यह कविता 1594 के

आसपास लिखी गई होगी। मुकुन्दराम की कविता में भागीरथी पूरबस्थली से पूरब की ओर मुड़ गई थी जहाँ मानसिंह ने अपनी नावों का लंगर डाला था, जैसाकि मुकुन्दराम के नायक सौदागर ने भी किया था।[58] इस तरह चूड़ामणिदास के समय से नदी ने अपना मार्ग नहीं बदला था।

मुकुन्दराम ने सप्तग्राम की सम्पदा का वर्णन वहाँ किया है जहाँ उनका सौदागर नायक त्रिवेणी में भागीरथी-किनारे नाव का लंगर डालता दिखाई देता है। अहम बात यह है कि मुकुन्दराम ने सरस्वती नदी का ज़िक्र नहीं किया, न ही हुगली का किया है जिसे हाल ही में अकबर के एक फ़रमान से लैस पुर्तगालियों ने बसाया था हालाँकि वे दूसरे किनारे पर स्थित गरीफ़ा का ज़िक्र करते हैं। त्रिवेणी के सामने मुकुन्दराम हलीशहर का ज़िक्र करते हैं।[59]

त्रिवेणी 'लाखों लोगों' का एक अच्छी तरह आबाद नगर बन चुका था क्योंकि उसे तीन नदियों के संगम के कारण तीर्थ माना जाता था। जैसाकि स्पष्ट किया गया, यह सप्तग्राम से अपने सम्बन्ध के कारण महत्त्वपूर्ण हो उठा। मुकुन्दराम का सौदागर भागीरथी-किनारे त्रिवेणी में दो दिन ठहरा और उसने सप्तग्राम में ख़रीदारियाँ कीं।[60] ज़ाहिर है कि सरस्वती में रेत जमने के बावजूद, जिसके कारण उसकी धारा पश्चिम से हटकर पूर्व की ओर मुड़ गई, सप्तग्राम विजयनगर समेत पूरे भारत और मलाया जितने दूर के देशों से भी सौदागरों को आकर्षित कर रहा था।[61] यह बात योवा दे बैरो के (1615 में प्रकाशित) मानचित्र से मेल नहीं खाती जिसमें सरस्वती की एक धारा को भागीरथी की बग़ल में दिखाया गया है।[62]

लगता है मार्ग के बारे में मुकुन्दराम का विवरण यह संकेत देता है कि भागीरथी (आज के नहीं) पुराने मार्ग से बह रही थी जिसके किनारे कालीभोग, बेट्टूर और चित्रभोग स्थित थे। कलिकत्ता[63] का ज़िक्र भी आता है जो ज़ाहिर है तब एक गाँव था। इसका महत्त्व बढ़ रहा था क्योंकि अबुल-फ़ज़्ल ने *आईन* में इसका ज़िक्र किया है।[64] मार्ग के ऐसे सुस्पष्ट पड़ावों से संकेत मिलता है कि अच्छे-ख़ासे अरसे से सौदागर अकसर इस मार्ग का प्रयोग करते आ रहे थे। पिछली कविताओं से अन्तर सिर्फ़ इस बात में है कि भागीरथी की निचली वादी में अनेक नए पड़ाव पैदा हो गए थे। इनका जन्म विप्रदास की कविता में दिखाई देता है जिसमें चितपुर, कलिकत्ता और कालीघाट का हवाला दिया गया है।

पिछली कविताओं से एक दूसरा अन्तर यह है कि मुकुन्दराम ने एक से अधिक अवसरों पर पुर्तगाली लुटेरों का हवाला दिया है। (वे इन्हें हर्मादा कहते हैं जो ज़ाहिर है Armada से बना है।) फिर भी मुकुन्दराम ने उन्हें ठीक भागीरथी के मुहाने की बजाए उड़ीसा की ओर अधिक सक्रिय बतलाया है।[65] चूँकि कोई विवरण नहीं दिया गया है, हम मान सकते हैं कि उनसे मुकुन्दराम का ख़ुद कोई आमना-सामना नहीं हुआ। हर्मादों की मौजूदगी को छोड़ दें तो समुद्र के मार्ग में कोई ख़ास विघ्न-बाधा नहीं थी। लेकिन भागीरथी की ऊपरी वादी में मुकुन्दराम ने ऐसी विघ्न-बाधा का ज़िक्र किया है। प्रयुक्त

नौका के प्रकार में विप्रदास के समय से तब तक कोई अन्तर नहीं आया था। समुद्रतटीय नौका के लिए मुकुन्दराम ने डिंग शब्द का प्रयोग भी किया है।

मुकुन्दराम की कल्पना के गुजरात नगर में वे विभिन्न मुस्लिम और हिन्दू दस्तकारों और भृत्य जातियों का ज़िक्र करते हैं; अब्दुल करीम ने इस विवरण का बहुत उम्दा इस्तेमाल किया है।[66] दिलचस्प बात यह है कि मुकुन्दराम उन दिनों के बंगाल में शक्तियों के दो समान्तर समूहों का कार्यकलाप दिखाते हैं। नक़दी के सम्बन्ध और विनिमय पर आधारित एक बाज़ारी अर्थव्यवस्था का अस्तित्व यहाँ स्पष्ट है।[67] एक परकोटे से रहित उनके गुजरात नगर में विभिन्न व्यावसायिक समूह मज़ाफ़ात (नगर के बाहरी भागों) में रहते हैं। यह चित्र समकालीन गौर के उस चित्र से मिलता-जुलता है जो एक समकालीन पुर्तगाली स्रोत में दिखाई देता है।[68] एक छोटे पैमाने पर यह चित्र वैष्णव स्रोतों में नबद्वीप के चित्र से मेल खाता है। दिलचस्प बात यह है कि मुकुन्दराम का दस्तकारों से कोई सरोकार न था और वे उनको ढाढ़स बँधानेवाली कोई विचारधारा प्रस्तुत नहीं करते। न ही वे कठोर ब्राह्मणवादी नियमों से मुक्ति पाने की दस्तकारों की इच्छा को दिखाने के प्रयास करते हैं; इस गुजरात नगर में ये नियम सार्वभौम हैं। नगर के एक सिरे पर वेश्याओं को बसने की अनुमति थी, और वे इस बह्मांडीय (बाज़ारी) व्यवस्था का अंग थीं, इसे नगर के बारे में मुकुन्दराम के ख़ाके से देखा जा सकता है।[69]

इस नगर के व्यवसाय विस्तार से दिए गए हैं। नगर के अन्दर साप्ताहिक बाज़ार (हाट) लगते थे जहाँ लोग ख़रीद-बिक्री करके जीविका कमाते थे। नदी पार करने तक के लिए मल्लाह शाही महसूल वसूल करता था। घसकट कुछ कौड़ी लेकर घास काटता था और नगर के एक सिरे पर बसे दर्ज़ी तनख़्वाह पर काम करते थे। तनख़्वाह की बात तब तक समझ में नहीं आती जब तक कि हम बड़े घरों के बारे में न सोचें जहाँ दर्ज़ी निश्चित मज़दूरी पर काम करता था, पर ऐसे घराने अन्यथा दिखाई नहीं देते।

मिठाईवाला ख़ुद ही घर-घर घूमकर मिठाइयाँ बेचता था।[70] ज़ाहिर है इस बाज़ारी अर्थव्यवस्था में दस्तकाराना उत्पादन की व्यवस्था प्रचलित थी जिसमें काफ़ी-कुछ फेरी का काम होता था। ऐसे दस्तकार आम तौर पर मज़ाफ़ात में रहते थे हालाँकि ये जगहें शहर के अन्दर होती थीं। पर कुछ व्यावसायिक समूह नगर से बाहर रहते थे जिसके कारण बहुत स्पष्ट नहीं हैं। मलंगी (यहाँ जिन्हें मल कहा गया है) बाहर रहते थे और नमक बेचकर रोज़ी कमाते थे। शायद चण्डालों से उनके सम्बन्ध ने उन्हें बाहर रहने पर मजबूर किया होगा। कुछ व्यावसायिक समूह अतिरिक्त आय के लिए कुछ दूसरी वस्तुएँ भी बनाते थे। चिताओं के लिए लकड़ी जमा करनेवाला डोम खरपतवार से टोपियाँ बनाता था जिन्हें आम तौर पर किसान पहनते थे।

लगता है मुकुन्दराम को कुछ समूहों से नफ़रत थी। सोने के ज़ेवरों का कारोबार करनेवाले सुबर्णबनिकों के बारे में उन्होंने लिखा है कि वे ख़रीदते और बेचते कम थे पर लोगों की दौलत खींच लेते थे। लेकिन सबसे बुरे तो वैद्य थे : वे रोगी को गम्भीर दशा में देखते तो बहाना बनाकर भाग खड़े होते।[71] इस तरह स्पष्ट है कि मध्यवर्ग

गुजरात नगर का एक महत्त्वपूर्ण तत्व बन चुका था।[72] कायस्थों का आगमन, जिनमें सभी शिक्षित थे, इसकी स्पष्ट पुष्टि करता है।

ध्यान देने की एक और सम्वृत्ति जजमानी व्यवस्था है जो गुजरात नगर में अभी भी प्रचलित थी। मुकुन्दराम ने विभिन्न समूहों के ब्राह्मणों और उनके छात्रों (संख्या में 700 ब्राह्मणों) के आगमन का वर्णन किया है। एक और असम्बद्ध हवाले से अस्पष्ट है कि सुप्रसिद्ध सौदागर (गौर नगर नहीं) गौर देश में अर्थात बारीन्द्री में रहता था। ब्राह्मणों में अधिकांश पूजा-पाठ की रीतियों से अनजान थे और कुछ तो इन रीतियों को सीखने के बाद नगर के अन्दर (जजमानों के लिए) जजमानी करने लगे थे तथा शुल्क के रूप में चावल, मिठाइयाँ, दही और तेल जैसी विभिन्न वस्तुएँ पाते थे।[73] हो सकता है यह गौर के पतन के बाद विनगरीकरण की प्रक्रिया का संकेत हो, पर इस तथ्य के बावजूद इससे बाज़ारी अर्थव्यवस्था के ताने-बाने के अन्दर जजमानी व्यवस्था के विस्तार का पता चलता है। हालाँकि ये दोनों शक्तियाँ अक्सर परस्पर विरोधी होती थीं, पर यह अन्तर्विरोध अखिल-भारतीय स्थिति से मेल खाता था जहाँ इस काल में नक़दी के सम्बन्ध, बाज़ारी अर्थव्यवस्था और मध्यवर्ग का उदय हो रहा था।[74]

यह विकासक्रम न तो एकरस था और न पूरे बंगाल में फैला हुआ था। फलस्वरूप कुछ कौशल कुछ नगरों तक ही सीमित रह गए। उदाहरण के लिए मुकुन्दराम ने दिखाया है कि राढ़ क्षेत्र में किस तरह श्रीमन्त को चिड़िया का पिंजरा नहीं मिला और उसे गौर नगर जाना पड़ा जहाँ दस्तकारों ने उसे एक पिंजरा बनाकर दिया।[75]

मुस्लिम समूहों और उनके पेशों पर मुकुन्दराम का विवरण उनके प्रति वैसी किसी शत्रुता का संकेत नहीं देता जैसा आरम्भिक वैष्णव या मंगल कवियों की रचनाओं में दिखाई देता है। वृन्दावनदास ने नबद्वीप के क़ाज़ी और चैतन्य के हिंसक टकराव का हवाला दिया है जिसमें क़ाज़ी के दालान में बने कमरे जल गए।[76] विजयगुप्त ने भी क़ाज़ी की खड़ी की गई मुसीबतों का ज़िक्र किया है जो हिन्दुओं की सबसे अधिक नफ़रत का पात्र था।[77] आरम्भ-17वीं सदी में जब हम कृष्णदास कविराज[78] तक पहुँचते हैं तो क़ाज़ी और चैतन्य का टकराव नर्म होकर मात्र ज़बानी लड़ाई रह गया था। क़ाज़ी ने चैतन्य को इस आधार पर अपना भतीजा कहा कि वे एक ही गाँव के रहनेवाले थे। जब हम अकबरी दौर के अन्त की ओर बढ़ते हैं तो ऐसे टकराव का अभाव एक विकासशील अर्थव्यवस्था में विभिन्न समूहों के बीच और घनिष्ठ एकीकरण का संकेत देता है। दूसरों के अलावा तपन रायचौधुरी और अब्दुल करीम ने कुशलता के साथ बंगाली संस्कृति का विकास दिखाया है, और उसके साथ अरबी-फ़ारसी शब्दों के मेल से बंगाली भाषा का विकास हुआ। फिर धीरे-धीरे आगे चलकर पुर्तगाली शब्दावली का समावेश भी उसमें हुआ। यह सब एक समन्वित संस्कृति के विकास का सूचक है। ज़ाहिर है कि बंगाल में सल्तनत-काल के अन्त में जो धार्मिक शत्रुता दिखाई देती है वह एक राजनीतिक और आर्थिक संकट का अंग थी। राजनीति के क्षेत्र में शेरशाह की विजय और मुग़ल-अफ़गान संघर्ष ने एक अराजक स्थिति पैदा कर दी जिसका परिणाम

भागीरथी की ऊपरी वादी में विनगरीकरण था। आर्थिक क्षेत्र में बंगाल की खाड़ी और हिन्द महासागर पर पुर्तगालियों के वर्चस्व ने बंगाली सौदागरों की सामुद्रिक गतिविधियों पर भारी रोक लगा दी। अगले 50 साल के अन्दर अकबरी दौर के अन्त तक, भारतीय सौदागर पुर्तगालियों के जाल को गच्चा देने में काफ़ी कुछ सफल रहे। हालाँकि बंगाली सौदागरों ने मध्य-17वीं सदी तक अपनी व्यापारिक गतिविधियाँ दोबारा शुरू नहीं कीं, लेकिन भारत के दूसरे भागों के सौदागर बंगाल में बड़े पैमाने पर व्यापार करने लगे थे। मुकुन्दराम और विप्रदास के सौदागर गन्धबणिक समूहों से जुड़े थे जो श्रीलंका, उड़ीसा और सम्भवतः गुजरात तक पहुँचे थे। वे अपने साथ मुख्य रूप से मसाले, फल और कुछ मुआमलों में भेड़ और घोड़े, ले जाते थे, और कपड़े भी जो तब तक निर्यात की प्रमुख मद नहीं बने थे। बदले में वे क़ीमती पत्थर, ख़ासकर श्रीलंका के मोती, घोड़े ओर तरह-तरह के मसाले लेकर आते थे। वे क़ीमती धातुएँ लेकर नहीं आते थे, जबकि कुछ आयातित मालों का सप्तग्राम से पुनर्निर्यात किया जाता था। बंगाली सौदागरों को तो तटीय व्यापार ने ज़िन्दा रखा। इसीलिए मुकुन्दराम ने देखा कि सप्तग्राम के सौदागर घर बैठे समुद्रपारी सौदागरों को अपने माल बेचते थे।

बंगाल की केन्द्रीय सत्ता लम्बे संघर्षों में कमज़ोर होकर 1570 तक पूर्वी बंगाल के अर्ध-स्वायत्त ज़मींदारों के लिए जगह ख़ाली कर चुकी थी जो पुर्तगाली लुटेरों की सहायता से चावल, कपड़ों और मसालों के व्यापार पर फल-फूल रहे थे।[79] सप्तग्राम और गौर के 'बंजर' नगरों की जगह भागीरथी की निचली वादी के छोटे-छोटे नगरों ने ले ली। इस तरह यह परस्पर विरोधी तत्वों का, रूपान्तरण का, अक्सर एक-दूसरे से टकरा रही कुछ शक्तियों के उत्कर्ष का दौर था। मुकुन्दराम की तरह का मध्यवर्गीय बंगाली दुखी नहीं था और मानसिंह के क़सीदे पढ़ रहा था।[80] जबकि एक अन्य हिन्दू कवि ने अकबर की स्तुति की।[81]

सन्दर्भ और टिप्पणियाँ

1. आशुतोष भट्टाचार्य, *बांगला मंगल काव्येर इतिहास,* कलकत्ता, 1964
2. तपन रायचौधुरी, *बंगाल अण्डर अकबर एण्ड जहाँगीर*, दूसरा संस्करण, नई देहली, 1969
3. अब्दुल करीम, *बाँगलार इतिहास : सुल्तानी अमल,* ढाका, पहला संस्करण 1979, दूसरा संस्करण 1987
4. सुखमय मुखोपाध्याय, *बाँगला साहित्येर प्राचीन कविदेर परिचय ओ समाज,* कलकत्ता, 1987, उनकी रचना *मुसलमान अधिकारेद आदि पर्व,* कलकत्ता भी देखें।
5. अनिलचन्द्र बन्दोपाध्याय, *मध्ययुगेर बाँगला ओ बंगाली,* कलकत्ता, 1986
6. आशुतोष भट्टाचार्य, *बैस कबीर मनसा मंगल* (आगे से : *बैस कवि*), कलकत्ता विश्वविद्यालय, 1962
7. सुकुमार सेन, *बाँगला साहित्येर इतिहास,* एक, कलकत्ता, 1978 (पहला संस्करण : 1940),

पृ. 12-14
8. *बैस कवि,* प्रस्तावना, पृ. 25-27
9. उपरोक्त, पृ. 28
10. उपरोक्त, पृ. 29
11. अबुल-फ़ज़्ल, *आईने-अकबरी,* अनुवाद : जैरेट और टीका : जदुनाथ सरकार, कलकत्ता, 1978, दो, पृ. 154
12. यह परवर्ती सेन साम्राज्य का अंग था। पूरी विवेचना के लिए निहाररंजन रे, *बंगालीर इतिहास,* कलकत्ता, 1949, पृ. 364-80 देखें।
13. *बैस कवि,* पृ. 32-36
14. सुखमय मुखोपाध्याय, *बाँगला साहित्येर तथ्य ओ कालक्रम,* दूसरा संस्करण, कलकत्ता, 1988, पृ. 1-4
15. विजयगुप्त, *पद्मा पुराण,* सम्पादन : जे के दासगुप्त, कलकत्ता विश्वविद्यालय, 1962, पृ. 238-42
16. उपरोक्त, पृ. 238-42
17. *बैस कवि,* पृ. 129-32; मैत्र ने 14 डिंगों का ज़िक्र किया है।
18. उपरोक्त : द्विज बंसीदास, *मनसा मंगल।* उन्होंने इसे 1575 में पूरा किया हालाँकि भट्टाचार्य इसे अन्त-17वीं सदी का मानते हैं। वे सौदागरों के नाम भी देते हैं।
19. मुकुन्दराम चक्रवर्ती, *कवि कंकन चण्डी,* दूसरा संस्करण, इलाहाबाद, 1921, पृ. 227-29
20. *बैस कवि,* पृ. 147-50
21. शम्सुद्दीन अहमद, *इंस्क्रिप्शंस आफ़ बंगाल,* राजशाही, 1960, पृ. 173-76
22. विंसेंट ले ब्लांक, सीनियर, *लेस वोयेजेज़ फ़ेमीक्स,* 1948, पृ. 126-29
23. *बैस कवि,* पृ. 148-49
24. उपरोक्त, पृ. 150
25. *आईन,* पूर्वोक्त, दो, पृ. 154
26. सीज़र फ्रेडरिकी, 1573 और 1581 के बीच (*परचज़, हिज पिलग्रिमिस,* मैकिलहोज़ संस्करण, एडिनबर्ग, पाँच पृ. 410)
27. *बैस कवि,* पृ. 153
28. दूसरों के अलावा केतकदास खेमानन्द, पूर्वोक्त, पृ. 159 देखें।
29. दूसरों के अलावा विजयगुप्त (पूर्वोक्त, पृ. 238-39) भी प्रस्थान से पहले ब्राह्मणवादी देवताओं की पूजा और पशु-बलि के हवाले देते हैं।
30. चूड़ामणिदास, *गौरांग विजय,* कलकत्ता।
31. पी सी बणची, पोलिटिकल रिलेशंस बिटविन बंगाल एण्ड चाइना इन द पठान पीरियड, *विश्वभारती ऐनल्स,* 1945, एक, पृ. 96-134
32. जयानन्द, *चैतन्य मंगल,* कलकत्ता, 1971, पृ. 10-11; वृन्दावनदास, *चैतन्य भागवत,* नबद्वीप, तीसरा संस्करण, पृ. 161।
33. वृन्दावनदास, *चैतन्य मंगल,* कलकत्ता, 1971, पृ. 10-11
34. उपरोक्त, पृ. 11
35. उपरोक्त, पृ. 230-41
36. जे जे ए कैंपोस ने सतगाँव में पुर्तगालियों के पहले आगमन को 1535 की घटना माना है हालाँकि उन्होंने व्यापार का ज़िक्र नहीं किया है। *हिस्टरी आफ़ द पोर्चुग्वीज़ इन बंगाल,* भारतीय संस्करण, पटना, 1979, पृ. 37 देखें।

37. जयानन्द, पूर्वोक्त, पृ. 11-12
38. हरीचरणदास, *अद्वैत मंगल,* बर्दवान विश्वविद्यालय, 1966
39. *बैस कवि,* पृ. 58-85
40. जदुनाथ सरकार (सं), *हिस्टरी आफ़ बंगाल,* ढाका विश्वविद्यालय, 1972, दूसरा संस्करण (पहला संस्करण, 1948), दो, पृ. 358
41. मुकुन्दराम के पलायन की तिथि और उनकी रचना की तिथि के बारे में सुखमय मुखोपाध्याय, *बाँगला साहित्येर,* पूर्वोक्त, पृ. 150-68 देखें।
42. मुकुन्दराम, पृ. 4-5
43. उपरोक्त, पृ. 85-91
44. उपरोक्त।
45. उपरोक्त।
46. कृष्णदास कविराज, *श्रीचैतन्य चरितामृत,* बसुमति संस्करण (नवीं आवृत्ति), पृ. 200-1
47. तपन रायचौधुरी, रेवेन्यू एडमिनिस्ट्रेशन आफ बंगाल इन द अर्ली डेज़ आफ़ मुग़ल रूल, *जर्नल आफ़ एशियाटिक सोसायटी आफ़ बंगाल,* सत्रह (1), 1951, पृ. 51-61
48. उपरोक्त, पृ. 58
49. मुकुन्दराम, पृ. 85
50. उपरोक्त, पृ. 88
51. उपरोक्त, पृ. 201 पर सप्तग्राम का वर्णन देखें जहाँ पूरे भारत और विदेशों के सौदागर अपने जहाज़ों के साथ आते थे।
52. उपरोक्त, पृ. 73
53. फ़ोस्टर (सं), *अर्ली ट्रैवेल्स इन इण्डिया,* भारतीय संस्करण, 1985 में पृ. 25 पर राल्फ फ़िच को देखें। फ़िच ने (पृ. 24 पर) गौर नहीं, टांडा का वर्णन किया है।
54. मुकुन्दराम, पृ. 179
55. उपरोक्त, पृ. 181
56. उपरोक्त, पृ. 134
57. उन्होंने वहाँ (उपरोक्त, पृ. 134) शतरंज खेलते हुए एक साल गुज़ारे।
58. उपरोक्त, पृ. 200
59. उपरोक्त, पृ. 201 देखें। इरफ़ान हबीब ने अपने मानचित्र (*ऐन एटलस आफ़ द मुग़ल इम्पायर,* देहली, 1972, शीट 11ए) में इसे हवेली शहर लिखा है।
60. मुकुन्दराम, पृ. 201
61. उपरोक्त।
62. सूसन गोले, *इण्डिया विदिन द गंजेज़,* नई देहली, 1983 में पृ. 117 पर मुद्रित मानचित्र देखें।
63. मुकुन्दराम, पृ. 201 देखें। 1560 के आसपास रचना कर रहे जयानन्द कलिकत्ता का ज़िक्र नहीं करते। अन्त-17वीं सदी के आसपास *शीतला मंगल* में डीही कलिकत्ता का ज़िक्र आता है। सत्यनारायण भट्टाचार्य, *कवि कृष्णराम दासेर ग्रन्थावली,* कलकत्ता विश्वविद्यालय, 1958, पृ. 267 देखें।
64. *आईन,* पूर्वोक्त, दो, पृ. 154
65. मुकुन्दराम, पृ. 205 देखें। उन्होंने द्रविड़ देश जाने के लिए नदी को पार किया था।
66. अबुल करीम, *सोशल हिस्टरी आफ़ द मुस्लिम इन बंगाल,* दूसरा संस्करण, चटगाँव, 1985
67. अपनी पुस्तक के दूसरे संस्करण की प्रस्तावना में (पूर्वोक्त, पृ. 32-33) में तपन रायचौधुरी ने इसे स्वीकार किया है।

68. जी बूचन और एल वी थामज़ (सं), *वोयेज दांस लेस देल्तास दु गंगे एत देल' इराबदी,* 1521, पेरिस, 1986 जिसमें ब्रितो के दुभाषिए द्वारा दिया गया विवरण मौजूद है।
69. मुकुन्दराम, पृ. 91
70. उपरोक्त, पृ. 90-91
71. उपरोक्त, पृ. 88-91
72. रायचौधुरी, पूर्वोक्त में पृ. 196 पर इसकी एक संक्षिप्त विवेचना देखें जिसमें उन्होंने इस काल के बंगाल में मध्यवर्ग का अस्तित्व माना है जो 'आधुनिक समकक्ष से चरित्र में भिन्न' था।
73. मुकुन्दराम, पृ. 87
74. इक़्तिदार आलम ख़ान, अध्यक्षीय भाषण, मध्यकालीन भारत सत्र, *प्रोसीडिंग्स आफ़ द इण्डियन हिस्टरी कांग्रेस, अलीगढ़, 1975,* पृ. 113-41
75. मुकुन्दराम, पृ. 134
76. वृन्दावनदास, पूर्वोक्त, पृ. 802-5
77. विजयगुप्त, पूर्वोक्त, पृ. 121-25
78. कृष्णदास कविराज, पूर्वोक्त, पृ. 71-73
79. ज़मींदार के बारे में तपन रायचौधुरी का विचार (पूर्वोक्त, पृ. 32-34) महाजन की भूमिका तक सीमित था। लगता है कि दाऊद कर्रानी के पतन के फ़ौरन बाद पूर्वी बंगाल के ज़मींदारों का व्यवहार उनके पश्चिमी बंगाल के समकक्षों से भिन्न था। 16वीं सदी के अन्त में बंगाल में नगरीकरण के ढर्रे और सामाजिक रूपान्तरण पर ए दे और आर चटर्जी (सं), *मध्ययुगेर बंगाली समाज ओ संस्कृति,* कलकत्ता, 1992 में पृ. 61-86 पर मेरा लेख देखें।
80. मुकुन्दराम, पृ. 2-3
81. द्विज माधव, 1600 से पहले, एस मुखोपाध्याय, *मध्ययुगेर बाँगला,* पूर्वोक्त, पृ. 158 पर।

अकबरी दौर में सिखों का आन्दोलन

जे एस ग्रेवाल

आम तौर पर ऐसा माना जाता है कि गुरु नानक द्वारा स्थापित सामाजिक-धार्मिक समुदाय अकबरी दौर के अन्त तक 'राज्य के अन्दर एक राज्य' बन चुका था। लेकिन इस विकासक्रम और अकबर द्वारा स्थापित मुग़ल राजसत्ता के बीच कोई सम्बन्ध था या नहीं, इस पर सिखों के इतिहासकारों ने गम्भीरता से विचार नहीं किया है। उन्होंने स्थिति को बादशाह और गुरुओं के निजी सम्बन्धों के आधार पर देखने की कोशिश की है और इस संभावना पर ध्यान नहीं दिया है कि सिख पन्थ के विकास पर अकबर द्वारा स्थापित सल्तनत का अवैयक्तिक या ग़ैर-इरादी प्रभाव भी पड़ा होगा।

मिसाल के लिए इन्दुभूषण बनर्जी ने गोइन्दवाल में गुरु अमरदास से मिलने के लिए अकबर के जाने का ज़िक्र किया है। उनके चरित्र के सन्तोंवाले गुण और उनके आसपास की शुचिता से बहुत अधिक प्रभावित होकर अकबर ने गुरु से कुछ अनुग्रह स्वीकार करने की प्रार्थना की। लेकिन गुरु ने कोई भी अनुग्रह स्वीकार करने से नर्मी से इनकार कर दिया। फिर भी आख़िरकार मौजूदा अमृतसर नगर में और उसके आसपास अनेक गाँवों का दान गुरु की पुत्री के नाम पर स्वीकार किया था, जो एक भारी भौतिक लाभ था। इसके अलावा बादशाह की यात्रा ने गुरु अमरदास की शोहरत और इज़्ज़त में चारचाँद लगा दिए। अकबर ने जब गुरु अर्जन से मुलाक़ात की और उनकी प्रार्थना पर एक साल के लिए पंजाब के अनेक गाँवों की मालगुज़ारी (मुआफ़) कर दी तो जनता के बीच नए पन्थ की आम इज़्ज़त और बढ़ गई। बनर्जी के अनुसार गुरुओं के प्रति अकबर की दोस्ती ने उन्हें अपने दुश्मनों द्वारा की गई शिकायतों को बेअसर बनाने में भी मदद पहुँचाई।[1]

सिख पन्थ के विकास पर अकबरी दौर की मुग़ल राजसत्ता के प्रभाव पर नए सिरे से विचार करने के लिए हम पहले ख़ुद उस विकासक्रम को देखेंगे। इसके लिए हमें सिर्फ़ उन गुरुओं के कारनामों पर ध्यान नहीं देना होगा जो अकबर के समकालीन थे, बल्कि अकबरी दौर के आरम्भ तक उनके अग्रजों के कामों पर भी ध्यान देना होगा। गुरु नानक की विचारधारा में ईश्वर तथा उससे मनुष्य के सम्बन्ध पर उनकी धारणा सम्भवतः अकेला सबसे महत्त्वपूर्ण तत्व था। गुरु नानक के पहले उत्तराधिकारी गुरु

अंगद की रचनाओं में ईश्वर की एकता, उसके सर्वशक्तिमान, सर्वव्यापी व सर्वज्ञानी होने का गुण और उसकी सर्वव्यापकता को स्वयंसिद्ध मान लिया गया है। इसी तरह कुछ अन्य विचारों को स्वीकार किया गया है : ईश्वर की इच्छा या आदेश (हुक्म, रज़ा, फ़रमान), उसकी अनुकम्पा (नडर, किरपा, प्रसाद) और मनुष्य की स्वकेन्द्रीयता (हौमई)। प्रेम और समर्पण, विश्वास और भय के साथ सुख और दुख में ईश्वर की आराधना की जानी चाहिए। गुरु नानक के पहले उत्तराधिकारी ने गुरु नानक द्वारा तय की गई सीमाओं तक ही ख़ुद को रखा : गुरु रामदास की रचनाएँ गुरु नानक की रचनाओं की टीका जैसी मालूम होती हैं। उन दोनों में ईश्वर इसी निर्गुण अवस्था में दिखाई देता है। शबद के माध्यम से उसका प्रकटन हमें दैवी व्यवस्था, दैवी गुरु, उसकी अनुकम्पा, उसकी अलौकिकता और उसकी सर्वव्यापकता के, माया और हौमई के, आराधना के सच्चे मार्ग के बारे में बतलाता है। लेकिन ज़ोर और भाव में महत्त्वपूर्ण तब्दीलियाँ भी हैं। सृष्टि के प्रत्येक युग की अपनी एक उपयुक्त आस्था होती है, यह विचार महत्त्वपूर्ण है; वर्तमान युग के लिए उपयुक्त व्यवस्था नाम के जाप की है। गुरु अर्जन की रचनाओं में ईश्वर में कुछ नए गुण देखे गए हैं। वह चिन्ताओं से मुक्त (अचिन्त) है, दुखों का विनाशक (दुख-भंजन) है तथा शत्रु का विनाशक (सत्र-दहन) है। जैसाकि हम आगे देखेंगे, इन नए गुणों का उस ऐतिहासिक स्थिति से गहरा सम्बन्ध था जिसमें गुरु अर्जन ने अपने पदों की रचना की, उन पदों की जिनमें ये विशेषण आते हैं।

गुरु नानक के उत्तराधिकारियों की रचनाओं में ईश्वर की धारणा से भी अधिक महत्त्वपूर्ण परिवर्तन गुरु की धारणा में आया। गुरु अंगद के लिए (गुरु नानक की रचनाओं के) ईश्वर और शबद ही नहीं, नानक भी गुरु के रूप में महत्त्वपूर्ण थे। इसके बाद गुरु से सम्बन्धित वक्तव्यों का भाव भी बदलने लगता है। 'गुरु के पास ही मुक्ति की चाबी है।' 'गुरु के बिना हर तरफ़ घोर अँधेरा है।' ऐसे वक्तव्य गुरु नानक पर भी उतने ही लागू होते हैं जितने दैवी मार्गदर्शक पर। गुरु अमरदास के लिए सच्चे गुरु को छोड़ कोई और गुरु नहीं है। जो सच्चे गुरु की सेवा नहीं करते, चारों युगों में दुख पाते हैं। वही करो जो गुरु कहे, और उसकी इच्छाओं (भरण) का पालन करो। गुरु रामदास की रचनाओं में गुरु का महत्त्व और बढ़ जाता है। वही पिता-माता, मित्र और सम्बन्धी है। वही उन लोगों का सम्मान है जिनके पास अपना कोई सम्मान नहीं। वही सिखों के बीच साझी कड़ी है। गुरु अर्जन की रचनाओं में गुरु ही सच्चा पादशाह, पादशाहों का पादशाह है; उसके सिख पल भर के लिए भी उसके पास बैठना भारी वरदान मानते हैं। उसका दरबार सभी दरबारों से ऊपर है; वही सारी नेमतों का स्रोत है। उसका दर्शन सारे पाप मेटता है। उसकी सेवा का हमेशा अच्छा फल मिलता है। सिखों से आशा की जाती है कि हर समय गुरु को याद रखें। गुरु ही बल्कि ईश्वर (पार ब्रह्म, निरंजन) है। सिखों के लिए गुरु अर्जन भी उनके अग्रजों की तरह एक दैवी हाला से मंडित थे।

गुरु की तरह शबद और नाम के भाव में भी एक महत्त्वपूर्ण परिवर्तन आया। गुरु

नानक की रचनाओं में नाम उद्देश्य है और शबद दैवी आत्माभिव्यक्ति का माध्यम है। गुरु अंगद की रचनाओं में शबद और नाम भी स्वयं गुरु नानक की पवित्र रचनाओं से एकाकार हो जाते हैं। सच्चा शबद बस एक है, और वह गुरु नानक की अमृत जैसी बानी है। गुरु अमरदास की रचनाओं में सच्चे गुरु की बानी ही सच्ची है। यही अमरत्व का मीठा अमृत है। बानी ही ईश्वर है : 'गुरमुख बानी ब्रह्म है।' सच्चे गुरु की रचना छोड़ कोई भी रचना अपरिपक्व है। अपरिपक्व रचना जो कुछ कहती है वह भी अपरिपक्व है। गुरु अमरदास ने सच्ची बानी की दो जिल्दें तैयार कीं जिनमें अधिकतर गुरु नानक, गुरु अंगद और स्वयं गुरु अमरदास की रचनाएँ थीं। इन दो जिल्दों में कबीर और नामदेव जैसे सन्तों और भक्तों की बानी भी शामिल थी। गुरु रामदास की रचनाओं में गुरु की बानी सत्य का साकार रूप है : कोई और सच्ची बानी नहीं है। गुरु अर्जन के लिए गुरु की बानी उनके लिए बरसात-समान है जिनकी आत्मा प्यासी है। उन्होंने वे 'अमूल्य रत्न' और 'अक्षुण्ण कोष' प्राप्त किए हैं जिनमें इसे उनके अग्रजों ने सँजोकर रखा था। गुरु अमरदास द्वारा संकलित दो जिल्दों में उन्होंने कुछ और भक्तों की रचनाओं के अलावा अपनी और गुरु रामदास की रचानाएँ भी शामिल कीं। 1604 में एक किताब तैयार की गई। एक असाधारण सुव्यवस्था तथा भागों और उपभागों का पेचीदा मगर सामान्यतः सुसंगत ढर्रा इसकी विशेषताएँ थीं। आज इसे जनता *गुरु ग्रन्थसाहिब* के नाम से जानती है जिससे संकेत मिलता है कि इसे गुरु का पद प्राप्त है। गुरु अर्जन के लिए यही 'ईश्वर का निवास' थी।

जिस तरह *ग्रन्थ* को गुरु के समानान्तर महत्त्व प्राप्त हुआ, उसी तरह सिखों को भी हुआ। गुरु नानक की रचनाओं में गुरमुख वह व्यक्ति है जो ईश्वर की ओर उन्मुख हो। गुरु अंगद की रचनाओं में गुरमुख गुरु नानक के अनुयायियों का पर्याय हो गया, और निहितार्थ रूप में उनके अपने अनुयायियों का भी। गुरु अंगद अपने अनुयायियों के प्रति गहरा सरोकार दिखाते हैं। वे उनके दास हैं जो शबद को मानते हैं; वे उनके लिए ईश्वर-समान हैं। वे उनके दास हैं जो ईश्वर की एकता और उसके देवत्व के रहस्य को स्वीकार करते हैं; वे उनके लिए ईश्वर-समान हैं। जिन्होंने गुरु से लौ लगाई है केवल उन्हें पता है कि कलियुग में बाहर के जगत में बादशाह वास्तव में ग़रीब है और विद्वान पंडित वास्तव में मूर्ख है। इस तरह 'गुरुमुख' अपने समकालीनों से अलग दिखाई देता है। गुरु अमरदास ने अपनी रचनाओं में सच्ची सोहबत (सत-संगत) के महत्त्व को रेखांकित किया है। इससे अभिप्राय उनके अनुयायियों की संगत है जो गुरु के शबद गाने के लिए और गुरु द्वारा इसी काम के लिए नियुक्त रागियों की गाई बानी सुनने के लिए उसके निवास (गुरुदुआर) पर आते हैं। 'धर्म-भाइयों' और 'धर्म-मित्रों' की यह सच्ची संगत ही 'बोध' का स्रोत है; यही मुक्ति का द्वार खोलता है। संगत में पहुँच गुरु का वरदान है। जो गुरु से लौ नहीं लगाता और शबद को स्वीकार नहीं करता, स्वार्थमय (मनमुख) है। गुरु रामदास की रचनाओं में संगत सिख-समूह बन जाती है। गुरु की संगत ईश्वर को प्यारी है। जिन्होंने नाम जपा, उनके भोजन, वस्त्र और

साज़-सामान सब पवित्र हो गए। जिन्होंने सिखों को सुख दिया उनके घरबार-महल सब पवित्र हो गए। सजे-सजाए जिन घोड़ों पर सिख सवारी करें, वे भी तर गए। जिनके होंठों पर प्रभु का नाम है उनके कर्म पवित्र हो गए। जो गुरु को भेंट चढ़ाते हैं, उन्हें दान का सच्चा पुण्य मिलता है। गुरु का सिख (गुरसिख) स्वयं गुरु-समान होता है; उसी में सच्चा गुरु वास करता है। गुरसिख से भेंट होना ईश्वर की अनुकम्पा का संकेत है।

दो

गुरु नानक ने अपने उत्तराधिकारियों के लिए एक विचार-समूह ही नहीं, एक ठोस संस्था की भी धरोहर छोड़ी। यह तीन अलग-अलग मगर परस्पर-सम्बन्धित गतिविधियों पर आधारित थी : एक पूजा का स्थान (धर्मसाल), सामूहिक पूजा (संगत) और सामूहिक भोजन (लंगर)। इस संस्था को उनके सभी उत्तराधिकारियों ने जारी रखा, सिर्फ़ अपने निवासस्थानों पर नहीं बल्कि कालान्तर में अन्य स्थानों पर भी। तत्कालीन रचनाओं में गुरु अंगद के लंगर में खीर बाँटे जाने के हवाले मिलते हैं। इसी तरह गुरु अमरदास का लंगर बारीक आटे और शुद्ध मक्खन की बहुतायत के लिए मशहूर था। गुरु अमरदास के काल में गोइन्दवाल से भिन्न स्थानों पर भी संगत के केन्द्र और लंगर स्थापित किए गए। इनमें से हर जगह पर गुरु का एक प्रतिनिधि रहता था। उससे स्थानीय संगतों की ज़रूरतें पूरी करने तथा सिखों और गुरु के बीच कड़ी की तरह काम करने की आशा की जाती थी।

स्थानीय संगतों की संख्या बढ़ी तो केन्द्र में एक आम संगत की ज़रूरत भी पैदा हुई। गुरु अमरदास ने हर साल बैसाखी और दीवाली पर अपने अनुयायियों को गोइन्दवाल आने के लिए प्रोत्साहित किया। उन्होंने गोइन्दवाल में एक बावड़ी बनवाई जो शुद्धि-स्नान के काम आने लगी। फलस्वरूप गोइन्दवाल सिखों का पहला तीर्थ बन गया। सिखों का इससे अधिक प्रसिद्ध तीर्थ गुरु रामदास और गुरु अर्जन के हाथों आज के अमृतसर नगर में बना। शुद्धि-स्नान के लिए एक तालाब बनवाया गय और उसके बीचोबीच हरमन्दिर नाम का पूजास्थल बनवाया गया। इस तीर्थ के इर्दगिर्द रामदासपुर नाम का एक नगर बस गया। गुरु अर्जन ने कुछ और नगर बसाए, जैसे बारी दोआब में तरन तारन और हरगोबिन्दपुर तथा जलन्धर दोआब में करतारपुर। गुरु अमरदास के समय में उनके प्रतिनिधियों से आशा की जाती थी कि वे सिखों से प्राप्त चढ़ावे लेकर गुरु के पास आएँगे। वहीं गुरु अर्जन के समय में उनके प्रतिनिधि, जो मसन्द कहलाते थे, गुरु के वास्ते कोष जमा करने के लिए जगह-जगह घूमा करते थे, ताकि उनके शुरू किए गए काम पूरे हो सकें।

गुरु अमरदास के समय तक सिखों की संख्या काफ़ी बढ़ चुकी थी। देहातों में यहाँ-वहाँ कुछेक व्यक्तियों की बजाय कुछ गाँवों में तो सिखों की एक बड़ी संख्या हो गई। अपने मत के प्रचार के लिए उन्होंने कुरुक्षेत्र तथा यमुना व गंगा के तट पर स्थित कुछ पवित्रस्थानों की यात्राएँ कीं। गुरु अमरदास के कुछ खत्री सिखों ने सूबा लाहौर

से बाहर भी अपने व्यापार शुरू कर दिए हों, यह भी असम्भव नहीं है। गुरु रामदास की रचनाओं में गुरु को चढ़ावे चढ़ाने के पुण्य पर अच्छा-ख़ासा ज़ोर दिया गया है : 'उसे अपनी सम्पति दो जो तुम्हें तुम्हारे सखा से मिलने योग्य बनाए।' शिष्यों से अनाज-वस्त्र भेजने को कहा गया। जो श्रद्धा से गुरु की सेवा करते हैं उनकी सारी मुरादें पूरी होती हैं। वे जो कुछ चाहते हैं सब मिलता है : धर्म, अर्थ, काम और मोक्ष सब।

जहाँ प्रभु ने खत्रियों और ब्राह्मणों को उपेक्षित किया, वहीं नामदेव उसके क़रीब पहुँचे। प्रभु के दूसरे हीन-जातीय भक्त भी थे जिन्होंने उसकी भक्ति के ज़रिए मुक्ति पाई, जैसे कबीर, जयदेव, तरलोचन, रविदास, धन्ना और सैन। हीन-जाति भक्तों व सन्तों की इस प्रशंसा को सिखों में हीन-जातिवालों की मौजूदगी का संकेत माना जा सकता है। गुरु रामदास सिखों में काश्तकारों की मौजूदगी के बारे में सजग हैं। वे सूखा पड़ने पर चिन्ता और समय पर बारिश होने पर सन्तोष का अनुभव करते हैं; उन्हें खेतों की सिंचाई के लिए रहटवाले कुँओं के अस्तित्व का भी ज्ञान है। फिर सिखों में दुकानदार, छोटे व्यापारी, दस्तकार और हस्तशिल्पी भी थे; इसके अलावा धनी सौदागर और व्यापारी भी थे। संगत में स्त्रियाँ भी कभी बहुत कम नहीं रहीं, लेकिन गुरु रामदास की रचनाओं में उनकी मौजूदगी उतनी ही स्पष्ट है जितनी पुरुषों की। उन्होंने अपनी रचनाओं में 'दूसरों' से सिखों को साफ़ तौर पर अलग ठहराकर एक अलग पहचान की सिख चेतना में काफ़ी योगदान दिया। 'नकटा' मनमुख सम्मान से रहित है; वह एक वेश्या का जन्मा 'बेनाम' दोग़ला है।

इसमें शक नहीं कि गुरु अर्जन के गुरु-काल में पंजाब में सिखों की संख्या काफ़ी बढ़ी। लाहौर में बहुत सारे सिख थे। इसी तरह सुल्तानपुर लोधी को सिख मत का एक बड़ा केन्द्र जाना जाता था। पट्टी हैबतपुर जैसे छोटे क़स्बों में सिख थे, और बहुत से गाँवों में भी थे। कुछ ब्राह्मण भी सिखों में थे, और कुछ अछूत भी। व्यापारी समुदायों, काश्तकारों, दस्तकारों और हस्तशिल्पियों को अच्छा प्रतिनिधित्व प्राप्त था। व्यापारी समुदायों में खत्रियों और काश्तकारों में जाटों का स्पष्ट बहुमत था। अग्रणी सिखों में एक मियाँ जमाल भी थे जो गुरु के साथ बने रहे। इसके अलावा सिख पंजाब तक ही सीमित नहीं थे। कश्मीर और काबुल में भी सिख थे तथा देहली और आगरा में भी। ऐन मुमकिन बल्कि यही है कि सिख अब अकबर की सल्तनत के सभी सूबों में रहे हों।

फिर भी सिख पन्थ का मुआमला एकदम ठीकठाक नहीं ही था। गुरु नानक के क़ानूनी वारिसों ने करतारपुर पर हक़ जताने के लिए क़ानून का सहारा लिया। इसलिए गुरु नानक के बेटों श्रीचन्द और लखमीचन्द के हाथों में करतारपुर सौंपकर गुरु अंगद स्वयं ही (अमृतसर ज़िले में) खडूर चले गए। जहाँ गुरु नानक का दाह-संस्कार हुआ था वहाँ श्रीचन्द ने एक ढाँचा भी खड़ा करवाया और गुरु अंगद को गुरु मानने से इनकार कर दिया। कुछ लोग तो उसके उत्तराधिकार के दावे पर विश्वास भी करने लगे। गुरु अंगद के शिष्य इस तरह गुरु नानक के एकमात्र शिष्य नहीं थे। गुरु अंगद की

रचनाओं में इन 'दूसरों' की मौजूदगी स्वीकार की गई है।

गुरु अमरदास को इसलिए खडूर छोड़ना पड़ा कि गुरु अंगद के बेटों दासू और दातू ने विरासत के रूप में उस पर दावा किया। उन्होंने ख़ुद को गुरु अंगद का आध्यात्मिक उत्तराधिकारी भी ठहराया। कुछ मील दूरी पर, लाहौर से देहली जानेवाले रास्ते पर व्यास नदी के दाएँ किनारे पर गुरु अमरदास ने एक नया केन्द्र बनाया जो गोइन्दवाल नामक नगर के रूप में विकसित हुआ। कुछ उनके निन्दक भी थे और कुछ मुँह मोड़नेवाले (बेमुख) भी। गुरु किसी को अपना दुश्मन नहीं मानते और सर्वशक्तिमान प्रभु की छाया में सब सुरक्षित हैं। उनके दुश्मन नहीं जानते कि वे ही सच्चे बादशाह हैं; दुनियावी बादशाहों के कारकुनों के हाथों उनके श्रृद्धालुओं को कोई हानि नहीं पहुँचनेवाली। इस तरह ये सब इसके संकेत हैं कि गुरु के दुश्मन स्थानीय हाकिमों से मदद माँग रहे थे। गुरु के इस विरोध को अपने धर्म के प्रचार में उनकी बढ़ती कामयाबी का सुबूत माना जा सकता है। नामज़दगी के उसूल को गुरु अमरदास ने अपेक्षाकृत ज़ोरों से उठाया है : 'स्वंय प्रभु ही गुरु है और स्वयं वे शिष्य (चेला) हैं।' यह बात गुरु नानक और गुरु अंगद पर भी लागू होती थी। कुछ भी हो, गुरु किसी और को ऊपर उठाकर गुरु के पद पर बिठा सकता है, यह दैवी व्यवस्था का एक अंग है।

गुरु रामदास की रचनाओं में नामजद उत्तराधिकारियों के दुश्मन यह नहीं जानते कि आरम्भ से ही भक्ति का ख़ज़ाना प्रभु के सच्चे आराधकों को सौंपा गया है। ये विरोधी गुरु नानक और गुरु अंगद से शाप-प्राप्त हैं। तीसरे गुरु ने सोचा था कि वे नुकसान पहुँचाने की क्षमता नहीं रखते। चौथे गुरु ने निन्दकों और उनके साथियों को क्षमा कर दिया। पर निन्दक अपने कुकर्मों में लगे हुए हैं और बदनामी के शिकार हैं। वे स्थानीय हाकिमों और चौधरियों की मदद माँग रहे हैं। इस गठजोड़ ने ऐसा ख़तरा पैदा किया जो गुरु रामदास की निगाहों से ओझल नहीं रहा। वे अपने शिष्यों को सलाह देते हैं कि प्रतिशोध न लें और सब कुछ प्रभु के भरोसे छोड़ दें। प्रभु के दीवानों अर्थात सिखों को पृथ्वी के दीवान से, सल्तनत के हाकिमों से डरने की ज़रूरत नहीं। सभी बादशाह, राजा, ख़ान, अमीर और शिक़दार प्रभु के अधीन हैं और वही करते हैं जो प्रभु उनसे कराना चाहता है। चूँकि सिख प्रभु के गुट से जुड़े हैं, उन्हें किसी लौकिक गुट (धड़ा) से डरने की ज़रूरत नहीं। उनका रक्षक प्रभु है—सिखों को इसका भरोसा दिलाने के लिए गुरु रामदास दन्तकथाओं और पुराणों का सहारा लेते हैं।

अगर गुरु रामदास का विचार यह था कि उनका अत्तराधिकारी उनके वारिसों में से एक के रूप में करतारपुर पर क़ानूनी हक़ पा सके और इस तरह मुख्यालय पर उसका नियन्त्रण बना रहे तो यह विचार अत्यन्त सफल रहा। गुरु अर्जन गुरु नानक के वे पहले उत्तराधिकारी थे जिन्हें उनके फ़ौरी अग्रज का धर्मिक केन्द्र प्राप्त हुआ। पर वे अपने अग्रज के पुत्र भी थे और दूसरे वारिस भी सम्पत्ति में भाग पाने का दावा कर सकते थे। गुरु अर्जन के सबसे बड़ भाई पृथीचन्द ने सम्भवतः अपने पिता का दर्जा पाने के लिए स्थानीय हाकिमों से सम्पर्क किया, पर उसे रामदासपुर की आय के

एक हिस्से पर सन्तोष करना पड़ा। गुरु अर्जन अपनी नामज़दगी के समय सिर्फ़ 18 साल के थे, और उनके कोई बेटा नहीं था। अपने छोटे भाई की प्रमुखता की स्थिति से समझौता न करके पृथीचन्द की दुश्मनी तीखी हो गई और उसने हरगोबिन्द को नुक़सान पहुँचाने की कोशिश की।

कुछ दूसरे निन्दक भी थे। अपनी रचनाओं में गुरु अर्जन ने उनका अनेक बार हवाला दिया है। वे गुरु के हितों को हानि पहुँचाने में आम तौर पर नाकाम रहे। एक ने गुरु के ख़िलाफ़ क़ाज़ी के सामने अनेक लोगों के दस्तख़त कराके एक हलफ़नामा (महज़र) पेश किया। पर वह झूठा निकला और इस झूठ के कर्ता-धर्ता का बहुत बुरा अन्त हुआ। एक ने शिशु हरगोबिन्द को ज़हर देने की कोशिश की, पर खुद मारा गया। सुल्ही नाम का एक शख़्स गुरु अर्जन का जानी दुश्मन था; अपने बुरे इरादों को अमली जामा पहनाने से पहले वह कुल्हाड़े से मारा गया। जब हुकूमत के एक बड़े हाकिम के आगे निन्दकों ने गुरु के ख़िलाफ़ एक अर्ज़ी पेश की तो उनके चेहरों पर 'कालिख' लग गई। उनके आरोप बेबुनियाद पाए गए और हाकिम ने गुरु को सुरक्षित घर लौटने की इजाज़त दी। ऐन मुमकिन है कि गुरु अर्जन के प्रति अकबर के रुख़ ने उनकी हिफ़ाज़त की हो। सुरक्षा की भावना से निपटने के लिए गुरु अर्जन ने अपने शिष्यों को प्रभु में गहरी आस्था और भरोसा रखने की सलाह दी। प्रभु को जो याद करता है, भय से मुक्त होता है। गुरु का शबद चारों तरफ़ सुरक्षा-सेना का काम करता है। 'प्रभु की दौलत' चिन्ता की तोड़ है। नाम व्यक्ति को निर्भय बनाता है। जो प्रभु की शरण में आते हैं, उनके लिए भय का कोई कारण नहीं होता।

तीन

संक्षेप में, 1605 में अकबर की मृत्यु के समय सिख मुग़ल सल्तनत के अनेक नगरों में रह रहे थे तथा सूबा लाहौर के नगरों और गाँवों में उनका स्पष्ट संकेन्द्रण था। गुरु के अधिकृत प्रतिनिधि (मसन्द) दूर-दारज़ की संगतों की देखरेख करते थे तथा साल में कम से कम एक बार उनके चढ़ावे रामदासपुर (अमृतसर) लाते थे। सिखों में सौदागरों और दुकानदारों जैसे व्यापारिक समुदायों तथा काश्तकारों और हस्तशिल्पियों जैसे उत्पादक समुदायों के सदस्य भी शामिल थे। वे ख़ुद आत्मनिर्भर थे और गुरुओं द्वारा विकसित संगठन को एक आर्थिक अवलम्ब प्रदान करते थे कि वे बाहरी संगठनों पर वित्तीय रूप से निर्भर हुए बिना बड़ी योजनाएँ चला सकें।

गुरु नानक की धार्मिक विचारधारा को उनके उत्तराधिकारियों ने इस तरह पुष्ट किया कि उनके बुनियादी विचारों का महत्त्व कम हुए बिना उसमें नए आयाम जुड़ते चले गए। गुरु नानक के जीवनकाल में ही गुरु के रूप में अंगद की नामज़दगी से उत्तराधिकारियों को संस्थापक के बराबर महत्त्व प्राप्त हुआ। गुरु-पद की एकता के विचार को प्रस्तुत और पुष्ट किया गया; गुरु का पद गुरु के शरीर से अधिक महत्त्वपूर्ण बन गया, और उसके निर्णयों को संस्थापक के निर्णयों जितनी ही वैधता प्राप्त हुई।

इस तरह उत्तराधिकारियों के धर्म-प्रचारक संस्थापक के ध्येय के विस्तार बन गए, और उनके उत्तराधिकारियों के काम उनके काम के विस्तार बन गए। गुरु के साथ शिष्य के पद की अदलाबदली के द्वारा गुरु ने एक-एक सिख को भारी महत्त्व दिया, तथा संगत को और भी अधिक प्रमुखता प्राप्त हुई। देववाणी के रूप में शबद तथा उस देववाणी के अंग रूप में गुरु नानक की बानी के हवाले से गुरुओं की रचनाओं को गुरु के बराबर ही प्रमुखता मिली। गुरु न तो ईश्वर का अवतार था, न उसका पैग़म्बर। फिर भी वह ईश्वर के इतना क़रीब था कि उसके अनुयायी उसके देवत्व का आधार मानते थे।

सिखों की वह धर्मिक विचारधारा जो जीवन के प्रति उनके रवैये को संचालित करती थी, गुरु अर्जन द्वारा सम्पादित ग्रन्थ में सन्निहित हुई। सिखों में अब अधिकाधिक यह चेतना पैदा होने लगी कि उनका ग्रन्थ वेद और क़ुरआन से स्पष्ट रूप से भिन्न है। सन्तों, भक्तों और सूफ़ियों की रचनाओं में व्यक्त जो विचार ख़ुद गुरुओं के विचारों से सबसे अधिक मेल खाते थे, उन्हें अपनाकर सिखों का ग्रन्थ अब ऐसे विचारों से सम्पन्न हुआ जो भारतीय उपमहाद्वीप के एक बड़े भाग में प्रचलित थे। यह एक ऐसी भाषा में रचा गया जिसे उत्तर भारत के एक बड़े भाग की जनता आसानी से समझती थी, और ऐसी लिपि में लिखा गया जो बड़े आराम से भारत में प्रचलित सभी लिपियों में सबसे आसान है। यह उन ख़ासुल-ख़ास सिख विचारों का एकमात्र प्रामाणिक स्रोत बन गया जो धार्मिक आचार-विचार की समकालीन प्रणालियों के एक बड़े भाग से भिन्न थे। दूर-दराज़ की जगहों पर इस्तेमाल के लिए पूरे ग्रन्थ की प्रतियाँ तैयार की जा सकती थीं या फिर उससे एक सार्थक चयन किया जा सकता था। कुछ भी हो, गुरबानी को सुनना ख़ुद गुरु के मुँह से कुछ सुनने जैसा हो गया।

आरम्भ में धार्मिक विचारधारा पर आधारित इस सुस्पष्ट सिख पहचान को जन्म, विवाह और मृत्यु सम्बन्धी अलग रीति-रिवाजों के व्यवहार ने और भी पुष्ट किया। सिख शादी-विवाह के मकसद से जातियों और उपजातियों के पुराने क्षैतिज सम्बन्धों को बनाए रखने के लिए स्वतन्त्र थे, पर गुरुओं की शिक्षाओं में ऐसा कुछ भी नहीं था जिसे इन सम्बन्धों के समर्थन में पेश किया जा सके। संगत और लंगर जैसी संस्थाओं में समानता का आदर्श खुले तौर पर सामने आता था। तीर्थ स्थान के रूप में रामदासपुर (अमृतसर) पास-दूर के सभी सिखों के लिए खुला था तथा बैसाखी और दीवाली के त्योहारों पर भारी भीड़ यहाँ जमा हो जाती थी। गुरु रामदास के नगर में सिखों का यह छमाही जमाव उन्हें आध्यात्मिक आनन्द प्रदान करता था; यह उन्हें एक बड़ी बिरादरी का हिस्सा होने का एहसास भी दिलाता था।

अकबर की मृत्यु के समय तक सिख पन्थ मुग़लिया सल्तनत के अन्दर एक सुस्पष्ट इकाई बन चुका था, पर ऐसी इकाई जिसके अपने विरोधी और शत्रु भी थे जिनकी मौजूदगी गुरु नानक के उत्तराधिकारी बराबर महसूस करते रहते थे। दुश्मनों की तादाद बढ़ रही थी, और उनकी साज़िशें भी। हुकूमत के क़ानून के चलते उनमें से कुछ

इस हाल में थे कि गुरुओं की सम्पदा पर विश्वसनीय दावों के साथ प्रशासकों से सम्पर्क कर सकें; प्रशासकों का लुच्चापन भी उन्हें उन दावों को स्वीकार करने के लिए प्रेरित करता था। अकबर की विश्व-बन्धुत्व की भावना खुली हिंसा से गुरुओं और उनके शिष्यों की रक्षा तो करती रही, पर उनके दुश्मनों की सारी साज़िशों को नाकाम नहीं कर सकी। इस सुरक्षा छतरी के न रहने पर गुरु और उनके शिष्यों के प्रति दुश्मनी की आँच और तीखी हुई। यह पूरी तरह संयोग भी नहीं था कि अक्तूबर 1605 में अकबर की मृत्यु के आठ माह के अन्दर नए बादशाह के कारिन्दों के हाथों यन्त्रणा पाकर गुरु अर्जन एक शहीद की गति को प्राप्त हुए।

सिख पन्थ के विकास पर अकबरी दौर की मुग़ल राजसत्ता ने जो प्रभाव डाला, अब हम ऐसी स्थिति में हैं कि उसके बारे में कुछ कह सकें। अकबर ने ऐसे अनेक क़दम उठाए जिनसे राजसत्ता का चरित्र बदला। उसने अधिराज और सामन्तों की राजव्यवस्था का व्यापक और प्रभावशाली उपयोग किया जिसके कारण बड़ी संख्या में ग़ैर-मुस्लिम सरदार राजनीतिक रूप से उसके अधीन हो गए। उसने अपनी सामान्य नीति के एक महत्त्वपूर्ण अंग के रूप में रज़ामन्द सामन्तों को मनसबदारी की व्यवस्था में लाने की कोशिश की। उसने भेदभावपूर्ण जज़िया और तीर्थयात्रा कर को समाप्त कर दिया। उसने गौहत्या को तथा एक से दूसरे धर्म में बलात धर्म-परिवर्तन को हतोत्साहित किया। उसने ग़ैर-मुस्लिम संस्थाओं और व्यक्तियों को राजकीय संरक्षण दिया। उसकी दी हुई रिआयतों और सुलहे-कुल के क़दमों ने उसके विशाल साम्राज्य में शान्ति और सुरक्षा की नींव रखी।

अपेक्षाकृत शान्ति और सुरक्षा की स्थापना-समृद्धि में वृद्धि की एक महत्त्वपूर्ण शर्त थी। कृषि का विस्तार अकबर की राजस्व नीति का एक महत्त्वपूर्ण उद्देश्य था। 16 वीं सदी के उत्तरार्ध में अधिकाधिक भूमि पर काश्त होने लगी, इसके स्पष्ट साक्ष्य मौजूद हैं। बाज़ार के लिए नक़दी फ़सलें बोई जाती थीं और विनिर्माण के लिए खेतिहर उपज का उपयोग किया जाता था। भारों, मापों और मुद्रा का मानकीकरण आर्थिक विकास में सहायक रहा। व्यापार को बढ़ावा देने के लिए अकबर ने अनेक आन्तरिक महसूल ख़त्म किए। कारवानों के लिए रास्तों को सुरक्षित बनाया गया और व्यापार एक खासा सुरक्षित धन्धा बन गया। बड़े पैमाने पर व्यापार का पुनरुद्धार अकबरी दौर की विशेषता था। 16 वीं सदी के उत्तरार्ध में अकबर की सल्तनत में नगरीय केन्द्र के आकार और उनकी संख्या में वृद्धि व्यापार और विनिर्माण के तथा कृषि उत्पादन के परिमाण में भी वृद्धि की संकेत थी।

कृषि, उद्योग और व्यापार की दृष्टि से सूबा लाहौर अकबरी सल्तनत के उन्नत सूबों में एक था, और लाहौर मुग़लिया सल्तनत के सबसे बड़े नगरों में एक था। अबुल-फ़ज़्ल लिखते हैं कि सूबे का अधिकांश भाग कुँओं द्वारा सिंचित था। सिंचाई के इस कृत्रिम साधन के कारण किसान उम्दा क़िस्म की या नक़दी फ़सलें उगाने लगे थे। अपने सेंधा नमक के लिए मशहूर यह सूबा शकर, कपड़ों, शालों और क़ालीनों के निर्यात

के लिए भी मशहूर था। लाहौर नगर देहली-काबुल व्यापार-मार्ग पर स्थित था। पंजाब के आर्थिक विकास ने उद्यमी व्यापारियों और काश्तकारों के लिए अच्छे अवसर प्रदान किए।

अपने गुरुओं को बड़े पैमाने की योजनाएँ चलाने में समर्थ बनाने के लिए उन्हें दिल खोलकर चढ़ावे चढ़ानेवाले खत्री और जाट सिखों की समृद्धि ख़ुद ही अकबर के अधीन मुग़ल सल्तनत के विकास से सम्भव हुई। विरोधाभास यह है कि गुरुओं के बढ़ते धन और संसाधन के कारण उनके नामज़द उत्ताराधिकारियों के प्रति दुश्मनों का विरोध भी अधिकाधिक भयानक होता गया। इस स्थिति में गुरुओं के लिए सल्तनत के हाकिमों का समर्थन अत्यन्त सहायक साबित हुआ। फिर भी इस निरन्तर विरोध ने सिखों के विचारों और रुझानों के विकास पर गहरा प्रभाव डाला। *ग्रन्थ* का संकलन, जिसमें सन्तों, भक्तों और सूफ़ियों की रचनाएँ भी शामिल थीं, जिस मोटे तौर पर सिख बिरादरी कहा जा सकता है उसके अन्दरूनी विरोधों और शत्रुताओं के माहौल से असम्बद्ध नहीं था। गुरु के महत्त्व और गुरु-पद की एकता पर दिए जानेवाले भारी ज़ोर का सम्बन्ध भी इसी स्थिति से था। अलग-अलग सिखों और सिख संगत का महत्त्व भी इसी प्रक्रिया का अंग था। ईश्वर के कुछ नए विशेषण स्पष्ट रूप से सिख संगत के अन्दरूनी तनावों की उपज थे।

अगर राज्य की समृद्धि गुरुओं की भौतिक सम्पदा और वित्तीय स्वतन्त्रता में प्रतिबिम्बित होती थी तो भौतिक संसाधनों के नियन्त्रण के लिए उठनेवाले विरोध ईश्वर की धारणा, गुरु-पद की धारणा, सिखों के महत्त्व और *ग्रन्थ* के संकलन से जुड़ी सिख विचारधारा में एक ख़ास तरह की तब्दीली और ज़ोर पैदा कर रहे थे। ठीक ये ही विकास क्रम था जिसने सिख पन्थ को राज्य के अन्दर एक राज्य का चरित्र प्रदान किया। गुरु अर्जन की मृत्यु पर गुरु हरगोविन्द की प्रतिक्रिया अकबर की मृत्यु के समय की स्थिति का एक तार्किक परिणाम थी। जैसा कि भाई गुरदास ने कहा है, गुरु अर्जन के उत्तराधिकारी ने सिख धर्म रूपी बाग़ के चारों ओर सख़्त कीकर के पेड़ों की एक बाड़ बनाने का फैसला किया ताकि वह किसी भी दिशा से आनेवाली विरोध की ज़ोरदार हवाओं से सुरक्षित बन सके। सिख पन्थ के शान्तिपूर्ण विकास की जगह जिसे आम तौर पर उसका सैन्यीकरण करते हैं उसमें उसके सुचारु संक्रमण के लिए इसे सबसे उपयुक्त रूपक कहा जा सकता है।

टिप्पणी

1. *इवाल्यूशन आफ़ द ख़ालसा,* दूसरा संस्करण, कलकत्ता, 1963, पृ. 171, 213-14

सन्दर्भ

आदि श्रीगुरु ग्रन्थ साहिब जी, (श्री दमदमी वीर, विभिन्न मुद्रित संस्करण, मानक पृष्ठ-निर्धारण)।
कनिंगम, जे डी (1849) *ए हिस्टरी आफ़ द सिख्स,* लन्दन।
खान, अहसन रज़ा (1977), *चीफ़टेंस इन द मुग़ल इम्पायर ड्यूरिंग द रीन आफ़ अकबर,* शिमला।
ग्रेवाल, जे.एस. (1979), *गुरु नानक इन हिस्टरी,* चंडीगढ़, दूसरा संस्करण।
ग्रेवाल, जे.एस. (1982), *फ़्राम गुरु नानक टू महाराजा रणजीत सिंह,* अमृतसर, दूसरा संस्करण।
ग्रेवाल, जे.एस. (1990), *द सिख्स आफ द पंजाब* (*द न्यू कैम्ब्रिज हिस्टरी आफ़ इंडिया,* दो : 3), कैम्ब्रिज।
बनर्जी, इन्दूभूषण (1963), *इवाल्यूशन आफ़ द ख़ालसा,* खंड एक, ए. 3, मुखर्जी एंड कम्पनी, कलकत्ता, दूसरा संस्करण।
मक्लियड, डब्ल्यू एच (1968), *गुरु नानक एंड द सिख रिलिजन,* आक्सफ़र्ड।
मक्लियड, डब्ल्यू एच (1975) *द इवाल्यूशन आफ़ द सिख कम्युनिटी,* आक्सफ़र्ड।
मक्लियड, डब्ल्यू एच (1980), *अर्ली सिख ट्रेडिशन : ए स्टडी आफ़ द. जनम सांखीज़,* आक्सफ़ोर्ड।
मक्लियड, डब्ल्यू एच (1984), *टेक्स्चुअल सोर्सेज़ फार द स्टडी आफ सिखिज़्म,* मैनचेस्टर।
मूसवी, शीरीं (1987) : *द इकानमी आफ़ द मुग़ल इम्पायर,* नई देहली।
रायचौधुरी, तपन और हबीब, इरफ़ान (सं) (1984), *कैम्ब्रिज इकानमिक हिस्टरी आफ़ इंडिया, कैम्ब्रिज।*
रे, निहाररंजन (1970), *द सिख गुरुज़ एंड सिख सोसायटी : ए स्टडी इन सोशल एनालिसिस,* पटियाला।
शब्दार्थ श्रीगुरु ग्रन्थ साहिब जी (पाठ और टीका, 1936-1941)।
सिंह, गंदा (सं) (1949), *माख़जे-तवारीख़े-सिक्खाँ,* अमृतसर।
सिंह, गोपाल (1962), *श्री गुरु ग्रन्थ साहिब,* अंग्रेज़ी अनुवाद, देहली।
सिंह, तेजा (1937), *सिखिज़्म : इट्स आयडियल्स एंड इंस्टीट्यूशंस, बम्बई।*
हबीब, इरफ़ान (1963), *द एग्रेरियन सिस्टम आफ़ मुग़ल इंडिया,* बम्बई।
हसन, नूरुल (1977), *थाट्स आन एग्रेरियन रिलेशंस इन मुग़ल इंडिया,* नई देहली।

अकबर और समुद्र पर पुर्तगालियों का वर्चस्व

के एस मैथ्यू

अकबर जब 1556 में तख़्तनशीन हुआ तब तक भारत के पश्चिमी तट पर पुर्तगाली अपनी सत्ता अच्छी तरह जमा चुके थे और वहाँ एक बड़ी तादाद में गढ़ और फ़ैक्टरियाँ क़ायम कर चुके थे; उनकी कुछ बस्तियाँ पूर्वी तट पर भी थीं। पुर्तगालियों की कर्ताज़ों (CARTAZES) की व्यवस्था के कारण हिन्द महासागर में जहाज़रानी एक बड़ी हद तक सीमित होकर रह गई थी। इस महाद्वीप के व्यापारियों, कुलीनों और शासकों को मजबूर होकर पुर्तगालियों से परवाने ख़रीदने पड़ते थे और उन परवानों की शर्तों का पालन करना पड़ता था, वर्ना उनके जहाज़ों और मालों को ज़ब्त कर लिया जाता था। 16वीं सदी की आख़िरी चौथाई में अपनी किताब लिख रहे अब्दुल अज़ीज के अनुसार काली मिर्च जैसे कुछ मालों को, जिन्हें हिन्दोस्तानी पैदा करते थे, पुर्तगालियों से ख़रीदना पड़ता था। वे आगे कहते हैं : 'जो कोई भी सालन के लिए काली मिर्च का एक दाना माँगता था (उसे पुर्तगाली) इसे पीसकर और कपड़े के एक टुकड़े में बाँधकर देते थे।' पोन्नानी (केरल) के शैख़ ज़ैनुद्दीन के भाई अब्दुल अज़ीज़ की शिकायत को देश के साधारण जन की भावनाओं का प्रतिनिधि कहा जा सकता है। कुलीनों के विरोध का पता इससे चलता है कि 1540 की दहाई में सूरत के व्यापारी सूबेदार ख़्वाजा सफ़र ने पुर्तगालियों को गुजरात और हिन्द महासागर से खदेड़ने की ज़ोरदार कोशिशें कीं। उन्हें भगाने के लिए उसने पश्चिम एशिया के शासकों से जो गठजोड़ किए, वे समुद्री व्यापार में लगे कुलीनों के रवैए को साफ़ दर्शाते हैं। गुजरात की विजय (1572) के बाद अकबर को समुद्र तक पहली पहुँच ही हासिल नहीं हुई बल्कि उसका सामना उन समस्याओं से भी हुआ जो भारतीय व्यापार और समुद्री गतिविधियों के लिए पुर्तगाली पैदा कर रहे थे।

गुजरात, जो मध्यकाल में भारत के सबसे व्यापारिक इलाक़ों में एक था, विभिन्न जातीयताओं के लोगों के लिए एक बहुत ही मुनासिब मिलन-स्थल का काम करता था। मलिक अयाज़ ने, जो मूलतः रूस से आया ईसाई था, ख़ुद को अच्छी तरह द्यू में स्थापित किया और गुजरात की सल्तनत के प्रमुख सूबेदारों में एक बन बैठा। पुर्तगाली व्यापारियों को परे रखने के लिए उसने समुद्र में संकल-कोठ नाम का एक गढ़ बनवाया और समुद्र तट से द्यू तक लोहे की एक जंज़ीर लगवा दी कि 'फ़िरंगियों' के जहाज़

जबरन रास्ता न बना सकें।[1] सूरत का सूबेदार ख़्वाजा सफ़र जिसे कुलीनों में भारी इज़्ज़त हासिल थी, एक अल्बानियाई था जिसने 300,000 'क्रूज़ेदों', 600 तुर्क सिपाहियों, कुछ तोपों, ज़ेवरात और अपनी औरतों के साथ दूयू में पनाह ली थी। बाद में, 1527 के आसपास वह बहादुरशाह का मुलाज़िम हो गया; साथ ही उसने दूयू में 600,000 'क्रूज़ेदो' का सरमाया लगाकर व्यापार भी शुरू कर दिया।[2] दूयू तब गुजरात तट का एक अहम बन्दरगाह था और पुर्तगाली उसे भारत का प्रवेशद्वार मानते थे। इसलिए अपने विदेशी व्यापार के आरम्भिक दिनों से वे उस पर आँखें गड़ाए हुए थे, और आख़िरकार 1535 में उसे क़ब्ज़ा ही लिया।

अकबर और पुर्तगालियों के सम्बन्धों का अध्ययन व्यापार, जहाज़रानी और साथ ही धार्मिक सम्पर्कों के आधार पर भी किया जा सकता है। धार्मिक पक्ष पर तो बहुत लिखा गया है जबकि अब तक पहलेवाले पक्षों पर बहुत कम ध्यान दिया गया है। इस समस्या की एक बेहतर समझ 16वीं सदी में समुद्र पर वर्चस्व के पुर्तगाली दावों की पृष्ठभूमि में ही संभव है। हर साल गुजरात तट से लाल सागर और फ़ारस की खाड़ी जानेवाले शाही जहाज़ों के लिए पुर्तगालियों से एक 'कर्ताज़' (परवाना) ख़रीदने के लिए ख़ुद अकबर ने रज़ामन्दी दी थी। इस मुआमले में वह सिर्फ़ पहले की नज़ीर का पालन कर रहा था।

कर्ताज़ जारी करने की प्रथा का आरम्भ 1502 से दिखाया जा सकता है जब वास्को द गामा ने इस पर ज़ोर दिया कि हिन्द महासागर में चलनेवाले जो जहाज़ पुर्तगाली नाविकों की ज़ोर-ज़बरदस्ती से बचना चाहते हैं, उनको पुर्तगाली समुद्र-कप्तान के दस्तख़तवाला एक परवाना हासिल करना चाहिए।[3] इस शर्त को उपमहाद्वीप के विभिन्न भागों के व्यापारियों, कुलीनों और अनेक शासकों ने इसलिए स्वीकार कर लिया कि उनके आदमियों और मालों को पकड़ा न जाए। इसके कारण पुर्तगालियों को छोड़ बाक़ी तमाम पक्षों को नुकसान पहुँचा। 16वीं सदी की पहली दहाई में भारतीय शासकों, अरबों, मिस्र और वेनिसवालों ने इसका जमकर मुक़ाबला किया, पर उन्हें कोई ख़ास कामयाबी नहीं मिली। पुर्तगालियों और भारतीय शासकों के बीच हुए लगभग तमाम कूटनीतिक समझौतों में यही तय होता रहा कि भारतीय तटों से चलनेवाले जहाज़ मामूली-सी रक़म देकर पुर्तगाली अफ़सरों के दस्तख़तोंवाले परवाने ख़रीदेंगे और सीमा शुल्क देने के लिए पूर्व-निर्धारित बन्दरगाहों को पलटेंगे। गुजरात के सुल्तान बहादुरशाह ने 23 दिसम्बर, 1534 को पुर्तगाली भारत के गवर्नर नुनो द कुन्हा के साथ एक सन्धि की और बेसाइन को पुर्तगालियों के हवाले कर दिया। उसने ख़ुद पर यह सुनिश्चित करने की ज़िम्मेदारी भी ली कि गुजरात के किसी भी भाग से पश्चिम एशिया या भारत के बाहर रहे जहाज़ और साथ ही बाहर से भारत आनेवाले जहाज़ पुर्तगाली परवाने लेकर चलें।[4] इसी सुल्तान ने 25 अक्तूबर, 1535 को एक सन्धि की जिसमें पुर्तगालियों से कर्ताज़ लेने की शर्त स्वीकार की गई थी। यह सन्धि उस वक़्त की गई जब दूयू को एक गढ़ बनाने के इच्छुक पुर्तगालियों के हवाले कर दिया गया।[5] परवानों की शर्तों का उल्लंघन

करनेवाले जहाज़ों को पुर्तगाली ज़ब्त कर लेते थे। इस तरह की स्थिति हिन्दोस्तानियों के लिए टेढ़ी थी, पर पुर्तगालियों की समुद्री शक्ति को कोई कारगर चुनौती न दी जा सकी। मलिक अयाज़ के बाद स्थिति में आनेवाली तब्दीली को समकालीन लेखकों ने स्पष्ट रूप से उभारा है जो याद दिलाते हैं कि मलिक अयाज़ के वक़्त में कोई भी पुर्तगाली जहाज़ गुजरात तट पर आने की हिम्मत नहीं करता था जबकि अयाज़ की मौत के बाद कोई हिन्दोस्तानी जहाज़ पुर्तगालियों से परवाना लिए बिना गुजरात तट छोड़ नहीं सकता था।[6] पुर्तगाली जिन लोगों को अपमानित कर रहे थे, उन सबके नुमाइन्दे के रूप में गुजरात के सूबेदार ख़्वाजा सफ़र ने एक समुद्री लड़ाई भी लड़ी, पर वह कुछ ख़ास हासिल नहीं कर सका।[7]

अकबरी दौर के वृत्तान्तकार पुर्तगालियों द्वारा फ़रवरी 1537 में बहादुरशाह के मंसूबाबन्द क़त्ल और हिन्द महासागर में जहाज़ों के आवागमन पर नियन्त्रण के बारे में उनके प्रयासों से बख़ूबी वाक़िफ़ थे।[8] उनमें से कुछ का विचार था कि ख़ुदावन्द ख़ान ने सूरत का क़िला अकबर के आदेश से बनवाया था और बाद में उसकी मरम्मत भी कराई थी तो इसीलिए कि पुर्तगालियों को सूरत से पश्चिम एशिया जा रहे जहाज़ों को पकड़ने से रोका जा सके।[9]

गुजरात को अपने अधीन लाने के लिए कमर बाँधे हुए अकबर ने जब सूरत पर क़ब्ज़ा किया तो वह पहली बार पुर्तगालियों से मिला।[10] इस दोस्ताना हाव-भाव को अकबर ने संभवतः इसलिए ज़रूरी समझा कि मक्का की तीर्थयात्रा आसान हो और तीर्थयात्रियों को ले जा रहे जहाज़ों को पुर्तगाली नौसैनिक कोई नुक़सान न पहुँचाएँ। सूरत में पुर्तगालियों से दोस्ताना सम्बन्ध बना चुकने के बाद अकबर संभवतः 8 मार्च, 1573 के रोज़ उत्तर की ओर बढ़ा और भड़ौच होकर अहमदाबाद और कैम्बे पहुँचा। एक तत्कालीन पुर्तगाली लेखक ने लिखा है कि अकबर और पुर्तगालियों के सम्बन्ध इतने दोस्ताना बन गए कि वह कैंबे में पुर्तगाली व्यापारियों से प्राप्त पुर्तगाली लिबास पहनने लगा। अकबर ने जब सूरत, भड़ौच और कैंबे के बन्दरगाही नगरों पर क़ब्ज़ा किया तो कैंबे के 50-60 पुर्तगाली व्यापारियों के एक दल ने उससे विशेष अनुग्रह की प्रार्थना की कि वे कैंबे में जिन मालों का आयात करते थे, उन पर सीमा-शुल्क से उन्हें मुक्त किया जाए। पुर्तगालियों के प्रति अनुग्रह के प्रतीकस्वरूप बादशाह ने इस प्रार्थना को स्वीकार कर लिया। कहा गया है कि पुर्तगाली हर साल कैंबे के कप्तान को शुल्कों के रूप में 300,000 क्रूज़ेदो अदा करते थे।[11] अकबर ने 18 मार्च 1573 को एक फ़रमान संभवतः भड़ौच से जारी किया जिसमें सूबा गुजरात में, ख़ासकर सूरत, भड़ौच, नौसारी और वेलोदारा (वड़ोदरा) में कार्यरत कप्तानों, सूबेदारों, प्रशासकों और दूसरे अफ़सरों को ताकीद की गई थी कि वे दमन जैसे पुर्तगाली अधीनतावाले इलाक़ों में उन्हें परेशान न करें। उसने आगे कहा कि पुर्तगाली वायसराय दोम एन्तोनियो दे नोरोन्हा ने अपने दूत एन्तोनियो काब्राल को भेजकर उससे दोस्ती की पेशकश की थी। आगे ताकीद की गई थी कि वे मलाबार के समुद्री लुटेरों की तरफ़दारी न करें बल्कि इसके विपरीत

पुर्तगालियों को अपनी मदद दें। अगर पुर्तगालियों के ग़ुलाम गुजरात के मुग़ल इलाक़े के किसी हिस्से में पनाह लें तो उनका फ़ैसला पुर्तगालियों के क़ानून के आधार पर किया जाए और वे ग़ुलाम उनके मालिकों के हवाले कर दिए जाएँ।[12]

अपनी तरफ़ से पुर्तगालियों ने अपनी सदिच्छा का परिचय देते हुए अकबर के परिवारजनों के लिए मक्का की यात्रा के परवाने जारी कर दिए। बादशाह के अफ़सरान की गुज़ारिश के बाद एन्तोनियो काब्राल ने उनके जहाज़ को कर्ताज़ (साल्वो कन्दक्तो) दे दिया। एन्तोनियो काब्राल से गुज़ारिश की गई कि वह इस परवाने (कर्ताज़) में इस ख़ास जहाज़ पर साधारण ध्यान दिए जाने की ज़रूरत का और लाल सागर के बन्दरगाह मोचा की यात्रा कर रहे महत्त्वपूर्ण व्यक्तियों का ज़िक्र करे, जो उसने फ़ौरन कर दिया। आगे यह भी तय पाया गया कि हर साल बादशाह की इच्छानुसार सूरत से मोचा जा रहे एक जहाज़ को एक कर्ताज़ मुफ़्त दिया जाएगा और जब उस परवाने से लैस जहाज़ वापस गुजरात तट पर आएगा तो उससे सीमा-शुल्क नहीं लिया जाएगा। यह प्रथा अकबर की मौत के बाद भी जारी रही, यहाँ तक कि जहाँगीर और उसके उत्तराधिकारियों को नियमित रूप से मुफ़्त कर्ताज़ मिलता रहा, और ऐसे परवानों में इसका ज़िक्र भी किया जाता रहा कि यह सब प्रचलित प्रथा के अनुसार किया जा रहा है।[13]

इस तरह जारी किए गए कर्ताज़ में उसे जारी करने के हालात का भी ज़िक्र होता था। कर्ताज़ में जहाज़ का नाम और वज़न, कप्तान का नाम और उम्र, रवानगी और पहुँच के बन्दरगाह, तथा रवानगी की मोटा-मोटी तारीख़ का ज़िक्र भी किया जाता था। जहाज़ में ले जाए जा रहे हथियारों वग़ैरह का भी ज़िक्र होता था, और उस सामान का भी जिसको ले जाने पर पाबन्दी थी। अन्त में, जारी किए जाने की तारीख़ के साथ सम्बन्धित मुंशियों के नामों को और परवाना जारी करनेवाले अधिकारी के नाम को भी दर्ज किया जाता था।

पुर्तगालियों द्वारा हर साल बादशाह अकबर को दिए जा रहे कर्ताज़ के वित्तीय निहितार्थों पर ध्यान देना भी आवश्यक है। गुजरात के सुल्तानों और पुर्तगाली अधिकारियों, दोनों द्वारा स्वीकृत शर्तों के अनुसार गुजरात तट से जाने या वहाँ आनेवाले सभी जहाज़ों के लिए ज़रूरी था कि सीमा-शुल्क अदा करने के लिए दूयू के कस्टम हाउस पर इत्तला दें। दूयू के कस्टम हाउस में शुल्क वसूली का ठेका सबसे ऊँची बोली बोलनेवाले को दिया जाता था। इसलिए इस बन्दरगाह के ठेकेदार, जिन्हें पता था कि बादशाह अकबर को हर साल एक मुफ़्त कर्ताज़ दिया जाता है, माँग करते थे कि उनसे हर साल वसूली जा रही रकम में से 18,000 पर्दाव कम किए जाएँ। वे दूयू के कस्टम हाउस के रोज़नामचे दिखाकर अपनी माँग को उचित ठहराते थे। इसलिए केवल मुफ़्त दिए जा रहे परवाने के कारण पुर्तगाली भारत की वित्तीय उगाही में 18,000 पर्दाव की कमी हो जाती थी। हिसाब लगाया गया है कि पुर्तगालियों को आमदनी में से हर साल 5,000 क्रूजेदो की एक और कमी के कारण यह नुक़सान और भी बढ़ जाता था।

कैंबे के जो निवासी अपने बारह से पन्द्रह जहाज़ों में मोचा जाया करते थे, उनको

हर साल वापसी पर सीमा-शुल्क अदा करने के लिए दूयू जाना पड़ता था। चूँकि अकबर के जहाज़ों को मोचा से वापस आने पर सीमा-शुल्क नहीं देना पड़ता, इसलिए कैंबे के इन व्यापारियों ने मोचा में इस जहाज़ के खड़े रहते ही उसमें भारी मात्रा में सोना-चाँदी, किमख़ाब के कपड़े, मूँगा-मोती भरना शुरू कर दिया। यह पुर्तगालियों के हित में तो नहीं ही था क्योंकि दूयू के कस्टम हाउस को ऐसी क़ीमती वस्तुओं से भारी आमदनी हुआ करती थी। इस तरह कस्टम हाउस को और आगे चलकर पुर्तगाली भारत की वित्तीय व्यवस्था को भारी नुक़सान होने लगा। पर 1573 में अकबर के साथ हुए समझौते के कारण पुर्तगाली इस बारे में कुछ ख़ास कर भी नहीं सकते थे।[14]

कभी-कभी ऐसा भी होता था कि 1573 के समझौते के अनुसार पुर्तगालियों द्वारा जारी मुफ़्त कर्ताज़ से लैस जहाज़ लाल सागर से जो सामान लेकर गुजरात आते थे, वह गणना से बहुत ज्यादा होता था। लाल सागर के किनारे स्थित जद्दा से मालों से लदे पाँच जहाज़ अगस्त 1577(?) में गोगा पहुँचे। दूयू के उन ठेकेदारों से प्राप्त सूचना के आधार पर, जो इससे नुक़सान उठाते, पुर्तगाली अधिकारियों ने फ़ैसला किया कि उन जहाज़ों के पास कर्ताज़ हों या न हों, उनका पीछा करके उन्हें पकड़ा जाए।[15] बाद में पुर्तगालियों ने एक और जहाज़ देखा और पकड़ा जो बादशाह का था। वायसराय ने फ़र्नाओ मिरांदा को हुक्म दिया कि वह गोगा जाकर मुआमले को देखे। इस जहाज़ के पास पुर्तगालियों का जारी किया हुआ परवाना था हालाँकि दूयू के ठेकेदार इसकी असलियत को लेकर शुबहे में थे। जद्दा से लौट रहे इस जहाज़ को पुर्तगाली जहाज़ों के घेरे में गोगा लाया गया। ठेकेदारों ने ज़ोर डाला कि इस जहाज़ को दूयू के कस्टम हाउस भेजा जाए; उनका तर्क था कि उनके साथ हुए समझौते की शर्तों के अनुसार उस जहाज़ पर लगे माल पर लगनेवाले सीमा-शुल्क पर उन्हीं का हक़ था। ऐसी स्थिति में फँसकर ब्रेज दे एजेवेदो ने वायसराय के फ़ैसले का इन्तज़ार करने का फ़ैसला किया। इस बीच किसी राव ने जो गुजरात में मुग़लों का एक प्रतिनिधि था, अपने दूत पुर्तगाली वायसराय के पास भेजकर पकड़े गए जहाज़ के साथ, अकबर के नाम पर इंसाफ़ किए जाने की प्रार्थना की। साथ ही उसने शाही जहाज़ की मदद के लिए सूरत से कुछ जहाज़ भेजने की तैयारी भी की। वायसराय ने फ्रांसिस्को पेइस को भेजा कि वह जहाज़ को माल समेत गोवा लेकर आए। लम्बी बातचीत के बाद आख़िरकार मालों से लदकर जद्दा से आए इस जहाज़ को बादशाह के कारिन्दों को सौंप दिया गया। जहाज़ में रखे रोज़नामचे के मुताबिक़ उसमें मूँगा-मोती, किमख़ाब और दूसरे मालों के अलावा 600,000 (क्रूज़ेदो का सोना-चाँदी भी लदा हुआ था।[16]

यह ख़बर हिन्दोस्तान के कोने-कोने में फैल गई कि पुर्तगाली मोचा से लौट रहे गुजराती जहाज़ों को पकड़ रहे हैं। मलाबार तट-स्थित पोन्नानी के शैख़ ज़ैनुद्दीन ने भी यह बात दर्ज की है। 16वीं सदी की आख़िरी चौथाई में लिखी गई किताब में उन्होंने कहा है कि पुर्तगालियों ने 1577 में अनेक गुजराती जहाज़ पकड़े। उन जहाज़ों में कुछेक अकबर के थे और बहुत-से मालों से लदे हुए थे। इसके कारण पुर्तगालियों और बादशाह

के ताल्लुक़ात वक़्ती तौर पर तनावग्रस्त हुए, हालाँकि अम्न फिर से बहाल हुआ और पकड़ा गया माल लौटा दिया गया। वाणिज्य-व्यापार में तथा समुद्र की स्वतन्त्रता में रुचि रखनेवाला हर व्यक्ति दिल से चाहता था कि अकबर हिन्दोस्तानी बन्दरगाहों से पुर्तगालियों को निकाल बाहर करे।[17]

अकबर और पुर्तगालियों के बीच अच्छे सम्बन्धों के बावजूद अफ़वाहें फैलती रहीं और पुर्तगाली सूरत और पश्चिम एशिया के बीच जहाज़ों की आवाजाही में बाधा डालते रहे। बादशाह जब उदयपुर से गुज़र रहा था तब उसे बताया गया कि सूरत से जहाज़ पकड़नेवाले मुसाफ़िर पुर्तगालियों के संभावित छापे से डरे हुए थे। गुजरात के शक्तिशाली प्रशासकों में एक, कुलीज ख़ान, से फ़ौरन कहा गया कि वह सूरत से उनकी रवानगी और सुरक्षित यात्रा सुनिश्चित करे। कुलीज ख़ान के बन्दरगाह पहुँचने से पहले ही ये मुसाफ़िर सलीमी और इलाही नाम के दो जहाज़ों में रवाना हो चुके थे, जिससे साबित हुआ कि अफ़वाह झूठी थी।[18] फिर भी लोगों के मन में पुर्तगाली इरादों को लेकर आम तौर पर जो चिन्ता पाई जाती है, उसका संकेत इससे मिलता ही है।

अकबर ने फ़रवरी 1580 में कुतबुद्दीन ख़ान को तैनात किया कि वह मालवा और गुजरात के अफ़सरान की मदद से पुर्तगालियों के ख़िलाफ़ एक फ़ौजी मुहिम शुरू करे। हिन्दोस्तान से पुर्तगालियों को खदेड़ने के इस साझा लक्ष्य में दकनी शासकों से भी शामिल होने की इल्तजा की गई। उनसे कहा गया कि यह बादशाह से वफ़ादारी जताने का एक अच्छा मौक़ा है और इस तरह उनकी प्रजा बादशाही फ़ौज के हमलों से महफ़ूज़ रहेगी।[19]

अकबर की राय थी कि 'फ़िरंगियों' को, जो अब मक्का की यात्रा और व्यापार, दोनों के लिए भारी खतरा बन चुके थे, हिन्द महासागर से खदेड़ा जाना चाहिए।[20] अकबर जैसे शक्तिशाली बादशाह के लिए पुर्तगालियों से मुफ़्त परवानों की माँग करना बहुत ही अपमानजनक समझा जा रहा था; जनता भी यही सोचती थी कि बादशाह के जहाज़ों के लिए परवाने लेने की शर्त उसकी गरिमा पर चोट करती थी।[21] विरोध की यह भावना इतनी ज़बरदस्त थी कि कहा जाता है कि अकबर ने हाजियों को मक्का जाने से ही मना कर दिया था।[22] कहा गया है कि बादशाह के हुक्म से एक विधिशास्त्री ने हज पर प्रतिबन्ध लगाने का फ़तवा ही जारी कर दिया था। आधार यह कि फ़ारस से होकर जाने में लोगों को शियों (क़िज़िलबाशियों) के हाथों परेशान होना पड़ता था जबकि समुद्र के रास्ते जाने पर पुर्तगालियों के जारी किए हुए परवाने लेकर जाना पड़ता था, और इन परवानों पर ईसा और मरियम की तस्वीरें छपी होती थीं जिसे मुसलमानों में बुतपरस्ती माना जाता है।[23]

वैसे तो अकबर ने अपने मालवा और गुजरात के अफ़सरान को हुक्म दिया था कि दकनी शासकों की मदद से वे पुर्तगालियों को खदेड़ने के लिए ज़रूरी क़दम उठाएँ, मगर पुर्तगालियों के खिलाफ़ एक कारगर मुहिम का कोई हवाला नहीं मिलता। इसके विपरीत जहाँगीर जैसे अकबर के उत्तराधिकारी पुर्तगालियों से कर्ताज़ लेने के लिए अपने आदमी भेजते रहे और वे पुरानी प्रथा के हवाले देकर कर्ताज़ जारी करते रहे।[24] मतलब

यह निकला कि 1573 में पुर्तगालियों से अकबर के औपचारिक समझौते के बाद जो प्रथा प्रचलित हुई और जिसके तहत अकबर कर्ताज़ लेने पर राज़ी हुआ, वह चाहे जितनी ही घिनावनी समझी जाती रही हो, उसके बाद भी बन्द नहीं हुई।

निष्कर्ष के रूप में हम कह सकते हैं कि अपने शासनकाल में अकबर ने पुर्तगालियों से दोस्ताना सम्बन्ध बनाए रखे, और उनसे कोई संजीदा टकराव मोल लेने या समुद्र पर उनके वर्चस्व को चुनौती देने की उसने कोशिश नहीं की। निश्चय के साथ यह कहना आसान नहीं कि समुद्री मोर्चे पर अकबर की कमज़ोरी ने ही उसे यह रवैया अपनाने को मजबूर किया था। उसके जैसी गरिमावाला बादशाह अगर ज़रूरी समझता तो आवश्यक नौसेना खड़ी कर सकता था। संभवतः विभिन्न धर्मों से अपने सम्बन्धों के सामान्य ढाँचे के अन्तर्गत वह कोई ऐसा संजीदा क़दम नहीं उठाना चाहता था जो पुर्तगालियों से, जो कैथलिक थे, बैर पैदा करे, हालाँकि कोई यह तर्क भी दे सकता है कि अपने जहाज़ों को नुक़सान से बचाने की ग़रज से ही वह पुर्तगाली मिशनरियों का स्वागत करता था। पुर्तगालियों से दोस्ताना सम्बन्ध बनाए रखने में दकन में सामने आ रही पेचीदगियों का भी कुछ योगदान अवश्य रहा होगा।

सन्दर्भ और टिप्पणियाँ

1. सिकन्दर मुहम्मद उर्फ़ मंझू गुजराती, *मिरआते-सिकन्दरी,* अनु : फ़ज़्लुल्लाह लुत्फ़ुल्लाह फ़रीदी, दिल्ली (पुनर्मुद्रण), 1990, पृ. 84
2. पांडुलिपि, आर्काइव नेशनल द तोरे दो तोंबो (आगे से : ए एन टी टी) लिस्बन, 'कर्तास दो वाइसरेइस', मैको यूनिको संख्या 24; के एस मैथ्यू, ख़्वाजा सफ़र, द मर्चेंट गवर्नर ऑफ़ सूरत एंड द इंडो-पोर्तग्वीज़ ट्रेड इन द अर्ली सिक्सटींथ सेंचुरी, *वाइस-अलमिरांते ए तेइक्ज़िरा दा मोतो इन मेमोरियम,* एक, लिस्बन, 1987, पृ. 319-28
3. गैस्पर कोरिया, *लेंदास दा इंदिया,* एक, कोइंब्रा, 1922, पृ. 298
4. सिमाओ बोतेल्हो, ओ तोंबो दो एस्तादो दा इंदिया, रोद्रिगो जोस दे लीमा फ़ेलनर द्वारा सम्पादित *सबसिदियोज़ पैरा ऐ हिस्तोरिया दा इंदिया पोर्तग्वीज़ा,* लिस्बन, 1988 पृ. 134-38 में संकलित।
5. उपरोक्त, फ़ोलियो 180 वी
6. मंझू (*मिरआते-सिकन्दरी,* पृ. 84-85) लिखते हैं : 'मालिक की हुकूमत में फ़िरंगी गुजराती बन्दरगाहों में दाख़िल नहीं हो सका। पर अब रफ़्ता-रफ़्ता हालत यह हो गई कि फ़िरंगी के परवाने के बिना कोई जहाज़ सूरत को छोड़ गुजरात के किसी बन्दरगाह से रवाना तक नहीं हो सकता, और वह भी पूरी तरह सूरत शहर की हुकूमत के लिए ज़िम्मेदार लोगों की बहादुरी और हौसले के कारण।'
7. इस समुद्री टकराव पर विस्तृत जानकारी के लिए दियोगो दे तिएव, *कमेंतेरियस दे रेबुस ए लुसितानिस इन इंदिया एपुद दियूम गेस्तिस एनो सैल्यूतिस नोस्त्राई एम डी एक्स एल वी आई,* कोइंब्रा, 1548, गोवर्त (सं), लिस्बन, 1973 देखें।
8. अबुल-फ़ज़्ल, *अकबरनामा,* एक, अनु : एच बेवरिज, नई दिल्ली, 1977, पृ. 322-24; बदायूँनी, *मुंतख़बुत्-तवारीख़,* एक, पृ. 458

9. अब्दुल क़ादिर बदायूँनी, *मुंतख़बुत्-तवारीख़,* एक अनु और सं : जार्ज एस ए रैंकिंग, नई दिल्ली, तिथि अज्ञात, पृ. 150
10. समकालीन फ़ारसी वृत्तान्तकारों ने मान लिया है कि पुर्तगाली मिर्ज़ों के बुलाने पर अकबर से लड़ने के लिए सूरत आए थे। पर यह महसूस करके कि अकबर के पास एक अजेय सेना है, उन्होंने कूटनीति का सहारा लिया। तब पुर्तगाली गवर्नर ने शान्ति और मित्रता के लिए अकबर के पास अपना दूत भेजा। कुछ दूसरे वृत्तान्तकारों ने यह राय भी दी है कि ख़ुद अकबर ने अपना दूत गोवा भेजकर पुर्तगाली गवर्नर से कहलवाया था कि वह उससे सूरत में मिलने के लिए कुछ लोग भेजे। गोवा में वायसराय के पास दूत भेजने के बारे में अकबर के इस प्रयास का यह कारण हो सकता है कि उसके हरम की स्त्रियाँ, उसकी माता और कुछ और सम्बन्धियों को मक्का जाना था। पुर्तगाली वृत्तान्तकार दियोगो दो काडलो ने जिस 'माता' का हवाला दिया है वह शायद अकबर की सौतेली माँ हाजी बेग़म रही होगी जो उसकी अपनी माँ मरियल मकानी और गुलबदन बेग़म के साथ मक्का गई। अबुल-फ़ज़्ल, *अकबरनामा,* तीन, पृ. 37; दियोगो दो काउतो, *द एशिया,* दशक नौ, लिस्बन, 1786, पृ. 64-87 देखें।
11. दियोगो दो काउतो, पूर्वोक्त, पृ. 66-67
12. पुर्तगाल के राजा दोम फिलिप ने दियोगो दो काउतो को बाद में गोवा के अभिलेखागार (तोरे दो तोंबे) का पहला प्रबन्धक नियुक्त किया था। उसने गोवा में अकबर द्वारा जारी फ़रमान किसी से प्राप्त करके वायसराय (दोम फ्रांसिस्को मैस्केरेंहाज़ ?) को दिखाया था। बाद में उसे अभिलेखागार में जमा करा दिया गया। काउतो कहता है कि यह फ़रमान उम्दा क़िस्म के काग़ज़ पर लिखा गया था और उस पर अकबर की मुह्र लगी थी। वह अपना आश्चर्य-भाव व्यक्त करता है कि यह दस्तावेज़ गोवा के एक व्यक्ति के हाथों कैसे लगी। मगर वह उस व्यक्ति का नाम नहीं जानता था। काउतो ने पूर्वोक्त में पृ. 82-84 पर पूरे फ़रमान का पुर्तगाली अनुवाद दिया है।
13. जहाँगीर के आदेश से 18 मई 1620 को मुबारकशाही नामक जहाज़ के लिए भीमजी पारिख के नाम जो कर्ताज़ जारी किया गया था, उसमें हर साल एक मुफ़्त कर्ताज़ जारी करने की परम्परा का ख़ास हवाला दिया गया है। उसमें आगे कहा गया है कि मौजूदा कर्ताज़ भी इस परम्परा के तथा पुर्तगालियों और मुग़ल बादशाह जहाँगीर के दोस्ताना सम्बन्धों के अनुरूप था। (पांडुलिपि, गोवा ऐतिहासिक अभिलेखागार, कोडेक्स संख्या 1043, फ़ोलियो 50 देखें।)
14. दियोगो दो काउतो, पूर्वोक्त, दशक नौ, पृ. 86-87
15. उपरोक्त, दशक दस, भाग 1, पृ. 287-88
16. उपरोक्त, पृ. 3300-304
17. डेविड लोपेज (सं), *हिस्तोरिया दोस पोर्तुग्वीज़ेज़ नो मलाबार पोर ज़िनादीम : मैनुस्क्रिप्तो अरबे दो सेक्यूलो* XVI लिस्बन, 1898, पृ. 83 देखें। पुर्तगालियों के कर्ताज़ से वंचित जहाज़ों और व्यापारियों के साथ जो सुलूक किया गया था और हिन्दोस्तानियों का जो अपमान होता था, उसका सजीव वर्णन अब्दुल अज़ीज़ की अरबी रचना *उर्जुज़-फ़तहुल-मुबियिन* में किया गया है। उन्होंने यह रचना खुले तौर पर बादशाहों और राजाओं को इसके लिए प्रेरित करने के मक़सद से लिखी थी कि वे पुर्तगालियों से लड़ाई छेड़ें, और हिन्द महासागर पर पुर्तगालियों के वर्चस्व के कारण हिन्दोस्तानियों की जो दुर्दशा हो रही थी, वह उनके सामने आए। मूल अरबी पांडुलिपि इंडिया आफ़िस लाइब्रेरी में ओर. नं. 1044, सेक्सन छः, फ़ोलियो 152-173 में प्राप्य है। पी एम जोशी और एम ए नईम द्वारा सम्पादित *स्टडीज़ इन द फ़ारेन रिलेशंस ऑफ़ इंडिया फ्राम द अर्लिएस्ट टाइम्स टू 1947,* हैदराबाद, 1975, पृ. 169-83 में एम ए मुईन ख़ान ने इसका अंग्रेज़ी अनुवाद प्रस्तुत किया है।
18. अबुल-फ़ज़्ल, *अकबरनामा,* तीन, पृ. 275

19. उपरोक्त, पृ. 409-10
20. उपरोक्त, पृ. 757
21. डेविड लोपेज़, पूर्वोक्त, पृ. 96
22. उपरोक्त
23. बदायूँनी, पूर्वोक्त, दो, पृ. 206; डेविड लोपेज़, पूर्वोक्त, पृ. 96 देखें। 990 हिजरी से पहले अकबर ने मक्का की तीर्थयात्रा पर रोक लगाई थी, ब्लाख़मान इस तथ्य से इनकार करते हैं और कहते हैं कि इलियट द्वारा पृ. 244 पर दिया गया उद्धरण भ्रामक है। (अबुल-फ़ज़्ल, *आईने-अकबरी,* दिल्ली, 1977, एक पृ. 181 की टिप्पणी देखें।) अबुल-फ़ज़्ल की ओर से कहा गया है कि बादशाह ने वास्तव में उस वक़्त हज पर पाबन्दी नहीं लगाई थी; वह तो सिर्फ़ ख़ान जहाँ की गढ़ी हुई कहानी थी जो अपनी दौलत पर लाज़मी तौर पर बननेवाला ज़कात देने से बचना चाहता था। बदायूँनी ने (पूर्वोक्त, दो, पृ. 206) यह भी जोड़ा है कि ज़कात देने से बचने के लिए मख़्दूमुल-मुल्क ने यह कहानी फैलाई थी।
24. टिप्पणी 13 का सन्दर्भ देखें।

अकबर का वकालत-काल (1558) का एक फ़रमान

सैयद ज़हीर हुसैन जाफ़री

भारतीय राष्ट्रीय अभिलेखागार ने अभी हाल में बेगम अमीना से दस्तावेज़ों का एक संकलन प्राप्त किया है। आप जामिया मिल्लिया इस्लामिया, नई देहली के प्रोफ़ेसर अबू बकर की पत्नी हैं। आपके पूर्वज मुग़ल काल में एक अच्छी-ख़ासी मुद्‌दत तक परगना चाँदपुर, सरकार सम्भल, सूबा देहली में क़ाज़ी और ख़तीब के पद पर रह चुके हैं।[1] ये दस्तावेजें तीन सदियों की अवधि को समेटती हैं और इनका सम्बन्ध मुख्यतः वारिसों के बीच जायदाद के झगड़ों, मददे-मआश की जोतों के बँटवारे को लेकर है, या फिर माफ़ी की ज़मीनों के आरम्भिक या उनकी पुष्टि करनेवाले फ़रमान और परवाने हैं। कुछ काग़ज़ात अकबरी दौर के हैं जो (1574-75 में शुरू होनेवाले) करोड़ी प्रयोग के काल में राजस्व प्रशासन के अहम पहलुओं पर रौशनी डालते हैं। इस काल में माफ़ी की ज़मीनें पानेवालों (आइमादारों) के आगे आनेवाली उन समस्याओं पर भी कुछ अन्तःदृष्टि प्राप्त होती है जिनके कारण हर परगना के कुछेक (आइमा) गाँवों में मददे-मआश की ज़मीनों का संकेन्द्रण अन्ततः आवश्यक हो गया।

प्रस्तुत टिप्पणी में मैं सिर्फ़ इनमें से सबसे पहलेवाली दस्तावेज़ की ओर ध्यान दिलाना चाहता हूँ। यह अकबर का एक फ़रमान है जिस पर सफ़र 966 हिजरी की तारीख़ पड़ी है। यह माह 13 नवम्बर से 11 दिसम्बर 1558 के संगत है।

मैं पहले इस फ़रमान का अनुवाद दे रहा हूँ जिस पर अब राष्ट्रीय अभिलेखागार में 2719/1 की संख्या पड़ी हुई है।

(वन्दना :) 'वह जरूरतों से परे (हुब्वल-ग़नी) है।'
(तुग़रा :) जलालुद्‌दीन मुहम्मद अकबर पादशाह ग़ाज़ी का फ़रमान।
(ऊपर की दो अर्ध-पंक्तियों के सामने दाइ ' तरफ़ गोल मुहर :)
(मुहर के बीच दर्ज इबारत :) जलालुद्‌दीन मुहम्मद अकबर पादगाह ग़ाजी वल्द मुहम्मद हुमायूँ पादशाह ग़ाज़ी।
(परिधि पर अमीर तैमूर तक पूर्वजों के नाम)
(पाठ :)

परगना चाँदपुर के वज्हदारों (वज्ह अर्थात वेतन के बदले इलाक़े पाने वालों) को मालूम हो कि ख़तीब (मस्जिदों में खुत्बे पढ़नेवाले) मौलाना अहमद शाही दरबार में आए और अर्ज़ी पेश की कि जो पुश्तैनी ज़मीन (ज़मीने-मौरूसी) उनके पास उपरोक्त परगना के क़स्बे की चौहद्दी के अन्दर उसके पास है, उसे लेकर अर्ज़गुज़ार और वजीहुद्दीन के बीच झगड़ा पैदा हो गया है, और यह झगड़ा ख़ित्ता सम्भल के और उपरोक्त परगना (के) इस्लामी क़ाज़ियों और मशहूर आलिमों के सामने पेश किया गया जिन्होंने अर्ज़गुज़ार को उसका हिस्सा दिलवाया, पर अब उपरोक्त वजीहुद्दीन इस हल (दस्तूर) से मुकर रहा है। अगर जो कुछ यहाँ कहा गया है वह सही है तो उन पर (मुख़ातिब हाकिमों) के लिए लाज़िम है कि उस मुक़ाम के इस्लामी क़ाज़ियों और मशहूर आलिमों के सामने हुए समझौते के मुताबिक़ अमल करें जिसके लिए उसके (अर्ज़गुज़ार) के पास एक सरकारी हुक्मनामा (महज़र) मौजूद है और उपरोक्त व्यक्ति (वजीहुद्दीन) को उस समझौते (दस्तूर) से मुकरने की इजाजत न दें। तहरीर सफ़र 966 में।

जिम्न (पृष्ठ भाग) में दो मुहरें लगी हैं। ये दो विद्वानों शैख़ अंज़र वल्द शैख़ ख़िज़्र तथा शैख़ मीर ईसा बाबा वल्द अब्दुल्लाह की हैं। दुर्भाग्य से राष्ट्रीय अभिलेखागार द्वारा अधिग्रहित किए जाने से पहले जो जीराक्स प्रति ली गई थी वह इतनी अच्छी नहीं है कि पुनरोत्पादित की जा सके। पर मुख्य पाठ को पढ़ने में कोई बड़ी समस्या नहीं आती।

पाठ का भाव पर्याप्त स्पष्ट है। फिर भी निम्नलिखित बातें ध्यान देने योग्य हैं :

1. परगना चाँदपुर तब ख़ित्ता (क्षेत्र) सम्भल का भाग था। यह बात सँभल को बाबर द्वारा दिए गए सरकार के अहम दर्जे से मेल खाती है।[2] आगे चलकर यह अकबर के सूबा देहली की सरकार बन गया।[3]
2. फ़रमान जिन हाकिमों के नाम हैं उन्हें वज्हदार कहा गया है। यह सम्भवतः अकबरी दौर के शेष बचे फ़रमानों में एक अनोखी बात है। यह शब्द हमें *बाबरनामा* में इसके प्रयोग की याद दिलाता है जहाँ इसका अर्थ वज्ह अर्थात वेतन के बदले इलाक़े पानेवाले हाकिम है।[4] इस अर्थ में वज्ह शब्द का एक इतिहास है जिसे 14 वीं सदी के उत्तरार्ध से आरम्भ दिखाया जा सकता है।[5] अकबर के आरम्भिक काल में वज्हदार शब्द का यही अर्थ जागीरदार/जायगीरदार शब्द को स्थानान्तरित हो गया।[6] इसलिए हम इस फ़रमान में वज्हदार शब्द के प्रयोग से यह नतीजा निकाल सकते हैं कि 1558 तक जागीरदार शब्द का प्रयोग आम नहीं हुआ था और न ही वज्हदार शब्द प्रचलन से पूरी तरह बाहर हुआ था।
3. वैसे तो मौलाना अहमद और वजीहुद्दीन के बीच 'पुश्तैनी ज़मीन' को लेकर झगड़ा बताया गया है, पर इसमें शायद ही कोई शक हो कि यह ज़मीन ख़तीब

के पद से जुड़ी थी और झगड़े का दूसरा फ़रीक़ वजीहुद्दीन इसमें शरीक भी था। यह बात ख़तीब के कर्त्तव्यों (क़वाइदे-ख़िताबत) के बँटवारे को लेकर 15 रबीउद्दोयम 982 (4 अगस्त 1574) को सैयद वजीहुद्दीन और शैख़ अहमद के बीच हुए समझौते से स्पष्ट है। समझौता यह था कि ईदुल-फ़ित्र का ख़ुत्बा सैयद वजीहुद्दीन द्वारा तथा ईदुज़्ज़ुहा का ख़ुत्बा शैख़ अहमद के पिता द्वारा पढ़ा जाएगा। तय हुआ कि जुमे (शुक्रवार) के ख़ुत्बे पहले की रवायत के अनुसार दोनों फ़रीकों के बीच बाँटे जाते रहेंगे। इसी तरह इस पद से जुड़ी 200 बीघा ज़मीन (आइम-ए-ख़िताबत) अब दोनों दावेदारों के बीच बराबर-बराबर बाँट दी गई।[7]

4. मौजूद फ़रमान से कुछ समय पहले शैख़ अहमद और सैयद वजीहुद्दीन के झगड़े को जिस तरह तय किया गया वह भी दिलचस्पी से ख़ाली नहीं है। फ़ैसले के लिए इस मुआमले को लौकिक मुआमलों के हाकिमों नहीं बल्कि सम्भल और चाँदपुर के क़ाज़ियों और आलिमों की एक मजलिस के आगे पेश किया गया। इस तरह यह सम्भवतः एक अनौपचारिक मजलिस थी जिसने एक समझौता कराया। समझौते को यहाँ दस्तूर कहा गया है और यह शब्द आम तौर पर क़ाज़ियों के मामूली फ़ैसलों के लिए इस्तेमाल नहीं किया जाता था। आगे चलकर ऐसे अनौपचारिक तरीक़ों की जगह कुछ अधिक औपचारिक न्याय-प्रक्रिया अपनाई जाने लगी। इसलिए 1558 में या उससे पहले अनौपचारिक प्रक्रिया का उपयोग प्रशासन पर केन्द्रीय अधिकारियों के नियन्त्रण के अभाव का सूचक हो सकता है।
5. यह फ़रमान अर्ध-शिकस्ता (सेमी-कर्सिव) दीवानी ख़त में लिखा गया है जो अकबर के आरम्भिक फ़रमानों में आम है, और ज़िम्न (पृष्ठभाग) में ऐसी कोई पहचान योग्य मुहर नहीं जो किसी आधिकारिक या पठनीय आधिकारिक पुष्टि का प्रमाण है। इस तरह ऐसा नहीं लगता कि इन मुआमलों को सद्र (राजस्व-दानों के वज़ीर) ने निपटाया हो, जैसा बाद के कालों में होने लगा था।
6. यह फ़रमान तब जारी किया गया था जब बैरम ख़ान की वकालत थी और बादशाह का वकील (रीजेंट) अपनी शक्ति के चरम पर था। फिर भी फ़रमान में कहीं उसका नाम नहीं आता। इससे ऐसा लगता है कि वास्तविक शाही आदेशों में बैरम ख़ान की सत्ता की आधिकारिक अभिव्यक्ति नहीं होती थी। औपचारिक मान्यता का यह अभाव सम्भवतः आंशिक रूप से इसकी व्याख्या करता है कि आगे चलकर जब नौजवान अकबर के साथ टकराव हुआ तो वकील की स्थिति क्यों इस क़दर तेज़ी से कमज़ोर पड़ गई।

सन्दर्भ और टिप्पणियाँ

1. चाँदपुर और सम्भल उत्तरप्रदेश के क्रमशः बिजनौर और मुरादाबाद ज़िलों के सुज्ञात नगर हैं।

2. *बाबरनामा,* तुर्की पाठ, सं : एइजी मानो, क्योटो, 1995, पृ. 470; अंग्रेज़ी अनुवाद : ए एस बेवरिज, दो, पृ. 521

3. *आईने-अकबरी* में चाँदपुर का ज़िक्र सरकार सम्भल के एक परगना के रूप में हुआ है। इसकी इतनी अहमियत थी कि इसे उस सरकार के अन्दर एक दस्तूर इलाक़े का मुख्यालय बनाया गया। इरफ़ान हबीब, ऐन एटलस आफ् *द मुग़ल इम्पायर,* देहली, 1982, शीट 8 ए, 29, 78 देखें।

4. *बाबरनामा,* सं : मानो, पृ. 553 देखें। बेवरिज द्वार प्रयुक्त शब्द 'स्टाइपेंडियरीज़' (अनुवाद, दो, पृ. 617) शायद ही उपयुक्त हो। इक़्तिदार आलम ख़ान, द मुग़ल एसाइनमेंट सिस्टम, *मेडिएवल इंडिया,* एक, सं : इरफ़ान हबीब, बम्बई, 1992, पृ. 67-68 भी देखें।

5. *कैम्ब्रिज इकानमिक हिस्टरी आफ़ इंडिया,* एक, कैम्ब्रिज, 1982 में पृ. 73-74 पर इरफ़ान हबीब को पढ़ें।

6. *द इंडियन इकानमिक एंड सोशल हिस्टरी रिव्यू,* चार (3), 1967 में अपने लेख में इरफ़ान हबीब ने दिखाया है कि अकबर का 1563-64 का एक फ़रमान वह सबसे पुरानी दस्तावेज़ है जिसमें यह शब्द आया है।

7. नेशनल आर्काइव्ज़ आफ़ इंडिया, 2919/2 देखें।

उस्ताद रँगरेज रामदास के पक्ष में अकबर के तीन आरम्भिक फ़रमान

इरफ़ान हबीब

जनवरी 1996 में मेरे दोस्त प्रोफ़ेसर अबुल-फ़ज़्ल उस्मानी (भूतपूर्व संकायाध्यक्ष, समाजविज्ञान संकाय, अलीगढ़ मुस्लिम विश्वविद्यालय) ने मेहरबानी करके मुझे अकबर के तीन फ़रमानों की ज़िरॉक्स प्रतियाँ दीं। उन्होंने कहा कि मूल फ़रमान फ़ीरोज़ाबाद, ज़िला आगरा के एक व्यापारी के पास हैं जो उन्हें देना नहीं चाहता। प्रोफ़ेसर उस्मानी ने इनकी कुछ ज़िरॉक्स प्रतियाँ बराहे-करम उन्नत इतिहास अध्ययन केन्द्र, अलीगढ़ के पुस्तकालय को भी दीं। और, गहरी पड़ताल के बाद मैंने पाया कि एक चौथा फ़रमान भी रहा होगा; बदनसीबी से सिर्फ़ उसकी एक कतरन बची है जिस पर शीर्षक (तुग़रा) और पाठ की पहली सतर का एक छोटा-सा हिस्सा बचा है।

ये तीनों फ़रमान काफ़ी हद तक सँभालकर रखे गए होंगे, सिवाय पहलेवाले के जिसके बाईं तरफ़ और नीचे के कुछ हिस्से फटे हुए हैं। उनकी आरम्भिक तिथियों (1561, 1562 और 1569) और उनकी अन्तःवस्तु की प्रकृति, दोनों के कारण ये फ़रमान बेहद दिलचस्पी के विषय हैं।

इस लेख के अन्त में तीनों फ़रमानों के हिन्दोस्तानी अनुवाद देवनागरी लिपि में दिए गए हैं। साथ ही इन दस्तावेज़ों के पहले पन्नों की तस्वीरें भी छापी जा रही हैं।

ये तीनों ही फ़रमान रामदास नामक एक ही व्यक्ति के पक्ष में जारी किए गए हैं जो लगता है चंवार परगना का रहनेवाला था। वह स्थान आगरा ज़िला, उत्तर प्रदेश के फ़ीरोज़ाबाद क़स्बे के पास यमुना नदी के बाएँ किनारे पर स्थित है।[1] फ़रमान संख्या दो (1562) में रामदास को 'उस्ताद रामदास रँगरेज़' लिखा गया है जिससे लगता है, वह उस्ताद रँगरेज़ रहा होगा। अंग्रेज़ों की दस्तकार परम्परा में 'मास्टर' शब्द का जो अर्थ है, 'उस्ताद' शब्द उससे बहुत अधिक मिलता-जुलता है। फ़रमान संख्या एक (1561) में उसके 'अलूफ़' (वेतन) के हवाले का मतलब है कि उस समय वह बादशाह की मुलाज़िमत में रहा होगा। यहाँ कपड़ों की रँगाई में अकबर की भारी दिलचस्पी के बारे में अबुल-फ़ज़्ल की टिप्पणियाँ याद की जा सकती हैं।[2] यही दिलचस्पी अंशतः इसकी

व्याख्या करती है कि मुलाज़िमत के दौरान एक कारीगर के रूप में रामदास पर असाधारण ध्यान क्यों दिया गया। 1569 तक हम रामदास को मुलाज़िमत से मुक्त पाते हैं; शायद उसका दिमाग़ भी कुछ चल गया होगा। इसलिए कि उस वक़्त एक शख़्स ने उस पर 'पागलपन' (जुनून) का इलज़ाम लगाया जिसके साथ क़र्ज की वसूली के दावे को लेकर उसकी मुक़द्दमाबाज़ी हुई। पर जिस फ़रमान संख्या तीन से ये बातें सामने आती हैं, वह यह भी दिखाता है कि उस्ताद के मालिक बादशाह को वह अभी भी याद था और उसको वह राहत दी गई जो वह चाहता था।

अब हम अलग-अलग फ़रमानों की विषयवस्तु की पड़ताल करेंगे।

दो

मुग़ल प्रशासनिक इतिहास के लिए फ़रमान-एक का विलक्षण महत्त्व है। जहाँ तक हमारी मौजूदा जानकारी मदद देती है, वह जागीर दिए जाने का सबसे पहला आदेश है जो अभी तक बचा हुआ है। दस्तावेज़ के आख़िर में दर्ज साल तो फटकर खो गया है, पर फ़रमान की तारीख़ का निश्चय 'रबी की शुरुआत, तख़ाकोईल' से किया जा सकता है। तुर्की साल 'तख़ाकोईल' अक्टूबर 1560 से सितम्बर 1561 तक की रबी और ख़रीफ़ की फ़सलों के संगत है। इसका पता 20 रमज़ान 969 हि/24 मई 1562 ई. के फ़रमान-दो से चलता है जिसमें बाद के तुर्की साल 'इत इल' की रबी और ख़रीफ़ का हवाला दिया गया है। इसलिए जिस हिजरी साल का हवाला फ़रमान-एक में ग़ायब है वह 968 रहा होगा। इसलिए अगर इसकी तारीख़ और माह को 21 रजब लिखा गया है तो हम मान सकते हैं कि यह फ़रमान अप्रैल 1561 को जारी किया गया होगा। यहाँ कह दिया जाए कि फ़रमान की पुश्त पर लगी दो मुहरों में साल 968 और एक में (9) 62 लिखा हुआ है। इस तरह अन्यथा भी इसे जारी करने का साल 968/1561 मुमकिन है।

फ़रमान में रामदास को तप्पा जामान, परगना चंवार के तहत गाँव हमीरपूर की जागीर दी गई है जिसकी जमा-रक़मी 5000 तंके थी जो 'बतौर वेतन' (दर वज्हे-अलूफ़) दी गई। इस क्षेत्र के पुराने सर्वेक्षण के एक-इंची नक़्शों में न तो जामान को देखा जा सकता है और न हमीरपुर को; पर हमें यह मान लेना चाहिए कि ये दोनों चंवार से बहुत दूर नहीं रहे होंगे। अबुल-फ़ज़्ल के यहाँ जमा-रक़मी का ज़िक्र अकबरी दौर के आरम्भिक वर्षों में वेतन की अदायगी के लिए सौंपे गए किसी ख़ास इलाक़े की अनुमानित मालगुज़ारी के रूप में मिलता है।[3] यह फ़रमान दिखाता है कि यह शब्द 1561 में मुग़ल प्रशासन में वाक़ई प्रचलित था, हालाँकि इससे पहले भी इसका ज़िक्र बाबर के 13 ज़िकाद 933 हि/11 अगस्त 1527 के एक फ़रमान में मिलता है। इसमें परगना वताल (बटाल, पंजाब) के एक गाँव के बारे में कहा गया है कि 'उसकी जमा-रक़मी 2,000 'तंक-ए-सियाह' है।[4]

यहाँ हमें एक पल ठहरकर उन मुद्राओं पर विचार करना होगा जिनमें बाबर के फ़रमान और हमारे फ़रमान-एक में जमा-रक़मी अदा की जाती थी। बाबर के फ़रमान

में 'तंक-ए-सियाह' (काला तंका) ज़ाहिर है कि लोदी दौर का घटिया धातु (बिलन) तंका ही है। जहाँ तक मैं पता कर सका हूँ, तंक-ए-मुरादी का अभी तक का पहला ज़िक्र अकबर के 29 रबीउल-अव्वल 975 हि/3 अक्तूबर 1967[5] में मिलता है; पर मौजूद फ़रमान इसे और भी छः साल पीछे ले जाता है। इसका हवाला एक और फ़रमान में मिलता है जिसे या तो 975/1568 या 985/1577 का कहा जा सकता है।[6] मुमकिन है कि शब्द मुरादी (शब्दशः वांछित) को ख़ास तौर पर शुद्ध ताँबे के तंके के लिए (अकबर द्वारा ?) गढ़ा गया है जिसे सूरियों ने जारी किया था, जिसे ढालना अकबर ने जारी रखा, और जिसकी ताम्बई रंगत पहले के घटिया धातु के सिक्के की सियाह रंगत के विपरीत थी। अकबर के बाद के बरसों में प्रचलित दर (एक रुपया बराबर बीस तंका) के आधार पर 500 तंके 250 रुपए के बराबर रहे होंगे।

तो औपचारिक रूप से माना जा सकता है कि रामदास का वार्षिक वेतन (अलूफ़) 5000 तंका रहा होगा जिसके लिए उसे अधिकार दिया गया कि वह इसे हमीरपूर गाँव से मालगुज़ारी (वाजिबी) के रूप में हासिल करे। इस गाँव की जमा-रक़मी इसी रक़म के बराबर थी। फिर भी चूँकि हमें पता है कि रक़मी के आँकड़े बड़े पैमाने पर बढ़ाकर बताए जाते थे,[7] इसलिए वास्तव में प्राप्त मालगुज़ारी इससे काफ़ी कम रही होगी।

यह फ़रमान अकबर की उन शुरुआती दस्तावेज़ों में से एक है जो ऐसी सुपुर्दगी पानेवाले के लिए जागीरदार शब्द का इस्तेमाल करती हैं। यह शब्द अकबर के एक रबीउल-अव्वल 967/1 दिसम्बर 1559 के फ़रमान में पहले ही आ चुका था।[8] हमारा 7 अप्रैल 1561 का फ़रमान-एक वह फ़ौरन बाद की दस्तावेज़ है जो इस शब्द का प्रयोग करती है।

1961 में इक़्तदार हुसैन सिद्दीक़ी ने सुझाया था कि 'जागीर और जागीरदार जैसे शब्द (केवल) अकबरी दौर में ही अपनाए गए।'[9] और अब अकबरी दौर के शुरुआती बरसों के फ़रमान-एक और दूसरी दस्तावेज़ों के आधार पर हम यह जान सकते हैं कि ये दो शब्द कैसे प्रचलन में आए।

ध्यान देने की बात यह है कि शुरुआती दस्तावेज़ें शब्द 'जागीर' का प्रयोग नहीं करतीं, केवल जा(य)गीरदार का प्रयोग करती हैं। यह दूसरा शब्द केवल जा-ए-गीरो-दार (शब्दशः वह जो किसी जगह को क़ब्ज़े में ले और उस पर क़ाबिज़ रहे) का कुछ छोटा रूप हो सकता है। इसे 1559 के ऊपर-लिखित फ़रमान में साफ़ तौर पर जायगीरदार लिखा गया है (जाय का 'य' अक्षर साफ़ तौर पर दिखाई देता है), और यही बात हमारे फ़रमान-एक (1561) तथा वृन्दावन के गोपालदास के पक्ष में जारी फ़रमान (5 जुमादुस्सानी 972/8 जनवरी 1565) के साथ है।[10] सिर्फ़ बिलग्राम के कुछ भूस्वामियों के हक़ में जारी एक फ़रमान (जुमादुल-अव्वल 971/17 दिसम्बर 1563 से 15 जनवरी 1564 तक) में और भी संक्षिप्त वर्तनी 'जागीरदार' दिखाई देती है।[11]

फ़रमान-एक में 'मज़कूरा (उल्लिखित) गाँव के मुक़द्दमान (मुखियों), रिआया (किसानों) और मुज़ारिऑन (काश्तकारों)' से कहा गया है कि वे उसे अपना जागीरदार

स्वीकार करें। चूँकि ख़ुद यह दस्तावेज़ इस सुपुर्दगी को जागीर नहीं बल्कि वज्हे-अलूफ़ कहती है, इसलिए हम यह नतीजा निकाल सकते हैं कि शब्द जागीर अभी प्रचलन में नहीं आया था, बावजूद इसके कि किसी इलाक़े की सुपुर्दगी पानेवाला शख़्स अब जागीरदार कहलाता था। ऐन मुमकिन है कि जनता में यह शब्द पहले प्रचलित हुआ हो, क्योंकि सरकारी तौर पर, सोचे-समझे ढंग से इस शब्द का ऐसा प्रयोग समझ पाना मुश्किल है जो व्यक्ति के लिए तो उचित हो पर किसी भूखंड के लिए नहीं।

फिर भी, जिस पल लोक-शब्दावली यह बात भूल गई कि जा(य)गीरदार के टुकड़े 'गीर' और 'दार' पर्यायवाची हैं, उसी पल लोक-प्रचलन में जा(य)गीरदार से जागीर शब्द की उत्पत्ति स्वाभाविक लगती है। इस तरह जागीरदार अब जनता के लिए जागीर का मालिक बन गया और जागीर का अर्थ मालगुज़ारी की सुपुर्दगी पानेवाला व्यक्ति नहीं बल्कि उसका इलाक़ा हो गया। हो सकता है कि इस शब्द का पहले भी ज़िक्र हुआ हो पर जागीर जैसी अपनी कहानी आप कह रही वर्तनी का उपयोग निश्चित रूप से 1574-75 में जागीरों की प्रथा की अकबर द्वारा पुनर्स्थापना के बारे में आरिफ़ क़न्धारी के वृत्तान्त में मिलता है, और आरिफ़ ने अपने वृत्तान्त का यह भाग संभवतः 988/1580-81 के बाद नहीं लिखा होगा।[12] लगभग उन्हीं दिनों, 989/1581 में लिखे गए अपने पत्रों में अबुल-फ़तह गीलानी मानक क्षेत्रीय अर्थ में जागीर शब्द का (इसी वर्तनी में) खुलकर प्रयोग कर रहे थे।[13] इसलिए मुमकिन है कि प्रशासनिक हलक़ों में यह नया शब्द 1570 की दहाई में सुप्रचलित हो चुका हो।

तीन

बाद में प्रचलित शब्द का उपयोग करें तो रामदास के पास उसकी जागीर कब तक रही, यक़ीन के साथ नहीं कहा जा सकता। अगले ही साल (20 रमज़ान 969/24 मई 1562) उसके हक़ में जारी फ़रमान-दो के मुताबिक उसे नाम के तौर पर एक अन्य गाँव में 100 बीघा काश्तशुदा ज़मीन मिली। तातिय या ताँथ (ग़ैर-पहचान शुदा) नाम का यह गाँव उसी तप्पा जामान, परगना चंवार में था, और यह फ़रमान ख़रीफ़ इत इल (अप्रैल 1562) के शुरू से प्रभावी हुआ। संभव है कि यह इनाम इसकी जागीर लेकर बदले में दिया गया हो, हालाँकि फ़रमान में कहीं इस तथ्य का उल्लेख नहीं मिलता।

फ़रमान में रामदास को अधिकार दिया गया था कि वह ख़रीफ़ इत इल से शुरू करके, अपने इनाम के तौर पर (दर वज्ह) साल-दर-साल उस सौ बीघा जमीन से मालगुज़ारी (वाजिबी) वसूल करे, और वे ख़िदमतें करे जिनकी माँग केन्द्रीय दीवान की तरफ़ से की गई हो। इस अनुदान पर राजकोष के तमाम दावों से रामदास को मुक्त करने का सूत्र रोज़मर्रावाला ही था हालाँकि दावों की फ़ेहरिस्त अपेक्षाकृत छोटी है। अपेक्षाकृत असामान्य बात यह है कि उसको एक रिआयत दी गई—यह कि शुरू से ही उसकी दान की सारी ज़मीन काश्तशुदा रही जो पहले से ही मालगुज़ारी दे रही होगी। आम क़ायदा यह था कि मूल दान का आधा हिस्सा ही काश्तशुदा ज़मीन पर आधारित

होता था, और इसी उसूल को हम शेरशाह के दिए हुए एक दान में भी देखते हैं और वृन्दावन के गोपालदास के नाम अकबर के दान (8 जनवरी 1565) में भी जिसका ज़िक्र ऊपर किया गया है।[14] चूँकि उस वक़्त का बीघा बाद के इलाही बीघा से कोई 10.5 प्रतिशत छोटा होता था, इसलिए रामदास को इनाम में दी गई काश्तशुदा ज़मीन 89.5 इलाही बीघा (21.73 हेक्टेयर) रही होगी।[15] *आईन* में अबुल-फ़ज़्ल ने अनुमान पेश किया है कि दान पानेवाले व्यक्ति हर इलाही बीघा से कम से कम एक रुपया (बीस तंकों) की सालाना आमदनी (हासिल) पा सकते हैं।[16] अब इस आधार पर देखें तो दान से रामदास को मिलनेवाली आमदनी कोई 1790 तंके रही होगी। रामदास को पहले मिली, और अब ग़ालिबन वापस ले ली गई, जागीर से उसे 5000 तंके की जो जमा-रक़मी मिलती थी, उसके मुक़ाबले उपरोक्त रक़म निस्बतन कम लगती है। पर जैसाकि अबुल-फ़ज़्ल ने स्वीकार किया है, जमा-रक़मी को बहुत बढ़ा-चढ़ाकर दिखाया जाता था, और इसलिए इन दोनों से हासिल आमदनी का फ़र्क़ इतना ज़्यादा नहीं रहा होगा।

फ़रमान में आगे रामदास को एक और रिआयत दी गई है। कहा गया है कि उस गाँव में पहले से ही रामदास के पास 'अपनी ख़ुद की काश्त' (ज़िराअते-ख़ास) के रूप में 37 बीघा ज़मीन थी, जिसे लगता है कि उसे इनाम में मिली ज़मीन में शामिल कर लिया गया। उसे रबी इत इल (अक्तूबर 1561) के शुरू से इस खास रक़्बे की मालगुज़ारी अपने पास रखने की छूट दे दी गई। इस तरह हम देखते हैं कि उस उस्ताद रँगरेज़ के पास कोई 8.16 हेक्टेयर ज़मीन थी जिस पर वह मालगुज़ारी देता था। उसे इतनी बड़ी ज़मीन कैसे मिली, यह नहीं बताया गया है; न ही हम शायद ज़िराअते-ख़ास का कोई सटीक अर्थ लगाने के या यह कहने के अधिकारी हैं कि वह उजरती मज़दूरों की मदद से इस पूरी ज़मीन पर ख़ुद 'काश्त' करता था। हो सकता है, कहने का अर्थ इससे ज़्यादा कुछ न हो कि रामदास इन 37 बीघों पर (शायद कुछ रिआयती दर पर) मालगुज़ारी देता हो और उसे फ़ायदा उस अन्तर से मिलता हो जो इस रक़म तथा बँटाईदारों को साझे पर ज़मीन देकर या उजरती मज़दूरों की मदद से काश्त करके मिलनेवाली कुल आमदनी के बीच रहा हो। बहरहाल, तातिया अथवा ताँथ गाँव के अन्दर भारी पैमाने पर विभेदीकरण की और सम्पत्ति के अधिकारों के वजूद की यहाँ पक्की पुष्टि होती है।

चार

परगना चंवार के शिक़्क़दार राय काला के नाम जारी फ़रमान-तीन (शव्वाल 976/19 मार्च—16 अप्रैल 1569) में उसे रामदास द्वारा दिए गए क़र्ज़ की अदायगी कराने को कहा गया है। रक़म 13 रुपए थी; लेन-देन के लिए तंकों की बजाय रुपयों के प्रयोग पर ध्यान दें। क़र्ज़दार कोई दरय्या था—वर्तनी यही है क्योंकि य पर तशदीद का चिह्न लगाकर (ताकि इस व्यंजन का दो बार उच्चारण हो) और स्वर की मात्रा लगाकर इसको

दरिया शब्द से भिन्न बनाया गया है। फ़रमान में कहा गया है कि रामदास पर ख़ब्त (जुनून) का इलज़ाम लगाकर दरय्या, क़ाज़ी के सामने रामदास को सुनवाई के अधिकार से वंचित करके, क़ानूनी सुबूत की जाँच-पड़ताल से बच निकला है। इसलिए रामदास ने शाही दरबार में गुहार लगाई और उसकी अर्ज़दाश्त पर हुक्म जारी किया गया कि शिक़्क़दार (अ) क़ानूनी सुबूत दिए जाने के बाद दरय्या से क़र्ज की रक़म वसूल कर रामदास को दे, और (ब) दरय्या को क़ाज़ी के सामने (हुज़ूरे-शरए-शरीफ़) ले जाए और सुनिश्चित करे कि आगे से रामदास को कोई क़ानूनी कार्रवाई करके परेशान नहीं किया जाएगा।

फ़रमान से सिर्फ़ यही ज़ाहिर नहीं होता कि मुलाज़मत से अलग होने के बाद भी बादशाह तक रामदास की पहुँच थी, बल्कि इससे हमें न्याय-व्यवस्था के बारे में कुछ नतीजे निकालने में भी मदद मिलती है। आमतौर पर क़र्ज़ की अदायगी केवल क़ाज़ी के फ़ैसले के ज़रिए कराई जा सकती थी, भले ही दोनों फ़रीक़ हिन्दू हों। इस मुआमले में क़ानूनी प्रक्रिया को दरगुज़र करने के लिए, जिसे दरय्या ने ठप कर दिया था, और एक मालगुज़ार की मदद से जो ख़ुद हिन्दू था, क़र्ज़ वापस पाने के लिए बादशाह से हस्तक्षेप कराने की ज़रूरत पड़ी। फ़रमान में इस कारकुन के ज़रिए क़ाज़ी से कहलवाया गया है कि रामदास को दरय्या द्वारा चलाई जानेवाली किसी भी क़ानूनी कार्रवाई से मुक्त माना जाए। अपने एक पसन्दीदा मुलाज़िम के लिए ज़ाहिर है कि न्यायपालिका की स्वतन्त्रता से भी आँखें मूँदी जा सकती थीं।

प्रसंगवश, यह फ़रमान हमें याद दिलाता है कि उन बरसों में शिक़्क़दार की उपाधि एक ख़ासे महत्त्वपूर्ण अफ़सर द्वारा ही धारण की जाती थी जो परगना के स्तर पर मालगुज़ारी वसूल करने तथा क़ानून-व्यवस्था बनाए रखने, दोनों के लिए ज़िम्मेदार होता था। बाद में जब शाही मालगुज़ार के लिए करोड़ी शब्द प्रचलन में आ गया तो शिक़्क़दार एक काफ़ी नीचे स्तर के अधिकारी के लिए प्रयुक्त होने लगा।[17]

पाँच

ये फ़रमान जो काफ़ी पहले जारी किए गए थे (पहला तो अकबर द्वारा बैरम ख़ान से सत्ता छीनकर हाथ में लेने के मुश्किल से एक साल बाद जारी किया गया था) अकबर की बाद की धार्मिक नीति के स्रोतों में से भी एक पर रोशनी डालते हैं। 1562 के शुरू में अकबर द्वारा आम्बेर के राजा भारमल को मुग़ल कुलीनों में शामिल किए जाने को बहुत ही उचित रूप में महत्त्व दिया गया है।[18] पर हमारा फ़रमान-एक दिखाता है कि अकबर ने अप्रैल 1561 में ही अपने प्रतिष्ठान के एक हिन्दू उस्ताद कारीगर को एक 'जागीर' दी थी। इस तरह अपनी मुलाज़िमत करनेवालों के धार्मिक विश्वासों के प्रति उसका सहिष्णुता (या तटस्थता) का रवैया, लगता है, तब तक क़ायम हो चुका था। प्रसंगवश, 24 मई 1562 का फ़रमान-दो अकबर द्वारा किसी हिन्दू को दिए गए भूमिदान का अभी तक ज्ञात पहला उदाहरण है।

धर्म के प्रति अकबर की अनौपचारिक रुख़ अपनाने की प्रवृत्ति उस मुहूर की शब्दावली से भी पता चलती है जो उसने न्यायिक या अर्ध-न्यायिक विषयों पर जारी होनेवाले फ़रमानों के लिए चुनी थी। ये शब्द दिसम्बर 1563—जनवरी 1564 में परगना बिलग्राम के कुछ भूस्वामियों के हक़ में जारी फ़रमान में भी दिखाई देते हैं, पर छाप निस्बतन धुँधली है।[19] मार्च-अप्रैल 1569 में जारी हमारे फ़रमान-तीन में इन शब्दों की छाप असाधारण रूप से स्पष्ट है, और इससे हमें दूसरी छापों से अभी तक पढ़े गए शब्दों में सुधार लाने में सहायता मिलती है[20] :

रास्ती मूजिबे-रज़ा-ए-ख़ुदास्त
कस नदीदम कि गुम शुद अज़ मर्दे-रास्त।[21]
(नेक चलन से ख़ुदा की मेहरबानी मिलती है,
कोई नेक शख़्स के हाथों गुमराह हो, मैंने नहीं देखा।)

ये शब्द सोच-समझकर खुदवाए गए हों या नहीं, ये नेकचलनी (रास्ती) के हक़ में एक आम ऐलान हैं जिनमें इस्लाम का कोई हवाला नहीं है और न शरीयत का कोई ज़िक्र है। बहुत पहले, जनवरी 1564 में ही इनको शाही हुक्मनामों पर दर्ज किया गया था—इसे काफ़ी-कुछ उचित रूप में, अपनी बादशाहत के लिए अकबर द्वारा शुरू के वर्षों में ही एक असंकीर्ण आधार की तलाश का एक और संकेत माना जा सकता है।[22]

छः

हमारे तीनों फ़रमानों की तहरीर, मुहूरों और ताईद से 1560 की दहाई में मुग़ल प्रशासन के तौर-तरीक़ों पर कुछ रोशनी ज़रूर पड़ती है। बदनसीबी से फ़रमान-एक को छोड़ बाक़ी के ख़ुदा की तारीफ़ (हम्द) और शीर्षक (तुग़रा) खो चुके हैं, हालाँकि चौथे फ़रमान के बाक़ी बचे छोटे से टुकड़े में कुल मिलाकर उसका तुग़रा ही नज़र आता है। अकबरी दौर के शुरुआती बरसों में मालगुज़ारी-सम्बन्धी विषयों पर जारी फ़रमानों (और उसके बाबर जैसे पूर्वजों द्वारा जारी फ़रमानों)[23] की तरह हम्द है : हुव-अल-ग़नी (वह अर्थात ख़ुदा ही अमीर है) जो विनम्रता के साथ सारी दौलत को ख़ुदा की दौलत बतलाना है। तुग़रा में कोई साज-सजावट नहीं है और बाद में प्रचलित तुग़रों से कहीं बहुत कम अलंकारमय है जब मुहर्रिरों ने इसे एक पूर्ण आयत या वर्ग के रूप में लिखना शुरू कर दिया।[24]

तीनों फ़रमानों पर लगी शाही मुहूरें एक दूसरे से भिन्न हैं। एक अर्ध-न्यायिक विषय से सम्बन्धित फ़रमान-तीन की मुहूर बाक़ी दो की मुहूरों से अलग हो, यह बात समझ में आती है और, जैसाकि हमने अभी-अभी देखा, उस पर लिखा शे'र न्यायिक प्रकृति के एक फ़रमान के लिए उपयुक्त भी है। पर फ़रमान-एक और दो की मुहूरों में अन्तर क्यों है, यह स्पष्ट नहीं है। फ़रमान-एक पर एक गोल मुहूर लगी है जिसके मध्य में अकबर का नाम है और उसके पिता हुमायूँ सहित तैमूर तक उसके पूर्वजों के नाम गोले

की परिधि पर लिखे हुए हैं। पर फ़रमान-दो की शब्दावली बहुत ही संक्षिप्त है : 'जलालुद्दीन मुहम्मद अकबर पादशाह ग़ाज़ी, 967।' उसी साल 967/1559-60 की यही मुहर बहुत आगे चलकर, 6 अक्तूबर, 1568 को वृन्दावन के जीव गोसाईं के हक़ में जारी एक फ़रमान पर भी लगाई गई थी।[25] पर बीच के बरसों में 972/1565 और 975/1567 में मालगुज़ारी के दानों से सम्बन्धित फ़रमानों पर कुछ बड़ी और साल के ज़िक्र से रहित मुहर देखी जा सकती है जिसमें अकबर और उसके पूर्वजों के नाम लिखे हुए हैं।[26]

अकबर के ज़्यादातर और उसके शुरुआत के सभी फ़रमानों की तरह हमारे ये तीन फ़रमान भी मानक नस्तालीक़ लिपि में नहीं बल्कि प्रवाही (कार्सिव) लिपि में लिखे गए हैं। फ़रमान-एक और दो के बीच एक उल्लेखनीय समानता है (हालाँकि मुहर्रिर अलग-अलग हैं), तीसरे फ़रमान की तहरीर की शैली 971/1563-64 में बिलग्राम के कुछ भूस्वामियों के हक़ में जारी फ़रमान से मेल खाती है।[27] चूँकि ये दोनों फ़रमान अर्धन्यायिक विषयों पर हैं जिनका वज़ारते-ख़ज़ाना (वित्त मन्त्रालय) से कोई सरोकार न था, इसलिए यह नतीजा निकाला जा सकता है कि जहाँ फ़रमान-एक और दो की तहरीर की शैली दीवानी में तैयार फ़रमानोंवाली है, वहीं फ़रमान तीन और बिलग्राम से सम्बन्धित फ़रमान न्यायिक विषयों से सम्बन्धित महकमों में प्रचलित शैली में लिखे गए हैं।

हमारे तीनों फ़रमानों में पहली सतरें फ़रमानों की तहरीर से सम्बन्धित कठोर मुग़ल परम्परा के अनुसार अर्ध-पंक्तियों के रूप में हैं।

सात

ज़ाहिर है कि जब हमारे तीनों फ़रमान जारी किए गए, उस समय तक ज़िम्न (फ़रमान की पुश्त पर लिखने की प्रथा) प्रचलित नहीं हुई थी। इस ज़िम्न में वे तमाम प्रमुख तथ्य दर्ज किए जाते थे जिनके आधार पर सम्बन्धित फ़रमान जारी किया गया। यह ज़िम्न काफ़ी बड़ी हद तक 'फ़ाइल' का सारांश होता था, और साथ में वे ब्यौरे दर्ज किए जाते थे जो ख़ुद फ़रमान में नहीं लिखे जा सकते थे। वास्तव में फ़रमान-एक पर सामने की ही ओर दाएँ हाशिए पर नीचे की ओर एक स्पष्टीकरण दिया गया है। इसमें कहा गया है कि रामदास को इलाक़े की सुपुर्दगी की मुद्दत शुरू होने के बाद अफ़सरान ने उससे जो भी मालगुज़ारी वसूल की हो वह उसे चंवार के दीवान द्वारा वापस की जाए, पर पिछले बरसों से सम्बन्धित बक़ायों पर राजकोष के दावों को ख़ारिज न किया जाए। ज़ाहिर है यह वज़ारते-ख़ज़ाना के किसी अफ़सर की ओर से दिया गया है। बाद के बरसों में इस तरह का स्पष्टीकरण या तो ज़िम्न में (पुश्त पर) दर्ज किया जाता था या अलग से एक परवाना (अफ़सर के आदेश का पत्र) में लिखा जाता था।

इन तीनों फ़रमानों के ज़िम्न में उन कुलीनों और अफ़सरों के दफ़्तरों की मुहरें और ताईदें हैं जिनसे अपेक्षा थी कि वे इन फ़रमानों को देखेंगे और अपने रोज़नामचों

में उनकी विषयवस्तुओं को दर्ज करेंगे। (इसलिए इन पर पुष्टिसूचक वाक्य लिखा है : सिब्त शुद क़लमी शुद, तारीख़ के साथ 'दर्ज किया गया।') फ़रमान-एक और दो में ताईद में 'फ़ी-अत्-तारीख़' अर्थात '(उसी) तारीख़ में' लिखा गया है जिससे संकेत मिलता है कि ये फ़रमान जिस दिन जारी किए गए उसी दिन उनका मुआयना किया गया और उनकी विषयवस्तु विभिन्न रोज़नामचों में दर्ज की गई। आगे चलकर तारीख़ों में अन्तर दिखाई देते हैं जिससे पता चलता है कि फ़रमान-एक से दूसरे दफ़्तर में कितनी सुस्त-रफ़्तारी से जाने लगे थे।

फ़रमान-एक और दो के ज़िम्न पर लगी अनेक मुहरों में अकबर के कुछ सुप्रसिद्ध कुलीनों की मुहरें भी शामिल हैं। चूँकि ये दोनों चौदह माह के अन्दर जारी किए गए थे, इसलिए ताज्जुब नहीं कि कुछ अफ़सरों की मुहरें दोनों फ़रमानों पर मौजूद हैं। इसीलिए एक मुहर '(ख़ुदा के) ग़ुलाम मुनीम वल्द मीरम वल्द नासिर' की अर्थात् मुनीम ख़ान ख़ाने-खानाँ की है जो उस समय वकीलुस्सल्तनत अर्थात् सबसे बड़ा वजीर था।[28] एक और मुहर 'ख़ुदा के ग़ुलाम शिहाबुद्दीन अहमत ख़ान अल हुसैनी' की है। वह उन दिनों एक बड़ा अफ़सर था और 16 मई 1562 के रोज़ अदम ख़ान के हाथों अतक़ा ख़ान के क़त्ल का गवाह था; उस वक़्त शिहाबुद्दीन वित्त मन्त्रालय के कामकाज के दिन (रोज़े-दीवान) मुनीम ख़ान और अतक़ा ख़ान के साथ शाही महल में बैठा हुआ सरकारी कामकाज निपटाने में व्यस्त था।[29] दिलचस्प बात यह है कि अस्थायित्व पैदा करनेवाली उसी घटना के सिर्फ़ आठ दिन बाद वे फ़रमान-दो जैसी दस्तावेज़ों पर, जिसे चौबीस मई को जारी किया गया था, (शायद एक ही बैठक में) अपनी मुहरें लगा रहे थे।[30]

फ़रमान-दो के ज़िम्न पर दो और सुज्ञात अफ़सरों मुज़फ़्फ़र ख़ान तुरबती और सादिक़ ख़ान की मुहरें भी दिखाई देती हैं। उस वक़्त तक पहले अफ़सर को ख़ान की पदवी नहीं मिली थी और इस कारण उसे ख़ुद को मुज़फ़्फ़रे-ख़ाक़ानी ('मुजफ़्फ़र, बादशाह का ख़ादिम) लिखना पड़ा। पर उसे अगले ही साल (1563 में) ख़ान की पदवी और वज़ीर (वित्तमन्त्री) की गद्दी मिली।[31] इसीलिए 1569 में जारी फ़रमान-तीन के ज़िम्न में लगी मुहर में शब्दावली अलग दिखाई देती है; यहाँ पढ़े जा सकनेवाले शब्द 'मुज़फ़्फ़र ख़ान तूची (?) तुरबती' हैं। सादिक़ ख़ान 1562 में भी अकबर का एक अहम अफ़सर था और उसे मालवा में अदम ख़ान की करतूतों पर अकबर को एक ख़ुफ़िया रपट देने की ज़िम्मेदारी सौंपी गई थी।[32] फिर भी 1562 में केन्द्रीय प्रशासन में उसके किसी ख़ास ज़िम्मेदारी निभाने का कोई हवाला हमारे स्रोतों में नहीं मिलता।

फ़रमान-एक की मुहर से एक और अफ़सर कमालुद्दीन हुसैने-अली की पहचान होती है। यह कमालुद्दीन हुसैन रहा होगा जो अकबर के लाव-लश्कर के साथ दीवान के रूप में 1555-56 में हिन्दोस्तान आया था; उसका वालिद मक़सूद अली मिर्ज़ा कामरान का दीवान रह चुका था।[33]

फ़रमान-तीन के ज़िम्न में मुज़फ़्फ़र ख़ान की मुहूर के अलावा एक और मुहूर भी है जिसके शब्दों को पढ़ सकना मुश्किल है, पर शब्द क़ाज़ीउल-इस्लाम साफ़ दिखाई देता है, और संभव है कि इस मुहूर में अब्दुन्नबी नाम भी हो। 1565 में मुज़फ़्फ़र ख़ान की सिफ़ारिश पर अब्दुन्नबी को सद्र नियुक्त किया गया था,[34] और हो सकता है कि वह 1569 में जारी एक न्यायिक दस्तावेज़ की ताईद में शामिल रहा हो। पर उसकी बाद की मुहूरों के शब्द भिन्न हैं, और हमें पता है कि उसकी पदवी 'क़ाज़ीउल-इस्लाम' नहीं, 'शैख़ुल-इस्लाम' थी।

अनुवाद
फ़रमान-एक

टिप्पणी : एक तारे का चिह्न (*) उस स्थान का सूचक है जहाँ काग़ज़ के घिसने-पिटने के कारण पाठ को पढ़ा नहीं जा सकता।

(ख़ुदा की हम्द और तुग़रा वाला ऊपर का हिस्सा ग़ायब है।)

(गोल मुहूर)

(केन्द्र में :)

जलालुद्दीन मुहम्मद अकबर पादशाह ग़ाजी,
वल्द मुहम्मद हुमायूँ पादशाह ग़ाजी
(मुहूर की परिधि पर :)
वल्द ज़हीरुद्दीन मुहम्मद बाबर पादशाह ग़ाजी, वल्द उमर
शैख़, वल्द सुल्तान अबू सईद, वल्द सुल्तान मुहम्मद,
वल्द मीरान शाह, वल्द अमीर तैमूर

(पाठ :)

आज के रोज़ तामील की माँग करनेवाला यह शाही फ़रमान (इस मतलब का जारी) किया जाता है* (कि) रबी (की फ़स्ल) तख़ाकोईल की शुरुआत से गाँव हमीरपूर, तप्पा (जामान)* परगना चंवार को, जिस (गाँव) की जमा-रक़मी पच्चीस हज़ार तंका मुरादी है*, इस्लाम के ख़ादिम[36] रामदास को तनख़्वाह (अलूफ़) के तौर पर (दर-वज्ह) दिया जाता है। (उम्मीद की जाती है कि)* केन्द्रीय (शब्दशः महान) वज़ारते-ख़ज़ाना के ऊँचे अफ़सर, मुलाज़िम और मालगुज़ार, और जो उपरोक्त सरकार[37] के मुआमलों के मालिक-मुख़्तार हैं, यह मानकर (कि इस सुपुदर्गी) को जैसाकि ऊपर दर्ज है, तय पाया जा चुका है, उसके किसी हस्तान्तरण या उसमें किसी तब्दीली की इजाज़त नहीं देंगे। (ज़रूरी यह है कि)* उपरोक्त गाँव के मुखिए (मुक़द्दमान), किसान (रिआया) और काश्तकार (मुज़ारिआन), उसे अपना जायगीरदार मानकर हर साल निर्धारित दोनों फ़स्लों पर मुनासिब मालगुज़ारी (वाजिबी) दें, (और)* उसके सामने जवाबदेह हों, (और)* किसी बात में कोताह या हुक्मउदूल न साबित हों। (सभी के लिए तयशुदा फ़र्ज़ यह है कि)* इस शाही फ़रमान के मुताबिक़ अमल करते हुए वे जो हुक्म दिया गया है उससे मुनहरिफ़ (विचलित) न हों। तहरीर ब-रोज़ 21वीं माह रजब...*

(दाएँ हाशिए पर नीचे से ऊपर की ओर ताईद)

...*ताईद (शर्ह) : गाँव की जो भी मालगुज़ारी (हासिल) वसूल की गई हो उसका पता लगाकर चंवार का

दीवान उपरोक्त (रामदास) को अदा करे। (मगर) सरकार के दीवानी अफ़सर इस गाँव की (पहले के) बरसों की मालगुज़ारी के बक़ाए (...के लिए कटौती करके ?)[38]...और विपदाओं...वसूल करें।

पुश्त (ज़िम्न) : (गोल मुहूरः)
गुलाम मुनीम, वल्द मीरम, वल्द नासिर

(गोल मुहूर :)
ग़ुलाम मुहम्मद मुहसिन
968...

(छोटी गोल मुहूर :)
...अली, वल्द
...62

(गोल मुहूर :)
ग़ुलाम शिहाबुद्दीन अहमद ख़ान
अल-हुसैनी

(गोल मुहूर :)
ग़ुलाम
अली...

(गोल मुहूर :)
...
मुहम्मद हुसैनी
968

(गोल मुहूर :)
मुहम्मद कमालुद्दीन हुसैन अली
सौंपा ...(ख़ुद को) अल्लाह के हाथ

(पिरामिड की शक्ल
की मुहूर :)
मुहम्मद...
(पाँच और मुहूरें पढ़ी नहीं जा सकतीं।)

(ताईदें :)
(1) दर्ज किया गया (?)
(2) दर्ज किया गया, (उसी) तारीख़ में
(3) इत्तला पाई, (उसी) तारीख़ में
(4) दर्ज किया गया, (उसी) तारीख़ में

फ़रमान-दो

(हम्द :) वही (अल्लाह) अमीर है
(तुग़रा :) जलालुद्दीन मुहम्मद अकबर पादशाह ग़ाज़ी का फ़रमान
(गोल मुहूर :)
जलालुद्दीन मुहम्मद अकबर पादशाह ग़ाज़ी, (हि) 967

आज के रोज़ तामील की माँग करनेवाला यह फ़रमान जारी किया जाता है (कि)[39] परगना चंवार, तप्पा जामान के गाँव तातिया (या तांथ) से, जो राजधानी आगरा के अधिकार क्षेत्र में आता है, काश्तशुदा ज़मीन का एक सौ बीघा इस्लाम के ख़ादिम उस्ताद रामदास रँगरेज़ के हाथों में होगा ताकि ख़रीफ़ इत इल की शुरुआत से साल-दर-साल (उस ज़मीन से) मुनासिब मालगुज़ारी (वाजिबी), अपने इनाम के तौर पर, (दर-वज्ह), वसूल करके ख़िदमतें दे जिनकी केन्द्रीय वित्त मन्त्रालय (दीवाने-आला) की तरफ़ से बदले में माँग की जाए। ज़रूरी है कि केन्द्रीय (शब्दशः महान) वित्त मंत्रालय के ऊँचे अफ़सर, मुलाज़िम, प्रशासन के लिए ज़िम्मेदार मालगुज़ार, हिन्दोस्तान के[40] के इलाक़ों के मुआमलों के मालिक-मुख़्तार लोग, ख़ासकर उपरोक्त परगना के प्रशासन (शब्दश : अहम मुआमलों) के लिए ज़िम्मेदार अधीक्षक (दारोग़ा) और मुलाज़िम, जैसाकि दर्ज किया गया है, इस दान को तयशुदा मानें, कोई हस्तान्तरण न होने दें, और ज़मीन की पैमाइश और हदबन्दी (चक-बस्त) कर चुकने के बाद इसे उसकी तहवील में दें, और मालगुज़ारी या दूसरे महसूलों (मालो-जिहात) की माँग करके या काश्त पर ज़ोर (तकरारे-ज़िराअत) पर जोर देकर या पैमाइश करनेवाले का मुआवज़ा (ज़ाबिताना) या सर्वेक्षण करनेवाले का मुआवज़ा (जरीबाना) और तमाम खर्चों की वसूलियों (साअर

इख़राजात) माँगकर उसे या उसके कारिन्दों (गुमाश्ता-हा) या काश्तकारों (मुजारिआन) को परेशान न करें, और उसे तमाम महसूलों (हवालात) से मुक्त मानकर किसी भी वजह से उन्हें वसूलने की कोशिश न करें। अपने फ़र्ज़ का ध्यान रखकर वे जो हुक्म दिया गया है उससे मुनहरिफ़ न हों और हर साल एक नए फ़रमान या सरकारी हुक्मनामे (परवानचा) की माँग न करें। आगे यह भी तय किया जाता है कि उसी गाँव में जो तैंतीस बीघा ज़मीन उसकी अपनी काश्त (ज़िराअते-ख़ास) में है, इत इल की रबी की फ़सल में उस ज़मीन पर जो भी मालगुज़ारी (माल) आती हो, उसकी (उससे) माँग न की जाए। उन्हें (इस रक़म की) रसीद की पावती ले लेनी चाहिए ताकि उस रसीद के मुताबिक़ उनके पास ख़र्च (ख़र्ज) (की मद में अदायगी) का सुबूत रहे।[41] तहरीर बरोज़ 20वीं, माह रमज़ान, साल 969 हिजरी।

	पुश्त (ज़िम्न) (गोल मुहर :) कायनात का इल्म हासिल करने के बाद	
(गोल मुहर :) वफ़ादार (ख़ादिम)... सादिक़ ख़ान ख़ाने-सामां (?)	मीराने-तुरबती मुज़फ़्फ़र, ख़ाक़ान (बादशाह) का ख़ादिम (ताईद :) दर्ज किया गया, (उसी) तारीख़ में	 (ताईद :)
	(ताईद :) दर्ज किया गया (छोटी मुहर :) ग़ुलाम दरी (?) वल्द मुहम्मद (हि) 968 (गोल मुहर :) ग़ुलाम मुनीम वल्द मीरम...	इत्तला पाई
(पिरामिड शक्ल की मुहर :) (पढ़ा नहीं जा सकता) (ताईद :) दर्ज किया गया, (उसी) तारीख़ में	(गोल मुहर :)	 ग़ुलाम शिहाबुद्दीन अहमद ख़ान अल-हुसैनी
		(गोल मुहर :) मुज़फ़्फ़र अली वल्द अब्दुल्लाह (ताईद :) इत्तला पाई
(पिरामिड शक्ल की मुहर :) ...अली...अल्लाह दर्ज किया गया	(मुहर) (ताईद :) इत्तला पाई	 (ताईद :)

(उसी) तारीख़ में

(ताईद :)

दर्ज किया गया, (उसी) तारीख़ में

(बाएँ हाशिए पर ऊपर से नीचे की ओर एक सतर :)

सबसे ऊँचे ख़िदमतगुज़ारों का परवानचा,...के सभी सरदारों में कामिल (परफ़ेक्ट) (पढ़ा नहीं जा सकता)

फ़रमान-तीन

(ऊपर का हम्द और तुग़रा वाला हिस्सा ग़ायब है)

(वर्गाकार मुहर :)

जलालुद्दीन मुहम्मद अकबर पादशाह ग़ाज़ी

(मुहर पर दर्ज शेर :)

नेकचलन से ख़ुदा की मेहरबानी मिलती है

कोई नेक शख़्स के हाथों गुमराह हो, मैंने नहीं देखा।

इस्लाम के ख़ादिम राय काला, शिक्क़दार परगना चंवार, को मालूम हो (कि)[42] रामदास ने शाही दरबार में आने के बाद अर्ज़दाश्त दी है कि उसने दरय्या को तेरह रुपए की रक़म दी थी जो वह शख़्स नहीं अदा कर रहा, और (इस क़र्ज़ के) क़ानूनी (शरई) सुबूत की (सुनवाई से) पहले उस पर ख़ब्त (जुनून) का इलज़ाम लगाकर अर्ज़गुज़ार को परेशान कर रहा और हर तरह के सवाल से बच रहा है।[43] (इसलिए) ज़रूरी है कि वह (शिक्क़दार) क़ानूनी सुबूत के क़ायम होने के बाद उस शख़्स के क़र्ज़ की वसूली करे और उसे अर्ज़गुज़ार को अदा करे। उसे चाहिए कि मज़कूरा दरय्या को क़ाजी (शरए-शरीफ़) के हुज़ूर में बुलवाए और इसे यक़ीनी बनाए कि आज के बाद वह (दरय्या) किसी भी क़ानूनी बहाने से अर्ज़गुज़ार को परेशान न करे। इसे अपना फ़र्ज़ मानकर वह (मज़कूरा अफ़सर) (इन हुक्मनामों पर) कोई सवाल न करे। तहरीर माह शव्वाल, साल 976 हिजरी।

पुश्त (ज़िम्न)

(गोल मुहर :)
मुज़फ़्फ़र ख़ान
तूची, (तूर) बतीं

(गोल मुहर :)
ग़ुलाम क़ाज़ीउल-इस्लाम
अब्दुन्नबी (?)
...अल्लाह

(कोई ताईद नहीं)

(तीसरी गोल मुहर इतनी धुँधली है कि पढ़ी नहीं जा सकती।)

सन्दर्भ और टिप्पणियाँ

1. चंवार भारतीय सर्वेक्षण के एक-इंची शीट 54 एक/8, पहला संस्करण (1921-22 के सर्वेक्षण पर आधारित) में चंदवार लिखा गया है। यह दिल्ली-कानपुर मुख्य रेल लाइन पर फ़ीरोज़ाबद रेलवे स्टेशन से दक्षिण में ज़रा-सा पश्चिम की तरफ़ होकर 2.75 मील (4.45 किमी) सीधी दूरी पर स्थित है। ए फ़्यूहरर ने *द मान्यूमेंटल एंटीक्विटीज़ एंड इंस्क्रिप्शंस इन द नार्थ-वेस्टर्न प्राविंसेज़ एंड अवध,* इलाहाबाद, 1981 में पृ. 74 पर चंदवार के खंडहरों का ज़िक्र किया है।

2. *आईने-अकबरी,* सं : एच ब्लाख़मान, एक, कलकत्ता, 1866-67, पृ. 101-4
3. *अकबरनामा,* बि. इं., कलकत्ता, 1873-87; दो, पृ. 270; *आईने-अकबरी,* एक, पृ. 347
4. इंडिया आफ़िस, लन्दन : आई ओ 4438(1), बाद में किसी ने इसे 2000 से 5000 बनाने की कोशिश की।
5. परगना जलन्धर में मददे-मआश से सम्बन्धित फ़रमान, प्रदर्शन-बक्स, मौलाना आज़ाद पुस्तकालय, अलीगढ़।
6. क़ाज़ी सैयद इमामुद्दीन, *मुईनुल-औलिया,* अजमेर, 1312/1894, पृ. 66-67 में अजमेर की दरगाह से सम्बन्धित शाबान...5 का फ़रमान; बशीरुद्दीन अहमद, *फ़रामीने-सलातीन,* दिल्ली, 1344/1926 में पृ. 2-3 पर पुनर्मुद्रित। अब्दुन्नबी का सद्र रूप में हवाला (नियुक्ति 972/1565) को देखते हुए यह संभावना नहीं रहती कि यह फ़रमान 1563 से पहले जारी किया गया होगा।
7. इरफ़ान हबीब, *एग्रेरियन सिस्टम ऑफ़ मुग़ल इंडिया,* मुम्बई, 1963, पृ. 261-62 और 262 की टिप्पणी से तुलना करें।
8. उन्नत इतिहास अध्ययन केन्द्र, अलीगढ़ में दस्तावेज़ों के फ़िरंगीमहल संग्रह में फोटोग्राफ की ज़िरॉक्स प्रति।
9. इक़्ता सिस्टम अंडर द लोदीज़, *प्रोसीडिंग्स ऑफ़ द इंडियन हिस्टरी कांग्रेस,* दिल्ली (24वाँ) सत्र, (1961), कलकत्ता, 1963, पृ. 143 और 148-49 (टिप्पणी 6)
10. मदनमोहन संग्रह संख्या 50 (फोटोग्राफ मुझे स्वर्गीय डॉ. तारापद मुखर्जी ने भेजा था।)
11. बिलग्राम दस्तावेज़ें संख्या 7, उन्नत इतिहास अध्ययन केन्द्र, अलीगढ़ का पुस्तकालय।
12. *तारीख़े-अकबरी,* सं : मुइनुद्दीन नदवी, अज़हर अली देहलवी और इम्तियाज़ अली अर्शी, रामपुर, 1962, पृ. 197-98
13. *रुक़आते-अबुल फ़त्ह गीलानी,* सं : मुहम्मद बशीर हुसैन, लाहौर, 1968, पृ. 26, 27, 34, 38' जागीर शब्द के प्रयोग और अकबर के शासन के शुरुआती बरसों में उसके महत्त्व पर इक़्तदार आलम ख़ान, द मुग़ल एसाइनमेंट सिस्टम, *मेडिवल इंडिया,* एक, सं : इरफ़ान हबीब, दिल्ली, 1992, पृ. 66-67 भी देखें।
14. इरफ़ान हबीब, *एग्रेरियन सिस्टम ऑफ़ मुग़ल इंडिया,* पृ. 302 और टिप्पणी से तुलना करें।
15. उपरोक्त में पृ. 352-63 पर गणना किए गए समतुल्य मानों पर आधारित। शीरीं मूसवी, *द इकानमी ऑफ़ द मुग़ल इम्पायर, सी 1595 : ए स्टेटिस्टिकल स्टडी,* दिल्ली, 1987, पृ. 97-99 भी देखें।
16. *आईने-अकबरी,* एक, पृ. 199
17. इरफ़ान हबीब, *एग्रेरियन सिस्टम ऑफ़ मुग़ल इंडिया,* पृ. 274-76 और उनकी टिप्पणियों से तुलना करें।
18. *अकबरनामा,* दो, पृ. 155-56 : 'अपने विचारों की श्रेष्ठता और सौभाग्य के कारण हुआ ऐसा कि यह राजा ज़मींदारों की क़तार से निकलकर इस दरबार के चुनिन्दा लोगों की श्रेणी में आ गया।'
19. ऊपर की टिप्पणी 11 देखें।
20. एस ए आई तिरमिज़ी, *मुग़ल डाक्यूमेंट्स (1526-1627),* नई दिल्ली, 1986, पृ. 17 से तुलना करें।
21. यह 'राहे-रास्त' नहीं है जैसाकि तिरमिजी, उपरोक्त में लिखा है, जिससे बह्रहाल दूसरा मिसरा अपने अर्थ से बहुत कुछ वंचित हो जाएगा। इसी बह्र और क़ाफ़िए में एक भिन्न शेर शरफुद्दीन अली यज्दी, *जफ़रनामा,* एशियाटिक सोसायटी ऑफ़ बंगाल, कलकत्ता, 1888, दो, पृ. 21 में पाया जाता है।
22. लगता है कि इस मुह्र की जगह 1572 तक एक पिरामिड शक्ल की मुह्र इस्तेमाल होने लगी थी,

जैसा कि एक ऐसे ही न्यायिक विषय पर बिलग्राम से सम्बन्धित 979/1572 के एक फ़रमान से अन्दाज़ा होता है। (सुब्हानुल्लाह संग्रह, *फ़रामीन* (1), मौलाना आज़ाद पुस्तकालय, अलीगढ़ देखें।)

23. बाबर का 933/1527 का फ़रमान, इंडिया आफ़िस लाइब्रेरी, आई ओ 4438 : (1) देखें।
24. बाबर के उपरोक्त फ़रमान का और इस लेख में उद्धृत अन्य आरम्भिक अकबरी फ़रमानों का तुग़रा भी इसी तरह सीधा-सादा है।
25. वृन्दावन रिसर्च इंस्टीट्यूट, वृन्दावन, *फ़रमांस,* एक्से. सं. 1
26. मदनमोहन संग्रह 50; अकबर का 975 का फ़रमान, मौलाना आज़ाद पुस्तकालय, अलीगढ़ में प्रदर्शित।
27. ऊपर की टिप्पणी 11 देखें।
28. इक़्तदार आलम ख़ान, *द पोलिटिकल बायोग्राफी ऑफ़ ए मुग़ल नोबुल : मुनीम ख़ान ख़ाने-ख़ानाँ,* नई दिल्ली, 1973, पृ. 59 और आगे से तुलना करें। मुहर में उसके दादा नासिर का ज़िक्र साबित कर देता है कि मुनीम ख़ान का वालिद मीरमे-नासिर था। इक़्तदार आलम ख़ान ने भी उपरोक्त में पृ. 1 और उसकी टिप्पणी में उसकी यही पहचान क़ायम करने की कोशिश की थी, पर किसी अकाट्य प्रमाण के बिना।
29. *अकबरनामा,* दो, पृ. 174
30. इस क़त्ल के बाद इस डर से कि अपराध में उनके शामिल होने का सन्देह करके अकबर उन पर क्रोधित होगा, मुनीम ख़ान और शिहाबुद्दीन अहमद ख़ान, दोनों ने आगरा छोड़ दिया था। उनको मनाकर वापस तो लाया गया पर जून 1562 में वे दोबारा भाग खड़े हुए। (इक़्तदार आलम ख़ान, पूर्वोक्त, पृ. 67 देखें।)
31. *अकबरनामा,* दो, पृ. 197
32. उपरोक्त, एक, पृ. 140
33. बयाज़ीद बियात, *तज़्किर-ए-हुमायूँ-ओ-अकबर,* सं : एम हिदायत हुसैन, कलकत्ता 1941, पृ. 184-85 देखें। अकबर के 4 रबीउल-दोयम 983/13 जुलाई 1575 के फ़रमान के ज़िम्न में भी कमालुद्दीन हुसैन की मुहर दिखाई देती है। (प्रतिलिपि उन्नत इतिहास अध्ययन केन्द्र, अलीगढ़ के पुस्तकालय में सुरक्षित।)
34. *अकबरनामा,* दो पृ. 247-48
35. 983/1575 के दो फ़रमानों पर उसकी मुहर के शब्द इस प्रकार हैं : 'अब्दुन्नबी इब्न अहमद अल-हनफ़ी, ख़ादिमे-इल्मे-हदीसे-नबवी।' (प्रतिलिपि उन्नत इतिहास अध्ययन केन्द्र, अलीगढ़ में तथा उत्तर प्रदेश दस्तावेज़ कार्यालय, इलाहाबाद, संख्या दो, पृ. 23 में सुरक्षित।) अब्दुन्नबी के नाम के बाद शैख़ुल-इस्लाम का लक़ब 14 रबीउल-दोयम 976/6 अक्तूबर 1568 के एक फ़रमान (वृन्दावन अनुसंधान संस्थान, फ़रमान संख्या 1) और 983 के फ़रमान (प्रतिलिपि, उन्नत इतिहास अध्ययन केन्द्र, अलीगढ़, पूर्वोक्त में) के ज़िम्न में की गई ताईदों में दिखाई देता है।
36. 'मुतीउल-इस्लाम' जो किसी महत्त्वपूर्ण हिन्दू अफ़सर या व्यक्ति के लिए सामान्यतः प्रयुक्त होता था। अकबर के प्रशासन ने बाद में इसका प्रयोग बन्द कर दिया था।
37. मगर इस फ़रमान में पहले (संभवतः आगरा के) इस सरकार का ज़िक्र नहीं मिलता; इसे परगना चंवार के पहले ज़िक्र के बाद आना चाहिए था।
38. शब्द पढ़े नहीं जाते।
39. यहाँ पाठ का भाग फटकर खो चुका है।
40. हिन्दोस्तान (उत्तरी भारत/भारत) के साथ 1562 में ही अकबर के साम्राज्य की इस पहचान पर ध्यान

दें।

41. इस अनुवाद में यह मान लिया गया है कि 'ख़्वाहंद दाश्त' की जगह ग़लती से 'ख़्वाहद दाश्त' आ गया है।

42. पहली सतर के आख़िर में पाठ का छोटा-सा भाग गायब है।

43. अज़ सुवाल हेच (?) बाशद।

फ़रमान

फ़रमान-दो

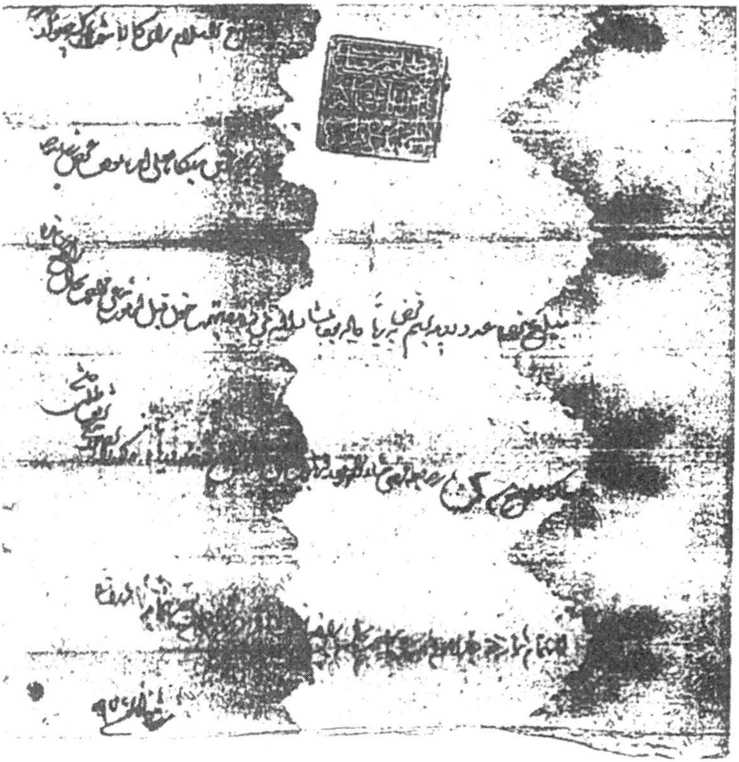

फ़रमान-तीन

दकन के राज्यों के राजस्व का एक आकलन, 1591

शीरीं मूसवी

अबुल-फ़ज़्ल जिन पहलुओं को अहम समझते थे उनके बारे में सांख्यिकीय सूचनाएँ प्रदान करने के बारे में उनकी संजीदगी कम से कम भारत में तो अभूतपूर्व है ही। वे पहले व्यक्ति हैं जिन्होंने लगभग पूरी मुग़लिया सल्तनत के लिए परगना के स्तर तक मालगुज़ारी के आँकड़े दिए हैं। इन आँकड़ों ने बाद के स्रोतों से निकाले गए आँकड़ों के साथ तुलना के लिए आधार का काम किया है।[1] इसलिए यह कुछ दिलचस्प बात है कि *अकबरनामा* के सबसे पहले (अप्रकाशित) संस्करण में अबुल-फ़ज़्ल इलाही वर्ष 36 (1591) का विवरण देते समय भारतीय प्रायद्वीप के राज्यों में मालगुज़ारी के आँकड़े भी देते हैं। ये राज्य ख़ानदेश, अहमदनगर, बीजापुर, गोलकुंडा, बीदर और विजयनगर थे।[2] अपने उस अन्तिम पाठ से अबुल-फ़ज़्ल ने इस भाग को निकाल दिया जो औपचारिक रूप से 21 मार्च 1598 को अकबर को पेश किया गया था।[3] दकन के राज्यों की मालगुज़ारी के ये अनुमान इसी कारण कम लोगों की जानकारी में हैं।[4]

इस भाग का अर्थ इस प्रकार है :

> हालाँकि शाही कमानदारों ने अभी तक दकन देश को अधीन नहीं बनाया है, पर दकन के हर हुक्मरान[5] के इलाक़े की जमा (अनुमानित राजस्व), जिसे उस इलाक़े के हकीम मिस्री और दूसरे तजरबाकार लेखाकारों ने अनुमान लगाया है, यहाँ दर्ज की जा रही है।
>
> दकन का एक तंका पूरे हिन्दस्तान के आठ तंकों के बराबर है, जिसके 16 दाम बनते हैं। इस सिक्के (दकनी तंका) के एतबार से इलाका ख़ानदेश की जमा (राजस्व) ढाई करोड़ आती है जो चालीस करोड़ दाम के बराबर हुआ। अहमद नगर[6] के निज़ामुल-मुल्क का उस देश पर इख़्तियार है; उस इलाक़े की जमा वहीं के तंके में नौ करोड़ है जो 144 करोड़ दाम के बराबर हुई। आदिल ख़ान जो बीजापुर और उसके इलाक़ों का वाली है—उसकी जमा उसी इलाक़े के तंकों में बारह करोड़ है जो

190 करोड़ दाम के बराबर हुई। क़ुत्बुल-मुल्क का गोलकुंडा और उसके इलाक़े पर इख़्तियार है; उसके इलाक़ों (महलों) की जमा वहीं के तंकों में साढ़े तीन करोड़ है जो इन (बादशाही) इलाक़ों के 56 करोड़ दाम के बराबर बैठती है। बरीद (बीदर के शासक) का इलाका आधे करोड़ तंके देता है जो आठ करोड़ दाम के बराबर हुए। राम राजा के इलाक़ों (की जमा) वहाँ के तंकों में चार करोड़ है जो 64 करोड़ दाम के बराबर हुए।

अबुल-फ़ज़्ल दकन की जमा के ये आँकड़े ख़ानदेश, अहमदनगर, बीजापुर और गोलकुंडा के हुक्मरानों के पास शाही दूतों के भेजे जाने के ज़िक्र के फ़ौरन बाद करते हैं। ये दूत 14 शहूरीवर (36 इलाही) को भेजे गए थे जिसे शुक्रवार, 17 ज़ीकद (999 हिजरी) या 6 सितम्बर 1591 के संगत कहा गया है।

अबुल-फ़ज़्ल ने आँकड़ों के स्रोत के रूप में दकन के एकमात्र विशेषज्ञ कहकर हकीम मिस्री का नाम लिया है, पर उनके जीवनवृत्त पर बहुत कम जानकारी उपलब्ध है। उनके बारे में जो भी जानकारी उपलब्ध है, यहाँ दी जा रही है। *आईने-अकबरी* में हकीम मिस्री का ज़िक्र 400 के मनसबदारों में आता है।[7] वे एक मशहूर हकीम थे।[8] और *अकरबनामा* के अन्तिम पाठ में उनका ज़िक्र सबसे पहले वहाँ आता है जहाँ कहा गया है कि वे 19 मार्च, 1591 को दकन से लाहौर दरबार में आए और अबुल-फ़ज़्ल के मूत्राशय में मौजूद पथरी का कामयाबी से इलाज किया।[9] लगता है वे दरबार में ही रहे क्योंकि कुछ ही समय बाद उन्हें कुछ और लोगों के साथ बादशाह ने एक नए शहूर की बुनियाद रखने के लिए चिनाब नदी के किनारे एक मुनासिब जगह चुनने के काम पर लगा दिया।[10] वे 13 अमरदाद 41 इलाही (अगस्त 1596) के रोज़ भी दरबार में ही थे जब उन्होंने हिरनों के शिकार के दौरान अकबर को लगी चोट का इलाज किया।[11] अप्रैल 1599 में उन्हें शहज़ादा मुराद का इलाज करने के लिए आगरा से बुरहानपुर रवाना किया गया लेकिन वह हकीम के पहुँचने से पहले ही 2 मई 1599 को मर गया।[12] हकीम मिस्री आगरा आ गए, लेकिन दकन से उनके सम्बन्ध की पुष्टि इस बात से होती है कि इलाही वर्ष 45 (1600-1601) में वे वापस दकन चले गए जहाँ 16 बहमन शासन वर्ष 45 (4 फ़रवरी 1601) के रोज़ उनकी मौत हुई।[13]

दकनी इलाक़ों की जमा के अनुमान वास्तव में 1591 से थोड़ा पहले के होने चाहिए क्योंकि दकन से आते हुए रास्ते में उन्हें अमीर ख़ान ग़ोरी ने गिरफ़्तार करके कुछ समय तक क़ैद में रखा और तब भी वे मार्च के मध्य तक लाहौर पहुँच चुके थे।[14]

दकन के राज्यों की जमा के ये अनुमानित आँकड़े इसलिए ख़ास दिलचस्पी की चीज़ बन जाते हैं कि इन इलाकों पर मुग़लों की विजय से पहले उनकी जमा के अनुमानों का अभी तक पता नहीं चला है। साथ ही इन राज्यों की और उनसे काटे गए मुग़ल सूबों की सरहदों में बार-बार के परिवर्तनों के कारण जमा के इन अनुमानों की बाद के आँकड़ों से तुलना करते समय हमें बहुत सावधान रहना होगा। फिर भी कुछ तुलनाओं की जुर्रत तो की ही जा सकती है।

ख़ानदेश 1600 में अकबर के हाथों में आया[15] और 1601 में एक सूबा बना दिया गया। उसमें 1632 में गल्ना के जोड़े जाने तक उसकी सरहदें कमोबेश अपरिवर्तित रहीं। 1633 में ननदरबार, बीजागढ़ की सरकारों तथा सरकार हंडिया के एक भाग को मालवा से निकालकर ख़ानदेश में मिला दिया गया, और 1635 में बगलना पर क़ब्ज़ा करके इसी सूबे में शामिल किया गया।[16] पांडुलिपि ऐड 27,247 में जमा का जो अनुमान दिया गया है वह इस तरह सिर्फ़ 1632 तक ही इस सूबे के परवर्ती आँकड़ों से तुलनीय है। उसके बाद उसकी तुलना सिर्फ़ सरकार बुरहानपुर की जमा से की जा सकती है जो पुराने ख़ानदेश सूबा का प्रतिनिधित्व करती थी।

जमा (दामों में)	**वर्ष**[17]	**सन्दर्भ**
40,00,00,000	1591	ऐड 27, 247, फ़ोलियो 384 **ए**-बी
30,32,03,112	1601	*आईन,* एक, पृ. 478
29,70,18,561	1605	मोतमिद खान, *इक़बाल नाम-ए-जहाँगीरी,* दो, ओरि. 1834, फ़ोलियो 232 बी
29,70,16,586	1628-33	*बयाज़े-ख़ुशबूई,* इंडिया आफ़िस 828, फ़ोलियो 181
33,69,30,000	1658	*दस्तूरुल-अमले-आलमगीरी,* ऐड 6598, फ़ोलियो 118 बी

आईन में 1601 में पूरे सूबे के लिए स्थानीय तंकों में दी गई जमा 1,26,47,062 है तथा उसके सभी परगनों के लिए दिए गए आँकड़ों का येाग 1,26,33,463 तंके आता है। हम देखते हैं कि यह आँकड़ा 1591 में प्राप्त रिपोर्टों के आधार पर दिए गए ढाई करोड़ स्थानीय तंकों के आँकड़ों से बहुत कम है। तंका अगर 16 दाम के बराबर था तो *आईन* में दी गई जमा केवल 20,23,52,992 दाम होनी चाहिए थी। पर अबुल-फ़ज़्ल कहते हैं कि 1601 में असीरगढ़ की विजय के बाद अकबर ने 16 दाम की बजाय 24 दाम का तंका क़रार देकर खानदेश की जमा मे 50 प्रतिशत की बढ़ोतरी कर दी थी।[18] उनका सम्पादक बढ़ी हुई जमा में 45,52,94,232 दाम के बराबर बतलाता है, लेकिन यह आँकड़ा ठीक वही आँकड़ा है जो तंके को 24 नहीं बल्कि 36 (1.5×24) दाम मानकर जमा को दामों में बदलने पर प्राप्त होता है। यह दोहरी बढ़ोतरी लगता है गणना की एक मामूली सी ग़लती का नतीजा थी।[19] *आईन* में ख़ानदेश की जो जमा तंकों में दी गई है उसे एक तंके के 24 दाम मानकर बदलें तो 30,32,03,112 दाम का आँकड़ा आता है, और यह आँकड़ा *इक़बालनामा* (1605) और *बयाज़े-ख़ुशबूई* (1628-33) में दिए गए आँकड़ों से तथा 1658 के आसपास सरकार ख़ानदेश (बुरहानपुर) की जमा से भी अपेक्षाकृत मेल खाता है। इस तरह 1591 में ख़ानदेश की जो जमा बतलाई गई

है वह साफ़ तौर पर बढ़ी-चढ़ी है और *आईन* और परवर्ती स्रोतों में दी गई सही-सही जमा से लगभग 33 प्रतिशत अधिक है।

1591 की रिपोर्ट में अहमदनगर राज्य की जो जमा दी गई है उसमें बरार की जमा भी शामिल रही होगी क्योंकि मुर्तज़ा निज़ाम शाह ने 1573-74 में ही बरार पर कब्ज़ा कर लिया था।[20] इस तरह अहमदनगर की 1591 में बताई गई जमा बाद की सांख्यिकी में अहमदनगर और बरार के आँकड़ों के योग से तुलनीय है।

जमा (दामों में)	वर्ष	सन्दर्भ
1,44,00,00,000	1591	ऐड 27,247, फ़ोलियो 384 **ए**-बी
80,37,97,986	1605	*इक़बालनामा,* ओरि. 1834, फ़ोलियो 119 ए
95,37,97,369	1628-33	*बयाजे-खुशबूई,* इंडिया आफ़िस 828, फ़ोलियो 181
1,10,00,00,000	1646-47	लाहौरी, *पादशाहनामा,* दो, पृ. 710-11
1,14,49,12,000	1658	ऐड 6596, फ़ोलियो 119 ए-बी

टिप्पणी : *आईन* में सूबा बरार की जमा दी गई है पर अहमदनगर की नहीं। इसलिए यहाँ उसके आँकड़ों का प्रयोग नहीं किया जा सकता।

1591 में अहमदनगर और बरार की जमा ख़ानदेश की जमा से भी अधिक बढ़ी-चढ़ी पाई गई है। यह 1605 में अहमदनगर और बरार की कुल जमा से लगभग 56 प्रतिशत तथा 1628-33 में इन सूबों की जमा से 66 प्रतिशत अधिक है। 1636 में अहमदनगर के दक्षिणी भाग बीजापुर में मिला दिए गए, और इसलिए उपरोक्त तालिका के अन्तिम दो आँकड़े वास्तव में पहले के तीन आँकड़ों से तुलनीय नहीं हैं।

बीदर राज्य के राजस्व (महसूल) का अनुमान हमें फ़िरिश्ता (1606) के यहाँ मिलता है और यह सोने के 4,00,000 हून है।[21] 1630 में एक हून चार रुपयों के बराबर था।[22] अगर इसे हम स्वीकार करें और एक रुपए को 40 दाम के बराबर मानें तो इस अनुमान के अनुसार बीदर का राजस्व 6,40,00,000 दाम के बराबर रहा होगा। यह आँकड़ा भी साफ़ तौर पर 8,00,00,000 दाम की जमा से कम है जो 1591 में अकबर के दरबार में बतलाई गई थी।

बीजापुर और गोलकुंडा मुग़लों के नियन्त्रण में क्रमशः 1686 और 1687 में आए और उनकी सरहदों में बहुत से फेरबदल हुए। इसलिए इनमें से किसी भी राज्य (या 1680 में मुग़ल सल्तनत में उनके अधिग्रहण के बाद सूबे) की जमा की दूसरे आँकड़ों से तुलना बहुत ही जोखिम का काम होगी।

अबुल-फ़ज़्ल ने 1591 की जिस रिपोर्ट का हवाला दिया है उसमें विजयनगर साम्राज्य को 'राम राजा के इलाक़े' कहा गया है। इसका कारण उसके इसी नाम के वकील (रीजेंट) और सम्राट की भारी प्रतिष्ठा थी जो 1565 में रक्सस तगडी की जंग

में मारा गया। 1591 में विजयनगर साम्राज्य का शासक वास्तव में वेंकटपतिदेव राय द्वितीय (1585-1614) था। दुर्भाग्य से इस शासक के काल में साम्राज्य के राजस्व के बारे में ऐसी कोई सूचना नहीं है, कम से कम हेरस द्वारा प्रस्तुत भारी-भरकम सामग्री में तो नहीं ही है, कि हमारे 1591 के आँकड़े से उसकी तुलना की जा सके।[23]

इन हालात में हम सिर्फ़ यह कह सकते हैं कि गोलकुण्डा, बीजापुर और विजयनगर के 1591 के आँकड़ों को जोड़ दें और उसकी तुलना औरंगजेब के परवर्ती दिनों में सूबा बीजापुर और सूबा हैदराबाद की जमा के आँकड़ों से करें जब विजयनगर साम्राज्य का एक बड़ा भाग इन्हीं सूबों के अन्तर्गत था। परिणाम ये रहे :

जमा (दामों में)	वर्ष	सन्दर्भ
3,12,00,00,000	1591	ऐड 27, 247, फ़ोलियो 384 ए-बी
3,10,00,00,000	1687-91	*ज़वाबिते-आलमगीरी,* ऐड 6598, फ़ोलियो 130बी-132ए
3,30,30,20,000	1687	फ्रेज़र 86, फ़ोलियो 57 बी-61बी
3,34,61,52,140	1687	*इन्तिखाबे-दस्तूरूल-अमले-पादशाही,* एडिनबर्ग, संख्या 224, फ़ोलियो 1बी-3बी
3,46,68,00,000	1709	जगजीवनदास, *मुंतख़बुत्-तवारीख़,* ऐड 26, 253 फ़ोलियो 51ए-54 ए

इस तरह 1591 में बीजापुर, गोलकुण्डा और विजयनगर इलाक़ों की अनुमानित जमा 1687 के आसपास इस इलाक़े की जमा से सिर्फ़ लगभग 7 प्रतिशत कम थी और 1709 की जमा से ज़रा ऊपर 11 प्रतिशत कम थी। इन आँकड़ों से स्पष्ट है कि दकन के इन राज्यों की जमा के बारे में अकबर को दी गई जानकारी वास्तविक स्थिति को बढ़ाकर पेश करती थी क्योंकि हमें 17वीं सदी के दौरान क़ीमतों में हुई लगभग 30 प्रतिशत वृद्धि को भी ध्यान में रखना होगा। दकन को छोड़ दें तो ख़ुद मुग़ल सल्तनत की जमा में 1595 और 1700 के बीच 44 प्रतिशत से अधिक की वृद्धि हुई।[25]

ज़ाहिर है कि 1591 के लिए दकन की जमा के अनुमान बहुत ही अतिशयोक्तिपूर्ण थे। सम्भवतः यही कारण हो कि अबुल-फ़ज़्ल ने उन्हें *अकबरनामा* के अन्तिम पाठ में शामिल नहीं किया। इस तरह इस अंश पर हमारी छानबीन का परिणाम अंशतः नकारात्मक है क्योंकि अतिशयोक्ति की सीमा को देखते हुए ऐसा नहीं लगता कि सांख्यिकी के विशेषज्ञों के लिए 16वीं सदी में दकन के वित्तीय संसाधनों के बारे में यह अंश बहुत उपयोगी होगा। तो भी दकनी राज्यों की सापेक्ष वित्तीय शक्तियों के संकेत पाने के लिए ये आँकड़े उपयोगी हैं। 1591 तक इस सिलसिले में बीजापुर की स्थिति सबसे अच्छी मानी जाती थी। उसकी जमा 12 करोड़ दकनी तंके बताई गई थी जबकि अहमदनगर की जमा, 9 करोड़ तंके और विजयनगर की सिर्फ़ 4 करोड़ तंके थी।

सम्भवतः यह तथ्य उस समय तक विजयनगर की क़ीमत पर बीजापुर राज्य के भारी विस्तार का प्रतिबिम्ब था।

सन्दर्भ और टिप्पणियाँ

1. मिसाल के लिए ई टामस, *रेवेन्यू रिसोर्सेज़ आफ़ द मुग़ल इम्पायर,* जो *द क्रोनिकल्स आफ़ द पठान किंग्स आफ़ डेलही,* लन्दन, 1871 के अन्त में पृ. 52-54 पर मुद्रित है; जदुनाथ सरकार, *इण्डिया आफ़ औरंगज़ेब, कलकत्ता,* 1901, पृ. 32; इरफान हबीब, *एग्रेरियन सिस्टम आफ़ मुग़ल इण्डिया,* बम्बई, 1963, पृ. 328, 399-409 देखें।
2. ब्रिटिश म्यूज़ियम, ऐड 27, 247, फ़ोलियो ए 384 **ए**-बी। मूल कातिब ने 390 के बाद फ़ोलियो की संख्याएँ फिर से 381, 382 आदि डाल दी हैं। इस तरह हमें 390 तक की फ़ोलियो को 381**ए**, 382 **ए**, आदि मानना होगा।
3. शीरीं मूसवी, *इकानमी आफ़ द मुग़ल इम्पायर, सी* **1595**, नई देहली, 1987, पृ. 4-9
4. अपने अनुवाद में एच बेवरिज ने इन आँकड़ों पर ध्यान दिया है। *अकबरनामा,* अनुवाद, कलकत्ता, 1897, पृ. 890-91 की टिप्पणी देखें। लेकिन मुग़ल राजस्व सांख्यिकी के प्रस्तुत लेखिका समेत लगभग सभी छात्रों ने लगता है इसे अनदेखा कर दिया है।
5. पाठ में हर वाली की जगर *हरावली* है जो साफ़ तौर पर कातिब की ग़लती है।
6. पाण्डुलिपि में अहमदानगर। अबुल-फ़ज़्ल ने यहाँ इसी वर्तनी का क्यों प्रयोग किया है, यह स्पष्ट नहीं है। यह कातिब की किसी ग़लती का नतीजा भी नहीं लगता।
7. अबुल-फ़ज़्ल, *आईने-अकबरी,* एक, सं : ब्लाख़मन, कलकत्ता, 1866-67, पृ. 230
8. बदायूँनी, *मुंतख़बुत-तवारीख़,* तीन, सं : अहमद अली, कलकत्ता, 1869, पृ. 165
9. *अकबरनामा,* तीन, सं : अहमद अली, कलकत्ता, 1873, पृ. 586
10. उपरोक्त, पृ. 600-01
11. उपरोक्त, पृ. 712
12. उपरोक्त, पृ. 753
13. उपरोक्त, पृ. 783 देखें। फ़ैज़ी सरहिन्दी (ब्रिटिश म्यूज़ियम, ओरि. 619, फ़ोलियो 247ए) ने उनकी मौत की तारीख़ एक शाबान 1009 बताई है। बदायूँनी, जो अपने वृत्तान्त को 1598 तक ले गए हैं, अपने जीवनचरित वाले खण्ड में उनकी मौत का ज़िक्र करते हैं और कहते हैं (*मुंतख़बुत्-तवारीख़,* बिब्लियोथिका इण्डिका, तीन, पृ. 165) कि वे बुरहानपुर में दफ़न किए गए। इस ब्यौरे से पता चलता है कि बदायूँनी कम से कम 1601 तक जीवित थे।
14. ऐड 27, 247, फ़ोलियों 483 **ए** बी
15. *अकबरनामा,* तीन, पृ. 779
16. सरहदों में फेरबदल के ब्यौरों के बारे में इरफ़ान हबीब, *ऐन एटलस आफ़ द मुग़ल इम्पायर,* नई देहली, 1592, शीट 9ए, 14-16 ए की टिप्पणियाँ देखें।
17. *एग्रेरियन सिस्टम* में पृ. 397 पर इरफ़ान हबीब ने इन आँकड़ों से जो तारीख़ें जोड़ी हैं उन्हें सामान्यतः मैंने स्वीकार किया है।
18. *आईन,* एक, पृ. 474
19. *एग्रेरियन सिस्टम,* पृ. 406 की टिप्पणी और *इकानमी आफ़ द मुग़ल इम्पायर,* पृ. 29-30 की टिप्पणी से तुलना करें।
20. अबुल क़ासिम 'फ़िरिश्ता', *गुलशने-इब्राहीमी,* नवलकिशोर, कानपुर, 1974, पृ. 176

21. उपरोक्त, दो, पृ. 177
22. अब्दुल हमीद, लाहौरी, *पादशाहनामा,* एक (ए), पृ. 178
23. रेवरेण्ड हेनरी हेरस ने *द अराविडु डाइनस्टी आफ़ विजयनगर,* एक, मद्रास, 1927 में पृ. 300-40, पृ. 494-512 पर उसके शासन की घटनाओं का जो चित्र प्रस्तुत किया है, मैंने उसी को स्वीकार किया है।
24. शीरीं मूसबी, द सिल्वर इन्फ़्लक्स, मनी सप्लाई, प्राइसेज़ एण्ड रेवेन्यू-एक्स्ट्रैक्शन इन मुग़ल इण्डिया, *जर्नल आफ़ द इकानमिक एण्ड सोशल हिस्टरी आफ़ द ओरिण्टल,* वर्ष तीन, पृ. 90
25. उपरोक्त, पृ. 89 देखें। 1595 में कुल जमा की गणना में अन्तर के कारण मेरे आँकड़े इरफ़ान हबीब (*एग्रेरियन सिस्टम,* पृ. 328) के आँकड़ों से भिन्न हैं।

भारतीय कपड़ों पर 1603 का एक डच संस्मरण

इशरत आलम

मुग़लिया दौर में कपड़ा-उत्पादन के महत्त्व को मोरलैण्ड ने बख़ूबी रेखांकित किया है।[1] यह बात ख़ासकर रेशमी, सूती और ऊनी उद्योगों के बारे में सच है। कपड़ा उद्योग के मुक़ाबले का शायद ही कोई उद्योग रहा हो जो चाहे राष्ट्रीय उत्पाद में योगदान या चाहे भौगोलिक प्रसार की दृष्टि से उसके आगे ठहर सकता।

फिर भी दिलचस्पी की बात है कि नवम्बर 1603 के एक ऐसे डच संस्मरण (Memorie) का भी अस्तित्व है जिसे स्टैलपेयर फ़ान डेरवील ने तैयार किया था। यह कपड़ों की क़िस्मों पर था, ख़ासकर उन पर जिनके लिए मसालों से विनिमय के आधार पर दक्षिण-पूर्व एशिया में बाज़ार मिलने की आशा थी।[2]

यह संस्मरण निम्नलिखित मालों की सूची देता है :

(1) कैन तूरिया (Cayn Tourias) यानी खुरदुरे छापेदार/रंगीन सूती कपड़े। आम तौर पर इनकी लम्बाई 3 फ़ैदम* और चौड़ाई 4 बालिश्त (स्पैन) होती थी। कभी-कभी ये लाल या हरी पट्टियों में, गुलाब के फूल की शक्ल के या गोल छापों (daalders) में रँगे जाते थे। मलाया में लाल कपड़े Tourias Meera कहे जाते थे और उनकी भारी माँग थी। हरे कपड़े Tourias Itchu कहलाते थे और फ़ी कोड़ी (20 नग) 3 या 4 रियाल के भाव में ख़रीदे जाते थे। ये 150 से 200 'कट्टी' (catti) जायफल के बदले बांडा में बेचे जाते थे।[3] (2) बाफ़्त (Baftas) जो 3/4 से 5/4 रियाल फ़ी नग के भाव से ख़रीदे जाते थे तथा बांडा में 40 से 80 'कट्टी' जायफल के बदले बिक जाते थे। (3) 'कैरीकैम' (Carycam) अर्थात लाल और नीले कपड़े। लाल की भारी माँग थी। इसके 20 नग 8 से 10 रियाल के भाव बेचे जाते थे। नीले कपड़े 7 से 8 रियाल के भाव बिकते थे। बांडा में उनके बदले 10-20 'कट्टी' जायफल मिल जाती थी। (4) आसमानी (Osinani या Osmani) अर्थात एक खुरदुरा कपड़ा। 3-4 रियाल में ख़रीदा जाता था। (5) कन्नेकिन (Camykin या Canykyn) अर्थात सफ़ेद सूती कपड़ा, लम्बाई 7-8 फ़ैदम, सवा से डेढ़ रियाल के भाव बिकता था और बांडा में उसके बदले 30-35 'कट्टी' जायफल मिल जाती थी।[4] (6) Mecanis जो Canikins से बारीक होते थे पर थोड़े

* एक फ़ैदम = लगभग 6 फ़ुट, एक बालिश्त = लगभग 9 इंच—अनुवादक।

अधिक महँगे होते थे। (7) चवेनी (Tjauanis) अर्थात सफ़ेद सूती मगर चिकने कपड़े, 5 फ़ैदम लम्बे और 2 बलिश्त चौड़े; 4-6 रियाल में 20 नग मिलते थे और उसके बदले बांडा में 25-40 'कट्टी' जायफल मिल जाती थी। (8) छींट (Ischyndes या चिंदीज़) अर्थात एक बहुरंगी (Bonte) रेशमी कपड़ा जिसका एक नग बांडा में 40-50 'कट्टी' जायफल के बदले बिक जाता था। इन्हें सोना-चाँदी के बदले बेचने के लिए अरब और फ़ारस भेजा जाता था।

चूँकि सेण्ट टोम और मइलापुर पुर्तगाली नियन्त्रण में थे, डच कैलीचर और आर्मागान जैसी जगहों से कपड़े प्राप्त करते थे। उनकी ख़रीद पैलियाकट से नियन्त्रित होती थी। दिए गए प्रकार यूँ हैं : (9) ड्रैगन जिसमें दो रंग होते थे—या तो लाल व सफ़ेद या लाल व हरा या लाल व नीला। उनका एक 'बस्ता' 130-150 रियाल के भाव बेचा जाता था और एक बस्ते में 160 नग होते थे। (10) पट्टे जिनको Tschermalleyas भी कहते थे। इसे लगभग आधे फ़ैदम तक लाल या हरा बुना जाता था और फिर आगे बीच की तरफ़ लाल या नीली पट्टियाँ होती थीं। इसे 13-16 रियाल फ़ी कोड़ी के भाव बेचा जाता था और बांडा में इसके बदले 30-45 'कट्टी' जायफल मिल जाती थी। (11) तापी सरस्सा (Tapi Sarassi) अर्थात गुल-बूटों या परिन्दों के चित्रोंवाले छापेदार कपड़े जो 10-13 रियाल फ़ी कोड़ी और (बांडा में) 25-30 'कट्टी' जायफल के बदले ख़रीदा जाता था। (12) Sarasses tsechramalais जो सबसे अच्छा और सबसे चिकना कपड़ा होता था और 60-70 रियाल फ़ी कोड़ी के भाव बिकता था। इसकी कुछ कम उम्दा क़िस्म के बदले 40-50 रियाल और (बांडा में) 50-90 'कट्टी' जायफल मिल जाती थी। इसी तरह (13) Sarassa gobaer जो फ़ी कोड़ी 70-80 रियाल के भाव ख़रीदा जाता था। (14) शेला (Tschelleyes या Chelas) काली पट्टियों पर सफ़ेद चेकदार सूती कपड़ा होता था।

बांडा, अम्बोइना, सीरम में और दूसरी जगहों पर व्यापार के लिए नागपटनम से निम्नलिखित कपड़े ख़रीदे जा सकते थे : (15) सल्लालोस (Salalous) अर्थात काले और गाढ़े, नीले कपड़े फ़ी कोड़ी 6-8 रियाल के भाव ख़रीदे जाते थे। (16) बल्लाटियोस (Balatscher) अर्थात सफ़ेद, काले और नीले कपड़े जो 15-17 रियाल फ़ी कोड़ी के भाव ख़रीदे जाते थे; इनके बदले मिलनेवाली जायफल की मात्रा कपड़े की क़िस्म पर निर्भर होती थी। (17) पेलांग (Poleng) 2-3 फ़ैदम लम्बे और 5 बालिश्त चौड़े कपड़े जो 12-15 रियाल फ़ी कोड़ी के भाव ख़रीदे जाते थे। (18) तुलूपुकन (Touloupoucan) अर्थात डेढ़ फ़ैदम लम्बे और 4.5 बालिश्त चौड़े कपड़े जो फ़ी कोड़ी 6-7 रियाल के भाव ख़रीदे जाते थे। बांडा में इनके 10, 11 या 12 नगों के बदले एक baar जायफल मिलती थी। (19) 'बोर्नियो लाया' अर्थात डेढ़ फ़ैदम लम्बे और 4.5 बालिश्त चौड़े कपड़े

जो 5-6 रियाल फ़ी कोड़ी के भाव बिकता था; 12-13 नग के बदले एक baar जायफल मिल जाती थी।

मसुलीपटनम से ये आते थे : (20) मुरी (Mouryn), चार फ़ैदम लम्बे, सस्ते और पट्टीदार सूती कपड़े, दो क़िस्मों के, 10 रियाल फ़ी कोड़ी के भाव ख़रीदे और बांडा में इसके 6-8 नग एक baar जायफल के बदले बेचे जाते थे। (21) चौतार (Soutars), 7-8 फ़ैदम लम्बे, 20-25 रियाल फ़ी कोड़ी के भाव ख़रीदे जाते थे और इसके 1-5 नग 30-40 'कट्टी' जायफल के बदले बेचे जाते थे। (22) सलेमपुरी (Salimpournis), आठ फ़ैदम लम्बे, सफ़ेद सूती कपड़े, लाल धारियों का बार्डर, 25-30 रियाल फ़ी कोड़ी के भाव ख़रीदे जाते थे और बांडा में 30-40 'कट्टी' जायफल के बदले बिकते थे। (23) कैन मोगो (Cayn Mogo), मलाया शैली के सफ़ेद सूती कपड़े, 2 फ़ैदम लम्बे
अ ा र
3.5 बालिश्त चौड़े, ख़रीद 8 रियाल फ़ी कोड़ी और बिक्री 1.5 baar जायफल के भाव से। (24) 'पट्टमलम', 2 फ़ैदम लम्बे और 5 बालिश्त चौड़े, ख़रीद 10-12 रियाल फ़ी कोड़ी और बिक्री 2-4 baar जायफल फ़ी कोड़ी के भाव से। (25) कैन मंडिल (Cain Mandil), सफेद धारियों वाले नीले कपड़े, 1.5 फ़ैदम लम्बे और 4 बालिश्त चौड़े, 7-8 रियाल फ़ी कोड़ी के भाव से ख़रीदे जाते थे और बांडा में इसके दो नग 10-20 'कट्टी' जायफल के बदले बिकते थे। (26) दस्तार (Distaers), लाल रँगे सूती कपड़े, 3 फ़ैदम लम्बे और 3.5 बालिश्त चौड़े, ख़रीद 8 रियाल फ़ी कोड़ी तथा बिक्री 1.5 baar जायफल फ़ी कोड़ी के भाव से। (27) कैन गोबर (Cain Coobaer), 'सफ़ेद मिली नीली पट्टियों वाले भूरे-नीले' सूती कपड़े, 1.5 फ़ैदम लम्बे और 5 बालिश्त चौड़े, 13-14 रियाल फ़ी कोड़ी के भाव से ख़रीदे जा सकते थे और बांडा में इसके 10 नग एक baar जायफल के बदले बिकते थे। (28) Cassiopes अर्थात आधे सूती, आधे रेशमी, धारीदार कपड़े, 4 फ़ैदम लम्बे और 5 बालिश्त चौड़े, 30-35 रियाल फ़ी कोड़ी के भाव ख़रीदे जाते थे और बांडा में इसका नग 40-50 'कट्टी' जायफल के बदले बिकता था।

बंगाल से ये आते थे : (29) Sattou pacooras, सफ़ेद सूती कपड़े, 6-6.5 फ़ैदम लम्बे और 5 बालिश्त चौड़े, 16-18 रियाल फ़ी कोड़ी के भाव से ख़रीदे जाते थे, बांडा में इसके 3-8 नग एक baar जायफल के बदले बिकते थे। (30) ख़ास बाज़ार (Cassa Bassar), लाल धारीदार कपड़े, 8 फ़ैदम लम्बे और 5 बालिश्त चौड़े; इनका एक नग मलक्का (Moluccas) में 30-40 'कट्टी' लौंग के बदले बिकता था। (31) ख़ास किटगिल (Gassa Kyttagil), 5 फ़ैदम लम्बे और 3 बालिश्त चौड़े; 25-30 रियाल फ़ी कोड़ी के भाव से ख़रीदा जाता था और इसका एक नग 20-40 'कट्टी' जायफल के बदले बिकता था। (32) रामबुती (Rambouty), सफ़ेद सूती कपड़े, 8 फ़ैदम लम्बे, इन्हें पुर्तगाली मकसार में मलाया और जावावालों के हाथों 90-100 मास (Mas) के बदले बेचते थे। (एक मास = एक रियाल।) (33) भैरों (Beiraram), सफ़ेद सूती कपड़ा जो मलक्का या मकस्सर में 160-180 रियाल फ़ी कोड़ी के भाव बिकता था।

दस्तावेज़ के आधार पर यह सूची इस विनम्र उद्देश्य के साथ तैयार की गई है कि मुग़लकाल में कपड़ों से सम्बन्धित शब्दावली को स्पष्ट करने में कुछ योगदान किया जा सके। इस दिशा में अभी तक सिर्फ़ कामचलाऊ प्रयास ही हुए हैं।[5]

सन्दर्भ और टिप्पणियाँ

1. डब्ल्यू एच मोरलैण्ड, *इण्डिया ऐट द डेथ आफ़ अकबर : ऐन इकानमिक स्टडी,* लन्दन, 1920, पृ. 171-84; मोरलैण्ड, *फ्राम अकबर टू औरंगजेब : ए स्टडी इन इण्डियन इकानमिक हिस्टरी,* लन्दन, 1923, पृ. 53-58
2. *मेमोरी फ़ान नवम्बर 1603 ओवर डेन टीनमैलिगेन हैण्डेल, फ़ूर्नमेलिक मेट ल्यनवाडेन, इन फ़ूर इण्डी, उइट्गेजोंडेर्ड कैबे एन चौल (त्यासेल), ओप हेट मलाइशे शीराईलैण्ड, एन इनडेन मलाइशेन आर्किपेल।* मूल प्रति 'कामेर फ़ान ज़ीलैण्ड 41जी', आल्गेमीन र्यक्सार्चीफ़, एस-ग्रोवनहाग, नीदरलैण्ड में मौजूद है। पार्चमेण्ट पर 'आर्टिकेलेन एंडे इंस्ट्रक्टिएन ओप डे शेपेन' लिखा है। पूरे संस्मरण को जी पी रोफ़ायेर और एच एच जुटनबोल ने *डे बाटिकुंस्ट इन नीदरलैण्ड्स-इण्डी एन हार गेशीडेनिस,* उटरेख़्ट, 1914, जिल्द तीन में पृ. 11-25 पर सावधानी से उद्धृत किया है। इसे अंशतः जे के जे डे ब्योंगे (सं) ने *डे ओपकोंस्ट फ़ान हेट नीदरलैण्ड्स गेत्ज़ाग इन ऊस्ट इण्डी, 1595-1610,* जिल्द तीन, ग्रावेनहाग/एम्स्टर्डम, 1875 में पृ. 149 पर प्रकाशित किया है। एफ़ डब्ल्यू स्टैपेल ने इस 'संस्मरण' का उपयोग *पीटर फ़ान डाम, बेशरीफ़िंगे, फ़ान डे उस्टइंडिशे कोंपेनी,* सं : डाक्टर एफ़ डब्ल्यू स्टैपेल, ग्रावेनहाग में (प्रासंगिक खण्डों में) किया है। तपन रायचौधुरी ने *जान कम्पनी इन कोरोमण्डल, 1605-1690 : ए स्टडी इन द इण्टर रिलेशंस आफ़ यूरोपियन कॉमर्स एण्ड ट्रेडिशनल इकानमीज़,* ग्रावेनहाग, परिशिष्ट सी, पृ. 221-22 में इसका उपयोग कोरोमण्डल क्षेत्र के कपड़ों की कुछ क़िस्मों को स्पष्ट करने के लिए किया है।
3. *मेमोरी फ़ान 1603,* पूर्वोक्त, पृ. 11।
4. उपरोक्त।
5. उदाहरण के लिए जान इर्विन और पी आर श्वार्त्ज़ (सं), *स्टडीज़ इन इण्डो-यूरोपियन टेक्स्टाइल हिस्टरी,* भाग एक, अहमदाबाद, 1966 में जान इर्विन का लेख इण्डियन टेक्स्टाइल ट्रेड इन द सेविनटींथ सेंचुरी; इरफ़ान हबीब, *ऐन एटलस आफ़ द मुग़ल इम्पायर,* देहली, 1982, पृ. 69-70 (ग्लासरी आफ़ टेक्सटाइल्स टर्म्स) देखें।

पुस्तक-समीक्षाएँ

मुहम्मद ग़ौसी शत्तारी, *गुलज़ारे-अबरार,* सं : मुहम्मद ज़की, प्रकाशक : खुदाबख़्श ओरिएंटल पब्लिक लाइब्रेरी, पटना, वितरक : मक्तबा जामिया, नई देहली, 1994 (रेक्ट : 1995) पृष्ठ संख्या 15 579, मूल्य : 250 रुपए (अजिल्द)।

यहाँ हमारे पास इस पुस्तक का पहला मुद्रित संस्करण है जो मुग़लिया दौर में मुस्लिम उलमा और सूफ़ियों के जीवनचरितों के महानतम और ऐतिहासिक दृष्टि से सम्भवतः सबसे महत्त्वपूर्ण संकलनों में एक है। अभी तक केवल फ़ज़्ल अहमद का उर्दू अनुवाद (दो संस्करण : 1908, 1975) ही उन लोगों के लिए उपलब्ध था जिनको इस रचना की बहुत थोड़ी बची पांडुलिपियाँ सुलभ नहीं थीं। लगता है इसके छः मुकम्मल मुसव्विदों की जानकारी लोगों को थी। इनमें से दो तो निजी संग्रहों में हैं जिनकी रिपोर्ट एम अरशद क़ुरैशी ने (समीक्षाधीन संस्करण के पृ. 558 पर) दी है और चार सार्वजनिक पुस्तकालयों में हैं। (स्टोरी, पर्शियन लिटरेचर : ए बायो-बिब्लियोग्राफिकल सर्वे, 1,2 संख्या 1310, पृ. 984-85 देखें।) सम्पादक ने बुनियादी पाठ के रूप में ख़ासे पुराने (1668 के) मुसव्विदे का उपयोग किया है जो जान राइलैंड लाइब्रेरी, मैनचेस्टर में है (लिंडेजियाना, पृ. 143, संख्या 185) और उसका मिलान रायल एशियाटिक सोसाइटी, कलकत्ता और सालारजंग म्यूज़ियम, हैदराबाद के मुसव्विदों से किया है। भूल से संकेतों को स्पष्ट नहीं किया गया है, पर हम मान लेते हैं कि पाद टिप्पणियों में बा कलकत्तावाले और जीम हैदराबादवाले मुसव्विदे के लिए है। ये दोनों लगता है एक ही मुसव्विदे की प्रतियाँ हैं जिसका आख़िरी सफ़हा नक़ल तैयार करते वक्त खो गया और इस तरह ये दोनों मुसव्विदे समाप्त होने के पहले एक ही जगह रुकते हैं।

सम्पादक ने सिफ़ एक कामचलाऊ भूमिका लिखी है हालाँकि उन्होंने *गुलज़ारे-अबरार* के लेखक द्वारा बहुत बड़ी संख्या में प्रयुक्त ग्रन्थों की सूची देकर उपयोगी सेवा की है। उर्दू अनुवाद की 1975 की आवृत्ति में अरशद क़ुरैशी की प्रस्तावना लेखक की कुछ बुनियादी जानकारी देती है जो मुख्यतः *गुलज़ारे-अबरार* से ही निकाली गई है।

ग़ौसी ने जिन लोगों के जीवनचरित दिए हैं उनकी संख्या काफ़ी बड़ी है : इवानोव ने 575 और उर्दू अनुवादक ने 612 की गिनती दी है। एक अनुक्रमणिका होती (जो दुर्भाग्य से वर्तमान संस्करण में नहीं दी गई है) तो सम्भवतः और भी बड़ी संख्या

बतलाती। इन व्यक्तियों का एक बहुत बड़ा भाग 15वीं और 16वीं सदियों का है।

लेखक का जन्म मांडू में 1555 में हुआ (पृ. 525) और वहीं उन्होंने शिक्षा पाई। एक रोमानी लगाव उन्हें आगरा ले गया जहाँ उन्होंने पाँच साल (1575-76 से 1582 तक) गुज़ारे (पृ. 539-44); यहाँ सम्भवतः उन्हें प्रसिद्ध कवि फ़ैज़ी का सान्निध्य मिला जिसका उन्होंने स्पष्ट हवाला (पृ. 415) दिया है। अपनी शिक्षा पूरी करने के लिए वे आगरा से अहमदाबाद चले गए (पृ. 544) और तीस साल का होते ही वे मांडू (1584 में) लौट गए जहाँ अब वे रहने लगे। कभी-कभी वे उज्जैन, अहमदाबाद और बुरहानपुर की यात्रा कर लेते थे। वे मांडू में ही थे कि 1587 में हज पर जा रहे, *अखबाहल-अख़यार* के लेखक अब्दुल हक़ से उनकी मुलाक़ात हुई; यह मुस्लिम सूफ़ियों के जीवनचरितों का काफ़ी छोटा मगर और भी पहले का संकलन है। (पृ. 524-25 देखें।) अब्दुल हक़ की रचना ने, जिसका ग़ौसी ने दो जगह (पृ. 187 और 525 पर) हवाला दिया है, सम्भवतः उनके और भी कहीं बहुत बड़ा संकलन तैयार करने के संकल्प को पुष्ट किया। अपनी भूमिका में उन्होंने कहा कि उन्होंने इसका इरादा 1589 में किया और 1599-1600 में अबुल-फ़ज़्ल कृत *अकबरनामा* (अर्थात *आईने-अकबरी* के बादवाले भाग) में हिन्दुस्तानी मुस्लिम सन्तों के जीवनचरित देखकर उनका इरादा और भी पक्का हुआ। (पृ. 5 देखें।) यह बात दिलचस्प है क्योंकि ग़ौसी हर जगह अबुल-फ़ज़्ल की शाहाना (या आप चाहें तो कह लें, आडम्बरी) शैली की सायास नक़ल करते हैं। लेखक को 1601-2 में बुरहानपुर में अकबर के सामने जाने का सौभाग्य मिला जब बादशाह ने पूछा कि हाल के और समकालीन सूफ़ियों पर किसी ने कुछ क्यों नहीं लिखा और ग़ौसी (पृ. 5) इतनी उलझन में पड़ गए कि अपने मंसूबे का भेद न खोल सके। लेकिन भारी-भरकम सूचनाएँ जमा करते हुए वे अपने काम में लगे रहे। उन्होंने 1605-6 में इसे लिखना शुरू किया और पहला मुसव्विदा दो साल में तैयार कर लिया। लेकिन आख़िरी पाठ (पृ. 532-33) रजब 1022 (अगस्त-सितम्बर 1614) में जाकर ही पूरा हुआ। इतने लम्बे लेखन-काल से स्पष्ट है कि पृ. 79 पर क्यों 1020 को चालू वर्ष कहा गया है। लेकिन उन्होंने भूमिका में और अन्तिम भाग में भी पुस्तक जहाँगीर को समर्पित की है।

ग़ौसी ने (पृ. 5 पर) '700 (ईसवी 1300) से शुरू करके 1000 (ईसवी 1591-92) तक के अल्लाह वाले लोगों के चुनिन्दा हालात की याद ताज़ा करना), अपना मक़सद बताया है। हालाँकि दर्ज लोगों में कुछ हिन्दुस्तान कभी आए ही नहीं, पर इसका मक़सद वास्तव में हिन्दुस्तान के सभी मुस्लिम सूफ़ियों के जीवनचरित का एक व्यापक संकलन बनाना है, चाहे ये सूफ़ी किसी भी सिलसिले के या प्रकार के हों, और 11वीं सदी से लेकर लेखक के अपने काल तक किसी भी दौर के हों। लेकिन शिया उलमा को शामिल नहीं किया गया है।

ग़ौसी का सम्बन्ध शत्तारी सिलसिले से था और इसके पैरोकारों को काफ़ी प्रमुखता दी गई है। पर ग़ौसी ने हर जगह दूसरे सिलसिलों का आदर किया है, और पिछले कालों के बारे में अपेक्षाकृत अनालोचनात्मक हैं तथा आसानी से चमत्कारों की ख़बरें दर्ज करने

की ओर उन्मुख हो जाते हैं। पर जब हम 15वीं और 16वीं सदियों पर आते हैं तो वे अधिकाधिक सटीक होते जाते हैं तथा जिस तरह अनेक स्रोतों और मौखिक साक्ष्यों का उन्होंने उपयोग किया है वह आदर का पात्र है। इसमें आश्चर्य की कोई बात नहीं कि मध्य भारत और गुजरात का प्रतिनिधित्व बहुत अधिक है, क्योंकि वे इन्हीं क्षेत्रों को सबसे अच्छी तरह जानते थे।

मुग़ल दरबार से ग़ौसी के सुस्पष्ट सम्बन्ध थे और लगता है कुलीनों में उनकी कुछ इज़्ज़त भी थी। फिर भी पृ. 377 पर अकबर के धार्मिक विचारों की सारगर्भित आलोचना भी है। बदायूँनी की तरह यहाँ भी इस्लामी विश्वासों पर अकबर के सन्देह को धर्मशास्त्रियों के खुले और तीखे विवादों का परिणाम बतलाया गया है। लेखक का कहना है कि अकबर 'सुलहे-कुल' (सार्वभौम सामंजस्य) की धारणा को जनता के सामने लाना चाहता था जो सर्वेश्वरवादी सूफ़ियों (अहले-फ़ना) की एक गुप्त धारणा थी। चूँकि यह सब कामयाब नहीं हुआ, वह रूढ़िवादियों से खार खाने लगा और उन्हें मुलाज़मत से हटा दिया। जिस धर्मशास्त्री शैख़ मुनब्बर को अकबर ने जेल में डाल दिया था और जो 1602-3 में मरे, उनकी सज़ा का मुख़्तसर हवाला दर्द से खाली नहीं है। फिर भी फ़ैज़ी के संक्षिप्त जीवनवृत्त (पृ. 414-15) में कुछ और जोड़ पाना मुश्किल है, यह अकबर के हलके के उस अहम शख़्स का सटीक व गम्भीर मूल्यांकन है।

मुसलमानों और ख़ासकर सूफ़ी जगह में प्रचलित विचारों और विश्वासों के इतिहास के लिए इस रचना का जो महत्त्व है, उसके अलावा यह गुजरात और मालवा के राजनीतिक इतिहास पर भी, अकसर प्रसंगवश, काफ़ी सूचनाएँ देती है। लगता है मुग़ल सल्तनत के ऊपरी स्तरों पर जो कुछ हो रहा था, लेखक उससे अच्छी तरह परिचित थे, और खुसरौ की बग़ावत ने जहाँगीर के दरबार में शंका और षड्यन्त्र का जो माहौल पैदा किया, उसके बारे में लेखक के स्पष्टवादी उल्लेख (पृ. 51, 486-87) ग़ौरतलब हैं।

प्रस्तुत संकलन में किसी प्रकार की कोई ऐतिहासिक टिप्पणी नहीं है और दुर्भाग्य से छापे की कुछ ग़लतियाँ भी हैं। बादवाले भाग में समझ से परे कोष्ठकों की भरमार भी है। लेकिन अपनी कठिन शब्दावली और असामान्य वाक्य-रचनाओं के कारण पाठ ने सम्पादक को काफी कुछ परेशान किया होगा। अब उन्होंने ज़मीन इस क़दर तैयार कर दी है कि दूसरे वह समृद्ध सामग्री खोदकर निकालें जो इस रचना में निःसन्देह है। इसके लिए वे हमारे बेशर्त धन्यवाद के अधिकारी हैं।

कीमत ठीक ही है; जिल्दबन्दी कुछ बेहतर हो सकती थी।

—इरफ़ान हबीब

आरिफ़ क़न्धारी, *तारीख़े-अकबरी : ऐन एनोटेटेड ट्रांसलेशन विद इंट्रोडक्शन,* अनुवाद : तस्नीम

अहमद, प्रगति प्रकाशन, देहली, 1993, पृष्ठ संख्या सत्रह. 315, मूल्य : 350 रुपए।

अकबरी दौर के लगभग सभी प्रमुख स्रोतों के अविकल अंग्रेजी अनुवाद लम्बे समय से उपलब्ध रहे हैं तथा इलियट व डासन ने चुनिन्दा अंशों के अनुवाद के द्वारा पाठक का परिचय कुछ और स्रोतों से कराया है। लेकिन औपचारिक इतिहासों में आरिफ़ क़न्ध ारी की रचना ऐसी है कि इतिहासकारों की पिछली नस्लों को उसके अस्तित्व का ज्ञान तक नहीं था और सबसे पहले उसका ज़िक्र 1933 में श्रीराम शर्मा ने किया। इसके दो मुसव्विदे ज्ञात हैं। एक कैम्ब्रिज में है (जिसमें लेखक ने अपने हाथों से संशोधन किए हैं) और दूसरा रामपुर में है। नदवी, देहलवी और अर्शी ने दोनों मुसव्विदों को मिलाकर इसका उम्दा सम्पादन (प्रकाशन : रामपुर, 1962) किया। अब तस्नीम अहमद ने इसका अंग्रेजी अनुवाद करके एक अहम क़दम उठाया है तथा विद्वानों के एक और भी बड़े हलके को इस हालत में पहुँचा दिया है कि वे अकबरी दौर के इतिहास के बारे में उसके महत्त्व को समझ सकें।

आरिफ़ की रचना 1579 और 1581 के बीच किसी समय पूरी हुई। अलाउद्दौला की रचना *नफ़ाइसुल-मआसिर* शायरों का एक सुविदित जीवनचरित संग्रह है जो 1574 के आसपास पूरी हुई। इसमें अकबर का जो संक्षिप्त विवरण मिलता है उसे छोड़ दें तो आरिफ़ की रचना अकबरी दौर का पहला ज्ञात इतिहास है। लगता है *नफ़ाइसुल-मआसिर* के अलावा (जिसे आरिफ़ ने दो बार उद्धृत किया है), उनकी सूचनाओं के मुख्य स्रोत मौखिक थे (जिनमें उनके संरक्षक और अकबर के एक अग्रणी कुलीन मुज़फ़्फ़र ख़ान तुरबती से प्राप्त सूचनाएँ भी शामिल थीं), विभिन्न दस्तावेज़ें थीं और उनके अपने अवलोकन थे। इसलिए यह रचना ऐसे अनेक तथ्य देती है जिनका हमें अन्यथा ज्ञान भी नहीं होता। कारण कि जहाँ इतिहासकार फ़िरिश्ता को और अब्दुर्रहीम ख़ाने-ख़ानाँ के जीवनी-लेखक नहावन्दी को उनकी रचना का ज्ञान था, वहीं अकबरी दौर के अबुल-फज़्ल, निज़ामुद्दीन और बदायूँनी जैसे प्रमुख इतिहासकार इससे अपरिचित थे।

तस्नीम अहमद ने हमें सिर्फ़ एक अनुवाद नहीं दिया है जिसकी लम्बे अरसे से ज़रूरत थी बल्कि काफ़ी उपयोगी टीकाएँ भी दी हैं जिनमें वे मुकम्मल हवाले देते हुए दूसरे स्रोतों से आरिफ़ की दी सूचनाओं की श्रमसाध्य तुलनाएँ भी करते हैं। उन्होंने रामपुर संस्करण के लगभग असन्दिग्ध पाठ को अनुवाद का आधार बनाया है जो मुनासिब ही है।

तस्लीम अहमद का अनुवाद पूरे पाठ को समेटता है पर दुख की बात है कि लेखक द्वारा बाद में जोड़े गए चार पृष्ठों को छोड़ देता है। ये रामपुरवाले मुसव्विदे में हैं तथा रामपुर संस्करण के सम्पादक की भूमिका में अन्त में पृ. 22-27 पर दिए गए हैं। ये पृष्ठ ख़ास तौर पर अहम हैं क्योंकि उनका सम्बन्ध अकबर की काबुल की पहली मुहिम से है, और ये 1581 में पुस्तक के पूर्ण समापन की तिथि निर्धारित करने में सहायक

हैं। इसी तरह रामपुर संस्करण के सम्पादकों द्वारा अन्त में दी गई विस्तृत टिप्पणियों से प्राप्त जानकारियों को भी अनुवादक ने अपने अनुवाद के साथ की टिप्पणियाँ तैयार करते समय अनदेखा किया है।

आरिफ़ की भाषा बेशक मुश्किल है। बीच-बीच में अशआर की तथा अरबी शब्दों व वाक्यांशों की भरमार वाला बेहद आलंकारिक गद्य लिखना उनका मक़सद था। इसलिए तस्नीम अहमद ने जो कारनामा अंजाम दिया है, उससे हमें हमदर्दी है। लाज़मी तौर पर ऐसे नुक्ते भी आते हैं जहाँ मूल पाठ के अर्थ पर किसी की समझ भिन्न होगी। अनुवाद के पृ. 83 पर (बैरम ख़ान के नाम अकबर के पत्र में) साफ़ तौर पर एक ग़लती है। यहाँ 'मुलाज़मत' का अनुवाद attendance की बजाय service किया गया है और इसलिए वाक्य 'हमने सुना कि आप हमारी मुलाज़मत में आ रहे हैं' का अनुवाद 'We have come to know that you intend to continue in the service of the Court' किया गया है। मुलाज़मत शब्द की यह ग़लत समझ पूरे अनुवाद में है, मसलन पृ. 286 पर जहाँ आरिफ़ का कहना सिर्फ़ यह है कि उन्हें मुलाक़ात का अवसर दिया गया पर उनसे 'I was favoured by being reemployed' कहलवाया गया है।

इसी पृष्ठ पर एक हैरानकुन ग़लतफ़हमी एक पूरे अनुच्छेद के अनुवाद का कबाड़ा कर देती है। पाठ (रामपुर संस्करण, पृ. 233) साफ़ तौर पर कहता है : 'सम्बन्धित वर्ष में गुजरात का प्रशासन क़ुत्बुद्दीन ख़ान अत्का और शहाब ख़ान को तथा सारंगपुर, सरकार मालवा का प्रशासन शुजाअत ख़ान को सौपा गया...।' पर अनुवाद इस प्रकार है : 'In the said year *the administration of various places was entrusted to nobles.* The administration of Gujarat was entrusted to Qutbuddin Mohammad Khan Atga, Shahab Khan of Sarangpur' आदि। मूल पाठ में इटैलिक में लिखे गए वाक्य का कोई औचित्य नहीं मिलता। सारंगपुर के बारे में ज़ाहिरा तौर पर एक और ग़लती सरकार शब्द के बारे में तस्नीम अहमद की ग़लत समझ का नतीजा है। प्रस्तावना में तस्नीम अहमद सरकार का उपयोग विलायत के पर्यायवाची के रूप में करने के कारण आरिफ़ क़न्धारी को लताड़ते हैं। शायद उनके मन में सरकार का केवल 1580 के बादवाला अर्थ ही है जब अकबर द्वारा सूबों के निर्माण के बाद सूबों के उपभागों को सरकारी तौर पर सरकारों का नाम दिया गया। वास्तव में 1580 से पहले सरकार सल्तनत का सबसे उँचे स्तर का भाग होती थी और इस तरह प्रान्त अर्थात विलायत का पर्यायवाची थी।

दुर्भाग्य से ऐसी भूलों का मतलब यह हुआ कि किसी अनुच्छेद के अर्थ पर विचार करते समय शोधकर्ता को फारसी पाठ से मिलान करने की सलाह देना ही अच्छा रहेगा।

अनुवादक ने उच्चारण चिह्नों (डायाक्रिटिकल मार्क्स) का उपयोग नहीं किया है तो इसमें शिकायत की कोई ख़ास बात नहीं है। पर छापे की ग़लतियों को तो और भी सावधानी से दूर किया ही जाना चाहिए था। मिसाल के लिए fief की जगह Afif (पृ. 4) और Barni की जगह Baruni (पृ. 6) छपा है।

तो भी जल्दबाज़ी की इन निशानियों के प्रति एक नर्म रवैया अपनाया जा सकता है। कारण कि अनुवादक को सम्भवतः इसकी भी थोड़ी-बहुत चिन्ता रही होगी कि किताब बादशाह अकबर की 450 वीं सालगिरह के मौक़े पर प्रकाशित हो जाए जो भारत में एक राष्ट्रीय समारोह का अवसर था।

—शीरीं मूसवी

***एपिसोड्स इन द लाइफ़ ऑफ़ अकबर : कंटेंपोरेरी रिकार्ड्स एंड रेमिनिसेंसेज़,* सम्पादन और अनुवाद : शीरीं मूसवी, नेशनल बुक ट्रस्ट, मूल्य : 45 रुपए।**

भारतीय रचनाओं में एक साहित्य विधा के रूप में जीवनी के आम तौर पर उत्तम या गरिमापूर्ण उदाहरण नहीं मिलते। इससे अधिक प्रचलित तो प्रशस्ति-गान से भरपूर वृत्तान्त हैं, जैसे बाणभट्ट का *हर्षचरित* या अबुल-फ़ज़्ल के *अकबरनामा* के शब्दाडम्बर। लोक-मानस में राजसत्ताओं या सत्ता के आद्य रूपों को स्थापित करनेवाले ये प्रशस्ति-ग्रन्थ आम तौर पर उन सामाजिक प्राणियों की साधारण ग्रहण-सम्बन्धी क्षमताओं को अनदेखा करते हैं जिनका वर्णन यूरोपीय जीवन-चरित्रों या आत्मकथाओं में बड़े मनमोहक विस्तार के साथ मिलता है।

इनका परिचय हमें दुर्लभ दृष्टान्तों में मिलता है, जैसे कि बनारसीदास के *अर्धकथानक* की भक्तिपूर्ण स्वीकारोक्तियों में, या वर्तमान सदी में अपने जीवन और काल पर नीरद सी. चौधुरी की अंग्रेज़मय रचनाओं में।

आरम्भिक मुग़लकालीन उत्तर भारत की दशाओं पर और इस काल के फ़ारसी ऐतिहासिक स्रोतों पर भी विशेषज्ञ मानी जानेवाली शीरीं मूसवी ने अब ऐसा प्रयास किया है जिसे उनके प्रकाशकों ने 'जीवन-चरित्र में उनका पहला प्रयास' कहा है। यहाँ वे प्रशस्ति-गान या मनोगत पहचान की बाधाओं को तोड़ने की कोशिश करती नज़र आती हैं। 1992 में अकबर के जन्म की 450वीं वर्षगाँठ पर मानव संसाधन विकास मन्त्रालय द्वारा आयोजित समारोहों के अवसर पर उन्होंने यहाँ अपने पात्र के जीवन के मुख्यतः अन्तिम दशकों में या उसकी मृत्यु के कुछ बाद के वर्षों में लिखी गई स्रोत-सामग्री को जमा किया है।

नेशनल बुक ट्रस्ट ने बहुत ही कम दामों पर ऐसे कुछ चित्र उपलब्ध कराए हैं जिनसे मुग़लों के शिल्पागार के बेहतरीन दिनों का पता चलता है। साथ में अकबर के जीवन का एक संक्षिप्त घटनाक्रम भी दिया गया है, और स्रोत-सामग्री और हाल के जीवन-चरित्रों की एक सूची भी शामिल की गई है। इसके अलावा कुछ अनुवाद भी हैं जिनके लिए खुद मूसवी ने कम सटीक अनुवादों को खुद जाँच-परखकर संशोधित किया है। दरबारी मुलाज़िमों से लेकर यूरोपीय यात्रियों तक अनेक लोगों ने अकबर के वे वृत्तान्त लिखे हैं, उनके अंश भी यहाँ शामिल किए गए हैं।

बहुत पतली और बेहद संक्षिप्त होने के बावजूद पुस्तक का गद्य बहुत ही सुबोध और प्रवाहमय है। पुस्तक की विधा एकदम नई है। वृत्तान्त लगभग चित्रमय है और कथाएँ ऐसी जो बताती हैं कि बादशाह अपनी प्रजा के बारे में क्या सोचता-कहता था और उससे कैसा सुलूक करता था।

व्यंजन हलका है मगर अच्छा पका और गर्मागर्म है। पात्र की छानबीन एक ऐसे व्यक्तित्व की विशेषताएँ दर्शाती है जो हाड़-मांसवाले व्यक्तियों के काफ़ी क़रीब है। अलावा इसके, प्रस्तुत स्रोत-सामग्री का गहन अध्ययन भारतीय इतिहास-लेखन में शाही व्यक्तियों-सम्बन्धी राजनीतिक शब्दाडंबर पर कुछ प्रश्न भी खड़े करता है।

सबसे पहले तो तत्कालीन स्रोतों की एक विविधता हमारे सामने आती है। इनमें जौहर आफ़ताबी और बायज़ीद बियात के जीवन्त संस्मरणों जैसे स्रोत भी हैं जिनको अबुल-फ़ज़्ल ने अपने मक़बरानुमा संस्मरणों में शामिल किया है। ये भारतीय इतिहास-लेखन में संभवतः पहली बार, एक व्यक्ति के इर्द-गिर्द घूमनेवाले संस्मरण हैं। पहले के शासकों के वर्णन छायावादी हैं और उनके मूल्यांकन शिलालेखों या ताम्रपत्र अनुदानों के अलावा और किसी सामग्री से पुष्ट नहीं हैं।

तैमूरी शासक अपनी रैयत को प्रोत्साहित करते थे कि वे उनकी रोज़मर्रा की ज़िन्दगियों और दिलचस्पियों के बारे में लिखें; कभी-कभी बाबर और जहाँगीर जैसों ने अपने वक़्तों और अपनी सरगर्मियों के बारे में ख़ुद भी लिखा है। जिस चीज़ को अलीगढ़ी इतिहासकारों ने 'साम्राज्य का तन्त्र' (आपरेटस ऑफ़ इम्पायर) का नाम दिया है, उसके विश्लेषण के लिए उन्होंने एक ऐसी अभिजात रुचि पैदा की जो बर्तानवी हुकूमत के बाद भी जारी रही। नियन्त्रण की व्यवस्थाओं का केन्द्रीकरण, एशियाई सामन्तवाद में नौकरशाही का विकास, किराए की फ़ौजों के ढाँचों जैसी संस्थाएँ, अनेक प्रकार की भाषाएँ बोलनेवाले और तरह-तरह के पन्थों को माननेवाली रैयत का सांस्कृतिक तुष्टीकरण, तथा भूस्वामियों और वृत्तिभोगियों जैसे परिवर्तनशील वर्गों को अप्रत्यक्ष शासन की सुपुर्दगी—ये सब इसी तन्त्र के अंग हैं।

तैमूरी शासक भी पुरानी वस्तुओं को महत्त्व देने के बारे में सुल्तान फ़ीरोज़शाह तुग़लक़ के चलन का अनुसरण करते रहे, और उन्होंने ख़ुद भी बड़े पैमाने पर भारत में शाही अभिलेखागारों में आत्मकथात्मक और चित्रात्मक दस्तावेज़ें लिखीं, लिखवाईं और उनको सँभालकर रखवाया।

इस तरह के दृष्टिकोण के कारण प्रजा के सामाजिक जीवन में प्रमुख पुरुष चरित्र को एक केन्द्रीय स्थान प्राप्त हुआ। इसीलिए बाबर एक ख़ुशदिल हमला-आवर दिखाई देता है। वैसे तो हुमायूँ लगातार भगोड़ों की ज़िन्दगी बसर करता रहा, पर फिर भी उसे बलोचिस्तान के रेगिस्तान में इतना समय मिल ही गया कि अपनी माँ की कनीज़ से इश्क़ लड़ाए और उससे अपनी औलाद अकबर को पैदा करे। (मूसवी की शुरुआती कथा में इसका एक रोचक वृत्तान्त मिलता है।)

वैसे तो मानवतावादी और बुद्धिवादी अकबर अकसर अवसाद और क्रोध की

मनस्थितियों से ग्रस्त रहता था, पर उसने चापलूसों की आवाज़ों और गुप्त निन्दाओं के बीच अपने कुछ विश्वस्त सलाहकार रखे। फिर भी अन्तिम वर्षों में वह अपने ही पुत्र के विश्वासघात से दो-चार हुआ।

अकबर का मिथक एक ऐसा विषय है जिसे 1992 के समारोहों के दौरान इक़्तदार आलम ख़ान ने उठाया था, और उनके ग्रन्थ से मिली सहायता को मूसवी ने अपनी पुस्तक में स्वीकार किया है। अभद्र हिन्दोस्तानी Contes की, दरबारी विदूषक बीरबल से गीदड़ भभकी जैसे टकराव की, श्रेष्ठ कोटि के संगीतकार तानसेन और दरबार हकीम हुमाम की छवियाँ मूसवी के प्रत्यक्षवादी कोलाज के इतिहास की छवियाँ नहीं हैं।

फिर भी 450 साल से अधिक समय से यही उत्तर भारत के मैदानों के प्रत्येक ठाकुर की आद्य-छवि रही है। हिन्दीवादी क़िस्म के अभिजातवादी देशप्रेम ने इसी का सामान्यीकरण करके इसे हिन्दोस्तान में एक तथाकथित और ख़ुशदिल अभिजात शासक-वर्ग की छवि बना दिया है।

मूसवी ने जिन दस्तावेज़ों और संस्मरणों को जमा किया है, उनसे साधारण जनता के लिए स्वीकार्य बन चुके एक ऐसे ही मिथक के तत्त्व साफ़ तौर पर सामने आते हैं। यह मिथक बालक अकबर की अतिमानवीय हुड़दंग और युवक के रूप में उसके आकस्मिक क्रोध के क्षणों का है। ऐसे ही एक क्षण में उसने अपने दूध के भाई (और अपनी दाई माहिम अंगा के पुत्र) आदम खोखा को मरवा डाला था। भावी पीढ़ियों के लिए उसे अबुल-फ़ज़्ल ने भी दर्ज किया है।

पर इन तमाम काली मनस्थितियों से ऊपर उस मष्तिष्क का बुद्धिवाद था जो कर्मकांडों की तक़लीद (अन्धी नक़्क़ाली) का विरोधी था, अपनी परम्परा से भिन्न शास्त्रीय परम्पराओं में भी दिलचस्पी रखता था (उसने एक दूरदराज़ के सूबे में शासन में सहायता के लिए अपने बेटे को *महाभारत* का अनुवाद भी भिजवाया था), और उन व्यावहारिक वास्तविकताओं से परिचित था जो कट्टर व्यक्तियों को छोड़ शेष सभी से नर्मी के व्यवहार का तक़ाजा करती थीं।

मूसवी ने पुस्तक का समापन 'जहाँपनाह के कुछ दिल जीत लेनेवाले वचन' से किया है जो अबुल-फ़ज़्ल ने *आईने-अकबरी* में दर्ज किए हैं। ये उसी तरह शासन-कला के मध्यकालीन सूत्र हैं जिस तरह प्राचीनकाल में *महाभारत* था।

अकबर की दो सूक्तियों की कुछ समकालीन प्रासंगिकता भी दिखाई देती है। पहला, 'ख़ुदा के ज़्यादातर इबादतगुज़ार उसकी इबादत पर नहीं, अपनी क़िस्मत चमकाने पर आमादा हैं।' दूसरा, 'हिन्दोस्तान में कभी किसी ने पैग़म्बरी का दावा नहीं किया है। सबब यह कि यहाँ ख़ुदाई के दावे करने का रिवाज रहा है।' शायद मूसवी का प्रयास यह रहा होगा कि उनका जीवन-चरित के क्षेत्र में पहला प्रयास हमारे काल के लिए एक आवश्यक ग्रन्थ बन सके।

—इक़्तिदार आलम ख़ान

जान एफ़ रिचर्ड्स, द *मुग़ल इम्पायर*, (*द न्यू कैम्ब्रिज हिस्टरी ऑफ़ इंडिया* का खंड एक, भाग 5), कैम्ब्रिज यूनिवर्सिटी प्रेस, 1993; भारतीय संस्करण : फ़ाउंडेशन बुक्स, नई दिल्ली, 1993, सोलह320 पृष्ठ, अनुक्रमणिका, 6 मानचित्र, मूल्य : 350 रुपए।

लगता है *द न्यू कैम्ब्रिज हिस्टरी ऑफ़ इंडिया* का मक़सद हमें भारतीय इतिहास के प्रति साहबों के 'उपनिवेशोत्तर' दृष्टिकोण से परिचित कराना है। इसका सम्पादक-मंडल पूरी तरह अंग्रेज़ों और अमरीकियों पर आधारित है, और उसकी जो योजना मुख्य सम्पादक की भूमिका (पृष्ठ चौदह) में दी गई है उसमें ब्रिटिश-विजय 'उपनिवेशवाद में संक्रमण' (ट्रांज़िशन टू कोलोनियलिज़्म, खंड दो का शीर्षक) हो जाता है, गोया कि यह विजय एक आन्तरिक, देसी प्रक्रिया हो। फलस्वरूप खंड तीन का शीर्षक 'भारतीय साम्राज्य' (द इंडियन इम्पायर) रखा गया है, गोया कि बर्तानवी साम्राज्य हमारा अपना (मेरा मतलब है, देसी जनता का) साम्राज्य हो। फिर भी सुखद बात यह है कि प्रोफ़ेसर रिचर्ड्स ने, जो सह-सम्पादकों में एक हैं और अपनी महत्त्वपूर्ण रचना *मुग़ल एडमिनिस्ट्रेशन इन गोलकुंडा,* आक्सफ़र्ड, 1975 के लिए भारतीय इतिहासकारों के बीच पहले से चर्चित हैं, एक ऐसा ग्रन्थ प्रस्तुत किया है जो मुख्य सम्पादक की योजना में उन्हें दिए गए निर्देशों से काफ़ी-कुछ स्वतन्त्र है।

आरम्भ से ही रिचर्ड्स ने अधिकाधिक फ़ैशनेबुल होते जा रहे इस दृष्टिकोण (विंक, पर्किन) से अपनी असहमति ज़ाहिर कर दी है कि मुग़ल साम्राज्य एक 'साम्राज्य' के रूप में या तो भ्रामक था या फिर प्रमुख आर्थिक-सामाजिक प्रक्रियाओं के लिए उसकी कोई ख़ास प्रासंगिकता नहीं थी। वे भूमिका में ही अपनी यह आस्था जतलाते हैं कि 'मुग़लों की केन्द्रीकृत सत्ता एक वास्तविकता थी और भारतीय समाज पर उसका काफ़ी गहरा प्रभाव पड़ा।' फिर वे मुनासिब तौर पर यह भी जोड़ते हैं (पृष्ठ पन्द्रह) कि 'यह अच्छा था या बुरा था, यह एक अलग सवाल है।' इस बुनियादी मान्यता ने रिचर्ड्स के लिए अपने मुग़ल साम्राज्य के सर्वेक्षण को राजनीतिक इतिहास तक सीमित रखने का एक प्रमुख औचित्य प्रदान किया है, हालाँकि वे राजनीतिक इतिहास को भी उसके व्यापकतम अर्थ में लेते हैं; और प्रशासनिक विकास-क्रमों पर तथा मुग़ल शासन-व्यवस्था और उसके आर्थिक, सामाजिक और सांस्कृतिक वातावरण के घात-प्रतिघात पर विस्तार से टिप्पणी करते हैं। फिर भी कोई इस सीमा पर आपत्ति कर सकता है क्योंकि उसे इस ग्रन्थ में संस्कृति और ख़ासकर धार्मिक विचारों का, साहित्य और कला का कोई माक़ूल सर्वेक्षण नहीं मिलेगा। इसमें न तो फ़ैज़ी का ज़िक्र है, न तुलसीदास का, न अबदुस्समद का और न बिचित्र का। लेकिन अगर *न्यू क़ैम्ब्रिज हिस्टरी* के सम्पादकों ने उसके लिए जगह की सीमा निर्धारित कर दी है तो उनकी इस दुविधा से ज़रूर हमदर्दी की जा सकती है। कारण कि राजनीतिक इतिहास को घटाकर मात्र एक कालक्रम-सम्बन्धी वक्तव्य बनाए बिना दूसरे विषयों की विवेचना के लिए उन्हें कैसे जगह मिलती, यह समझना मुश्किल है।

बहरहाल रिचर्ड्स ने हमें मुग़ल साम्राज्य का एक पठनीय विवरण प्रदान किया है जो हाल के प्रकाशित अनुसन्धानों के निष्कर्षों पर आधारित है, और पाठक को यह महसूस कराता है कि वह गोया खुले जेहनवाली जाँच-पड़ताल में भाग ले रहा है जहाँ तमाम मुमकिन सुराग़ों का इस्तेमाल किया जा रहा है। विषय से उनके कुछ भटकाव पाठक की दिलचस्पी बनाए रखते हैं जैसे कि मिर्ज़ा नथन (पृ. 107-9) पर और मुर्शिद कुली ख़ान के आरम्भिक जीवन पर उनकी विवेचना (पृ. 248-50), और वे कुछ सन्देश भी देते हैं। मैं समझता हूँ कि रिचर्ड्स जहाँ मुग़ल प्रशासन के ब्यौरों की विवेचना करते हैं वहाँ वे सबसे ठोस ज़मीन पर खड़े हैं : यहाँ उनकी समझ और उसकी प्रस्तुति, दोनों ही असाधारण रूप से स्पष्ट हैं। मैं समझता हूँ कि जागीर के संकट पर उनके यहाँ व्यक्त विचार (पृ. 244-46, 292) गोलकुंडा में मुग़ल प्रशासन-सम्बन्धी पुस्तक में व्यक्त विचारों से कहीं बहुत अधिक विश्वासोत्पादक हैं। समकालीनों के इस विचार से उनकी सहमति भी सुखद है कि मालगुज़ारी के ठेके देने की व्यवस्था प्रशासनिक विघटन का लक्षण थी (पृ. 266-68), न कि रचनात्मक प्रवर्तनशीलता की कोई प्रक्रिया या राजनय की मिसाल (जैसाकि बाइली ने और उनका अनुसरण करते हुए मुज़फ़्फ़र आलम ने सुझाया है।)

रिचर्ड्स ने 17वीं सदी में मुग़ल साम्राज्य के शानदार दिनों का एक बहुत ही सकारात्मक आर्थिक लेखा-जोखा पेश किया है, और वे इस विचार को अस्वीकार करने में असमर्थ हैं कि 18वीं सदी के पूर्वार्ध में पूरे देश में होनेवाली जंगों का व्यापार पर कोई प्रतिकूल प्रभाव नहीं पड़ा। (पृ. 278-79 देखें।) वे 'गुणात्मक साक्ष्यों' के आधार पर यह तर्क (पृ. 285) देते हैं कि मुग़ल साम्राज्य ने आर्थिक संवृद्धि को प्रोत्साहन दिया। वे यह मानने को भी तैयार नहीं हैं (पृ. 291-92) कि यह प्रोत्साहन कृषि से किसी परजीवी सम्बन्ध की उपज रहा होगा। इसके विपरीत उनका तर्क यह है (पृ. 294-96) कि मुग़ल साम्राज्य उन्हीं वर्गों के आपसी अन्तर्विरोधों के कारण बिखरा जो उसके संरक्षण में खुशहाल बने थे क्योंकि इन अन्तर्विरोधों के समाधान के लिए साम्राज्य के पास न कोई व्यवस्था थी, न उसमें ऐसी लचक थी। अधिकांश पाठकों को यह तर्क रोचक लगेगा, और एम अतहर अली, शीरीं मूसवी और हरबंस मुखिया जैसे अत्यन्त विविधतापूर्ण लेखकों के मौजूदा विचार निश्चित ही मेरी 'कृषि-संकट' की प्रस्थापना के विपरीत लगते हैं जिसे रिचर्ड्स ने बहुत सटीक ढंग से प्रस्तुत और ज़ोरदार ढंग से अस्वीकार (पृ. 291-92) किया है। हालाँकि मैं अभी भी उनका क़ायल नहीं हूँ पर रिचर्ड्स ने जिन पृष्ठों में इस सवाल की विवेचना की है, वे मुझे पुस्तक के सबसे विचारोत्तेजक भागों में शामिल लगते हैं।

और, इसीलिए भारी निराशा की बात यह है कि इतनी आशाएँ जगानेवाली पुस्तक तथ्यों की अनेक ग़लतियों के कारण बदसूरत बन गई है। पानीपत शायद ही 'दिल्ली से कुछेक मील' दूरी पर हो और 'मेवाड़ के राणा' की मौत खानुआ (1527) की लड़ाई में नहीं हुई (पृ. 8); अकबर के आरम्भिक वर्षों का उज़्बेक कमानदार 'ज़मां-ख़ान' नहीं,

ख़ान ज़मां था, (पृ. 16); आसफ़ ख़ान उज़बेक नहीं था (पृ. 17); पंजाब मे रोहतास सिन्ध के किनारे स्थित न था (पृ. 28); 'मौलाना अब्दुल्लाह' (सुल्तानपुरी) सल्तनत का सद्र न था, तब यह पद शैख़ अब्दुन्नबी के पास था (पृ. 37); शरीयत की व्याख्या के बारे में अकबर के अधिकार को स्वीकार करनेवाला 1579 का महज़र 'एक शाही हुक्मनामा' न था बल्कि प्रमुख धर्मशास्त्रियों द्वारा जारी एक ऐलान था (पृ. 39-40); शैख़ अहमद सरहिन्दी ने अपनी गिरफ़्तारी (1619) और फिर रिहाई के बाद 'जहाँगीर के लश्कर के साथ दकन की' यात्रा नहीं की क्योंकि ख़ुद जहाँगीर ने ऐसा कोई दौरा नहीं किया (पृ. 100); 1622 में अपनी बग़ावत के बाद ख़ुर्रम को जहाँगीर ने कभी 'दकन के सूबों का सूबेदार' नहीं बनाया (पृ. 115, 137); क़ादिरी सन्त का नाम 'मुल्ला मीर' नहीं, मियाँ मीर था (पृ. 151); दारा शिकोह का बेटा सिपहर शिकोह अपने वालिद के साथ नहीं मारा गया (चौदह साल बाद उसने औरंगज़ेब की बेटी से शादी की) (पृ. 161); बीजापुर पर औरंगज़ेब ने 1657 में हमला किया था (न कि 1656 में), और यह मुहम्मद आदिल शाह की मौत से पहले नहीं, बाद की बात है (पृ. 207); सूरत का 'इस्माईली व्यापारी बहरजी बोहरा' वास्तव में एक इस्माईली नहीं, हिन्दू, विर्जी वोरा था (पृ. 209); सिकन्दर आदिल शाह ने मुग़लों के आगे बीजापुर का समर्पण 1685 में नहीं, सितम्बर 1686 में किया था (पृ. 220); 1696-97 में कोई 'मुर्शिदाबाद' था ही नहीं (पृ. 248); और 1720 में निज़ामुल105-मुल्क को शकरखेडला में नहीं, सियूगाँव में विजय प्राप्त हुई (पृ. 273), आदि। 1647 के बाद मुग़लों की सीमा की ग़लत निशानदेही के कारण मानिचत्र 2 (पृ. 131) भ्रामक हो गया है, और (पृ. 227 के सामने) मानचित्र 5 पर 'बीजापुर' की जगह 'मैसूर' पढ़ना पड़ेगा। बदनसीबी से ग़लतियों की यह सूची पूरी नहीं है।

जहाँ तक हाल की रचनाओं का सवाल है, सन्दर्भ-सूची ख़ासी विस्तृत है पर कुछ पुराने ग्रन्थों, जैसे मोरलैंड, इब्ने-हसन और सरन की किताबों के हवाले न पाकर दुख होता है क्योंकि उनका महत्त्व किसी भी प्रकार कम नहीं हुआ है। एक अजीबोग़रीब ग़लती के कारण मुग़लों के मालगुज़ारी प्रशासन, 1707-50, पर नोमान ए सिदद्दीक़ी की किताब को अकबरवाले अध्याय में रख दिया गया है, और अकबर की निरक्षरता पर एलेन स्मार्ट के लेख को साम्राजी प्रशासन (पृ. 305) के अन्तर्गत।

वैसे तो उच्चारण-सूचक चिह्नों (डायाक्रिटिकल मार्क्स) पर ज़ोर देने की ज़रूरत नहीं है, पर हिज्जों की व्यवस्था को और भी सटीक बनाया जा सकता था। 'ज़ुल्फ़िक़ार ख़ान' को 'ज़ुल्फ़िकार ख़ान' लिखना अजीब लगता है, ख़ासकर इसलिए कि सम्बन्धित व्यंजन को हर जगह 'क़' ही लिखा गया है, मसलन 'मुर्शिद क़ुली ख़ान' (पृ. 249) में।

—*इरफ़ान हबीब*

संजय सुब्रमण्यम, *मनी एंड द मार्केट इन इंडिया,* 1100-1700, आक्सफ़र्ड यूनिवर्सिटी प्रेस, देहली, 1994, पृष्ठ संख्या 316, मूल्य : 300 रुपए।

ज़ाहिरा तौर पर यह 'आक्सफ़र्ड इन इंडिया रीडिंग्स' शृंखला की पहली जिल्द है जिसका सम्बन्ध मध्यकालीन भारत से है।

सम्पादक के रूप में सुब्रमण्यम ने 56 पृष्ठों की एक प्रस्तावना लिखी है तथा 16वीं और 17वीं सदियों में क़ीमती धातुओं की आमद और मूल्यों पर अपना लेख भी इसमें शामिल किया है। अपने से पहले आर्थिक इतिहास पर लिख चुके अधिकांश भारतीय विद्वान उन्हें मन्दबुद्धि लगते हैं। (मिसाल के लिए पृ. 8-9 पर तपन रायचौधुरी के बारे में उनकी टिप्पणियाँ देखें हालाँकि ग्रहणशीलता के बारे में सम्भवतः उतने ही मन्द होने के कारण प्रस्तुत समीक्षक को रायचौधुरी की विवेचना में कोई 'अन्तर्विरोध' नहीं दिखाई देता।) या फिर सुब्रमण्यम बुद्धिहीन पूर्वाग्रहों से प्रेरित हैं। (जैसे पृ. 208 पर इरफान हबीब और 'उनकी *वांछित* मूल्य क्रान्ति' के बारे में।) रहे खुद सुब्रमण्यम तो अपने स्रोतों के लिए उन्होंने जो ऊँचे मानदण्ड बना रखे हैं उनके सहारे वे आसानी से अबुल-फ़ज़्ल कृत *आईने-अकबरी* की समृद्ध सांख्यिकीय सामग्री को रद्द कर देते हैं क्योंकि यह तो मात्र 'प्रशासन पर एक आदर्श मूलक हस्तपुस्तिका' है। यह निश्चित ही एक ग़लत वर्णन है पर इसकी मिसाल ज़रूर है कि सुब्रमण्यम किस तरह फारसी सामग्री को निपटाते हैं जिससे वे बहरहाल एकदम अपरिचित जान पड़ते हैं। इसी तरह कोई चाहे तो 1947 से पहले की सांख्यिकी को रद्द कर सकता है क्योंकि वह ब्रिटिश साम्राज्यवाद की 'बृहत्तर प्रशस्ति-गाथा का एक अंग' है या फिर मुग़लिया दौर की पुर्तगाली, डच और अंग्रेजी दस्तावेज़ों में मौजूद आँकड़ों को रद्द कर सकता है क्योंकि ये उपनिवेशवादी या वाणिज्यवादी छलकपट की ऐसी ही प्रशस्ति-गाथा के अंग थे। पाठक के लिए सुब्रमण्यम की सलाह (पृ. 208) है कि सोना, चाँदी, ताम्बा के अनुपातों को भूल जाइए क्योंकि ये 'माल' नहीं थे। यह उन साक्ष्यों को अनदेखा करने का एक आदर्श उदाहरण है जो उनके अपने रुझानों से मेल नहीं खाते। 'टुवर्ड्स ए कनक्लूजन' में (पृ. 218 पर) उनकी माँग यह है कि 'मुद्रा की आपूर्ति में वृद्धि की दर को बड़ी हद तक उत्पाद में परिवर्तन की दर के आधार पर और मुद्रा की पश्चगामी गति के आधार पर विघटित किया जाना चाहिए।' लेकिन बहुत पहले ही फ़िशर के समीकरण ने हमारे लिए कार्यभार निश्चित कर दिया था, यह वाक्य मात्र उसी को अनेक शब्दों में दोहराता है। फिर हमें यह पता भी है कि आवश्यक आँकड़ों के अभाव में 16वीं सदी के भारत में इन कारकों पर उसी तरह अन्दाज़े लगाए जाएँगे जिस तरह 16वीं सदी के यूरोप में।

सुब्रमण्यम ने अपने संकलन में 16वीं सदी से सम्बन्धित जो लेख संकलित किए हैं उनमें (लोदी-काल की अर्थव्यवस्था पर) जे एफ़ रिचर्ड्स का लेख और (मुग़ल सल्तनत में चाँदी की आमद पर) अज़ीज़ा हसन का लेख बहुत पहले प्रकाशित हो चुके

थे। फिर भी उन्हें यहाँ पुनर्प्रकाशित होते देखना सुखकर है।

मुझे आवरण पर यह दावा पढ़कर मज़ा आया कि यह पुस्तक उस *कैम्ब्रिज इकानमिक हिस्टरी ऑफ़ इंडिया,* खंड एक से आगे निकल गई है जिसकी निन्दा 'बहस को...थोड़ा-बहुत एकाश्म ढंग से (समव्हाट मोनोलिथिकली)' पेश करने के कारण की गई है। आक्सफ़र्ड की अंग्रेजी यही है ?

पुस्तक की छपाई खासी अच्छी है।

—*इरफ़ान हबीब*

सोमप्रकाश वर्मा, *मुग़ल पेंटर्स एंड देयर वर्क : ए बायोग्रैफिकल सर्वे एंड कंटेंपोरेरी कैटेलाग,* उन्नत इतिहास अध्ययन केन्द्र, अलीगढ़/आक्सफर्ड यूनिवर्सिटी प्रेस, दिल्ली, 1994, सोलह438 पृष्ठ, 51 प्लेटें (श्वेत-श्याम), मूल्य=800 रुपए।

यह एक बहुत ही महत्त्वपूर्ण सन्दर्भ-ग्रन्थ और मुग़ल चित्रकला के छात्रों के लिए अनिवार्य पुस्तक है। भारी उद्यम के परिणाम इस ग्रन्थ का उद्देश्य मुख्य मुग़ल काल (लगभग 1550-1700) के चित्रकारों के सभी चित्रों का कैटलाग बनाना और तमाम सम्भव स्रोतों के आधार पर एक चित्रकार के जीवन-वृत्तान्त सम्बन्धी तथ्य सामने रखना है। इसमें हर उल्लिखित चित्रकार के वे सभी चित्र शामिल हैं जिन पर उसके हस्ताक्षर हैं या जिन्हें उससे जोड़ा जाता है। इसमें वे चित्र भी शामिल हैं जिनके चित्रकार की कोई पहचान नहीं मिलती पर जिन्हें आधुनिक आलोचकों ने इस या उस चित्रकार से और अकसर अलग-अलग चित्रकारों से जोड़ा है, और वह भी ऐसे आधारों पर जो शैली की तथाकथित विशिष्टताओं से ज़्यादा कुछ नहीं हैं। मगर वर्मा ने ऐसी प्रविष्टियों पर आरम्भ में ही सावधानी से एक प्रश्नचिह्न लगाया है जिससे संकेत मिलता है कि वे ऐसी पहचानों की निश्चयात्मकता को स्वीकार नहीं करते।

वर्मा के कैटेलाग की एक प्रमुख विशेषता यह है कि वे दो बातों में अन्तर करते हैं। एक ओर तो वास्तविक हस्ताक्षर हैं जिनका संकेत आम तौर पर थोड़ा टेढ़े-मेढ़े अक्षरों से तथा ख़ुद को नाचीज़ जतानेवाली अभिव्यक्तियों जैसे 'बन्दा, ख़ानाज़ाद, फ़क़ीर' आदि से मिलता है। दूसरी तरफ़ समकालीनों ने किसी चित्र के एक चित्रकार से मंसूब किया है। (आमतौर पर नस्तालीक़ अक्षरों में किसी विशेष चित्रकार को कोई विशेष चित्र बनाने के निर्देश का उल्लेख है, जैसाकि अकबर के काल में पुस्तकों के चित्रांकन के साथ है, या फिर चित्र के अन्दर या उसके हाशिए पर एक मामूली-सी टिप्पणी दर्ज है।) कुछेक चित्रों को फ़ारसी में लिखी टिप्पणियों में अज्ञात चित्रकारों से मंसूब किया गया है जो अकसर सन्देह पैदा करता है, ख़ास तौर पर आज के दौर में जबकि प्रसिद्ध मुग़ल चित्रकारों की कृतियों के भारी दाम लगाए जा रहे हैं। वर्मा अनावश्यक रूप से सन्देहग्रस्त तो नहीं हैं, पर उनका सावधानी बरतना और कला के

आधुनिक आलोचकों द्वारा किसी चित्र को किसी से मंसूब कराने पर प्रश्न लगाना उचित ही है। मिसाल के लिए पाठक पृ. 109 पर 'बिचित्र' शीर्षक के अन्तर्गत प्रविष्टि संख्या 32 देख सकता है जहाँ एक सुज्ञात चित्र का वर्णन किया गया है, पर जिस पर मौजूद हस्ताक्षर व टिप्पणी को वर्मा ने जालसाज़ी कहा है।

वर्मा ने दर्ज किए गए हर चित्र की मौजूदा स्थिति दी है, इसके ब्यौरे दिए हैं कि वह कहाँ से प्रकाशित हुआ था (साथ ही यह भी कि क्या वह रंगीन है), और हर चित्र पर कैटेलागरों के वर्णन और अन्य टिप्पणियों के पूरे हवाले दिए हैं। वैसे तो कला का कोई इतिहासकार यह दावा नहीं कर सकता कि उसने सभी क्या, ज़्यादातर मुग़ल चित्रों को देखा है, पर वर्मा ने ख़ुद प्रकाशित साहित्य का उपयोग करने के अलावा भारत, ब्रिटेन और अमरीका के प्रमुख संग्रहों का अवलोकन किया है, और इसलिए अकसर उन्होंने अपनी जाँच-पड़ताल के आधार पर अतिरिक्त ब्यौरे जोड़े हैं। फिर भी इस पूरे कैटेलाग में कला के साथी इतिहासकारों, जैसे दास, स्केल्टन, वेल्च, बीच, खंडलवाल और अन्य के प्रति विस्तृत आभार-प्रदर्शन मिलता है—वहाँ भी जहाँ वर्मा की राय औरों से भिन्न है।

कैटेलाग में हर कलाकार की रचनाओं की सूची से पहले, उसके बारे में जो कुछ ज्ञात है उसका एक सार-संक्षेप दिया गया है। आमतौर पर इसके लिए फ़ारसी स्रोतों का ख़ासा विस्तृत उपयोग किया गया है। मैं विशेष रूप से अकबर के प्रसिद्ध चित्रकारों में एक, अब्दुस्समद के जीवन-वृत्तान्त पर ध्यान दिए जाने का आग्रह करूँगा जिसकी रूपरेखा पृ. 40-44 पर मिलती है। जहाँगीरी दरबार के एक प्रसिद्ध चित्रकार मंसूर के बारे में, जिसका लाला फूल (ट्यूलिप) का चित्र पुस्तक के आवरण पर रंगों में छापा गया है, वर्मा ने भी कुछ जानकारी दी है (पृ. 261-62) जो उस कलाकार पर बहुत-कुछ लिखे जा चुकने के बावजूद काफ़ी उपयोगी है। जहाँ कुछ हमनामों का ज़िक्र है या पहचान अनिश्चित है, जैसे पृ. 357-61 पर सूर, सूरदास, वहाँ वर्मा ने इस कठिनाई के बारे में पाठकों को पूरी तरह विश्वास में लिया है, और आम तौर पर एक माक़ूल रवैया अपनाते नज़र आते हैं।

कैटेलाग की उपयोगिता एक बहुत ही विद्वत्तापूर्ण प्रस्तावना के कारण और भी बढ़ जाती है जिसके अन्त में चित्रांकित पांडुलिपि की एक उपयोगी कालक्रमानुसार सूची दी गई है (पृ. 32-33), और लघुचित्रों के प्रमुख संग्रहों की एक सूची भी। हो सकता है कि चाय की मेज़ पर वर्मा की श्वेत-श्याम प्लेटें आकर्षक न लगें, पर इनमें कलाकारों के चित्रों का एक उल्लेखनीय संग्रह (प्लेट पच्चीस-इक्यावन, पृ. 402-16) भी शामिल है जो कैटलाग के लिए बहुत ही उपयुक्त है। ग्रन्थों की सूची भरी-पूरी है; ख़ुद कैटेलाग की वर्णमाला के आधार पर की गई व्यवस्था को देखते हुए अनुक्रमणिका का विषयों और चित्रों तक सीमित रहना समझ में आता है।

इस कैटेलाग की सामग्री ख़ुद ही काफ़ी छानबीन और विश्लेषण की माँग करती है। पृ. 24 की एक तालिका से पता चलता है कि कैटेलाग में 327 चित्रकारों का उल्लेख है जिनमें से 260 अकेले अकबरी दौर के हैं। विभिन्न शासनकालों के बीच दोहराव की सम्भावना को ध्यान में रखें तो पूरी 17वीं सदी से हमें केवल 131 ज्ञात चित्रकारों की

रचनाएँ प्राप्त हुई हैं। क्या इसका कारण यह है कि पुस्तक-चित्रांकन के अकबरी उद्यम में व्यक्तियों को उनकी रचनाओं के लिए काफ़ी अधिक श्रेय दिया जाता था ? इससे अकबर के शिल्पागार में साधारण कलाकारों के चित्रों में उसकी निजी रुचि का पता भी चलता है।

एक सन्दर्भ-ग्रन्थ के रूप में हो सकता है कि समय बीतने के साथ वर्मा के कैटेलाग में कुछ जोड़ने की ज़रूरत पेश आए क्योंकि संग्रहालयों के और दूसरे संग्रहों के नए कैटेलाग लाज़मी तौर पर सामने आएँगे, मुग़ल चित्रों की नई खोजें होंगी, नई अन्तःदृष्टियाँ और नई सूचनाएँ प्राप्त होंगी। पर बुनियादी काम किया जा चुका है, और यह एक ऐसी उपलब्धि है जिसकी हार्दिक प्रशंसा की जाएगी।

—इरफ़ान हबीब

इक़्तिदार हुसैन सिद्दीक़ी, *शेरशाह सूर एंड हिज़ डाइनास्टी,* पब्लिकेशन स्कीम, जयपुर, 1995, पृष्ठ संख्या 235, मूल्य : 350 रुपए।

शेरशाह पर पहली महत्त्वपूर्ण पुस्तक के आर क़ानूनगो ने 1921 में प्रकाशित कराई थी, और उसका दूसरा (संशोधित) संस्करण 1965 में छपा। तब से काफी नई सामग्री सामने आ चुकी है। 1971 में प्रकाशित इक़्तिदार हुसैन सिद्दीक़ी की रचना *हिस्टरी आफ़ शेरशाह सूर* ने इससे भी बहुत अधिक सूचनाओं को समेटा था और क़ानूनगो की कुछेक सुप्रसिद्ध प्रस्थापनाओं में संशोधन का सुझाव दिया था। प्रस्तुत रचना को पिछली रचना का एक 'अद्यतन संशोधित और पुनर्रचित संस्करण' कहा तो गया है पर यह वास्तव में एक बड़ी हद तक उसी की आवृत्ति है।

लेखक ने अपने अध्ययन को आठ अध्यायों में बाँटा है (जबकि 1971 की रचना में सात ही अध्याय थे), उन्होंने 'प्रान्त-संगठन' पर एक अलग अध्याय रखा है जो पिछली रचना में अध्याय तीन का एक भाग था। एक 'विषयान्तर' (Exearsus) भी जोड़ा गया है जो दिखाता है कि इस राजवंश का सही क़बीलाई नाम सूरी नहीं, सूर था। पर यह स्पष्ट नहीं है कि ऐसे एक सुविदित तथ्य को पुष्ट करने की क्या सचमुच कोई आवश्यकता थी।

सिद्दीक़ी स्पष्ट करते हैं कि लोदी और सूर कालों में जागीर शब्द प्रयोग में नहीं था। दी गई ज़मीनों के लिए तब इक़्ता या परगना का प्रयोग होता था (अध्याय एक : स) जो मुग़ल जागीर से प्रकृति में भी भिन्न था। रैयत शब्द का प्रयोग अब्बास सरवानी ने किया है और मोरलैंड, आर.पी. त्रिपाठी, पी सरन और क़ानूनगो जैसे विद्वानों ने उसे 'किसान वर्ग' के पर्याय के रूप में स्वीकार किया है। इस पर सिद्दीक़ी का तर्क बहुत पुरज़ोर है और उनसे सहमत होने को जी चाहता है कि अकसर इस शब्द का प्रयोग सामान्यतः किसानों नहीं, मुक़द्दम और दूसरे जोतदारों के लिए किया जाता

था।

बरमाज़ीद पर सिद्दीक़ी का अध्याय पाँच काफ़ी दिलचस्प है। क़ानूनगो ने बरमाज़ीद के राजपूत मूल का जो तर्क दिया है उसके विपरीत उसके अफ़ग़ान मूल पर यहाँ समकालीन वृत्तान्तों से पर्याप्त साक्ष्य दिए गए हैं।

अध्याय छः ('प्रान्त-संगठन') में प्रान्तीय शासन के कार्यकलाप, उसकी क्षेत्रीय इकाइयों और हाकिमों पर अनेक अन्तःदृष्टियाँ प्राप्त होती हैं। इसमें ख़ित्ता, विलायत और शिक़्क़ के बुनियादी भेदों को तथा शिक़्क़दार, मुक़्ता, फ़ौजदार, अमीन, मुंसिफ़ आदि विभिन्न कार्मिकों की स्थिति और शक्तियों को स्पष्ट किया गया है।

वज्हे-मआश पर अध्याय सात सु-प्रलेखित है और सूर प्रशासन के कुछ धर्म से इतर आयामों को स्पष्ट करता है।

प्रस्तुत रचना में ख़वास ख़ान, मियाँ मुहम्मद फ़रमूली, मुहम्मद ख़ान लोदी, मियाँ हुसैन फ़रमूली, ईसा ख़ान सरवानी, हुसैन ख़ान लोदी, मियाँ भुआ और दूसरे कुलीनों के लिए मसनदे-आली के लक़ब का बार-बार उपयोग हुआ है। इससे स्पष्ट हो जाता है कि इस लक़ब को पानेवाले कुलीन बहुत ऊँचे मर्तबे के थे। इसलिए इस लक़ब की विवेचना का अभाव दुखद है जो, मुग़ल सल्तनत में न सही, कम से कम सिख परम्परा में (गुरुओं के 'मसन्दों') के रूप में जारी रहा।

मौजूदा संस्करण में अफ़सोस कि छापे की अनेक ग़लतियाँ हैं। मसलन अब्बास ख़ान की जगह अबास ख़ान (पृ. 19), तारीख़ के लिए ताफ़ीख़ (पृ. 71), शेरशाह के लिए शेर शाज (पृ. 74), '1532-33 में बिहार' की जगह '1933-33 ईसवी में बिहार' (पृ. 55), ड्यूरिंग की जगह ड्यूरिग (पृ. 150), मशीनरी की जगह मशीन्नरी (पृ. 151), डेलही की जगह डेल्हनी (पृ. 159), सवार्स की जगह सरकार्स (पृ. 169), सर्विस की जगह सविस (पृ. 198) आदि। लगता है मुद्रक ने कुछ पाद टिप्पणियाँ (जैसे पृ. 62, टिप्पणी 3) तक छोड़ दी हैं।

पाठक को यह चेतावनी भी दी जानी चाहिए कि अध्याय सात (पृ. 200-13) में हेमू से सम्बन्धित चौदह पृष्ठ छोड़ दिए जाएँ तो शेरशाह के उत्तराधिकारियों पर ऐसा कुछ भी नहीं जो पहले संस्करण के शीर्षक में फेरबदल और 'एंड हिज़ डाइनास्टी' शब्दों की वृद्धि को उचित ठहराए। बेहतर यही होता कि इस पुस्तक को एक नई रचना न जताकर इसे शेरशाह पर लेखक की पिछली रचना का दूसरा संस्करण ही कहा गया होता।

—इकबाल हुसैन

सुकुमार राय, *बैरम ख़ान,* सं : एम एच ए बेग, मध्य व पश्चिम एशिया अध्ययन संस्थान, कराची विश्वविद्यालय, 1992, इक्कीस. 287 पृष्ठ, 6 प्लेटें (तीन रंगों में) और मानचित्र, मूल्य=200 रुपए (पाकिस्तान से बाहर 10 डॉलर)।

हुमायूँ और अकबर के कुलीनों में बैरम ख़ान की अद्वितीय स्थिति और हुमायूँ के बाद

भारत में मुग़ल शासन की पुनर्स्थापना में उसकी भूमिका के कारण निःसन्देह उसकी एक सटीक जीवनी की आवश्यकता थी। अपनी पिछली, लगभग अकाट्य रचना *हुमायूँ इन पर्शिया* (कलकत्ता, 1948) के कारण प्रोफ़ेसर सुकुमार राय निश्चित ही इस कार्य के लिए सबसे उपयुक्त व्यक्ति थे। पर दुर्भाग्य से इस पुस्तक के प्रकाशन से पहले ही, 1987 में उनका देहान्त हो चुका था। अब यह पुस्तक, लिखे जाने के लगभग 34 वर्षों के बाद कराची से प्रकाशित हुई है। हर्ष की बात यह है कि एक प्रसिद्ध भारतीय विद्वान द्वारा लिखी गई यह पुस्तक कराची विश्वविद्यालय के सहकर्मियों के प्रयासों से पाठकों को उपलब्ध हो रही है। दोनों देशों के इतिहासकारों के बीच और भी सक्रिय अकादमिक सहयोग की आशा लेकर हम सभी इससे प्रोत्साहित हुए हैं।

सुकुमार राय ने अपनी पुस्तक के लिए सुज्ञात तत्कालीन इतिहासों को ही आधार नहीं बनाया है जिनसे उन्होंने अधिकांश सूचनाएँ ग्रहण की हैं, बल्कि बड़ी संख्या में कम ज्ञात फ़ारसी स्रोतों को भी खँगाला है। बैरम ख़ान के आरम्भिक जीवन पर उनका वर्णन ख़ासकर विस्तृत और ज्ञानवर्धक है। पहले पाँच अध्याय इसी चरण के बारे में हैं। *हुमायूँ इन पर्शिया* पर कार्य करते हुए उन्होंने जिन साक्ष्यों का उपयोग किया था, उनसे परिचय सम्भवतः यहाँ उनके लिए उपयोगी सिद्ध हुआ है।

पूरी पुस्तक में सुकुमार राय ने अपने स्रोतों के प्रति एक आलोचनात्मक दृष्टिकोण अपनाया है, हालाँकि हमें उन पर पहले की एक इतिहास-परम्परा के प्रभाव को भी ध्यान में रखना होगा जिसमें किसी जीवनी में पूरी तरह उसके पात्र पर ही ध्यान दिया जाता था और उसके वातावरण और व्यापकतर तत्त्वों की भरपूर व्याख्या का कोई प्रयास नहीं किया जाता था कि पाठक पात्र की क्रियाओं को एक परिप्रेक्ष्य में समझ सके। (ऐसा ही प्रयास, मिसाल के लिए, इक़्तदार आलम ख़ान की रचना *पोलिटिकल बायोग्रफी ऑफ़ ए मुग़ल नोबुल मुनीम ख़ान ख़ाने-ख़ानाँ* की एक प्रशंसनीय विशेषता है।)

सभी पाठक प्रोफ़ेसर रियाज़ुल-इस्लाम के आभारी होंगे जिन्होंने लेखक और उसके उत्तराधिकारियों से पांडुलिपि प्राप्त की, और प्रोफ़ेसर एम एच ए बेग के भी जिन्होंने 'अतिरिक्त टिप्पणियाँ' जोड़कर बड़े ही सिद्धहस्त ढंग से इस रचना को अधुनातन रूप दिया है। इन टिप्पणियों में लगभग सभी प्रासंगिक आधुनिक कृतियों का समुचित उपयोग किया गया है। हमें यह भी पता चलता है कि मुख्य रचना की मूल प्रति छपे हुए फ़ार्मों से लेकर हस्तलिखित पहले मुसव्विदे तक अनेक चरणों में थी। इसलिए राय के पाठ को ग्रहण करके जिस प्रकार छापा गया है उसका बहुत कुछ श्रेय सम्पादक को जाता है। प्रूफ़ भी सावधानी से पढ़े गए हैं; समीक्षिका ने जिन थोड़ी-सी ग़लतियों की निशानदेही की उनको पहले ही भूल-सुधार (पृ. 263-64) में ठीक कर दिया गया है। फिर भी अफ़सोस कि (कम्प्यूटर को दिए गए ग़लत कमांड के कारण ?) पूरी पुस्तक में बैरम ख़ान का नाम ही बैराम ख़ान हो गया है। मानचित्र उपयोगी है और सभी चित्र (रंगीन चित्रों समेत) अच्छी तरह छापे गए हैं। क़ीमत भी कुछ ख़ास नहीं, और पाकिस्तान के साधारण पाठक वर्ग की पहुँच के अन्दर है। उम्मीद है कि दोनों देशों के आपसी व्यापार में सुधार के

बाद भारतीय पाठक भी इसे ख़रीद सकेंगे।

—*शीरीं मूसवी*

अमीना ओकादा, इम्पीरियल मुग़ल पेंटर्स : इंडियन मिनिएचर्स फ्राम द सिक्सटींथ एण्ड सेविनटींथ सेंचुरीज़,* अनुवाद : देक दुसिम्बियर, फ़्लैमेरियाँ, पेरिस, 1992, 267 रंगीन व श्वेत-श्याम चित्रों के साथ, पृष्ठ संख्या 240, मूल्य : अलिखित; *इंडियन मिनिएचर्स ऑफ द मुग़ल कोर्ट (1992) शीर्षक से भी प्रकाशित।

पूरे-पूरे पृष्ठों के अनेक चित्रोंवाली यह पुस्तक एक भव्य वस्तु है। यह मुख्यतः मुग़ल काल के आकृतिचित्रों (पोर्ट्रेट्स) पर केन्द्रित है। पहले भाग में हमें इन विषयों का परिचय मिलता है : 'बादशाह संरक्षकों का एक ख़ानदान', 'राजवंश के आकृतिचित्र' जिसमें वंश वृक्ष रूप में आकृतिचित्र दिए गए हैं (धनराज कृत लघु चित्र, चित्र संख्या 34) शामिल हैं, और 'रूपक-चित्र' पुस्तक का आरम्भ युग़ल चित्रकला के स्रोतों पर एक अपेक्षाकृत चलताऊ निबन्ध (पृ. 11-16) से होता है। 'दरबारी चित्रकार शाही विचारधारा की सेवा में' शीर्षक से अगला भाग (पृ. 17-26) चित्रकला के प्रति मुग़ल बादशाहों के दृष्टिकोण को प्रस्तुत करता है। यहाँ यूरोपीय कला (आरम्भ में फ़्लेमिश और जर्मन नक़्क़ाशी) से कलाकारों के परिचय की छानबीन की गई है। फिर भी हैरानी की बात यह है कि फ़ारसी, मध्य एशियाई और देसी परम्पराओं की पृष्ठभूमि की उपेक्षा की गई है गोया कि चे मुग़ल चित्रकारों की कला के स्रोत न रहे हों, न संरक्षकों की विचारधारा के मक़सद पूरे करते रहे हों। ज़ाहिर है कि मुग़ल बादशाहों और उनके पूर्वजों के महिमामण्डन के साध ान रूप में मुग़ल चित्रकला को समझने के लिए इन्हें हमारी लेखिका के सरोकार ('एक नए दृष्टिकोण') के लिए प्रासंगिक नहीं माना गया है।

बड़ी हद तक फ़ारसी परम्परा से प्रेरित मुग़ल पाण्डुलिपियों की चित्रकला का विषय-क्षेत्र बहुत बड़ा था। दन्त-कथाएँ, क़िस्से, इतिहास बल्कि खगोलिकी भी इसमें शामिल रहे हैं। तो भी ओकादा का सरोकार मुख्यतः, चित्रांकित ऐतिहासिक पाण्डुलिपियों से है (पृ. 17-22) क्योंकि वे यह मानती हैं कि उनका मक़सद इस्लामी, मंगोल और तैमूरी बादशाहों का महिमामण्डन करना था। नतीजा यह कि लेखिका ने जानबूझकर अकबर की चित्रशाला से चित्रों का यकतरफ़ा चयन किया है। इसे इन चित्रों के प्रति एक नया दृष्टिकोण कहा तो जा सकता है, पर यह विश्वसनीयता से रहित है। हमें पता है कि अकबर के पूर्वजों का महिमामण्डन करनेवाले आकृतिचित्रों को *तारीख़े अल्फ़ी, तारीख़े-खानदाने-तैमूरिया, जामियुत्-तवारीख़* और *बाबरनामा* के चित्रों में कोई जगह नहीं दी गई है। तो भी *अकबरनामा* के चित्रों तक को ओकादा ने 'अकबर की नीतियों और राजनीतिक संस्थाओं के अभूतपूर्व महिमामण्डन' (पृ. 22) की अभिव्यक्तियाँ कहा है।

वास्तव में मुग़ल बादशाहों के महिमामण्डन और रूपक-चित्रों के साथ मुग़ल आकृतिचित्रों में एक नया दौर 17वीं सदी में ही शुरू होता है। इस प्रक्रिया के पीछे की प्रमुख शक्ति अर्ध-दैवी प्रभुसत्ता की एक धारणा थी जिसे मुग़ल दरबार में आम तौर

पर स्वीकार कर लिया गया और जिसकी घोषणा बादशाह के लिए 'जहाँगीर' या 'शाहजहाँ' आदि भारी-भरकम उपाधियों* के साथ की गई। यूरोपीय चित्रों से मुग़ल चित्रकारों के अधिकाधिक घनिष्ठ सम्पर्क के कारण इन धारणाओं की चित्रमय अभिव्यक्तियाँ और भी व्यावहारिक बनती गईं, ख़ासकर बाइबिल की कथाओं पर बने चित्रों और यूरोपीय बादशाहों के आकृतिचित्रों से सम्पर्क के कारण। पंखदार सुन्दर शिशुओं, बालकों, कामदेव, खगोलीय गोलों, पृथ्वी के ग्लोब, प्रभामण्डल और पिता-परमेश्वर जैसे यूरोपीय प्रतीकों ने उस मुग़ल चित्रकार के उद्देश्य पूरे किए जो एक रूपक-चित्र या महिमामण्डित करनेवाला आकृतिचित्र बना रहा था।

अकबर के वे सारे चित्र जो उसे 'परामानव' या दैवी गुणों से युक्त दिखाते हैं, उसकी मृत्यु के बाद के हैं। 16वीं सदी के चित्रों में अकबर को हर जगह एक हाड़-मांस के इनसान की तरह घटनाओं में भाग लेते दिखाया गया है। एक बादशाह और पाठ्य वृत्तान्तों के केन्द्रीय चरित्र के रूप में उसकी स्थिति को निश्चित ही पेश किया गया है हालाँकि ज़रूरी नहीं कि हर जगह उसे नायक बनाकर पेश किया गया हो।

यूरोपीय कला के प्रतीक-तत्वों ने अकबर को चित्रकला का उपयोग बादशाह के महिमामण्डन के लिए करने को प्रेरित किया हो, इसका कोई साक्ष्य नहीं मिलता। उसके बसावन जैसे उस्ताद चित्रकार रूपक-चित्रों के लिए प्रसिद्ध हैं, लेकिन ऐतिहासिक लघुचित्रों और आकृतिचित्रों में यूरोपीय प्रतीक-विधान को शामिल करने का अकबरी दौर में कोई प्रयास नहीं पाया गया है। उसके दरबार के एक और प्रसिद्ध चित्रकार केशवदास यूरोपीय मिसालों का अनुकरण करने और उन्हें अपने ढंग से ढालने के लिए प्रख्यात हैं, पर वहाँ भी ऐसा कोई प्रयास नहीं दिखाई देता। रायल पालीग्लाट बाइबिल की चित्रांकित प्रतियाँ अकबर को 1580 में प्रस्तुत की गई थीं और उसके चित्रों ने मुग़ल चित्रकारों को निश्चित ही प्रभावित किया। (ओकादा, चित्र 85 और 86 देखें; साथ ही एब्बा कोश, द इनफ़्लुएंस आफ़ दि जेसुइट मिशन आन सिंबोलिक प्रेज़ेंटेशन आफ़ द मुग़ल इम्परर्स, क्रिश्चियन डब्ल्यू ट्राल द्वारा सम्पादित *इस्लाम इन इण्डिया : स्टडीज़ एण्ड कमेंटरीज़,* नई देहली, 1982 में संकलित लेख भी देखें।) पर 16वीं सदी के मुग़ल आकृतिचित्रों में यह प्रभाव नहीं दिखाई देता। अकबर तो बल्कि इतने यथार्थवादी रुझान का व्यक्ति था कि खुद या अपने पूर्वजों को चित्रों में अतिशयोक्तिपूर्ण शक्तियों या दैवत्व के नज़र आनेवाले गुणों से विभूषित व्यक्तियों के रूप में पेश ही नहीं कर सकता था।

प्रलेखन की इच्छा *तारीख़े-अलफ़िया* और *तारीख़े-खानदाने-तैमूरिया* की पांडुलिपियों की तैयारी के पीछे सबसे सम्भावित कारण थी, तथा इस इच्छा और साथ ही चित्रकला के शौक़ ने पाण्डुलिपियों के चित्रांकन (ऐतिहासिक लघुचित्रों) की परम्परा को बढ़ावा दिया। इस तरह ओकादा की प्रस्थापना 16वीं सदी के आकृतिचित्रों और ऐतिहासिक चित्रों पर लागू नहीं होती।

---

*जहाँगीर = विश्व में व्याप्त, शाहजहाँ = दुनिया का बादशाह -- अनुवादक।

मुग़ल बादशाहों, कुलीनों और सन्तों को महिमामण्डित करनेवाले अनेक आकृतिचित्रों का जहाँगीरी और शाहजहाँनी दौरों में ही सामने आना शुरू हुआ, विशेष रूप से वे चित्र जो अबुल हसन, बिचित्र, चितरमन, गोवर्धन और पयाग ने बनाए हैं। उनमें चित्रित व्यक्तियों से देवत्व और धार्मिकता के प्रतीक जोड़े गए हैं जो अधिकतर यूरोपीय कला से लिए गए हैं। बाबर, हुमायूँ और अकबर के मृत्युपश्चात, 17वीं सदी में बनाए गए चित्रों (चित्र 41 और 44) में भी ये प्रतीक मौजूद हैं। यहाँ हम ओकादा से सहमत हो सकते हैं कि ये चित्र बादशाह को 'महिमामण्डित' करने और उसे एक दैवी स्थिति प्रदान करते हैं। 'जहाँगीर मलिक अम्बर के सर का निशाना लगाते हुए' (चित्र 48), 'जहाँगीर शाह अब्बास का स्वागत करते हुए' (चित्र 53) और 'जहाँगीर शाह अब्बास से गले मिलते हुए' (चित्र 54) जैसे प्रसिद्ध चित्र कुछ ऐसे रूपक-चित्र हैं जो बादशाह की अर्ध-दैवी प्रभुसत्ता के दावों को पुष्ट करने के लिए ही बनाए गए हैं।

पुस्तक के दूसरे भाग का सम्बन्ध 16 शाही मुग़ल चित्रकारों से है। इनमें अब्दुस्समद, मीर सैयद अली, बसावन, केशवदास, अबुल हसन, बिचित्र, बिशनदास, मिस्कीन, पयाग, गोवर्धन और मंसूर शामिल हैं। इन उस्ताद चित्रकारों पर प्रकाशित हो चुकी कृतियों और ख़ासकर डब्ल्यू स्टाउड, एस सी वेल्च, एम अब्दुल्लाह चुग़ताई, आर एटिंगहादज़ेन, आर स्केलटन, एम सी बीच, ए के दास और प्रस्तुत समीक्षक की रचनाओं के बाद ओकादा के पास पेश करने के लिए नए तथ्य शायद ही हों। फिर भी विषयवार उपशीर्षकों के अनुसार, व्यक्तियों की विशेष कुशलताओं और चित्रकला में उनके योगदान को स्पष्ट दिखाते हुए, चित्रकारों का वितरण एक मौलिक कृत्य है। यह व्यवस्था शाही चित्रशाला में कार्यरत विभिन्न प्रभावों को और भी स्पष्ट ढंग से उभारती है हालाँकि क्रम कहीं-कहीं गड़बड़ा गया है क्योंकि चित्रों को सटीक कालक्रमानुसार प्रस्तुत नहीं किया गया है। मिसाल के लिए 'चित्रकार की मर्मज्ञता' उपशीर्षक (पृ. 125-47) के अन्तर्गत पहले मनोहर की विवेचना की गई है हालाँकि उसकी सक्रियता का काल शाहजहाँनी दौर में बहुत बाद तक जारी रहा, जबकि उसके बाद जिस मिस्कीन को लिया गया वह अकबरी दौर का चित्रकार था। इसी तरह '17वीं सदी में यथार्थवादी आकृतिचित्रण का विकास' उपशीर्षक (पृ. 148-64) के अन्तर्गत पहले मीर हाशिम (या हाशिम) का वर्णन किया गया है हालाँकि आकृतिचित्रण में बिशनदास की कृतियाँ पहले की हैं। इसके अलावा हाशिम शाहजहाँनी दौर में सक्रिय रहा जबकि बिशनदास की इस काल की किसी कृति का ज्ञान नहीं है। व्यवस्था में यह लापरवाही मुग़ल चित्रकला में हो रहे विकासक्रमों के संगत पाठ्यविवरण को प्रभावित करती है।

अलग-अलग चित्रकारों के अध्ययनों में थोड़े दुर्भाग्य की बात यह है कि अक्सर कुछ आधुनिक विद्वानों द्वारा मंसूब (एट्रीब्यूटेड) चित्रों को 'एस्क्राइब्ड' चित्र कहा गया है, न कि अज्ञात चित्रकारों के चित्र, जैसा कि कहा जाना चाहिए। फिर किसी तीसरे

व्यक्ति को इबारतवाले और बादशाह के दस्तख़तवाले चित्रों (चित्र 233 और 234) को 'हस्ताक्षरित कृतियाँ' कहा गया। ओकादा की ओर से कोई व्यक्ति यही एकमात्र तर्क दे सकता है कि उनके लिए इन इबारतों की प्रामाणिकता का कुछ ख़ास महत्त्व नहीं है क्योंकि उनकी तलाश सिर्फ़ यूरोपीय प्रभावों की निशानियों को लेकर है। इस विशेष दृष्टिकोण से यह पुस्तक अच्छी-ख़ासी सफल है। पर एक चूक छोटी सी हो गई है। यूरोपीय प्रतीकों को स्पष्ट करते हुए ओकादा ने (और ई डी मैकलागन, एम सी बीच और एब्बा कोश ने भी) बसावन की कृतियों (चित्र 85 और 86) तथा बिचित्र की कृतियों (चित्र 208) में 'पिता-परमेश्वर' के चित्रण को अनदेखा किया है। इसकी सबसे पहले विवेचना करनेवाले अहसन जान क़ैसर ने इसे उल्लेखनीय कहा है क्योंकि बिचित्र की चित्रकला में पिता-परमेश्वर का चित्रण एक मुस्लिम शासक से जुड़ा हुआ है (द प्रोफ़ेन एण्ड द सैक्रेड इन द मुग़ल स्कूल आफ़ आर्ट, *आर्ट एण्ड कल्चर : फ़ेलिसिटेशन वाल्यूम इन आनर आफ़ प्रोफ़ेसर सर नूरुल हसन,* जयपुर, 1993 देखें।)

पृ. 95 पर चित्र 97 की आकृति एक ऐसे ही व्यक्ति की है जो काँख में एक तख़्ती दबाए है और एक नारियल पेश कर रहा है। इसे बीच ने एक आकृतिचित्र माना है और ओकादा ने इसे स्वीकार किया है। पर इस चित्र की शैली उस चित्रकार की दूसरी कृतियों की शैली से एकदम भिन्न है। वास्तव में यह आकृति उल्लेखनीय सीमा तक परशुराम की उस आकृति से मेल खाती है जिसे सवाई मानसिंह द्वितीय संग्रहालय, जयपुर में मौजूद *रामायण* के एक लघुचित्र (संख्या एजी-जी 1891, तिथि 1587) में दिखाया गया है। यह बात इस आकृति की पहचान की प्रामाणिकता ही नहीं, इस चित्र की असलियत पर भी सन्देह पैदा करती है।

फिर बीच की तरह ओकादा भी अकबर की चित्रशाला के पयाग और शाहजहाँनी दौर के पयाग में अन्तर नहीं करतीं। अकबर का पयाग किसी भी यूरोपीय प्रभाव से मुक्त है और यह बात बादवाले पयाग से उसे ख़ास तौर पर अलग करती है। इसके अलावा *पादशाहनामा* की पाण्डुलिपि (रायल लाइब्रेरी, विंडसर संख्या 773) के फ़ोलियो 195 के चित्र (लगभग 1650-57) में चित्रकार ने अपना ख़ुद का जो चित्र बनाया है उसमें उसकी उम्र (35 के आसपास) भी यही संकेत देती है कि अकबरी दौर का पयाग एक भिन्न चित्रकार था। (उसकी प्रारम्भिकतम कृति *बाबरनामा* की पाण्डुलिपि, लगभग 1598-1600 में सुरक्षित है।)

पुस्तक के अन्त (पृ. 216-25) में 'फूल-पत्तों और जीव-जन्तुओं का चित्रकार' उपशीर्षक के अन्तर्गत मंसूर का वर्णन दिलचस्प है। पर पुस्तक के प्रमुख विषय से शायद ही इसका कुछ लेना-देना हो।

चित्रों के दो ग़लत विवरण भी देखे गए हैं। चित्र 22 ज़ैन ख़ान कोका नहीं, सफ़दर ख़ान का चित्र है और चित्र 239 'मर रहे इनायत ख़ान' का चित्र हो ही नहीं सकता।

मुग़ल बादशाह ख़ुद को और अपने पूर्वजों को अधिकतम उम्दा ढंग से पेश करना चाहते थे और ऐतिहासिक लघुचित्र, ख़ासकर रूपक-चित्र और शाही ख़ानदान के लोगों

के आकृतिचित्र उनकी इसी इच्छा के अनुसार बनाए गए--ओकादा की यह प्रस्थापना केवल अंशतः सही हो सकती है। फिर भी प्रस्तुत पुस्तक, जो चित्रों से भरपूर है, मुग़ल कला-सम्प्रदाय की शान-शौकत और कुशलता को अच्छी तरह सामने लाती है। और ऐसी कोई भी उपलब्धि हमेशा स्वागत-योग्य होती है।

—सोमप्रकाश वर्मा

मार्गरेट एच केस (सं), *गोविन्ददेव : ए डायलाग इन स्टोन,* रोबिन बीच के छायाचित्र, इन्दिरा गांधी राष्ट्रीय कला केन्द्र, नई देहली, 1996, पृष्ठ संख्या 305, मूल्य : 2000 रुपए।

प्रस्तुत पुस्तक गोविन्ददेव मन्दिर तथा वृन्दावन में चैतन्य सम्प्रदाय के आरम्भिक इतिहास पर अनेक यशस्वी विद्वानों द्वारा प्रस्तुत लेखों का संकलन है। वृन्दावन सम्भवतः एक तीर्थ की सबसे उल्लेखनीय, सायास रचनाओं में एक है। इसका जन्म 16वीं सदी में हुआ जब दोसैच गाँव के पास एक स्थान की पहचान दन्तकथाओं के वृन्दावन के रूप में की गई जिसे तब तक भगवान कृष्ण की लीलाओं का पारलौकिक केन्द्र माना जाता था। लौकिक वृन्दावन के यश का उत्थान अकबरी दौर में हुआ जब एक छोटी सी, हाल में बनी धार्मिक बस्ती एक प्रसिद्ध मन्दिर-नगर में बदल गई। वृन्दावन के मन्दिरों और विशेषकर गोविन्ददेव और मदनमोहन मन्दिरों के पुरोहिती प्रतिष्ठान बड़ी हद तक अकबर के दिए भूमिदानों के ऋणी थे। वहीं गोविन्ददेव मन्दिर की विशाल इमारत (यह पहले से बग़ल में मौजूद एक इमारत को विस्थापित करके बनी), जो 1590 में पूरी हुई, अकबर के प्रमुख कुलीनों में एक अर्थात आम्बेर के मशहूर मानसिंह की दरियादिली का नतीजा थी।

अब जिस तरह उसे बनाया गया उस रूप में गोविन्ददेव मन्दिर फ़तेहपुर सीकरी में विकसित वास्तुशिल्प की परम्परा का एक उल्लेखनीय उदाहरण है। इसलिए आशा के ही अनुरूप प्रस्तुत पुस्तक का आरम्भ मन्दिर की वास्तुकला और मूर्तिकला सम्बन्धी चार लेखों से हुआ है। रूपरेखा और छायाचित्रों समेत इमारत के बारे में नलिनी ठाकुर का लेख विशेष रूप से ज्ञानवर्धक है। इसलिए यह थोड़े अफ़सोस की बात है कि साथ के दोनों नक़्शों (पृ. 13-14 पर चित्र 2.3 और 2.5) में इतनी भयानक ग़लती की गई है कि वृन्दावन को यमुना नदी की ग़लत तरफ़ (दाएँ किनारे की बजाय बाएँ किनारे पर) दिखा दिया गया है। जार्ज मिशेल ने खोए हुए गर्भगृह और उसके शिखर की पहेली की छानबीन की है। लगता है उन्होंने गोविन्ददेव मन्दिर पर महमूद बल्ख़ी (*बहरुल-असरार,* सं : रियाज़ुल-इस्लाम, कराची, 1980, पृ. 13-14) के निम्नलिखित विवरण को अनदेखा किया है जिन्होंने इसे 1625 में देखा था :

यह देवड़ा (मन्दिर) उस इलाक़े की अद्‌भुत वस्तुओं में एक है। पहले तो

> एक इमारत है जो शंक्वाकार है। उसकी ऊँचाई सौ 'गज़' (जिरा) से अधिक है और उसके अन्दरूनी भाग का घेरा लगभग 80 'क्यूबिट' (अरश) है। यह ज़मीन से चोटी तक पत्थर और ईंट से पुख़्ता और सीधा बना हुआ है। इसकी दोनों तरफ़ कुछ और इमारतें भी हैं। पर वे न तो इतनी शानदार हैं, न इतनी बड़ी हैं। काले पत्थर का बना एक बुत इस इमारत में जड़ दिया गया है; इसकी ऊँचाई लगभग 12 'क्यूबिट' अेर चौड़ाई चार 'गज़' है। इमारत जनुना नदी के किनारे बनाई गई है और इसे बादशाह अकबर के कुलीनों में एक, राजा मानसिंह द्वारा बनवाया गया है।

यह सम्भवतः मूल इमारत में एक ऊँचे शिखर की मौजूदगी का सबसे अकाट्य प्रमाण है।

वृन्दावन में चैतन्य पन्थ के महन्तों और जयपुर/आम्बेर पर दो लेख ऐसे हैं जो समृद्ध फ़ारसी और ब्रज/राजस्थानी दस्तावेज़ों पर बहुत अधिक आधारित हैं। ये क्रमशः इरफ़ान हबीब और मोनिका होर्त्ज़मान के लेख हैं। इरफ़ान हबीब द्वारा दस्तावेज़ों से महन्तों के जीवनचरितों की रचना एक बेहद दिलचस्प कारनामा है और 16वीं व 17वीं सदियों में वृन्दावन के स्थानीय इतिहास की अनेक बातों को स्पष्ट करने में सहायक है। पृ. 132 की आमुख-टिप्पणी में गोस्वामियों की तीन प्रमुख शाखों की एक सुविधाजनक सूची दी गई है। किसी चूक के कारण यह नहीं कहा गया है कि हर नाम के आगे दी हुई तारीख़ें उन दस्तावेज़ों से प्राप्त हुई हैं जिनमें उस विशेष गोस्वामी को जीवित कहा गया है। इसके अलावा सिव (शिव) राम गोसाईं (रूप की शाख़ में नम्बर 8) के सिलसिले में ऐसी तारीख़ों को छोड़ दिया गया है। ये तारीख़ें 1648-89 हैं। (पृ. 157 से तुलना करें।)

पृ. 280-86 पर गोविन्ददेव मन्दिर के शिलालेखों के छायाचित्रों का एक संकलन दिया गया है। दोनों महत्त्वपूर्ण शिलालेखों को पढ़ने और उनका अनुवाद करने का काम पृ. 200-03 पर जी एन बहुरा ने अंजाम दिया है। पृ. 287 पर अकबर के एक फ़रमान को पुनरोत्पादित किया गया है जिसे स्वर्गीय तारापद मुखर्जी और इरफ़ान हबीब पहले ही जाल साबित कर चुके हैं।

श्रीवास्तव गोस्वामी के दोनों लेख मूल्यवान हैं : एक मूर्तिकला पर (पृ. 69-114) जिसमें अनेक चित्र दिए गए हैं और दूसरा (पृ. 269-77) जिसमें एक सामान्य व्याख्या दी गई है। पहला लेख उन्होंने एक विशेषज्ञ के रूप में लिखा है जो वे हैं, और दूसरे में वे एक पारखी और अन्दर के व्यक्ति हैं जिसे पता है कि इस दुनिया में पारलौकिक कभी पार्थिव की उपेक्षा नहीं कर सकता। आरम्भ में कपिला वात्सायन ने एक उपयोगी प्रस्तावना लिखी है जिसमें इन बारहों लेखों का अलग-अलग निचोड़ प्रस्तुत किया गया है।

पुस्तक में एक वर्णनमूलक अनुक्रमणिका भी है। समीक्षक ने समय-समय पर इसे

उलटा-पलटा तो यह बेहद कारआमद साबित हुई।

अपनी भूमिका में सम्पादिका ने स्पष्ट किया है कि 'अनेक लेखकों' की आपत्तियों के बावजूद पुस्तक में लिप्यन्तरण की ऐसी प्रणाली क्यों अपनाई गई जो संस्कृत के लिए प्रयुक्त मानक प्रणाली है। सम्पादिका की तर्क-शृंखला मुझे क़ायल नहीं कर सकी। सुश्री केस ने मानसिंह के लिए Mana Simha और बिशन सिंह के लिए Visnu Simha, फ़ारसी बुर्ज के लिए Burja, फ़ारसी परवाना के लिए Parwana, अरबी सूबा के लिए Suba आदि लिखा है। (तो फिर farmana क्यों नहीं ?) सुज्ञात स्थान-नाम भी अजीबोग़रीब और भ्रामक ढंग से लिखे गए हैं जैसे Gualiyara, Ajmera, Jayapura, Lahora और Udisa जो क्रमशः ग्वालियर, अजमेर, जयपुर, लाहौर और उड़ीसा के लिए हैं। ऐसी मनमानियाँ पाठक का ध्यान बँटाती हैं और उसे खिझाती हैं; साथ ही निरक्षरों जैसी ग़लतियों और असंगतियों के लिए दरवाज़े खोलती हैं।

इस कमज़ोरी के बावजूद इस पुस्तक की तैयारी में सम्पादिका का प्रयास कुल मिलाकर प्रशंसनीय कहा जाएगा। क़ीमत हालाँकि अपेक्षाकृत कड़ी है, पर आशा है कि अच्छे पुस्तकालय इसे अवश्य ख़रीदेंगे। कारण कि यह पुस्तक एक महत्त्वपूर्ण विषय की विवेचना ही नहीं करती, बल्कि काफ़ी कुछ ऐसी नई सामग्री भी प्रस्तुत करती है जो नए प्रश्नों और अनुसन्धानों को जन्म देगी।

—इक़बाल हुसैन

हमारे लेखक

अली, एम अतहर (स्वर्गीय)	भूतपूर्व प्रोफ़ेसर, उन्नत अध्ययन केन्द्र, इतिहास अलीगढ़ मुस्लिम विश्वविद्यालय
आलम, इशरत	प्राध्यापक, उन्नत अध्ययन केन्द्र, इतिहास अलीगढ़ मुस्लिम विश्वविद्यालय
ख़ान, अहसन रज़ा	प्रोफ़ेसर, इतिहास विभाग हिमाचल विश्वविद्यालय, शिमला
ख़ान, इक़बाल ग़नी	रीडर, उन्नत अध्ययन केन्द्र, इतिहास अलीगढ़ मुस्लिम विश्वविद्यालय
ख़ान, इक़्तिदार आलम	भूतपूर्व प्रोफ़ेसर, उन्नत अध्ययन केन्द्र, इतिहास अलीगढ़ मुस्लिम विश्वविद्यालय
ग्रेवाल, जे एस	भूतपूर्व निदेशक उन्नत अध्ययन संस्थान, शिमला
जाफ़री, सैयद ज़हीर	रीडर, इतिहास विभाग दिल्ली विश्वविद्यालय
ज़ैदी, एस. इनायत अली	रीडर, इतिहास विभाग जामिया मिल्लिया इस्लामिया, नई देहली
ज़ैदी, सुनीता	रीडर, इतिहास विभाग जामिया मिल्लिया इस्लामिया, नई दिल्ली
देलवोये, फ्रांकोइस 'नलिनी'	डी लिट (सोरबोन)
प्रसाद, पुष्पा	रीडर, उन्नत अध्ययन केन्द्र, इतिहास अलीगढ़ मुस्लिम विश्वविद्यालय
बिलग्रामी, फातिमा जोहरा	प्राध्यापक, उन्नत अध्ययन केन्द्र इतिहास, अलीगढ़, मुस्लिम विश्वविद्यालय

मूसवी, शीरीं	प्रोफ़ेसर, उन्नत अध्ययन केन्द्र, इतिहास अलीगढ़ मुस्लिम विश्वविद्यालय
मैथ्यू, के एस	प्रोफ़ेसर, इतिहास विभाग पांडिचेरी विश्वविद्यालय
रिज़्वी, एस अली नदीम	प्राध्यापक, उन्नत अध्ययन केन्द्र, इतिहास अलीगढ़ मुस्लिम विश्वविद्यालय
रे, अनिरुद्ध	प्रोफ़ेसर, इस्लामी इतिहास व संस्कृति विभाग कोलकाता विश्वविद्यालय
वर्मा, सोमप्रकाश	प्रोफ़ेसर, उन्नत अध्ययन केन्द्र, इतिहास अलीगढ़ मुस्लिम विश्वविद्यालय
हबीब, इरफ़ान	भूतपूर्व प्रोफ़ेसर, उन्नत अध्ययन केन्द्र, इतिहास अलीगढ़ मुस्लिम विश्वविद्यालय
हुसैन, इक़बाल	भूतपूर्व प्रोफ़ेसर, उन्नत अध्ययन केन्द्र, इतिहास अलीगढ़ मुस्लिम विश्वविद्यालय
हैदर, नजफ़	न्यू कॉलेज, आक्सफ़र्ड